창업자의 딜레마

THE
FOUNDER'S
DILEMMAS

창업자의 딜레마
신생 기업들이 직면하는 보편적인 함정과 이를 피하는 방법

초판 1쇄 인쇄일 2013년 2월 12일   **초판 1쇄 발행일** 2013년 2월 15일

지은이 노암 와서먼 | **옮긴이** 이형욱
펴낸이 박재환 | **편집** 유은재 이정아 | **관리** 조영란
펴낸곳 에코리브르 | **주소** 서울시 마포구 서교동 468-15 3층(121-842) | **전화** 702-2530 | **팩스** 702-2532
이메일 ecolivres@hanmail.net | **블로그** http://blog.naver.com/ecolivres
출판등록 2001년 5월 7일 제10-2147호
종이 세종페이퍼 | **인쇄·제본** 상지사

ISBN 978-89-6263-087-9 93320

책값은 뒤표지에 있습니다.   잘못된 책은 구입한 곳에서 바꿔드립니다.

창업자의 딜레마

신생 기업들이 직면하는
보편적인 함정과 이를 피하는 방법

노암 와서먼 지음 | 이형욱 옮김

에코
리브르

차례

도표 목록

1부

창업의 핵심 개념과 논점

서론

기업을 운영하는 것이 하나의 전쟁이라면, 사상자는 대부분 아군의 포격이나 스스로 자초한 부상에 따른 결과다. 유감스럽지만 이는 공공연한 사실이다. 약 40년 전에 사회학자 아서 스틴치콤(Arthur Stinchcombe)은 "신생 기업의 위험(liability of newness)"은—특히 신생 조직이 생존에 실패하는 비율이 높은 이유는—대부분 조직 설립을 주도한 창업자들 내부에서 비롯한 문제가 원인이라고 말했다. 좀더 최근에 수행한 어느 조사에서, 벤처 투자가들은 자신이 투자한 회사 중 실패한 곳 65퍼센트가 신생 기업의 경영진 내부 문제 때문이라고 밝혔다.[1] 또 다른 연구에서는 투자자에게 자신이 투자한 기업에서 일어날 수 있는 문제를 분석해달라고 요청한 결과, 그러한 문제의 61퍼센트가 경영진 내부 문제와 관련이 있는 것으로 나타났다.[2]

다른 연구자들 역시 스틴치콤이 강조한 생존 실패율을 광범위하게 연구했다. 하지만 유감스럽게도 그들은 스틴치콤이 발견한 많은 내부 문제에 집중하기보다 거의 전적으로 외부 요인에 초점을 맞추었다.[■] 우리는 흔히 기업 활동을 경제의 심장이며 영혼이라고 칭송하면서도 이를 방해하는 주요 위험에 대해서는 놀라울 정도로 아는 게 없다. 이와 관련한 연구를 수행한 아마르 바이드(Amar Bhide)가 지적한 대로 "새로운 회사를 설립하는 기업가들은 연구를 하기보다 축하를 더 많이 한다".[3]

이 책은 모든 창업자(1인 창업자 포함)와 신생 기업을 괴롭히는 아주 중요한 '사람 문제'를 면밀히 탐구한다.[■■] 이런 문제는 종종 어떤 신생 기업이라도 성장하고 발전하면서 부딪히는 보편적 딜레마(나는 이것을 '창업 딜레마'라고 부른다)에서 충분히 예상할 수 있다. 그중 한 딜레마는 회사가 발전하는 모든 단계에서 반복적으로 나타난다. 이는 부와 지배력, 즉 경제적 가치 구축과 지배권 유지 사이에서 계속 취사선택을 해야 한다는 의미이다. 딜레마를 더욱 복잡하게 만드는 것은 창업자가 초기에 내린 선택이 뒤늦게 그리고 예기치 못한 중대한 결과를 불러올 수 있기 때문이다. 열정, 낙관주의, 위험 회피 같은 타고난 성향이 근시안적 결정으로 이어지는 것도 이러한 현상의 한 가지 원인이다.[4] 이 책은 핵심 창업자에서 시작해 공동 창업자, 초기에 채용하는 직원, 투자자에 이르기까지 전형적인 신생 기업과 관련 있는 주요 관계자들이 직면하거나 혹

■ 고전이 된 2쪽 분량의 강연문에서 스틴치콤(1965)은 신생 기업이 안고 있는 위험을 세 가지 내부적 요인―팀에 필요한 업무 관계 개발, 새로운 역할 발견, 팀원 간의 경제적 보상 분배―과 한 가지 외부적 요인으로 분석했다. 여기서 한 가지 외부적 요인이란 잠재적 공급자, 고객 그리고 다른 외부 당사자와의 관계가 부족한 것을 말한다. 그동안 사람들은 이 외부적 요인에는 매우 깊은 관심을 기울였지만, 앞서 언급한 세 가지 내부적 요인에는 거의 주목하지 않았다.

■■ 그렇다고 해서 전략, 비즈니스 모델, 산업 부문 선택이 중요하지 않다는 뜻은 아니다. 우리는 적절한 시점에 이러한 선택이 미치는 영향을 검토할 것이다.

은 만들어내는 도전 과제를 깊이 있게 파헤친다.

필자는 10년 넘게 창업자 및 미래 창업자 수백 명과 함께 일했다. 그리고 기술과 생명과학 분야에서 거의 1만 명에 가까운 창업자의 자료를 수집하고 분석했다. 이 책은 필자가 보유한 유일무이한 데이터베이스를 바탕으로 필자의 연구에서 이미 확인한 여러 가지 딜레마와 더불어 새로운 회사를 시작한 실제 창업자들이 겪는 분투를 추적한 것이다. 그 중에서도 에번 윌리엄스(Evan Williams)라는 젊은 기업가의 경험을 가장 중점적으로 살펴볼 예정이다. 그는 고향의 어느 실패한 신생 기업에서 일하던 중 1990년대 중반 인터넷 붐이 일자 이 흐름에 편승하기로 했다. 그래서 네브래스카 주의 시골에서 샌프란시스코 지역으로 이사했다. 독학으로 공부한 웹디자이너이자 프로그래머인 윌리엄스는 인터넷 애플리케이션의 잠재력, 특히 자기 출판(self-publishing)의 발전 가능성이 폭발적이라는 사실을 깨달았다. 그리고 최초이자 가장 인기 있는 블로깅(blogging) 도구 중 하나인 블로거(Blogger)를 창안했다. 나중에는 초기 팟캐스팅(podcasting: 인터넷으로 영화, 드라마, 음원 등을 이용하고 휴대용 디지털 기기에 내려받을 수 있는 서비스—옮긴이) 개념인 오데오(Odeo)를 개발하기도 했다. 그는 블로거에서 수백만 명의 평범한 사람이 글을 공유했던 것처럼 아무런 기술이 없어도 오데오를 이용해 오디오 콘텐츠를 만들고 출판해 공유할 수 있을 것이라고 믿었다.

두 신생 기업에서 그리고 훗날 트위터(Twitter)를 설립해 이끌던 중 또 다른 신생 기업에서 일하기 위해 떠나기 전 윌리엄스는 중요한 딜레마, 즉 기업가로서 어려운 결정을 내려야 하는 갈림길에 섰다. 그리고 그 신생 기업의 가치에 영향을 줄 만한 미래상을 구체화하고 그 기업에 대한 자신의 지배 범위를 결정하는 데 도움을 줄 만한 조치를 모색한 다음 블로거를 이용해 자신의 예전 여자 친구와 공동 창업을 하기로 결심했다. 이후 그는 스스로 CEO가 되어 최대 지분을 보유하기 위해 분투했다. 의도적으로 벤처 캐피털을 피하고 자신이 갖고 있던 돈과 친구, 가족, 에인절 투자자의 돈을 끌어들여 회사 자금을 조성했다. 또한 적은 비용으로 기술을 개발하기 위해 친구들(나중에는 자원봉사자들)을 고용했다. 닷컴 (dot-com) 붐이 가라앉자 블로거의 재정 상태가 악화하면서 경영이 어려워졌다. 그러자 여러 곳에서 블로거를 매각하라고 제의했다. 하지만 윌리엄스는 이 제안을 거부했다. 이 같은 결정으로 공동 창업자와 전체 직원이 퇴사했다. 블로거를 계속 운영하려면 오직 기부에 의지해야 하는 상황이 되었다.

윌리엄스는 결국 블로거를 구글에 매각했다. 그 후 오데오 개발로 전환해 온라인 오디오 분야에 경험이 있는 지인과 동업을 시작했다. 윌리엄스는 블로거에서 번 수익금 일부로 오데오의 초기 창업 자금을 댔지만 공동 창업자에게 CEO 자리를 내주었다. 그러던 중 팟캐스팅의 커다란 가능성을 깨닫고 CEO가 되어 벤처 캐피털에서 500만 달러의 자금을 모았다. 벤처 캐피털은 회사의 중요한 결정에 개입해 도움을 주기 시작했다. 윌리엄스는 그들의 자금으로 숙련된 경영진을 고임금을 주고 고용했다. 그렇게 함으로써 오데오가 빨리 성장해 애플(Apple)과 야후(Yahoo) 등 예상되는 위협적인 경쟁자보다 앞서 나가길 기대했다.

윌리엄스는 블로거와 오데오를 설립해 운영하며 각 기업에서 매우 다른 접근 방식을 취했는데, 이러한 사례는 창업자들이 이용할 수 있는 매우 다양한 선택권을 보여주기 때문에 특히 우리의 흥미를 끈다. 윌리엄스의 결정은 어쩌면 지나치게 일관성이 없는 것처럼 보일 수도 있다. 그는 벤처 캐피털의 투자를 받기도 했지만, 어떤 때는 그것을 완강히 거부했다. 또 아주 낮은 임금으로 자신의 친구들을 고용하기도 했지만, 다른 때에는 엄청난 돈을 들여 전문가들을 채용하기도 했다. CEO 자리 문제 때문에 자신의 예전 여자 친구와 다투고 결국에는 회사에서 나가도록 그녀를 압박하기도 했다. 하지만 그 후 두 번째 창업 때는 그저 지인에 불과한 사람에게 지배권을 쉽게 넘겨주었다. 우리는 윌리엄스의 이러한 이야기를 더욱 깊이 분석함으로써 그가 내린 결정의 근간에 있는 일관성과 그 결정에 영향을 미친 강력한 동기 및 상황적 요인을 탐구할 것이다. 이러한 연구는 창업자와 창업 지망생, 그 밖에 신생 기업 관련자들이 창업이라는 전투에 돌입할 때 그들 자신의 동기와 딜레마 사이의 수수께끼를 푸는 데 도움이 될 것이다.

핵심 개념과 논점

새로운 회사를 설립하는 것은 복잡하고 심지어 혼돈스러워 보이기까지 한다. 아마도 맨손으로 조직을 만드는 것보다 더 골치 아픈 일은 없을 것이다. 창업자들 자체가 매우 다양한 구성원으로 이루어진 하나의 집단이다. 창업에 관한 연구 또한 다양하게 분화되어 있어 연구자마다 창업 과정의 각기 다른 단계에 집중한다. 그리고 자신이 연구하는 주제에 따라 다른 법칙이나 기능적인 관점을 적용해 대체로 그다지 뚜렷한 일관성을 갖추지 못한 결과물을 내놓는다. 이런 까닭에 창업자에 관한 학문적 연구는 단편적일 수밖에 없다. 창업자 본인뿐 아니라 창업자를 연구하는 학자, 교육자, 멘토에게 도움을 주기 위해 쓴 이 책《창업자의 딜레마》는 애초 회사를 설립할지 여부부터 자신이 세운 회사에서 손을 뗄지 여부까지 창업과 관련한 가장 중요한 결정에서 드러나는 일관되고 반복적이고 체계적인 유형과 상충적인 관계를 조명한다.

본론으로 들어가기에 앞서 몇 가지 핵심 개념과 논점을 정의할 필요가 있다. 필자는 규모가 크고 가치 있는 회사로 성장할 가능성이 많은 유망한 신생 기업(보통 기술 또는 과학에 기반을 둔 기업)에 초점을 두었다. 이들 기업의 창업자가 나중에 해당 기업의 성장을 가로막는 결정을 내릴지라도 말이다. 필요에 따라서는 유망한 신생 기업을 설립하는 것과 개인이 운영하는 작은 규모의 기업을 세우는 것의 차이를 면밀하게 보여주기 위해 유망한 기업에 관한 연구 결과물과 작은 회사의 설립에 관한 방대한 문헌을 통합해 제시하기도 했다.▪

필자가 말하는 창업자란 하워드 스티븐슨(Howard Stevenson)이 정의한 대로 "현재 다룰 수 있는 자원에 상관없이"[5] 기회를 좇아 새로운 회사를 설립하는 개인을 일컫는다. 이들은 기업의 설립과 성장을 구체화하는 초기의 결정을 내리며, 이러한 결정은 심지어 창업 전부터 시작해 신생

▪ Carland et al.(1984; 354)에서는 "창업 기업(entrepreneurial firms)과 소기업(small business firms)은 공통적인 부분이 있지만, 둘은 엄연히 다른 실체다"고 지적했다. 한편 Aldrich et al.(2006)에서는 '스탠퍼드 신흥 기업 프로젝트(Stanford Project on Emerging Companies, SPEC)'의 연구처럼 그들이 중점적으로 다룬 소기업과 '첨단 기술'을 적용하는 신생 기업을 구분했다. 그러나 필자가 보유한 데이터베이스에 있는 생명과학 분야 신생 기업과 마찬가지로 SPEC가 연구하는 기업 중 다수는 전통적인 '기술' 산업 영역 바깥에 있으므로 이러한 기업을 지칭하려면 좀더 넓은 의미의 용어가 필요하다. (그래서 필자는 '유망한 신생 기업'이라는 용어를 쓴다.) Schumpeter(1934)는 소기업과 '창업' 기업을 구분하기 위한 또 다른 방법을 제시했다. 그는 새로운 창업 기업을 가리켜 새로운 제품과 새로운 생산 방식을 도입하고 새로운 시장 그리고/혹은 새로운 공급원을 개척하는 일에 주력하는 회사라고 특징지었다. 이 같은 특징과 차이점에 관해 좀더 살펴보려면 Carland et al.(1984) 참조.

기업의 모든 발전 단계에 영향을 미친다.* 이 책의 주제는 신생 기업 설립에 관한 이러한 결정이 그냥 주어지는 것이 아니라 계획에 따라 이루어져야 한다는 것이다. 창업자는 모든 결정을 내릴 때 다양한 가능성을 고려하고 평가해야 한다. 실제로 많은 창업자에게는 자신이 생각하는 것보다 더 중요한 결정이 존재하고, 각각의 결정에도 더 많은 선택 사항이 있다. 종종 그 결정이 '옳은'지조차 명확하지 않을뿐더러 심지어 직관에 어긋날 수도 있다. 게다가 그 결정에 엄청난 대가가 따를 수도 있다. 그래서 결정하기가 더욱 힘들고 창업자는 가혹한 취사선택을 해야 하는 상황에 놓인다. 한편 친구들과의 공동 창업이나 공동 창업자 간의 공평한 지분 배분 같은 가장 흔한 결정이 때때로 매우 위험한 결과를 낳기도 한다. 필자가 이 책에서 다루는 여러 가지 결정을 '딜레마'라고 부르는 이유도 여기에 있다. 초창기에는 쉽게만 느껴지던 결정을 통해 아무런 손실 없이 모든 것을 얻었다고 생각하는 창업자 또한 훗날 자신이 당시 실제로 고려했던 상충 관계가 무엇이었는지 깨닫게 된다면 끔찍하고 놀라운 상황을 맞이할지 모른다.

신생 기업이 나아갈 방향과 그 결과에 지대한 영향을 미치는 것은 새로운 동료의 합류다. 이 책에서는 새로운 관계자의 합류로 말미암아 어려운 결정에 직면하는 창업자의 딜레마에 많은 부분을 할애할 것이다. 우리는 먼저 핵심 창업자부터 시작해 공동 창업자 그리고 마지막으로 직원과 투자자에 대해서도 다룰 것이다. 그리고 각각의 전개 부분에서

■ 스티븐슨은 자신의 기업을 설립하지는 않지만 기업 설립 과정에서 '기업가적으로 활동하는' 사람을 기업가의 정의에 포함한다. 하지만 여기서 '창업자'는 자신의 기업을 설립하는 사람을 가리킨다.

관계자들이 신생 기업의 결과에 어떤 영향을 미치는지 살펴볼 예정이다. 여기서 중점은 이러한 결과가 창업 구성원의 안정성, 신생 기업의 가치 평가, 이사회를 통제하고 CEO 자리를 유지하는 창업자의 능력에 미치는 영향을 조사하는 것이다. 11장에 첨부한 부록에서는 자금 회수 딜레마에 대해서도 살펴볼 예정이다. 이는 창업한 뒤 한참 있다가 부닥치는 것이기는 하지만, 그 시점까지 회사를 유지할 만큼 운 좋은 사람만 맞이할 수 있는 딜레마이기도 하다. 아울러 앞서 언급한 근본적인 요인들을 상당 부분 포함하는 딜레마이기도 하다.

앞으로 살펴볼 주요 창업 딜레마와 이에 관해 예비 창업자들이 제기해야 할 질문은 다음과 같다.

1. **창업 전: 경력 딜레마**—내 경력의 어느 시기에 창업해야 할까? 아이디어는 풍부하지만 아직 적절한 업무 경험을 쌓지 못했거나 시장이 내 아이디어를 선뜻 받아들이지 않더라도 또는 개인적 상황이 좋지 않더라도 어쨌거나 창업의 세계로 뛰어들어야 할까?

2. **창업 팀 딜레마**—새로운 기업을 세우겠다고 결심하면 창업자와 관련한 딜레마가 많이 나타난다.

   a. **1인 창업 vs. 공동 창업 딜레마**—혼자 사업을 시작해야 할까, 아니면 공동 창업자를 찾아야 할까?

   b. **관계 딜레마**—공동 창업자로 누구를 끌어들여야 할까? 친구, 가족, 지인, 친분이 전혀 없는 사람, 예전 동료?

   c. **역할 딜레마**—창업 팀원 각자는 신생 기업 안에서 어떤 자리를 맡아야 할까? 어떤 결정을 단독으로 하고, 어떤 결정을 함께 내려야 할까? 또 그런 결정은 어떻게 내려야 할까?

　　d. 보상 딜레마―창업 팀원 각자에게 지분을 비롯한 경제적 보상을 어떻게 분배해야 할까?

　3. 창업 팀을 넘어―신생 기업이 성장하는 과정에서 창업 팀의 역량이나 자원이 딸릴 경우 창업자는 외부 인력과 자원의 투입을 검토해야 할 때가 종종 발생한다. 이렇게 되면 더 많은 딜레마가 나타난다.

　　a. 채용 딜레마―각 성장 단계에서 어떤 유형의 인력을 고용해야 할까? 신생 기업이 성장함에 따라 초기 직원들은 어떤 과제에 부딪힐까? 초기 직원과 나중에 고용한 직원의 보상에 차이를 두어야 할까?

　　b. 투자자 딜레마―각 성장 단계에서 어떤 유형의 투자자를 유치해야 할까? 투자자를 유치하면 어떤 과제가 발생할까?

　　c. 창업자 겸 CEO의 직위 승계―창업자는 왜 자신이 설립한 신생 기업의 CEO 자리를 다른 사람에게 넘겨야 하며, 그 방법은 무엇일까? 그 과정에서 창업자는 어떻게 더 많은 지배력을 행사할 수 있을까? 창업자 대신 '전문 CEO'를 고용한 뒤 창업자와 기업에는 어떤 일이 벌어질까?

도표 1.1은 이러한 딜레마를 요약한 것이며 앞으로 이야기를 전개하면서 자주 언급할 로드맵이기도 하다.

이들 딜레마가 반드시 이 책에서 제시하는 명확한 순서대로 발생하는 것은 아니다. 창업 절차는 대개 혼란스럽고 결과를 예측하기 어려우며[6] 창업자들은 신생 기업 설립 대본을 그대로 따르기보다는 상황에 따라 일을 처리한다.[7] 이를테면 창업자들은 흔히 어떤 아이디어가 떠오르면―이른바 머릿속에서 '반짝'하고 전구가 켜지면―그 아이디어를 혼자 추진할 것인지, 아니면 공동 창업자를 찾을 것인지의 문제에 직면한다.

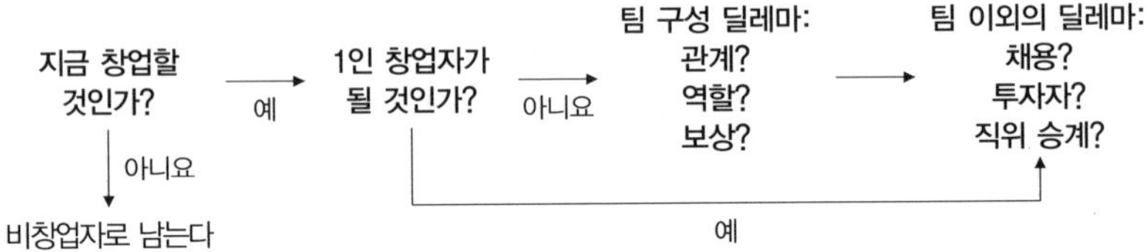

기업을 설립할 때 '아이디어를 떠올린 다음 팀을 구성하는' 방식은 이 책에서 소개한 판도라 라디오(Pandora Radio)의 팀 웨스터그렌(Tim Westergren)을 비롯한 여러 창업자에게서 그 예를 찾아볼 수 있다. 반면 한 팀이 기업을 함께 설립하기로 결정한 뒤 아이디어를 물색하는 예도 있다. 이는 '팀을 구성한 다음 아이디어를 찾는' 방식이다. 이런 방식은 스탠퍼드 경영대학원에서 만나 공동 지도자 활동을 통해 서로 긴밀한 협업 관계를 형성한 뒤 함께 회사 설립 아이디어를 찾기로 한 재닛 크라우스(Janet Kraus)와 캐시 셔브룩(Kathy Sherbrooke)을 예로 들 수 있다. 이후 두 사람은 컨시어즈(concierge: 은행 업무나 세탁물 맡기기 등 개인적 일을 대행해주는 사업—옮긴이) 업체인 서클스(Circles)를 설립했다. 이 책은 이러한 순서상의 차이를 감안해 구성했다. 즉, 창업의 딜레마에 관해 순차적으로 알고 싶은 독자는 각 장을 차례대로 읽으면 되고, 특정 딜레마에 관심 있는 독자라면 가장 흥미로운 장으로 건너뛰어 읽어도 좋다.

순서보다 중요한 것은 각각의 딜레마가 안고 있는 공통점이다. 요컨대 모든 딜레마에는 비록 어렵더라도 반드시 필요한 결정을 내려야 하는 지점이 있다. 아울러 각각의 결정에는 창업자(들)와 신생 기업에 중요한 영향을 미치는 많은 선택권이 있다. 그런데 창업자는 이런 선택권을 제대로 인식하지 못하는 경우가 적지 않다. 이러한 결정은 때로는 창업자 단독으로, 때로는 창업 팀 차원에서 주의 깊고 합리적으로 판단해야 할 필요가 있다. 결론적으로 말하면, 이 책에서 검토하는 딜레마는 다음의 세 가지 중요한 주제를 공통적으로 담고 있다.

단기적 vs. 장기적 결과

'쉽게' 내린 단기 결정이 장기적으로 문제를 불러일으킬 수도 있고 '어렵사리' 내린 단기 결정이 장기적으로 봤을 때 흔히 최선의 결정이 되기도 한다. 창업자들은 종종 분쟁을 피하려고 안이한 단기 결정을 내린다. 딜레마를 해결하기는커녕 인정하는 것조차 회피하거나 뒤로 미루고 싶은 유혹에 굴복하고 만다. 특히 문제 발생 여지가 있는 일에 관해 골치 아픈 대화가 필요한 결정을 할 때 더욱 그러하다. 예를 들면, 앞으로 우리가 살펴볼 창업자 중 한 사람처럼 기업을 설립한 뒤 자신의 형제를 CFO(재무 담당 최고책임자)로 임명했다고 가정해보자. 만일 자신의 형제가 그 일을 잘해내지 못한다면 어떻게 할 것인가? 그런 사태에 관해 미리 논의하기란 매우 어색하고 곤란할 것이다. 나아가 실제로 그런 사태가 벌어졌을 때 어떻게 대처할지도 정말 어렵다. 새로운 기업을 설립하는 것은 서로 충실하겠다는 결혼 서약과 비슷하다. 실제 결혼이라면 이혼 계획을 미리 세우는 것이 부적절하고 심지어 역효과를 불러올 수 있지만, 기업 활동에서는 결혼 서약을 하기에 앞서 혼전 합의서를 작성하지 않을 경우 재앙에 가까운 결과를 가져올 수도 있다.

설상가상으로 기업가들은 일반적으로 처음부터 적절한 결정을 내리는 것보다 창업 초기의 실수를 만회하는 것이 훨씬 힘들고 비용도 많이 든다는 사실을 발견한다. 의사 결정 순서 역시 종종 경로 의존적(한 번 형성되면 나중에 환경이나 조건이 바뀌어도 그 경로를 벗어나지 못하는 경향—옮긴이)

이다. 즉 창업자가 매력적이라고 생각하는 선택권을 초기에 내린 결정 때문에 제외해야 하는 경향이 있다. 우리는 이 책에서 피하지 못할 경우 큰 대가를 치러야 하는 실수를 검토하고 또 가능하다면 그러한 실수를 만회하는 방법에 대해 살펴볼 것이다.

기업가들은 종종 창업 과정이 '100미터 경주를 연속적으로 해야 하는 마라톤'이라고 말한다. 이 마라톤에 뛰어든 창업자는 100미터마다 장기적으로 영향을 미칠 중요한 결정과 맞닥뜨린다. 결승선까지 뚜렷한 경로를 그려놓지 않으면 어떤 구간에서 수립한 결정 때문에 경로를 이탈하거나 경주에서 완전히 탈락할지도 모른다.

타고난 편향: 열정, 낙관주의, 본능의 위험

창업자들은 자신이 행동 지향적이고 낙관적이라는 점을 자랑스러워하는 경향이 있다. 물론 창업자의 열정은 새 기업을 설립하는 데 필수적이다. 하지만 이는 또한 거의 모든 단계에서 치명적인 결과를 불러올 수 있다.

마찬가지로 창업자들의 타고난 편향(현실주의보다 낙관주의를 선호하거나 체계적인 계획보다 본능에 의존하거나 냉철한 논리보다 자신의 생각, 자신이 새로 설립한 기업 및 직원에 강한 애착을 보이는 경향 등)은 종종 자신을 겨눈 화살이 되어 돌아올 수 있다.

낙관주의를 예로 들어보자. 기업가들은 신생 기업의 전망에 관한 지나친 믿음과 낙관주의를 바탕으로 가족과 친구를 직원과 투자자로 끌어들여 관계와 기업 모두를 위태롭게 할 수 있다. 창업자들이 낙관주의에 빠지면 경쟁자에 비해 자신의 성공 가능성을 지나치게 장밋빛으로 예측하고[8] 자신의 능력과 지식을 과대평가한다.[9] 그뿐만 아니라 초기에 필요한 자원을 과소평가하고 예측 가능한 문제에 대비하지 못하기도 한다. 그 결과 창업자들은 종종 실제로 필요한 자원을 확보하지 못함으로써 실패 가능성을 높인다.[10] 창업자의 자만심, 믿음, 열정이 지나치면 대안적인 접근 방식을 검토하지 못할뿐더러 필요한 조정도 못한다.[11] 또한 기업가의 환경은 이러한 지나친 자신감을 더욱 부추길 수 있다. 많은 기업가들이 매우 불확실하고 '소란스러운' 환경에서 일하는 가운데 근거가 분명하지 않은 모호한 피드백을 받는다. 이런 환경에서는 과도한 자신감을 포함한 편향된 인식과 실수에 빠지기 쉽고, 특히 확실한 '조언'처럼 느껴지는 본능에 따르기 쉽다.[12]

앞으로 이어질 각 장에서 살펴보겠지만 창업자들은 희망차게 생각하려는 성향과 본능을 뛰어넘어 폭넓은 선택권과 전체적인 결과를 파악해야 한다. 최상의 경우를 기대하는 한편 최악의 상황에 대비해야 하고 결과에 수동적으로 대응하는 결정보다 전략적인 결정을 내려야 한다. 창업자들은 단순히 본능을 따르다 보면 자신의 결정과 특정 행로의 결과에 관해 치열하게 생각할 수 없게 된다는 것을 종종 발견한다.

할 수 있는 일, 하는 일, 해야만 하는 일의 차이

분쟁을 피하고 경로에 의존하며 타고난 편향을 따르면서 결정이 미칠 장기적 결과를 무시하면, 창업자들은 종종 해야만 하는 일에서 상당히 벗어난 조처를 취하게 된다. 이 책에서 우리는 가능한 선택권의 범위(창업자들이 할 수 있는 일)와 각 선택권을 얼마나 자주 선택하는지(창업자들이 하는 일) 살펴볼 것이다. 그리고 가능하다면 그러한 결정이 신생 기업의 성장, 창업 팀의 안정성, 창업자의 장기적 지배력 같은 중요한 결과에 어떤 영향을 미치는지 또한 검토할 예정이다. 이를 통해 창업자가 해야만 하는 일에 관한 통찰력을 얻을 수 있을 것이다. 각 장의 끝부분은 규범적인 권고, 즉 창업자들이 어떻게 더 나은 결정을 할 수 있는지에 관한 의견으로 마무리한다.

처음 창업을 하는 사람은 우리가 검토할 딜레마에 대해 모를 것이다. 그들은 자신에게 어떤 선택권이 주어졌는지 미처 모를 수 있고, 자신이 내린 결정에서 비롯된 장기적이고도 종종 누적적인 결과를 인식 못할 수도 있다. (심지어 자신이 중요한 결정을 한다는 사실조차 인식 못할 수 있다!) 하지만 경험 있는 창업자라도 실수할 가능성은 얼마든지 있다. 특히 지금까지의 경험을 통해 창업 딜레마를 실감하기는 했지만, 그 경험이 제한적일 때에는 더욱 그러하다.

부 vs. 지배력: 면밀한 검토

지금까지 창업자의 딜레마와 관련한 주요 개념과 논점을 소개했다. 이제부터는 그중에서 가장 흔하고 어려운 딜레마를 좀더 깊이 있게 파헤쳐보기로 하자. 창업자들은 게임의 규칙과 변화뿐만 아니라 게임의 목표조차 제대로 이해하지 못할 수 있다. 많은 사람이 기업을 세워서 지금도 여전히 운영하는 창업자들, 부와 강력한 CEO 자리를 동시에 거머쥔 신생 기업의 창업자들을 부러워한다. 특히 세계 최고 부자이며 세계에서 가장 크고 공격적인 기업의 무시무시한 CEO가 된 빌 게이츠(Bill Gates)를 기억한다. 하지만 기업을 세워 운영하고 게다가 부까지 얻으며 '기업가의 이상'마저 성취하는 창업자는 드물다. 사실 창업과 기업을 운영하는 가운데 해야 하는 수많은 결정(심지어 누가 봐도 '옳은' 결정이라도)에서, 창업자들은 회사의 가치 구축과 회사에 대한 자신의 지배력 중 어느 한쪽을 선택해야 한다. 그런 이유 때문에 기업가의 이상이 닿을 수 없는 곳으로 밀려난다는 점은 기업가들이 밝히기 꺼려하는 비밀이다.[*] 에번 윌리엄스는 블로거와 오데오를 만들면서 각 단계마다 이러한 상충 관계에 직면했다. 윌리엄스가 각 기업에서 내린 매우 다른 결정은 매우 다른 결과를 불러왔다. 그것은 바로 윌리엄스가 노린 반대급부가 매우 달랐기 때문이다.

부를 얻고자 하는 바람과 지배력을 얻겠다는 바람은 상호 보완적인 것처럼 보이지만, 기업가들에게 동기를 유발하는 요인으로서 이 두 요소는 늘 서로 긴장 관계에 있는 것으로 나타났다. 언뜻 생각하는 것과 다른 이러한 충돌은 기업가들이 직면하는 가장 중요한 과제, 즉 '자원 의존'이라는 과제에서 기인한다.[13] 창업자들은 기회를 좇고 최고의 가치를 구축하기 위해 외부 자원(인력, 정보, 자금)을 유치해야 한다.[14] 하지만 이런 자원을 확보하려면 창업자들은 보통 기업에 대한 지배권을 점점 더 많이 양도해야 한다. 공동 창업자와 핵심 직원은 지분을 원하고, 숙련된 경력 사원은 얼마간의 실권을 바란다. 또 일반적으로 투자자는 신생 기업의 이사회에서 강력한 권한을 행사하거나 거래 구조의 다른 조건을 통해 자신의 투자를 보호하려 한다.

다양한 선택권이 있을 때 기업가들은 어떻게 최상의 선택을 할 수 있

---

[*] 이러한 상충 관계는 적어도 두 부문의 각기 다른 학술 문헌에서 부분적인 유사점을 찾을 수 있다. 첫째, 금융 부문의 문헌은 같은 주식의 가격 차이를 기준으로 '지배권에서 얻는 개인적 이익'을 검토한 결과, 사람들이 지배력이나 의결권을 얻기 위해 경제적 이익을 기꺼이 포기한다는 사실을 발견했다(예를 들면 Grossman et al., 1988; Lease et al., 1983). 둘째, 협상 관련 문헌(예를 들면 Walton et al., 1965)은 가치 주장과 가치 창출 간에 발생하는 이론적 긴장의 일부 요소에 대해 검토한다.

을까? 가장 중요한 점은 어떠한 선택을 통해 이루고자 하는 것이 무엇인지 파악하는 것이다. 마찬가지로 창업자들이 열심히 일한 대가로 경제적 이익을 얻을 것인지, 아니면 자신이 만든 회사에 대한 지배권을 유지할 것인지를 놓고 계속적으로 선택해야 할 때 어떻게 할지 아는 가장 좋은 방법은 자신의 동기가 무엇인지 파악하는 것이다. 먼저 자신이 왜 그 자리에 있는지 생각해야 한다. 개인의 동기는 대체로 복잡하며 자신을 포함해 누구에게라도 명료한 경우는 드물다. 하지만 연구에 따르면 창업자들의 가장 흔한 동기 두 가지는 (a) 부를 쌓고 (b) 자신이 세운 기업의 성장을 주도하고 지배하는 것이다.[15] 한결같이 부를 얻는 쪽으로 결정하는 창업자들은 필자가 '부자'라고 일컫는 결과(경제적 이익은 크고 지배력은 낮은 결과)를 얻을 가능성이 높다. 반면 늘 신생 기업에 대한 지배력을 유지하는 쪽으로 결정하는 창업자들은 이른바 '왕'이라는 결과(지배력은 높고 경제적 이익은 적은 결과)를 얻을 가능성이 많다. ▪

여러 연구에서 이 두 가지가 가장 흔한 동기임을 확인할 수 있다. 코프먼 재단(Kauffman Foundation)이 미국의 기술 관련 신생 기업 창업자 549명을 대상으로 실시한 연구를 보면, 응답자의 75퍼센트가 부를 얻는 것이 기업가의 길로 들어선 가장 중요한 동기라고 대답했으며 64퍼센트는 자기 기업을 소유하고 싶어서라고 대답했다.[16] 마찬가지로 기업의 원동력에 관한 패널 연구(Panel Study of Entrepreneurial Dynamics, PSED)에서 1214명을 대상으로 기업 설립 동기에 대해 질문한 결과, 상위 6개의 답이 자신만의

▪ 이것은 개인이 운영하는 작은 규모의 기업과 유망한 신생 기업이 큰 차이점을 드러내는 분야 중 하나다. 후자가 완전한 잠재력을 발휘하려면 상당한 자원이 필요하다.

방식으로 일할 수 있는 자유, 개인의 비전 달성 등 지배력과 관련한 동기들이었다.[17] 전 세계 2000명이 넘는 기업가(그리고 총 2만 7000명의 경영진)에 관한 자료를 담은 커리어리더(CareerLeader) 데이터베이스는 20~30대 남성 기업가의 창업 동기 중 상위 4개가 모두 지배력 획득 및 부의 형성과 관련이 있음을 보여준다. ■ 지적 도전·이타주의·명망 같은 다른 동기역시 중요하지만, 전체적으로 기업가에게는 부와 지배력이 가장 큰 동기였으며 계속해서 충돌을 일으키는 동기 또한 이 두 가지였다.■■

자신의 가장 중요한 동기가 부인지, 지배력인지 아는 창업자는 의사결정을 하기 쉬우므로 원하는 결과(부자가 될 것이냐, 왕이 될 것이냐)를 얻을 가능성이 높은 일관된 결정을 할 수 있다. 도표 1.2는 이 책 2부와 3부에서 살펴보고 결론에서 다시금 다룰 부 vs. 지배력 딜레마를 요약한 것이다. (11장에서는 의도적으로 일관성 없는 결정을 내림으로써 부와 지배력 모두를 최대한 높이려는 노력의 장점과 위험에 대해 검토할 것이다.) 그러나 동기가 꼭 변

■ 심리학자이자 계량심리학자(어떤 자극에 대한 여러 사람의 심리 반응을 수학적 방법으로 분석해 인간의 심리 현상을 분석하려는 학문—옮긴이)인 팀 버틀러(Tim Butler)와 제임스 월드롭(James Waldroop)이 개발한 매우 광범위한 커리어리더 조사에서는 개인의 가장 중요한 관심사, 자신이 가장 선호하고 성공적으로 일할 수 있는 기업 문화의 유형, 자신의 강점과 약점, 성공을 제한하는 특징에 관해서도 평가했다. 2장에서는 13개의 잠재적 동기 요인을 소개하고 기업가/비기업가, 성별, 연령대에 따라 동기 요인을 상세히 분류했다.

■■ 창업자들은 종종 "영향력을 발휘하고" 싶어서 회사를 설립했다고 두루뭉술하게 말한다. 여기서 '영향력'이라는 말에는 매우 다양한 의미가 내포되어 있다. 지배력이 동기인 창업자들은 구매자가 줄어드는 한이 있더라도 좀처럼 타협하지 않는 자신의 비전을 완전히 실현한 제품을 시장에 내놓겠다는 꿈을 꿀 수 있다. 반면 부가 동기인 창업자들은 자신이 제품의 특징과 기능에 관해 거의 아무런 영향력을 발휘하지 못하더라도 가능한 한 많은 사람에게 제품을 보급하겠다는 꿈을 꿀 수 있다. 영향력에 관한 각자의 다양한 생각에 따라 창업자들은 아주 다르게 결정하고 아주 다르게 행동할 수 있으며 또 그렇게 해야 한다.

하지 말라는 법은 없다. 창업자들은 자신의 동기에 변화가 있는지 또한 살펴봐야 한다. 우리는 그러한 변화를 일으키는 요인이 창업자들의 이후 결정에 어떤 영향을 미치는지에 대해서도 검토할 것이다.

풀지 못한 퍼즐

새로운 프레임워크나 모형을 테스트하는 방법 중 하나는 답을 찾지 못한 문제나 풀지 못한 '퍼즐'을 설명할 수 있는지 살펴보는 것이다. 이 책에서는 '사라진 비상장기업 프리미엄' 문제를 비롯해 창업자들이 우리가 일반적으로 생각하는 것만큼 자기 회사 내에서 권한이 강력하지 않다는 개념 등 기업가와 관련한 수수께끼를 풀기 위해 노력할 것이다.

경제학자들은 대부분의 기업가들이 많은 돈을 벌기 위해 회사를 설립했다고 가정한다. 한 연구자는 "기업가들의 목표가 자기 이익 최대화라는 것은 경제학 이론의 가장 기본적인 가정 중 하나다"[18]고 말한다. 최근의 한 연구에서는 첨단 기술 기업을 설립한 많은 창업자들이 평범하게 취업하는 것보다 회사를 설립해 부유해질 기회가 훨씬 높아졌다고 믿는다는 사실을 밝혀냈다.[19] 이는 기업가들이 가치 있는 신생 기업의 지분을 소유함으로써 개인적 부를 쌓고자 한다는 개념을 뒷받침하는 것이기도 하다.[20]

많은 창업자가 정말로 이렇게 믿는다면 이는 대체로 잘못된 생각처럼 보인다. 평균적으로 기업가들이 회사 설립을 통해 얻는 소득은 상장 기업에 투자했을 때보다 크지 않다. 사실 위험 수익이라는 측면에서는 훨씬 더 적다.[21] 신생 기업에 대해 다룬 한 대규모 연구에 따르면 저축액이 많지 않고 평균적인 위험 회피 성향을 지닌 사람이 벤처 기업을 설립하는 것은 말이 되지 않는다.[22] 마찬가지로 자영업을 통해 버는 초기 수익은 취업자가 되어 버는 수익보다 낮고 소득 상승 역시 느리다. 이는 다양한 산업에서 다양한 소득 측정 기준을 적용해 확인한 연구 결과다.[23] 이런 연구 결과를 종합하면, 기업가들은 창업 후 10년 동안에는 소득 측면에서 '취업'했을 때보다 35퍼센트 적은 돈을 번다.[24] 따라서 이런 연구를 수행한 저자들은 '비상장기업 프리미엄'이 없다면 왜 그토록 많은 똑똑한 사람이 그와 같은 게임을 하고 싶어 하는지 궁금해한다.[25] 우리는 2장부터 10장까지 이 문제에 대한 여러 가지 해답을 찾아볼 것이다. 또한 11장에서는 그 모든 것을 종합한 해답, 즉 창업자들은 경제적 이익 증대와 기업에 대한 지배력 유지 중 한쪽을 선택해야 하는 결정에 연이어 맞닥뜨리며, 왕으로 남는 길을 선택한 창업자들은 결과적으로 부에서 조금 멀어진다는 결론을 제시할 것이다.

창업자의 권력이라는 문제로 돌아가면, 학술 연구들은 신생 기업의 창업자(아이디어를 떠올리고 인력과 자원을 모은 사람)가 그 기업 안에서 강한 권력을 가진 사람이 된다고 가정한다.■ 어떻게 '존경받는 창업자'에게 권력이 없을 수 있겠는가?[26] 하지만 이 책에서 제기하는 증거는 이번에도 이러한 기본적 가정과 어긋난다. 필자가 수행한 정량적 연구에 의하면 창업자 겸 CEO 중 상당수가 흔히 자신들의 의지에 반해 다른 CEO로

■ 예를 들어, 핑클스타인(Finkelstein, 1992; 509)은 운영권의 규모에 관한 중요한 연구에서, 창업자는 창업 팀 내에서 권력을 지닌 인물일 뿐 아니라 "자신의 독특한 지위를 이사들에게 암묵적 지배력을 행사할 수 있는 권한이라고 해석함으로써 흔히 이사회와의 장기적 상호작용 과정을 통해 권력을 얻을 수 있다"고 단정했다. 창업자의 권력은 신생 기업에 관계한 창업자 친척의 권한까지 높일 만큼 강력한 것으로 여겨진다.

도표 1.2 부 vs. 지배력 딜레마

신생 기업에 참여할 수 있는 당사자	의사 결정 영역	지배력 유지가 중심인 결정	부를 최대화하기 위한 결정
공동 창업자	1인 vs. 팀	1인 창업자로 남음(혹은 힘이 미약한 공동 창업자 확보)	창업 팀 구성: 최상의 공동 창업자 유치
	관계	'편안하게 대할 수 있는' 공동 창업자를 구하기 위해 먼저 가까운 주변 인물을 고려	최상의 (그리고 자신을 보완할 수 있는) 공동 창업자를 찾기 위해 가까운 관계와 먼 관계를 모두 활용
	역할	의사 결정에 강력한 지배력 유지: 계층 형성	특정 분야에 전문성을 갖춘 공동 창업자에게 의사 결정권 부여
	보상	소유주 지분의 대부분 또는 전부를 유지	공동 창업자의 관심 유발과 동기 부여를 위해 지분 분배
직원	관계	필요하다면 가까운 개인적 인맥(친구, 가족 등) 안에서 고용	최상의 직원을 찾기 위해 더욱 광범위한 인맥을 적극 활용
	역할	주요 결정에 대한 지배력 유지	적합한 전문가에게 결정 위임
	보상	급여가 높지 않은 하급 직원 고용	숙련된 직원을 고용하고 현금과 지분으로 보상 제공
투자자	본인 조달 vs. 외부 자본 유치	본인 조달: '부트스트랩(외부 도움 없이 창업)'	외부 자본 유치
	자본 공급자	친구, 가족 또는 자금 지원만 하는 에인절 투자자: 가능한 경우 대안(예: 고객의 선불, 부채 등) 활용	노련한 에인절 투자자나 벤처 투자가 겨냥
	조건	투자자에게 유리한 조건 거부(예: 초대다수의결권 반대)	최상의 투자자를 유치하기 위해 필요한 조건 수용(예: 초대다수의 결권)
	이사회	공식적인 이사회 설립 회피: 이사회를 설립할 때는 구성과 구조 통제	최상의 투자자와 임원진 확보에 필요할 경우 이사회에 대한 지배력 상실 수용
후임자	승계의 계기	어쩔 수 없을 때까지 승계 회피	신생 기업의 다음 단계가 자신의 전문 지식을 넘어설 경우 승계 과정 착수 수용
	승계 의지	CEO 자리 양도 거부	더 우수한 CEO에게 자리 양도하는 것을 수용
	승계 후 원하는 역할	'왕'으로 남기보다 떠나는 것을 선호	자신의 기술과 선호에 맞는 지위를 가진 경영진으로 남기를 선호

다른 요인	신생 기업의 성장률에 관한 선호	점진적이고 온건한 성장	신속하고 폭발적인 성장
	자본 집약도	낮음	높음
	핵심 창업자의 '자본'	큰 도움 없이도 신생 기업을 출범하고 구축할 준비를 잘 갖추고 있음	다른 관계자들이 메워야 하는 부족분이 매우 큼
가장 가능성 높은 결과		지배력 유지: 구축할 수 있는 가치가 상대적으로 낮음	경제적 가치 구축: 지배력 축소

교체되었다.[27] 일반 대중은 빌 게이츠, 리처드 브랜슨(Richard Branson), 애니타 로딕(Anita Roddick), 마이클 델(Michael Dell)—자신이 창업한 회사에서 부와 권력을 거머쥔 CEO—같은 유명 기업가를 떠올리지만 이들은 아주 드문 예외다. 창업자 출신 CEO는 자신이 설립한 신생 기업이 대중적인 시장에 접근해 어느 정도 성과를 거두기 전에 교체되는 예가 더 흔하다. 이 문제를 어떻게 설명할 수 있을까? 또 창업자가 비창업자보다 평균적으로 상당히 낮은 보상을 받는 까닭은 무엇일까?[28] 알쏭달쏭한 이런 사실들 역시 11장의 설명을 접하면 이해가 될 것이다.

많은 학술 문헌을 통해 알 수 있듯 부와 권력은 밀접한 관련이 있다. 예를 들어, C. 라이트 밀스(C. Wright Mills)의 고전적인 '파워 엘리트' 분석에 따르면 기업에서의 지위가 부의 원천 역할을 하는 한편, '돈이 권력을 부여'해 최고경영자의 기업 내 권력과 경제적 부는 서로를 강화한다.[29] 그러나 필자가 수행한 연구에 따르면, 기업가 입장에서 부와 권력은 분리되고 실제로 그 둘은 적극적인 충돌 관계에 있다는 사실이 드러났다. 그 결과 유망한 신생 기업의 창업자 가운데 부와 권력을 동시에 얻는 사람은 드물다. 즉 창업자 대부분이 한쪽을 선택하거나 종종 결국에는 어느 쪽도 얻지 못한다. 한쪽을 최대한 많이 얻기보다 높은 수준의 부와 권력을 모두 얻을 것 같은 전략을 취하더라도 실제로는 둘 다 얻지 못할 가능성이 많다. 우리는 이런 안타까운 상황이 발생하는 원인도 살펴볼 것이다.

1만 명의 강력한 창업자

이 책은 창업자들이 내리는 가장 중요한 결정과 그들이 겪는 결과를 다채로우면서도 엄격하게 설명하기 위해 깊이 있는 사례 연구를 유일무이한 대규모 데이터베이스와 결합했다.[■] 필자는 신생 기업에 관한 포괄적이고 공개적인 자료 출처가 없다는 점을 감안해 해마다 유망한 개인 신생 기업을 조사함으로써 미국 전역의 자료를 수집했다. 이 조사에는 각 신생 기업의 창업자, 창업에 관여하지 않은 경영진, 보상, 지분 보유, 자금 조달 내역, 이사회, 다른 차원의 조직 생활 등도 포함되었다. 필자는 2000~2009년까지 10년 연속 이 조사를 수행해 3607개 신생 기업의 창업자 9900명(그리고 전체적으로는 1만 9000명이 넘는 경영진)을 포함한 유일무이한 데이터베이스를 구축했다. 이 자료는 풍부한 규모와 내용 면에서, 유사한 다른 어떤 데이터베이스보다 미국의 유망 신생 기업에 관해 잘 알려준다. 이 조사를 수행한 10년은 인터넷 신생 기업이 최고의 활기를 띨 때부터 깊은 절망과 비관주의에 빠졌다가 다시 회복할 때까지 경기 순환의 전 단계에 걸쳐 있다. 따라서 이 데이터베이스는 이 책의 모

■ 한 가지 현상이 계속 진행 중인 영역에 적합한 '혼성 기법(정량적 연구와 정성적 연구를 통합한 기법)'에 관한 논의는 Edmondson et al.(2007) 참조.

든 장에서 정량적인 근간을 이룬다. 부록 A에는 조사에 참여한 신생 기업뿐 아니라 기업가들에게 제시한 설문 문항 역시 상세하게 수록했다.

데이터베이스와 사례 연구 모두 유망한 신생 기업이 속한 가장 중요한 두 가지 산업, 즉 기술과 생명과학 분야에 초점을 맞추었다.* 기술과 생명과학은 신생 기업의 고용 및 자금과 관련한 모든 척도에서 가장 두드러진 산업이다. 연구 기간(2000~2009년) 동안 이루어진 기업 공개 중 이 두 가지 산업에 해당하는 기업은 48퍼센트였으며 그 밖에 12퍼센트가 넘는 다른 산업은 없었다.[30] 그뿐만 아니라 같은 기간에 이루어진 에인절 투자의 74퍼센트,[31] 벤처 캐피털의 71퍼센트를 기술과 생명과학 산업이 차지했다.[32] 해마다 기술 수준이 낮은 '소규모 기업'(이 기업들을 주제로 다루는 문헌 또한 증가하고 있다)이 유망 신생 기업보다 많이 출범하지만, 이런 작은 규모의 기업은 대부분 직원이 부족하고 성장이나 혁신에 대한 의지가 없다.[33] 따라서 유망 신생 기업이 기업가 활동과 관련한 경제적 성장의 핵심을 이룬다고 할 수 있다.

필자는 미국 내 기술 및 생명과학 관련 신생 기업에 초점을 맞춤으로써 부와 지배력 사이의 긴장 관계를 검토할 수 있었다. 이들 신생 기업은 외부 자원에 대한 요구가 크고 그러한 자원을 확보하기 위한 조건으로 인해 부와 지배력 사이의 긴장이 특히 팽팽하기 때문이다. 우리는 기술과 생명과학 분야의 신생 기업을 대다수 포함한 덕분에 서로 상이한 이들 산업의 자료와 동태를 비교하고 산업별로 특징적인 유형을 파악

■ 필자는 대체로 두 산업의 공통점에 초점을 맞추겠지만, 때때로 기술 분야 신생 기업을 기준으로 생명과학 분야 신생 기업과의 차이(예: 1인 창업자의 우세 정도 및 이들이 투자자에게서 모으는 자금의 규모)를 관찰할 것이다.

할 수 있었다.[■] 두 산업에 공통적인 유형을 발견하면 그러한 유형이 두 산업 외의 신생 기업에도 보편적으로 적용된다는 것을 더욱 확신할 수 있었다. 반면, 이 책에서 설명하는 유형을 미국 외의 기업에 어느 정도 적용할 수 있을지에 대해서는 확실하게 답을 찾지 못했다. 따라서 여기에 대해서는 실증적인 연구를 해볼 만한 가치가 있다. 자금 조달의 선택권이 부족한 다른 많은 나라의 창업자들은 9장에서 다룰 투자자와 관련한 일부 결정을 검토하지 않아도 된다. 또한 경험 많은 경영진이 부족한 경우에는 8장에서 설명할 채용 딜레마 중 일부를 검토에서 제외할 수 있다. 아울러 자본 집약적이 아니거나 비용 발생 이전에 고객 매출을 확보할 수 있는 다른 산업〔예를 들어 급속히 확산되고 있는 구독 기반(subscription-based) 사업 모델〕에서는 창업자가 스스로 자금을 조달할 수 있으므로 외부 자금 조달이라는 선택권을 고려하지 않아도 된다. 이 책에서 설명하는 딜레마를 그러한 산업에 적용하는 데는 의문의 여지가 있다. 11장에서는 이 문제에 대해서도 상세히 다룰 예정이다.

주요 사례 연구 소개

앞으로 검토할 유망 신생 기업의 창업자에 관한 36건이 넘는 사례 연구 중에서 필자는 7건을 선택해 여러 장에 걸쳐 집중적으로 다루었다. 창

■ 하지만 정보 기술 분야 신생 기업과 생명과학 분야 신생 기업에 공통적인 유형이라도 한층 깊이 있는 산업 간 분석 없이 이러한 유형이 보편적이라고 결론 내릴 수는 없다.

업자들이 각종 딜레마에 직면해 얻은 통찰력과 전체적으로 다양한 환경, 결정, 상충 관계, 성과를 보여주는 사례들이기 때문이다. 도표 1.3은 이 7개 신생 기업 창업자의 배경, 창업 팀, 고용과 투자자 관련 의사 결정 사항을 요약한 것이다.■ 여기서는 (앞서 언급한 에번 윌리엄스에 더해) 6명의 기업가를 간단히 살펴보고, 이들이 사업을 시작하고 운영하면서 부딪힌 딜레마를 소개한다.

판도라 라디오의 팀 웨스터그렌은 사람들이 흔히 상상하는 창업자와는 거리가 멀다. 웨스터그렌은 스탠퍼드 대학에서 피아노와 정치학을 공부한 뒤 베이비시터로 일하기도 했다. 스탠퍼드 대학에서 입학 사무처를 운영하는가 하면, 록밴드를 꾸려 거의 10년 동안 순회공연을 다니다가 프리랜서 작곡 일을 하기로 마음먹었다. 작곡 일을 하던 웨스터그렌은 다양한 속성에 따라 음악을 분류하고 사용자 취향에 맞는 새로운 아티스트와 노래를 제안하는 음악 데이터베이스를 만들어보자는 아이디어를 떠올렸다. 1999년 웨스터그렌은 실리콘 밸리의 기업가 존 크래프트(Jon Kraft)를 만났다. 웨스터그렌의 아이디어를 추진하기로 결정한 두 사람은 재능 있는 소프트웨어 엔지니어 윌 글레이저(Will Glaser)를 세 번째 공동 창업자이자 CTO로 영입해 판도라〔원래 명칭은 새비지 비스트(Savage Beast)〕를 설립했다. 창업 팀원들은 지분을 똑같이 나누고 각자 서로 다른 전문 기술 분야에 맞춰 명확하게 역할 분담을 했다. 그리고 각 창업자에게 자신이 맡은 업무 내에서 고용과 업무상 의사 결정의 자율권을

■ 아래의 주요 사례 연구와 이 책에서 논의하는 다른 사례에 관해 알고 싶다면 하버드 경영대학원 출판국에서 하버드 경영대학원의 사례 연구를 폭넓게 찾아볼 수 있다. 부록 B는 그러한 사례를 모두 정리한 것이다.

신생 기업 (핵심 창업자)	첫 창업인가?	1인 창업자인가?	공동 창업자와의 예전 관계	채용	투자자
판도라 라디오 (팀 웨스터그렌)	예	아니요	지인	친구	친구
메이저지 (배리 널스)	예	예	없음	젊은 직원. 회사 규모가 커지면서 교체	최고 벤처 캐피털 업체의 최고 파트너
스마틱스 (비베크 쿨러)	예	아니요	동급생(그리고 예전 동료 한 명)	사전 고용	사전 조달
시터시티 (제네비브 시어스)	예	예	애인	젊은 직원. 회사 규모가 커지면서 교체	에인절 투자자
오컴 테크놀로지 (짐 트라이언디플로)	예	아니요	예전 동료	없음	에인절 투자자와 벤처 캐피털 중에서 결정
블로거/오데오 (에번 윌리엄스)	연쇄 창업	아니요	다양	다양	다양
피드버너 (딕 코스톨로)	연쇄 창업 팀	아니요	예전 동료	다양	다양

주었다. 그러나 회사의 현금 보유액이 줄어들어 창업자들과 직원의 급여가 연체되면서 이러한 역할과 팀 구조에 관한 초기 의사 결정이 팀 내의 긴장을 높이고 개인적 문제를 악화시키기 시작했다. 그러다 결국 크래프트가 회사를 떠나고, 남아 있는 창업자들에게도 치명적인 문제가 발생했다.

메이저지의 배리 널스(Barry Nalls) 역시 흥미로운 이력의 소유자다. 기업가 세계에서는 그를 늦깎이라 일컫는데, 널스는 이런 점을 인정하기는 해도 유감스럽게 여긴다. 널스는 학교를 졸업하자마자 대규모 통신 업체인 GTE에 입사해 25년간 꾸준히 승진하면서 깊이 있는 영업 경험과 손익 책임, 그 밖의 경영 기술을 습득했다. GTE가 합병 계획을 발표하자 널스는 회사를 나와 신생 기업 두 곳에서 일했다. 그러다 마침내 한 발 도약해 메이저지라는 텔레콤 서비스 업체를 설립했다. 자기 자신을 '독주자(solo guy)'라고 일컫는 널스는 메이저지의 1인 창업자이자 CEO가 되기로 결심하고, 예전 고용주에게서 받은 6개월분의 명예 퇴직금으로 자금을 조달했다. 그리고 마침내 벤처 캐피털에서 수백만 달러의 투자를 받았다. 예전의 풍부한 업무 경험이 신생 기업에 도움이 되었다. 하지만 널스가 고속 성장하는 신생 기업의 직원 고용, 이사회 관리, 영업과 운영 간의 긴장 조절과 관련해 중요한 교훈을 얻은 것은 창업자가 되고 난 이후였다.

다음에 살펴볼 창업자 스마틱스(Smartix)의 비베크 쿨러(Vivek Khuller)는 널스가 직면한 어려움과 반대되는 문제에 직면해야 했다. MBA 과정을 밟던 한 젊은 학생이 문외한에 가까운 산업에 혁신을 일으킬 수 있을까? 쿨러는 한 투자 은행에서 여름 인턴으로 일하던 중 전자 티케팅 기술을 이용해 경기장과 공연장에서 직접 티켓을 발행하고 처리하면 티켓매스터(Ticketmaster)처럼 중개 역할을 하는 티케팅 대행사를 없앨 수 있을 거라는 아이디어를 떠올렸다. 쿨러는 자신이 다니던 MBA 과정에 공동 창업자를 찾는 광고를 내기로 마음먹었고, 그 결과 자신과 비슷한 배경을 가진 똑똑한 동급생 2명을 선택했다. 쿨러는 경영대학원에서 맺은 인연을 통해 스마틱스와의 협업에 관심을 보인 유명한 공연장과 일류 벤처 캐피털 업체 몇 곳에 자신의 아이디어를 홍보할 수 있었다. 하지만 창업 초기에 내린 몇 가지 결정 때문에 골머리를 앓게 되었다.

시터시티(Sittercity)의 제네비브 시어스(Genevieve Thiers)가 겪은 가장 큰 딜레마 역시 매우 개인적인 문제였다. 시어스의 가장 중요한 공동 창업자는 약혼자인 댄 라트너(Dan Ratner)였다. 만약 시어스와 라트너가 갈라서면 사업은 어떻게 될 것인가? 두 사람의 사업 관계가 틀어지면 라트너와의 관계는 또 어떻게 될 것인가? 시어스는 베이비시터를 구한다는 전단지를 붙이던 한 임산부를 돕다가 시터시티의 모태가 된 아이디어를 떠올렸다. 전문 베이비시터로 일해본 경험을 돌이켜보던 시어스는 부모가 베이비시터와 신속하게 연락할 수 있는 웹사이트를 떠올렸고, 그것을 유망한 사업 아이디어라고 판단했다. 학교를 졸업한 시어스는 IBM에서 테크니컬 라이터(technical writer)로 일했다. 그리고 취미 삼아 오페라 가수로 활동하면서 여가 시간에 시터시티 사업을 구체화했다. 그러다 IBM에서 자신이 일하던 부서를 없애자 시터시티에 전적으로 매달리기 시작했다. 신생 업체가 성장하자 시어스는 라트너를 기술 고문으로 참여시켰고, 두 사람은 긴밀하게 협력하며 회사를 꾸려나갔다. 이윽고 라트너는 최고운영책임자(COO)가 되었다. 하지만 시어스는 이러한 구조에 불안을 느꼈다. 요컨대 초기의 협력자 선택이 안고 있는 문제로부터 자신을 보호할 '방화벽'을 세울 창의적이고 본질적인 방법을 찾아야 했다.

반면 오컴 테크놀로지(Ockham Technologies)의 짐 트라이언디플로(Jim Triandiflou)는 대부분의 기업가들이 부러워할 만한 딜레마를 경험했다. 관심을 보이는 수많은 투자자 중에서 가장 적당한 투자자를 선택해야 했던 것이다. 트라이언디플로는 자신이 내리는 결정이 회사의 미래와 회사 내에서 자신의 역할에 큰 영향을 미칠 것이라고 짐작했다. 부대조건이 별로 없는 에인절 투자자와 더 많은 지배력을 원하지만 필요한 자원을 제공할 수 있는 벤처 캐피털 업체 중 어느 쪽을 선택해야 할까? 교사였던 트라이언디플로의 아버지는 33년 동안 같은 교실에서 일할 만큼 안전지향주의자였고 트라이언디플로는 자신 역시 아버지와 비슷한 유형이라고 생각했다. 마케팅 학위와 MBA를 보유한 트라이언디플로는 컨설팅 업체에서 근무한 적이 있으며 자신이 기업가의 길로 뛰어들게 되리라곤 상상도 하지 못했다. 하지만 동료인 켄 버로스(Ken Burows)가 구상한 영업 관리 소프트웨어 신생 업체에 관해 얘기를 나눈 뒤 트라이언디플로는 한 번 시도해보기로 결심했다. 두 사람은 컨설팅 업체에서 트라이언디플로와 함께 일한 마크 마이젠하이머(Mike Meisenheimer)를 오컴 테크놀로지의 세 번째 공동 창업자로 영입했다. 그런데 첫아이를 낳은 버로스가 직장을 그만두면서까지 오컴에 합류할 수는 없다고 결정하면서 트라이언디플로와 마이젠하이머 두 사람만이 창업을 추진하게 되었다. 두 사람은 얼마 지나지 않아 IBM을 고객으로 확보하고 외주업체에 소프트웨어 개발을 맡겼다. CEO로서 트라이언디플로는 자신이 구상한 개념을 투자자들에게 성공적으로 홍보했다. 하지만 각 투자자의 제안이 오컴의 성장과 발전에 중요한 영향을 미치기 시작했다.

　이 책에서 마지막으로 다룰 주요 사례는 피드버너(FeedBurner)의 창업자 딕 코스톨로(Dick Costolo)이다. 코스톨로는 피드버너를 창업하기에 앞서 신생 업체 3개를 설립한 경험이 있으며 훗날 트위터의 CEO가 되었다. 코스톨로와 그의 '연쇄 창업 팀'은 몇 개의 신생 업체를 함께 만든 다음 긴장은 낮추고 공동 창업의 가치는 높이는 성공적인 공식을 개발한 것처럼 보였다. 사업을 시작하기 전에 코스톨로는 시카고에서 스탠드업 코미디언(무대에 서서 혼자 공연하는 코미디언—옮긴이)으로 활동했다. 그리고 몇 년 동안 앤더슨 컨설팅(Andersen Consulting)에서 엔지니어로 일하다가 앤더슨이 인터넷 기술의 추진에 관심이 부족하다는 점에 불만을 느끼고 동료와 함께 회사를 떠나 웹사이트 컨설팅 업체를 세웠다. 초기에 만든 신생 기업을 통해 이들 창업 팀은 잘못 뽑은 직원, 투자자 그리고 팀원 서로 간에 일어나는 문제들과 씨름했다. 하지만 창업 팀은 결속을 유지했고 그 과정에서 한 명의 공동 창업자를 잃고 다른 3명이 합류했다. 네 번째 설립한 피드버너에서 창업 팀은 이전에 세운 신생 기업들로부터 얻은 교훈을 발판 삼아 순조롭게 일을 진행하는 듯싶었다. 하지만 그들은 이내 순조롭게 작동하는 팀이라도 결승선이 가까워졌을 때에는 의견 충돌을 일으킬 수 있다는 사실을 깨달았고 그런 후에야 마침내 약속의 땅으로 다가갈 수 있었다. 이러한 딜레마를 해결한 뒤 코스톨로는 가장 주목받는 연쇄 창업자 겸 CEO 중 한 명이 되어 트위터의 실권을 움켜쥐었다.

위에서 소개한 창업자들은 이 책 곳곳에 등장한다. 그리고 남편과 아내가 팀을 이루어 생명과학 분야의 신생 기업을 세운 사례처럼 그 외의 창업자들도 각 장에서 중요한 역할을 한다. 전체적으로 볼 때 이들 창업자는 성격, 스타일, 배경, 능력 등이 매우 다른 각양각색의 사람들이다. 하지만 앞으로 살펴보겠지만 이들이 직면한 딜레마는 놀라울 정도로 비슷하다. 창업자들은 한결같이 언제 창업의 길로 뛰어들 것인지, 다른 사람과 함께 창업해야 할지, 공동 창업자와 어떻게 협업해야 할지, 자금을 투자하지 않은 직원을 어떻게 고용해야 할지, 스스로 자본을 조달해야 할지, 외부 자본을 끌어 모아야 할지 결정해야 한다. 만약 그 여정의 갈림길에서 잘못된 결정을 내릴 경우 신생 기업을 벼랑으로 내몰거나 창업자 자신이 탐험 대장의 자리를 뺏길 수도 있다. 또한 이보다는 덜 극적이지만 각각의 결과가 신생 업체의 성공이나 실패 가능성을 높일 수 있다.

기업가로서 여정을 시작한 창업자들은 본받을 지침도 없고 갈림길이나 구덩이 같은 난관을 예상할 방법 또한 없다. 필자는 기업가들로 하여 금 창업자의 지침으로 무장하게 함으로써 보편적인 위험에 대해 알려 주고, 팀의 안정성과 능률을 높여 원하는 목적지에 도달하도록 돕고 싶 다. 앞으로 우리가 다룰 36건의 사례 연구는 창업자들이 걸어갈 지형의 지도를 알려주고, 1만 명의 창업자 관련 자료는 각각의 결정이 얼마나 자주 이루어지며 어떤 영향력을 지니는지 보여줄 것이다. 창업이라는 위험한 여행을 시작한 자신의 핵심 동기를 확실하게 인식한 창업자들 은 여정의 각 단계에서 맞닥뜨리는 상충 관계와 목적지에 도착하는 데 도움을 주는 선택이 무엇인지 잘 이해해야 한다.

가장 먼저 나타나는 갈림길은 창업을 하기 전에 과연 그 여행을 시작 할지, 시작한다면 그 시점은 언제일지 결정하는 것이다. 앞으로 논의하 겠지만 세 가지 요인(경력 요인, 시장 요인, 개인적 요인)이 모두 우호적이라 면 쉽게 결정할 수 있다. 하지만 비우호적 요인이 한 가지 이상이라면, 예비 창업자는 언제 창업할지에 대한 현실적 딜레마와 싸우느라 신생 기업, 가족 상황 또는 무엇보다 기업가의 길로 접어들 수 있는 능력까지 위태롭게 할 가능성이 있다. 2장에서는 이 세 가지 요인과 이것들이 창 업 결정에 영향을 미치는 방식을 중점적으로 다룰 것이다.

경력 딜레마

예비 창업자는 창업할 것인지 그리고 언제 어떻게 창업할 것인지를 결정할 때 다양한 위험에 직면한다. 그들은 자신에게 성공에 필요한 기술과 동기가 있는지 검토조차 해보지 않고 창업에 뛰어들지도 모른다. 개인적 상황을 고려하거나 그런 상황이 성공에 어떤 악영향을 미칠 수 있는지 (또는 그런 상황 때문에 성공의 기반이 얼마나 약화될지) 검토하지 않은 채 사업과 관련한 문제에만 초점을 맞출 수도 있다. 아니면 창업 아이디어에 푹 빠져 냉철한 평가를 하지 못한 채 흥미로운 발상에만 열심히 매달릴 수도 있다. 너무 일찍 창업에 뛰어들면 파멸적인 실패를 맞을 수 있다. 반면 너무 오래 기다리는 사람은 넉넉한 생활 방식과 꾸준히 들어오는 급여라는 수갑에 갇혀 있다가 은퇴할 무렵이 되어서야 자기 삶을 되돌아보고 창업을 시도하지 않은 것을 후회할 수도 있다.

경력 문제와 관련한 다양한 선택권을 이해하기 위해, 매우 다른 환경에 직면해서 매우 다른 결정을 내린 예비 창업자 2명을 만나보자.

험프리 첸(Humphrey Chen)은 경력 초기에 창업을 고려한 예비 창업자였다. 첸은 전통적인 타이완 가정 출신으로서 가족은 그에게 의사가 되라고 적극 권유했지만 정작 본인은 신생 기업과 첨단 기술에 마음이 끌렸다. 첸은 빠르게 성장하는 산업과 기업의 '흥분과 불확실성'을 좋아했다. 첸은 MBA 과정 2년 차일 때 청취자가 라디오에서 흐르는 음악을 확인하고 구매할 수 있는 신기술을 동급생과 함께 개발했다. 첸은 "아이디어가 그냥 머릿속에서 딱 떠올랐습니다"[1]라고 말했다. 노래가 흐르는 동안 전화번호를 누르고 방송국 번호를 입력하면 바로 해당 노래를 구매할 수 있는 이 아이디어에 크게 흥분한 첸은 특허를 신청하고 기본적인 기술 데모 프로그램을 개발했다. 그리고 이 아이디어로 돈을 벌기 위해 코넥서스(ConneXus)라는 회사를 설립하기로 했다.

그러는 와중에 한 일류 컨설팅 회사가 첸에게 맨해튼에서 진행하는 혁신적인 미디어 및 통신 프로젝트의 일자리를 높은 급여와 함께 제안했다. 첸의 관심사와 배경에 잘 맞는 일자리였다. 게다가 몇 개월 뒤로 예정된 세실리아와의 결혼도 첸의 딜레마를 가중시켰다. 세실리아는 약학 학위를 따기 위해 공부하는 중이라 아직 수입이 없는 상태였다. 세실리아는 "나는 험프리만큼 대담하지 않습니다. ……안정을 추구하는 사람 쪽에 가깝죠. 컨설팅 일을 선택하면 경제적으로 보장이 되니 확실히 그쪽이 든든하게 느껴졌습니다"[2]고 말했다. 하지만 자신이 구상한 신생 기업의 아이디어를 외면하고 싶지 않았던 첸은 코넥서스 설립에 전적으로 매달릴 것인지, 컨설팅 일자리 제안을 수락할 것인지 고민하면서 투자가들과 협상을 시작했다.

반면 배리 널스는 훨씬 긴 시간을 기다린 뒤에야 창업을 검토하기 시작했다. 텍사스 주 출신인 널스의 가족 중에는 자영업자가 많았다. 그의 표현을 빌리면 "평생 기업가와 소규모 기업에 둘러싸여 있었다". 하지만 널스는 아버지와 할아버지 뒤를 따르는 대신 2년 과정의 기술 학위를 취득한 뒤 텍사스 주에서 가장 큰 기업 중 하나인 GTE에 입사했다. 그 후 25년 동안 GTE에서 꾸준히 승진하며 갈수록 책임감이 높아지는 직무와 씨름했다. 하지만 1999년 GTE가 벨 애틀랜틱(Bell Atlantic)과의 합병을 발표하자 널스는 이러한 합병이 자신에게 어떤 영향을 줄지 걱정하다 마침내 자기 회사를 직접 설립하는 문제를 심각하게 고민하기 시작했다. 널스는 결혼을 한 데다 학교에 다니는 자녀가 둘이나 있었다. 하지만 아내는 남편이 한 단계 도약할 수 있도록 용기를 주었고, 그런 변화를 쉽게 받아들일 수 있도록 이사할 뜻까지 내비쳤다. 널스는 우선 신생 기업 두 곳에서 일하며 앞으로 어떤 생활을 해야 하는지 파악했다. 그런 뒤에도 아내가 여전히 창업을 지지하자 자기 회사를 설립할 아이디어를 물색하기 시작했다.

창업자 대부분이 첸처럼 젊은 나이에 사업을 시작할까, 아니면 널스처럼 늦깎이일까? 양쪽 모두 아니다. 인생의 단계는 자기 사업을 시작하는 데 중요한 요인인 것 같지 않다. 처음으로 창업을 한 기술 및 생명과학 분야의 신생 기업 창업자 수천 명의 자료가 담긴 필자의 데이터베이스를 살펴보면, 창업 결정을 내린 인생의 단계가 매우 다양하다는 사실을 알 수 있다. 요컨대 '최적의' 창업 연령이란 없다.[3] 창업자들은 평균 14년을 다양한 분야에서 일한 다음 창업에 뛰어들었지만 표준 편차가 9.8년이나 된다. 기술 분야 창업자의 업무 경력은 평균 13.1년, 생명과학 분야 창업자는 15.9년이었다. 창업자의 35퍼센트가 20년 이상 일한 뒤 창업했고, 그중 47퍼센트는 생명과학 분야 창업자였다. 하지만 업무 경력이 0~4년에 불과한 경우도 있었다.[4] 첸은 이러한 연령 분포에서 매우 낮은 쪽에 속하고 널스는 높은 쪽에 해당한다.[5] 하지만 회사를 설립하고 싶은 열망을 느낀 나이는 매우 달랐다. 그럼에도 그 열망을 언제 어떻게 실천할지 결정할 때 검토한 요인은 놀라울 정도로 비슷했다.

예비 창업자는 자신의 열정을 좇기 전에 한 걸음 뒤로 물러나 이번 장에서 다룰 창업 전 질문에 답해보도록 하자.

1. 나는 사업가가 되어야 할까?
2. 만약 그렇다면 언제 창업에 뛰어들어야 할까? 경력 초기에 해야 할까, 아니면 더 많은 경력을 쌓은 뒤에 시도해야 할까?
3. 나는 나 자신의 아이디어를 냉철하게 평가할 수 있는가?

이러한 질문은 개인적 문제(상황이 어려워졌을 때 배우자가 협조적일까? 가족의 상황이 회사 설립에 도움이 될까?), 경력 문제(나는 회사를 설립할 만한 기술과 경력을 쌓았을까?), 시장 문제(내 아이디어가 괜찮을까? 또는 내 아이디어에 푹 빠져 잘못 판단하는 걸까?)와 결합하기 때문에 특히 복잡하다. 이들 질문에 각 창업자가 내놓는 답은 이후 직면할 딜레마 전체에 큰 영향을 미칠 것이다. 예를 들어, 경력 초기에 창업하는 사람은 부족한 기술을 보강하기 위해 공동 창업자와 노련한 직원을 유치하는 방안을 검토해야 할 것이다. 반면, 관련 분야에서 경험을 쌓은 대기만성형 창업자는 1인 창업과 경험 부족한 직원을 채용하는 데 한층 유리하다.

나는 창업을 해야 할까

나이에 관계없이 예비 창업자들은 사업 아이디어 자체나 창업자가 되겠다는 생각, 혹은 산업을 변화시킬 기회에 굉장한 열정을 느낄 수 있다. 그러한 열정은 종종 창업 의욕을 불러일으키는 중요한 원천이 되며[6] 이번 장에서 설명하는 모든 창업자에게 공통된 요소다. 그러나 여기서 검토할 창업자들은 연령, 경험, 어린 시절의 영향, 성격, 결혼 여부 및 가족 상황, 경제적 상황 그리고 아이디어를 얻은 곳 등 그 밖의 거의 모든 측면에서 각기 다르다. 그렇다면 사람들이 창업을 결심하는 방식에 일정한 패턴이 있을까?

기업가는 모험을 좋아한다는 일반적 인식과 달리 위험 회피 성향은 기업가가 되겠다는 결정을 하는 데 영향을 미치지 않는 것처럼 보인다. 기업가와 비기업가적 관리자 사이의 위험 회피 성향에 상당한 차이가 있음을 확인하려는 연구는 상충하는 결과나 방법론적 문제로 어려움을 겪는다.[7] 그러나 아래에서 자세히 설명하겠지만 여러 연구에 의하면, 서로 다른 두 가지 요인이 기업가와 비기업가의 길을 나눈다고 볼 수 있다. 첫째, 어린 시절의 영향이 창업을 검토하는 사람에게 강하게 작용해 어떤 사람은 창업을 추진하는가 하면 다른 사람은 창업을 포기한다. 둘째, 이러한 영향은 예비 창업자의 동기와 그들이 중시하는 보상이 무엇인지에 따라 커질 수 있다.

어린 시절의 영향

창업자는 자신이 성장한 가족과 문화에 큰 영향을 받고, 어떤 경우에는 특정한 역할 모델에서 많은 영향을 받기도 한다. 20년 넘게 기업가의 경력 문제를 연구한 팀 버틀러 박사는 그다지 잘 알려져 있지는 않지만 연장자인 친척의 말과 행동 또는 한 개인이 성장 과정에서 겪는 문화가 던져준 초기의 메시지가 가장 강한 영향을 미칠 수 있다고 말한다. "우리는 무엇이 중요한지, 무엇이 성공이고 실패인지, 무엇이 성취에 중요하고 중요하지 않은지에 관해 매우 강력한 메시지를 얻는다. 많은 문화권에서, 자기 사업체를 소유할 때의 가치 대(對) 취업할 때의 가치에 관한 메시지 역시 여기에 포함되므로 경력과 관련한 우리의 의사 결정에 영향을 미친다고 할 수 있다." 이러한 메시지가 기업가로 향한 길에서 예비 창업자를 강력하게 밀어낼 수 있다. 예를 들어, 험프리 첸은 기업가를 높이 평가하지 않는 집안에서 성장했다. "부모님은 항상 내 직업 선택에 반대했습니다. 아버지는 의사였고, 형제 둘도 의사였습니다. 타이완에서는 의사(혹은 변호사나 그 밖의 전문직)가 되지 못하면 기업 쪽으로 진출하지요. ……기업가는 의사와 다른 계층입니다. ……난 집안에서 골칫덩이였지요."[8] 이러한 부정적 메시지는 기업가가 될 것인지, 아니면 좀더 전통적인 길을 따를 것인지 고민할 때 험프리에게 큰 영향을 미쳤다.

반면, 부모나 가까운 친구 혹은 이웃이 자영업자일 때는 다른 사람보다 기업가가 될 가능성이 높다.[9] 배리 널스는 가족 내 기업가들로부터 사업에 대한 안목을 배웠다. 널스는 "아버지는 주유소와 총기 회사를 운영하셨습니다. 할아버지는 골동품을 팔고, 땅을 사고팔기도 하셨죠. 폐차장도 소유하셨고요. 삼촌은 불도저 회사의 소유주였어요. 어렸을 때부터 기업가들에게 둘러싸여 있었던 셈이죠"라고 말했다. 널스의 가장 오래된 어릴 적 기억 중 하나는 할아버지와 벼룩시장에 갔던 일이다. "할아버지가 나를 첫 번째 월요일 장터(First Monday Trades)에 데려가셨을 때, 내 키는 좌판을 가까스로 볼 정도밖에 되지 않았습니다. 할아버지는 좌판에 여섯 가지 물건을 올려놓으셨죠. 랜턴, 풍로, 골동품 권총 그리고 그 밖에 두 가지 물건이 있었습니다. 할아버지는 '돈을 이만큼 받아. 사는 사람이 값을 깎아달라고 하면 이만큼 깎아줘도 돼'라고 말씀하신 다음 장사를 하러 가셨고, 난 거기에 서서 흥정을 했습니다. ……이런 환경에서 자랐기 때문에 어떻게 아이디어를 얻고 추진하는지, 고객의 관심을 어떻게 끌 수 있는지, 고객을 어떻게 다루는지 등에 대한 전체적인 과정을 볼 수 있었지요." 20년 넘게 대기업에서 일한 뒤에도 벼룩시장에서의 오래전 경험은 언젠가 기업가가 되겠다는 닐스의 성향에 강한 영향을 미쳤다.

많은 창업자에게 이토록 강렬한 어릴 적 경험이 있는 것은 아니다. 하지만 어릴 때 가족과 문화를 통해 받은 영향력을 되짚어보면 종종 자신이 새로운 기업을 세우는 일에 왜 그렇게 끌렸는지 또는 왜 그렇게 창업을 회피했는지 알 수 있다. 이러한 영향을 핵심적 동기 분석과 결합하면 그 사람이 훗날 창업자가 될 것인지, 아닌지를 좀더 분명하게 예상할 수 있다.

창업자의 동기: 부와 지배력 동기의 중요성

1장에서 필자는 전 세계 수천 명을 대상으로 가장 보편적인 창업 동기를 파악한 커리어리더 데이터베이스에 대해 설명했다. 커리어리더는 조사 참여자 별로 소속감, 이타주의, 자율성, 경제적 이익, 지적 도전, 라이프스타일, 인간 관리, 자리매김, 권력과 영향력, 명망, 인정, 안정성, 다양성이라는 13개의 가능한 동기, 즉 "업무 보상에 관한 가치 기준"을

순위에 따라 분석한 것이다.[10]

필자는 커리어리더 공동 개발자인 팀 버틀러와 협력해 커리어리더 데이터베이스 안의 2만 7000개 조사 결과를 성별, 연령대별(20대, 30대, 40대, 그 이상의 사람), 기업가적 상태별(기업가인지, 아닌지)로 분류했다.[11] 그 결과 기업가와 비기업가 사이의 동기에는 뚜렷한 차이가 나타났다. 하지만 성별 간에는 차이가 줄어들었고(성별 차이에 대해서는 이 책 뒷부분에서 집중적으로 다룰 예정이다) 연령대별로는 더욱 차이가 나지 않았다. (특히 기업가의 연령대별 창업 동기의 차이가 적었으며, 그러한 동기는 수십 년에 걸쳐 더욱 고정적인 양상을 보였다.)

표 2.1은 20대 남성의 상위 4개 동기를 나타낸 것이다. 이 범주에 속한 기업가들의 동기에서는 지배력과 관련한 항목(권력과 영향력, 자율성, 인간 관리) 및 경제적 이익이 두드러졌다.▪ 흥미롭게도 경제적 이익을 제외하면 기업가에게 상위를 차지한 항목이 비기업가에게는 매우 낮은 순위를 차지했으며 그 반대 역시 성립했다.

우리가 연구할 창업자들은 이러한 창업 동기의 스펙트럼에 해당한다. 예를 들어, 블로거의 에번 윌리엄스는 권력과 자율성 확보의 중요성을 분명히 느꼈고, 심지어 수백만 달러의 합병 제안 거부를 이런 이유로 정당화하기도 했다. 윌리엄스는 "4년 동안 블로거에 마음을 쏟고 나니 지

▪ 1장에서 설명한 것처럼 부와 지배력 선택의 중요성은 (매우 다른 자료인) 코프먼 재단과 PSED, 즉 기업 원동력에 관한 패널 연구 데이터베이스에서도 나타난다. 필자는 커리어리더 데이터베이스를 강조하는데, 그 이유는 다음과 같다. (a) 자료의 규모가 훨씬 크다. (커리어리더는 기업가들의 동기 검토에 쓰였던 예전 데이터베이스를 훨씬 상회하는 2만 7000명의 경영진과 기업가에 관한 자료를 담고 있다.) (b) 성별, 인생의 단계, 기업가적 상태에 따라 개별적 분석이 가능하다. (C) 다양한 동기 평가 방식을 사용한 다채로운 저변 심리 연구를 바탕으로 하고 있다.

표 2.1 20대 남성의 4대 동기

순위	20대 남성 기업가 (남성 비기업가에서의 순위)	20대 남성 비기업가 (남성 기업가에서의 순위)
1	권력과 영향력(10위)	안정성(공동 1위)(13위)
2	자율성(13위)	명망(공동 1위)(6위)
3	인간 관리(9위)	경제적 이익(4위)
4	경제적 이익(3위)	소속감(11위)

배력을 포기하면 아주 위험해질 것 같은 생각이 들었습니다"라고 말했다. 반면, 창업자 겸 CEO 딕 코스톨로는 피드버너의 합병 제안을 받았을 때 돈에 이끌렸다. "나는 더 이상 엔지니어가 아닙니다. 따라서 최상의 가격이 중요했지요." 프랭크 어단테(Frank Addante)도 스트롱메일(StrongMail)을 설립한 동기를 경제적 문제에서 찾았다. "나는 '일정 기간 내가 이 회사에 매달려 계속 운영하도록 자극받는 동기가 무엇일까?'라는 측면에서 생각했습니다. 주식 지분이 크다면 회사에 머무르는 데 지속적인 동기부여가 될 것입니다." 이들 창업자는 모두 매우 효과적인 신생 기업을 세우고자 열망했지만, 창업자마다 '효과'의 의미는 매우 달랐다. 경제적 동기가 중심인 창업자에게 '효과'란 큰 부를 얻는 것을 의미한다. 하지만 지배력이 창업 동기인 사람에게 '효과'는 자신이 마음속으로 그린 제품이나 서비스를 세상에 내놓는 것을 뜻한다.

표 2.2는 20대 여성의 상위 4개 동기를 나타낸 것이다. 이번에도 한 가지 예외(이타주의)를 제외하고는 기업가에게 상위를 차지한 동기가 비기업가에게는 훨씬 낮은 순위를 차지했고 그 반대 역시 성립했다. (여성 기업가의 동기 목록에서 지배력 관련 항목이 두드러진 점은 남성 기업가의 결과와 유사하다. 하지만 여성 기업가의 경우는 경제적 이익이 남성보다 훨씬 낮은 순위를 기록

표 2.2 20대 여성의 4대 동기

순위	20대 여성 기업가 (여성 비기업가에서의 순위)	20대 여성 비기업가 (여성 기업가에서의 순위)
1	자율성(12위)	인정(10위)
2	권력과 영향력(13위)	소속감(12위)
3	인간 관리(10위)	안정성(13위)
4	이타주의(5위)	라이프스타일(11위)

했다.) 20대에 온라인 베이비시터 회사를 설립한 제네비브 시어스는 자신의 창업 동기 중에 자율성과 영향력이 포함되었다고 말했다. "나는 〔IBM에서 일하는 동안〕 굉장히 고립된 기분을 느꼈습니다. 커다란 기계의 부품이 된 것 같았고, 내가 어디로 가고 있는지도 몰랐죠. 그러다 의욕이 솟으려면 큰 그림을 이해해야 한다는 걸 깨달았습니다. ……〔시터시티에서〕 나는 크고 아름다운 무언가를 맡고 있습니다."

자료를 살펴보면, 20대에 상위을 차지한 동기 대부분이 30대와 40대 이상까지 계속되어 평생 동안 비교적 고정된 상태로 유지된다는 사실을 알 수 있다. 표 2.3은 20대의 상위 4개 동기 중 30대 집단의 4대 동기에 남아 있는 항목과 새로 진입한 항목을 범주별로 보여준다. 여성 기업가의 경우는 30대가 되면 상위 4개 동기에 다양성이라는 항목이 새로 진입하지만, 남성과 여성 기업가 모두 그 밖에 다른 변화는 없었다. 반면 비기업가들의 동기는 덜 고정적인 것으로 나타났다. 남성과 여성 모두 상위 4개 동기 중 절반이 바뀌었기 때문이다.

표 2.4에서 알 수 있듯이 남성 기업가의 동기는 40대 이상으로 접어들면서 눈에 띄게 변한다. 동기 중 2개(자율성, 권력과 영향력)는 20대, 30대, 40대까지 계속 남아 있지만 40대 남성 기업가의 경우에는 이타주의와

표 2.3 30대의 4대 동기

30대	남성 기업가	여성 기업가	남성 비기업가	여성 비기업가
20대부터 이어진 4대 동기	자율성 경제적 이익 인간 관리 권력과 영향력	자율성 이타주의 권력과 영향력	명망 안정성	인정 안정성
4위 안에 새로 진입한 동기		다양성	자리매김 인정	이타주의 기타

표 2.4 40대의 4대 동기

40대	남성 기업가	여성 기업가	남성 비기업가	여성 비기업가
30대부터 이어진 4대 동기	자율성 권력과 영향력	자율성 이타주의 다양성	인정 안정성	이타주의 다양성
4위 안에 새로 진입한 동기	이타주의 다양성	지적 도전	이타주의 자율성	소속감 자율성

다양성이라는 항목이 새로 포함된다. (남성 기업가는 여성 기업가보다 다양성 항목은 10년 늦게, 이타주의 항목은 20년 늦게 중시했다.) 비기업가의 경우는 이번에도 4위 안에 2개가 그대로 남아 있고 새로 2개 항목이 진입했다. 40대에는 모든 집단의 동기가 비슷해진다. 즉 4개 집단 모두에서 자율성과 이타주의가 4위 안에 포함되고 다양성 항목은 3개 집단 모두에서 나타난다는 것을 알 수 있다.

메이저리그 투수 커트 실링(Curt Schilling)은 은퇴 후의 삶을 생각하기 시작할 때 이타주의를 창업의 가장 중요한 동기로 삼았다. 즉 ALS(루게릭병) 치료를 돕는 자선 활동을 하던 중 "박애주의로 세상을 변화"시키는 데 관심을 갖게 되었다. 실링이 모델로 삼은 자선가는 빌 게이츠였다.

사업으로 수십억 달러를 번 빌 게이츠는 그중 많은 돈을 매우 큰 영향력을 지닌 박애주의 재단을 설립하는 데 투자했다. 그 결과 실링은 '대규모 다중 사용자 온라인 게임(MMOG)' 신생 기업인 38스튜디오(38 Studios)를 설립하기로 결심했다.

기업가와 비기업가가 흥미를 느끼는 보상은 매우 다른 것으로 나타났다. 특히 경력 초기에 있는 사람일 경우 더욱 그러했다. 이를 통해 중시하는 창업 동기가 기업가나 비기업가의 그것과 겹치는 예비 창업자는 언제 회사 설립을 검토해야 할지, 말아야 할지 참고할 수 있을 것이다. 기업가와 비슷한 동기를 지닌 사람에게는 다음과 같은 질문이 필요하다. 내 경력의 어느 시기에 창업해야 할까?

언제 창업해야 할까

기업가가 되겠다는 뜻을 품은 사람은 가능한 한 하루빨리 창업자가 되고 싶은 강한 유혹을 느낀다. 그러나 아무런 준비 없이 조직을 만들 때의 어려움을 생각하면 사업에 뛰어들기 전에 철저한 검토가 필요하다. 특히 그동안의 업무 경험을 통해 스스로 창업에 뛰어들 준비를 했는지 살펴보아야 한다. 그러나 동전에는 양면이 있게 마련이다. 예비 창업자들은 좀더 잘 준비한 다음 창업하기 위해 종종 때를 기다리는 경우가 있는데, 자칫 경력 후반까지 기다리다 함정에 빠질 수도 있다. 다른 조직을 위해 일하다 보면 본질적으로 자기 회사를 세우기가 한층 어려워진다. 도표 2.1은 우리를 각 방향으로 이끄는 요인을 요약한 것이다. 서로 대립적인 이러한 요인에 대해 자세히 살펴보기로 하자.

기다려야 하는 이유

기다렸다가 창업하는 사람은 창업 이전의 업무 경험을 창업의 힘든 과제를 대비하는 데 활용할 수 있다. 요컨대 창업 전 경력을 짜임새 있게 설계하면 신생 기업에 알맞은 인적 자본, 사회적 자본, 금융 자본으로 무장할 수 있다.

인적 자본 구축

예비 창업자는 경력을 쌓으면서 신생 기업 설립에 필요한 인적 자본을 더욱 많이 축적할 수 있다. 인적 자본이란 신생 기업 설립에 필요한 기술, 지식, 전문성을 가리킨다. 여기에는 널리 적용되는 보편적 인적 자원(예: 리더십, 말이나 글로 의사 표현을 분명하게 할 수 있는 능력)과 특정 조직이나 상황에 국한된 특수 인적 자본(예: 특정 제품 제작 방법에 관한 지식)이 포함된다. 또한 다른 측면에서는 학교 교육을 통해 얻은 공식적 인적 자원(예: 생명공학이나 컴퓨터과학 학위 취득)과 업무 및 인생 경험을 통해 얻은 암묵적 인적 자원(장비 영업 사원과의 협상법 터득)이 포함된다.[12]

창업자들은 경험을 축적하면서 심성 모형(또는 도식), 즉 정보를 분류하고 이해하는 방식을 습득한다.[13] (의료 소프트웨어 회사를 설립하고자 하는) 의사와 마케팅 전문가는 같은 정보를 접하더라도 그것을 다르게 해석한다. 각자 적용하는 심성 모형에 따라 더욱 중요하게 고려하는 세부 사항이 다르고 계획 중인 신생 업체에 미칠 영향 또한 다르게 해석하기 때문이다. 창업자들의 기업 설립 방식은 그 기업에 적용하는 심성 모형의 영향을 크게 받는다.[14] 많은 경험을 쌓는다 해도 적절한 심성 모형을 형성하지 못한다면 그런 경험 축적의 가치는 낮아지게 마련이다. (더욱 나쁜 경우는 경험이 비생산적 심성 모형을 형성하는 것이다.)

도표 2.1 '창업 시기' 결정에 영향을 미치는 요인

경력 초기에 창업	←———————————————→	······할 때까지 기다렸다가 창업
황금 수갑이 너무 단단해지기 전에		더 많은 인적 자본을 구축할 때까지
가족이라는 수갑이 너무 단단해지기 전에		더 많은 사회적 자본을 구축할 때까지
너무 전문화되기 전에		더 많은 금융 자본을 구축할 때까지
고용주의 자원에 너무 의존하기 전에		

업무와 학교

험프리 첸은 경영대학원에 다니기 전 프라이스 워터하우스(Price Water-house), 모건 스탠리(Morgan Stanley), 마케팅 컨설팅 업체, 인터넷 기반의 음악 소매상 등 다양한 회사에서 각각 1년 정도씩 일하며 어느 정도 폭넓은 업무 지식을 쌓았다. 다양한 업무 및 학업 경험은 실제로 자영업자가 되고자 하는 의지를 상당히 높여준다.[15] 하지만 첸은 코넥서스라는 전도유망한 아이디어의 범위나 가치 제안을 완전히 이해할 정도로 깊이 있는 경험이나 지식을 얻지는 못했다. 반면 또 다른 젊은 창업자 비베크 쿨러는 5년간 벨 애틀랜틱에서 엔지니어로 일하다가 경영대학원에 등록했다. 쿨러는 세계 수준의 조직이 어떻게 운영되는지 훨씬 잘 이해하고 자신이 세울 신생 기업과 관련한 기술을 더욱 깊이 있게 파악함으로써 기술적 원형(prototype)을 훨씬 신속하게 개발할 수 있었다. 그런데 쿨러는 자신이 시장으로 겨냥한 연예 공연장과 관련한 경험을 쌓지는 못했다. 아래에서 살펴보겠지만 하나 이상의 '자본'이 부족하면 허점이 생길 수 있는데, 신생 기업을 세울 때에는 반드시 이 허점을 메워야 한다.

첸은 한 기업에서 오랜 경력을 쌓지는 않았지만 학업에 시간과 경제적 자원을 투자했다. 그리고 상당한 노력을 기울여 최고 수준의 대학에서 기술 학위와 MBA 과정을 밟는 데 성공했다. 업무 기능을 집중적으

로 다루는 맞춤형 프로그램을 듣거나 특정 업계의 자격증을 따는 것은
배리 널스 같은 사람이 오랫동안 일하며 축적한 것과 같은 유형의 인적
자본을 얻는 지름길이다. 실제로 학교에 오래 다닐수록 창업자가 될 가
능성은 더 커진다. 스콧 셰인(Scott Shane) 교수는 광범위한 증거를 바탕
으로 "전문학교를 포함해 교육을 더 많이 받을수록 자기 사업을 시작할
가능성이 높다"[16]는 결론을 내렸다.

관리 경험

쿨러나 첸과 달리 널스는 학교를 2년밖에 다니지 않았다. 하지만 크
고 작은 팀의 관리자로서 10년 넘게 경험을 쌓았고 다양한 기능을 연결
해 전체 업무를 일관성 있게 진행해야 하는 총관리자로 일하며 큰 조직
의 손익을 책임지기도 했다. GTE에서 인수 합병 관리자로 일할 때는 신
생 기업의 기술을 정기적으로 분석하면서 신생 기업 사업 계획의 강점
과 약점을 파악하는 데 능숙해졌다. 또 호황과 불황의 순환을 여러 차례
겪으며 불확실한 상황에서 전략적이고 장기적인 시각을 유지하는 능력
을 습득했다.

널스는 관리자로서 경험(그리고 몇 년 뒤에 취득한 MBA)이 신생 기업 메이
저지를 세우고 팀을 이끄는 밑천이 되었다고 믿는다. 경영진 고용과 관
련해 널스와 이사진의 견해가 달랐을 때 이러한 경험이 자기주장을 고집
할 수 있는 확신을 주었다. 널스는 "경험이 적은 CEO는 이사회와 그 이
사회의 산업심리학자들을 상대로 뜻을 관철하는 데 어려움을 겪지만, 나
는 편하게 할 수 있었습니다"라고 말했다. 하지만 창업하기 전에 이런 경
험을 쌓는 경우는 비교적 드물다. 필자의 데이터베이스에 포함된 창업자
중에서 신생 기업을 설립하기 이전에 관리 경험을 쌓은 사람은 18퍼센트

에 불과했고, 그중 기술 분야 창업자는 19퍼센트, 생명과학 분야 창업자는 15퍼센트였다.[17] 〔또 다른 연구에서도 기술 관련 창업자는 창업하기 이전의 관리 경험이 부족할뿐더러 관리 기술 습득에 대한 관심 역시 부족하다는 사실이 밝혀졌다.[18] 가장 빠른 성장을 이룩한 개인 기업들의 목록으로 유명한 〈잉크 500〉에 등재된 기업의 "창업자들 역시 종종 깊이 있는 관리 경험이나 업무 경험이 부족하다".[19]〕

직무 배경

신생 기업을 설립하려면 제품 개발부터 마케팅, 영업, 재정, 인적 자원에 이르기까지 조직이 효과적으로 굴러가는 데 필요한 모든 직무를 짜임새 있게 결합해야 한다. 이런 직무를 경험한 창업자는 각 직무가 단독으로 그리고 전체의 일부로 어떻게 작동하는지 이해할 수 있다. 한 직무에 경험이 없는 창업자는 해당 직무가 전체에 어떻게 이바지하는지 핵심적인 측면을 보지 못하거나 신생 기업 설립보다 이런 직무를 배우는 데 귀한 시간을 써야 할지도 모른다. 젊은 창업자들이 직면하는 과제 중 하나는 여러 가지 직무나 일반 관리 경험을 습득하는 데 여러 해가 걸린다는 것이다. 배리 널스는 GTE에서 매우 유능한 직원이었음에도 이러한 유형의 경험을 축적하는 데 수년이 걸렸다.

직무 경험이 부족한 창업자는 그러한 영역에서 일어나는 문제에 기습 공격을 당할 수 있다. 짐 트라이언디플로와 공동 창업자 마이크 마이젠하이머가 영업 인력 최적화 소프트웨어 제품을 공급하는 오컴 테크놀로지를 설립했을 때, 두 사람은 모두 영업과 컨설팅 경험이 풍부했다. 요컨대 고객과 자사 제품의 가치 제안을 이해했다. 하지만 소프트웨어 설계와 개발에 대한 경험은 없었다. 트라이언디플로는 이렇게 말했다. "우리는 소프트웨어 개발에 필요한 세부적인 내용을 몰랐습니다. 전혀 몰랐죠. 그래서 드브라이(DeVry) 대학교에서 소프트웨어 코드 작성법을 배워야겠다는 농담을 하곤 했지요. 〔방법을〕 몰랐으니까요." 이런 경험 부족으로 인해 제품 개발과 프로토타입 시연이 상당히 늦어지고 실수가 발생하기 시작했다. 트라이언디플로는 "컨설팅은 지력(智力) 집약적이지만 소프트웨어는 운영(실행) 집약적입니다. 컨설팅에서는 실제 운영 때처럼 세부적인 수준으로 들어가지 않거든요. ……지금 내 아이디어 중 일부를 되돌아보면 내가 문외한이었다고 말할 수 있습니다. 실제로 이룰 수 있는 게 무엇인지, 그런 것들을 이루는 게 얼마나 어려운지에 관해 현실 감각이 없었죠"라고 말했다. 널스 역시 영업 및 제품 관리 경험을 바탕으로 작성한 자신의 일정표가 실무 직원의 일정표와 다르다는 것을 깨닫고 더 빠른 진전이 있길 바라며 조바심을 쳤다.

경영진의 직무 배경 역시 회사의 전략과 초점에 큰 영향을 미칠 수 있다. 특히 경영진이 마케팅, 영업, 연구 개발 같은 '산출물 직무' 출신이면 그 기업은 제품 혁신, 관련 업무의 다각화, 광고를 강조하는 경향이 있다. 반대로 경영진이 생산 및 공정 같은 '처리 직무' 출신이면 그 기업은 자동화, 최신식 공장 및 장비, 후방 통합(backward integration: 원재료의 공급원을 확보하기 위한 통합—옮긴이)을 강조하는 경향이 있다.[20]

산업 지식

창업자가 신생 기업이 속한 산업을 얼마나 잘 이해하는지에 따라 경험하는 과제도 크게 달라진다. 한 산업에 구체적인 지식이 있으면 치명적인 문제를 피하는 데 도움이 된다. 배리 널스의 경우, 메이저지의 모태가 된 아이디어를 찾을 때 깊이 있는 업계 경험 덕분에 자신의 강점을 활용할 수 있었다. 25년의 경험을 보유한 널스는 자기가 세울 신생 기업이 속한 산업에 충분한 인적 자본이 발달했기 때문에 잠재 목표 고객이 누구이고 그 고객들이 무엇에 호감을 느끼며 가치 제안에 무엇이 포함되는지 잘 알 수 있었다. "내 새 사업 계획은 GTE에서 제품 출시를 위해 업무 계획을 세우던 것과 비슷했습니다. 그래서 나 자신에게 일련의 기본적인 질문을 던졌죠. '내가 아는 게 뭐지?' 내가 아는 건 전기통신이기 때문에 그 분야의 사업을 해야 했습니다. '내가 아는 사람은 누구지?' 나는 고객사들을 잘 알고 있었죠. '이 고객사들이 전기통신 분야에서 관심 있는 대상은 뭘까? 어디에 돈을 쓸 용의가 있을까?'" 배리는 이런 질문에 답하는 법을 알았고, 그 대답을 바탕으로 탄탄한 사업 계획을 세웠다.

반면, 비베크 쿨러는 업계에 변화를 불러일으킬 온라인 티케팅이라는 아이디어를 갖고 있었다. 하지만 그 기술을 적용할 공연장이나 경기장, 행사에 관해서는 별로 아는 게 없었다. "우리는 이 분야에서 일해본 적이 없는 엔지니어들이었습니다. 나는 플리트 센터(Fleet Center, 보스턴 공연장)에 간 적이 딱 한 번밖에 없었죠. 평생 폭스보로 스타디움(Foxboro Stadium, 뉴잉글랜드 축구 경기장)에 경기를 보러간 적도 없고 〔뉴욕의〕 매디슨 스퀘어 가든(미국 프로 농구팀 뉴욕 닉스의 홈구장—옮긴이)에 가본 적도 없었습니다. ……〔우리는〕 스포츠 팬 같은 사람들이 아니었어요." 쿨러는 처음 대형 경기장의 운영 관리자를 만났을 때 자신이 형편없을 정도로 준비가 안 됐다는 사실을 깨달았다. "나는 이런 경기장들이 어떻게 구성돼 있는지 전혀 몰랐습니다. ……담당자는 그 신기술을 도입하면 운영상의 위험을 얼마나 감수해야 하는지 우려했지요. ……우리는 그 점은 별로 조사도 하지 않았고요. 그래서 그의 질문에 거의 대답하지 못했습니다."

스콧 셰인 교수가 소규모 기업에 관해 실시한 연구 조사에 따르면 "기업가의 절반 이상(55퍼센트)이 전에 일하던 산업과 다른 분야에서 사업을 시작한다"[21]고 한다. 이런 창업자 중에는 자신이 뛰어들 산업에 관해 모르면 참신하게 생각할 수 있기 때문에 오히려 도움이 된다고 믿고 싶어 하는 사람도 많다.[22] 물론 그럴 수도 있겠지만, 흔히 경험 부족에서 비롯된 단점은 무지에서 비롯된 장점보다 크다. 지금까지의 연구에 의하면, 자신이 일하지 않았던 산업에서 창업한 사람들은 업계 경험이 있는 창업자보다 조달 자본이 적고 고용 증가 또한 낮으며 실패율이 높은 것으로 밝혀졌다.[23] 한 산업에서 발달한 심성 모형이 새로운 산업으로 원활하게 옮겨가지 못했을 때 특히 더 그렇다. 한 산업에서 오랜 기간 일하고 심지어 그 산업에서 많은 성공을 거둔 예비 창업자일지라도 업계를 옮기려면 종종 심성 모형에 상당한 조절이 필요하다. 그리고 창업자가 자신의 심성 모형을 조절해야 한다는 것을 깨닫는다 해도 본래 형성된 모형의 요소들이 예상 밖의 문제를 일으키거나 특정 업계에서 통하는 가정에 자기도 모르게 익숙해져 어려움을 겪을 수 있다.

예를 들어, 유명한 전 프로야구 선수 커트 실링은 기업가로서 엄청나게 유리해 보일 수 있다. 사람들은 야구 스타라는 지위가 다른 사람에게는 닫혀 있는 문을 그에게 열어줄 것으로 기대한다. 그를 위해 일하고 홍보해주고 자금을 대려는 사람이 줄을 설 것이라고 예상한다. 야구 선수로 활동하면서 모은 금융 자본도 회사 설립에 도움이 될 것이라고 믿는다. 요컨대 그의 직업의식과 리더십이 재계에서도 큰 가치를 발휘하리라 생각한다. 실제로 이러한 이점은 실링이 MMOG 신생 기업인 38스튜디오를 설립할 때 도움이 되었다. 그러나 대규모 게임 회사에서 얼마 동안 직원들을 관찰했음에도 실링은 다른 영역에서 뜻밖의 깨달음을 얻었다. 실링은 "내가 이해하지 못하는 일들이 너무 많았습니다"라고 인정했다.

이러한 불일치 중 일부는 처음 창업하는 사람, 특히 그 업계에서 전업으로 일해본 경험이 없는 사람이라면 누구에게나 예상되는 일이다. 하지만 실링이 야구 선수로 활동하며 얻은 "경력 각인"[24]과 조직이 어떻게 움직이고, 사람들이 어떻게 동기를 부여받는지에 관해 발달시킨 심성 모형에 그 원인이 있는 경우도 많다. 예를 들어, 실링은 처음 왜 사람들이 14일 연속해서 일을 못하는지 의아했고 주말에는 왜 쉬어야 하는지, 심지어 정기 휴가까지 내야 하는지 이해하지 못했다. 그는 사람들에게 동기를 부여하는 방법과 회사의 팀 구성 방식에 적응해야 했다. 야구 선수들은 봉급쟁이로서 팀의 지분을 받지 않지만, MMOG 업계의 직원들은 봉급과 지분을 모두 받기를 기대했다. 심지어 실링이 당연하게 받아들인, 별로 문제없어 보이던 용어가 반대 의미인 경우도 있었다. 회의 도중 혼란을 느낀 실링은 마침내 사업가들이 쓰는 '번레이트(burn rate)'라는 말이 '지출한 현금 액수'를 가리키며 사업가들은 번레이트를 최소로 유지하고 싶어 한다는 것을 깨달았다. 한편, 야구 투수에게 '번레이트'는 '투구 속도'를 말하며 높을수록 좋다. 실링은 이 같은 혼란스러운 점과 일일이 씨름한 뒤 자신에게 단절된 부분이 무엇인지 이해하고 심성 모형을 조절하기 위해 애썼다. 하지만 예전의 심성 모형과 새로 뛰어든 산업 간의 불일치는 더욱 커져만 갔다.

소규모 기업에서 일하기 vs. 대기업에서 일하기

다른 사람이 세운 신생 기업에서 일하면 기업가 활동에 관한 암묵적인 지식을 쌓는 데 도움이 되어 직접 창업에 뛰어들 가능성이 높다.[25] 기업가 경험이 많은 사람은 한층 다양한 방식으로 잠재 기회를 인식·평가할 수 있고 무엇을 시도해야 하는지, 어떻게 시도해야 할지 경험에 따라 판단하는 능력이 발달한다.[26] 사회에서의 분업으로 인해 사람들은 저마다 보유한 사전 지식이 다르다. 기업가들은 창업 기회를 찾고자 기존 지식과 적절한 새 지식을 연계한 다음, 기회를 최대한 활용하는 방법과 목표를 올바로 연결하는 방법을 이해해야 한다.[27]■

스마틱스의 탄생 배경은 이러한 연결을 잘 보여준다. 쿨러는 전기공학 학위를 취득한 뒤 5년 동안 기술직에서 일하다가 경영대학원에 들어갔다. 그리고 경영대학원생 인턴사원으로 근무하던 중 전자식 출입 카드를 개발한 회사를 알게 되었다. 인턴 근무가 이전의 교육 및 경험과 결합해 새로운 아이디어를 촉발한 것이다. 쿨러는 열쇠 카드 기술이 공연장이나 경기장에서 자체적으로 입장권을 발매하도록 함으로써 티케팅 형태를 바꿀 수 있음을 즉각 알아차렸다. 요컨대 쿨러가 이 기술을 특별한 종류의 사업 기회로 인식한 데는 자신이 보유한 배경의 여러 가지 요소가 활용된 것이다.

기업가적 분위기를 가진 조직에서 일하면 관련 유형(relevant pattern)과 인과관계를 배울 가능성이 한층 많다. 실제로 소규모 기업의 직원은 대기업 직원보다 회사를 떠나 자기 업체를 차릴 가능성이 높다.[28] 또한 한때 벤처 캐피털의 투자를 받았던 기업이 그렇지 않은 기업보다 적어도

■ 노련한 기업가는 미리 정해놓은 목표가 아니라 주어진 방법(개인적 장점과 이미 보유한 자원)을 바탕으로 시작해 자신이 대응할 기회가 나타나도록 하는 '효과적 추론'을 이용할 가능성이 더 많은 것처럼 보인다. 반면 비기업가 경영진은 목표를 정한 다음 이를 달성하기 위한 최상의 방법을 찾는 '인과적 추론'을 이용하는 경향이 있다. 더 자세한 내용은 Sarasvathy(2008) 참조.

하나의 새 기업을 만들 가능성이 20퍼센트 높다. 또 다른 연구에서는 전체 창업자의 절반이 직원 25명 이하의 기업 출신으로 나타났다. 또한 직원 100명 이하의 기업 출신이 64퍼센트로 나타났는데, 이런 규모의 기업에 고용된 인력은 전체 고용인의 20퍼센트를 밑돌기 때문에 예상보다 3배나 넘는 비율이라고 할 수 있다.[29] 이런 결과에 대해 제시할 수 있는 한 가지 설명은 규모가 큰 기업은 직원의 혁신적 아이디어를 구체화하는 데 능숙해서 그들을 조직 내에 붙들어둘 수 있다는 것이다.[30] 역사가 짧은 기업이 기업가적 성향의 직원을 더 많이 끌어들일 수 있다는 설명 또한 가능하다. 하지만 경력 전문가인 팀 버틀러 박사는 너무 미성숙한 신생 기업에서는 업무 경험을 쌓지 말라고 경고한다. "창고에 달랑 2명만 있는 회사보다는 좀더 발전한 신생 기업이 일을 배우는 데 좋다. 좋은 멘토가 될 노련한 경영진을 영입한 좀더 성숙한 신생 기업이 창업 준비에 더 좋은 것이다. 이런 발전 단계에 있는 기업은 신생 기업이라는 환경을 원하면서 동시에 입증된 실적을 보유한 유능한 관리자 겸 멘토를 만나고자 하는 사람에게 최적의 곳이다. 날마다 힘든 결정을 내리는 상황에서 매우 노련한 관리자와 밀접하게 일할 〔기회를 얻을〕 수 있기 때문이다."

하지만 일부 대기업 역시 미래의 기업가에게 창업에 뛰어들도록 준비시키는 '기업가적 경력 각인'을 제공할 수 있다. 예를 들어, 1970년대에 세계적 의료 기기 회사인 백스터(Baxter)에서 일한 사람들은 생명공학 관련 신생 기업의 창업과 구축에 도움이 될 만한 준비를 잘 갖추었다. 백스터가 잠재력 높은 직원에게 창업에 필요한 역량, 커넥션, 자신감, 인식을 발달시킬 수 있도록 도와주는 '미니 CEO 직무'를 주었기 때문이다.[31] 실제로 1979년부터 1996년까지 상장된 생명공학 관련 신생 기업 중 거의 4분의 1에 해당하는 기업에 전 백스터 직원이 포함되어 있었다. 반면 백스터의 경쟁사인 애봇 연구소(Abbott Labs) 직원들은 좀더 전문적인 일을 하며 생명공학 신생 기업 창업과 관련성이 낮은 '직무 경력 각인'을 발달시켰다. 상장된 생명공학 신생 기업에서 애봇의 전 직원을 발견하기 어려웠던 이유이기도 하다. 다른 대규모 기업에서도 신제품 개발이나 새로운 국가에 지사를 여는 직무 등이 미래의 창업자를 탄탄하게 준비시켜줄 수 있다.

GTE는 널스에게 백스터와 비슷한 기업가적 경험을 제공했다. 하지만 대규모 기업에서 오랫동안 일함으로써 몇 가지 사각 지대가 생겼고, 널스는 자기 회사를 설립하면서 이러한 맹점을 극복해야 했다. 널스에게 닥친 과제는 외부 자본 유치, 이사회 관리, 급성장이라는 차별적 과제 관리 같은 신생 기업의 핵심적 요구 사항과 대기업에서의 경험 간 불일치에서 기인했다. GTE에서 겪은 경험과 창업자로 성공하는 데 필요한 인지 자본(cognitive capital) 사이에 차이가 있음을 인식한 널스는 먼저 신생 기업 두 곳에서 짧은 기간 일을 했다. 하지만 그 틈을 메워줄 만큼의 경험을 쌓지는 못했다. 널스는 "투자자와 관련해 나는 자금 조달 방식에 어떤 선택권이 있는지 몰랐습니다"라고 말했다. "나는 벤처 캐피털 외에 자금을 조달할 다른 방법을 알지 못했습니다." 널스는 벤처 캐피털에 제안서를 내며, GTE에서 준비해봤던 업무 계획과 흡사한 자신의 사업 계획이 너무 상세해 정작 가장 중요한 몇 가지 차별성을 강조하지 못한 데다 경영 팀에 초점을 맞추지 않았다는 사실을 발견했다. 사실 전에는 GTE라는 이름과 명성에 초점을 맞추기만 하면 되었다. 이를 통해 널스는 "[투자자들이] 신생 기업에서 실제로 가장 우선적으로 관심을 기울이는 것은 팀"이며, 제안서의 가장 많은 부분을 신생 기업에 관여한 특정 개인들에 관한 내용으로 채워야 한다는 것을 깨달았다.

일단 자금을 확보하자 널스는 벤처 캐피털이 주축이 된 새 이사회를 관리하는 문제와 씨름해야 했다. 이런 이사회는 널스가 GTE에 있을 때 접해보지 못한 존재였다. 한 가지 놀라운 것은 초기에 월례 이사회 회의를 준비하는 데 엄청난 시간이 들었다는 점이다. 널스는 "나는 벤처 캐피털이 내 회사에서 벌어지는 일을 파악해야 한다는 것을 알았고, GTE의 이사회보다 훨씬 많은 정보를 요구할 거라고 판단했습니다. 하지만 그들이 실제로 무엇을 바라는지는 몰랐죠"라고 말했다.

처음에 널스는 이사회를 상관이라 생각하고 지시를 완수하느라 많은 시간을 썼다. 그리고 나중에야 자신에게 사장/고용인 관계보다 훨씬 많은 자율권이 있음을 알아차렸다. 널스는 "이사회 위원들은 관리라는 관점에서 당신에게 제안하고 아이디어를 내지만, 당신으로 하여금 반드시 그 일을 하게 할 책임은 없습니다"라고 말했다. "당신이 동의하지 않는다면 이사회 위원들의 제안은 아무런 영향력도 없습니다." 또한 널스는 어떤 일을 위임해야 하고 위임하지 말아야 하는지조차 바로 이해하지 못했다. 다른 많은 창업자처럼 널스는 의사 결정권을 위임하고 포기하는 데 어려움을 겪었다. 그러던 중 어느 이사회 회의에서 널스가 부동산 보고서를 설명하자 한 위원이 "당신은 다른 일을 해야 합니다. 세부적인 일을 잔뜩 들고 여기에 다시 나타난다면 당신을 해고할 겁니다"라고 말했다. 널스는 "그 말이 CEO에 대한 이사회의 기대와 내가 CEO로서 해야 할 일에 대해 중요한 메시지를 던져주었습니다. 나는 늘 그동안 정말 바쁘게 일했지만, 그 말을 들은 뒤 잠시 업무를 중단하고 얼마나 많은 일을 위임하고 얼마나 많은 일을 직접 해야 하는지 생각했습니다"라고 회상했다.

널스는 또한 신생 기업의 성장 속도 때문에 관리 측면에서 GTE에 있을 때 접했던 것과 다른 문제가 발생한다는 사실을 깨달았다. 널스는 "〔신생 기업에서는〕 안정적인 회사에서보다 우선순위가 훨씬 더 중요합니다"라고 말했다. "나는 사람들에게 해야 할 일의 우선순위를 정할 뿐 아니라 하지 말아야 할 일의 목록을 작성하도록 해야 한다는 것을 깨달았습니다. 우리가 시장에 내놓을 신제품, 추가해야 할 새로운 요소, 목표로 삼아야 할 신규 고객 부문을 발견하는 것은 쉬웠습니다. ……회사 규모가 작을 경우에는 무언가를 추진할 때 귀중한 자원이 듭니다. 또 훨씬 빠른 속도로 움직이기 때문에 조직에 해를 끼칠 수 있지요. 그리고 위험이 클수록 더 큰 피해를 줄 수 있습니다."

일반적이지 않은 경험 활용하기

우리는 대개 인적 자본의 원천으로 학업과 업무 경험에 초점을 맞춘다. 하지만 창업자들은 학교와 일터 밖에서 관련 인적 자본을 종종 예상하지 못한 방식으로 얻을 수 있다. 예를 들어, 팀 웨스터그렌은 록밴드를 이끈 경험을 통해 얻은 리더십과 관리 기술을 온라인 라디오 서비스 분야의 개척자 판도라 라디오를 세우는 데 활용했다. 또한 작곡가 활동을 통해 귀중한 영업 경험을 얻었고, 성공을 추구하는 과정에서 겪은 흥망성쇠를 통해 버티는 법을 배웠다. 피드버너의 창업자 겸 CEO 딕 코스톨로는 처음 IT 업체를 세우기 전 '즉흥 연극'을 하는 스탠드업 코미디언이었다. 그런 경력은 새내기 기업가에게 특별히 도움이 되는 것처럼 보이지 않았다. 하지만 실제로 코스톨로는 무대에 섰던 몇 년 동안 인간의 본성과 팀 구조에 관해 상당히 많은 것을 배웠다. 코스톨로는 즉흥 연극 코미디언으로 활동하던 시기를 되돌아보면서 "내가 팀과 관련해 배운 가장 큰 교훈은 이것입니다. 즉 좋은 팀을 이룰 것처럼 보이는 부분들로도 좋은 (즉흥 연극) 팀을 만들 수 없다는 점입니다. 우리는 유명한 스타 세 사람과 함께 공연을 한 적이 있습니다. 개개인으로 보면 그 사람들은 아주 재미있고 일부는 뛰어난 성취를 이루었지요. ……하지만 그들은 누가 봐도 잘 협력하지 못했습니다. ……(나는) 개성 강한 사람들 사이에는 조화가 훨씬 더 중요하다는 것을 배웠습니다"라고 말했다. 코스톨로는 자신의 신생 기업 팀을 만들 때 이 교훈을 적용했다.

사회적 자본과 금융 자본 구축

사람들은 관련 인적 자본을 구축하면서 종종 창업자로서 활용하고 싶어 하는 사회적 자본 또한 함께 구축한다. 여기에서 사회적 자본이란 창업자가 이를 통해 자원을 발견하고 접근할 수 있는 사회적 · 전문적 관계의 지속적 네트워크를 말한다.[32] 인적 자본과 마찬가지로 사회적 자본에서도 젊음은 종종 불리하게 작용한다. 예를 들어, 널스는 잠재 직원, 고객, 조언자, 투자자와 오랜 세월 동안 관계를 구축한 다음 메이저지를 세웠다. 널스는 이렇게 풍부하게 비축한 자원에 힘입어 6개월 만에 메이저지를 가시화하겠다는 야심찬 목표를 달성했다. 널스에 비하면, 쿨러와 첸은 사회적 영역이 좁았다. 그러나 쿨러는 스마틱스를 세울 때 예전 직장에서 얻은 관계와 학교의 연고를 활용했다. 쿨러의 소프트웨어 개발자는 벨 애틀랜틱에서 함께 일한 동료였다. 또 쿨러는 경영대학원의 동급생과 교수 중에서 공동 창업자와 조언자를 구했다. 학교라는 연고는 잠재 고객(플리트 센터, 매디슨 스퀘어 가든)으로 이어졌고 덕분에 벤처 캐피털을 유치하는 데 유리한 유명세를 얻을 수 있었다. 하지만 쿨러는 산업 전문가 부족이라는 팀의 가장 큰 구멍을 메워줄 업계의 연고가 없었다. 반면, 널스가 GTE에서 오랫동안 일하며 풍부하게 얻은 것은 바로 그런 유형의 연고였다.

금융 자본은 널스가 쿨러와 첸에 비해 유리한 또 다른 분야였다. 아직도 고용인으로 일하는 많은 예비 창업자는 퇴직해서 신생 기업 설립을 착수한 후에도 계속 버틸 수 있게 도와줄 현금 여유분을 축적하려 한다. 이 여유분의 액수는 창업자가 신생 기업을 세우는 데 걸리는 시간, 긍정적인 현금 흐름을 만들기 위해 창업자가 느끼는 스트레스와 절박감의 정도에 큰 영향을 미친다. 어떤 창업자는 먼저 "회사를 나갈 수 있는" 수준의 저축액, 즉 신생 기업을 세우기 위해 현재의 직장을 떠나도 안심이 될 만한 돈을 모아야만 했다고 말했다. 널스는 저축뿐 아니라 6개월분의 명예 퇴직금까지 확보한 상태에서 직장을 그만두었다. 반면 쿨러와 첸에게는 이런 현금 여유분이 없었다. 널스는 이 보유 현금으로 메이저지를 순조롭게 출범할 수 있었다. 널스나 금융 자본을 축적한 사람들과 달리 첸과 세실리아는 코넥서스를 추진하기 위해 결혼 후에도 부모와 함께 살아야 했다. 지출을 줄여야 했기 때문이다. 이런 상황이 둘의 관계에 상당한 스트레스를 불러일으켰고, 신생 기업을 빨리 성공시켜야 한다는 부담을 안겨주었다. 그래도 첸은 금융 자본이 없어 창업에 뛰어들지 못하는 많은 예비 창업자에 비하면 운이 좋은 편이었다.[33] 한 연구에 따르면 창업을 진지하게 고려하는 사람 가운데 51.3퍼센트가 필요한 금융 자본을 구하지 못해 뜻을 이루지 못한다.[34]

한 가지 유형의 자본을 축적하면 이를 통해 선순환을 일으킬 수도 있다. 연구에 따르면 창업 전에 사회적 자본을 많이 축적한 사람은 신생 기업을 시작할 인적 자본(공동 창업자 등)과 금융 자본(초기 투입 자본 등)을 더 많이 유치할 수 있고[35] 진행 속도 또한 더 빨랐다.[36]

기다림의 위험

예비 창업자에게 성공 가능성을 높이는 데 필요한 자본을 축적할 수 있도록 창업하기 전에 오랜 기간 일해야 한다고 말하고 싶지만, 여기에는 위험이 따른다. 첫째, 인적 자본과 사회적 자본을 계속해서 많이 축적하는 것은 좋은 생각이 아닐 수도 있다. 보상이 줄어들 뿐 아니라 성공적인 신생 기업을 만드는 데 역효과를 불러올 수 있기 때문이다. 한 연구에 따르면, 중간 정도 기간인 약 25년의 업무 경력을 가진 사람이 설립한 신생 기업이 가장 오래 살아남는다.[37] 업무 경력 25년이 넘는 창업자는 이들보다 실패할 확률이 높다.[38] 둘째, 오랫동안 일하다 보면 창업 전의 지위에 묶일 수 있고 창업자가 되기에 부적합해질 수도 있다.

단단해지는 경력 수갑

업무 경험을 쌓으면서 관련 자본을 축적한다면 일을 오래할수록 신생 기업을 창업할 가능성이 높아져야 한다. 하지만 이번 장을 시작할 때 살펴본 것처럼 현실은 그렇지 않다. 신생 기업 창업 가능성은 나이나 경력 연수에 비례하지 않는다.

이런 현상이 나타나는 주된 원인은 오래 기다렸다가 창업하면 그 자체로 어려움이 생기기 때문이다. 오랫동안 일하면 예비 창업자를 현재 직장에 구속하는 수갑이 단단해질 수 있다. 여기에는 괜찮은 직함이나 회사 지명도에서 비롯된 사회적 지위 같은 심리적 수갑과 높은 봉급이나 일정 기간 근속해야 주식 보상을 받을 수 있는 수령권 지급 일정 규정 같은 '황금' 수갑이 포함된다. 한 창업자는 "나는 봉급이라는 마약을 끊어야 했습니다"라는 실감나는 표현으로 이런 어려움을 토로했다. 이러한 수갑은 모두 직장을 떠날 때의 기회비용을 높이고 신생 기업 설립의 상대적 매력을 떨어뜨리며 계속해서 고용인으로 남으려는 타성을 강화해 창업자가 될 가능성을 낮춘다.

또한 고용인이 장래 동종 업체를 세우거나 그런 곳에 취업해 현재의 고용주와 경쟁 관계가 되는 상황을 방지하는 비경쟁 계약(특히 중요한 간부 직원과 관련 있는 문제다), 회사에서 일하는 동안 고용인이 개발한 지적 재산권에 대한 고용주의 권리 같은 법적인 수갑 역시 존재할 수 있다. 오컴 테크놀로지의 창업자 겸 CEO 짐 트라이언디플로는 이런 계약 때문에 알렉산더 그룹(The Alexander Group, TAG)의 컨설팅 일을 그만두는 걸 재고해야 했다. 고위 경영진에 속했던 트라이언디플로는 비경쟁 계약과 비고용 계약 때문에 당장 퇴직해 자기 회사를 차리는 선택이 다소 매력적이지 않다는 것을 발견했다. 계약에 따른 제약으로 인해 TAG와 비슷한 전략을 활용하지 못하고 심지어 신생 기업의 현금 흐름을 창출하기 위한 독자적 컨설팅 프로젝트도 맡지 못할 것이었기 때문이다.

낮아지는 '창업 적합성'

오랫동안 고용인으로 일하면 창업하고자 하는 의지가 줄어들 뿐 아니라 창업의 적합성 역시 낮아진다. 사람은 조직과 직군에서 승진하면 전문성이 발달해 깊이 있는 지식과 인맥을 보유하는 경향이 있다. 위에서 설명한 것처럼 깊이 있는 지식은 중요하다. 하지만 깊이는 있으되 폭넓은 지식이 없는 사람은 창업자에게 필요한 일종의 만물박사가 되지 못한다.[39] 배리 널스는 GTE에서 다양한 직무를 경험했다. 그리고 각 직무에서 평균 2년가량 근무함으로써 전문화를 피할 수 있었다. 정형화된 조직에서 이루어지는 분업을 고려하면, 직원들은 조직 기반 구조·공정·지원 업무에 쉽게 의존한다. 이런 의존에 익숙하다 보면 자기 시간은 최대한 효율적으로 쓰지만 자립성이 약해진다. 이런 두 가지 관점에서 창업자는 노련한 경영진과 반대라고 할 수 있다. 노련한 경영진이 발달시킨 이런 습관과 사고방식은 창업으로의 이행을 더욱 어렵게 만든다.

창업 시기 결정은 창업 지망자가 관련 위험을 어떻게 인식하는지와 그러한 인식이 시간이 지나면서 어떻게 바뀌는지에 분명한 영향을 받는다. 예를 들어, 쿨러는 스마틱스를 창업하겠다는 결정을 이렇게 회고했다. "우리는 모두 젊었습니다. 그리고 어떤 이유에서건 실패한다 해도 우리 각자에게는 다른 선택권이 많았죠. ……나이가 들수록 더 조심스럽고 신중할 수 있습니다. 어쩌면 겁이 많아질 수도 있죠. 신생 기업을 만들 때 드는 에너지를 생각하면 회사를 몇 개 이상 세우기란 어려운 것 같습니다. 창업은 한마디로 사람을 지치게 하거든요. 일단 가족과 그 밖의 모든 것을 갖추면 창업에 드는 에너지를 감당하고 싶지 않을 겁니다."

단단해지는 가족 수갑

자녀가 없는 독신자는 창업 결정에 제약이 훨씬 적다. '가족 수갑'은 흔히 배우자나 자녀의 등장으로 인해 더욱 단단해진다. 오컴 테크놀로지라는 사업 아이디어를 낸 사람은 켄 버로스였다. 하지만 버로스는 첫 아이가 태어난 뒤 전적으로 신생 기업에 합류하는 것을 망설였다. 공동 창업자 짐 트라이언디플로는 이렇게 말했다. "더는 결정을 미룰 수 없을 때가 되자 버로스는 …… 직장을 그만두고 싶어 하지 않았습니다. 버로스에게 첫아이가 태어났거든요. 버로스는 지금은 적당한 시기가 아니라고 말했습니다. 정말 아이러니한 일이었죠. 우리 창업 팀을 만든 사람이 바로 버로스였으니까요."[40]

더 큰 자녀를 둔 예비 창업자도 창업 결정에 제약을 받을 수 있다. 배리 널스는 고향인 텍사스 주에 대한 애착과 특수 교육이 필요한 아이를 둔 현실적 고려 때문에 사업에 한층 유리한 지역으로 이사하는 대신 텍사스 북부에서 창업하는 데 초점을 맞추었다. "나는 절대 텍사스 주를 떠나고 싶지 않았습니다. 내게는 그것이 한 가지 제약 요인이었지요. 나는 텍사스를 사랑합니다. 텍사스는 내 고향이자 모든 가족이 사는 곳입니다. 꼭 이사를 해야 한다면 그렇게 했겠지만, 정말 그러고 싶지 않았습니다. ……〔또한〕 텍사스 북부에 머물러야 한다는 부담감이 꽤 강했습니다. 자폐아인 아들의 학교, 치료사, 의사가 그곳에 있었으니까요. 나는 이런 상황을 바꾸기보다 텍사스 북부에 그대로 머물면서 일을 진행해야겠다고 결정했지요. 아들에게 필요한 것들을 지원하는 데 방해가 되는 일은 하지 않기로 한 겁니다."

가정에서의 지지를 우려한 널스와 쿨러는 사업을 시작하기 전에 각자 배우자와 창업 기간에 관해 협상했다. 널스는 6개월을 약속받았고, 쿨러와 그의 아내는 1년에 합의했다. 이러한 제약은 어려운 과제이지만 배우자의 축복과 헌신이 중요하다. 쿨러는 "경영대학원에서 가르쳐주지 않는 것 중 하나는 배우자로 하여금 당신이 하는 일에 협조하게끔 만드는 것입니다"라고 말했다. "하루 24시간을 세 부분으로 나눌 수 있습니다. 8시간은 직장일, 8시간은 개인 생활, 8시간은 잠에 할애하는 식으로요. 8시간의 개인 생활이 8시간의 업무와 조화를 이루지 못하면 8시간의 수면에 장애가 생길 겁니다."

반면, 첸이 코넥서스의 자본을 확보하기 위해 필사적으로 노력할 때 아내와 부모는 그가 가능한 한 빨리 신생 기업을 떠나 더 안정적인 직업을 구하길 바랐다. 가족의 지지가 사라지자 안 그래도 어려운 상황이 더욱 힘들었다. 첸은 이렇게 말했다. "당신이 사랑하고 마음을 쓰는 가족과 배우자가 당신의 일을 지지하도록 해야 합니다. 아이디어를 버리고 배에서 뛰어내리고 싶은 유혹이 항상 존재하거든요. 주위의 지지를 확보하지 못하면 그런 유혹을 견디기가 훨씬 어려울 겁니다. 가족의 지지를 완전히 받지 못했다면 그때까지 기다렸다가 창업에 나서야 합니다."

첸의 아내 세실리아가 코넥서스 창업에 부정적이었던 이유 중 하나는 남편이 짠 일정 계획 때문이었다. 세실리아는 그 사실을 나중에야 깨달았다. 첸은 애초 세실리아에게 둘이 결혼하기로 한 10월까지 자금을 확보하겠다고 말했다. 그러나 그해 말까지 부부는 여전히 첸의 부모와 함께 살았고, 신생 기업은 기대했던 자금을 확보하지 못했다. 첸이 코넥서스 설립을 '설득'하려고 애쓰는 대신 좀더 보수적인 (아니면 적어도 현실적인) 시나리오를 제시했다면, 세실리아는 창업 과정의 불확실성과 창업이라는 기복 심한 롤러코스터가 하강하는 시기에 대비했을지도 모른다. 또 다른 창업자는 이렇게 말하기도 했다. "아마 아내는 내가 예상한 시간의 두 배가 걸리고 비용 역시 마찬가지일 것이라는 사실을 모를 겁니다. 그걸 아내한테 알려주면 내가 창업을 시도하게 내버려두겠습니까?"

개인적인 재정 상태(대출금, 학자금 융자, 신용 카드 빚 등) 역시 기업가에게 제약으로 작용한다. 이때는 특히 맞벌이하는 배우자가 중요하다. 판도라를 설립하겠다는 아이디어를 떠올렸을 때, 30대에 들어선 팀 웨스터그렌은 자신에게 경제적 안정이 필요하다는 것을 알았다. 웨스터그렌은 아내가 받는 봉급이 경제적 완충재 역할을 해줌으로써 신생 기업 창립을 추진할 수 있었다. 높은 성장을 이룬 기업의 창업자들을 대상으로 한 조사에 따르면, 응답자의 70퍼센트는 창업 당시 기혼이었다. 그리고 그중 60퍼센트는 적어도 한 명 이상의 자녀를 두고 있었다.[41] 배우자에게 소득이 없으면 창업에 많은 어려움이 따른다. 연구에 의하면 배우자에게 직

수갑	수갑을 풀 수 있는 변화
경력 수갑	직장의 성장 둔화 직장의 전략 변화나 합병 실직이나 해고
황금 수갑	퇴직 급여 상속이나 큰 선물
가족 수갑	배우자의 취업 자녀의 성장 기업가 활동을 촉진하는 나라(혹은 지역)로 이주

업이 없는 사람은 사업가가 될 가능성이 한층 낮은 것으로 나타났다.[42]

수갑을 풀어주는 변화

경력 수갑, 황금 수갑, 가족 수갑은 시간이 지날수록 단단해지는 경향이 있다. 하지만 다른 변화가 생겨 이러한 수갑이 풀림으로써 예비 창업자가 회사를 세울 가능성을 높여줄 수도 있다. 도표 2.2는 이러한 변화들을 요약한 것이다.

고용주의 느린 성장

고용인은 직장의 성장률이 떨어지기 시작할 때, 계속 그곳에 머물 경우의 매력과 창업자가 될 경우의 기회비용이 줄어들면 직장을 떠나 창업자가 되는 경향이 있다.[43] 퇴직해서 창업자가 될 가능성은 자신이 직장에서 이룬 성과와도 관련이 있다. 성과가 중간 수준인 사람은 회사를 떠날 가능성이 가장 낮다. 반면 가장 가능성이 높은 사람은 성과가 부진한 직원(급여가 많지 않고 창업하기 위해 회사를 떠날 때 잃을 게 가장 적은 '느림보')과 반대로 우수한 직원(자영업자가 되었을 때 많은 돈을 벌 수 있는 잠재력을 갖춘 '스타')이다.[44] 높은 급여를 받는 직원은 그렇지 못한 직원보다 급여를 포기하고 떠날 가능성이 낮다. 하지만 수년간 많은 저축을 했다면 그렇지 못할 때보다 창업에 뛰어들 가능성이 한층 높아질 수 있다.

고용주의 전략 변화

직장의 합병이나 전략 변화가 예비 창업자의 도약을 촉발할 수 있다. 배리 널스는 GTE에서 하는 일이 재미있어 창업의 꿈을 뒤로 미루고 계속 회사에 다녔다. 그러던 중 GTE가 곧 또 다른 대형 전기통신 업체인 벨 애틀랜틱과 합병할 계획이라고 발표하자 궤도를 수정했다. 당시의 일을 널스는 이렇게 설명했다. "GTE에는 자유가 많았습니다. 혁신적인 사업을 많이 할 수 있었죠. 하지만 벨 애틀랜틱과의 합병 논의가 시작됐을 때 두 회사가 문화나 혁신도, 업무 방식에서 매우 다르다는 걸 분명히 알 수 있었지요. 그리고 노스이스트로 근무지를 옮길 가능성도 있었죠. 하지만 난 이사를 하고 싶지 않았습니다."

고용 충격

아마도 창업의 길로 들어서는 가장 극단적인 계기는 직장을 잃는 경우일 것이다. 제네비브 시어스는 IBM의 로터스(Lotus) 사업부에서 일하며 부업으로 베이비시터 웹사이트인 시터시티를 개발하고 있었다. 시어스는 언젠가는 시터시티에 전적으로 매달리기 위해 IBM을 떠날 계획이었다. 그런데 2002년 경기 침체로 인해 IBM이 6개월분의 퇴직 급여와 함께 로터스 사업부 직원 전체를 해고했다. 시어스의 남편이자 시터시티의 초창기 직원인 댄 라트너는 이렇게 말했다. "기업가에게 가장 큰 변곡점은 본업을 그만둘 때입니다. 제네비브는 운 좋게 자신한테 딱 맞는 결정을 내릴 수 있었지요."

경제적 충격

긍정적인 계기도 있을 수 있다. 예를 들면, 개인적으로 뜻밖의 횡재를 했을 때 창업 결심을 할 수 있다. 유산이나 큰 선물을 받은 사람은 회사를 차릴 가능성이 많다.[45] (부정적인 경제적 충격 역시 창업 상황에 변화를 일으킬 수 있다. 하지만 보통은 창업을 가로막거나 지연시킨다.)

가족의 변화

험프리 첸의 경우는 가족의 변화가 창업에 방해가 되었지만 그것이 창업의 계기가 될 수도 있다. 이런 계기는 창업에 뛰어들도록 지원할 수 있는 급여를 받는 사람과 결혼하거나 자녀가 좀더 독립적인 나이로 성장하는 경우까지 다양하다. 카셰어링(car sharing) 업체인 지프카(Zipcar)의 창업자 로빈 체이스(Robin Chase)는 자녀가 학교에 다니기 시작하면서 창업에 뛰어들 자유를 얻었다.[46] 기업가 활동에 많은 지원을 해주는 나라나 지역으로 이주하는 것 역시 예비 창업자를 가족이나 문화적 수갑에서 풀어줄 수 있다.

어떻게 내 아이디어를 냉철하게 평가할까

예비 창업자는 신생 기업을 설립할지, 한다면 언제 설립할지 최상의 결정을 내리기 위해 기업 설립의 기반인 유망한 아이디어를 가능한 한 객관적으로 평가해야 한다. 그러나 창업자의 타고난 열정과 자신감으로 인해 객관적 평가를 하지 못한 채 실패의 길을 걸을 수도 있다.

아이디어 평가

고속 성장을 이룬 신생 기업에 대한 연구에 따르면, 창업자가 정규직으로 일하면서 창업 아이디어를 얻은 경우는 71퍼센트였다.[47] 팀 웨스터그렌은 음악가와 작곡가로 일하면서 판도라 라디오 창립 아이디어를 떠올렸다. 다른 창업자에겐 신생 기업에 대한 아이디어가 갑작스레 튀어나온 것처럼 느껴질 수 있지만 실제로 그 바탕은 과거의 어떤 측면에 있다. 예를 들어, 제네비브 시어스는 평판 좋은 베이비시터를 찾는 임산부를 우연히 만남으로써 영감을 얻었다. "전국의 모든 베이비시터 리스트를 한 곳에 올려놓으면 재미있지 않을까?" 실제로 10대 때 베이비시터로 일한 경험이 이런 사업 아이디어를 떠올리는 데 도움이 되었으며, 광범위하고 중요한 수요를 충족할 수 있을 것 같다는 직감을 얻었다. (이와 비슷하게 비베크 쿨러는 전자식 출입 카드를 개발한 회사와 접촉하면서 사업 아이디어를 떠올렸지만 전기 엔지니어로 일한 경험 또한 이러한 아이디어 창출에 도움을 주었다.)

다른 창업자들은 기회를 찾기 위해 애쓴 배리 널스 쪽에 더 가깝다. 앞에서 설명한 것처럼 널스는 적절한 업종 부문, 그 부문 내에서의 구체적인 타깃 고객 그리고 나아가 이 고객들이 기꺼이 돈을 쓸 수 있는 서비스를 찾기 위해 하향식 접근 방식을 적용했다. 그런 과정에서 고객 설득과 전기통신 업체에 대해 배운 오랜 경험이 메이저지 설립 아이디어를 구축하는 토대가 되었다.

아이디어를 어떻게 떠올렸는지에 관계없이 창업 결정에서 중요한 단계는 아이디어의 잠재력, 즉 '시장 기회'가 유망한지 평가하는 것이다. 산업의 특징과 신생 기업 성공 간의 연관 관계를 규명한 학술 연구는 시장 분석의 중요성을 강조한다. 산업의 매력 및 시장 기회 분석 방법을 다룬 책도 많다. 이런 분석을 하고자 하는 독자는 그런 책들을 참조하기 바란다.[48] 아래는 예비 창업자들이 시장 기회와 관련해 제기하는 질문과 일부 학술 연구에서 제시한 지침이다.

- 시장 잠재력: 고객이 그러한 제품과 서비스에 기꺼이 지갑을 열 것인가? 시장 규모는 얼마나 될까? 성장하는 시장인가? 잠재적 고객 범위가 넓은 신생 기업일수록 (한 지역에 국한하지 않고 전국 시장을 대상으로 삼을 수 있으며) 생존 가능성이 높다.[49] 또 새로운 구조와 구성 요소를 내놓음으로써 시장을 '어지럽히는' 제품을 보유한 신생 기업은 '유지형' 제품으로 기존 경쟁사와 정면 대결해야 하는 신생 기업보다 성공 가능성이 높다.[50] 하지만 혼란형 제품을 목표로 삼은 신생 기업은 이미 시장을 형성한 유지형 제품보다 개발 시간을 더 길게 잡아야 한다. 비베크 쿨러는 생존 가능한 회사를 세우는 기간을 1년으로 잡았다. 하지만 당시 그는 스마틱스의 제품처럼 업계를 변화시키는 혁신적인 제품을 가지고는 1년으로 불충분하다는 사실을 알지 못했다.

- 경쟁 구도: 경쟁에 유리한가? 부족한 자원을 두고 많은 회사가 경쟁하는가? 획기적인 회사를 설립해 새로운 틈새시장을 만들면 다른 업체와 자원 및 고객에 관해 경쟁할 필요가 없다. 하지만 그 틈새시장에 뛰어든 기업이 늘어나면 업체 수가 시장 규모를 능가하고 폐업 비율이

창업 비율보다 높아질 때까지 경쟁이 급속하게 치열해진다. 그 결과 틈새시장에는 성장 초기 단계가 이후 단계보다 경쟁 측면에서 훨씬 더 매력적인 S자 모양의 성장 패턴이 나타난다.[51] 성장 곡선에서 조직 설립 비율이 가장 높은 곳은 틈새시장에 업체들이 이용할 수 있는 자원이 풍부하고 '후한' 지점이다.[52] 경쟁이 치열한 환경에 있는 신생 기업은 그렇지 않은 환경보다 생존 가능성이 낮다.[53]

- 시급성: 서둘러 내 아이디어를 추진해야 할 이유가 있는가? 기회의 창이 닫히려 하는가? (a) 기술이나 과학의 발전으로 제품과 서비스가 빠른 속도로 파생되고 마찬가지로 빠른 속도로 구닥다리가 되는 산업, (b) 많은 사람이 쓸수록 제품의 가치가 증가하는, 요컨대 '네트워크 효과'가 강한 산업,[54] (c) 경제 규모가 큰 산업은 시기가 매우 중요하다. 이런 산업에서는 선점 업체의 우위가 강한 경향이 있다. 반면 후발 주자한테도 괜찮은 기회가 주어지고 심지어 그들에게 유리한 산업도 있다. 선점 업체의 실수를 학습하고 고객의 인식과 공급 체인을 발전시킬 수 있어 선점 업체를 뛰어넘을 가능성이 있기 때문이다.

생명과학 응용 프로그램용 초소형 컴퓨터 및 센서 개발 업체인 프로테우스 바이오메디컬(Proteus Biomedical)의 창업자들에게는 적기인지 아닌지에 관한 판단이 중요했다. 스탠퍼드 경영대학원에서 만난 앤드루 톰슨(Andrew Thomson)과 조지 새비지(George Savage)는 각각 공학과 의학 학위를 가졌다. 1989년 두 사람은 〈타임〉에서 미세 전자 기계 시스템(MEMS)에 관한 기사를 읽었다. 톰슨은 이 시스템에서 "언젠가 혈류 속을 돌아다니며 콜레스테롤을 집어삼킬 작은 가위"를 떠올렸고, 두 사람은 신생 기업의 가능성에 강한 흥미를 느꼈다. 그러나 두 사람은 "이런 응용 프로그램은 홍미를 끌 수는 있지만 아직 구현할 수 있는 단계가 아니다. 지금은 아이디어를 보류하고 적당한 때가 되었는지 정기적으로 체크하자"는 결론을 내렸다. 새비지는 "의료 분야는 다른 곳에서 입증되지 않은 혁신 기술을 시도하기에 좋은 산업이 아닙니다"고 말했다.[55] 그러나 10년 뒤, 톰슨과 새비지는 시장이 곧 형성될 수 있을 정도까지 MEMS 개발 기술이 성숙했다고 판단해 프로테우스 바이오메디컬 창업에 뛰어들었다.

창업 아이디어는 특정 개인의 역량과 기술 측면에서도 평가해야 한다. 똑같은 전기통신 업계에서의 기회라도 배리 널스가 아닌 팀 웨스터그렌이 추진하거나, 심지어 경력을 쌓지 못한 초창기의 널스가 추진한다면 아주 다른 시각으로 판단할 것이다. 적절한 자본을 축적한 예비 창업자는 창업 준비를 잘하지 못한 사람보다 자신이 창업할지 여부와 그 시기에 관해 매우 다른 답을 지니고 있다. 예를 들어, 준비를 잘한 창업자는 고객이 돈을 지불할 가치가 있는 제품을 신속하게 만들어 공급하고, 잠재 고객을 확인하거나 설득하는 자신의 능력에 자신감이 한층 크다.

판단력을 흐리는 요인: 열정과 낙관주의

이러한 모든 차원의 기회를 평가할 수 있는 열정적인 창업자라도 자신의 평가를 왜곡하는 타고난 혹은 지나친 자신감과 낙관주의를 경계해야 한다. 창업자는 자기 능력, 자신이 구상한 아이디어의 잠재력, 자신이 세운 신생 기업의 전망에 높은 확신을 갖는 경향이 있다. 기업가들에게 자신이 세운 신생 기업과 유사한 다른 신생 기업의 전망을 비교해보라고 요청하자 95퍼센트의 응답자가 자사의 성공 가능성이 50퍼센트 더 높다고 대답했다. 반면 성공 가능성이 동등하다고 믿는 사람은 78퍼센트에 불과했다. 또 3분의 1의 기업가는 자기가 세운 신생 기업이 100퍼센트 성공할 거라고 믿었다.[56] 이 연구를 수행한 저자들은 기업가들이 자기 회사의 전망을 과신하는 경향이 있다는 결론을 내렸다. 또 다른 연구에서, 기업가들은 의학적 문제를 묻는 실질적인 질문에 답할 수 있는 자신의 능력을 비기업가인 관리자들보다 20퍼센트 이상 과신하는 것으로 나타났다. 이러한 과신으로 인해 기업가들은 적당한 시기가 오기 전에 행동하거나 신생 기업의 전망을 지나치게 장밋빛으로 전망할 수 있다.[57]

낙관주의는 예비 창업자에게 유리할까, 불리할까? 낙관주의는 더 많은 혁신을 불러오고 '대중을 따라 하는' 경향을 줄일 수 있다.[58] 낙관주의적 성향을 가진 창업자는 행동이 신속하고 성장 속도가 빠른 기업을 세우는 경향이 있다.[59] 하지만 낙관적인 창업자는 장밋빛 예측을 바탕으로 비현실적 사업 계획을 세우고 경쟁을 과소평가하는 경향이 있기도 하다.[60] 이들은 초기의 아이디어를 융통성 있게 조절하기보다 여기에 지나치게 매달리고 신생 기업을 세우는 데 필요한 자원을 과소평가해 실패 가능성을 높일 가능성이 한층 많다.[61]

여러 연구에서, 기업가들이 비기업가보다 미래를 더 낙관하는 것으로 나타났다.[62] 연쇄 창업자들에게 이런 성향은 실제로 불리하게 작용해 부정적인 정보를 무시하고 확증 편향에 빠지게 하기 쉽다.* 그리고 과거에 했던 일이 현재의 기회에 적용되는지 검토하지도 않고 반복한다. 그 결과 낙관주의적 성향이 강한 기업가는 그렇지 않은 기업가보다

■ 확증 편향이란 어떤 정보가 사실인지 아닌지에 관계없이 자신의 선입견을 확인해 주는 정보를 선호하는 경향을 말한다. 확증 편향은 희망 사항이나 한정적 합리성 (예: 정보를 처리하는 능력의 한계) 때문에 발생할 수 있으며 종종 지나친 자신감을 불러일으킨다.

매출 성장은 20퍼센트, 고용 성장은 25퍼센트 낮다.[63]

　요약하면, 낙관주의는 종종 양날의 칼로 작용한다. 벤처 투자가 가이 가와사키(Guy Kawasaki)는 자신의 블로그 ‘세상을 바꾸는 방법’에서 “기업가들의 10대 거짓말”을 나열했다. 그중 대부분은 매출 및 시장 규모 예측에서부터 ‘입증된’ 경영진, 경쟁 부재에 이르기까지 기업가의 과도한 자신감 및 순진한 기대와 관련이 있었다. 가와사키는 기업가들이 4년 안에 5000만 달러를 벌 것이라고 말하면 “나는 그 기간에 1년을 더하고 〔매출에〕 0.1을 곱합니다”[64]라고 덧붙였다.

　창업자의 낙관주의는 창업 시기 결정에도 영향을 미쳐 일부는 적절한 시기보다 빨리 시작하기도 하고, 일부는 절대 사업을 시작해서는 안 되는 때에 뛰어들기도 한다. 이 책에서 계속 살펴보겠지만, 과신과 낙관주의는 1인 창업을 할 것인지 공동 창업자를 찾을 것인지를 결정하는 것부터 창업자가 기꺼이 받아들일 수 있는 투자자의 금융 조건, 자기가 세운 신생 기업의 CEO로 얼마나 오래 남아 있을지에 관한 예상에 이르기까지 창업 이후에 나타나는 딜레마에도 영향을 미친다.

맺음말

“열정을 따르라”는 말을 많이 들어봤을 것이다. 예비 창업자는 자신의 열정만 믿고 상황에 대한 합리적 평가는 하지 않아도 된다고 생각하는 실수를 저지르지 말아야 한다. 프랑스의 프랑수아 드 라 로슈푸코(François de La Rochefoucauld)는 “심장은 항상 머리를 바보로 만든다”고 말했고, 애플 컴퓨터(Apple Computer)의 공동 창업자 스티브 잡스(Steve Jobs)는 “심장

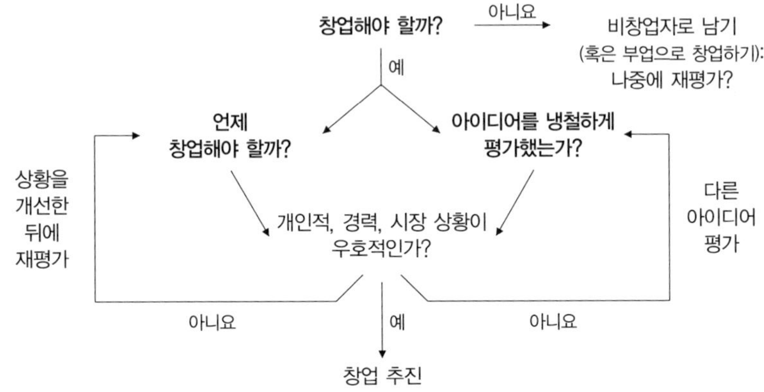

을 따르되 머리에 귀를 기울여라"는 말을 즐겨 했다. 때로는 머리가 옳고 심장이 틀릴 경우가 있다. 적어도 그런 때가 있다. 특히 열정적이고 자신감이 지나친 창업자의 경우가 그렇다. 예비 창업자들이 '머리'로 판단하기 위해서는 이번 장에서 검토해본 경력과 관련한 세 가지 주요 질문을 먼저 던져봐야 한다. 도표 2.3은 그러한 질문을 요약한 것이다.

챌과 널스는 창업 여부, 시기, 사업 항목을 결정할 때 경력 정도, 구상한 신생 기업의 특징, 개인적 상황에 따라 매우 다른 방식으로 큰 영향을 받았다. 도표 2.4는 도표 2.3에서 요약한 세 가지 질문에 영향을 미치는 세 가지 순환적 요인(경력 요인, 개인적 요인, 시장 요인)을 정리한 것이다.

이 세 가지 요인이 모두 우호적이라고 판단된다면 (신생 기업의 설립에 탄탄한 토대가 될 만큼 경력을 쌓았고, 개인적 상황이 창업에 도움이 되고, 시장이 우호적일 때, 즉 여건이 도표 2.4의 진한 '흑점'에 해당한다면) 창업자는 이제 심장을 믿고 도약할 때다!

그러나 많은 창업자들은 위의 세 가지 요인이 완벽히 결합할 때가 설

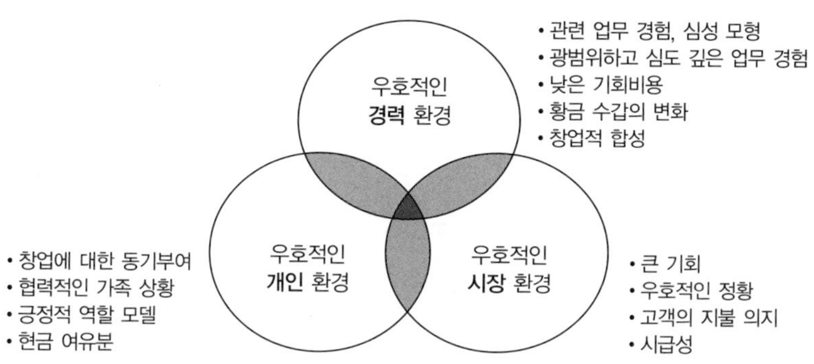

령 있다 해도 그런 경우는 드물다고 말한다. 창업자가 되기에 '완벽한 시기'란 없다. 완벽한 시기가 오기만을 계속 기다리는 예비 창업자는 창업에 뛰어들지 않은 걸 후회하며 자신의 긴 경력을 마감할 수도 있다. 반면 지나치게 낙관적이거나 자신의 환경을 실제보다 더 우호적이라고 오판한 창업자는 실제로 위의 세 가지 요소가 적합하지 않을 때 창업에 뛰어들어 불필요한 위험을 감수하기도 한다. 절대 오지 않는 완벽한 시기를 기다리는 사람과 마찬가지로 지나치게 자신만만한 예비 창업자 역시 훗날 더 성공적으로 창업하는 데 도움이 될 자원을 너무 빨리 소진했음을 후회하며 자신의 경력을 마칠 수 있다. 위의 요인들이 확실히 비우호적일 때 창업을 진행하는 현명한 방법은 어떤 환경을 개선해야 하는지 냉철하게 평가하는 것이다. 요컨대 그런 환경을 개선하는 조처를 한 후 창업에 착수하는 것이다.

따라서 가장 힘든 딜레마에 직면하는 시기는 창업 열망은 크지만 세 가지 요인 중 두 가지만 우호적인 상황이다. 사실 이런 상황은 매우 흔하다. 완벽한 시기가 오길 기대할 수 없다면 어느 정도의 상황이 적당할

'애매한 영역'의 장애물	'흑점'으로 가기 위한 잠재적 해결책
"모든 걸 갖추었는데 아이디어가 없다"	잠재 시장, 고객, 사업 모델을 하향식으로 평가한다. '아이디어를 보유한 창업자'를 찾는다. 이때 당신의 강점이 그 사람의 약점을 보완할 수 있어야 한다. 다른 신생 기업에 고문이나 시드 투자자(seed investor: 초기 사업화 자본을 지원하는 투자자—옮긴이)로 참여한다. 관심 분야나 전문 분야의 학회에 참여하고 잡지와 블로그를 읽는다.
"하지만 전투에 참가할 만큼 무장하지 못했다" (특히 경력 초기에 있는 창업자)	업무나 업계 경험 부족을 채울 수 있는 일자리를 찾는다. 기업가의 인적 네트워크 형성 행사에 참석한다. 자신을 보완할 수 있는 공동 창업자, 조언자 또는 멘토를 찾는다. 맞춤 강좌나 프로그램을 수강해 부족한 부분을 채운다.
"하지만 가족에게 피해를 줄 것이다"	배우자가 느끼는 두려움에 대해 자세히 물어보고 해결 방법을 찾는다. 신생 기업에 전념할 기간과 자원의 범위를 현실적으로 합의한다. 부업으로 창업하는 방법이 가능한지 검토한다.
"수갑들이 너무 튼튼하다" (특히 경력 후기에 있는 창업자)	여유 자금과 초기 투입 자본을 모은다. '개인적 현금 지출'을 낮게 유지한다. 불필요하거나 관련 없는 인적 자본 및 사회적 자본을 축적하지 않는다. 다양한 업무 분야에서 광범위한 직무를 맡는다. 비경쟁 조항이나 그 외의 합의 내용을 면밀히 검토한 후 계약한다.

까? 도표 2.4에서는 이런 상황을 '애매한 영역(회색)'으로 표시했다. 각각의 영역은 예비 창업자에게 나름의 과제를 안겨준다. 물론 각각의 과제에는 도표 2.5에 요약한 것처럼 해결책이 있다. 그러나 '애매한 영역'에 속한 예비 창업자는 흑점으로 진입하기 위해 남아 있는 약점들과 씨름할 때 자신이 움직이는 표적을 겨냥한다는 것을 명심하고 다른 요인들이 비우호적으로 변하지 않았는지 확인해야 한다. 이제 위의 '애매한 영역'을 하나하나 검토해보자.

"모든 걸 갖추었는데 아이디어가 없다"

배리 널스는 회사를 그만두고 창업에 착수할 때, 자신의 개인적 상황과 경력상의 위치가 괜찮다고 판단했다. 전문성 측면에서는 GTE를 비롯해 다양한 초기 단계의 회사에서 일하며 자기 회사를 세우는 데 필요한 기술과 인맥 및 경험을 확보했다고 생각했다. 개인적 상황이라는 측면에서는 아내가 창업을 전폭적으로 지지했다. 하지만 아이디어를 찾을 수 있는 사업 부문을 폭넓게 경험했음에도 이 책에서 다룬 많은 기업가와 달리 아이디어가 쉽게 떠오르지 않았다. 아이디어가 없으니 신생 기업 추진은커녕 평가할 '시장 환경'조차 없었다. 널스는 두 가지 요인은 우호적이지만 아이디어가 없는 문제를 해결하기로 했다. 그래서 이번 장에서 설명한 절차대로 자신이 수행할 사업의 개념을 매우 체계적으로 개발한 다음, 풍부한 인적 자본과 사회적 자본을 활용하기 위한 사업 계획을 세웠다.

아이디어가 없는 예비 창업자들이 선택할 수 있는 또 다른 방법은 아이디어는 있지만 다른 무언가가 부족한 공동 창업자를 찾는 것이다. 물론 그 부족한 부분을 공동 창업자가 제공할 수 있어야 한다. 예를 들어, 제임스 밀모(James Milmo)는 사업에 조예가 깊고 여러 가지 하이테크 제품을 위한 아이디어를 갖고 있었지만 그것을 실현할 공학적 기술이 없었다. 이에 밀모는 MIT 기업가 클럽(MIT Entrepreneurship Club) 모임에 참석하기 시작했다. 그리고 그곳에서 아이디어를 찾던 MIT 공학자 하비에르 파스칼(Javier Pascal)을 만나 함께 링스 솔루션(Lynx Solutions)을 만들었다. '아이디어를 보유한 보완적 창업자'는 알렉산더 그룹에서 함께 일하던 동료들이 세운 오컴 테크놀로지처럼 같은 직원 중에서 찾거나 급우로 만난 스마틱스의 공동 창업자처럼 학교에서 물색할 수도 있다.

"하지만 전투에 참가할 만큼 무장하지 못했다"

팀 웨스터그렌은 배우자가 창업을 지지하고 온라인 라디오 방송국 판도라를 구상할 만큼 통찰력이 있었다. 요컨대 개인적 환경과 시장 환경이 우호적이고 매력적이었다. 그러나 웨스터그렌은 자신에게 신생 기업과 씨름할 전문 기술과 경험이 없다는 생각이 들어 창업을 주저했다. 음악가와 작곡가 출신인 그는 어디에서 시작해야 할지 감을 잡지 못했다. "나는 회사를 어떻게 세우는지 전혀 몰랐습니다. 취직을 한 적이 한 번도 없었습니다. 당연히 기본적인 사항조차 몰랐죠."

이런 상황은 흔히 경력 초기의 예비 창업자에게서 볼 수 있다. 이런 창업자는 신생 기업을 계획할 때 자신에게 중요한 기술과 인맥이 부족하다고 가정한 상태에서 인적 자본, 사회적 자본, 금융 자본의 허점을 주의 깊게 진단해야 한다. 경험 없는 예비 창업자는 부족한 전문 지식을 습득할 수 있는 강좌에 참석하거나 그런 일자리를 구함으로써 자신에게 필요한 특정 기술을 배양하기 위해 노력해야 한다. 사회적 자본의 허점을 메우려면 지역의 인적 네트워크 형성 행사에 정기적으로 참석해 새로운 인맥을 쌓고 그들과 지속적인 관계를 유지해야 한다. 인적 네트워크를 꾸준히 형성하면 시간이 지날수록 매우 탄탄한 인맥을 쌓을 수 있다.

경력 초기 단계에 있는 예비 창업자는 이와 같은 노력과 함께 잠재적 공동 창업자, 직원, 투자자/조언자를 찾는 작업 또한 해야 한다. 이런 사람이 한 명 이상 참여하면 여러 자본의 허점을 메우는 데 도움이 될뿐더러 창업자의 타고난 열정이나 낙관주의를 논박하는 데 필요한 객관적 시각을 제시할 수 있다. 또 아직 예비 창업자의 심성 모형에 자리 잡지 못한 결정과 패턴에 길잡이가 될 수도 있다. 예를 들어, 팀 웨스터그렌은 실리콘 밸리에서 첨단 기술 회사를 설립한 경험이 있음에도 아내로부터 자신이 갖지 못한 사업 기술을 보유한 존 크래프트를 소개받은 후에야 경력상의 허점을 메우고 판도라를 설립할 수 있었다. (그러나 2부와 3부에서 설명하겠지만, 창업자는 신생 기업에 다른 사람을 참여시킬 때 발생하는 도전 대비 이익 관계를 주의 깊게 비교해봐야 한다.)

"하지만 가족에게 피해를 줄 것이다"

웨스터그렌과 널스는 결국 도표 2.4의 '흑점'에 진입했다. 널스는 자신이 보유한 지식을 활용해 아이디어를 떠올렸고, 웨스터그렌은 회사를 설립하는 데 필요한 전문적인 능력을 얻기 위해 중요한 공동 창업자와 협력했다. 하지만 험프리 첸의 경험은 창업에서 가장 극복하기 어려운 장애물이 비우호적인 개인적 환경일 수 있음을 보여준다. 비우호적인 개인적 환경은 결단력 있는 조처를 취하거나 다른 사람의 도움을 찾는 방식으로 쉽게 변화시킬 수 없다. 첸은 시장 환경과 경력 환경이 우호적이고 코넥서스를 세우려는 열정이 넘쳤다. 하지만 자신이 완전히 인식하지 못하는 가운데 개인적 환경이 매우 비우호적으로 변했다. 게다가 한층 나빠지려 하고 있었다. 갓 결혼한 아내는 안정을 간절히 원하고 위험을 회피하려 했다. 아내와 부모 모두 정규직 컨설팅 일자리를 선호했다. 세실리아가 첫아이를 임신하자 첸은 마이크로소프트에서 안정적인 일자리를 얻기로 결정했다.

특히 창업에 필요한 사항과 가족의 요구 사이에서 균형을 맞추는 과제가 매우 힘들 수 있다. 연쇄 창업자 스티브 블랭크(Steve Blank)는 이러한 균형을 맞추기 위해 애쓴 경험을 회상하며 "기업가들이 일과 가족에 관해 자신에게 하는 4대 거짓말"을 제시했다.[65] "내가 그 일을 하는 건 오직 가족을 위해서야." "내 배우자는 '이해해'." "내게 필요한 건 신생 기업

하나를 '크게 성공시키는' 것뿐이야. 그 뒤에는 느긋하게 일하거나 은퇴할 거야." "아내나 아이와 함께 '오붓한 시간'을 보내며 평소 소홀했던 시간을 만회할 거야." 블랭크는 자신이 "그중에서 어느 것도 지키지 못했다"고 결론지었다. 그는 이렇게 말했다. "시간이 지날수록 나는 일과 관계 사이에서 내가 했던 취사선택을 깨닫고 후회하기 시작했습니다."

비우호적인 가족 상황을 해결하는 데는 부업으로 (퇴근 후나 주말에) 신생 기업을 운영하는 방법도 있다. 요컨대 창업에 장기적으로 접근하거나 혹은 훗날 신생 기업에 전적으로 매달린다는 전제 아래 과도기적 단계로 이런 방법을 취하는 것이다. 이러한 옵션을 제안하거나 합의할 경우 창업 노력을 지지하도록 배우자를 설득하는 데 도움이 된다. 그러나 어떤 상황에서는 '안전한' 부업이라는 선택이 새로운 경력 수갑으로 등장하는 경우도 있다. 또한 창업 진행이 둔화되고 시장 기회가 닫혀버려 위험이 커질 수도 있다. 비베크 쿨러의 말을 들어보자. "내 아내는 더 강하게 나올 수도 있었습니다. '스마틱스를 추진해. 하지만 부업을 해서라도 밥값을 해야 해.' 이렇게 말입니다. 만약 아내가 그랬다면 …… 나는 다른 일자리를 구했을 테고, 그러면 스마틱스에 시간이나 에너지를 쏟지 못했을 겁니다."

경쟁력 때문에 신속하게 움직여야 하는 산업에서는 전적으로 창업에 매달리는 것이 바람직하다. 반면 급하게 서두르지 않아도 되는 산업에서는 좀더 점진적으로 창업에 접근하면 종종 개인적 위험을 관리하고 가족의 지원도 얻을 수 있다. 그러나 공동 창업자나 잠재 투자자가 창업자에게 계획보다 일찍 신생 기업에 전적으로 매달리라고 강요하는 경우도 있다. 짐 트라이언디플로가 알렉산더 그룹에서 일하며 부업으로 오컴 테크놀로지를 운영할 할 때, 잠재적 에인절 투자자인 보비 크루스

(Bobby Crews)는 트라이언디플로와 공동 창업자에게 본업을 그만두라고 압박했다. 당시 일을 트라이언디플로는 이렇게 회상했다. "크루스가 말했죠. '우리는 그 일을 진행하는 데 관심이 많습니다. 하지만 당신에겐 고객도 없고 아직 그 빌어먹을 직장도 그만두지 않았습니다. 제품이라고 할 만한 것도 전혀 없습니다. ……지금 당신은 일자리와 돈벌이 사이에서 양다리를 걸치고 있어요. 우리는 핵심이 무엇인지 알아야 합니다. 전념하는 모습을 보고 싶단 말입니다.'" 결국 한 달 뒤, 트라이언디플로와 공동 창업자 마이크 마이젠하이머는 다니던 직장을 그만두었다.

"수갑들이 너무 튼튼하다"

경력 후기에 있는 예비 창업자는 기다림이라는 위험에 대비해야 한다. 끊임없이 인적 자본과 사회적 자본을 축적해야 한다는 덫에 걸리지 말아야 한다. 또 넉넉한 생활이라는 수갑에 익숙해지지 않고 훗날 세울 신생 기업의 초기 투입 자본을 모을 수 있도록 '개인적 현금 지출'을 낮게 유지해야 한다.

경력 후기에 있는 창업자 중에는 더 빨리 창업에 뛰어들지 않은 걸 후회한다는 사람이 많다. 메이저지를 세우고 4년 후 배리 널스는 "아, 좀 더 빨리 창업했다면 얼마나 좋을까! 나는 왜 그렇게 오래 기다렸던 걸까?"라고 안타까워했다. 고객 행동 분석 서비스를 제공하는 신생 기업을 설립하고 1년이 지난 후, 창업자 겸 CEO 데이비드 웰먼(David Wellman)은 다음과 같은 생각이 들었다. [66]

오늘은 내 마흔 번째 생일이다. 벤처 사업을 시작한 지 막 1년이 지났다. 나는 전문적인 투자 지원을 받고 있다. 제품은 초기 단계다. 두 개의 대형 고객사와 열두 개의 소규모 고객사가 있고, 그 밖에 많은 회사와 협의를 진행 중이다.

그러니까 내게는 CEO 직함이 있다는 뜻이고, 내가 오늘 아침에 바닥 청소를 했다는 뜻이기도 하다. 지금 시각은 새벽 3시 30분. 나는 아직도 일하고 있다. 이번 주 들어 벌써 두 번째 밤샘이다. 나는 코스트코로 달려가 인쇄 용지를 사오는 일 같은 온갖 일상적인 문제를 처리할 충분한 사람, 시간 혹은 에너지가 없다.

그렇다. 일이 고되다. 게다가 내 고객은 내가 겪은 가장 무능한 상사보다 더 많은 요구를 한다. 받는 보수는 쥐꼬리만 한데, 때로는 그마저 다시 내놓아야 한다. 근무 환경은 대학 시절 기숙사보다 안 좋다.

하지만 내 경력 후반부는 이제부터 아주 좋아질 것 같다!

창업을 위해 경력 딜레마를 해결하는 것은 중요하고 흥미로운 단계이지만, 이러한 딜레마가 더 많은 딜레마로 직접 이어지고 각 딜레마는 갓 태어난 신생 기업을 요람에서 질식하게 할 수 있다. 이어지는 장들에서는 가장 중요하고 흥미로운 창업 딜레마 중 일부를 검토할 것이다. 그 중 많은 딜레마가 이번 장에서 논의한 창업 전 경력 딜레마와 직접 관련이 있다. 경력 초기에 창업에 뛰어드는 창업자는 서로를 보완해줄 공동 창업자 및 직원 혹은 투자자의 도움을 찾으려는 경향이 한층 높고, 이들을 유치하기 위해 지분·의사 결정권·보상을 포기하고자 하는 의지도 한층 많을 것이다. 반면, 이미 신생 기업을 출범하는 데 필요한 자본을 많이 보유한 경력 후반기의 창업자는 1인 창업을 검토할 수 있으며 덜 매력적인 보상을 제시하고도 상호 보완적 인물의 관심을 끌 수 있을 것이다. 이런 진로 계획은 각기 매우 다른 결과로 이어질 수 있다.

2부

창업 팀 딜레마

개요

전구에 불이 번쩍하고 들어온다. 새로운 사업 아이디어는 창업 시작의 불씨를 당기고, 창업자는 이제 무수한 결정을 내려야 한다. 2부에서는 먼저 창업 아이디어를 가지고 사업 구상 초기 단계를 진행하는 '핵심 창업자'가 겪게 될 딜레마에 초점을 맞추고자 한다.[*] 이러한 딜레마 중 첫 번째는 '1인 창업 vs. 공동 창업' 딜레마다. 혼자 창업을 시작할 것인가, 아니면 공동 창업자를 끌어 모아 시작할 것인가?

공동 창업자를 끌어들이기로 했다면 그 상대는 누구인지, 각각의 공동 창업자는 어떤 역할을 해야 하는지, 공동 창업자 간의 지분은 어떻게 나눌 것인지 등 한층 중요한 문제를 해결해야 한다. 이 세 가지 핵심 딜레마를 관계(Relationships), 역할(Roles), 보상(Rewards)의 앞 글자를 따 '3R'라 부르기로 하자. 4장에서 7장에 걸쳐 필자는 이 3R 구조를 적용해 창

---

[*] 1장에서 서클스의 창업 팀에 관해 설명했듯이 핵심 창업자가 한 명 이상인 팀을 만들 수 있다. 2부에서 설명하는 딜레마 역시 그러한 팀에 적용된다. (때로는 훨씬 강하게 적용되기도 한다). 이들 핵심 창업자는 기존 관계에서 발생하는 문제는 어떻게 해결할지, 역할과 의사 결정권은 어떻게 분배할지, 그들 사이의 금전적 보상은 어떻게 나눌 것인지 등을 반드시 결정해야 하기 때문이다.

업 팀이 위와 같은 결정을 어떻게 내리고 이행하는지, 그러한 각각의 결정은 어떻게 서로 연결되는지 그리고 팀 안정이라는 결과와 회사의 가치 및 지배력에 어떤 영향을 미치는지 검토해볼 것이다.

각 장의 내용

첫 번째 장에서는 초기의 1인 창업 vs. 공동 창업 딜레마에 초점을 맞춘다. 이어지는 장에서는 3R 항목별로 각각 한 장씩 할애해 팀 문제를 조명한 다음 각 항목 간의 연결 고리를 확인할 예정이다. 2부에서 다룰 각 장의 내용은 다음과 같다.

3장: 1인 창업 vs. 공동 창업 딜레마—1인 창업을 하면 아래에서 설명할 관계, 역할, 보상 딜레마를 피하는 데 도움이 된다. 하지만 기업가로서 가장 굴곡이 심한 롤러코스터 같은 영역, 이를테면 인적 자본 · 사회적 자본 · 금융 자본의 부족 그리고 감정적 · 정신적 지원 부족 같은 자체적인 어려움과 위험을 안을 수 있다.

4장: 관계 딜레마—공동 창업자가 공유하는 과거의 경험(혹은 경험의 결핍)은 어려운 문제를 함께 타개해나가는 팀의 능력, 기술과 견해의 다양성, 팀의 안정 등에 영향을 준다. 이것은 때로 놀라운 결과를 나타내기도 한다.

5장: 역할 딜레마—창업 팀 내에서의 분업은 만약 공동 창업자끼리 직함을 두고 싸우거나, 역할이 중복되거나, 집단 의사 결정이 교착 상태에 빠지거나, 대인 관계에 갈등을 조성하거나, 창업이 진전되는 만큼 분업이 거기에 적응하지 못할 경우 긴장을 일으키는 주요 원인이 될 수 있다.

6장: 보상 딜레마―지분 분배 및 재정 수익 분배와 관련해 만약 구성원이 창업에 이바지한 만큼 공정한 보상을 받지 못한다고 느낄 경우 팀 내에서 문제를 일으킬 수 있다. 이윤을 조정하고 돌발 사고를 예방하는 보상 협정은 성취하기 어렵지만 매우 중요한 문제다.

7장: 3R 시스템―세 가지 관점에 모두 들어맞는 팀 편성을 이뤄냈을 경우 그 팀은 안정적이고 깨질 가능성 역시 낮다. 거꾸로 말해서, 편성이 잘못되면 팀 내부의 긴장이 한층 커지고 팀 자체가 무너질 수 있다는 뜻이다. 따라서 팀을 깨뜨리는 요인을 완전히 이해하려면 각각의 딜레마 자체뿐 아니라 상호 합의나 비합의에 대해서도 파악하는 것이 매우 중요하다.

각 장에서는 해당 딜레마를 구체적으로 설명하고 관련 연구 자료를 살펴볼 것이다. 또한 창업자와 창업 팀에 관한 사례 연구를 통해 대인관계의 긴장과 원동력을 설명하고 모범적인 실례를 제시할 예정이다. 아울러 가능한 한 창업 평가에서 창업 팀의 안정성과 성장이라는 두 가지 주요 결과가 초기에 결정했던 관계, 역할, 보상에 어떤 영향을 받는지도 알아볼 것이다. 비록 각 딜레마에 대해 따로따로 살펴보겠지만, 이러한 딜레마는 상호 의존적이며 각기 다른 순서로 나타날 수도 있다. 그것이 바로 7장에서 다룰 내용이다.

각 장에서는 또한 분야별 사례를 통해 설명한 여러 가지 패턴이 얼마나 만연해 있는지 보여주는 자료를 제시할 것이다. 2006년, 필자는 연례 조사를 수행하면서 창업 팀 부문을 추가했다. 덕분에 그때부터 수집한 자료(즉 2006, 2007, 2008, 2009년의 조사 내용을 합친 데이터베이스)를 폭넓게 활용할 수 있었다. 이 데이터베이스에는 기술 및 생명과학 분야에서 1542종의 개인 창업에 참여한 4232명의 창업자가 수록되어 있다. 또 이 복합적인 데이터베이스가 집계한 신생 기업 중 88퍼센트는 1998~2008년 사이에 설립되었다. 더욱 구체적인 조사 내용과 데이터베이스에 대해서는 부록 A를 참조하기 바란다.

자료는 이러한 딜레마를 겪은 창업자의 사례 연구(딜레마에 성공적으로 대처한 사례도 있고, 그렇지 못한 사례도 있다)를 통해 보충했다. 예컨대 여러 번의 창업을 거치며 종종 자신이 예전에 얻은 결과에서 배움을 얻고 다양한 접근 방식을 취했던 연쇄 창업자 에번 윌리엄스의 결정에 대해 살펴볼 것이다. 각 장에서 우리는 윌리엄스와 더불어 우리에게 가르침을 줄 몇몇 다른 창업자도 만날 수 있을 것이다.

1인 창업 vs.
공동 창업 딜레마

2장에서 살펴보았듯이 경력, 시장, 개인적 요인은 창업자가 되고자 하는 결정에 큰 역할을 한다. 또한 이것들은 창업자가 직면하는 처음이자 가장 중요한 결정 중에서 중심적인 역할을 한다. 창업자가 될지 신중하게 생각하고 2장에서 제기한 문제를 고려하는 사람들은 그만큼 통찰력을 지니게 되며, 1인 창업 vs. 공동 창업 결정에도 그러한 통찰력을 잘 활용할 수 있다. 그에 반해서 하지 말아야 할 때 1인 창업을 결정하는 사람은 실패 위험이 높고, 1인 창업을 해야 할 때 공동 창업자를 끌어들이는 사람은 피할 수도 있었던 팀의 긴장에 직면할 때가 많다.

성장 잠재력이 높은 필자의 창업 데이터베이스에 따르면 단 16.1퍼센트만이 1인 신생 기업이며, 그중 기술 산업은 17.5퍼센트, 생명과학 산업은 11.7퍼센트로 기술 산업 쪽이 더 높다는 사실을 알 수 있다(도표 3.1 참조). 또한 신생 기업의 3분의 1 이상이 2인, 4분의 1은 3인의 창업자 구조를 갖고 있다. 그렇다면 무엇이 이러한 창업 사례에서 소수에 불과한 1인

도표 3.1 기술 및 생명과학 계열 신생 기업 창업 팀의 규모

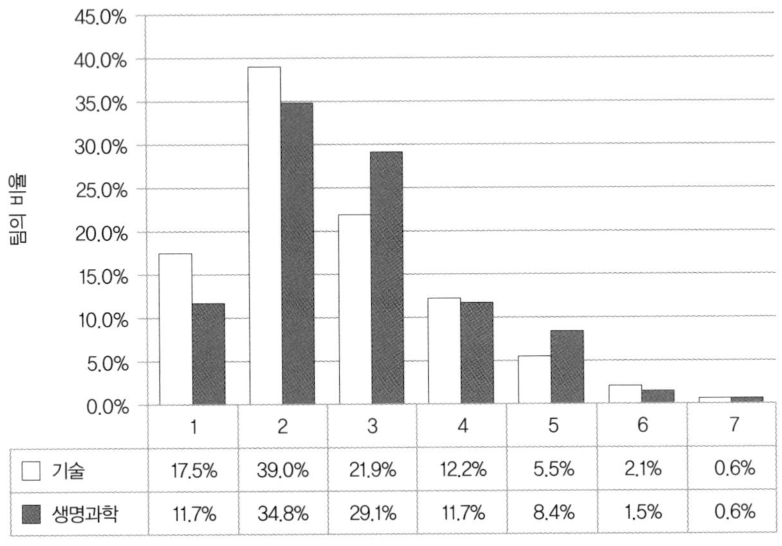

	1	2	3	4	5	6	7
기술	17.5%	39.0%	21.9%	12.2%	5.5%	2.1%	0.6%
생명과학	11.7%	34.8%	29.1%	11.7%	8.4%	1.5%	0.6%

창업자를 창업 팀을 꾸리는 사람들과 구별 짓는가?

1인 체제로 가는 이유

창업자가 1인 체제를 선택하는 데는 여러 가지 이유가 있다. 예를 들어, 창업자가 이미 창업에 필요한 자원을 많이 확보했을 수도 있고, 또는 신생 기업을 급하게 성장시킬 필요가 적을 수도 있다. 신생 기업이 여러 창업자를 감당할 만큼 크게 성장할 만한 분야가 아닐 수도 있다. 또 창업자가 모든 지분과 의사 결정에서 지배력을 지키기 위함일 수도 있다. 특히 지배력이 동기를 부여한 창업자에게서 이런 점이 분명히 드러난

다. 아울러 창업자가 초반부터 많은 것을 단순하게 유지하고만 싶어서일 수도 있다. 덕분에 공동 창업자를 영입함으로써 발생할지도 모를 협의 문제를 회피하는 것이 가능하다. 무엇이 새로운 조직을 실패로 이끄는지에 대한 아서 스틴치콤의 획기적 논문이 창업자의 본능(또는 사전 경험)을 뒷받침한다.[1] 스틴치콤이 분석한 네 가지 요소 중 세 가지는 창업 팀을 꾸릴 때 영향을 미친다. 즉, 공동 창업자는 (a) 창업 팀 내에서의 새로운 역할에 대해 배워야 할 필요성, (b) 공동 창업자 간의 경제적 보상 분배를 협상해야 할 필요성, (c) 타인과의 관계(즉, 서로 간의 관계)에서 신뢰를 형성해야 할 필요성 때문에 자주 어려움을 겪거나 혹은 이것들을 소홀히 다룬다.

이러한 이유를 하나 이상 마음속에 담아두기 때문에 창업자는 공동 창업자 없이 할 수 있는 일이니 굳이 문제를 만들 필요 없다고 단정 지을 수 있다. 예를 들어, 메이저지를 자력으로 창업한 배리 널스는 본인에게 필요한 자원을 갖추었으며, 스스로 결정 내리는 것이 훨씬 낫다고 판단했다. 널스는 GTE에서 25년간 근무했다. 2년제 기술 학위만 가지고 일하기 시작해 좀더 높은 학위를 땄고(근속 중 MBA 학위 취득), 팀 관리로 소중한 경험을 쌓았다. 또 새로운 프로그램을 진두지휘하고, 판매 및 영업 그룹을 운영했다. 1980년 중반에는 GTE에서 잠시 휴직하고 작은 사업체를 열었지만 자금이 충분치 않아 경영에 어려움을 겪었다. 신기술 응용 제품 담당자로 다시 GTE에 복직한 후 몇 년을 근무한 다음, 텍사스에서 소규모 신생 기업 설립에 합류했다. 하지만 CEO와 의견 충돌이 생겨 곧 그 신생 기업을 떠났다. 그때 널스는 메이저지를 설립하기로 마음먹었다. 그는 자신이 창업에 필요한 기술을 폭넓게 갖추었다고 생각했다. 판매 및 운영 기술, 산업에 관한 해박한 지식, 잠재 고객과의 접속은 물론, 사업 계획을 전개하는 동안 생활비를 충당할 현금 여유분도 있었다. 그는 좀더 기다렸다가 다른 사람을 고용해 함께 일할 수도 있었다. 하지만 널스는 공동 창업자를 끌어들여서 얻을 게 거의 없다는 사실을 알고 있었다. 요컨대 그에겐 1인 체제가 적합했다. 이런 식으로 생각하는 사람은 널스뿐만이 아니다. 필자의 데이터베이스에 따르면, 핵심 창업자의 26퍼센트는 창업하기에 앞서 경영 경험이 있을 때 그렇지 못한 사람보다 1인 체제를 지향할 가능성이 더욱 컸다.[2]

1인 체제는 배리 널스의 근무 스타일과도 잘 맞았다. 그의 설명을 들어보자.

내 경력을 돌이켜볼 때, 나는 혼자가 어울리는 사람이라는 걸 깨달았다. 팀을 이루어 일하긴 했지만, 동료의 관점에서 보면 나는 언제나 혼자서 일을 해결했다. GTE에서 얻은 수년간의 경험 덕분에 기술, 영업, 경영을 어느 정도 감당할 수 있었다. 그래서 다른 공동 창업자를 뽑는 생각은 전혀 해보지 않았다. 또 할아버지와 아버지에게서 파트너십이란 게 완전 무용지물이라는 사실을 배웠다. 두 분은 항상 1인 창업을 했다. 나는 리더십이란 정보 수집과 의사 결정이 전부라는 사실도 배웠다. 이를테면 정보는 공유하되 의사 결정은 공유하지 않는 것이다. 스스로 결정을 내리고 그것을 실천해야 한다. 또 다른 핵심은 속도다. 내 밑에 있는 사람일지라도 의사 결정자는 한 명으로 충분하다. 만약 운영을 담당하는 부사장이 있다면, 그 사람이 운영에 관한 결정을 내리는 식이다.

이런 효율성 때문에 항상 1인 창업을 결심하는 것은 아니다. 핵심 창업자는 1인 체제로 가는 것을 대수롭지 않게 여기는 성향이 지배적이

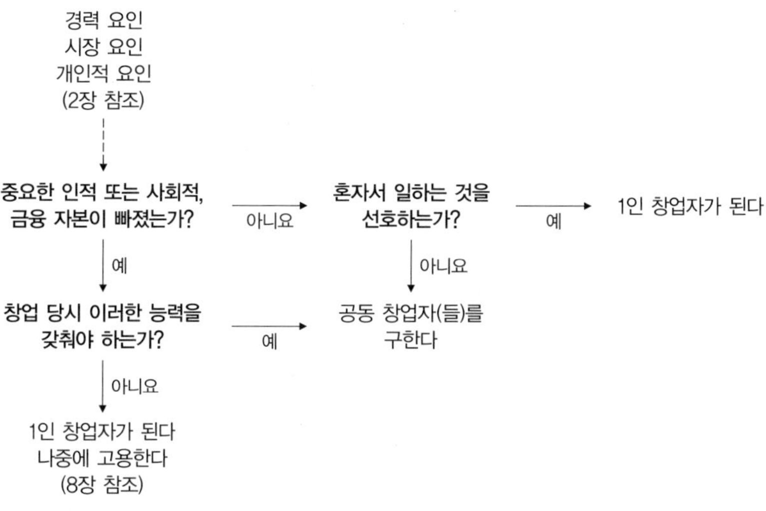

다. 예를 들어, 처음으로 마시는 글루코사민 보충제를 개발한 사람이자 조인트 주스(Joint Juice)의 창업자 겸 CEO 케빈 스톤(Kevin Stone) 박사는 단호하게 말한다. "인정 많은 한 사업가가 미친 듯이 열정을 쏟아 붓는 것이 1인 경영 활동이다!"[3] 혼자서 지분 100퍼센트를 보유하고 싶어 하는 창업자나 자력으로 회사를 세운 후 나중에 빈자리를 메울 직원을 고용할 계획을 가진 창업자 역시 혼자 일하는 편이다. 도표 3.2는 이 같은 많은 고려 사항을 포착한 창업자의 결정을 표로 나타낸 것이다.

이 책에서 우리가 논의할 대부분의 결정처럼 1인 체제는 단기적 결과와 다른 장기적 결과를 고려해 결정하는 것이다. 단기적으로 1인 창업은 쉬운 선택인 것처럼 보일 수 있지만, 배리 널스도 광범위한 기술과 경험을 축적한 후 결심했듯 모든 1인 창업자에게 쉬운 것만은 아니다.[4] 1인 창업 체제를 유지함으로써 지금껏 겪어온 것보다 더 큰 위험을 감수하게 되므로 이들이 창업한 신생 기업은 잠재력을 완전히 끌어내지 못하거나 크게 실패할 수 있다. 예를 들어, 1인 창업자는 회사의 가치를 더욱 높이는 데 지배력의 필요성을 우선시할 수 있고, 자만심이나 아이디어에 관한 열정 때문에 도움의 필요성을 과소평가할 수도 있다.

공동 창업자 사이의 논쟁

혼자서 창업하는 데는 정당한 이유가 많지만, 공동 창업자 팀을 만들고자 하는 창업자의 비율 역시 높다.[*]

그 이유는 유형적이기도 하고 무형적이기도 하다. 공동 창업자를 한 명 더함으로써 충족할 수 있는 유형적 요구 조건에는 세 종류의 자본이 포함된다. 2장에서 우리는 각 자본의 형태가 어떻게 기업가 만들기에 영향을 줄 수 있고 또 주어야 하는지 알아보았지만, 그와 비슷한 고려 사항이 공동 창업자 결정에도 영향을 준다.

- 인적 자본. 인적 자본에는 정규 교육을 통해 얻은 정확한 지식과 사전 경험을 통해 얻은 암묵적 기술이 포함된다. 아무것도 없이 새로 조직을 꾸리는 데 필요한 기술과 지식을 이미 모두 갖춘 창업자는 드물다. 예를 들면, 기술에 조예가 깊은 창업자는 판매와 영업, 사업 개발, 재무 지식 등을 요구하는 초기 과제를 다루지 못하는 예가 많다. 산업 경험

---

[*] 핵심 창업자 중에는 무턱대고 공동 창업자를 끌어들이려다 1인 체제로 가거나 창업 개시를 미루는 사람도 있다(Ruef, 2010).

이 적은 창업자는 해당 분야 베테랑이 예측하는 문제에 취약할 수 있다. 이러한 상호 보완적 기능을 지닌 공동 창업자는 창업을 통해 이 같은 문제를 예측하거나 처리할 기회를 최대한 활용한다.

- **사회적 자본.** 사회적 자본이란 정보망 및 교류망에 있는 사람에게서 파생하는 이익을 말한다. 새로 창업하려면 직원을 고용하고, 잠재 파트너와 관계를 수립하고, 잠재 투자자를 만나고, 다른 외부 자원과 접촉하는 방법을 모색해야 한다. 핵심 창업자가 이와 관련해 유난히 풍부한 인맥을 갖추지 못한 이상, 신생 기업은 공동 창업자의 인맥과 사회적 자본을 통해 이익을 얻는다.
- **금융 자본.** 금융 자본은 창업 과정에서 쓸 수 있는 돈이나 그 밖의 유형 자원을 말한다. 자본 집약적 사업 창업자나 필수 금융 자본을 축적하지 않은 모든 창업자는 창업에 투자할 개인 금융 자본을 소유한 공동 창업자에게서 이익을 얻을 수 있다.

이 '자본 기반 접근법'을 1인 창업 vs. 공동 창업 결정에 적용하는 창업자는 창업에 필요한 인적, 사회적, 금융 자본을 평가해야 한다. 즉 인적, 사회적, 금융 자본을 자신이 이미 보유한 자본과 비교해 얼마나 모자라는지 파악한 후, 창업 팀을 만들 것인지 1인 창업을 고수할 것인지 결정해야 한다. 예를 들면, 복잡한 의료기 설계부터 개발과 테스트(그리고 이와 같은 길고 험난한 과정에 투입할 충분한 벤처 캐피털 확보), 특허 확보, 복잡한 법규 준수, 영업 및 판매 계획 수립, 쟁쟁하고 성공적인 경쟁자 돌파, 장비를 쓸 병원 관계자와 사고에 대비하는 보험사 설득, 제품 지원, 법률 책임 준비, 제품 업그레이드 등 매우 다양한 관문을 통과해야 하는 신생 기업에는 여러 공동 창업자가 필요하다. 하지만 1인 창업자는 의료기 보급 회사를 차리는 정도로 만족할 수 있다. 경쟁 수준이 높은 산업과 그 산업에 일찌감치 뛰어든 사람은 늦게 뛰어든 사람보다 유리하며 공동 창업자의 필요성 또한 커진다. '기업 원동력에 관한 패널 연구(PSED)'라는 중소기업 데이터베이스에 따르면 1인 창업자가 사업의 거의 절반을 차지한다. 하지만 기술과 생명과학 계열 신생 기업에 관한 필자의 데이터베이스에 따르면 그 수치가 20퍼센트 미만으로 나타나는데, 그 이유는 바로 이러한 점들 때문이기도 하다.[5] 도표 3.1에서 볼 수 있듯이 필자의 데이터베이스에서는 핵심 창업자의 3분의 1 이상이 공동 창업자 한 명을 끌어들이며, 심지어 창업자가 5명 이상인 창업 팀도 약 10퍼센트가량 된다.[6]

팀 웨스터그렌은 이러한 자본 기반 접근법을 판도라 라디오 설립에 적용했다. 1999년, 웨스터그렌은 노래의 음악적 특성을 데이터베이스에 구축해 구매자가 어떤 음악을 좋아하는지 직접 평가하는 글을 남기도록 하고 그 평가를 바탕으로 (온라인 음반 판매점을 통해) 다른 구매자에게 추천한다는 아이디어를 착안했다. 스탠퍼드 대학에서 정치학 학위를 취득한 웨스터그렌은 11년 동안 영화 음악 작곡가이자 록밴드 멤버로 활동했다. 이때의 경험을 통해 음악적 전문성을 충분히 갖추었다. 그리고 밴드 관리와 영화 제작자에게 자작곡 판매, 소액의 예비 자금, 음악 목록을 작성하도록 도와줄 폭넓은 음악가 인맥 등을 통해 판매나 경영 능력을 어느 정도 키울 수 있었다. 그러나 웨스터그렌은 이러한 일을 '진짜 직업'으로 생각해본 적이 없었다. 그는 자신의 아이디어를 구현하는 데 필요한 복잡한 과학 기술에 관해 지식이 매우 부족하다는 것을 깨달았다. 게다가 사업체에서 일해본 적이 없고 사업체를 차릴 생각조차 전혀 해보지 않았기 때문에 도움이 절실했다. 그래서 자신의 기술적·

사업적 틈을 메워줄 인적 자본과 잠재력을 갖춘 비음악가를 고용하고 잠재 투자자를 끌어들일 수 있는 사회적 자본 및 추가 금융 자본이 있는 안전한 공동 창업자가 생길 때까지 사업을 추진하지 않기로 했다.

만약 핵심 창업자가 꼭 필요한 기술, 인맥, 초기 투입 자본을 모두 갖췄다 해도 역시 혼자 힘만으로 (잘)해내기에는 벅차므로 공동 창업자를 찾을 수 있다. 핵심 창업자는 모든 것을 혼자 하고 싶겠지만, 그것이 말처럼 그리 효과적이지는 않다. 창업에는 대부분 창업자가 상상하는 것보다 많은 수고가 들어간다. 창업자가 시작부터 너무 많은 권리를 보유하면, 비상사태건 기회건 틀림없이 발생할 예기치 못한 일이 닥쳤을 때 그것을 처리할 여유가 없다. 어쨌거나 항상 전력을 기울여 일한다는 게 대단한 얘기처럼 들릴 수 있지만 이는 그다지 효율적이지 않다. 만약 지쳐서 기진맥진한 사람이 매우 중요한 결정을 내린다면 그 신생 기업은 어려움을 겪을 것이다. 짐 트라이언디플로는 오컴 테크놀로지를 창립해 유일한 파트너인 마이젠하이머 및 자문 팀과 함께 IBM용 제품군 전체를 설계하느라 애쓰던 초창기를 떠올리며 이렇게 말했다. "토요일과 일요일도 회의실 안에 있는 자문위원실에서 보냈습니다. 전체 제품군에 필요할 것으로 예상되는 걸 한꺼번에 해결하려고 애쓰면서 말입니다. 6개월 동안 모듈 6개를 완성하려 했으니 황당한 일이었지요."

그와 동시에 핵심 창업자가 공동 창업자를 선택할 때는 개인의 기호와 심리적 욕구가 유형적 요인보다 중요할 수 있다.

- 업무 기호―핵심 창업자가 꼭 필요한 기술·인맥·초기 투입 자본을 모두 갖추었지만, 하나 또는 그 이상 되는 중요한 초기 단계의 업무 수행을 싫어한다면 그 업무를 맡을 공동 창업자를 찾을 수도 있다. 예를

들어, 비베크 쿨러는 수년간 벨 애틀랜틱에서 근무했는데, 그중 2년 동안은 소프트웨어 프로그래머와 분석가로 일하며 새로운 서비스와 시스템에 필요한 소프트웨어를 개발하기도 했다. 쿨러는 온라인 티케팅에 관한 자신의 아이디어를 살려 소프트웨어를 만들 능력이 있었다. 하지만 프로그래밍을 해본 지 오래되었고 일련의 경영 업무를 맡은 데다 그 즈음에는 MBA 프로그램에도 등록한 상태였다. 이에 쿨러는 프로그래밍 업무를 혼자 맡기보다 벨 애틀랜틱에서 전에 함께 일했던 동료를 공동 창업자로 영입해 티케팅 시스템을 개발하기로 했다. 그럼으로써 사업 개발과 창업에 필요한 자금 확보에 집중할 수 있었다.

- **협력 스타일**—잠재 공동 창업자와 아이디어를 공유하면 창업자가 그 아이디어를 구현하고 향상시키는 데 도움이 될 수 있다. 비베크 쿨러는 MBA 동료 학생이던 사우라브 미탈(Saurabh Mittal)을 공동 창업자로 영입했다. 이때 두 사람이 나눈 토론은 쿨러가 사업 계획을 정비하는 데 큰 도움이 되었다. 밤 10시부터 새벽 4시까지 회의를 하는 동안, 쿨러와 사우라브는 스마틱스의 수익 및 가격 결정 모형을 다듬었다. 그리고 자본을 얼마나 들이고 어떻게 쓸 것인지에 대해서도 계획을 세웠다. 이와 같은 협력은 쿨러가 선호한 업무 스타일이기도 했다.

- **지원과 검증**—제휴나 검증 또는 정신적 지원이 많이 필요한 핵심 창업자는 창업에 보탤 자본이 적을지라도 공동 창업자를 모색할 수 있다. 한 창업자는 공동 창업자가 메울 만한 틈이 전혀 없더라도 누군가를 동참시키고 싶다고 말했다. 또 다른 창업자는 "만약 나와 손을 잡을 친구 한 명조차 설득하지 못할 정도라면 아무리 아이디어가 좋다 해도 뻔하지 않겠어요?"라고 말했다. 브라이언 스쿠다모어(Brian Scudamore)는 애초 주택 폐기물 처리 회사인 러비시 보이스(Rubbish Boys)를 혼자

설립하려 했지만, 얼마 지나지 않아 친구 한 명을 동등한 파트너로 받아들였다. "파트너 영입에 많은 고민을 하지 않았습니다. 그 친구가 어떤 틈을 메울지, 아니면 기술 결합 같은 것도 생각하지 않았죠. 난 단지 그 친구가 좋았고, 즐겁게 이 일을 함께할 수 있을 거라고 생각했습니다. 일을 같이할 누군가가 있다면 더욱 즐거울 것 같았거든요. 내게는 우정과 응원 그리고 자신감을 북돋아줄 누군가가 필요했습니다."

이러한 심리적 욕구가 분명해지기까지는 다소 시간이 걸릴 수 있다. 모든 업무를 다룰 능력을 갖춘 핵심 창업자조차 심리적 타격을 주는 '창업자 롤러코스터'라는 굴곡을 경험하며, 바로 그때 공동 창업자를 찾아야겠다는 결심을 할 수 있다. 기업 소프트웨어 관련 신생 기업인 와일리 테크놀로지(Wily Technology)의 창업자 루 서니(Lew Cirne)는 1년간 혼자 일하며 자신이 창업 당시 처음 내놓았던 제품의 핵심 기술을 개발했다. "매우 중요한 한 해였습니다. 내 안에 있는 불굴의 정신력을 실제로 시험한 해이기도 했지요. 일 때문에, 흥분 때문에, 두려움 때문에, 불안 때문에 잠을 이루지 못한 날이 허다했고, 내 작업이 상업적으로 가치가 있는지도 궁금했습니다." 다른 사람을 영입하기 위해 오래 기다리는 대신 루는 초창기의 이러한 어려움을 돌파하는 데 도움을 줄 귀중한 도의적·감정적 지원을 얻을 수 있었다. 최고를 기대하는 열정적인 천성 때문에 창업자들은 압박을 견뎌낼 수 없다는 생각이 들 경우 자신과 협력하고 팀의 능력을 고취해줄 공동 창업자 영입을 진지하게 고려한다.

공동 창업자는 몇 명이나 필요한가

핵심 창업자가 일단 공동 창업자를 받아들이기로 했다면, 몇 명을 영입할 것인지 결정해야 한다. 새 공동 창업자는 저마다 조정 비용과 비효율성을 상승시킨다. 스틴치콤이 강조했듯 팀이 커질수록 조정 비용 역시 커지며, 팀 내에서의 역할이 겹쳐 충돌을 일으킬 위험 또한 증가한다.[7] 예를 들어, 피드버너의 4인 창업 팀에서 두 사람은 만족스럽게 자기 역할에 중점을 두었다. 하지만 중요도 높은 많은 결정을 공유했던 코스톨로와 스티브 올레초브스키(Steve Olechowski)는 역할과 책임을 두고 소모적인 충돌을 겪었으며, 이러한 충돌은 창업 후 회사가 더욱 커져 올레초브스키가 사업 개발을 전담하기 전까지 계속되었다. 핵심 창업자의 동기부여 역시 각 공동 창업자를 영입할 것인지 결정하는 데 중요한 역할을 한다. 그리고 지배 성향의 핵심 창업자일수록 영입하는 공동 창업자의 수가 적은 반면, 창업의 가치를 높이려는 핵심 창업자일수록 더 큰 창업 팀을 구성하기도 한다.

영입된 각 인재는 커뮤니케이션 네트워크에 접점(node)을 더하고, 진행 속도를 늦추며, 동기를 약화시킨다.[8] 따라서 새로 영입된 각 공동 창업자는 자신이 합류함으로써 많은 것을 잃게 하기보다, 가령 인적 자본에 있는 틈을 메운다거나 다른 창업자가 맡은 주요 영역의 업무가 과다할 때 그것을 줄여주는 능력을 갖추는 등 더 많은 가치를 창출해 팀에 중요한 요소를 더해주어야 한다. 소액 투자자를 대상으로 한 소셜 네트워킹 사이트인 업다운(UpDown)의 핵심 창업자 미하엘 라이히(Michael Reich)는 자신의 팀에 MBA 동기들을 영입했다. 하지만 이들의 기술과 경험 및 네트워크가 라이히와 비슷해 그들 3인 팀에 제품을 구상할 프로그래머 퍽 트루옹(Phuc Truong)을 추가로 영입할 필요가 있었다. 라이히가 자신의 아이디어를 실현하는 데 진정으로 필요했던 트루옹만 팀에 합류시켰다면 역할과 지분 분배로 인한 스트레스도 줄어들었을 것이다.

업다운에서 라이히가 겪은 경험이 말해주듯 창업자들은 각각의 새 공동 창업자로 인해 추가된 비용과 복잡한 문제를 과소평가하는 경향이 있다. 요컨대 한 연쇄 창업자가 언급했듯이 "공동 창업자가 많아지면 복잡도가 기하급수적으로 증가한다"는 것을 창업자들은 깨닫지 못한다. 라이히 같은 많은 창업자는 잉여 공동 창업자가 새로운 능력을 보태 창업에 도움을 줄 거라는 보장이 없음에도 그들의 가치를 과대평가하는 경향이 있다. 결과적으로, 이들은 필요 이상으로 큰 팀을 꾸리는 셈이다. 만약 각 잠재 공동 창업자의 한계 비용과 가치를 평가하는 데 더욱 체계적인 접근법을 활용한다면 이런 문제는 얼마든지 피할 수 있을 것이다. 덧붙여 핵심 창업자는 공동 창업자를 영입함으로써 나타나는 잠재적 위험과 문제를 이해할 필요가 있다. 이 점에 대해서는 4~7장에서 자세히 살펴볼 예정이다.

폭넓은 배경

신생 기업이 운영하는 폭넓은 환경 또한 1인 창업 vs. 공동 창업 결정에 영향을 줄 수 있다. 1인 창업은 몇 가지 환경적 배경과 어울릴 수 있지만, 다른 환경에서는 창업 팀이 필요한 경우도 있다. 특히, 일부 산업은 경쟁이 치열하거나 선도 업체에 대단히 유리하다. 예를 들어, 강력한 네트워크 자산을 갖춘 산업은 초도 생산품을 개발하고, 고객을 끌어들여

이럴 때 1인 창업	이럴 때 창업 팀 구성
• 창업할 산업과 관련해 창업자에게 인적 자본과 사회적 자본이 풍부할 때(아울러 금융 자본이 충분할 때) • 창업자가 모든 결정권을 보유하려는 성향이 강할 때 • 창업자가 지원이나 검증의 필요성을 크게 원하지 않을 때 • 사업 규모가 작고 산업의 변화 속도가 느릴 때	• 창업자가 인적 자본, 사회적 자본 혹은 금융 자본에 중요한 틈이 있을 때 • 창업 초기에 발생하는 업무를 창업자가 처리하고 싶지 않을 때 • 창업자가 협력 스타일을 선호할 때 • 창업자에게 지원이나 검증이 크게 필요할 때 • 산업의 변화 속도가 빠를 때. 특히 선도 업체에 유리하거나 연계 효과가 있는 사업일 때

단골을 확보하기 위해 '촌각을 다투는' 경쟁을 유발한다.[9] 이와 같은 산업에서, 핵심 창업자는 각 자본 영역에 있는 틈을 메울 공동 창업자의 필요성이 더욱 커지는 상황에 직면한다. 또 많은 스트레스를 초래하는 롤러코스터에 탔을 때 그 심리적 틈을 메울 필요성 또한 커질 수 있다.

　신생 기업이 직면하는 환경의 우연성이 복잡할수록 추가 창업자의 필요성은 더욱 커진다.[10] 복잡한 환경을 다루는 팀은 더 많은 정보를 처리해야 한다. 요컨대 팀이 클수록 그와 같은 일을 더욱 잘 처리할 수 있다. 신생 기업을 운영하는 험준한 환경은 과학 기술의 급속한 변화와 불안정한 성공 요인 때문에 두드러진다.[11] 이런 환경은 기회와 위기를 만듦으로써 팀의 정보 처리 요구를 늘리고, 조직으로 하여금 그 팀의 전략과 구조를 받아들이게끔 한다. 큰 집단이 문제를 더욱 잘 해결하는 이유는 (a) 더 많은 정보를 흡수하고 재현할 수 있으며, (b) 추정과 분석을 통해 오류를 더 많이 정정할 수 있으며, (c) 더 많은 잠재 해결책을 고려할 수 있으며, (d) 더욱 폭넓은 관점에서 문제를 볼 수 있기 때문이다.[12] 따라서 추가 자원으로 조직을 무장한 큰 창업 팀은 그 조직의 성장률과 생존율을 더욱 높인다.[13]

이러한 배경의 차이점은 필자의 기술 및 생명과학 계열 신생 기업 데이터베이스에 따르면, 1인 창업이 예외인 이유를 더욱 명확하게 보여준다. 하지만 대부분 기술 수준이 낮은 중소기업에서는 이러한 배경이 비교적 보편적인 경향이 있다.[14]

요약하면, 도표 3.3에서 보는 바와 같이 1인 창업은 다음과 같은 배경, 목표 및 신생 기업에 적합한 창업자가 추구해야 한다. 즉, 창업자는 관련 경험이 깊고 풍부해야 한다. 또 중요한 결정을 지배하면서 운영할 줄 알아야 한다. 그리고 창업하고자 하는 산업이 급성장하지 않아도 되는 분야여야 한다. 마지막으로, 아이디어와 구현은 비교적 단순한 것이 좋다. 이와 반대되는 결정은 경험 없는 창업자가 내리는 것이라고 보면 된다. 그들은 탁월한 공동 창업자를 끌어들이기 위해 지배권 일부를 기꺼이 포기할 준비가 된 사람들이거나, 어렵고 급성장하는 산업에서 창업하는 사람들, 혹은 창업 아이디어가 복합적인 사람들이다.

상징적 창업자 vs. 고용인

우리는 '창업자' 하면, 창업 개시 때 그 활동에 전업으로 참여하는 사람, 창업 토대에 깔린 아이디어를 뽑아내거나 개발하는 데 일조한 사람, 창업을 순조롭게 시작하는 데 중심적 역할을 한 사람에게 부여하는 객관적 지위로 생각하는 경향이 있다. 이러한 관점은 이른바 창업자 모두가 거의 동시에 창업에 참여했음을 암시한다. 그러나 수많은 실례에 따르면, 사람들은 핵심 창업자가 새로운 사업을 시작한 지 몇 달 후 거기에 합류한 사람도 창업자라고 여긴다.[15] 즉, '창업자'는 실제로 매우 주관적이고 심지어 상징적이기까지 한 지위다. 예를 들어, 필자는 한 신생 전자우편 회사의 창립자 겸 CEO에게 업무 시작 날짜와 공동 창업자의 지분 차이에 관해 물어본 적이 있다. 다음은 그 회사의 창립자 겸 CEO가 내게 한 대답이다. "나에게 '창업자'라는 직함은 나를 위해 새로운 직무를 개발하는 데 중요한 역할을 하는 사람들을 말합니다. 누군가가 열 번째 직원이라 해도, 그 직무를 담당한 첫 번째 직원으로 고용되었다면 나는 그를 창업자라고 부를 겁니다. '창업자' 직함을 부여하는 것은 넉넉지 않은 지분이나 현금을 포기하지 않고서도 기분 좋게 업무를 제안할 수 있는 한 가지 방법이기도 합니다."

하지만 여기에는 '창업자' 지위를 너무 쉽게 여길 위험이 있다. 회사를 새로 시작하면서 창업자 타이틀로 높은 지위를 안겨주면 그 사람은 더 많은 직함을 갖고 싶어 하고 고위직까지 오르고 싶다는 생각이 들 수 있다. 그러나 창업자이자 투자자인 제프 버스갱(Jeff Bussgang)이 "밀림, 흙길, 고속도로"라고 비유한 데서 알 수 있듯 창업한 신생 기업은 극적인 변화를 겪는다. 처음에는 거친 밀림을 헤쳐 나가며 길을 찾는 사람이 필요하고, 그다음에는 흙길을 만들고 그 길을 오갈 수 있는 사람, 그런 다음 고속도로를 포장하고 그 위를 달릴 사람이 필요하다.[16] 앞으로 살펴보겠지만, 신생 기업에서는 초창기의 '밀림 단계' 직원들이 나중에 흙길이나 고속도로에서 무력해지고 열외로 밀려나거나 해고당하는 등 큰 문제가 발생할 수 있다. 그런 사람이 창업자라는 직함을 갖고 있을 때 이런 문제는 신생 기업의 문화와 직원에게 매우 심각하고 때로는 예상치 못한 충격을 주기도 한다.

심지어 '실제' 창업자 팀 역시 자신들이 나중에 고용할 직원에게 창업자 지위를 내어줄 것인지 결정해야 한다. 업다운의 창업 팀은 바로 이 문제와 씨름했다. 라이히는 경영대학원을 다니던 첫해에 창업 아이디어를 얻고 거의 즉시 2명의 동기 워런과 게오르그 루드빅슨(Georg Ludviksson)을 끌어들였다. 워런은 곧 흥미를 잃었다. 하지만 루드빅슨과 라이히는 여전히 창업에 전념했다. 얼마 후 그들은 사이트를 만들 소프트웨어 개발자를 영입할 필요가 있음을 알았다. 그래서 기술 담당 최고책임자를 구한다는 광고를 내고 숙련된 공학자 트루옹을 만났다. 라이히와 루드빅슨은 트루옹을 직원으로 고용했다. 그리고 그가 비록 종잣돈 만들기에 이바지한 것도 없고 설립하고 나서 몇 달이 지난 후 영입했지만 창업자 직함을 주고 주식 지분도 함께 나누기로 했다. 당시 라이히와 루드빅슨은 트루옹에게 월급을 줄 수단이 없었다. 따라서 창업자 직함을 준 것은 트루옹의 책임감을 굳히는 데 도움을 주었다. 한편, 워런이 회사 창립 초창기에 관여한 것은 사실이지만 라이히는 그를 창업자로 여겨서는 안 된다는 생각이 강하게 들었다. 왜냐하면 워런은 신생 기업에서 중심적 역할을 할 수 없을 테고, 창업에 전념하지 않았을뿐더러 지분도 더 많이 받지 못할 것이기 때문이었다.

우리는 경험을 통해 누가 신생 기업의 진정한 창업자인지 평가할 여러 가지 지표를 활용할 수 있다.[■] 모든 지표가 해당 창업자를 향해 한 곳

■ 필자의 분석에서 활용한 지표는 다음과 같다.
- 각 창업자의 업무 시작일이 기업 설립 날짜와 같은가, 아니면 조금 늦는가?
- 각 창업자는 최소한 부분적으로 아이디어에 또는 창업의 발판이 된 지적 재산에 책임이 있는가?
- 신생 기업에서 각 창업자의 최초 역할은 무엇인가? 예를 들어, 각 창업자는 최고책임자급 직함으로 시작했는가? 임원회를 창설한 초기부터 다른 사람과 달리 그 임원회에 소속된 창업자인가?
- 신생 기업에서 창업자라는 이름표를 분명하게 붙일 사람은 누구인가?
- 각 창업자의 지분은 무엇인가?

으로 향할 때, 우리는 그를 핵심 또는 '진짜' 창업자라고 확신할 수 있으며, 지표가 뒤섞여 있을 때는 앞서 설명한 전자우편 기업에서처럼 창업자 직함이 상징적인 것에 가깝다고 확신할 수 있다.

맺음말

지나친 낙관주의는 수많은 창업자로 하여금 회사 설립에 필요한 주요 조건을 보지 못하도록 눈을 멀게 할 수 있다. 따라서 그들이 가진 기술과 지식 및 인맥 사이의 틈새를 파악하고 그러한 틈새를 공동 창업자가 메울 수 있는지, 메운다면 언제 메울 것인지 검토하는 일을 특히 소홀히 하지 말아야 한다. 공동 창업자의 필요를 과소평가하면 실패 위험이 커진다.

창업자 자신의 인적·사회적 자본으로 메울 수 없는 즉각적이고 중대한 조건에 공동 창업자가 반드시 필요한 것은 아니다. 다른 선택지로는 외부 위탁, 자문, 상호 보완할 수 있는 기업과의 파트너십 형성 등이 있다. 그러나 이것들로 충분하지 않을 때가 종종 있다.

신생 기업이 당면한 요구를 충족시킬 공동 창업자가 필요치 않을 만큼 준비가 철저하고 또 창업자에게 다양한 재능이 있더라도, 창업자는 팀으로 일하면서 동지애를 느끼고 싶어 어떤 식으로든 공동 창업자를 원할 수 있다. 그러나 브라이언 스쿠다모어가 고생 끝에 깨달았듯 이는 매우 위험할 수 있다. 핵심 창업자는 이렇게 생각할지 모른다. '필요에 따라 이 공동 창업자 없이도 꾸려나갈 수 있는데 잃을 게 뭐 있겠어?' 하지만 잃을 게 많다. 공동 창업자는 의사 결정을 늦추고 긴장을 불러일으킬 수 있다. 그들이 필수조건을 제대로 충족하지 못할 경우 이러한 문제는 더욱 많아질 수 있다. 불필요한 공동 창업자는 또한 고용인이나 투자자 또는 다른 중요한 전문가를 끌어들여 더욱 생산적으로 쓸 수도 있을 지분을 차지한다. 6장에서 살펴보겠지만, 브라이언처럼 나쁜 공동 창업자를 걸러내기란 대단히 어렵거니와 치러야 할 대가도 크다. 신생 기업이 이런 위험에 노출되기 전에 창업자는 잠재 공동 창업자가 창업 퍼즐을 풀어내는 데 중요한 한 조각을 더해줄 사람인지 확실히 분별해야 한다.

때때로 창업자는 지금 당장은 괜찮아도 훗날 아주 중요한 한 조각을 잃게 되리라는 것을 알고 있다. 예를 들어, 창업자에게 제품의 원형을 개발하는 데 충분한 기술적 배경과 솜씨는 있지만, 원형 개발을 끝낸 후 베타테스터(beta-tester: 자사 제품을 판매하기 전 제품에 결함이 있는지 여부를 검사하는 사람—옮긴이)를 모으고 등록할 판매 능력이나 관리 능력이 없을 수 있다. 도표 3.2에서 알 수 있듯 이런 핵심 창업자는 1인 창업을 하고, 원형을 개발한 다음 필요조건이 (그리고 자금이) 늘어나면서 생겨나는 틈을 메울 직원을 고용할 수 있다. 이와 같은 전략을 통해 핵심 창업자는 초기의 결정에 한층 많은 지배력을 유지한다. 요컨대 왕 노릇을 더욱 오래 하는 것이다.

하지만 이렇게 1인 체제로 가되 필요에 따라 고용한다는 전략이 현명한지 여부는 상황에 따라 다르다. 창업한 산업이 급성장하거나 앞다투어 상품을 내놓는 경쟁자가 있을 때는 독립적으로 운영해도 충분한 창업자조차 초창기부터 공동 창업자가 필요할 수 있다. 왜냐하면 (a) 공동 창업자가 필요할 날이 곧 다가올 테고 짧은 시간에 적합한 인물을 찾기 어려우며, (b) 공동 창업자를 잘 뽑으면 핵심 창업자 혼자 창업을 구상

도표 3.4 1인 체제 유지와 창업 팀 구성의 장단점

선택	장점	단점	단점을 완화하는 방법
1인 체제 유지	• 모든 지분 보유 • 의사 결정권 유지 • 커뮤니케이션, 조정, 동기 문제를 피할 수 있음	• 인적 자본이나 사회적 자본, 금융 자본의 틈을 메우려면 창업자에게 전적으로 의지해야 하며, 만약 창업자가 필수 자본이나 역량 없이 진행하면 준비 기간에 창업 개시 속도가 늦어지거나 사업이 잠재적 실패에 노출됨 • 복잡한 정보를 수집하고 처리하는 능력 부족 • 대응 속도 저하 • 협력/지원 부족, 외로움	• 창업 결정을 연기하거나 연장하고, 관련 경험을 얻음으로써 체계적으로 틈을 메움 • 경험 있는 조언자나 멘토를 구해 임시로라도 틈을 메움 • 상호 보완할 기업 파트너를 구하거나 업무 일부를 외부에 위탁 • 요구 조건이 발생하면, 지분을 이용해 틈을 메울 고용인과 투자자를 끌어 모음(8장, 9장 참조) • 전개가 느리고 덜 복잡한 산업을 택해서 설립
창업 팀 구성	• 인적 자본, 사회적 자본, 금융 자본의 틈을 메울 수 있음 • 정보를 수집하고 처리하는 능력 향상 • 빠른 대응률 • 지원/협력을 얻을 수 있음 • 더욱 즐거움(서로 성격이 잘 맞을 때)	• 지분 양보 • 의사 결정권 양보 • 커뮤니케이션, 조정, 동기 문제	• 각각 새 공동 창업자의 한계효용을 신중하게 평가하고, 한계편익이 추가된 비용보다 많은 공동 창업자만 영입 • 팀 내에서 의사 결정 과정을 주도적으로 전개(5장 참조) • '써보고 구매하세요.', 즉, 기대되는 팀 구성원과 그들의 업무 스타일을 알아가는 데 시간을 투자

할 때보다 빠른 속도를 낼 수 있기 때문이다.

도표 3.4는 1인 체제 유지와 창업 팀 구성의 장단점을 요약하고, 그러한 단점을 완화하는 방법을 제시한 것이다.

공동 창업자를 영입하는 것이 올바른 결정일 때조차 장기적으로 볼 때 그것은 결코 쉬운 일이 아니다. 영입 즉시 창업에 복잡성을 가중시키고 앞으로 닥칠 딜레마와 무수한 어려움의 씨앗을 뿌리는 셈이기 때문이다. 이들 문제 중 다수는 창업 초기에 제대로 파악하지 못했거나 예기치 못한 것들이다. 초기 결정을 내리기 전에 이러한 어려움을 예상하는

것이 올바른 팀을 편성하는 데 매우 중요하다. 특히, 팀 편성을 결정할 때는 관계·역할·보상이라는 세 가지 범주가 맞물리며, 이것들은 각각 서로 균형과 긴장 관계에 있다. 관계·역할·보상, 이 '3R'가 바로 이 책 나머지 부분에서 다룰 주제다.

관계 딜레마:
유유상종과 불장난

04

창업 팀을 만들기로 한 창업자는 누구를 공동 창업자로 선택할지 결정해야 한다. 도표 4.1에서 볼 수 있듯 창업 팀 내 기존 관계는 창업자가 해결해야 할 세 가지 딜레마 중 한 가지 원인이 되는데, 이 점에 대해서는 2부의 나머지 부분에서 살펴볼 예정이다.

핵심 창업자에게는 어디에서 공동 창업자를 찾을 것인지 수많은 선택지가 있다. 이것을 세 개의 동심원으로 그려볼 수 있다. 안쪽 원에는 오랜 이웃사촌에서 남편과 아내에 이르기까지 이미 관계를 맺고 있어 핵심 창업자가 직접적으로 접촉하는 사람들이 포함된다. 가운데 원에는 지인을 통해 간접적으로 접촉하거나 또는 간접적 네트워크를 통해 만난 사람들이 포함된다. 바깥 원에는 비개인적인 조사 과정을 통해 만난 사람들이 포함된다. 요컨대 어떤 특성이나 능력을 갖췄다고 인정받는 이방인, 혹은 때때로 단순히 창업자가 새로 사귄 지인들이다.

에번 윌리엄스의 사례는 공동 창업자에게 선택 가능한 범위와 그들

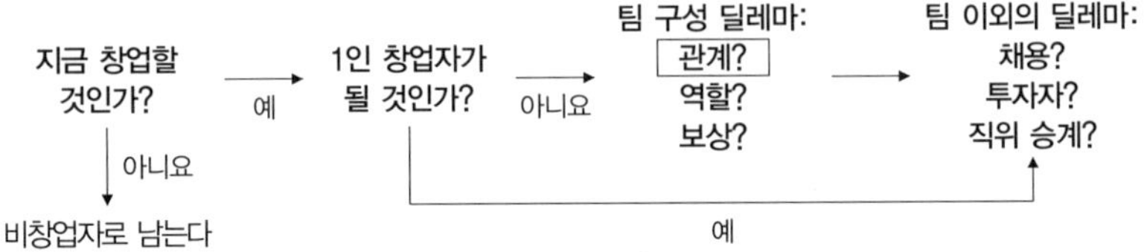

의 결정에서 비롯된 단기적 결과와 장기적 결과의 일부를 모두 보여준다. 처음 두 번의 창업을 준비할 때 윌리엄스는 사회적으로 가까운 사람들을 선택했다. 처음 창업했던 직거래 회사에서는 아버지가 공동 창업자였고 당시 여자 친구와 자신의 형제, 대학 친구 몇 명도 함께 참여했다. 이 팀은 갈등 해결 방법 등 까다로운 문제에 관한 논의를 회피했고, 효과적인 업무 관계도 발전시키지 못했다. 3년 후, 윌리엄스는 사업을 중단했다. "우리 관계는 엉망이 됐고 프로젝트도 실패했습니다. ……경영 측면에서는 피할 수 없는 사고였죠." 윌리엄스는 블로깅 분야의 초기 개척자로서 두 번째 창업을 시작해 블로거를 탄생시켰다. 이때는 당시 사귀던 기술 고문 멕 휴리한(Meg Hourihan)과 공동 창업을 했다. 윌리엄스는 이처럼 친척과 친구 그리고 여자 친구와 회사를 공동 창업하면서 여러 가지 문제와 고충을 겪었다. (구체적으로 어떤 경험을 했는지는 뒤에서 설명할 예정이다.) 그로 인해 세 번째로 오데오라는 인터넷 방송사를 창업할 때는 무척 힘들었다. 그래서 이번엔 온라인 오디오 산업에서 경험을 쌓았지만 자신이 잘 알지 못하는 지인 노아 글래스(Noah Glass)와 공동 창업하기로 했다. 앞으로 살펴보겠지만, 그는 오데오에서 예전에 겪었던 위험 요소를 회피할 수 있었다. 하지만 이내 다른 문제에 부딪혔다.

이번 장에서는 특히 두 가지 문제에 초점을 맞출 것이다. 즉, (a) 창업 팀이 지녀야 할 것은 동질성인지, 다양성인지, (b) 이익이 크지만 제대로 파악하지 못한 위험을 내포한 가족이나 가까운 친구와 창업할 것인지, 아니면 다른 부류의 사람들과 창업할 것인지를 알아볼 것이다. 필자는 핵심적 딜레마를 검증하고 팀 안정에 미치는 영향을 수치로 기술하며, 선택지별로 이익을 얻으면서 위험을 관리하는 방법을 개괄하고자 한다.

팀을 구성할 때 고려할 동질성 vs. 다양성

유유상종, 즉 끼리끼리 논다는 말이 있다. 사회학자들은 이것을 본능적 동질 경향이라고 부르며 중소기업에서 성별이나 인종이 같은 사람들과 출신 지역, 교육적 배경, 직무 경험이 비슷한 사람끼리 모여 불균형하게 회사를 설립할 가능성이 높다는 점을 밝혀냈다. 배우자 팀을 제외하고는 남성 또는 여성만으로 창업 팀을 편성할 가능성은 우연일 때보다 5배나 높다. 이런 팀은 기술이나 직무 배경 면에서도 눈에 띄게 동질적이다.[1] (또한 민족적으로 동질적인 팀은 46배나 많이 설립되었고, 팀이 민족적 동질성을 띠는 이유가 가족 관계 때문이라는 가능성을 고려해도 민족적으로 동질적인 팀을 구성한 비율은 우연일 때보다 27배나 높다.) 따라서 이러한 동질적 경향은 창업 팀의 동질성에 강한 영향을 끼친다.

우리는 필자의 데이터베이스에 있는 팀들이 업무 경험 측면에서 어떻게 다른지 살펴봄으로써 동질 경향이 창업 팀 형성에 끼치는 영향을 알 수 있다. 가령 혹자는 팀의 평균 업무 경험 기간이 길수록 팀 내 변화 폭이 더욱 커질 거라고 예상하는데, 이는 참신한 아이디어를 지닌 젊은

이가 경험 풍부한 공동 창업자를 조력자로 모집하거나 나이 많은 창업자가 최신 기술이나 사회 트렌드 등에 더 민감한 젊은 공동 창업자를 모집할 수 있기 때문이다. 하지만 경험이 거의 없는 팀을 제외하고는 팀의 경험이 얼마나 되든 자신들보다 경험이 훨씬 많거나 훨씬 적은 사람의 영입을 반대하는 차원을 넘어 일관된 기준점이 있는 듯하다. 참고로 필자의 데이터베이스에 따르면 사전 경험의 차이는 약 10년이다. 팀의 평균 사전 경험 기간이 10년이든 29년이든 그들은 자신의 업무 경험 기간과 비슷한 사람을 영입하려는 경향이 있다.

동질성의 단기적 이익

동질성이 주는 중요한 이익 가운데 가장 즉각적으로 나타나는 것은 아마 속도일 것이다. 성장하는 신생 기업이 직면한 문제 때문에 허둥거리는 창업자라면 아마도 자신과 중요한 공통점이 있는 사람 중에서 공동 창업자를 선택하는 것이 가장 빠르고 쉬운 해결책일 때가 많을 것이다.[2]

중요한 몇몇 측면에서, 자기 자신과 같은 사람을 찾는 데 걸리는 시간은 대체로 적을 뿐만 아니라 그런 사람들과 업무 관계를 효과적으로 발전시키기까지 걸리는 시간도 줄어드는 경우가 일반적이다. 창업자가 배경을 공유하면 의사소통을 수월하게 하는 공통된 언어 또한 공유할 수 있다. 그리고 자신감이 높아져 쓸 만한 창업 팀으로 변모하는 데 필요한 신뢰 수준을 향상시킬 수 있다고 믿는다. 이미 어느 정도 서로를 이해하고 있기 때문에 매우 다른 배경을 지닌 사람들의 에너지를 흡수하는 과정을 학습 곡선으로 나타냈을 때 그 곡선의 일부를 건너뛸 수도 있다. 자기와 같은 사람에게 접근하는 것은 한층 쉽다. 비슷한 배경에

서로 잘 아는 개인들로 이루어진 팀은 구성원과 비구성원 사이에 뚜렷한 경계가 있어 조직의 정체성 확립 초기 과정을 수월하게 할 수 있으며,[3] 팀이 분열하지 않고 대안적 입장을 고려할 수 있다.[4] 그래서 초보 창업자가 생소한 분야로 진입할 때 특히 동질성을 높이고 싶어 하는 것이다. 어찌 보면 그것이 현명한 접근일 수도 있다.

실제로 경영진 구성원 사이의 이질성이 클수록 대인관계의 위험과 감정적 갈등도 커지고[5] 집단 수준의 융합은 약해진다는 연구 결과가 있다.[6] 만약 이들의 차이가 조화롭지 못한 업무 및 소통 스타일로 귀결되거나 다른 사람이 창업에 이바지하는 가치를 평가하는 데 문제가 생긴다면, 이질적인 공동 창업자는 일찌감치 문제에 부딪힐 수 있다. 예를 들어, 미하엘 라이히는 MBA 동기인 게오르그 루드빅슨과 하버드 대학 졸업생 창업자 주소록에 실은 광고를 통해 채용한(비개인적 조사의 전형적인 사례) 소프트웨어 프로그래머 퍽 트루옹과 함께 업다운을 공동 창업했다. 라이히는 사업 개발과 재무를 담당했고, 루드빅슨은 제품 관리에 집중했으며, 트루옹은 사이트를 운영할 소프트웨어 구축 담당 CTO였다. 라이히는 사업 계획을 세우고 창업에 필요한 자금 확보 업무를 하던 중 공동 창업자들의 상대적 기여도에 점점 불만을 느끼기 시작했다. 그래서 그 사업에서 획득할 본인의 지분을 늘리겠다는 지분 조정 협상안을 마련했다. 이 일로 스스로 창업 과정에서 가장 중요하고 시간 집약적인 부분에 이바지한다고 생각했던 트루옹은 자신이 결과적으로 매우 과소평가받았다는 데 화가 났다. 그리고 프로그래머도 아닌 라이히가 소프트웨어 프로그램을 만드는 데 드는 시간과 노력을 이해하지 못한다고 생각했다. 한편, 라이히는 트루옹이 이바지한 부분을 대체할 수 없음에도 그가 하던 일을 다른 프로그래머도 할 수 있다고 판단했다. 두 공동 창업자의 배경을 둘러싼 첨예한 대립은 상대방의 관점을 이해하지 못하는 막다른 골목에 다다랐고, 결국 이것이 팀 위기의 도화선이 되었다.

동질성의 장기적 위험

비슷한 공동 창업자와 '편하고 쉬운' 창업 결정을 내리고 싶은 만큼, 그렇게 했을 때 공동 창업자들은 장기적으로 문제에 직면할 수 있다. 3장에서 살펴보았듯 창업과 관련한 직무 기술이 광범위한 팀은 더욱 가치 있는 사업을 구상할 수 있다. 반대로, 동질적인 팀은 인적 자본이 겹치는 편이라 팀의 힘이 과잉되고 중요한 기술은 잃을 가능성이 크다. 앞에서 우리는 이질적 팀이 동질적 팀보다 내적 갈등을 겪기 쉽다는 것을 알았다. 하지만 동질적인 직무 경험을 가진 팀은 이질적인 직무 경험을 가진 팀보다 다방면에 걸쳐 안정성이 떨어지는 관련 배경을 지니고 있다.[7] 창업자는 창업에 필요한 광범위하고 어려운 기술을 습득하기 위해 창업에서 요구하는 인적, 사회적, 금융 자본을 정의하고 그 틈을 평가해야 한다. 또한 배경이 비슷하지 않더라도 그 틈을 메워줄 공동 창업자를 모색하는 구조화된 접근법을 취함으로써 자신의 동질 경향을 물리쳐야 한다. 더불어 (다음 장에서 팀 내 역할에 대해 다루겠지만) 비슷한 능력을 갖춘 공동 창업자는 비슷하게 이끌리므로 역할이 중복되면서 근로자와 경영진 사이를 명확하게 구분할 때보다 더 큰 갈등을 일으키는 경향이 있다.

더욱이 만약 동질적인 팀이 기존의 친밀한 관계로 이루어져 있다면 문제는 한층 커질 수 있다. 창업 경험을 가진 한 사업가는 이렇게 말했다. "자신들의 경험을 활용해 성공적인 회사를 공동 창업할 수 있다고 생각하는 스타급 판매원들을 여러 번 봤습니다. ……처음에는 영업이 잘되고, 우정도 지속되지요. 그러다 회사가 내리막길을 걷게 되면 그때부터 자신의 절친한 친구가 자기와 똑같은 사업 수완을 공유하고 있다는 것을 알고, 불행히도 약점마저 같다는 사실을 깨닫게 됩니다. 판매 수완은 훌륭하지만, 이를테면 재고 관리라던가 공급망 혹은 직원 문제 같은 다른 영역에서는 어려움이 따를 수밖에 없지요."

팀 구성원의 직무 배경에 내포된 다양성은 기업가들이 접하기 쉬운 격동적인 상황에서 특히 중요하다. 이는 팀이 그러한 다양성을 띨 때 변화에 빨리 적응할 수 있기 때문이다.[8] 다양성은 또한 전략적 창의력에도 영향을 미친다. 실리콘 밸리의 첨단 기술 업체를 장기간 연구한 결과, 다양한 분야에 몸담았던 공동 창업자는 '탐구' 전략(조직을 더욱 다양하게 구성하고 산업 내에서 다양성을 꾀할 수 있는 혁신적 제품을 개발하는 전략)을 더 잘 받아들이지만, 전직 회사에서의 업무 경험을 공유한 창업 팀은 '개척' 전략(결과의 변동성을 줄이고 제조 공정을 더욱 정형화해 사용 효율이 높은 제품을 개발하는 전략)을 쓰는 편이라는 사실을 알 수 있었다.[9] 한 창업자는 이것이 자신의 경험과도 일치한다고 말했다. "사업상의 우정 관계는 너무 안정적이라 회사를 성장하도록 하거나 회사 때문에 관계를 발전시킬 변화의 여지가 부족합니다. 가족 단위라는 심리는 실제로 회사의 성장에 걸림돌이 될 수 있지요. 사람들은 인격과 사업의 균형을 맞추려 애쓰기 때문에 심하지는 않더라도 어쨌든 우정에 금이 갈 수도 있습니다."

창업자들은 기능 측면에서의 다양성에 초점을 맞추는 정도에 그치는 편이다. 하지만 네트워크 속의 다양성 또한 주목할 만하다. 다양한 네트워크를 구축한 팀은 더욱 창의적이고 혁신적일 때가 많다. 또 잠재 투자자와 기업 파트너에 이르기까지 더욱 수월하게 접근하며, 더욱 넓은 범위의 잠재 직원들을 활용할 수도 있다.[10] 따라서 핵심 창업자는 자신의 네트워크와 다르고 한 종류의 사회적 인맥에 치우치지도 않는 사회적 네트워크를 지닌 공동 창업자를 모색하는 것이 좋다. 예를 들어, 실리콘 밸리 엔지니어들과 인맥이 두터운 핵심 창업자는 엔지니어 인맥은 적지만 그와 관련한 다른 영역, 이를테면 사업 개발이나 판매 또는 투자체 등에 인맥이 풍부한 공동 창업자를 찾아야 한다. 독일에서 수행한 창업자 연구에 따르면 비교적 일정한 사회적 연락망(주로 한 가지 종류의 인맥이 다수를 차지한다)을 지닌 사람은 사업을 하려는 의지가 14퍼센트 낮은 것으로 파악되었는데, 이로써 기업가가 되는 데는 한층 다양한 사회적 네트워크를 지닌 사람이 적합하다는 것을 알 수 있다.[11] 창업자들은 상호 보완적인 기술뿐만 아니라 상호 보완적인 네트워크, 각양각색의 인맥으로 맺어진 끈끈한 관계까지 보탤 수 있는 잠재적 팀원을 주목함으로써 동질 경향이 끌어당기는 강한 유혹을 의식적으로 떨쳐내야 한다.

대조적인 두 창업 팀의 사례를 살펴보면 동질 경향이 팀 동질성에 어떤 영향을 미치는지 뚜렷이 드러난다. 온라인 티케팅 업체 스마틱스를 설립한 팀은 경영대학원 동기들로 구성된 집단으로서 배경과 네트워크, 기술, 지식이 서로 비슷했다.[12] 스마틱스를 창안한 비베크 쿨러는 인도에 있는 한 대학에서 전기공학을 전공해 우수한 성적으로 졸업했다. 경영대학원에 입학하고 투자 은행에서 인턴 생활을 하기 전에는 미국 대기업 두 곳에서 엔지니어링과 경영 부서 일을 맡았다. 공동 창업자를 찾던 쿨러는 자신이 다닌 인도의 대학에서 전기공학과 수석을 차지하고 한 미국 대기업(미국에 있는 회사는 아니었다)에서 엔지니어로 일하다 투자 은행에서 인턴 과정을 밟고 있는 한 동기에게 이끌렸다. 그러나 공통점이 너무 많아 그의 팀은 (티케팅 산업에 관한 전문 지식이 필요하다는) 큰 틈을 메우지 못했다. 쿨러는 동종 산업 종사자 중에서 해박한 지식과 넓은 인맥을 갖춘 잠재 공동 창업자를 확보하고 있었다. 하지만 그 사람의 기여도가 얼마나 중요한지 이해하지 못했고, 그를 팀으로 끌어들일 시도조차 하지 않았다. 나중에야 쿨러는 자신의 부족한 산업 지식이 아이디어를 실제 현장에 반영하는 데 얼마나 큰 영향을 미쳤는지 깨닫고 "이 분야에선 전혀 경험이 없었기 때문에 현장이 어떻게 구성되는지조차 몰랐다"고 고백했다. 온라인 티케팅의 운영 방법 같은 기초적인 질문에도 대답할 수 없었던 것이다.

이와 대조적으로, 판도라 라디오의 팀 웨스터그렌은 공통점이 많은 사람에 국한하지 않았다. 웨스터그렌은 자신의 사업이 음악을 다루는 일임과 동시에 하나의 비즈니스라는 것을 이해했다. 정확히 말하면, 기업 간 거래 기술 제공자가 온라인 음악 산업에서 벌이는 사업이었다. 웨스터그렌은 자신은 물론 동료 음악가들이 즐기는 밴드에도 창업에 필요한 기술이 부족하다는 사실을 알았다. 그래서 사업 및 기술 전문가를 영입하기 위해 더 먼 곳을 바라보고, CEO에 적합한 연쇄 창업가와 CTO에 적합한 숙련된 기술 전문가를 찾아 그다지 가깝지 않은 관계에까지 (예를 들면, 친구의 친구) 시선을 돌렸다. 그때 마침 자기 아내의 친구 남편인 존 크래프트가 최근 데이터베이스 업체를 차렸다 매각했으며 벤처 투자가 경력까지 있다는 사실을 알았다. 웨스터그렌의 아이디어를 논의한 후, 두 사람은 창업을 결심하고 자신들 모두에게 부족한 엔지니어링 전문가를 고용하기로 했다. 크래프트에게는 괜찮은 실리콘 밸리 인맥이 있었다. 덕분에 지인을 통해 코넬 대학교에서 학위 3개를 취득한 뛰어난 엔지니어 윌 글레이저를 만나 고용할 수 있었다. 글레이저가 참여하자 크래프트는 웨스터그렌에게 "우리 회사의 가치가 이제 막 1000만

달러에 이르렀군요"라며 농담을 하기도 했다. 판도라 팀을 구축하는 데
는 웨스터그렌이 음악가 친구들로 손쉽게 팀을 꾸릴 때보다 더 많은 시
간과 노력이 필요했다. 하지만 비교적 이방인 축에 드는 사람끼리 모인
그의 팀은 매우 다양한 색깔을 가짐과 동시에 웨스터그렌의 아이디어
를 상업화하는 데 필요한 핵심 기술 또한 보유했다. 시간상으로 쪼들리
지만 않는다면, 시작 단계부터 더 많은 시간을 투자해 팀에 장기적인 이
익을 가져올 수 있다.

유형적 차이와 무형적 차이

어떤 사람이 어디에서 왔고 어떤 일을 했는지는 이력서를 보거나 몇 가
지 질문을 해보면 알 수 있다. 그러나 짚어내기 쉽지 않은 여러 형태의
유사점과 차이점은 있게 마련이다. 잠재 공동 창업자의 이력서는 위험
허용도(risk tolerance)나 성격, 시간 지평(time horizon), 책임 수준, 가치 체
계 등을 충분히 드러내지 않을 수도 있다. 창업자는 이러한 '연성(soft)'
요소를 무시하는 경향이 있다. 그 이유는 기술 적합성이나 직무상 배경
보다 연성 요소를 평가하기가 더 어렵기 때문이다. 그러나 이런 요소들
은 조화를 잘 이룬 팀에서조차 심각한 문제가 될 수 있다. 연성 요소를
평가하는 데는 대개 많은 (기술과) 시간이 필요하며, 잠재 공동 창업자와
함께 일했던 사람들을 만나 솔직히 대화를 나눠보는 것이 좋다. 아울러
'구매 전 시험 사용(trying before buying)'이라는 방법을 활용해 동업을 약
속하기 전에 실제 업무 환경이나 사전 프로젝트를 통해 서로를 알아가
는 방법도 필요하다.

가령, 공동 창업자가 성격 면에서 잘 어울리고 비슷한 (혹은 적어도 충돌

하지 않는) 가치관과 업무 스타일을 갖고 있다면, 그 창업 팀은 오랫동안 팀의 기능을 효과적으로 유지할 가능성이 있다. 창업자들은 흔히 공동 창업과 결혼의 평행 관계를 이야기한다. 요컨대 둘 다 미리 많은 시간을 함께하지 않고서는 적합성을 평가하기가 매우 어렵다는 것이다. 게다가 위험 허용도는 측정하기 어렵다. 그러나 위험 허용도가 부적합하면 스트레스를 주거나 창업처럼 본질적으로 위험이 따르는 일에 치명적일 수 있다.

연성 요소 사이의 차이점은 오랜 시간에 걸쳐 생겨날 수 있다. 애플 컴퓨터의 공동 창업자 스티브 워즈니악(Steve Wozniak)과 스티브 잡스는 사업을 하기 전부터 절친한 친구였을 뿐만 아니라 한 명은 명백한 기술 전문가, 한 명은 판매 전문가로서 상호 보완적인 역량을 갖추고 있었다. 하지만 이들의 파트너십은 가치관의 차이(특히 확고한 윤리관과 사업상 편의의 대립)와 동기부여의 차이(워즈니악은 기술적 역량에, 잡스는 금전적 보상에 초점을 맞추었다)로 인해 금이 갔다. 예컨대 워즈니악은 한 쇼핑센터에서 〈이상한 나라의 앨리스〉에 등장하는 캐릭터로 일했던 경험을 즐거운 추억으로 여기며 좋아했지만, 잡스는 수입이 너무 적었다는 이유로 그 일을 끔찍하게 생각했다.[13] 워즈니악의 윤리관은 "지나치게 솔직하고, 지나치게 도덕적입니다. ……나는 지금껏 거짓말을 해본 적이 없습니다"라는 말로 요약할 수 있다. 하지만 잡스는 윤리 기준을 기꺼이 완화하려 했고, 종종 공동 창업자 워즈니악에게까지 피해를 입혔다.[14] 이처럼 가치와 동기부여 측면에서 완전히 갈리자, 두 사람이 우정을 나누고 업무 관계를 시작하면서 쌓은 신뢰도 결국 무너지고 말았다.

요약하면, 매우 다른 종류의 유사성이라는 점에서 창업자는 자신들이 내리는 결정을 의식할 필요가 있다. 도표 4.2는 여러 가지 객관적인

도표 4.2 창업 팀 내 동질성의 효과

		동질적 팀이 얻는 이익	동질적 팀이 지닌 위험
유형적 요소	인적 자본	인적 자본이 비슷한 공동 창업자는 종종 문제에 대해 더욱 쉽고 빠르게 소통할 수 있다.	직무상 배경이 겹치면 팀은 중요한 기술을 빠뜨릴 가능성이 높다.
	사회적 자본	인맥이 비슷한 공동 창업자는 상호 의무감이 더욱 커져 신뢰를 한층 높일 수 있다.	사회적 네트워크가 겹치면 팀에서 얻는 정보의 다양성이 줄고 잠재 고객·직원·투자자 등의 인맥이 제한되며, 혁신을 저해할 수 있다.
무형적 요소	의사 결정 스타일 (예: 위계 vs. 합의)	스타일이 비슷한 공동 창업자는 종종 더욱 쉽고 빠르게 의사 결정을 한다.	스타일이 비슷한 공동 창업자는 종종 서로의 고유 스타일을 효과적으로 상쇄하지 못한다.
	위험 허용도 (예: 위험 추구 vs. 안전 추구)	위험 허용도가 비슷한 공동 창업자는 더욱 안정된 파트너가 될 수 있다.	위험 허용도가 비슷한 공동 창업자는 서로의 충동 경향을 상쇄하지 못하거나 지나치게 망설일 수 있다.
	책임 수준 (시간, 자본 등에 대한 책임)	책임 수준이 비슷한 공동 창업자는 상대의 노력을 잘 인정하는 편이다.	책임 수준이 모두 보통인 공동 창업자는 사업을 유지하지 못할 수도 있다. 책임 수준이 모두 격심한 공동 창업자는 쉽게 지쳐 기강을 바로잡을 사람이 남지 않을 수 있다.
	가치 체계	가치 체계가 비슷한 공동 창업자는 우선순위를 더욱 효과적으로 정한다.	가치 체계가 모두 비슷한 공동 창업자는 서로 균형을 맞추지 못할 수 있다. 가령, 비용이 얼마나 들든 직원 보호를 최우선으로 하는 창업 팀이라면, 사업에 변화가 필요할 때 노동력을 줄이기 위해 반드시 필요한 조취를 취하지 못할 수 있다.

측면(인적 자본과 사회적 자본)에서 비슷한 사람이 모인 창업 팀은 창업에 필수적인 다양성을 빼앗길 수 있음을 강조한다. 하지만 '연성 요소(책임, 기회비용, 위험 성향 등)'의 차이가 너무 큰 사람끼리 모인 창업 팀에는 일찍부터 분열을 초래하는 긴장이 조성될 수 있다. 이러한 긴장은 팀이 사업의 성패를 결정하는 중요한 결정을 앞두고 있을 때 (예를 들면, 지분을 어떻게 나눌 것인지, 어느 창업자가 CEO가 될 것인지, 외부 자본을 조달할 것인지, 한

다면 어떻게 할 것인지, 새로운 CEO를 고용할 것인지 등. 이런 문제에 대해서는 나중에 살펴볼 예정이다) 폭발할 가능성이 가장 크다. 앞에서 설명했듯 궁극적으로 상호 보완적 기술과 비슷한 가치 체계를 보유한 공동 창업자는 집단 전체를 한층 효과적으로 만들 수 있다. 하지만 동질화와 다양성의 필요는 끊임없이 충돌하므로[15] 창업자는 긴장이 일으키는 영향을 적극 평가하고 정기적으로 토론하며 관리해야 한다.

또 다른 비유

창업자들은 종종 가정생활에서 비유 대상을 찾는다. 요컨대 잠재 공동 창업자와의 만남을 결혼 전 만남에 비유한다. 그다음에는 당연히 신혼여행을 떠나는데, 한 창업자는 이때를 "풋풋한 연애처럼 창업자들이 자신의 사업에 접근하는 시기"라고 표현했다. 자신의 사업체를 향한 창업자의 집착은 종종 자식을 향한 부모의 사랑에 비유되기도 한다. 창업자들은 자신이 설립한 기업을 계속 "내 새끼"라고 부른다. 그리고 공동 창업자들 사이의 긴장을 부부싸움에, 합의를 혼전 계약에, 불화를 이혼에 비유한다.

우리는 창업 팀을 《성경》에 명시된 최초의 결혼에 비추어 귀중한 것을 배울 수 있다. 하나님이 막 창조한 아담과 이상적 관계를 형성할 배우자를 만드는 대목에서, 고대 히브리어로 'Eizer K'negdo', 즉 "돕는 배필"[16]이라는 표현이 나온다. 이는 얼핏 자기 모순적인 것 같지만, 결혼과 공동 창업 모두에 매우 중요한 측면을 내포하고 있다. 이를테면 기술과 경험, 책임, 동기부여가 서로 다른 파트너 사이에서 일어나는 대립과 긴장 등이 업무 관계를 긴밀하게 발전시킨다는 것이다. 창업 팀은 누구를 팀에 포함할 것인지, 팀을 어떻게 구성할 것인지, 보상은 어떻게 나눌 것인지에 관해 초기에 내린 결정이 비생산적인 긴장을 초래해 팀의 역량을 떨어뜨리고 실패 혹은 분열을 일으키지는 않을지 고려해야 한다. 또는 이러한 초기 결정을 통해 팀에 성공 기회를 늘려줄 이상적인 "돕는 배필"을 만날 수 있는지도 고려해야 한다.

팀 구성의 결과: 친구와 가족은 덜 안정적이다

창업 팀을 구성할 때 평범한 중소기업 창업자들은 직무에 필요한 능력과 직무의 다양성보다 신뢰 및 친밀함에 더 의존하는 경향이 있다.[17] 게다가 잠재성이 큰 신생 기업에서 친구 및 가족('관계적 팀')과 함께 창업하는 것은 그다지 좋은 생각은 아니지만 매우 흔한 일이기도 하다. 필자의 데이터베이스에 따르면, 직업적 관계를 맺은 적이 없고 기존의 사회적 관계만 있는 공동 창업자가 최소 한 집단 이상 포함된 창업 팀이 40퍼센트(즉, '친구와 함께 창업'), 서로 관계를 맺고 있는 공동 창업자가 최소 한 집단 이상 포함된 팀이 17.3퍼센트였다('가족과 함께 창업').

동질적인 팀으로 이끄는 요인 중 다수는 관계적 팀으로도 이어진다. 요컨대 접근 용이, 편성 속도, 경험과 커뮤니케이션 스타일을 공유한 사람들과 느끼는 편안함 등이 그 요인이다. 그러나 이와 더불어 이미 창업자와 친한 공동 창업자는 창업 초기에 받는 스트레스를 없애는 데 필요한 감정적 지원을 할 수도 있다. 그 예로, 연쇄 창업가 딕 코스톨로는 "신생 기업을 운영하다 보면 아주 심하게 일이 꼬이고 심한 스트레스를 받는 시점이 있게 마련입니다. 이때 나와 한배를 탄 사람들에 대해 잘 알면 거친 물살을 가르며 항해하는 데 큰 도움이 될 수 있습니다"라고 말했다.

자료에서는 비록 관계적 창업 팀이 흔한 게 분명하지만, 친밀한 관계적 팀에 내포된 위험이 이익보다 커지거나 창업 팀의 안정성을 위태롭게 할 수 있다. 보스턴에 있는 벤처 캐피털 업체의 일원인 폴 맥매너스(Paul McManus)는 친구들과 창업 팀을 구축한 경험을 이렇게 말했다. "내 생각에 친구들과 회사를 차리는 사람은 (a) 회사를 잃거나, (b) 친구를 잃거나, 아니면 (c) 둘 다 잃게 됩니다. 친구들과는 동업하지 말고, 팀이 사사로운 일에 너무 끈끈하게 엮이지 않도록 하라고 단단히 충고하고 싶습니다. 혈연(가족 관계)은 거의 항상 문제 덩어리라고 볼 수 있습니다."

가까운 친구나 가족과의 창업이 그토록 위험한 이유는 무엇일까? 한 가지 이유는 잠재 공동 창업자의 안쪽 원(앞의 동심원 참조)에 있는 사람들로만 팀을 구성하면 그 팀의 역량이 약해져 창출 가치도 떨어질 수 있기 때문이다. 한 창업자는 이렇게 말했다. "창업할 때는 끊임없이 지시하지 않아도 되고, 업무에 필요한 것보다 훨씬 많은 능력을 갖춘 의욕 넘치는 사람이 필요하게 마련입니다. 친구와 동료들로 이루어진 집단에서는 평균 열에 하나 정도만 그런 사람이지요. 따라서 이런 집단이 성공할 기회는 적습니다." 한 벤처 투자가는 이런 일이 친족과의 문제에서 더욱 심각하게 나타날 수 있음을 시사했다. "사업에 아주 능한 공동 창업자가 과연 같은 집안에서 둘씩이나 나올 수 있는지 묻고 싶습니다."

필자의 동료 맷 막스(Matt Marx)가 나와 함께 실시한 약 400종의 창업 사례 연구 결과는 맥매너스의 관찰 내용을 뒷받침한다. 우리는 기존 사회적 관계(친구 또는 가족)와 기존 직업적 관계(예전 직장 동료)가 창업 팀의 안정에 끼치는 영향이 확연히 다르다는 걸 알아냈다.[18] 우리는 가족, 친구, 예전 직장 동료, 이방인/지인 등 유대감이 강한 관계와 약한 관계의 스펙트럼을 활용해 창업자의 기존 관계를 분류함으로써, 다른 수많은 특성을 고려할 때 기존 관계 형태가 팀의 이탈에 상당한 영향을 끼친다는 사실을 발견했다. 예를 들어, 팀 내의 부차적인 사회적 관계(즉, 업무 경험을 공유하지 않은 기존 관계)는 공동 창업자가 이탈할 가능성을 28.6퍼센트 증가시킨다. 예전 직장 동료로 구성된 팀은 기존 사회적 관계가 있는 팀이나 이방인으로 구성된 팀보다 훨씬 안정적이다. 친구로 구성된 팀은 그 팀의 안정과 조화로운 관계를 무엇보다 중시하므로 이탈률이 한층 높다는 점에 특히 주목할 만하다. 가장 놀라운 것은 기존 사회적 관계로 이루어진 팀은 이방인으로 구성된 팀보다 덜 안정적이라는 점이다. 아래에서 확인할 수 있듯 기존 사회적 관계는 표면적으로는 유사하지만 본질적으로 매우 다른 것, 즉 효과적인 직업적 관계를 수립하는 데 방해가 될 수 있다.

이는 친구나 가족 구성원과 함께 창업을 해서는 안 된다는 얘기가 아니라, 이들과의 기존 관계가 초래할 수 있는 결과를 적극 분석하고, 다음에 설명한 단계를 밟아 내재적인 위험을 줄이도록 해야 한다는 것이다. 하지만 자료에서 드러난 내용은 친구나 가족과 사업체를 창업했을 때는 위험이 크고 '변수도 많은' 반면, 직장 동료와 사업체를 창업했을 때는 이익이 될 수 있음을 보여준다. (팀에 이와 같은 기존 관계가 뒤섞이면 복잡성이 증가할 수 있다.) 가족/친구로 이루어진 팀은 두 분야 모두에서 최고나 최악이 될 수 있다. 최고는 팀의 손발이 척척 맞아 부분 부분의 합계보다 팀 전체의 성과가 더 뛰어난 경우다. 최악은 공동 창업자가 저마다 사회적 관계를 지키기 위해 차선의 사업상 결정을 내리지만, 그 결정이 현명하지 못해 사업이 힘들어지면서 긴장이 고조되고 사회적 관계마저 마찬가지로 힘들어지는 경우다. 가장 좋은 시나리오는 이번 장에서 설명할 '관계의 위험'을 이해하고, 그 위험을 줄이기 위해 적극 행동하는 팀에서 나올 수 있다.▪

예전 직장 동료와 공동 창업: 정은 더 적지만 팀은 더 오래간다

창업에 가장 적합한 직업적 구조는 종종 공동 창업자들이 일궈놓은 사회적 관계의 구조와 반목한다. 가령, 주종 관계는 조직 구조에서는 잘 통할 수 있지만, 절친한 친구 한 쌍에게는 그다지 적합하지 않다. 반대로 동등한 권한을 갖는 지위라면 부자 관계에 적합하지 않을 것이다. 친구와 친척은 실제 이방인과 다르게, 기존과 매우 상이하고 심지어 완전히 반대되는 '직업적 관계'를 형성하기 위해 (적어도 업무적으로는) 기존 관계를 배제해야 한다. 하지만 많은 사람이 그렇게 하려 하지 않거나 아예 이런 것을 고려조차 하지 않는다. 한 첨단 기술 분야 창업 연구에 따

▪ 창업 팀 내에서의 이탈이 항상 나쁜 것만은 아니라는 점을 지적하고 싶다. 만약 공동 창업자가 사업을 시작하기에 적합하지 않거나 신생 기업을 제대로 평가하지 않고 역할 축소를 거부할 경우, 그 사람이 떠남으로써 팀 내 긴장을 완화할 수 있다. 반면, 영국의 중소기업 표본에 따르면, 기존에 창업 경험이 있는 창업자와 그렇지 못한 창업자가 섞여 있는 창업 팀의 이탈률이 더 높은데(기존의 창업 경험이 비슷할수록 이탈률이 낮게 나타났다), 이는 팀 내의 비정상적인 권력 구조 때문일 수 있다. 한편 연구 결과를 보면, 함께 더 많은 시간을 보낸 팀이 창의성을 저해하는 '표준 운영 절차'를 고수하는 것으로 나타났다. 동질적인 팀 구성원을 새로운 누군가로 대체할 경우 '다양성 쇼크'를 겪음으로써 창의적 활동을 시작하는 데 도움이 될 수 있다. 그러나 창업자의 이탈이 팀에 유익하든 불리하든 고통스러운 것만은 분명하다. 한 창업자는 친구와 동업한 경험과 지인과 동업한 경험을 이렇게 비교했다. "높은 것은 더 높아지고, 낮은 것은 한없이 낮아진다." 이어지는 장들에서 우리는 유익한 점은 적고 불리한 점은 많은 또 다른 이탈 원인에 대해 알아볼 것이다.

르면, 창업자의 가족이나 친구가 핵심 파트너로 등재된 기업 대부분은 좀더 구조적이고 명쾌한 접근법보다 오히려 비공식적 커뮤니케이션과 분권화에 기초한 고용인 관계(employee-relations) 모델을 적용했다.[19] 한 창업자는 이렇게 말했다. "깊은 우정을 사업 관계로 재구성하기란 어려울뿐더러 때로는 고통스럽기까지 하다." 친구들로 이루어진 팀은 힘차고 열정적으로 출발할 수 있지만, 업무 현장에서의 현실이 자리 잡기 시작하면 직업적인 문제들이 소중하게 간직해온 개인적 관계 안으로 조금씩 스며들 수 있다. 맷 막스와 필자가 함께 연구해 얻은 결과는 꽤 유익했다. 요컨대 기존 사회적 관계가 있든 없든 개업 후 첫 6개월간은 팀의 안정에 통계상 차이가 없었다. 하지만 그런 신혼여행 기간이 끝나고 나면 기존 관계로 이루어진 팀은 안정성이 현저히 떨어졌다.

이런 모든 이유로, 이전의 직업적 관계에서 새로운 직업적 관계로 전환할 때는 순수하게 사회적 관계에서 직업적 관계로 전환할 때보다 쉽고 오래가야 한다.■ 연구자들은 다양한 기업 상황을 살펴봄으로써 많은 업무 경험을 공유한 팀이 성장률이 높고, 집단 내 사회적 융합 수준도 높으며, 회사 분열의 위험도 더 낮다는 결론을 내놓았다.[20] 애플 컴퓨터와 오컴 테크놀로지의 창업 팀을 비교해보면, 창업 전에 친구였던 공동 창업자들과 직장 동료로 함께 일한 적 있는 공동 창업자들 사이의 매우 다른 역학 관계가 두드러진다. 잡스와 워즈니악은 공동 창업자가 되기

■ 이와 동시에, 빌 슈노어(Bill Schnoor) 변호사는 예전 직장 동료와 창업할 때 (또는 창업 팀이 아닌 직원으로 고용할 때도), 특히 잠재 공동 창업자가 전 고용주의 인력을 고용하는 불공정 행위를 한 사실이 있을 때, 또는 창업 기반인 소재에 대해 고용주가 지적재산권을 주장할 때 법적 분쟁이 일어날 수 있다고 지적한다. 공동 창업(또는 고용)을 결정하기 전에, 각 창업자는 타인의 계약과 그것이 안고 있는 잠재적인 문제에 대해 잘 알고 있어야 한다.

전에는 절친한 친구였다. 그들의 우정은 충돌을 미리 피하거나 최소한 해결하려는 능력을 가로막았다. 충돌을 돌이킬 수 없고 우정 자체가 회복 못할 정도로 틀어질 때까지 말이다. 오컴의 공동 창업자들에게는 기존 관계가 직업적일 뿐만 아니라 위계적이기도 했다. CEO 짐 트라이언디플로는 공동 창업자 중 한 명의 관리자이기도 했다. 오컴의 공동 창업자들은 이를테면 애플의 공동 창업자들이 적당히 넘기려 했던 지분 분배 같은 까다로운 문제를 짚고 넘어갈 수 있었다.■

공동 창업자들이 함께 사업하면서 종종 아주 가까운 관계로 발전하는 경우가 있는데, 이때 상황이 복잡해질 수 있다. 바로 오컴 팀에서 일어났던 일이다. 그러나 이처럼 '공동 창업 이후 친구가 되는' 관계는 대체로 친구가 나중에 공동 창업자가 되는 관계와 꽤 다르며 사업상 위험 역시 훨씬 적다. 벤처 투자가 팀 코너스(Tim Connors)는 이렇게 말했다. "내가 관찰한 최고의 상황은 창업자 팀이 과거에 함께 일했으며, 그 일이 특히 새로운 벤처 사업과 관련이 있었던 경우입니다. ……이들은 물론 친구였지만 그들의 우정은 책임과 역량, 전문성을 서로 칭찬하면서 발전했습니다. 그래서 서로를 믿을 수 있었지요. 각자 서로의 사고방식이나 업무 방식을 알고 있었습니다. 그러므로 모든 '문화적 적합성' 문제는 바로 출발 시점에서부터 신경을 써야 하는 것입니다." 경영역사학자 리처드 테들로(Richard Tedlow)는 존 D. 록펠러(John D. Rockefeller)의 말을 간결하게 바꾸어 이렇게 말했다. "사업 위에 구축한 우정은 찬란할

■ 흔한 경우는 아니지만, 기존 직업적 관계가 창업 팀 내에 수립된 다른 관계와 충돌할 때는 관계 전환이 대체로 오컴의 사례보다 훨씬 불안정하다. 예를 들어, 예전 상사가 이제는 예전 부하 직원에게 보고해야 하는 처지가 되면 팀은 유연한 전환을 위해 한층 많은 수고를 들여야 한다.

수 있지만, 우정 위에 구축한 사업은 흉기가 될 수 있다."

학교 동기들은 어디에서 무너질까? 여러 면에서 학교 동기는 친구와 매우 비슷하다. 이들 관계의 첫 바탕은 사회이며, 강한 동질 경향 압박을 받는다. 또 서로의 기술이 보완적이라기보다 중복될 가능성이 크다. 이들은 업무 논의를 하는 동안 서로의 말에 깊은 인상을 받을 수 있지만, 창업에 건설적으로 이바지할 능력과 그 토론 사이의 틈은 인지하지 못한다. 반면, 학교는 프로젝트나 사업 계획 도입 경쟁을 놓고 학생들이 함께 일할 수 있도록 위험도 낮은 기회를 제공할 수 있다. 그리고 이러한 노력을 통해 졸업생들은 공동 창업이라는 장기적 약속을 하기에 앞서 적합성을 평가할 수 있다. 재닛 크라우스와 캐시 셔브룩을 그 사례로 들 수 있다. 그들은 스탠퍼드 경영대학원에서 만나 훗날 기업 관리 회사인 서클스를 공동 창업했다. 두 사람은 스탠퍼드 대학의 MBA 과정 1년 차에는 학생 재능 발표회를, 2년 차에는 졸업 선물 캠페인을 벌이는 등 여러 가지 활동을 수행하며 많은 시간을 함께 보냈다. 아울러 자신들이 효과적인 팀인지를 확인했다. 크라우스는 동업을 하기로 결정한 또 다른 경험을 이렇게 회상했다.

졸업을 하기 직전 우리가 마지막으로 한 일은 닷새 동안 국토 횡단을 하며 우리가 함께 사업을 시작하는 계기가 된 이야기를 나눈 것이었다. 우리의 희망과 목표는 무엇인지, 어떤 종류의 사업을 시작할지, 금융 리스크 프로파일은 어떤지, 어떤 것을 자랑스러워하는지, 어떤 것을 하고 싶어 하는지, 어떤 것을 하기 싫어하는지, 우리가 가진 최대 장단점은 무엇인지, 혐오하는 것은 무엇인지, 스스로 바꾸고 싶은 점은 무엇인지, 무엇을 두려워하는지, 무엇이 우리를 가로막을지, 어떤 사람을 고용할지 그리고 그들에게서 무엇을 기대할지, 우리에게 없는 능력을 갖춘 다른 창업자를 고려할 것인지(아니다), 우리가 회사에서 어떤 가치를 지니게 될지 등등. 우리는 좋은 파트너가 될 수 있는지 확인하기 위해 부단히 노력했다.

함께 일할 기회를 무시하면서 동기로서 서로의 적합성을 확인했다고 믿는 학교 친구들은 크라우스와 셔브룩이 함께 시간을 보내며 누그러뜨릴 수 있었던 위험을 키우는 경향이 있다.

관계의 위험을 감수하는 것과 방화벽을 만드는 것

친구나 가족과 함께 창업하는 것은 위험하면서도 솔깃한 제안이다. 따라서 이러한 관습은 아주 흔한 편이다. 만약 유혹을 회피할 방법이 없다면 최소한 그런 유혹을 키우거나 줄이는 요인을 이해함으로써 위험을 낮출 수는 있다.

불장난으로 생긴 틈: 손해 vs. 회피

특히 창업 팀의 안정에 영향을 끼칠뿐더러 공동 창업자가 가까운 관계인지(가족 또는 친구), 기존의 직장 동료로서 관계를 맺었는지, 또는 지인인지 아닌지에 의해 좌우되는 두 가지 요소가 있다. 이러한 요소를 정리해보면 창업자가 친구나 가족과 동업을 피해야 하는 이유가 드러나는 한편 그렇게 했을 때의 위험을 줄이는 접근법을 마련하는 데 도움이 되기도 한다.

사회적 관계가 틀어질 때 발생하는 손해

만약 사업상의 긴장이 관계 속으로 파고들면 기존 관계가 가까울수록 손해도 크다. 이러한 위험의 발생과 심각성을 직접 증언한 사례 또한 적지 않다. 이런 문제로 골머리를 앓은 한 창업자는 이렇게 말했다. "더 이상 친구와 함께 사업하지 않을 겁니다. 전에 함께했다가 아주 불편해진 적이 있거든요. 사업 관계가 틀어진 후에도 우정을 유지하는 것은 매우 어렵습니다."

에번 윌리엄스는 재정적 어려움과 더불어 블로거의 전략과 관리에 관한 의견 충돌 때문에 창업 당시 여자 친구이자 공동 창업자였던 멕 휴리한과 자신 사이에 해결할 수 없는 긴장이 조성되었을 때 치른 비용을 이렇게 회상했다. 가까운 친구들 역시 다수 신생 기업에 동참한 터였다.

내 사회생활은 일로 점철되어 있었기 때문에 모든 게 떨어져 나갔을 때 특히 힘들었다. 게다가 의지하거나 위안을 줄 친구들도 없었다. 내 일과 함께 그리고 직원들과 함께 모두 떠나버렸기 때문이다. 심지어 지금 휴리한과 사귀는 내 룸메이트와도 거북한 사이가 되었다. 룸메이트는 블로거에서 일하지 않았지만, 그의 형제가 한때 우리와 함께 일한 적이 있었다. 그 형제는 사실상 가장 먼저 우리 회사를 그만둔 사람이었다. 그 모든 사람이 나와 아주 가깝다고 느꼈는데, 갑자기 모두가 내게서 등을 돌렸다. 그러자 배배 꼬인 고리 안에 있는 나는 아주 어색하기 짝이 없었다. 게다가 우리 바깥 세계 친구들까지도 나를 떠났다. 내 편은 거의 없었다. 마치 내 모든 인맥에서 버려진 듯했다.

다른 한 창업자는 이렇게 말했다. "개인적으로 그것은 양날의 칼이라고 생각합니다. 사랑하는 사람이나 가족, 친구와 함께 일하면 의사소통이 더 잘되고 더욱 신뢰할 수 있지요. 모두 내가 잘하길 바라고, 각자의 미래 역시 최고가 되기를 꿈꿀 테니 말입니다. 하지만 갈등이 생기면 사무실에 함께 있기가 어려워집니다. 집단이 개인화하면 칼등으로도 쉽게 갈라집니다." 노련한 한 투자가는 우리에게 최악의 상황을 상기시켜 준다. "몇 가지 성공적인 사례도 있지만, 만약 사업 실패로 우정을 잃는 게 나쁘다는 생각이 들 경우 가족이라면 어떨까 상상해보세요. 이를테면 가족 중 하나를 잃는 것이라고 생각해보는 겁니다."

'방 안의 코끼리' 피하기

어느 시점이 되면 적어도 공동 창업자 중에는 이야기하기 어려운 중요한 문제에 봉착하는 사람이 생긴다. 요컨대 방 안의 코끼리(관련된 모든 당사자가 의도적으로 무시하긴 하지만 누가 봐도 명백한 진실—옮긴이)다. 기존의 직업적 관계로 이루어진 공동 창업자는 까다로운 사업상 문제를 함께 해결하는 데 익숙하지만, 바로 이들이 이런 문제를 불러일으킬 가능성이 가장 크다. 그다음은 이방인이던 공동 창업자로서 이들은 서로를 잘 모르기 때문에 그런 문제를 해결해야 한다고 인식한다. 기존의 사회적 관계로 맺어진 공동 창업자는 방 안의 코끼리를 처리하지 못하는 경우가 많다.

새삼스러운 일도 아니지만, 이들은 관계를 유지하기 위해 어려운 논의나 충돌을 회피하는 경향이 있다. 친구(또는 가족) 사이에서 곤란한 문제가 제기되면 그 친구(또는 친척)를 향한 불신의 신호가 될까봐 걱정하기도 한다. 만약 어떤 결정이 사업상 당연하지만 사회적 관계를 훼손할 수 있다면, 창업자는 당연히 그 사업상 결정을 회피하려 하고 그 문제가 아무 일 없이 지나가기를 바란다. 예를 들어, 한 공동 창업자가 이바지하는 능력이 사업체의 성장을 따라오지 못할 경우, 창업 팀에 있는 친척이나 친구는 그 사람을 다른(보통은 하위) 역할에 재배치하는 것을 매우 꺼릴 수 있고, 또한 문제의 인물이 어떻게든 위기에 대처하거나 그 위기 자체가 지나가기를 바라며 막연히 기다리기만 할 수도 있다. 이런 회피는 오히려 문제를 악화시킬 때가 많아 사업을 어렵게 하고, 보호막 안에 있던 공동 창업자가 결국 쫓겨나는 지경에 이르기도 한다. 한 공동 창업자는 이렇게 말했다. "가끔 이런 생각이 들 때가 있습니다. 만약 내가 이 사업을 계속 밀고 나간다면, 내 파트너가 내 에너지와 조화를 이루지 못하는 한 사업과 우정 모두 금방 끝나버릴 거라는 것이죠. 내가 물러나면 나는 정말로 이 세상을 바꿀 만한 일을 시작할, 일생에 한 번뿐인 기회를 잃을지도 모릅니다. ……그리고 소중했던 우정까지 잃게 되겠죠." 또 다른 한 공동 창업자는 팀이 분열한 후에 회복할 수 있었던 중요한 순간을 떠올렸다. "문제를 제기하고 팀의 결속을 더욱 다지려는 사람, 이를테면 희생자가 되고 싶어 하는 사람은 아무도 없었습니다."

이런 사례로 보건대 사회적 관계에 관한 염려는 올바른 사업 결정을 내리는 데 방해가 된다. 또 창업을 통해 잠재력을 완전히 발휘하는 데 실패하거나 전체를 다 망가뜨릴 수도 있다. 중국의 연쇄 창업가 베이궈는 친구이던 공동 창업자들에 관해 이렇게 말했다. "내가 가장 신뢰하는 친구여서 그들에게 거의 99퍼센트를 터놓을 수 있습니다. 하지만 어쨌든 그 친구들에게 상처를 줄 위험을 안고 있다는 생각이 나머지 1퍼센트 속에 남아 있는 셈이죠. 모든 변화는 바로 이 1퍼센트 때문에 일어납니다."

기존 사회적 관계를 맺은 공동 창업자는 또한 '우리는 서로 잘 알기'

때문에 '코끼리'에 관해 논의할 필요가 없다고 믿는다. 그러나 새로운 직업적 관계는 기존 사회적 관계와 상당히 다르다. 그런 의미에서 이들은 서로를 '이방인'으로 생각할 필요가 있지만, 그렇게 하기란 결코 쉽지 않다. 친구나 가족끼리의 창업은 잠재 공동 창업자들이 어떤 결정을 할 때 판단을 흐리게 할 가능성이 있어 창업도 하기 전에 암초에 부딪힐 수 있다. 좋은 친구가 아니라면 창업에 합류하도록 하지 않을 거라고 말하는 사람도 있겠지만, 친구를 합류하게 하려는 이유만큼이나 이방인을 영입하려 하지 않는 타당한 이유 또한 있을 것이다. 서로 간의 애정은 아이디어나 사업 계획 또는 팀 자체에서 놓치고 있는 것을 보지 못하도록 팀의 눈을 가릴 수 있다. 한 창업자는 이렇게 지적했다. "우리는 때때로 친구를 너무 믿습니다. 이방인과 창업하면 그 기업에 숨은 아이디어와 자신의 개인적 역할은 무엇인지 냉정하게 평가할 수밖에 없습니다. 그렇게 창업했을 때에야 오랜 직장 동료나 친구들과의 흥미로운 프로젝트가 아니라, 성공 여부를 좌우하는 중요한 사업 제안으로 볼 수 있게 됩니다." 이 창업자는 동질 경향이 내리막길을 부추긴다는 측면에서 판단을 흐릴 수 있다고 덧붙였다. "내 생각에는 이방인과 회사를 창업하고 이방인을 고용하는 게 훨씬 탁월한 선택인 것 같습니다. 이방인은 쉽게 단념하고 '사업이 전부'라고 여기기 쉽지요. 내가 싫어하거나 좋아하는 것에 상관하지 않고 가족이나 친구보다 회사에 더 많은 다양성을 부여할 사람들입니다."

이번에도 스티브 워즈니악과 스티브 잡스를 좋은 예로 들 수 있다. 워즈니악에게 잡스와의 우정은 애플 컴퓨터를 창설하기에 좋은 중요한 요소였다. "절친한 두 친구가 함께 회사를 차리면 어떨까, 하고 생각하니 정말이지 흥분됐습니다. 바로 그때 난 결심했습니다. 못할 것도 없잖아?"[21] 그러나 훗날 함께 사업을 시작한 워즈니악과 잡스는 절친한 친구로서 말을 꺼내기가 너무도 불편한 역할과 보상이라는 중요한 문제를 의논하지 못했다. 예를 들어, 잡스는 자신의 사원 번호(잡스는 2번, 워즈니악은 1번) 때문에 회사가 자신의 역할을 저평가한다고 생각했다. 잡스는 '사원 번호 1번'을 배정받고 싶었다. 반면, 워즈니악은 잡스가 이끄는 리사(Lisa) 제품 개발 팀이 추진한 '애플의 사후 처리 내용'이 자신과 자신의 애플 II 팀을 2등급으로 강등시켰다고 생각했다. 잡스는 물론 워즈니악도 서로 회사에 기여하는 바를 진심으로 이해하지 못하는 듯했다. 잡스에게는 과학 기술보다 제품의 금전적 가치가 우선이었고, 워즈니악에게 신기술의 금전적 가치는 거의 논외의 대상이었다. 이 문제는 업무 관계를 유지하는 내내 풀리지 않고 곪았다. 이런 팀은 표면상 아주 고요하지만, 수면 아래에서는 곤란한 대화를 피하는 데서 비롯된 긴장이 조성되는 경우가 많다.[22]

워즈니악은 또한 특히 회사가 스톡옵션을 일부 직원에게만 지급하고 다른 사람에게는 지급하지 않는 방식의 보상 시스템에도 동의하지 않았다. 그러나 이 시스템을 어떻게 바꿀지 잡스와 합의를 이끌어내는 대신, 워즈니악은 이른바 '워즈 플랜(Woz Plan)'을 만들어 직원들에게 자신의 주식을 아주 싼 값에 팔았다. 그럼에도 그는 자신이 잡스의 도덕률에 점점 실망하는, 요컨대 방 안의 가장 큰 코끼리일 수도 있다는 사실을 스스로 인정할 수 없었다. 물론 잡스와의 관계 때문이었다. 워즈니악은 아타리(Atari)에서 개발하는 게임기에 들어갈 회로판을 구축하는 프로젝트 때 금전적 보상에 관해 표리부동했던 잡스를 떠올렸다. "잡스가 분명 일정 금액을 받았는데, 나에게는 그 액수를 다르게 말하더군요. 그가 나한테 솔직하지 않아서 상처를 받았습니다. ……하지만 잡스는 내 가장 친한 친구였고, 나는 그와 아주 밀접하다고 느낍니다."[23] 계속해서 민감한 문제에 관해 이야기하는 것을 회피하면서, 한때 친한 친구였던 두 사람 사이의 긴장은 고조되었고 결국 각자의 길을 가게 되었다.

불장난으로 생긴 틈

도표 4.3은 '관계가 틀어질 때 발생하는 손해'와 '코끼리를 논의할 가능성'이라는 두 가지 요소가 공동 창업자들이 맺은 기존 관계의 형태를 어떻게 변화시키는지 보여준다. 각 관계의 형태에서 두 요소의 간격이 벌어질수록 공동 창업자들은 '불장난'을 더 많이 저지른다. 불장난으로 생긴 틈은 기존 사회적 관계를 맺은 공동 창업자에게서 매우 크게 드러난다. 이들은 방 안의 코끼리를 처리할 가능성이 가장 낮고, 사업상의 긴장이 사회적 관계를 위협할 때 가장 큰 타격을 입는다. 게다가 코끼리 처리에 실패하면 그런 사업상 긴장을 더욱 키울 가능성이 있다. 그야말로 불장난인 것이다.

예전 직장 동료는 관계가 틀어질 때 지인들보다 높은 중간 정도의 손해를 보지만, 이런 관계는 방 안의 코끼리에 대해 의논할 가능성이 높으므로 그 손해를 상쇄할 수 있다. 이러한 공동 창업자들이 당면하는 불장난으로 생긴 틈은 아주 적거나 거의 없다.■ 지인이나 이방인은 관계가 틀어지면 상대적으로 손해가 적은 데다 방 안의 코끼리에 대해 의논할 가능성 또한 조금은 있다. 이들은 서로 익숙하지 않기 때문에 공동 창업

■ 사실, 도표에서 볼 수 있는 것처럼 예전 직장 동료는 관계가 틀어지면 보통 수준의 잠재적 손해만 입지만, '코끼리'에 관해 의논할 가능성이 높으면 '부정적 틈'이 생길 수도 있다.

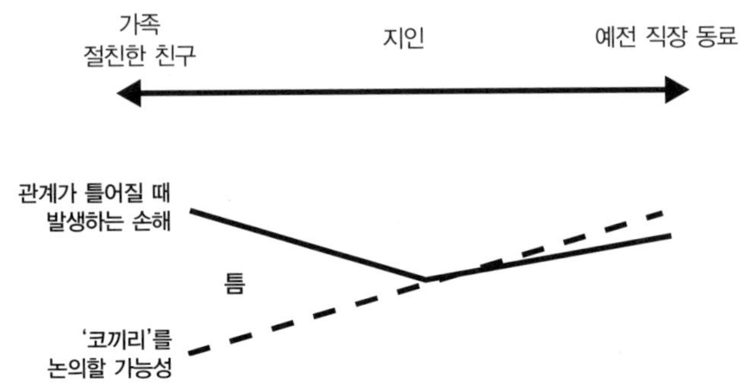

에 대해 합의하기 전이나 동업자 관계 수립 초기에 그런 까다로운 문제를 논의하는 편이다.

틈 줄이기: 민감한 논의를 강행하고 방화벽 만들기

어떤 창업 팀은 불장난으로 생긴 틈을 줄이기 위해 신중한 단계를 밟는다. 예를 들어, 부모와 베이비시터를 연결해주는 온라인 서비스의 선구자 시터시티는 처음 시작한 젊은 기업가 제네비브 시어스와 그녀의 남자 친구인 연쇄 창업가 댄 라트너가 설립한 기업이다. 라트너는 창업 당시 여자 친구의 부하 직원이 되었을 때 있었던 일을 이렇게 이야기했다. "관계의 전환은 나 자신보다 시어스에게 더 힘든 일이었습니다. 인생에는 가족, 친구, 사업이라는 세 영역이 있지요. 시어스는 그중 두 가지, 나는 단 한 가지만 걸고 모험을 했습니다." 이들은 불장난으로 생긴 틈의 양쪽 면 모두에서 적극 움직이며 위험을 최소화하기 위해 애썼다. 그때까지 별일은 없었지만, 그들은 방 안에 있는 코끼리가 어떤 것이든 터놓고 이야기하도록 발판을 만드는 데 동의했다. (함께 근무함으로써 둘 사이의 연애 관계를 걸고 모험한다는 사실 또한 방 안의 코끼리에 포함되었다.) 라트너의 가족은 적어도 두 세대가 함께 일을 해왔고, 라트너 자신 역시 여자 형제와 함께 전에 사업을 했기 때문에 민감한 문제를 다루는 데 익숙했다. 시어스는 "시터시티를 운영하면서 라트너와 조용하고 전문적인 분위기에서 의논하는 것에 익숙해졌습니다"라고 말했다. 라트너는 이미 시어스에게 가장 중요한 동료였다. 시어스는 직업적 견해 차이가 사적인 영역으로 번지지 않도록 두 사람이 적극 자신들만의 '제네바 협정'을 추진했던 경험을 이렇게 설명했다. "의견이 서로 맞지 않으면 종이에 써서 복사한 다음 경영진 전체에 돌렸습니다. 그렇게 하면 다른 사람이 참여하게 되고, 서로 상대방에게 신경 쓰기보다는 당면한 문제에 계속 초점을 맞출 수 있게 되죠." 이것은 서로 반대할 수 있는 문제를 회피하기보다 정면으로 부딪쳐 문제를 해결하는 데 도움이 되었다.

틈의 다른 한쪽 면에서 시어스와 라트너는 자신들의 관계가 끊어질 때를 대비해 손해를 줄여줄 '방화벽'을 설치했다. 라트너는 이렇게 말했다. "업무와 관련해 다툴 때 가끔 그 싸움이 사생활로까지 번질 경우가 있었습니다. ……사무실에서 어느 정도 친밀해야 하는지 알기 어려울 때도 가끔 있었고요. 사적으로는 괜찮은 친밀도가 사업상으로는 들어맞지 않거든요. 상사인 시어스에게 솔직히 내가 주제넘은 말을 꺼내려 한 적도 있었습니다." 이런 문제를 피하기 위해 그들은 방화벽을 세웠고, 여기에는 명료한 '재난 대책'을 포함해 양립할 수 없는 의견 충돌이 발생할 때는 무조건 라트너가 회사를 떠나는 것도 들어 있었다. (사업을 위해 마련했던 이 재난 대책은 사적인 문제와 사업상 문제 모두를 다룬 까다로운 논의를 통해 마침내 혼전 계약으로 마무리되었다.) 이는 도표 4.3에 있는 '관계가 틀어질 때 발생하는 손해' 선을 아래로 떨어뜨리는 효과가 있으며,

그에 따라 틈도 (그리고 위험도) 줄어들었다. 게다가 라트너는 자신의 전문적인 기술이 확실히 필요할 때까지 창업에 전적으로 참여하는 것을 미루었다. 라트너는 또한 시어스의 부하 직원이라는 자신의 역할을 이해했으며("이건 시어스의 사업이고 난 여기서 그녀를 돕고 있는 겁니다."), 창업 초기 직원들과의 관계를 확립해 단지 사장의 남자 친구가 아닌 회사의 순수한 일원이 되고자 노력했다. 시간이 흘러 라트너와 시어스의 결정 및 행동은 도표 4.3에 있는 두 선 사이의 간격을 최소화함으로써 불장난으로 인해 생긴 틈을 크게 줄였다. 시어스는 이렇게 말했다. "마침내 라트너는 회사와 합치게 되었습니다. 그 뒤로는 라트너가 시터시티에서 풀타임으로 근무하는 것이 이상해 보이지 않았죠. 우리는 새로운 역할이 주어졌을 때 서로 신뢰하는 법을 배울 시간이 필요했습니다. 이처럼 어렵게 시작한 후 우리는 서로를 위해 '실과 바늘'이 되기로 했습니다."

어떤 팀은 불장난으로 인해 생기는 틈을 줄일 부가적인 방법들을 찾아냈다. 예를 들어, 영업 계획 수립을 도와줄 사람으로 자신의 어머니를 영입한 창업자는 어머니가 업무 보고를 공동 창업자에게 하도록 함으로써 두 관계를 '구분'하려 했다. 요컨대 업무상의 긴장이 가족 관계에 끼치는 영향을 제한한 것이다. 친구나 가족이 포함된 또 다른 팀에서는 공동 창업자들이 모두 존중하고 민감한 문제에 관해 의논을 이끌어내는 숙련된 외부 집단을 참여시키려고 애쓴다. 이들 숙련된 외부 집단이 '객관적 중재자' 역할을 하게 함으로써 막다른 곳에서 돌파구를 찾는 것이다. 창의적인 방화벽을 만들어 불장난으로 인해 생기는 틈을 관리할 다른 중요한 메커니즘 또한 많을 것이다. 연구자들 역시 그러한 메커니즘들을 모색해야 할 것이다.

맺음말

창업자들은 '쉬운' 길을 따르려는 수많은 본능적 성향을 주시해야 한다. 그중 하나가 동질적인 창업 팀 편성 경향이다. 혹자는 비슷한 사람들끼리 쉽게 어울리고 서로 이해하며 신뢰할 수 있으니 팀을 꾸리기 적합하다고 생각할지 모르지만, 여기에는 치명적인 결점이 있다. 공동 창업자들의 배경이 비슷한 팀은 필수적인 기술이 부족하고, 역할 충돌이 더욱 잦으며(이것에 관해서는 5장에서 살펴볼 예정이다), 유용한 인맥의 범위가 그만큼 제한적이다. 그래서 이런 팀들은 공동 창업자의 입맛보다 신생 기업의 요구에 맞는 기술과 인맥을 보유한 팀에 비해 창업 가치가 떨어진다. 비슷한 공동 창업자를 찾으려는 쉬운 길을 택해 게으르게 있기보다 핵심 창업자는 자신에게 어떤 역량이 필요한지 의식적으로 분석하고 결정한 후에 그런 기술과 능력을 갖춘 사람을 적극 찾아 나서야 한다.

반면, 인적 자본과 사회적 자본의 다양성을 노리는 핵심 창업자는 가치관, 책임감, 위험 허용도처럼 개인의 삶을 더욱 복잡하게 만드는 '연성' 영역에서의 유사성에도 주목해야 한다. 물론 이런 것들을 판단하기는 매우 어렵지만, 이 영역에서는 유사성이 팀 내 긴장을 완화하는 데 도움을 준다. 이는 단순히 편안함이나 관계 악화의 문제가 아니다. 어떻게든 신생 기업을 살아남게 할 것인지, 만약 그렇다면 창업자와 투자자에게 얼마만큼의 가치를 창출해줄 것인지에 관한 문제이기도 하다. 이와 같은 적합성을 평가하는 최선의 방법은 공동 창업자라는 돌이키기 힘든 결정을 내리기 전에 자족적 업무 과제를 찾아 협력할 수 있는 '구매 전 시험 사용' 방식을 채택하는 것이다.

사람들은 자연스럽게 가족과 친구 중에서 공동 창업자를 찾으려는 경향이 있다. 그러나 한 번 더 생각하자! 가족이나 친구와 동업하는 데는 동질성의 위험과 더불어 매우 큰 두 가지 위험이 도사리고 있다.

첫째, 사회적 영역에서 발전한 관계와 신뢰가 직업적 영역으로 쉽게 전환될 거라는 믿음은 당연하면서도 잘못된 것이다. 사회적 관계와 직업적 관계는 기반이 매우 다르며 유지 방식 또한 크게 다른 데다 충돌 역시 잦다. 예를 들어, 사회적 관계는 공정과 평등에 비중을 두지만, 직업적 관계는 지분과 가치에 비중을 두며 평등과 지분이 충돌하는 상황을 많이 초래한다. 가족의 상속 재산을 여러 형제에게 똑같이 나눌 수는 있다. 하지만 그 형제들이 회사의 경영 책임이나 보수 및 지분 등을 똑같이 나눌 수는 없다. 친구와 친척이 동업자 관계로 유연하게 전환할 수 있다고 잘못 믿은 상태에서 공동 창업자들이 민감한 문제를 나서서 해결하려 하지 않을 경우 매우 위험할 수 있다. 필자의 분석 결과에 따르면, 친구와 가족으로 구성한 팀이 예전 직장 동료로 구성한 팀보다 불안정할 뿐만 아니라(충분히 예상할 수 있는 일이다), 이방인들로 구성한 팀보다도 훨씬 불안정한 것으로 나타났다. 왜냐하면 이방인은 대체로 업무 환경과 관련해 자신이 잠재 공동 창업자의 운영 방식을 잘 모른다는 것을 깨닫고, 창업에 몰두하기에 앞서 의견의 일치를 보려고 냉정하게 논의할 것이기 때문이다. 이미 상대방을 (사회적으로) 수없이 경험한 친구와 가족은 그런 불편한 대화가 필요하지 않다고 생각하는 경향이 있다. 아이러니한 것은 그 소중한 관계라는 친구와 가족이 지닌 위험이 이방인으로 인해 생기는 위험보다 훨씬 크다는 점이다. 그러면서도 그 위험을 줄이려고 노력하는 사례는 매우 적다.

둘째, 새로운 동업 관계가 기본적인 사회적 관계나 가족 관계에 영향을 끼치지 못하도록 하는 것은 대단히 어렵다. 창업했을 때 겪는 극도의 우여곡절로 사회적 관계가 크게 흔들리고 잠재적 악순환이 일어나면서 신생 기업을 침몰시킬 수도 있다. 또한 본래의 사회적 관계를 긴장시키거나 심지어 파괴할 수도 있다. 이를테면 업무 성과가 부진한 CFO를 좌천시키거나 해고하는 것이 직업적으로는 최선의 결정이지만, 그 CFO가 사회적으로 가장 가까운 관계인 형제지간일 때에는 충돌이 일어날 수밖에 없다. 이때 어려운 결정을 피하려다 사업 자체를 망치거나, 최선의 결정을 받아들임으로써 형제 관계를 망치는 예가 일반적이다. 많은 사례에서, 사업과 관계 모두에 큰 손해를 입는 경우를 자주 볼 수 있다.

이런 위험에도 불구하고 사업과 사회적 관계를 혼합하려는 창업자는 적어도 자기 자신과 회사를 보호하는 단계를 적극 밟아나가야 한다.

- **관계 구분**: 팀의 규모가 허락한다면 공동 창업자가 그들의 친척이나 가까운 친구에게 보고하지 않도록 한다. 그보다는 다른 고위 간부한테 보고하게끔 하고, 사적 관계와 직업적 관계를 분리하라.
- **부정적 시나리오 상상**: 공동 창업자의 업무 능력에 지장을 줄 수 있는 가족 문제, 건강 문제, 법적 문제 같은 장애물을 생각하라. 바람직하거나 '기대되는' 시나리오에만 초점을 맞추는 "긍정적으로 생각하라"는 말에 본능적으로 휩쓸려가지 않도록 하라.
- **재난 대책 수립**: 해결할 수 없는 사업상의 갈등이나 사회적 관계 붕괴 같은 최악의 시나리오에 대비한 대책을 서면화하라. 그리고 곤경에 처했을 때 누가 최종 결정권을 가질지에 대해서도 확실히 명시하라. 최악의 시나리오가 발생했을 때 적용할 퇴직 계약을 체결해 산업 기술 유출을 막도록 하라.
- **민감한 논의 강행**: 함께 일하는 과정에서 일어나는 모든 개인적 문제

에 공개적이고 솔직할 수 있도록 장기적인 정책을 마련하라. 메커니즘을 확립해 민감한 문제를 논의할 가능성이 높아지면 불장난으로 인해 생기는 틈을 (완전히 없앨 수는 없지만) 줄일 수 있다. 어려운 문제가 저절로 해결되기를 바라며 논의를 미루거나 피하려는 행위에 본능적으로 휩쓸려가지 않도록 하라.

- **조정자 영입**: 직업적 의견 충돌이 개인 영역으로 번지는 것을 막기 위해 시티시티 팀이 '제네바 협정'을 준수하며 그랬듯 당면한 문제를 기록하고 그 내용을 복사해 전체 경영진에게 전달하라. 그러면 다른 사람들이 그 문제에 관여하게 되고, 그 문제를 내놓은 당사자보다 문제 자체에 집중할 수 있다. 또는 상호 멘토나 중재를 맡을 공정한 조언자의 힘을 빌려라.■

이번 장에서 소개하는 자료는 벤처 투자가 폴 맥매너스의 다음과 같은 주장을 뒷받침한다. "〔위험이 가장 적은〕 이상적인 창업 팀은 예전 직장 동료로 이루어진 팀이다. 이들은 과거 함께 일하면서 자신의 성공을 좌우할 중요한 직업적 관계와 대인관계를 맺고 발전시켜온 팀이다. 그리고 가장 중요한 점은 이들이 함께 일할 수 있고 무언가를 일구어낼 수 있다는 것을 입증했다는 사실이다." 그렇다 하더라도 공동 창업자가 되려는 예전 직장 동료는 자신의 기존 직업적 관계와 앞으로 맺을 동업자 관계를 완전히 분리해서 판단해야 한다. 예를 들어, 상사와 부하 관계이던 두 창업자가 동등한 입장이 됐다면 두 사람은 험난한 적응 기간을 겪

■ 벤처 투자가 제프 버스갱은 공정성을 최대화하는 데 이상적인 중재자는 투자자나 임원이 아니어야 한다는 점을 지적한다.

을 가능성이 있다. 이것은 특히 행동 양식과 갈등 해결 방식에서 합의를 이끌어내는 데 중요하다.

학교 동기와의 공동 창업은 예전 직장 동료와의 공동 창업과 매우 비슷해 보이지만 사실은 훨씬 복잡할 수도 있다. 학교 동기와 공동 창업을 할 경우에는 직장 동료와의 공동 창업이 지닌 강점과 친구와의 공동 창업이 지닌 위험을 상쇄할 수 있다. 만약 학교 동기들이 서로 사교적이기만 하고 실제로 함께 '근무'하지 않았다면, 서로에 대해 잘 아니까 민감한 문제를 표면화할 필요 없다고 생각해 불장난으로 생기는 틈의 양면 모두에 직면할 수 있다. 또한 창업 과정에서 일이 악화되면 서로의 사회적 관계가 틀어질 위험도 있다. 이런 창업자들은 '구매 전 시험 사용' 또는 앞서 설명한 방화벽을 설치할 필요가 있다. 그에 반해, 학교 동기들이 수업 과제나 교내 단체에서 리더를 맡는 등 실질적인 업무를 이미 공동으로 추진했거나 협력할 기회가 있었다면, 창업 과정에서 예전 직장 동료와의 공동 창업이 지닌 강점을 대신할 수도 있다.

역할 딜레마:
지위와 의사 결정

누가 CEO가 될 것인지를 둘러싼 분쟁은 중요한 의사 결정을 늦추고 긴장을 일으켜 회사를 위태롭게 한다. 에번 윌리엄스가 블로거와 오데오라는 두 회사를 설립할 당시의 경험에서 역할과 의사 결정 딜레마가 창업에 여러 가지 영향을 끼친다는 사실을 알 수 있다. 블로거 설립 초기에 윌리엄스는 CEO 지위를 고집했다. 공동 창업자 멕 휴리한은 결국 여기에 동의하고 부사장 직함을 달았다. 그들은 제품을 개발하는 동안 사업 자금을 마련하기 위해 자유 계약으로 휴렛패커드(Hewlett-Packard)의 일을 번갈아 하면서 첫 투자자와 함께 3명의 이사회를 구성했다. 이는 사실상 두 사람이 합의 하에 내린 결정이었다. 하지만 얼핏 그럴듯해 보여도 누가 실제 관리자인지 모호했다. 게다가 서로가 맡고 싶은 업무를 분배하는 방법을 놓고 긴장이 조성되었다. 이로 인한 의견 충돌로 블로거의 향방을 둘러싼 심각한 갈등은 마침내 정점에 달했다. 휴리한은 대기업에 초점을 맞춰 실용성을 추구했다. 하지만 윌리엄스는 자기 생각을 온라인에 게재하고 싶어 하는 모든 사람에게 인터넷으로 통하는 관문이라는 블로거의 대중적 이상을 유지하기 위해 고군분투했다. 안정적인 수입원을 바란 직원들은 휴리한의 편을 들었다. 한편, 휴리한은 윌리엄스의 리더십이 블로거를 위기에 빠뜨렸으니 이제 자신이 CEO를 맡아야 한다고 주장했다. 휴리한과 윌리엄스가 앞으로의 방향과 리더 자리를 놓고 옥신각신하는 사이 회사는 추가 자금을 확보하지 못해 결국 모든 직원을 정리 해고해야 했다. 윌리엄스는 끝까지 휴리한에게 CEO 역할을 맡기지 않으려 했다. 그리고 마침내 휴리한마저 회사를 떠나면서 윌리엄스는 홀로 남았다. 그에겐 이제 자신의 비전밖에 남은 게 없었다.

윌리엄스는 마침내 회사를 되살릴 수 있었다. 이때 그는 "블로거에서 하고 싶었던 것을 마음껏" 펼쳐볼 생각이었다. 이번에는 파트너 영입을 일부러 피했다. 그 대신 단기 계약직 직원들을 고용하고 월급 대신 스톡옵션을 지급하는 일이 없도록 했다. 구글에 회사를 1000만 달러에 매각한 후에는 그 돈의 일부를 투자해 지인인 노아 글래스와 함께 오데오 인터넷 방송사를 설립했다. 블로거 초창기의 모호했던 특색을 피하고 싶었던 두 사람은 역할과 직함을 명확하게 정했다. 글래스는 전임 CEO를 맡고, 윌리엄스는 고문 역할을 하기로 했다. 그러나 오데오를 출범할 즈음 윌리엄스가 전임 업무에 뛰어들면서 CEO 자리를 놓고 또 한 번 갈등의 불꽃이 튀었다.

첫 창업부터 다음 창업까지 창업 팀 내의 역할과 직함 배정, 의사 결정 접근법 등과 씨름한 연쇄 창업가는 비단 윌리엄스뿐만이 아니다. 이 책에서 다룰 모든 딜레마 중 매우 다양한 요소에 영향을 받는 역할 딜레마는 온갖 종류의 접근법을 보여준다. 공동 창업자의 역할을 올바르게, 혹은 그르치게 하는 데는 수많은 원인이 있고 그 이유도 천차만별이다.

윌리엄스는 자신의 경험을 바탕으로 정반대의 선택을 했다. 블로거에서 윌리엄스와 휴리한은 직함이 달랐지만 동등한 의사 결정권을 갖고 있었다. 그 결과, 최종 결정권을 가진 사람이 필요할 때 갈등이 빚어지고 창업 팀까지 붕괴했다. 오데오 초창기에 글래스는 명백한 주요 의사 결정자였다. 하지만 앞으로 살펴보겠지만 이렇게 역할을 정리해도 창업 관련 문제는 여전히 일어날 수 있다.

이번 장에서 우리는 창업자들이 적절한 역할을 구축하면서 직면하는 딜레마를 자세히 살펴볼 것이다. 그리고 이번에도 창업자들이 무엇을 할 수 있는지(선택 범위), 실제로 무엇을 하는지(각 옵션의 선택 빈도), 무엇을 해야 하는지(그 결정이 주는 영향)에 초점을 맞추고자 한다. 얼마나 다양한 접근법을 활용하고 그것이 얼마나 자주 적용되는지를 이해하는 데는 복합적인 측정 기준이 도움을 줄 것이다. 이러한 측정 기준에는 설립 당시 창업 팀 내에 적용한 공식적인 경영자 직함과 더불어 팀의 의사 결정 구조가 얼마나 계층적인지, 혹은 얼마나 평등한지를 나타내는 도구 또한 포함되어 있다. 필자는 팀 내 역할 딜레마에 관해서는 기존 문헌에 의존했으며, 창업 팀이 채택한 각각의 접근법이 그 팀에서 어떻게 작용하는지에 대해서는 내가 보유한 자료와 사례 연구를 활용했다.

경영자 직함: 누가 원하는가

직함이 얼마나 문제가 될까? 창업자들은 종종 "내 공식 직함에 관해서는 별로 신경 쓰지 않는다"고 말한다. 하지만 윌리엄스와 그의 공동 창업자들이 CEO 직함을 서로 차지하려 했던 블로거와 오데오의 사례는 많은 창업자가 경영자 직함을 얼마나 중시하는지 잘 보여준다. 사실, 그래야 한다. 직함이란 상징적 의미가 깃든 것이자 실제 권한으로 해석할 수 있다.[1] (직함은 또한 공동 창업자 자신과 상당히 다르게 그것을 해석하는 제삼자에게 종종 많은 것을 시사한다.) 어느 공동 창업자가 어떤 직함(특히 CEO 직함)을 부여받을 것인지는 대개 공동 창업자들이 초기에 협의해야 할 난제 중 하나이며, 매우 중요한 문제이기도 하다.

어떤 창업자는 CEO 직함을 피하려 한다. 예를 들어, 과학 기술 전문 창업자는 CEO보다 최고과학책임자(CSO), 기술 지향 창업자는 최고기술책임자(CTO)를 원할 수 있다. 그럼에도 창업자들은 입을 모아 "모두가 CEO가 되길 원한다"고 투덜댄다. 한 창업자는 "모두가 리더 역할을 차지하려 애쓴다는 사실을 알았습니다"라고 인정했다. 상호 협의 후 CEO가 되지 못한 창업자는 종종 자신이 다른 창업자보다 모자라는 사람처럼 느껴진다고 하소연한다. 프랭크 어단테는 존디고(Zondigo)를 설립할 때의 일을 이렇게 회상했다. "스스로 뭔가를 시작하고 싶었습니다. 이번에는 조연보다 주연이 되기로 결심했죠. 나도 도전할 수 있고 주역이 될 수 있다는 것, 스스로 해낼 수 있다는 걸 증명하고 싶었습니다. 군대를 이끌고 그 시장을 목표로 정복해버려야지, 하고 생각했습니다. 그런 생각이 개인적으로는 다른 어떤 것보다 큰 동기부여가 되었지요." 어단테가 CEO 직함을 달지 않았다면 존디고를 설립하겠다는 의욕이 훨씬 적었을 것이고, 심지어 공동 설립은 결심조차 하지 않았을지 모른다. 아래에서 살펴보겠지만, '아이디어 피플'이 CEO 직함을 거머쥐는 경우가 많다.

창업자들은 보통 고위 직함을 갖고 싶어 하므로 신생 기업은 보고 대상, 판매할 제품이나 서비스, 응대할 고객이나 클라이언트, 소비할 예산 등이 있든 없든 최고책임자급 직위를 먼저 만드는 편이다. 기술 및 생명

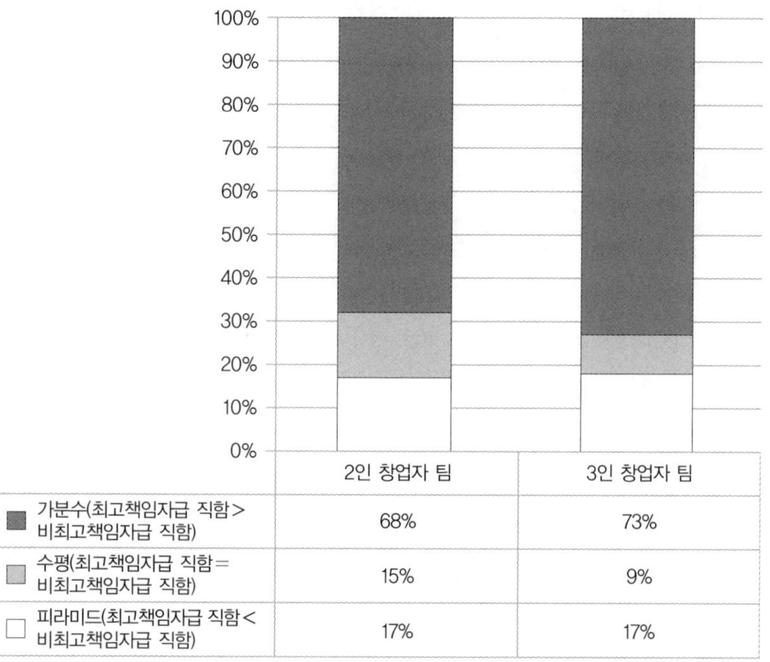

과학 분야 신생 기업에 관한 필자의 표본에 따르면, 복수 창업자 팀의 89퍼센트에는 최고책임자급 직함 창업자가 최소 한 명 있고, 79퍼센트에 CEO, 45퍼센트에 CTO 또는 CSO, 14퍼센트에 최고운영책임자(COO), 8퍼센트에 최고재무책임자(CFO)가 각각 한 명씩 있는 것으로 나타났다. 그리고 CEO가 아니라 회장이 있는 팀은 18퍼센트였다.

규모가 크고 충분히 발달한 기업은 거의 '피라미드' 구조를 띤다. 이를테면 맨 위에 의사 결정자 한 명이 있고, 그 최고경영자에게 보고하는 계층, 그보다 더 큰 각 부속 집단이 있다.[2] 이에 반해, 필자의 표본에 있는 신생 기업의 74퍼센트는 창업 당시 '가분수형' 또는 '수평형' 구조를 채택했으며, 67퍼센트는 최고책임자급 이하 창업자보다 최고책임자급 창업자들이 더 많았다. 그리고 7퍼센트는 최고책임자급 이하 창업자만큼이나 최고책임자급 창업자가 많았다. 도표 5.1은 2인 창업자와 3인 창업자 기업 모두에 이러한 가분수형 구조가 존재한다는 사실을 보여준다. 심지어 표본 기업 중 36퍼센트는 모든 창업자가 최고책임자급 직함을 가졌는데, 이는 CEO 직함 차지 문제를 해결하는 하나의 방편일 수 있다. 이런 경향은 특히 2인 창업자 팀에서 뚜렷하게 나타났고, 그 36퍼센트 중 60퍼센트는 최고책임자급 경영자가 2명이었다.

8장 '채용 딜레마' 편에서 살펴보겠지만, 이와 같은 초기의 '직함 인플레이션'은 고위 직함을 달긴 했지만 기업의 성장과 난관을 조율하는 데 어려움을 겪는 창업자 또는 초기 직원들을 대체하거나 강등해야만 하는 결과를 낳을 수도 있다. 가분수 구조를 가진 신생 기업은 이처럼 머리가 무거운 특성 때문에 가장 많이 위기에 처한다.

창업 팀이 가분수형인 것 자체는 팀과 기업에 대한 창업자의 신뢰 수준이 높다는 뜻이기도 하다. 하지만 그 때문에 결국 창업자들은 위와 같은 문제가 발생하는 것을 예측하기 어렵고, 그것에 대처한다 해도 제대로 준비하지 못할 수 있다. 따라서 '누가 주도권을 쥘 것인가?'라는 문제를 코앞에 놓고서 이 같은 해결책을 내놓는다면 회사에 장기적으로 심각한 영향을 미칠 수 있다.

경영자 직함: 누가 보유할 것인가

팀은 최고 지위를 어떻게 배정할까? 필자의 정량분석에서는 세 가지를 주요 요소로 제시한다. (a) 각 창업자의 책임 수준, (b) 최초로 사업 아이디어를 냈거나 창업 기반이 되는 지적 재산을 개발한 아이디어 피플은 누구인가, (c) 각 창업자의 인적·사회적·금융 자본이 바로 그것이다.

창업에 전념하기 위해 직업이나 학문 추구를 중단하는 창업자는 고위 직함을 받을 가능성이 한층 높다. 결국 창업자의 직함은 그 사람의 책임 수준에 영향을 끼칠 수 있다. 초기 지위가 불만인 창업자는 창업에 전념할 의욕이 떨어질 수도 있다. 오컴 테크놀로지에서 켄 버로스는 COO 직함을 받고 공동 창업자인 짐 트라이언디플로는 CEO 직함을 받았다. 이는 본래 트라이언디플로가 판매에 탁월하고 버로스가 기본에 더 충실한 사람이었기 때문이다. 창업에 대한 트라이언디플로의 책임감은 중대한 시점을 지나면서 더욱 커진 반면 버로스의 책임감은 줄어들었다. (그리고 가정생활에 더욱 신경을 많이 쓰기 시작했다.) 창업에 전념하려면 하던 일을 그만둬야 한다며 트라이언디플로가 닦달하기 시작하자, 마침내 버로스는 창업에서 완전히 손을 뗐다.

아이디어 피플과 창업자의 인적·사회적·금융 자본이 주는 영향에 관해, 필자와 경제학자 토머스 헬먼(Thomas Hellmann)은 CEO·CTO·회장이라는 일반적인 세 가지 창업자 직함이 각각 어떤 창업자에게 주어지는지를 예측할 수 있는 요소를 알아보고자 내가 구축한 창업자 직함 자료를 분석해보았다. 우리는 각 창업자가 아이디어 피플인지와 더불어(한 팀에 둘 이상일 수도 있다) 창업자가 창업에 끌어들인 인적·사회적·금융 자본이 유용한지를 나타내는 또 다른 세 가지 특징에 초점을 맞추었다. 즉, 창업 경험이 있는 창업자인지 여부(연쇄 창업가), 선행 업무 경험 기간(분야 무관), 창업자가 창업에 투자한 초기 투입 자본의 액수가 바로 그것이다. 우리는 이 네 가지 요소 모두가 창업자 직함에 영향을 미치지만 각기 다른 방식으로 발현된다는 사실을 알아냈다.

가장 중요한 것은 우리의 회귀분석(regression analysis)에서, 아이디어 피플이 비아이디어 피플보다 CEO가 될 가능성이 훨씬 높게 나타났다는 점이다. 도표 5.2에서처럼 아이디어 창업자의 47퍼센트는 CEO가 되었지만, 비아이디어 창업자는 단 12퍼센트만이 CEO가 되었다.[3] 아이디어 피플 중 다수는 자신들이 진정한 CEO감이든 아니든 스스로 CEO 자격이 있다고 믿는다. 한 창업자는 창업 아이디어 발안자가 CEO 역할을 맡고 모든 것에 거부권을 갖고 타인의 비전을 인정하는 것은 당연하다고 말했다. 또 다른 아이디어 피플 중 한 사람은 다음과 같이 강력하게 주장했다. "아이디어가 떠올랐을 때 월급도 없이 18개월을 자나 깨나 그 아이디어만으로 살고, 친구와 가족을 통해 150만 달러를 모으고, 그 돈으로 경영진을 꾸리는 등의 작업을 거치면서 의욕 넘치는 CEO 한 명이 탄생하는 것입니다. 아이디어를 가진 사람만큼 회사에 신경을 쓰고 의욕이 넘칠 뿐만 아니라 까다로운 결정을 내리며 회사의 진로를 설정할 수 있는 사람은 아무도 없습니다. 아이디어를 가진 사람이나 기업가 대부분이 자신의 아이디어를 성공으로 이끌기 위해 거치는 길을 당신이 밟고 있다고 생각해보세요. 그들에게는 그것이 아이를 양육하는 것과 같고, 그 아이를 부모만큼 사랑해줄 사람은 없을 겁니다."

아이디어 피플은 종종 자신이 시장 지식에 대해 가장 잘 알거나, 팀을 관찰하는 통찰력이 있거나, 스스로 신생 기업 문화의 틀을 짜야 한다거나, 이상을 세우고 현실화하는 데 자신이 최적의 인물이라거나, 이러한 일을 CEO 자리에서 가장 잘 해낼 수 있다거나 하는 등의 믿음을 갖고 있다. (덧붙여 6장에서 살펴보겠지만, 아이디어 피플과 창업자 겸 CEO는 다른 창업자보다 지분을 더 많이 가져가는 사례가 많다.) 다음과 같은 말에서, 비아이디어

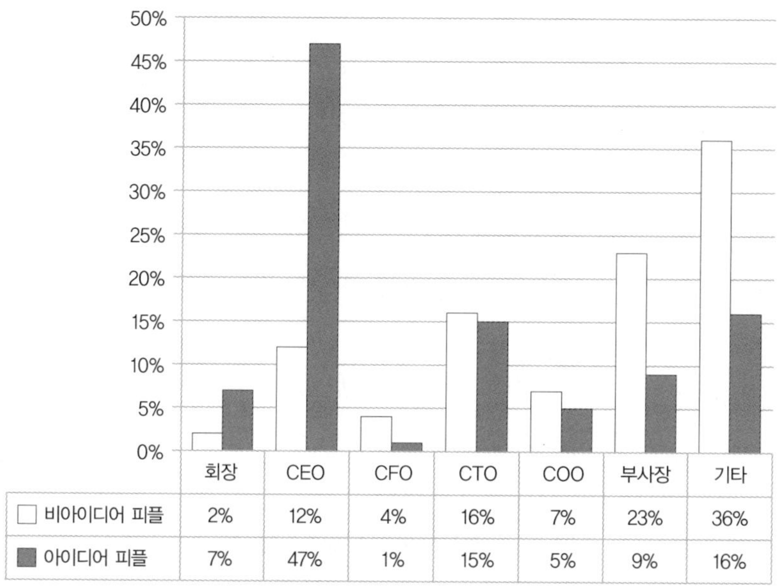

창업자들도 왜 아이디어 피플이 최고의 CEO를 만드는지 알 수 있다. "특히 초창기에 CEO 배정에 성공하려면 모험에 가장 열정적인 사람이 누구인지 고려할 필요가 있다고 생각합니다. 대부분 그 열정적인 사람이 바로 아이디어 피플이지요. 그 열정을 위해 CEO라는 주류 기술(mainstream skill) 일부를 기꺼이 희생하고, 그 '아이디어맨'을 경영자 자리로 영입할 수 있도록 이끄는 팀을 적잖이 봐왔습니다." 10장 '창업자 겸 CEO의 직위 승계' 편에서 더욱 자세히 알아보겠지만, 아이디어맨이 창업 초기에는 CEO 지위에 적합할지라도 사업이 자리를 잡아가면서 그 적합성이 상당히 떨어져 직위 전환이라는 어려운 문제에 직면하는 경우가 있다. 그런 과정에서 무기력해진 창업자 겸 CEO가 직함 포기에 본능적으로 거부감을 느껴 문제를 더욱 악화시킬 수도 있다.

아이디어맨이 되면 CEO 자리에 오를 기회만 늘어나는 것이 아니다. 요컨대 조직 내에서 훨씬 낮은 지위의 직함이 주어지는 것을 막는 데도 도움이 된다. 도표 5.2의 오른쪽에 있는 2개의 막대그래프에서 볼 수 있듯(회귀분석으로도 입증) 아이디어 피플은 부사장급 직함이나 더 낮은 하급 직함을 받을 가능성이 현저히 낮아진다. 실제로 비아이디어 피플의 59퍼센트가 그 범주의 직함을 받지만, 아이디어 피플은 단 25퍼센트에 불과하다.

다른 배경적 변수를 살펴본 필자와 헬먼은 아이디어 피플을 비롯한 다른 요인을 배제하더라도 기존의 회사 설립 경험이 CEO나 회장으로 임명될 사람에게는 상당히 긍정적인 영향을 미치지만, CTO로 임명될 사람에게는 아무런 영향도 미치지 않는다는 사실을 발견했다. 요컨대 수년간의 기존 업무 경험이 회장으로 임명될 사람에게는 상당히 긍정적인 영향을 미치지만, CEO나 CTO로 임명될 사람에게는 아무런 영향도 미치지 못했다. 마지막으로, 초기 투입 자본을 더 많이 투자한 창업자는 CEO나 회장 직함을 가질 가능성이 높으며, CTO는 다른 창업자에 비해 투자 자본이 적은 편이었다.

역할 중복 vs. 분업

창업자들의 기술이 크게 다를 때는 직함을 배정하기가 훨씬 쉽다. 잡스와 워즈니악의 애플 팀이 전형적인 사례다. 워즈니악은 초기의 개인용 컴퓨터를 개발한 기술 전문가였고, 잡스는 워즈니악의 발명품을 상업화하는 영업 수완을 갖춘 사람이었다. 잡스와 워즈니악은 완벽하게 상호 보완적인 기술과 야망을 지녔다고 할 수 있다. 이를테면 잡스는 회사를 차리고 싶었으며, 워즈니악은 제품을 만들고 싶었다. 이는 자연스럽게 분업으로 이어졌다. 이와 대조적으로, 창업자의 배경이 매우 비슷하거나 저마다 융통성 있는 만물박사일 때는 중복된 일상 업무를 채택하는 경향이 있다. 창업 초기 단계에서는 할 일이 너무 많다. 그런데 인력과 시간이 충분하지 않을 때, 회사의 현금이 부족할 때, 전략 및 사업 모델의 방향을 급히 바꾸어야 할 때는 유연하고 중복된 역할로 조직을 구성하고 필요에 따라 바꿀 수 있도록 하는 게 큰 도움이 될 수 있다. 도표 5.3은 역할 중복과 분업을 채택할 때의 장단점을 정리한 것이다. 하지만 앞으로 살펴보겠지만, 이러한 이점은 장애가 될 수도 있다.

대조적인 두 경우를 통해 일반적인 기술과 중복된 업무 과제를 지닌 사람들로 구성된 팀 및 분업으로 업무가 뚜렷이 제한된 전문가 팀의 장단점을 각각 살필 수 있는 통찰력을 얻을 수 있다.

스마틱스 팀은 중복 방식을 채택했다. 3명의 공동 창업자 모두 고학력 엔지니어였고, 일류 조직에서 일한 경험이 있으며, 당시 MBA 학생이었다. 배경과 기술이 매우 비슷하다 보니 이들은 새로 설립한 회사에서 중복된 역할에 이끌렸다. (제품용 소프트웨어를 개발할 '암묵적' 파트너로 네 번째 구성원을 영입한 뒤, 세 사람은 사업 계획과 자금 확보 업무를 맡았다.) 최초 발안자이자 창업 자금을 마련해온 비베크 쿨러가 사실상 리더로 활동하기는 했지만, 업무나 역할을 뚜렷하게 구분하지 않고 함께 일했다.

쿨러가 스마트 티케팅을 검증하는 데 단 1년밖에 투자하지 못한 까닭에(2장에서 설명했듯이 가족의 압박 때문에), 스마틱스 팀은 이러한 역할 배정 문제가 생기기도 전에 와해하고 말았다. 그렇지만 회사가 점점 발전하

도표 5.3 역할 중복과 분업의 장단점

	장점	단점
역할 중복	• 창업 초기에 적합한 융통성을 제공한다. • 팀 구성원을 필요한 곳에 투입해 협력할 수 있다. • 팀 구성원 모두의 지식을 축적해 활용할 수 있다.	• 책임이 분산되어 동기를 약화시킬 수 있다. • 신생 기업에 과부하가 걸리면 지나친 책임을 최소화하는 데 힘을 쏟아야 한다. • 창업자가 타인의 영역을 침범했을 때 긴장이 고조될 수 있다. • 신생 기업이 발전하고 더욱 다양화하면, 팀 구성원은 구체적인 기능이나 영역에 초점을 맞추는 것과 고조되는 긴장에 거부감을 느낄 수 있다.
분업	• 직함, 과업, 책임 등을 할당할 수 있다. • 더 나은 책무를 맡는다. • 이질적인 팀에서는 창업자의 능력에 맞춰 팀이 역할 배정을 할 수 있다.	• 독자적인 직무를 대조적인 과제와 공동으로 처리하는 데 어려움이 따른다. • 동질적인 팀에서는 차선의 역할 배정이 조기에 일어날 수 있다. • 발전에 실패하면 조직 구조와 과제 요구 사이에 단절이 일어날 수 있다.

고 분화할수록 역할이 중복되는 팀에는 곧장 문제가 발생할 수 있다. 다음은 이런 팀에 소속된 한 창업자의 설명이다. "대학교 친구 둘과 함께 우리가 제안한 사업에 뛰어들었습니다. 그런데 지금과 같은 상태라면 곧 망할 거라는 게 내 개인적인 생각입니다. 모두 비슷한 재능을 지녔을 때는 업무량을 분담하기가 쉽지 않습니다. 서로 상대의 업무에 그리고 고객에게 무엇이 최선일지에 대해 열린 자세를 유지하는 능력을 기대했다가는 실망만 남지요. '무엇이 더 낫다' 혹은 '내 것이 네 것보다 나은 것 같다'며 좀스럽게 구는 사람도 많고요. 후자 같은 말은 공공연하게 드러내지 않지만, 누구나 그런 비평을 한다는 걸 다들 알고 있지요. 만약 우리에게 저마다 다른 탁월한 재능이 있다면 이 사업이 훨씬 더 잘될 거라는 생각이 듭니다. 모두가 무슨 일을 처리해야 할지 안다면, 다른 일은 그걸 완수할 사람이 맡아서 하도록 놔둘 것이기 때문입니다." 다른 한 창업자는 자신의 창업 팀이 중복된 역할을 어떻게 개선했는지

이야기했다. "세 창업자가 다 같이 고객 한 명을 만날 수 없을 때는 해당 고객을 만나는 사람이 책임을 지고 그 고객의 요구를 충족시켜주기로 했습니다." 하지만 이 팀의 이러한 융통성에는 다음과 같은 대가가 따랐다. "나머지 2명이 떠맡는 책임은 그만큼 크지 않았지요."

이와는 거의 반대로, 판도라 라디오 팀은 업무가 뚜렷하게 정해진 분업을 채택했다. 존 크래프트는 신생 기업을 키운 경험이 있었고 실리콘 밸리의 엔지니어나 벤처 투자가들과도 연줄이 닿았다. 한편, 월 글레이저는 소프트웨어 엔지니어로서 광범위한 기술과 경험을 갖추었고, 팀 웨스터그렌은 10년간 음악 산업에 종사한 경험이 있어 음악가와 레코딩 엔지니어 관련 인맥이 넓었다. 세 창업자는 역할과 책임을 명확하고 빠르게 수립할 수 있었다. '비즈니스맨'인 크래프트는 자금·사업 개발·경영 세목 관리를 맡았고, '아이디어맨'인 웨스터그렌은 음악 기기의 전망을 제시하고 발표하는 일을 담당했다. '엔지니어링맨'인 글레이저는 원형을 제작하는 일을 맡았다. 각 창업자는 각자 영역 내에서 거의 절대적인 의사 결정권을 갖고, 고용에서도 완전한 독립성을 유지했다. 이 표본에서는 목표의 중복이 가장 적다. 한 창업자는 자신의 창업 팀에 관해 이렇게 말했다. "사전 '계약'을 통해 설정한 자신의 업무 범위에서는 각각의 사람이 지배자입니다. 내가 어떤 일을 맡았다면 그 일에 대한 최종 결정권을 내가 쥐는 것이죠."

뚜렷한 분업에는 뚜렷한 책임이 따른다. 모두가(처음에는 공동 창업자, 나중에는 이사회) 각각의 성공과 실패, 최소한 특정 영역에 꼭 들어맞는 업무나 기점이 누구의 책임인지 알 수 있다. 판도라 라디오에서 기술적 성공이나 최종 기한 초과는 글레이저의 책임으로 돌아갔고, 새로운 파트너십 협정이나 경영상 실수에 관한 책임은 크래프트에게 돌아갔다. 말은 업무 중 하나가 잘못되면 각각의 '업무를 맡은 지배자'는 남에게 책임을 묻기가 어렵다.

피드버너 팀의 경험은 분업의 혼합 가능성과 역동적 특징을 강조한다. 피드버너 팀은 전문가, 즉 스페셜리스트 두 사람과 다방면에 걸쳐 지식과 능력을 갖춘 제너럴리스트 두 사람으로 구성되었다. 딕 코스톨로는 앤더슨 컨설팅에서 시스템 융합과 개발 프로젝트 업무를 맡은 컴퓨터 과학 전문가였다. 코스톨로는 그곳에서 큰 규모의 팀을 관리하고 직접 클라이언트와 함께 일하며 미래의 공동 창업자들을 만났다. 맷 쇼브(Matt Shobe)는 앤더슨에서 인터페이스 설계자로 일했고, 에릭 런트(Eric Lunt)와 스티브 올레초브스키는 갓 대학을 졸업한 후 소프트웨어 구축 업무를 담당하고 있었다. 코스톨로는 이렇게 말했다. "우리의 적성은 매우 상호 보완적이었습니다. 예를 들어, 런트는 순수한 제작자였지〔쇼브가 잘하는〕 사용자 인터페이스 작업은 별로 좋아하지 않았습니다." 공동 창업을 할 때, 쇼브나 런트 모두 코스톨로와 올레초브스키의 관심사인 '영업'을 하고 싶어 하지 않았다. 그 결과, 이들은 혼합된 구조를 채택해 스페셜리스트 둘(쇼브와 런트)은 구체적인 역할에 초점을 두는 한편, 나머지 둘(코스톨로와 올레초브스키)은 그 외의 업무를 처리했다. 이에 관해 코스톨로는 이렇게 설명했다. "나와 올레초브스키는 여기저기 뛰어다니며 다양한 일을 잘해낼 수 있습니다. '최고 선수'라고도 할 수 있죠. 역할을 서로 바꾸어 올레초브스키는 제품 관리를, 나는 사업 개발을 하기도 했죠. 우린 그걸 썩 잘해냈습니다. 그런데 런트와 쇼브 이야기는 좀 다릅니다. 런트는 전형적인 소프트웨어 제작자라서 자기가 우주선을 만들어 달나라로 날아갈 수 없듯이 프로젝트 운영은 못합니다. 사람들을 대하거나 관리하는 것에는 흥미가 없지요. 쇼브는 말할 필요도 없이 사용자 인터페이스 설계자이고요."

코스톨로와 올레초브스키는 필요에 따라 역할을 바꾸어가며 창업의 융통성과 민첩성을 크게 강화했지만, 기술과 이상이 중복되다 보니 결국 문제가 생기고 말았다. 코스톨로는 긴 시간에 걸쳐 팀 내 역할이 어떻게 진화했는지 다음과 같이 이야기했다. "초기 단계를 거치는 동안 우리의 역할 중 일부는 그저 당연한 것처럼 굳어져갔습니다. 런트는 소프트웨어 제작 리더이자 실질적인 CTO였고, 나는 자금 조달자이자 회사 운영자 역할을 했죠. 하지만 올레초브스키가 좀더 높은 지위를 가진 역할을 원해서 나와 올레초브스키는 내 업무의 일부를 나누어 갖기 시작했습니다. 그때부터 우리는 누가 무엇을 하는지 알아야 했습니다. ……그러다 보니 이따금 논쟁이 벌어졌지요. 나는 뭔가를 하고 있어야 할 것만 같고, 그건 올레초브스키도 마찬가지였습니다. 그래서 나는 파트너와 관련한 모든 제품 업무는 올레초브스키에게 맡기기로 했죠. 영역을 의식적으로 딱 정한 것은 아닙니다. 그건 무엇보다 논쟁의 결과였고 매우 유기적이었습니다." 결국 올레초브스키의 역할은 사업 개발로 발전했다. 코스톨로는 "그의 역할을 이끌어내는 데 2년이 걸렸습니다. 하지만 그 역할이 올레초브스키에게는 회사를 운영하는 데 큰 의미 있는 한 분야가 되었고, 나는 제품과 운영에 집중할 수 있었지요"라고 말했다. 이처럼 시간이 흐르면서 피드버너 팀은 더욱 효과적이고 긴장이 덜한 분업을 발전시킬 수 있었다.

이는 창업 팀 안에서 팽팽하게 긴장된 토론을 피해야 한다는 얘기가 아니다. 개인적 마찰(다른 말로 '감정적 갈등')로 인해 격렬해진 논의는 신뢰 부족의 신호인 경우가 많아 팀 안에서 부정적인 긴장과 불화를 일으킬 수 있다.[4] 하지만 아이디어나 과제에 관한 갈등은('인지적 갈등') 종종 팀의 의사 결정력을 높이고 관계를 더욱 끈끈하게 하거나 발전시키며 만족도를 높일 수 있다. 특히 전략 수립과 경영 문제 해결처럼 창업자들이 힘을 합쳐야 할 비일상적 과업 면에서 인지적 갈등은 성과와 긍정적인 관계를 맺고 있다.

하지만 신생 기업의 발전은 분업이 진화에 실패할 경우 초기 분업이 아무리 훌륭했더라도 문제를 일으킬 수 있다. 예를 들어, 난공불락인 것처럼 보였던 판도라의 과업 지향 모델은 성장하는 사업에 필요한 요구에 발을 맞추지 못했다. 분업 구조는 그대로 굳어져 융통성을 잃었고, 회사에 전략 조정의 필요성이 대두하자 이내 문제가 되고 말았다. 이를 테면 자금 조달처럼 두 창업자의 영역을 넘어서는 문제 해결과 결정은 긴장을 더하고 의사 결정을 더디게 한다. 전반적인 상황을 보고 문제를 해결하는 데도 방해가 된다. 게다가 웨스터그렌의 리더십 기술이 발전을 거듭하고 자금 조달 능력이 향상하면서 그의 역할은 크래프트의 역할과 점점 겹치게 되었다. 이런 상황은 결국 크래프트를 더욱 압박해 회사를 떠나게 만들었다.

의사 결정 접근법: 평등주의 vs. 계층주의

창업 팀은 주요 사항을 결정하는 방법을 정할 때, 명료한 방향 설정으로 의사 결정의 역동성을 조절할 때, 책임과 효율성으로 집단적 의사 결정의 균형을 맞출 때 이루어지는 광범위한 교환 활동에 균형을 맞추어야 한다. 팀이 이런 교환을 생각하지 않더라도 언젠가는 그 결과를 직면하게 된다. 팀이 내리는 결정은 종종 임시변통이기는 하지만, 때로는 창업자의 배경이나 신생 기업 내 공식적인 역할에서 도출되기도 한다. (애초 공동 창업자에게 어떤 직함을 배정했느냐에 따라 의도치 않게 공통된 결과가 나올 수도 있다.)

이러한 다양성을 어느 정도 정리하기 위해 필자는 먼저 두 가지 대조적인 이상형에 초점을 맞춘 다음 몇 가지 사례를 혼합해보려 한다.[5] 첫 번째 이상형은 평등 또는 일치 방식이다. 평등주의를 추구하는 팀의 구성원은 자신들의 공식 직함을 무시하고(드물게 직함을 부여하지 않는 경우도 있다) 완전한 의견 일치를 이끌어냄으로써 집단으로 의사를 결정하며 상하 관계보다는 동료 관계로 움직인다. 두 번째 이상형은 계층 또는 독재 방식이다. 계층적인 팀은 공식적인 의사 결정 절차를 밟으며, 상하 관계가 뚜렷해 한 사람이 최종 결정권에 책임을 갖는다.[6] 이 대조적인 접근 방식에는 각각 중요한 장단점이 있다. 만약 창업자의 능력 및 기호와 잘 맞거나 기업의 요구와 어우러진다면 각각의 접근법은 제 역할을 충실히 해낼 수 있다. 그렇다 하더라도 기업의 요구가 진화하는 만큼 의사 결정 접근법 또한 진화할 필요가 있으며, 초기의 결정이 그 당시에는 최선이었다 해도 이후 기업의 성공을 좌우할 조정 활동을 늦추거나 틀어지게 하는 경우가 종종 있다.

평등주의로 얻는 이익

어떤 팀은 팀의 단결과 초기의 신뢰 쌓기를 우선시하고, 이런 요소가 집단 의사 결정 접근법으로 활성화할 것이라고 생각한다. 또 어떤 팀은 집단 의사 결정이 실수를 피하는 최선의 방책이라고 여긴다. 첨단 기술 기업가들이 직면하는 빠르고 역동적인 환경에서, 지배적이고 독재적인

CEO는 덜 지배적인 경영자보다 성공률이 떨어질 가능성이 있다. 혁신 지향적인 컴퓨터 산업의 26개 대기업을 대상으로 수행한 연구에 따르면, CEO의 권위적 태도가 회사 실적을 19퍼센트나 감소시킨 것으로 나타났다.[7] 이와 비슷하게 마이크로컴퓨터 산업에서 8개 기업을 연구한 결과, 권한이 크게 집중된 CEO가 주요 전략을 결정하면 최고 경영진 내에서 경쟁적인 정치적 파벌이 형성되고 회사의 실적 또한 좋지 않은 것으로 드러났다.[8]

첨단 기술처럼 역동적인 환경에서는 아무리 재능 있는 독재적 CEO라도 복잡한 정보를 효과적으로 처리할 수 없으므로 다양하게 구성된 의사 결정자 팀이 그 정보를 처리할 수 있도록 해야 한다.[9] 노련한 한 벤처 투자가는 이렇게 말했다. "지배자들은 아이디어에 자원을 빠르게 투입할 수 있지만, 그와 동시에 나쁜 아이디어에도 자원을 빠르게 투입할 수 있고 피드백을 무시할 수도 있습니다." 의사 결정자가 여럿이면 이른바 지배자를 지켜보는 감시자 역할을 함으로써 이런 문제를 피하는 데 도움이 될 수 있다. 한 창업자는 의사 결정의 질과 속도 사이의 거래를 다음과 같이 강조했다. "우리는 3인 창업자를 꾸려 아주 좋은 경험을 했습니다. 여러 관점이 섞이면서 의사 결정 과정이 더뎌졌을지 몰라도, 협력 방식을 통해 내린 결정이 비용을 더 들인 만큼의 값어치를 한다고 느꼈습니다."

창업자는 언제 평등주의를 선택하는가

평등주의 접근 방식은 특히 두 가지 상황에서 나타날 가능성이 높다. 창업자들의 배경이 비슷할 때 그리고 팀이 공식적인 CEO 직함을 붙이지 않을 때이다. 배경이 비슷한 창업자들이 역할 중복을 당연시할 가능성이 높은 것과 서로를 동등한 의사 결정자로 대하는 것은 꽤 자연스러워 보인다. 하지만 CEO를 선택하지 않기로 한 신생 기업에서는 평등주의가 그 선택의 원인이라기보다는 결과라고 볼 수도 있다. 우리 표본에 있는 팀의 21퍼센트가 처음에 직함을 배정할 때 CEO로 불리기를 피했다는 내용을 떠올려보자. 일부 사례에서는 이것이 책임을 평등주의에 반영한 것이 아니라 직함을 둘러싸고 불화의 소지가 있는 협상을 회피하기 위한 방법이었을 수도 있다. 또한 이런 사례는 지배력이라는 동기가 매우 큰 공동 창업자가 여럿 존재할 때 일어날 수 있다.

그렇다면 이것은 약점이거나 지혜이거나, 둘 중 하나일 수 있다. 한편, CEO를 선택하지 않는다는 것은 창업 팀이 까다로운 문제를 해결하는 데 어려움을 겪고, 'CEO' 협상 또한 그 많은 문제 중 하나에 지나지 않는다는 의미일지도 모른다. 지금까지 보아왔듯 CEO 직함을 피하는 것은 의사 결정 구조의 명료성을 약화하는 경향이 있다. 반면, 벤처 투자가 팀 코너스는 오데오 초창기에 노아 글래스가 CEO를 맡으면서 벌어졌을 법한 문제처럼 CEO 배정이 미숙해도 문제의 소지가 된다고 지적한다. 특히 이런 일은 관습적으로 CEO가 될 만한 기술을 보유한 창업자가 아무도 없을 때 일어난다. "확실한 쿼터백(팀에 작전 지시를 내릴 수 있는 사람)이 없다고 해서 창업자 중 하나를 그런 사람으로 선택하는 것은 위험합니다. 창업 팀에 유능한 쿼터백이 없다는 것은 그 팀에 구멍이 났다는 걸 의미할 수 있습니다. 엔지니어 셋과 함께 회사를 차린 친구가 있었는데, 그들은 엔지니어 중 한 사람을 쿼터백으로 임의 지정했습니다. 그런데 창업자가 된 그 엔지니어는 팀 운영 경험이 없어 현명하지 못한 결정을 내리기 시작했습니다. 그 팀은 다른 공동 창업자든 고용된

CEO든 적합한 쿼터백을 찾을 때까지 집단적 결정을 내리는 편이 나았을 겁니다."

한 명의 CEO를 선택하지 않는 또 다른 방법은 2명을 선택하는 것이다. 공식적인 공동 CEO를 배치하는 예는 흔치 않다.[*] 필자의 데이터베이스에 포함된 신생 기업 중 단 1퍼센트만이 CEO 직함을 공유한다. 만약 팀이 직함을 둘러싼 까다로운 협상을 피하기 위한 방편으로 그런 배치를 한다면 앞으로 일어날 문제의 신호탄이 될 수도 있다. 왕위를 두고 벌어지는 두 왕의 싸움이 그 왕국을 황폐화시키는 것이다. 그러나 만약 상호 보완적인 공동 창업자들이 사실상 공동 최고경영자로서 회사를 운영한다면 그리고 잠재적 위험과 그 위험을 피할 메커니즘에 관해 솔직한 토론을 나눈 후 그 같은 공동 배치에 이르렀다면 효과적일 수 있다. 예를 들어, 온라인 엔터테인먼트의 선구자격인 아이원(iWon)에서, 창업자 빌 도허티(Bill Daugherty)와 조나스 스타인먼(Jonas Steinman)은 시작부터 끝까지 '공동 CEO' 직함을 달았으며, 스스로 결정했을 때보다 더 나은 결정을 이끌어내기 위해 일치하지 않는 상대방의 관점을 서로 지렛대로 활용했다. 당시의 일을 도허티는 이렇게 술회했다. "서로 차이를 보인 문제는 극히 적었습니다. 차이가 있다고 한다면, 자신의 지위에 더 많은 열정을 갖는 사람이 승리하는 것입니다."[**]

---

[*] 일반적으로 공동 CEO로 여겨지는 대표적인 창업 팀조차 초창기 팀에서 계층적 직함을 채용한 예를 자주 볼 수 있다. 예를 들어, 휴렛패커드가 병합했을 때 데이비드 패커드(David Packard)는 사장이었지만, 빌 휴렛(Bill Hewlett)은 부사장이었다. 구글 창업 초기에는 래리 페이지(Larry Page)가 CEO, 세르게이 브린(Sergey Brin)이 CTO였다. 벤 앤드 제리스(Ben and Jerry's)라는 아이스크림 회사에서는 두 창업자의 '이름을 간판에 걸고' 아이스크림 통에도 삽입했는데, 이 회사의 사장은 제리 그린필드(Jerry Greenfield)였다.

창업자들은 경험 있는 CEO를 영입할 여지를 남겨두기 위해 CEO 자리를 공석으로 둘 수도 있다. 그러나 CEO 자리를 공석으로 두는 이유가 무엇이든 그런 선택으로 인해 의사 결정이 모호해지고 팀 내에서 평등주의 방식을 권장할 때가 많다. (7장에서 설명하는 것처럼 지분을 똑같이 나눈 팀은 평등주의 방식을 채택할 가능성 역시 높다.)

평등주의의 문제

의견 일치를 이루는 데는 오랜 시간과 심사숙고가 필요하며, 그럼으로써 의사 결정자들이 중요한 전략을 수립한 데서 기인한 다양하고 광범위한 결과를 반영하는 데 도움을 줄 수 있다. 그러나 잠재력 높은 신생 기업의 창업자들은 순식간에 지나가는 성장의 기회를 잡아 현금이 부족한 기업에 적자가 나지 않도록 해야 하므로 가능한 한 모든 조치를 고려하느라 분주할 때가 많다. 캐슬린 아이젠하르트(Kathleen Eisenhardt) 교수는 (수요나 경쟁자, 기술, 규정 등이) 빠르고 불규칙하게 변화하는 탓에 부정확하고 쓸모없거나 시대에 뒤처진 정보가 난무하는 '고속' 환경에서, 의견 일치를 기반으로 하는 팀이 신생 기업을 운영하는 데는 의사 결정이 너무 느리다는 점을 발견했다.[10] 다른 연구자들도 비슷한 결론에 도달했다. "의견 일치는 훌륭한 목표이지만, 의사 결정의 기준으로서는 활동에 걸림돌이 되거나 공통분모가 가장 낮은 타협안을 이끌어내는

■■ 오늘날 과학 기술 산업에서 가장 유명한 공동 CEO는 아마도 블랙베리(BlackBerry)를 만드는 RIM(Research in Motion)의 마이클 라자리디스(Michael Lazaridis)와 제임스 발실리(James Balsillie)일 것이다. 일반적으로 공동 창업한 것으로 알려졌지만, 사실은 라자리디스가 회사를 설립하고 8년 후인 1992년에 발실리를 고용했다.

수단이 될 수 있다."[11]

판도라 라디오의 세 창업자는 각각 자신의 영역에서 거의 절대적인 의사 결정권을 지녔지만, 팀이 회사 전체에 영향을 줄 결정을 내리려면 만장일치가 필요했다. 어떤 문제를 놓고 2 대 1로 의견이 갈려도 설득의 여지를 남기고 추가적인 논쟁을 벌였다. 웨스터그렌은 "누군가가 반대하면 우리는 뭔가 빠뜨린 게 없는지 확인해야 하고, 그 사람의 의견을 모두 공개해야 했습니다"라고 말했다. 또 다른 창업자는 이런 형태의 의사 결정을 다음과 같이 경고했다. "가끔은 실수하면서 시행착오를 겪는 단호한 경영자가 적시에 결정을 내리지 못하는 우유부단한 이사회보다 낫다고 생각합니다. 레임덕에 들어선 CEO조차 〔평등주의자의〕 경영보다는 낫지요. ……〔평등주의자는〕 모든 행위에 의견 일치를 이룰 때까지 논의와 분석을 거쳐야 하므로 본질적으로 결단력이 떨어집니다. 지배자에게는 논의나 의견 일치 없이 어떤 결정을 내릴 수 있는 막강한 힘이 있습니다. 창업 경영은 단호해야 합니다." 네 사람이 벌인 한 공개 토론회에서 한 가지 일치했던 부분은 '창업은 독재적이어야 한다'는 것이었다. 한 참가자는 이렇게 말했다. "내가 최종 결정권을 행사해야 하거나, 최종 결정권을 행사하는 공동 창업자 밑에서 일해야 하거나 둘 중하나입니다. '공동 CEO'는 별로 소용이 없거든요."[12]

이는 많은 기업가들이 스스로 배워나가야 하는 일종의 수업인 것 같다.■ 비록 베테랑 기업가 대부분이 평등주의 방식을 경고하지만, 창업

■ 흥미롭게도 신생 기업 창업과 관련해 '린 스타트업(lean startup)' 철학은 관료제를 꺼리고 계층제를 혐오하며, 재빨리 '중심축(pivot)'을 잡는 것에 역점을 둔다. 경험이 풍부한 첨단 기술 분야의 한 연쇄 창업가는 "중심축 잡기는 강력한 CEO의 책임 없이 매우 어렵다"라고 지적했다.

팀 대부분은 창업 초기에 평등주의 방식을 선택한다.[13]

도표 5.4는 의사 결정을 할 때 평등주의 접근 방식과 계층주의 접근 방식의 장단점을 요약한 것이다.

평등주의에서 계층주의로의 불안한 전환

이들 창업자의 경험에서 알 수 있듯 사업이 발전하는 단계는 평등주의 vs. 계층주의 표본의 효율성에 강한 영향을 미친다. 심지어 팀이 명확하고 효과적인 평등 구조로 시작할 때조차 이들은 나중에 더욱 계층적인 구조를 취하는 예가 일반적이며, 그 과정은 괴롭고 어려울 때가 많다.[14] 하지만 구조 전환에 실패하면 훨씬 더 고통스럽고 희생이 클 수 있다.

오컴 테크놀로지의 두 창업자는 공식 보고를 하는 관계로 시작했다. 제품 관리 이사였던 마이젠하이머가 CEO인 트라이언디플로에게 보고를 한 것이다. 하지만 실제로 이들은 '공동 CEO' 의사 결정 구조를 구축했다. 첫 고객을 확보하기에 앞서 트라이언디플로와 마이젠하이머는 소프트웨어 개발자로 만났고 제품 설명서를 작성했으며 회사 운영 방법에 관한 청사진을 마련했다. 또한 아이디어를 판매할 나라를 함께 여행하며 심지어 호텔 방까지 함께 썼다. 하지만 IBM과 100만 달러의 계약을 맺자 마이젠하이머가 맡은 일은 제품 개발 관리로 축소된 반면, 트라이언디플로는 회사의 운영·제품 판매·자금 확보 업무를 하게 되었다. 트라이언디플로는 자신과 마이젠하이머가 시작부터 긴밀하게 협력하는 바람에 이러한 업무 전환 능력이 크게 떨어졌다며 이렇게 말했다. "우리가 첫 성장통을 함께 겪었으니 이젠 나누고 극복할 필요가 있다고 생각합니다. 우린 진짜 회사로 변모해야 합니다. 모든 일에 둘 모두 관여하기보다는 업무를 나눌 필요가 있습니다. 다시 말하면, 마이젠하이머가 모든 의사 결정에 관여할 수는 없다는 뜻이죠." 그렇지만 마이젠하이머가 과거 주요 결정에 관여했던 만큼 트라이언디플로는 그런 결정을 내리는 데 어려움을 겪을 수밖에 없었다.

또 다른 신생 기업에서는 공식 CEO라는 이름만 둔 채 계층주의로의 전환을 적극 밀어붙인 팀 때문에 회사가 몰락 직전까지 갔다. 세 공동 창업자로 구성된 팀은 설립 이후 집단으로 의사 결정을 내렸다. 조언자들이 의사 결정과 효율성 그리고 책무를 더욱 공식적이고 계층적인 구조로 개선하라고 수차례 충고했지만, 이 팀은 그러한 변화를 모두 반대했다. 투자자들이 주도한 이사회에서 앞으로 자금 조달을 하지 않겠다고 으름장을 놓은 후에야(사실상 문을 닫으라는 말이었다) 창업 팀은 CEO 자리를 만들었다. 이때 다른 공동 창업자들은 보조적인 역할로 강등된 후 비경영 부문 자문 역할로 밀려났다.

실제로, 필자의 데이터베이스에 포함된 팀 중 79퍼센트는 CEO 이름을 걸고 사업을 시작했다. 하지만 그중 94퍼센트는 처음 몇 번의 자금 조달이 이루어졌을 때, 즉 자신들의 의사 결정을 더욱 명쾌하게 할 만한 변화가 생겼을 때 CEO 직함을 사용했다. (이런 '전문화'는 종종 외부 투자자들이 이끄는 큰 변화 중 하나이다.)[15]

또 다른 창업자는 이 같은 역동성을 더욱 구체적으로 이야기했다. "내가 가장 후회하는 것은 우리가 경영 구조와 스타일을 변화하는 상황에 맞게 재빨리 조절하지 못했다는 것입니다. 지금 나는 큰 실수를 피하기에 급급한 초기 단계의 기업으로서는 서로 다른 시각을 지닌 [동등한] 파트너가 있는 것이 좋다고 생각합니다. 그 시점에서는 모두 어쨌든 대단히 겸손하고 정중하죠. 사업이 잘되어 기회가 늘어나고 그것을 잡기 위해 빠른 대처와 빠른 의사 결정이 필요한 시기가 왔을 때, 가장 좋은 것은 독재권을 갖는 것입니다. 이런 시기에는 전환 타이밍을 읽기가 어려우니까요."

최선의 평등주의와 계층주의의 균형

평등주의에서 계층주의로 진화하는 것이 창업 팀에게 현명한 길일 수 있지만, 그 방향으로 너무 멀리 가버릴 위험 역시 늘 존재한다. 급변하는 환경에서 지나치게 권위적인 CEO는 정보의 홍수를 스스로 잘 처리하지 못할 정도로 위험을 키우며, CEO의 리더십이 경영진 내에서 정치적 파벌을 일으킬 위험 또한 있다는 점은 이미 언급했다. 캐슬린 아이젠하르트는 권위적인 CEO가 주요 결정을 수렴하지 못할 수 있다는 점에 주목하면서, 권위적 접근 방식의 효율성에 평등주의 접근 방식을 도입해 균형을 맞춘 2단계 '조건부 합의' 접근법을 제안했다. 이 제안에 따르면 팀은 먼저 완전한 의견 일치 달성을 시도한다. 그리고 만약 의견 일치

조짐이 보이지 않으면 CEO와 관련 계열 부사장이 나름대로 결정을 내리되 공개 포럼을 통해 모두의 의견을 수렴해야 한다.[16] 벤처 투자가 팀코너스는 각 접근법의 위험과 이익 사이의 균형을 잡는 서로 다른 모형을 설명하면서 이렇게 말했다. "필드에서 작전을 지시할 사람이 한 명 필요하므로 누군가가 '쿼터백'이 되는 게 중요합니다. 쿼터백은 전술을 지시하고, 여러분은 경기를 운영하는 것입니다. 그런 다음 모두가 작전회의(huddle)를 통해 정보를 공유한 다음, 또 다른 작전을 펍니다. 만일 쿼터백이 다른 선수들의 말을 귀 기울여 듣지 않거나 작전을 조정하지 않는다면 팀은 패배하겠죠. 그러면 다른 쿼터백을 선발해야 합니다."

2인 vs. 3인

만약 어느 팀이 (직함과 무관하게) 동등한 권력을 가진 여러 명의 의사 결정자 모델을 채택한다면, 과연 몇 명이나 있어야 할까? 2인 창업자 집단과 3인 창업자 집단에는 중요한 차이점이 있다. 일반적으로 팀이 클수록 한층 인지적인 갈등을 겪는데, 이는 각기 다른 사람이 각기 다른 것을 알고 다른 것을 믿는다는 뜻이다. 이를 중재하지 않는 한 그 집단에서는 최소한 계속 파악해야 할 견해가 더욱 많아진다. 따라서 집단의 단결과 커뮤니케이션은 당연히 더욱 어려워지고, 이로 인해 사람들 간의 오해와 갈등 또한 더욱 커진다.[17] 덧붙여 가장 보편적으로 내부/외부 2인조 또는 기술/사업 2인조처럼 각 공동 창업자가 확실한 영역을 지닌 상호 보완적인 2인조는 3명이 함께 의견을 조율할 때보다 더 쉽게 합의를 이끌어내고 서로의 의견을 더 쉽게 조율할 수 있다.

그와 동시에, 링스를 설립한 공동 창업자들은 팀원 한 명이 자리를 옮겼을 때 평등주의 3인조에서 논쟁적 2인조로 옮겨가는 팀의 진화를 경험했다. 제임스 밀모, 하비에르 파스칼, 더그 커티스(Doug Curtis)로 이루어진 이 팀은 비록 각각 공식적인 직함을 갖고 있었지만(파스칼은 CTO, 밀모는 사장/회장, 커티스는 CEO), 이들은 애초 밀모의 표현대로 "3인조 의사 결정" 구조를 구축했다. "우리는 스리섬이었습니다. 2명이 동의하고 나머지 한 명이 양보하면 수많은 문제를 완화하는 데 도움이 된다는 것을 알 수 있었지요."

커티스가 팀을 떠나자 이들은 클라크 에번스(Clark Evans)를 임시 CEO로 채용했다. 에번스는 팀에 경영 경험을 더해줌과 동시에 밀모와 파스칼 사이에서 타이브레이커(tiebreaker)와 완충 역할을 했다. 밀모는 다음과 같이 말했다. "나와 파스칼은 항상 서로 격론을 벌이려 했는데, 그런 난리를 막는 유일한 방법은 에번스가 옆에서 중재에 나서도록 한 것입니다." 에번스가 자신의 지위에서 슬슬 물러날 준비를 할 때, 밀모와 파스칼은 적합한 대체 인물을 찾지 못한 채 갈등과 긴장 그리고 좌절로 가득한 2인 의사 결정자 구도를 유지했다. 당시의 상황을 밀모는 이렇게 회상했다. "우리는 의견 일치 원칙을 지키는 데 완전히 지쳤습니다. 중재자 에번스가 없으면 우린 끝도 없는 차이를 확인해야 하고 모든 사안에 대해 끝장을 볼 때까지 일치점을 찾아야겠지요. 억지로 일치점을 찾는 것은 너무 피곤합니다! 사업 관리도 해야 하는데 상대방까지 서로 관리해야 하니까요. 에번스는 있는 듯 없는 듯한 존재였지만 막상 그가 그만두자 정말 불편했습니다. 우리 문제를 해결할 체계적인 방법이 없어 의사 결정 역시 엉망이 되고 말았지요."

밀모와 파스칼은 회사를 어떻게 운영할지, 적극적 성장을 추구해야 할지 점진적 성장을 추구해야 할지, 시장성 테스트에 자금을 할애해야 할지 등 거의 모든 점에서 논쟁을 벌였다. 불화가 끊임없이 계속되자 결국 밀모는 파스칼에게 일상적인 경영권을 넘겨야 했다. 밀모는 이렇게 술회했다. "결국 우리는 자기가 할 수 있는 분야만 맡기로 하고 책임을 완전히 나누었습니다. 아무런 결정을 하지 않는 것보다는 나쁜 결정이라도 빨리 하는 게 낫다고 판단한 것이죠. 특히 일치점을 찾기가 점점 어려워질수록 더욱 그랬습니다. 나는 결국 지배력을 포기하고 파스칼에게 말했습니다. '당신이 원하는 방향으로 가세요. 당신이 멈추고 싶다면, 나는 가던 길을 멈추고 운전도 멈추고 가속 페달을 밟는 것도 멈추겠습니다. 의견이 충돌할 땐 가만히 있겠습니다.' ……솔직히 속이 후련했습니다."

이런 비유를 반복하며 〔그리고 2인조가 겪는 갈린 표(1:1) 해결 문제를 강조하면서〕 한 창업자는 이렇게 말했다. "한 가지는 자신 있게 말할 수 있습니다. 두 사람이 운전대를 잡는 것은 최악의 방법이라는 것이죠. 왼쪽이나 오른쪽으로 가야 할 때도 직진하게 되거든요." 다른 한 창업자는 자신과 공동 창업자 사이의 긴장이 기업의 반출 가액(exit value: 자산을 매각하거나 부채를 반제할 때의 가액—옮긴이)은 물론 개인적 관계까지 망가뜨렸다고 말했다. "우리는 결국 어떻게든 회사의 출구를 찾았지만 개인적 관계에 많은 희생을 치렀고, 더 심하게는 우리가 수년을 바쳐온 회사의 소산물까지 희생했습니다. 둘의 의견이 일치했거나 한 명이 지배자가 되고 나머지 한 명이 '거기에 동조'했다면 아마도 출구가 그렇게 좁지는 않았을 겁니다."

이사회 내 1인 창업자 vs. 복수 창업자

많은 창업자는 경영진의 구성원 역할을 함과 더불어 신생 기업의 이사회 구성원이기도 하다. 창업자 겸 CEO에게는 아마도 외부 지도자보다 이사진 가운데 공동 창업자를 두는 게 더 도움이 될 수 있으므로 매력을 느낄 것이다. 실제로 필자의 2006~2009년 데이터베이스에 따르면, 신생 기업 전체의 67퍼센트는 최소 한 명의 창업자가 이사회에 속해 있었다. 아직 외부 자금을 끌어오지 않은, 즉 누구를 이사진에 앉힐지 결정하지 못한 신생 기업 중에서는 이사진의 34퍼센트가 2명 이상의 창업자를 포함했으며, 40퍼센트는 한 명을 포함했다. 그러나 3차 자본 투입(C 단계)이 이루어진 기업에서는 사정이 달랐다. 요컨대 이사진의 단 18퍼센트만이 한 명 이상의 창업자를 포함했다(그중 42퍼센트는 한 명 포함). 그렇다면 이런 결정을 한 토대와 그 결정이 빚어낸 결과는 무엇일까?

신생 기업 대부분은 창업자 모두가 포함되어 주요 결정에 참여하는 비공식 '창업자 위원회'로 시작한다. 하지만 창업자들이 투자자 같은 외부 집단을 참여시키기 시작하면 공식 이사회가 조직되고, 회의장은 한 명이 이사회에 남고 다른 한 명은 떠나야 하는 제로섬 게임의 장으로 변한다(이사회 구성과 투자자 참여의 기타 효과에 관한 자세한 내용은 9장 참조). 각각의 전문적인 자본 투입 과정마다 창업자와 창업자가 아닌 경영자, 투자자, 기타 제삼자에게 돌아가는 의석수는 고정되어 있다. 창업자에게 할당되는 의석수는 창업자들 수보다 적을 때가 많고, 이는 단계를 거칠수록 적어진다. 따라서 이사진이 되길 원하는 창업자들은 서로 협상을 해야 하고, 이것이 그들 사이에 긴장을 조성하거나 고조시킬 수 있다. 예를 들어, 한 창업자가 CEO인 경우처럼 이따금 어느 창업자가 이사회에 남아야 하는지 명확할 때가 있다. 하지만 만약 전체는 아니더라도 복수 창업자가 이사회 활동을 할 수 있거나 비창업자가 CEO일 때 그리고 창업자들이 다른 최고책임자급 지위를 가질 때, 이사회 회원 자격을 둘러싼 협상은 논쟁을 불러일으킬 수 있다. 창업자에게 이사가 된다는 것은 대단히 매력적인 제안이지만 치러야 할 비용 역시 만만치 않다. 많은 창업자가 이사회 회원으로서 보유할 수 있는 부가적인 의사 결정권을 확보하려 하며, 이사직을 유지할 수 있을 때 기업에 더욱 깊은 애정을 느낀다. 그러나 이사회 활동을 하려면 창업자는 더 많은 시간을 들여야 하고, 이사가 아닌 창업자들보다 한층 복잡한 책임자 역할을 수행해야 한다.

피드버너에 최초 자본이 투입된 후, 4명의 창업자에게는 이사회 의석 두 자리가 주어졌다. 팀은 창업자 겸 CEO 딕 코스톨로가 의석 한 자리를 받아야 한다는 데 동의했지만, 다른 창업자들을 배정하는 데 문제가 생겼다. 결국 이 팀은 사업 개발과 법적 문제에 관여해온 올레초브스키를 코스톨로와 함께 이사회에 앉히기로 했다. 링스 솔루션에서는 3명의 창업자 모두가 2차 자본 투입을 통해 이사진 자격을 유지하는 데 성공했다. 그러나 3차에서는 규모가 너무 커져 효율성이 떨어지는 이사회를 피하고 싶었던 벤처 캐피털이 창립 이사의 수를 둘로 줄이기 위해 창업팀과 협상을 벌였다. 창업자들은 쉽지 않은 그들과의 협상을 받아들여야 했다. 창업자 제임스 밀모는 "우리는 불안 요소가 아닌, 집단 내 힘의 균형 유지에 신경을 많이 썼습니다"라고 말했다. 창업자 한 명을 이사회에서 완전히 떼어놓기보다는 3명 모두 계속해서 이사회 회의에 참석하도록 했다. 비록 의석은 단 두 개뿐이었지만, 이들은 합동으로 결정을 내리고 한 조가 되어 투표함으로써 그러한 제약을 교묘히 피하려 했다.

그럼으로써 누가 이사진을 대표할 것인지에 관한 처음의 긴장을 완화시킬 수 있었다. 하지만 그 때문에 팀이 이사회에서 어떻게 투표할 것인지에 관해 의견 충돌이 일어날 때마다 또 다른 긴장이 조성되었다.

경영진의 계층 구조가 명료해 보일 때조차 비CEO 창업자가 이사회 회원일 때는 이러한 명료함이 약해질 수 있다. 만약 한 창업자는 CEO이고 다른 창업자들이 이사진일 때, 그 CEO가 경영진에서 최종 결정권을 쥐게 될 가능성은 떨어진다. 이와 비슷하게, 만약 CEO가 자신이 보고를 올리는 이사회에 부하를 갖고 있다면 이들의 권력 관계는 불확실할 수 있다. 비CEO 창업자를 이사회에 두면 이사회의 유효성을 저해할 수 있다. 예를 들어, 공동 창업자 문제와 관련해 어려움을 겪는 한 창업자 겸 CEO가 이사회의 조언을 얻고자 할 경우, 그 공동 창업자 역시 이사진일 때에는 민감한 상황이 더욱 복잡해질 수 있다. 그리고 이사회가 그 창업자 겸 CEO에게 부정적 피드백을 주고자 하는데 만약 CEO의 공동 창업자 부하가 이사회에 포진해 있다면 경영진 사이에서 아무런 문제 없이 피드백이 효과적으로 이루어질 수 있을까?

오컴 테크놀로지의 사례에서는 아무리 마이젠하이머가 트라이언디플로에게 보고하는 관계였다 해도 두 창업자 모두 이사였기 때문에 마이젠하이머는 자신이 중요한 의사 결정에 관해서라면 그와 동등한 관계라고 믿었다. 트라이언디플로는 훗날 이렇게 말했다. "뒤늦게 돌이켜 보고 다시는 회사 CEO를 제외한 다른 경영자를 이사회에 들여놓지 말아야겠다고 다짐했습니다. 왜냐하면 회사를 어떻게 키울지, 책임을 어떻게 나눌지 같은 매우 민감한 논의가 불가피하기 때문이죠. 그런 대화를 나눌 때는 그 부분〔의사 결정 과정〕을 맡은 마이젠하이머를 빼고 싶었습니다." 하지만 만약 그렇게 할 경우 이사회에서 같은 편일 수밖에 없는 공동 창업자를 잃고, 서로 간의 신뢰를 위태롭게 할 위험이 있다. 다른 창업자 겸 CEO들은 이사회에서 공동 창업자의 역할을 제한함으로써 다른 방식으로 타협점을 찾았다. 예를 들어, 이사회는 회사의 비CEO 경영자가 포함되지 않은 회의를 따로 진행할 수 있다. 그 대신 비CEO 공동 창업자들은 1년 정도 단기 이사직을 부여받거나 회의에 참석할 수는 있지만 투표권은 없는 '입회인' 역할을 할 수도 있다.

역할과 부(富) 동기부여 vs. 지배력 동기부여

우리는 창업자들이 누가 어떤 기술을 갖고 있는지, 인맥은 어떤지, 열정은 있는지, 아이디어 피플은 누구인지, 이런 모든 형태의 인적 자본은 어떻게 겹치는지 같은 비교적 객관적인 척도를 기반으로 창업자 자신들의 직함 배정, 분업, 의사 결정 방식을 결정할 수 있다는 것을 살펴보았다. 하지만 역할 배정의 주요 요소는 창업을 개시한 창업자의 동기일 수 있다. 이는 평가하기는 어려워도 객관적인 척도보다 한층 강력할 때가 많다. 핵심 창업자들은 잠재 공동 창업자의 동기를 파악해 그들의 동기가 자신의 동기와 양립할 수 있는지 알아야 한다. 지배력과 부라는 두 개의 광범위한 동기부여 요소를 살펴봄으로써 우리는 양립 가능한 요소와 분열 가능성 있는 그 밖의 요소에 대해 알 수 있다.

예를 들어, 2인 창업자 팀에서 두 창업자에게 동기를 부여한 것은 지배력이 될 수도 있고 부가 될 수도 있으며 또는 둘 모두일 수도 있다. 개념상 2명 모두 지배력이 동기부여 요소인 창업자 팀은 다른 팀보다 안정성이 떨어진다. 서로 CEO가 되려 하고, 서로 이사가 되고 싶어 할 것이기 때문이다. 또한 중요한 결정에서 서로 최종 결정권을 쥐고 싶어 할 것이기 때문이다. 블로거의 첫 구현을 망친 원인은 크게 두 공동 창업자, 즉 에번 윌리엄스와 멕 휴리한이 서로 지배력을 거머쥐고 싶어 했지만 그 지배 방향이 서로 판이한 탓이었다. 공동 창업자 모두에게 지배력이 동기를 부여했다면 초기의 계층적 구조조차 불안정할 수 있다. 오데오 설립 초창기에 윌리엄스는 CEO 직함을 공동 창업자인 노아 글래스에게 주기로 합의했지만, 나중에는 자기 뜻대로 기업을 조종할 수 있도록 자신의 권한을 강력하게 주장하면서 글래스의 CEO 자리를 대체했다.

두 창업자 모두 부가 동기를 부여했을 때는 화합 가능성이 높다. 역할과 의사 결정에 관해 이들이 내리는 결정은 신생 기업에 더욱 큰 가치를 창출하는 직위 구조가 어떻든 지배력과 관계없이 지지를 얻는다. 피드버너 공동 창업자들은 수지맞는 판매 목표를 함께 세운 덕분에 회사가 성장할 때마다 자신들의 이해관계를 확인하는 데 도움이 되었고, 염원했던 리치(Rich) 시스템이라는 결과물을 더욱 빨리 얻을 수 있었다.

부 동기부여형 창업자와 지배력 동기부여형 창업자의 조합은 지배력 동기부여형 창업자가 창업의 가치를 높일 수 있다는 믿음을 부 동기부여형 창업자가 갖는 한 단합이 아주 잘 이루어질 수 있다.

잠재 공동 창업자들은 창업을 함께 시작할 것인지 결정하기 전에 이런 형태의 양립성을 평가할 필요가 있다. 동기가 양립 가능하다고 해서 반드시 성공이 보장되는 것은 아니지만, 이것이 양립할 수 없을 때는 불화가 생긴다. 창업하고 나중에야 비로소 서로의 동기가 어긋나 있음을 깨닫는 창업자들은 팀 내 거의 모든 의사 결정 단계에서 한층 고조된 긴장을 경험한다. 이러한 긴장은 이번 장에서 기술한 역할 딜레마 측면에서 특히 심각해지는데, 이는 창업 지배력이 직함 배정 방법과 창업 팀 내 의사 결정 방법과 밀접히 관련되어 있기 때문이다. 하지만 지배력은 각 창업자가 보유한 지분에도 크게 영향을 받는다. 이 문제에 대해서는 다음 장에서 다룰 예정이다. 앞으로 살펴볼 내용처럼 역할 분배를 둘러싼 팽팽한 협상은 종종 금전적 보상 분배를 둘러싼 팽팽한 협상과 일맥상통한다.

맺음말

처음에 공동 창업자를 선택할 때처럼 그들에게 역할을 배정할 때도 창업자들은 이른바 '쉬운 길'로 자연스럽게 이끌리는 경향이 있으므로 조심해야 한다.

갈등 피하기

한 명 이상의 창업자가 CEO 자리를 원할 때, 팀은 종종 복수의 의사 결정자에게 최고 지위를 부여함으로써 충돌을 피하려 한다. 그래서 일 처리는 늦어지고 책임은 부족해지며, 특히 신생 기업이 성장할 때 비효율적으로 의사 결정을 하게 된다. 기존의 갈등을 피하면 신생 기업이 초반의 붕괴 위험에서 빠져나오는 것처럼 보일 수 있지만, 사실은 장기적인 갈등이 일어나 신생 기업의 미래가 위기에 빠질 수 있다.

'직함의 타성' 과소평가하기

놀랍게도 CEO 선정 문제를 사소한 일로 간주하거나 누군가(아이디어맨, 심지어는 목소리가 가장 큰 창업자)가 스스로 CEO 자리를 차지하고자 할 때

별다른 소동 없이 동의하는 경우가 흔하다. 창업 초기 단계에서는 회사의 성공을 위해 모두 열심히 일하므로 누가 어떤 직함을 달 것인지 따지기 어려울 수 있다. 하지만 CEO는 상당히 상징적인 존재이고 실질적인 힘을 가진 사람이다. 아마 신생 기업 또한 늘 그렇게 작고 편안하고 평등한 분위기가 지속되지는 않을 것이다. 하나의 집단으로서 창업 팀은 첫 CEO로 누가 가장 적격인지 파악해야 한다. 또한 만약 그 사람이 자신의 자리에서 변화에 대한 요구를 따라가지 못하거나 다른 창업자가 CEO에 더 적격인 것으로 판명된다면, 한바탕 분열이 일어나지 않고서는 집단의 타성적 경향 때문에 결정을 뒤집기가 어렵다는 사실을 이해해야 한다. CEO 대부분은 자신들의 지위와 권력을 포기하기 싫어한다.

이런 난관은 아이디어맨이 CEO 자리를 원하는 상황 등에서 특히 심하다. 비록 아이디어맨이 사업 초반의 CEO로서 갖추어야 할 열정과 이상 덕분에 자연스럽게 선택되는 예가 많지만, 창업 팀은 단순히 열정이나 이상 때문이 아니라 그 아이디어맨이 CEO 후보로서 정녕 최선인지 혹은 그 사람이 다른 역할, 이를테면 회장·CTO·CSO 같은 지위에 더욱 적임인지를 신중하게 평가해야 한다.

직함 부풀리기

타성의 위험은 최고책임자급 직함을 지닌 비CEO 창업자에게도 적용된다. 창업 후 기업이 훨씬 크게 성장하면, 이런 창업자 중 다수는 고위직을 채울 최적의 인물이 아닐 것이다. 그럼에도 '과장된 직함'을 달고 있는 창업자를 강등하거나 대체할 경우 팀이 붕괴할 위험이 적지 않다. 팀이 이런 장기적 위험에 노출되면 애써 장단점을 고려해보지 않은 채 스스로에게 최고책임자급 직함을 부여하는 것을 더욱 망설이게 된다.

이사회에 자기편 두기

이사회를 구성하거나 변경할 때 창업자 겸 CEO는 이사회에 자기편을 만들고 싶을 것이다. 첫 번째 대상은 주로 자신의 공동 창업자들이다. 그러나 이사회에 2명 이상의 공동 창업자가 있으면 장기적으로 드는 비용이 눈앞의 이익을 뛰어넘어 배보다 배꼽이 더 커질 수 있다. 예를 들어, 이사진에 비CEO 창업자가 있으면 경영진 사이에서 역할 혼동이 빚어지거나 이사회 회의에 방해가 되기도 하고, 창업자 겸 CEO가 더 큰 난관에 부딪히는 경향이 있다.

상반되는 동기 무시하기

창업자의 동기는 팀 내 역할을 둘러싼 긴장에 강한 영향을 끼칠 수 있다. 만약 두 창업자가 강한 지배력 동기부여형이라면, 블로거의 윌리엄스와 휴리한이 보여준 사례처럼 둘 다 CEO가 되려 할 수도 있다. 이때 공동 CEO를 임명하거나 애매한 권력 구조를 만들어 이 문제를 해결하려 했다가는 위의 '갈등 피하기'에서 설명한 문제가 발생할 수 있다. 이에 반해 두 창업자 모두 부 동기부여형이거나(그래서 의사 결정이 더욱 잘 이루어지는 경우) 부 동기부여형 창업자들이 CEO로서 기술과 능력이 뛰어난 지배력 동기부여형 창업자와 힘을 합치면 팀은 더욱 안정된다. 잠재 공동 창업자들은 함께 회사를 설립하기 전에 서로에게 동기부여가 되는 것은 무엇인지 파악해 역할 갈등의 잠재적인 원천을 이해해야 한다.

관계, 역할, 보상에 관해 의사 결정을 할 때 이처럼 당연하지만 조금은 엉뚱한 성향의 조합으로 인해 발생하는 그 밖의 팀 편성 문제에 대해서는 7장에서 살펴볼 것이다.

보상 딜레마: 지분 분배와 현금 보상

신생 기업의 소유권을 나누다 보면 역할과 직함을 분배할 때보다 논쟁이 일어날 경우가 훨씬 많으며, 어떤 때는 훨씬 극적인 영향을 끼치기도 한다. 많은 창업자가 가장 큰 금전적 동기로 여기는 것은 급여보다 높은 잠재 지분이라고 할 수 있는데, 현금이 부족한 기업에서는 종종 다른 데서 벌어들이는 것보다 급료가 적기 때문이다.[1] 불행히도 지분 분배에 관한 우리의 본능적 성향 중 많은 부분이 잘못됐거나 역효과를 낳는다. 단기적으로는 누가 보더라도 공평하고, 현명하고, 평탄한 것 같지만 장기적으로는 문제를 일으킬 수밖에 없다. 따라서 이번 장에서는 지분 분배, 분배의 여러 가지 유형 파악, 분배 기준, 정적 vs. 동적 분배 등의 핵심 문제에 초점을 맞춘다. 마지막에는 '창업자 급료 삭감'에 관해 알아봄으로써 팀 수준의 급여 평등 문제를 짚어보고, 창업을 향한 창업자들의 애정을 살펴볼 예정이다. 아울러 창업자의 현금 보상에 관해서도 자세히 알아볼 것이다.

지분 분배 '전쟁'

1999년 후반 에번 윌리엄스가 블로거 사업을 개시할 때, 그는 파트너인 멕 휴리한과 지분을 60 대 40으로 분배하기로 협상했다. 윌리엄스는 당시의 일을 이렇게 회상했다. "휴리한은 지분을 50 대 50으로 나눌 것을 예상했지만 나는 내가 60을 가져야 한다고 제안했습니다. 그게 사리에 맞는 일이었죠. 내가 아이디어를 냈고 관련 경험도 더 많으니 내 지분 비율이 당연히 더 크다고 생각했거든요. 방법은 선지급 방식으로 하고 싶었고요. 70 대 30은 협상할 자신이 없었지만, 60 대 40으로는 꼭 하고 싶었습니다." 휴리한과 윌리엄스는 소액 에인절 투자자들로부터 자본을 확보한 2000년 봄, 공식적인 추가 4년의 소급 수령권 조건에 합의했다.■ 윌리엄스의 회상은 계속된다. "자금 조달로 모든 것이 더욱 공식화되었습니다. ……창업자의 스톡옵션 계약이 처음으로 공식화된 것입니다. 처음으로 변호사에게 돈을 지급하게 되었죠." 그때까지 윌리엄스는 급여 수령에 신경을 덜 쓰는 편이었다. "우리가 창업을 시작했을 때 내 통장에 1만 달러가 있었는데 그중 일부를 회사에 투자했습니다. 월급은 받지 않았죠." 결국 윌리엄스는 블로거를 유지하기 위해 자신의 돈 전부를 투자했고, 신용카드 역시 한도가 다 될 때까지 써버렸으며, 여러 달을 급여 없이 일했다.

다음 설립 업체인 오데오에서 윌리엄스는 노아 글래스에게 지분 70퍼

■ 나중에 자세히 설명하겠지만 '수령권(vesting)'이란 한 사람이 오랜 기간, 혹은 일정 시점을 거쳐 지분을 모을 수 있는 필요조건을 말한다. 수령권은 대체로 지분 인센티브에 중요한 역할을 한다.

센트를 주기로 했다. 이는 글래스가 전임 CEO로서 아이디어를 내는 데 큰 역할을 해왔고, 윌리엄스는 시간제로 일을 했기 때문이다. 윌리엄스는 이때 자기 자신을 '절반의' 공동 창업자라고 생각했다. 그 시점에서 창업 경험이 많은 윌리엄스는 '훌륭한 변호사들'을 선임해 블로거에서 했던 것보다 더 빨리 지분 분배를 공식화했다.

넓게 보면 지분 분배란 각 창업자의 가치와 지분이 일치하는 매우 합리적인 과정이어야 한다. 블로거와 오데오에서 윌리엄스가 시도했던 지분 분배 접근 방식은 논리적이고 간단해 보이지만, 양측의 지분은 오래 유지할 수 없는 협의라는 짐을 회사에 안겨주었다. 휴리한과 글래스 모두 지분 분배 문제 때문에 2년 안에 회사를 떠났다. 휴리한과의 결별은 윌리엄스에게 특히 고통스러웠다. 결심하는 것조차 힘들었다. 휴리한은 수령권 방식에 따라 자기 지분의 절반 정도를 받기로 한 2000년 말에 블로거를 떠났고, 석 달 후 윌리엄스는 휴리한이 수령하지 않은 지분에 대한 반환을 청구했다. 6개월간의 법적 분쟁 이후, 윌리엄스는 마침내 휴리한과의 문제를 해결했다. "서로 너무 힘드니까 현실을 직시하고 극복해야겠더라고요. 가장 안 좋았던 시기에 커다란 장애물이었거든요. 2001년에만 변호사에게 쓴 돈이 내 급여보다 많다니까요!"

이런 문제는 겪고 나야만 보이는 것이 아니다. 지분 분배 협상은 창업팀의 발전을 위해 대단히 합리적인 사고 감각이 필요한 동시에 가장 감정적이고 본능적인 일일 수 있다. 창업자들은 윌리엄스의 사례처럼 법적 싸움을 경험하기도 전에 종종 자신의 지분 분배 협상을 '전쟁'이나 '골칫덩어리' 또는 '스트레스'로 표현한다. 이런 싸움에서 창업자가 얼마나 건설적인 전투력을 지니는가에 따라 앞으로 일어날 다른 민감한 문제를 잘 처리할 수 있을지 예견하는 경우가 많다.

분배 시점

창업자는 지분을 회사 설립 시점에 분배하거나 나중에 할 수도 있다.■ 필자의 데이터베이스에 따르면, 팀의 73퍼센트가 설립 후 한 달 이내에 지분을 분배하는 것으로 나타났다. 이는 한치 앞도 내다볼 수 없는 기업 설립 초창기의 불확실성을 참작할 때 가공할 만한 수치다. 업다운 창업자들을 예로 들면, 이들은 창업 초기 서로 잘 알거나 서로의 능력과 책임을 판단할 수 있기도 전에 지분을 분배했다. 사실상 최초 분배 시 한 창업자의 기여도는 심각하게 과소평가되었고, 다른 한 사람은 과대평가되었다. 이와 같은 실수는 바로잡기가 매우 어렵다. 분석가들은 처음부터 자리 잡은 심리적 '닻'이 그 뒤에 이어질 협상과 최종 결과에 강한 영향을 끼친다는 사실을 밝혀냈는데, 전문가들조차 그 닻의 타성적 영향을 극복하기 어렵다고 지적한다.[2] 업다운 초창기의 지분 분배 협의 단계에 한 페이지를 장식한 '닻 내림 효과(각인성)'는 창업자 중 한 명이 몇 달 후 분배 재협상을 요구하면서 팀 내 긴장을 일으켰다.

이와 반대로, 분배를 몇 달 미루면 공동 창업자들은 누구의 역량과 누구의 고객이 회사에 가장 크게 이바지하는지, 그와 같은 기여로 인해 회사의 전략과 사업 모델이 어떻게 변화하는지, 각 창업자가 다른 창업자들과 잘 지내는지, 또 각 창업자가 회사에 얼마나 헌신하는지 등을 알 수 있다. 창업자 겸 CEO 비베크 쿨러를 예로 들어보자. 그는 최초 자본을 투입할 동안 스마틱스 팀이 분배를 강행해야 할 시기가 오기 전까지 최대한 오래 기다릴 것을 요구했다. "선택이 필요하기 전까지는 실행하

■ 창업자들은 대부분 최초 외부 자금 투입 단계가 끝난 후에는 더 이상 분배할 수 없다.

지 말아야 합니다. 벤처 사업과 팀에 관해서는 늘 알아야 할 것투성이니까요. 그리고 그런 점들을 알면 각자 가져가야 할 지분이 바뀔 수도 있습니다." 분배를 미루는 것은 또한 일단 분배가 결정됐을 때 무임승차▪하는 것보다 창업자들이 회사에 이바지하고 스스로 그것을 입증하게끔 하는 강력한 동기가 될 수 있다.[3]

창업 과정에서 얻는 거의 모든 것에는 위험이 따른다. 더 많은 정보를 얻고 공동 창업자에게 동기를 계속 부여하기 위해 지분 분배를 미룰 경우, 팀에 또 다른 공동 창업자를 끌어들일 기회를 날려버릴 수 있다. 예를 들어, 스마틱스 팀은 스포츠 현장이 어떻게 돌아가는지 전혀 모르는 공동 창업자들과 관련 산업의 인맥 부족으로 심각한 처지에 몰렸다. 팀 발전 초기에 이 팀은 산업 경험이 풍부한 잠재 공동 창업자 데이비드를 영입하려 했고, 그의 인맥을 통해 팀에 어느 정도 중요한 초기 미팅을 주선할 수 있었다. 그러나 데이비드는 좀더 매력적인 기회를 잡고 싶어 했다. 훗날 쿨러는 지분 분배 협상을 연기하는 바람에 데이비드에게 더 많은 지분을 주어 팀에 합류하게끔 하는 기회를 놓쳤다고 결론지었다.▪▪

게다가 지분 분배 협상은 지분이 크게 오르기 전에는 대개 훨씬 평온하게 이루어진다. 이 시점은 일반적으로 자금을 확보하기 이전 그리고

▪ 무임 승객은 집단의 노력에 거의 또는 전혀 이바지하지 않고 이득을 얻는 사람을 말한다. 이런 맥락에서 무임 승객은 지분을 보유하지만 자신의 지분이 창출하는 가치에 조금도 이바지하지 않는 창업자를 뜻한다. 그럼에도 그 사람의 지분은 아무런 위협을 받지 않는다.

▪▪ 데이비드를 비롯해 사업 계획 확장에 기여는 했지만 더 이상 그 회사에 관계하지 않는 사람들에게 지분을 전혀 제공하지 않음으로써 스마틱스 팀은 이러한 초창기의 '잊힌 창업자들'이 훗날 소유권을 주장하고 나설지 모르는 위험까지 감수했다. 잊힌 창업자들이 불러일으킬 수 있는 심각한 잠재적 문제에 관해 좀더 알아보려면 Bagley et a1.(2003) 참조.

그에 따라 기업에 객관적인 가치 측정이 이루어지기 이전을 의미한다. 수백만 달러의 자금이 걸려 있을 때는 협상이 매우 다양한 방향으로 움직여 공동 창업자끼리 합의를 이끌어내기가 매우 어려울 수 있다.▪

도표 6.1은 초기 분배와 차후 분배의 이점을 평가하는 요소를 정리한 것이다.

공동 창업자들은 분배 시점에 관한 생각이 각자 다를 수 있다. 다른 창업자들이 일단 제품 사양을 제작한 후에야 제품 개발에 나설 수 있는 기술 전문가처럼 초반에 아직 크게 이바지하지 않은 사람들에 비해, 아이디어를 낸 창업자나 초기 투입 자본 대부분을 투자한 창업자처럼 회사 설립 초반에 주로 이바지한 사람들이 더 일찍 분배를 원하는 경우도 있다. 지분 분배는 각 창업자의 장기적 기여도에 근접해야 하는 것이 이상적이지만, 창업자들이 일찍이 서로에 대해 경험함으로써 그 기여도에 관한 판단에 영향을 미치는 것은 당연하다. 신생 기업이 진화하면서 굴곡을 겪는 동안 각 창업자의 기여가 지니는 중요성 또한 불가피하게

▪ 지분 분배에는 주식을 더 큰 '근거'로 차후 장기 자본 이득세를 부과하기 시작하는 등 세금 문제 또한 따라온다. 더욱 자세한 내용은 Wasserman et al.(2009) 참조.

커졌다 작아졌다 변화한다. 또 지분 분배에 가장 적합하다고 생각되는 시기 또한 당겨졌다 미뤄졌다 할 수밖에 없다. (지분을 초기에 분배할지 나중에 분배할지 창업자들의 의견이 엇갈릴 경우, 이번 장 뒤에서 살펴볼 동적 접근법을 활용해 의견 충돌을 해결할 수 있다.)

때로 창업자는 자신의 협상 지위를 높이는 팀 구성원들의 상대적 중요성에 이러한 변동을 활용할 수 있다. 이를테면 프랭크 어단테와 존 보한(John Bohan)이 어단테의 회사인 리액션즈(ReaXions)와 그보다 훨씬 큰 가치를 지닌 보한의 회사 애드넷(Adnet)을 합병한 L90(인터넷 광고 업체─옮긴이)을 설립한 당시, 보한은 어단테에게 발행 주식 1550만 주 중 50만 주를 제시했는데, 이는 어단테가 보한보다 경험이 훨씬 적다는 사실을 반증하는 것이기도 했다. 그러나 어단테는 그렇게 이른 시점에 소유권과 관련해 확실한 결정을 내리는 것을 망설였다. "나는 일단 상황을 지켜보고 앞으로 6개월 후에 논의하는 게 어떠냐고 말했습니다. 그래서 우리는 주식을 갈라 선지급하지 않기로 했지요. 요컨대 내가 어떤 가치를 더 창출하고 〔보한과 그 밖의 직원들은〕 어떤 가치를 더할지 판단할 수 있을 때까지 기다리기로 한 겁니다." 6개월 후, 한 에인절 투자자가 회사 보유 주식의 20퍼센트인 200만 달러를 투자하겠다고 제안함으로써 처음으로 이 회사의 가치(1000만 달러)를 매길 수 있었다. 어단테는 그 기회를 잡아 자신의 몫을 확보했다. 발행 주식 총 2000만 주 중 100만 주를 청구해 받은 것이다. 이로써 어단테는 약 25만 달러라는 장부상 이득을 얻을 수 있었다.■

■ 어단테는 처음 보한의 제안을 수락했을 경우 받기로 한 것보다 50만 주를 더 받았다. 이때 1주는 0.5달러의 가치가 있었다(가치 평가액 1000만 달러/발행 주식 2000만 달러).

마찬가지로, 자신의 기술을 굳게 믿는 사업 초년생 공동 창업자는 분배를 연기함으로써 분에 넘치는 이익을 얻을 수도 있다.

지분 분배 기준

만약 공동 창업자들이 분배 협상을 결심했다면, 고려해야 할 (그리고 주로 고려하는) 기준은 무엇일까? 어떻게 보면 '정답'이 없고 쓸 만한 객관적 기준 또한 없다. 결과는 전적으로 창업자 간의 협상에서 비롯되어야 한다. 반면, 실제 지분 분배에 관한 필자의 정량분석과 심층 조사에 따르면, 협상을 매끄럽게 하고 유지 가능한 협의를 이끌어낼 기회를 늘리는 데 도움이 되는 기준이 적어도 네 가지는 있는 것으로 나타났다. 그 기준은 요컨대 과거 창업에 이바지한 정도, 기회비용, 미래 창업에 이바지할 정도 그리고 창업자의 동기이다.

과거의 기여도

먼저, 각 창업자의 지분은 현재까지 그 사람이 회사의 가치를 다른 창업자들에 비해 최소한 일부라도 얼마나 많이 높였는지를 기본으로 삼을 때가 많다. (공정성이라는 문제는 차치하고, 지속적인 팀 관계에서는 이런 '과거지사'라는 보상을 통해 이익을 얻는 경우가 많다.) 창업자의 기여 정도는 팀의 분배 결정 시점이 설립 당시인지 아니면 몇 달 후인지에 따라 좌우될 수 있지만, 아주 이른 시기에도 많은 창업자는 적어도 신생 기업이 기반으로 삼은 아이디어나 지적 재산 혹은 초기 투입 자본 등으로 회사에 이바지한다.

아이디어 프리미엄

다른 모든 것은 균등한데, 아이디어 피플이 다른 창업자보다 많은 지분, 이른바 아이디어 프리미엄을 받을 자격이 될까? 수많은 학자와 비아이디어 창업자들은 이렇게 주장한다. "아이디어는 싸고, 실행은 비싸다." 하지만 우리는 에번 윌리엄스가 분명 블로거에서 그랬듯 아이디어 발안에 가치를 두는 것을 살펴보았고, 오데오에서 그랬듯 아이디어를 짜도록 돕는 데도 가치를 두었다는 것을 알고 있다. 창업자에 관한 현장 조사에서, 필자는 아이디어를 중시하고 심지어 거룩하게 여기기까지 하는 윌리엄스의 태도에 공감하는 많은 사람을 볼 수 있었다. 프랭크 어단테는 자신이 네 번째로 꾸린 사업체이자 처음으로 창업자 겸 CEO가 된 존디고에서, 아이디어 제공에 이바지했다는 이유로 더 많은 지분을 요구했다. 어단테는 3명의 창업자 팀이 자신에게 지분 대부분을 주기로 동의한 과정을 이렇게 설명했다. "과거에 사업을 하면서 깨달은 점이 있다면, 내가 이바지하고 있는 가치가 내 주식의 양과 일치하지 않는다는 것이었습니다. 다른 사람들에게서 아이디어 프리미엄이 있어야 한다는 조언을 들었습니다. ……공동 창업자들도 동의했죠. 개인적으로 조사한 내용과 다른 사람의 조언을 바탕으로 나는 공동 창업자들에게 각각 5퍼센트씩을 제안했습니다. ……그걸로 만족해하더군요." 펀 트루옹은 자신이 창업한 첫 번째 회사 크림슨 솔루션(Crimson Solutions)에서 팀이 지분에 관해 어떤 생각을 갖고 있었는지 이렇게 회상했다. "우린 지분 분배를 짧게 의논한 후 50-25-25로 나누기로 했습니다. 나와 세스는 웰리가 아이디어를 내고 모든 걸 조직했으므로 더 받을 자격이 있다고 생각했지요. ……웰리 없이는 아무것도 안 될 테니까요. 그래서 그가 우리보다 훨씬 많이 받는 게 옳다고 느꼈습니다." 훗날 창업한 업다운에서 트루옹의 팀은 아이디어맨인 라이히에게 5퍼센트의 프리미엄을 주기로 초기에 협상을 마쳤다.

제임스 밀모 등 다른 창업자들은 자신의 아이디어가 더 많은 지분뿐 아니라 그것을 '즉각' 보상받아야 한다고 믿는다. 밀모는 링스에서 공동 창업자와 균등하게 지분을 분배하는 데 합의하면서 이렇게 말했다고 한다. "자네가 수령권을 받아. 난 안 받아도 되니까. 그건 내 아이디어였고, 내가 자네를 이 회사로 불러들였잖아. 난 이미 지분을 소유했어. 발명품으로 특허를 냈더니 제값을 톡톡히 하더군. 하지만 자넨 2년 동안 일을 해서 자네 몫을 벌어야 할 거야."

모든 아이디어가 똑같이 기발하거나 가치 있는 것은 아니다. 어떤 아이디어는 시장의 요구를 읽어내지만, 제대로 된 해결책을 제시하는 것과는 거리가 멀다. 공동 창업자들은 그런 점을 다듬고 발전시킬 필요가 있다. 어떤 아이디어는 특허나 수년간의 조사, 견고한 사업 모델로 뒷받침되기도 한다. 예를 들어, 스티브 워즈니악의 아버지는 스티브 잡스가 "아무것도 하지 않았으므로"[4] 지분을 받아서는 안 된다고 생각했다. 실제로 사업을 시작했을 때 개인용 컴퓨터를 개발한 사람은 워즈니악이었다. 반면, 잡스는 회사를 차릴 때 자기가 고집을 부리지 않았다면 워즈니악은 아마도 여전히 휴렛패커드에서 고생하는 엔지니어로 지냈을 테니 자신이 워즈니악보다 지분을 더 많이 받아야 한다는 생각을 이따금 표출했다.

이런 '아이디어'의 스펙트럼을 넘어선 아이디어 프리미엄이 정말 있을까? 있다면 얼마나 클까? 크림슨 솔루션의 아이디어 프리미엄 25퍼센트가 일반적일까, 아니면 업다운의 5퍼센트가 더욱 평균에 가까울까? 이것을 정량분석을 통해 파악하기 위해 필자는 어떤 공동 창업자들이 아이디어 피플인지 가려낼 질문 항목과 창업 팀의 특징에 관한 다른 구체적인 질문을 설문 조사에 포함하고,[5] 아이디어 피플이 아이디어 프리미엄을 받았는지 분석할 회귀 모형을 만들었다.[6] 필자의 분석에 따르면, 통계상 의미 있는 수준의 아이디어 프리미엄은 역시 존재한다는 것이 밝혀졌다. 요컨대 다른 것들은 모두 균등하게 받더라도, 10~15퍼센트의 지분을 아이디어 피플이 비아이디어 피플보다 더 받았다.[7] 과거 기여도에 관한 보상과 더불어 아이디어 프리미엄은 그 아이디어맨이 미래에 추가로 중요한 아이디어를 제공할 가능성 그리고 아이디어맨과 관련 있는 다른 것들에도 이바지할 가능성이 있음을 인정하는 수단인지 모른다.

창업자가 아이디어를 내고 그 아이디어의 가치가 확실한 팀에서 만약 아이디어맨에게 적게나마 아이디어 프리미엄 보상을 하지 않는다면, 그 팀은 불화를 겪을 위험이 있다. 아이디어맨이 아무리 비아이디어 공동 창업자들의 자리에 모래 뿌리는 일을 피하려고 처음에 프리미엄을 기꺼이 포기한다 해도, 이는 아이디어맨의 자리에 모래를 뿌리는 희생을 치르는 결과를 초래할지도 모른다. 요컨대 오랜 시간에 걸쳐 갈등을 키우는 꼴이 된다. 자신의 아이디어 발안에 관한 보상을 받지 못한 아이디어맨의 분노가 커지면 팀 내에 또 다른 긴장 요소가 싹을 틔운다.

자본 기여

도표 6.2는 필자의 데이터베이스에서 각 창업자가 이바지한 자본 분포를 나타낸 것이다. 이들 창업자 중 41퍼센트는 자본 측면에 전혀 이바

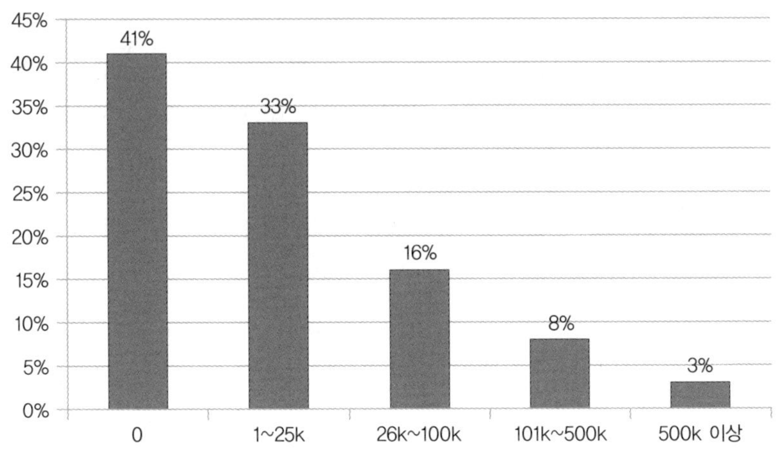

지하지 않았다. 나머지 59퍼센트 중 1달러에서 2만 5000달러를 기여한 수가 가장 많았고, 11퍼센트는 10만 달러 넘게 기여했다. 팀 수준에서 벤처 기업의 42퍼센트는 모든 창업자가 팀의 자본에 어느 정도 이바지했다.

팀의 38퍼센트는 창업자의 자본 총액이 팀 내에서 각기 달랐다. 필자의 회귀분석에 따르면, 창업자가 자본에 더 많이 이바지할수록 그 창업자의 지분이 더욱 커진다는 사실이 밝혀졌다.[8] 오컴의 창업 팀은 실제 서로 다른 금액의 종잣돈을 지분의 유일한 결정 요인으로 활용했다. 창업자 겸 CEO 짐 트라이언디플로는 애초 각 창업자가 15만 달러의 3분의 1씩을 기여하도록 할 생각이었다. 하지만 그만큼 내고 싶어 하는 공동 창업자가 없었다며 "원하는 만큼 내면 차액은 내가 메우겠다고 말했죠. ……결국 내가 약 50퍼센트, 마이젠하이머가 약 30퍼센트, 버로스가 약 20퍼센트를 내게 됐습니다. 〔지분 분배는〕 그렇게 된 겁니다. 그냥 돈 때문이죠"라고 덧붙였다.

어떤 면에서 창업자의 자본은 매우 유형적인 기여 요소이므로 팀이 사무실을 빌리거나, 전화 요금을 내거나, 전국을 돌아다니며 프레젠테이션을 할 수 있도록 해준다. 한편, 각 창업자가 기여하는 금융 자본의 차이는 단순히 그들이 돈으로 이바지하는 능력이 다르다는 점을 반증하는 것일 수도 있다. 하지만 더 깊이 살펴보면, 한 창업자의 자본 기여는 신생 기업을 향한 헌신이나 자신감을 의미하는 것이기도 하다. 따라서 다른 것들은 모두 같아도 어떤 창업자가 신생 기업에 가장 많이 이바지할 것인지 예측할 수 있다. 오컴의 예를 들면, 비록 버로스가 아이디어를 내고 마이젠하이머를 공동 창업자로 영입하기 훨씬 전부터 트라이언디플로와 함께 일하긴 했지만, 실제로 회사에 돈을 내야 할 시기가 되자 가장 덜 열성적이고 기여 자본 역시 가장 적었던 사람은 바로 버로스 자신이었다. 이런 결정은 버로스가 신생 기업에서 최종적으로 떠날 날을 앞당겼다. 트라이언디플로와 마이젠하이머가 오컴에 전력하기 위해 직장을 그만두었을 때, 버로스는 자신이 하던 컨설팅 업무가 즐겁다고 고백했다. 이어 첫아이가 태어나자 본의 아니게 회사를 훌쩍 떠나고 말았다.

기회비용

어떤 창업자는 창업 팀 합류에 관한 논의를 시작할 때 의도치 않게 실업자가 되기도 한다. 그 밖에 오컴의 켄 버로스 같은 창업자는 자신에게 즐거움을 주고 포기 못할 재정적 안정을 주는 고위직에 그대로 몸담게 된다. 전자는 창업 합류 기회비용이 낮지만, 후자는 기회비용이 높다.

따라서 나머지 팀원들은 창업 기회를 더욱 매력적으로 만들어 잠재 공동 창업자를 유혹해야 할지도 모른다. 때때로 그 매력은 창업자가 되거나, 더 높은 직위를 얻거나, 더욱 중요한 역할을 맡을 기회가 된다. 그밖에 지분을 더 많이 얻을 기회가 되기도 한다.

스마틱스 팀을 꾸릴 때 비베크 쿨러는 학교 동기인 사우라브 미탈이 창업에 크게 이바지할 사람이라는 것을 알아보았다. 쿨러는 당시의 일을 이렇게 회상했다. "서로 의논하는 동안, 나는 사우라브가 이미 잠재력 큰 창업 아이디어를 두 가지나 더 구상 중이라는 걸 알았습니다. 그런데 사우라브가 스마틱스 구상에 흥미를 보이더군요. 그래서 그를 영입하기로 했죠." 쿨러와 그의 팀은 오랫동안 지분 분배 협상을 벌였고, 그 결과 사우라브가 받기로 한 지분은 쿨러(35퍼센트) 다음으로 많았다 (27퍼센트). 이는 사우라브가 잠재적으로 고수익을 얻을 수 있는 다른 선택을 피하게끔 만든 매력적인 제안이자 무급 근로에 관한 보상 수단으로 크게 작용했다.

비슷한 예로, 업다운에 합류했을 때 퍽 트루옹은 이미 창업에 성공하고 수익성 좋은 소프트웨어 개발 업무를 해본 경험이 있었다. 팀이 지분 분배를 논의할 때 다른 공동 창업자들은 '경영대학원 생활만 포기'하면 되었지만, 트루옹은 자신이 업다운에 전격 합류함으로써 잃게 될 수입에서 유형적이고 심지어 수량화할 수 있는 것까지 만회해야 한다고 생각했다. 그러니까 그에게는 상당한 액수의 급여나 더 많은 보상 지분이 필요했다.

미래의 기여도

창업자의 미래 기여도는 평가하기 매우 어려운 요소이지만, 지분을 결정하는 데는 여러 면에서 가장 중요하다. 한 기업가는 이렇게 경고한다. "파이를 나눌 때를 기억하십시오. 성공에 필요한 업무의 95퍼센트는 미래에 남겨두는 겁니다." 창업자가 신생 기업에 이바지할 잠재성을 지녔는지는 그 사람의 배경과 책임 수준을 함께 고려함으로써 판단할 수 있다.

연구자들은 신생 기업의 성장에는 구체적인 설립 경험이 전체적인 업무 경험이나 유익한 인적 자본보다 더욱 가치 있다는 것을 이미 밝혀냈다.[9] 반면, 연쇄 창업가들은 보통 인적 자본과 사회적 자본이 더 크다고(아울러 금융 자본 역시 더 클 수 있다) 예상한다. 따라서 신생 기업의 가치를 창출하는 데에도 이런 자본이 더 많이 이바지할 것이라고 짐작한다. 필자는 토머스 헬먼과 함께 수행한 정량분석을 통해, 기존 설립 경험이 지분에서 7~9퍼센트를 더 받는 연쇄 프리미엄으로 이어진다는 사실을 발견했다. 그렇지만 기존 설립 경험을 제외하고, 아이디어맨이라는 지위와 자본 투자, 어느 회사에서든 풍부하게 쌓은 창업자의 기존 전체 업무 경험 등은 지분을 더 늘리는 데 큰 역할을 하지 않았다. 따라서 구체적인 설립 경험이 일반적인 인적 자본보다 사실상 지분 분배에 훨씬 더 중요하다는 것을 알 수 있다. (7장에서 살펴보겠지만, 서로 다른 역할과 직함도 더 큰 지분과 연결 지어 생각할 수 있다.)

미래의 기여 수준은 또한 창업자가 얼마나 많은 시간을 신생 기업에 할애할 수 있는지 혹은 할애할 것인지에 달려 있다고 해도 과언이 아니다. 전임 창업자는 시간제 창업자보다 지분을 더 많이 받는 편이다. 예를 들어, 연쇄 창업가 트레이시 버먼(Tracy Burman)은 세 번째 창업 때 자신의 업무량을 줄여 어린 자녀와 더 많은 시간을 보내고 싶었다. 그래서 공동 창업자들과 두 가지 조건을 협상했다. 첫째는, 과거처럼 CEO가 되기보다는 CEO에게 보고를 올리는 COO가 되기를 원했다. 둘째는, 공동 창업자들이 근무하는 시간의 80퍼센트만 근무하길 원했다. (이에 따라 보통 받던 지분의 80퍼센트, 다른 창업자들이 받는 급여의 80퍼센트만 받기로 했다.)

창업자의 동기와 기호

이 책에서 살펴본 딜레마 대부분과 더불어 창업자들의 동기는 지분 분배에 핵심적인 역할을 한다. 부의 동기부여가 강한 창업자들은 그 창업을 통해 자신의 금전적 이익을 극대화하는 데 역점을 둘 것이다. 반면 7장에서 설명하겠지만, 다른 요소에 동기를 부여받는 창업자들은 특정 역할이나 직함, 라이프스타일의 유연성 등을 우선시한다.

창업 팀의 지분 분배에 영향을 줄 수 있는 관련 요소는 다음과 같다.

- 창업자의 위험 회피 정도, 자기 능력에 관한 자신감, 창업의 전망에 관한 자신감은 창업자가 기준 비율을 넘는 모든 추가 지분 획득과 창업을 통한 추가 현금 보상 획득 중 어느 것에 얼마나 비중을 둘 것인지에 영향을 준다.▪

▪ 거시경제 환경 또한 영향을 끼칠 수 있다. 비록 일정하지는 않지만 갈등을 일으킬 수 있다는 뜻이다. 예를 들어, 창업자들은 침체기보다 호황기에 지분의 각 퍼센티지를 두고 쟁탈전을 벌일 가능성이 높다. 기업 공개나 다른 성공적인 돌파구가 있으리라 믿기 때문이다. 반면, 침체기는 모든 배를 띄울 수 있는 밀물 시기가 아니므로, 창업자들은 어떻게든 지분을 쥐어짜 소수점 끝자리 하나까지라도 차지하려고 호황기 때보다 심한 쟁탈전을 벌일 가능성이 높다. 이어지는 연구를 통해 이 두 가지, 혹은 그 밖의 갈등 현상이 두드러지게 나타나는 이유를 검증할 수 있을 것이다.

- 갈등 허용도는 각각의 금전적 보상 형태에 관해 팽팽한 협상을 치르려는 창업자의 의지에 영향을 준다.
- 창업자 간의 기존 관계는 지분 분배에 영향을 미칠 수 있다. 여기에 대해서는 7장에서 자세히 설명할 예정이다.

도표 6.3은 지분 분배에 영향을 미치는 주요 요소와 더불어 각 요소가 실제로 얼마나 많은 차이를 초래하는지에 관한 필자의 연구 결과 일부를 정리한 것이다. 이런 요소는 모두 연구자들이 좀더 관심을 가질 만하며, 창업 팀 역시 크게 주목할 만하다.

균등 분배 vs. 차등 분배

2명의 창업자가 창업 가치 창출에 똑같이 이바지하고, 같은 기회비용을 가지면서 같은 동기를 지닐 수는 없다. 따라서 만약 지분 분배가 창업자의 상대적 기여도와 창업 가치 반영을 의미한다면, 지분 분배란 보기 드물거나 아예 존재하지 않아야 할 것이다. 하지만 그런 경우는 전혀 없다. 도표 6.4에서 볼 수 있는 것처럼 필자의 데이터베이스에 있는 팀의 33퍼센트는 지분을 똑같이 나누었다.[■] 왜 이들은 그런 결정을 했을까? 그것이 과연 좋은 선택일까? 그렇게 하면 팀이 더욱 안정될까? 외부 자금을 조달할 때 가치 평가액이 더 커지거나 더 작아지기라도 하는 것일까?

■ 창업 팀은 중소기업에서 지분 분배를 균등하게 할 가능성이 더욱 높다. 그 비율은 무려 70퍼센트나 된다(Ruef, 2009).

도표 6.3 지분 분배 결정 요소

1. **과거의 기여도:** 창업자가 지금까지 창업의 가치 창출에 얼마나 이바지했는가?
   a. **아이디어 프리미엄:** 창업의 기반이 된 최초 아이디어에 이바지한 창업자는 벤처 사업에 독자적으로 기여해온 사람들이다.[■]
   b. **자본 기여:** 창업의 초기 투입 자본에 크게 이바지한 창업자는 자신의 소유 지분이 그에 비례해 증가해야 한다고 생각한다.[10]

2. **기회비용:** 창업을 추구하기 위해 창업자가 희생하는 것은 무엇인가?

3. **미래의 기여도:** 창업 성공에 필요한 업무 대부분은 미래에 찾아오지만, 무엇을 어떻게 이바지할지는 예측하기 어려울 수 있다. 각 창업자가 앞으로 창업의 가치 창출에 얼마나 이바지할 것으로 예상하는가?
   a. **연쇄 창업자:** 이전에 창업을 성공적으로 이끌어온 창업 팀의 구성원은 앞으로도 인적 자본과 사회적 자본에 더욱 기여할 것으로 예상할 수 있다.[■■]
   b. **책임 수준:** 벤처 사업에 전력하는 창업자는 가치 창출에 더욱 크게 이바지할 것으로 예상할 수 있다.
   c. **직함:** 창업 팀 구성원의 공식적 지위는 상당량의 지분 프리미엄을 받는 CEO 사이에서 지분 분배에 영향을 주는 것으로 나타났다.[■■■]

4. **창업자의 동기와 기호**
   a. **부 동기부여형** 창업자는 더 많은 지분 확보를 우선시한다.
   b. **위험 회피**와 **낙관주의**는 창업자가 지분 획득과 현금 보상 중 어느 것에 더 비중을 둘 것인지에 영향을 미친다.
   c. **갈등 허용도**는 창업자의 협상 의지에 영향을 준다.
   d. **기존 관계**는 지분 분배에 관한 기대에 영향을 미칠 수 있다(7장 참조).

■ 이번 장 앞부분에서 이미 설명했듯 필자의 데이터베이스에서는 정량분석을 통해 초과 지분의 10~15퍼센트에 해당하는 '아이디어 프리미엄'을 밝혀냈다.

■■ 이번 장 앞부분에서 이미 설명했듯 필자의 데이터베이스에서는 정량분석을 통해 초과 지분의 7~9퍼센트에 해당하는 '연쇄 프리미엄'을 밝혀냈다.

■■■ 7장에서 설명하겠지만, 필자의 데이터베이스에서는 정량분석을 통해 초과 지분의 14~20퍼센트에 해당하는 'CEO 프리미엄'을 밝혀냈다.

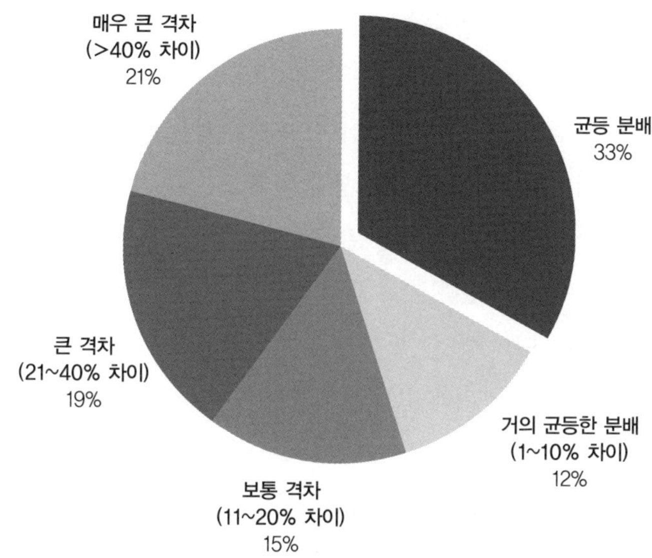

심리적 고통 vs. 금전적 이득의 기준점

필자와 토머스 헬먼은 균등한 지분 분배가 더 많이 이루어지는 점에 관해 가능한 설명들을 평가하기 위해 내가 보유한 자료를 분석했다.[11] 우리는 지분 분배 협상이 본질적으로 긴장을 초래하고, 그로 인해 대부분의 사람이 정당성만 있다면 그것을 회피하려는 강력한 동기를 지니고 있다는 전제 아래, 지분 분배가 균등한 팀과 차등적인 팀을 구분하는 팀 내 차이의 기준점이 있는지 궁금했다. 즉 만약 공동 창업자들이 신생 기업에 보태는 것들의 가치, 요컨대 경험이나 아이디어·투자 자본·각오 등의 가치가 웬만큼 다르다면, 그 팀은 지분에 관해 기꺼이 팽팽한 협상을 벌이려 할 것이라는 의미다. 왜냐하면 단순한 지분 분배는 지나치게 불공평해 보일 것이기 때문이다. 하지만 기준점 아래로는 협상을 벌여봤자 얻는 이득이 기존 문제만큼의 가치가 없으므로 그 팀은 지분을 똑같이 나누고 싶은 생각이 들 것이다. 판도라 라디오의 팀 웨스터그렌을 예로 들어보자. 웨스터그렌은 단순히 똑같이 분배하는 것보다는 오히려 지분에 관한 협상이 '자리에 모래를 뿌리는 셈'이 될 것이라는 충고를 받았다. 그 조언을 곰곰이 생각한 후 그는 자신이 요구할 수 있는 초과 지분이 얼마든 잠재적인 문제들을 상쇄할 수 없다는 결론을 내리고 똑같이 나누기로 했다.

필자와 헬먼은 팀의 창업자들이 가치 측면에서 유사하거나 유사하지 않은 정도를 측정하기 위해 그들의 배경을 두 측면, 즉 기존 설립 경험(즉, 연쇄 창업가인가?)과 기존 근무 기간으로 나누어 비교해보았다. 아울러 창업 초반에 기여하는 두 가지 요소, 이를테면 아이디어나 지적 재산 그리고 초기 투입 자본이라는 측면에서도 비교를 해보았다.[12] 정량분석 결과, 역시 '거의 평등한' 창업 팀은 균등하게 나누고, 이질적인 팀일수록 차등적으로 분배하는 경향이 있었다.[13] 이는 '거의 평등한' 팀 내에서 불화가 일어나면 역효과를 낳을 수 있다는 이른바 '자리에 뿌린 모래' 격언과 일치하며, 이로 인해 그런 팀은 균등 분배를 하고 팽팽한 협상을 회피하게 된다. 우리가 밝혀낸 결과는 또한 기여도가 대략 균등한 경우는 창업자들을 인지적으로 구분해내기 어려우며, 그로 인해 '거의 평등한' 팀은 균등한 지분 분배가 더욱 합리적이라고 느끼게 된다는 사실과도 일치한다.

'우리는 팀이다'

일부 창업자는 균등 분배가 팀원 모두에게 좋은 신호라고 주장한다. 한 창업자는 균등 분배를 통해 "우리 자신의 개인적 부 축적보다는 회사의 성공에 더욱 신경 썼습니다. 회사의 성공이 훗날 개인의 부를 보장해주리라는 것을 알고 침착성을 유지할 수 있었던 것이죠. ……우리는 모두 처음부터 시작하는 것이고, 모두 같은 위험을 안고 있으며, 또한 우리가 하나의 팀이라고 생각했습니다. 성공하려면 모두가 지금 같은 게임 초반에 지분을 서로 차지하려 경쟁하지 않고 그걸로 '충분하다'고 인식해야 합니다. 기업 초창기의 지위 쟁탈전은 팀워크의 효율에 아무런 도움도 되지 않습니다"라고 말했다. 물론, 단결을 보여주는 것과 갈등을 피하는 것은 서로 중복된 동기일 수 있다.

금전적 성과: 고속 합의 vs. 신중한 균등 분배

어떤 팀은 창업자들이 비슷한 배경이나 자원 및 책임 수준 등을 지녔으므로 창업에도 비슷한 정도로 기여할 것이라는 신중한 결론을 내린 후 지분 분배 단계로 넘어간다. 하지만 팀이 분배 협상을 회피하려 하거나 고속 합의와 균등 분배를 기본으로 할 때는 문제가 크게 달라진다. 실제로 우리는 균등 분배자가 분배 협상에 들이는 시간이 차등 분배자보다 훨씬 적은 편이라는 사실을 발견했다. 균등 분배 팀의 60퍼센트는 지분 분배 협상에 하루 또는 그 이하의 시간이 들었지만, 차등 분배 팀 중에서 그 정도로 빠르게 결정을 내린 비율은 단 39퍼센트에 불과했다.

우리는 균등 분배 팀을 분류해 분배 협상에 하루 이하의 시간을 들이는 '고속 균등' 팀과 더 많은 시간을 들이는 '저속 균등' 팀으로 나누었다. 그리고 창업자들과의 인터뷰를 통해 고속 균등 팀과 저속 균등 팀 사이에 질적 차이가 있음을 알 수 있었다. 예를 들어, 한 연쇄 창업가는 이렇게 말했다. "고속 균등 분배는 경험이 전혀 없는 창업 팀에서 볼 수 있는 증상이거나 창업자가 '다 집어치우고 N분의 1로 합시다'■라고 함으로써 분배하는 방법론입니다." 한편 또 다른 창업자는 이렇게 말했다. "고속 합의는 '힘든 여정'에 오르기 전 실질적인 각오를 다지는 데 미숙하거나 부족한 증상 또는 실제 아이디어에 열중하지 않아 나타나는 증상이라고 할 수 있습니다." 균등 분배를 후회한 창업자들에 대한 사례는 이번 장 후반부에서 자세히 다룰 예정이다.

고속 균등 팀과 저속 균등 팀의 소비 시간이 서로 다른지(직접적으로 그러한 팀이 지분을 분배하는 방식 때문이라기보다는 이들 사이에 내재한 차이점 때문에) 양적으로 평가하기 위해, 필자와 토머스 헬먼은 최초 자본 투입에 초점을 맞추었다.[14] 우리의 분석에 따르면, 팀과 창업을 아우르는 광범위한 차이를 고려했을 때 고속 균등 팀의 가치 평가액이 저속 균등 팀과 차등 분배 팀보다 현저히 낮게 나타났다. 이는 분배에 관해 진지하게 대화하는 팀과 그러한 논의를 피하고 고속 합의에 의존하는 팀 사이에 실제로 차이가 있다는 입증되지 않은 증거에 신빙성을 더해준다. 신뢰성의 상징이자 '악수 한 번으로 사업을 꾸려갈 수 있는' 황금기를 답습한 '합의'라는 문화적 반향(cultural resonance)조차 종종 창업 팀의 약점에서 비롯된 증상이기도 하다. 많은 벤처 투자가는 투자 전에 팀의 지분 분배를 확인하고, 분배에 문제의 소지가 있을 때 중대한 결과를 낳는다고 지적한다. 한 자본가는 분배가 어떻게 이루어져야 하는지(예를 들어, 고속 합의로 얻은 결과인지), 분배가 팀 내 약점의 징후인 '차선의 행동'으로 이어

■ 이를테면 2인 창업자 팀 구성원은 지분의 2분의 1씩을 받고, 3인 창업자 팀 구성원은 지분의 3분의 1씩을 받는 것을 의미한다.

졌는지, 아니면 추가로 긴장을 일으켰는지, 또한 이 같은 문제들이 신생 기업의 가치 평가에 영향을 끼칠지를 이해하는 과정에 주의를 기울이며 시간을 보낸다고 말했다.

51퍼센트 vs. 50퍼센트

특히 2인 창업자 팀에는 51퍼센트의 지분을 요구하는 창업자도 있고, 상대 파트너가 여기에 흔쾌히 동의하기도 한다. 연쇄 창업가 프랭크 어단테는 회사를 설립한 초기에 이 같은 분배에 동의했다. 어단테와 공동 창업자 캐리가 리액션즈를 시작했을 때 캐리는 창업 자금을 댔다. 하지만 캐리는 업무에 관여하지 않는 파트너였고, 어단테는 전임 업무에 대한 급여를 받기로 했다. 캐리는 지분의 51퍼센트를 요구했다. 자신이 댄 자금을 어떻게 쓸지 관리하고 싶었기 때문이다. 어단테의 말대로 "49퍼센트 대 51퍼센트는 지분이 비슷하기는 하지만 중요한 사안에 대한 결정권은 캐리에게 있다는 뜻"이다. 따라서 지분 1퍼센트는 의사 결정권에 상당한 영향을 끼칠 수 있다.

어단테는 캐리에게 기꺼이 51퍼센트를 주었다. 그러나 많은 창업 팀에서는 이러한 1퍼센트가 큰 문제를 일으킬 수도 있다. 공동 창업자 중 한 명이 효과적인 파트너십을 수립하기보다 지배력에 지나치게 중점을 둔다고 볼 수도 있고, 팀의 원동력이 기능을 상실할 수도 있다. 51퍼센트의 지분은 또한 분노의 원인이 될 수 있다. 한 창업자는 이렇게 불평했다. "초기에 나눈 대화 내용대로, 아이디어를 낸 내 파트너가 회사의 51퍼센트를 관리하고 있습니다. 하지만 나는 최초 자금을 댔고 최근에는 업무 대부분을 관장하고 있고 있기 때문에 50 대 50으로 나누는 것이 아주 공정하다고 생각합니다." (이는 나중에 이번 장에서 설명할 일종의 동적 분배 측면에서도 좋은 사례가 된다.)

그렇지만 51퍼센트의 지분으로 확보한 것처럼 보이는 '절대적 지배력'은 결코 절대적이지 않을 뿐만 아니라 영원할 수도 없다는 걸 창업자들은 깨달아야 한다. 우선, 51퍼센트의 지분이 모든 사안에 직접적인 결정권을 보장하지는 않는다. 기업 자산 판매 등과 같은 가장 중요한 결정은 주주들의 투표에 따라 이루어진다. 이때는 51퍼센트의 지분을 보유한 창업자에게 절대적인 결정권이 있다. 그러나 이어지는 중요한 결정 단계는 주주들이 선출한 이사진의 손안에 있다. (주주들 역시 자신의 의석을 확보할 수 있다.) 이사의 수가 늘어날수록 이사 선출에 필요한 지분은 줄어든다. 가장 중요한 것은 3단계 결정권을 지니며 일상적 운영까지 감독하는 CEO를 이사회에서 선출한다는 점이다.[15]

어쨌든 외부 자본을 한 번이라도 조달할 계획을 세우고 있는 팀에게 51퍼센트 지분의 힘은 일시적인 것에 불과하다. 팀이 외부 자본을 일부 들여오자마자 51퍼센트 지분의 가치는 50퍼센트도 채 안 될 정도로 줄어들고, 그 창업자는 다른 주주들과 연합해 갈 길을 모색해야 한다.■ (게다가 9장에서 설명하겠지만, 투자자는 단순히 창업자들에게서 받는 '일반적인 주식'보다 더 많은 권리가 있는 유가증권을 받는 경우가 많다.) 예를 들어, 나이키의 공동 창업자 필 나이트(Phil Knight)와 빌 보워먼(Bill Bowerman)은 본래 나이트 51퍼센트, 보워먼 49퍼센트로 지분을 분배했다. 하지만 나이트는 회사에 대한 지배력을 유지하기 위해 초창기에 중요한 역할을 했던 직원에

■ 사실상 60~40퍼센트를 분배할지라도 그 같은 많은 지분은 통상적인 자본 투입 단계에서 50퍼센트 이하로 가치가 떨어진다.

게조차 지분 양도를 거부했다. 그러던 1971년, 나이트는 자금 마련을 위해 사모 방식으로 20만 달러를 충당했다. 그 결과, 회사의 지분 35퍼센트를 포기하는 데 합의했고 그로 인해 경영에 관한 이권도 잃고 말았다.[16]

형식적 분배 vs. 비형식적 분배

창업자들이 지분을 분배할 때는 비형식적으로 합의를 유지하거나 서면화할 수 있다. 도표 6.5에서 볼 수 있듯 공동 창업자들이 지분 분배 협상에 합의하기까지의 시간이 길수록 혼자서든 변호사를 통해서든 합의 내용을 서면화할 가능성이 높다. 빨리 분배하는 팀은(하루 이내) 구두 합의를 고수할 가능성이 높다(전체 팀의 22퍼센트인 데 비해, 협상 시간이 긴 팀은 11퍼센트가 구두 합의). 만약 이들이 합의 내용을 전면 형식화한다면 즉시 합의가 이루어질 가능성은 한층 낮다(전체 팀의 41퍼센트인 데 비해, 협상 시간이 긴 팀은 54퍼센트).[17]

협상 소요 시간과 형식적 합의의 이러한 연관성에 영향을 주는 요소가 두 가지 있다. 첫째, 복잡하거나 개인적인 돌발 사태가 없고 지적 재산 문제조차 없이 합의가 수월할 때 팀은 빨리 합의에 도달할 가능성이 높다. 하지만 서면 합의로 상세 내용을 담아두어야 필요성을 느낄 가능성은 낮다. (한편, 합의를 서두르는 팀은 더욱 단순한 합의를 계획할 수도 있다.) 둘째, (최대한 빨리 협상해) 분배 협상의 긴장을 피하려는 팀은 또한 합의를 서면화할 때도 일부 문제가 다시 제기될 수 있으므로 긴장을 피하려 할 가능성이 높다.

형식적 합의의 이점이 확실한 가운데 단점도 있다. 예를 들면, 지나치

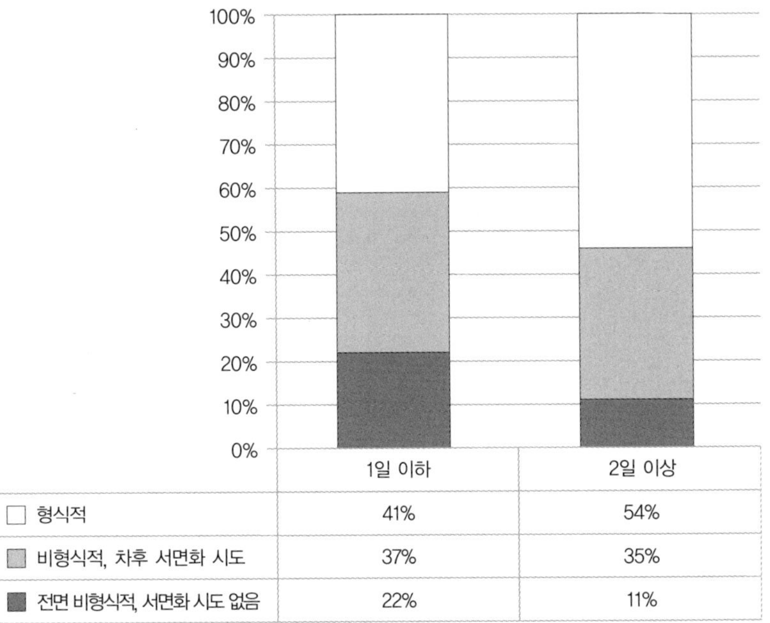

	1일 이하	2일 이상
형식적	41%	54%
비형식적, 차후 서면화 시도	37%	35%
전면 비형식적, 서면화 시도 없음	22%	11%

게 엄격한 계약은 조직을 합의 내용 안에 가두어 상황 변화에 따른 조정을 어렵게 만들고, 지나치게 자세한 계약은 좋은 의도의 자연스러운 표현도 하지 못하도록 막아 신뢰를 점점 무너뜨린다.[18] 합의 내용을 형식화할 때는 적절히 대처할 경우 피할 수 있는 미래의 세금 문제나 법적 문제 등도 예상해야 한다.■

■ 예를 들어, 지적 재산 문제를 다룰 때 창업자들은 미국 내국세입법(Internal Revenue Code) 제351조를 고려해야 하며, 만약 수령권을 지분 분배의 일부로 차용하고 있다면 제83조(b)를 시기적절하고 타당성 있게 적용할 필요가 있다. 더욱 자세한 내용은 Wasserman et al.(2009) 참조.

정적 분배 vs. 동적 분배: 고정 불변의 위험

변화를 허용하지 않고 초기 지분 분배를 고정불변하게 하는 것은 창업 자들이 저지르는 가장 큰 실수 중 하나다. 창업과 스스로에 대한 자신 감, 업무와 과제를 향한 열정, 신생 창업 팀 안에서 무뎌지기 쉬운 원동 력을 해치지 않으려는 욕망 때문에 공동 창업자들은 최선의 계획을 수 립하려는 경향이 있다. 회사 설립에 따른 난관이 아이디어와 상대방을 향한 열정을 무너뜨리기 시작하면, 이들은 초기의 높은 책임 수준이 낮 아지기보다 미래에까지 오래갈 거라고 가정한다. 또 팀의 구성을 바꿀 만한 불운한 일은 없을 거라고 가정한다. 또한 지분 분배에 영향을 끼칠 요소를 매우 단기적인 것으로 보는 경향이 있다. 신생 기업의 발전 초기 단계에서 수행하는 과업이 이후 단계와 매우 어려운 단계에서 수행할 과업과 같으리라 추정하고, 자신들의 기술이 지금 당장 창업에 가치 있 는 만큼 계속 유지될 것이라고 추정하기도 한다. 아울러 이들은 다음 몇 년에 걸쳐 창출하고자 하는 가치와 비교할 때 처음 몇 달 동안 창출할 가치의 규모를 과대평가한다. 그에 따라 자신들에게 요구되는 미래의 기여도와 비교할 때 과거의 기여도를 지나치게 중시한다. 각 창업자는 자신의 노력에 들어간 비용과 규모는 알지만, 한편으로는 타인의 노력 에 들어간 비용과 규모를 알지 못한 채 다른 공동 창업자의 기여도보다 자신의 기여도에 더 많은 가치를 부여한다.

하지만 그런 최선의 시나리오로 접근하는 방식은 위험하다. 너무나 불확실하기 때문이다. 기업 차원에서, 창업자들은 자신의 기초 계획에 서 결함을 배우고 창업 전략, 사업 계획, 사업 모델을 조정한다. 스콧 셰 인 교수는 이렇게 보고했다. "거의 절반가량(49.6퍼센트)의 신규 기업 창

업자들은 처음 자신의 사업 아이디어를 확인한 시점과 그 아이디어에
관한 조사가 이루어진 시점 사이에서 변화가 일어났다고 말했다."[19] 이
러한 조정 활동은 창업에서 직면하는 장애물과 그 장애물을 다루는 데
필요한 기술에 큰 변화를 일으킬 수 있으며, 그에 따라 각 창업자(또는 신
규 창업자나 비창업자가 될 수도 있다)가 창업할 때 맡아야 할 역할에도 변화
가 생긴다.

개인 수준에서는 전략 및 사업 모델이 바뀌는 만큼 몇몇 창업자의 기
술은 타인의 기술보다 더욱 중요해지고 역할 또한 종종 바뀐다. 각 창업
자가 창업 요구 조건을 익히고, 자신의 동기를 생각하고, 자신의 능력이
창업의 요구를 얼마나 담보하는지 알아갈수록 창업에서 짊어지는 그들
의 책임은 바뀔 수 있다. 창업자들은 또한 서로 상대방의 능력과 책임을
초창기보다 훨씬 깊이 이해할 수 있다. 그럼에도 창업자들은 초기에 자
신이 창출할 가치를 과대평가하는 경향이 있으며, 훗날 공동 창업자의
기여도가 약해지면 이것이 더 큰 문제를 일으킬 수 있다.

창업자의 사생활 또한 책임과 기여도에 영향을 끼칠 수 있다. 오컴에
서는 창업자 모두 버로스의 첫아이 탄생이 임박했음을 알았다. 하지만
버로스 자신조차 이 일이 전임 업무를 그만두겠다는 의지에 얼마나 영
향을 주고 오컴 설립에 매진하게 할지 확신하지 못했다. 예기치 못한 심
각한 건강 문제는 모든 집단을 놀라게 할 수 있다. 예를 들어, 마이크로
소프트가 아직 개인 회사였을 때 공동 창업자 폴 앨런(Paul Allen)은 호지
킨 림프종 진단을 받아 회사를 그만두었고, 주식회사가 될 때까지 빌 게
이츠는 매우 중요한 시기였던 3년 동안 홀로 분주하게 활동하는 창업자
로 남아 있었다.▪

이런 식이라면 가장 안정된 지분 분배조차 혼란에 빠질 수 있다. 예를

들어, 로빈 체이스와 그녀의 파트너 다니엘슨 안트예(Danielson Antje)가 카 세어링 기업인 지프카를 설립했을 때, 이들은 지분을 똑같이 50 대 50으로 나누기로 고속 합의했다. 이 팀은 그렇게 함으로써 지분 분배를 둘러 싼 파괴적인 긴장을 피했고 이제 창업에 초점을 맞추게 되었다고 믿었다. 체이스는 "우리는 50 대 50으로 합의하고 마주 앉아 악수했습니다. 나는 좋다고 생각했고요"라고 회고했다. 체이스는 지독한 지분 분배 협상 때문에 삐걱거렸다는 다른 팀들 이야기를 듣고는 자신과 안트예가 그런 문제를 피했다는 생각에 안도의 한숨을 쉬었다. 체이스는 자신의 영혼과 마음을 창업에 쏟아 부었고, 창업 과정에 크게 기여했으며, 안트예 역시 자신과 같으리라 철석같이 믿었다. 하지만 안트예는 기존 하던 일에 계속 전임했고, 여름이 되자 둘째 아이를 기대했다. 체이스는 파트너가 언제쯤 창업에 더 힘을 쓸 수 있는지 알고 싶었지만, 끝내 안트예는 전임으로 합류하지 않았다. 그런데도 안트예는 그때까지 동등한 비율의 지분을 소유하고 있었다. 체이스는 훗날 이렇게 이야기했다. "그건 정말 멍청한 합의였습니다. 일을 추진할 때마다 누가 어떤 기술을 아

- 게이츠와 앨런은 기업 공개를 하기 전까지 두 사람이 마이크로소프트에 기여한 정도가 불균형함에도 소유 주식을 그런 사건들에 맞춰 조정할 메커니즘이 없었던 것처럼 보인다. 처음에는 지분을 64 대 36퍼센트로 분배해 게이츠가 더 많이 보유했다. 게이츠의 지분이 앨런보다 1.8배 많았던 것이다. 아무리 앨런이 마이크로소프트의 기업 공개 이전 결정적 시기인 3년간 사업을 떠나 있었다 해도, 마이크로소프트의 S-1 양식 투자 설명서를 살펴보면 기업 공개 때 게이츠의 지분이 여전히 앨런보다 1.8배 많았다는 사실을 알 수 있다(45 대 25퍼센트). 앨런의 최근 저서(Allen, 2011)에서는 지분 분배를 재조정하려던 게이츠의 극단적인 계획이 앨런에 의해 좌절된 과정을 묘사하고 있다. 이는 손해를 보았음에도 세계 최고 부자가 된 빌 게이츠에게는 그다지 쓰라린 일이 아니었다. 하지만 이어서 살펴볼 내용처럼 모든 창업자는 서로 연관된 동적 요소가 지분 분배에 얼마나 중요한지를 깨달아야 한다.

는지, 어떤 시점에 무슨 일을 달성하는 게 가치 있는지 아무도 모르기 때문입니다. 우리의 첫 합의는 그 후로 2년 반 동안 엄청난 불안만 안겨 주었습니다."[20] 결국 안트예는 회사를 아주 떠났지만, 주주 자리는 계속 유지했다.

이런 문제를 해결하는 데 드는 비용은 로빈 체이스의 '불안'에서 좀더 유형적인 금전적 비용에 이르기까지 매우 높을 수 있다. 거브워크스닷컴(govWorks.com)의 창업자 칼레일 I. 투즈먼(Kaleil I. Tuzman)과 톰 허먼(Tom Herman)에게는 공동 창업자 치에 청(Chieh Cheung)이 있었다. 1만 9000달러를 내놓은 치에는 5개월 동안 거브워크스에 전임하기보다 본업을 유지하며 '근무 후 작업'으로만 일하다 결국 팀을 떠났다. 나머지 공동 창업자들이 최초 자본 투입을 매듭지으려 할 무렵, 잠재적 자금 제공자였던 메이필드(Mayfield)는 칼레일과 톰이 치에의 지분을 모두 사들이고 그의 지분을 반환 청구할 때까지 투자할 생각이 없었다. 벤처 투자가들은 매입을 촉진하기 위해 41만 달러를 기꺼이 투자하는 등 구미가 당길 만한 거래를 제안했다. 하지만 치에는 80만 달러를 원했다. 자본 투입 종료 압박이 거센 가운데, 칼레일과 톰은 자신들의 호주머니에서 꺼내 마련한 29만 달러를 합해 70만 달러로 치에와 타협했다.[21] 칼레일은 자신이 돈을 갈취당했다는 느낌이 들었다. 실제 여러 창업 팀은 종종 이런 위험에 적극 대처하지 못한다. 필자의 데이터베이스에 따르면, 절반 정도의 팀이 동적 요소(수령권, 매수 조건 등)를 지분 합의에 포함하는 것을 무시하다 팀을 스스로 지프카와 거브워크스닷컴 팀이 직면했던 것과 같은 위험에 빠뜨렸다.

창업자를 위한 틀

창업자들은 이런 현상을 어떻게 다루어야 할까? 간단히 말하면, 미래에 일어날 구체적인 변화의 내용을 일일이 예측할 수는 없더라도, 초기에 분배하면 상황이 뒤집힐 수 있다는 것을 전제로 지프카나 거브워크스닷컴 등에서 적용한 정적 분배보다는 동적 지분 분배 구조를 구축해야 한다. 가능한 한 창업자의 과거 기여도, 기회비용, 미래 기여도, 동기 등을 고려해 그것에 맞게 초기 지분 분배를 하는 것이 중요한 만큼 그것을 제대로 유지하는 것 역시 중요하다. 그럼으로써 상황 변화에 맞게 분배 조정이 가능하기 때문이다.

업다운 팀은 동적 합의의 필요성 그리고 앞으로 닥칠 문제에 관한 논의의 틀을 갖출 필요성을 깨닫게 해주는 좋은 사례다. 이 팀은 2006년 11월에 처음으로 지분을 분배했다. 그때까지 총 4명의 창업자는(그중 한 명인 워런은 공동 창업자 팀에서 탈퇴해 더는 창업에 이바지하지 않았다) 이따금 사업 계획을 구상하는 정도라 이렇다 할 재원이 없었다. 그래서 나머지 3명은 과거 기여도를 무시하기로 하고 모두 똑같이 미래에 이바지한다는 가정 아래, 라이히에게 5퍼센트의 아이디어 프리미엄을 지급하는 것을 제외하고는 모두 똑같이 지분을 나누어 가졌다.

팀이 이와 같은 분배에 합의한 지 한 달 후 라이히는 관심을 보이던 한 에인절 투자자와 논의에 들어갔고, 이것은 그의 업무 성과를 극적으로 끌어올리는 원동력이 되었다. 그 시간에 트루옹은 본업인 컨설팅 일을 하느라 바빴고, 루드빅슨은 여전히 아내 및 두 자녀와 함께 긴 휴가를 보내고 있었다. 몇 주 후, 팀 구성원들의 현재 동기와 기여 수준으로 보아 이들의 미래 기여도를 걱정하게 된 라이히는 가치를 더 많이 창출한 사람이 지분을 더 많이 받는 새로운 지분 분배 방식에 활용할 더욱 정확한 틀을 개발하기 시작했다. 도표 6.6은 이 틀을 단순화한 것이다.

전반적으로, 아래에서 설명하는 동적 요소와 더불어 라이히가 개발한 틀은 지분을 어떻게 나눌지를 두고 머리를 싸매는 다른 팀들에게 모형이 될 수 있다. 이 틀은 질적으로 다른 창업 발전 단계를 각각 구분해 놓고, 창업의 가치 창출에 필요한 각 단계의 중요성을 논의하는 구조적 방법을 제시하며, 각 창업자가 안고 있거나 수행하게 될 다양한 과업을 구상하고 평가할 기회를 제공한다. 라이히의 공동 창업자들은 그가 마련한 틀에서 몇 가지 구체적인 내용에 강하게 반발했지만(예를 들어, 1단계의 지나친 비중, 트루옹의 기여 항목, 3단계 기여 내용의 변화), 그 틀은 갖가지 복잡한 요인에 관한 논의를 이끌어낼 구조적 접근법을 제시한 것이었다. 그리하여 팀의 재협상을 수월하게 할 수 있었다.

구조적 접근법은 또한 본능적으로 팀 원동력과 창업의 성공에 더욱 영향을 끼칠 수 있는 무형적 요소의 비용으로서 유형적 요소를 지나치게 강조하려는 경향을 확인하는 데도 활용할 수 있다. 창업자와 특히 연구자들에게 과거 기여도는 대체로 미래 기여도보다 평가하기 쉽고, 현금 기여도는 아이디어를 다듬는 데 이바지하는 정도보다 평가하기 쉬우며, 기술은 대체로 헌신도와 동기를 평가하기보다 쉽다. 하지만 팀은 이토록 광범위한 요소를 논의하고 그에 따른 균형을 맞출 메커니즘을 모색해야 할 것이다. 함께 틀을 개발함으로써 창업 팀은 또한 구체적 수치에 관한 논쟁에서 초점을 옮겨 기준 합의, 비율 평가, 과업 및 책임 협상 같은 더욱 생산적인 과정에 집중할 수 있다.

업다운 팀은 각 창업자가 오랜 시간 다양하게 이바지한 내용을 반영하기 위해 지분 분배 협상을 두 번이나 치르고 조금 앞서 가는 계획을 수립하기 위해 일정한 틀을 사용하기도 했다. 하지만 그것으로는 충분

도표 6.6 업다운의 지분 분배 틀

창업자	1단계: 2006년 10월~2007년 1월 비율 40%		2단계: 2007년 2월~ 5월 30%		3단계: 2007년 6월~7월 30%		지분 총비율
	기여	지분	기여	지분	기여	지분	
라이히	기회 확인, 사업 전략 수립, 자금 확보	60%	투자자 관리	$33\frac{1}{3}$%	같음	$33\frac{1}{3}$%	45%
루드빅슨	사업 및 영업 전략 수립 등	28%	영업, 제품 관리	$33\frac{1}{3}$%	같음	$33\frac{1}{3}$%	28%
트루옹	초기 사이트 모델 제작, 사업 전략 수립	10%	사이트 개선	$33\frac{1}{3}$%	같음	$33\frac{1}{3}$%	26%
워런	사업 전략 수립, 재무 계획	2%					1%
합계		100%		100%		100%	100%

하지 않았다. 2007년 2월 팀이 새로운 분배에 합의하고 여름 내내 일한 후, 루드빅슨과 라이히는 취업 비자를 신청해 학업을 중단하고 업다운에서 전임으로 근무할 계획이었다. 확률이 2분의 1인 비자 추첨에서 라이히는 비자를 받았지만 루드빅슨은 받지 못했다. 이로써 루드빅슨이 창업에 전임하는 것은 불가능해졌다. 지분 분배 재협상 당시에는 이 점을 생각하지 못했기 때문에 지분 분배 협상을 한 번 더 함으로써 팀 내 긴장은 또다시 고조되었다. 아래에서 살펴볼 방식을 통해 이러한 변화를 예측하고 그 변화에 따라 상황을 조정하도록 초기에 합의해놓으면 긴장 재발을 피하는 데 도움이 될 것이다.

조건과 돌발 사태 및 신뢰

동적 지분 협상에는 매수 조건(한 창업자의 지분이 업체나 다른 창업자에 의해 사전에 협상한 조건으로 팔리는 것)이나 수령권 지급 일정 등 여러 가지 접근법을 활용할 수 있다. 하지만 그 중심은 이 모든 구조가 신생 기업 고유의 불확실성을 다루는 데 적합하게끔 설계되어 있다는 것이다.

전직 미 국방장관 도널드 럼즈펠드의 유명한 인용구에서 영감을 얻은 필자의 동료 디팩 맬호트라(Deepak Malhotra)는 계약과 관련한 각기 다른 형태의 불확실성을 '기지수'(결과가 이미 알려졌거나 확실한 것)와 '기지수-미지수'(발생은 예상할 수 있지만 결과는 예상할 수 없는 시나리오), '미지수-미지수'(미래를 전혀 예측할 수 없는 것)로 규정하는 일반적인 방법을 고안했다.[22] 이 세 종류의 불확실성은 조건과 돌발 사태 그리고 신뢰로 각각 규정할 수 있다.

창업자의 지분 분배는 각 창업자가 자본에 얼마나 기여했는지 그리고 누가 특허를 보유하는지 같은 표준 계약 조건을 이용해 해결할 수 있는 기지수와 관련이 있다. 예를 들어, 존디고와 크림슨 솔루션은 창업자 중 최초 아이디어 발안자에게 지분을 더 많이 나누어줌으로써 문제를 해결했고, 링스는 그와 같은 기지수를 수령권 계약으로 처리했다. 오컴은 창업자들의 각기 다른 현금 기여도 문제를 같은 비율의 지분 분배로 다루었다.

기지수-미지수는 여러 가지 최악, 예상, 최고 시나리오에 따라 지분 분배를 어떻게 바꾸어야 하는지를 개괄하는 조건부 규정을 이용해 접근할 수 있다. 예를 들어, 오컴 팀은 버로스가 아기의 탄생으로 상황이 바뀔지 몰랐고, 버로스 자신 또한 그것을 예상하지 못했다. 하지만 그럴 가능성은 모두 알고 있었다. 버로스는 창업에 전임으로 합류하거나, 시간제로 합류하거나, 아니면 완전히 떠날 생각이었던 것이다. 그래서 창업자가 창업 참여를 중단했을 때 규율과 비용을 신중하게 제시해 발기인 지분을 다시 사들이도록 매입 협정을 마련함으로써 이러한 기지수-미지수를 처리했다. 협정에서는 버로스가 창업 업무를 하지 못할 가능성을 명확하게 언급했다. 요컨대 다음과 같은 조항이다. "켄 버로스가 2000년 4월 19일까지 회사의 전임 직원이 아닐 때에는 다른 발기 주주들이 버로스가 보유한 지분의 50퍼센트를 매입할 권리가 있다……."

그러나 불확실성 높은 창업의 세계에서는 아주 많은 것이 미지수-미지수의 범주에 들어갈 수 있다. 이것들을 다루는 첫 단계는 가능한 한 많이 판별해내기 위해 열심히 노력하는 것과 그런 일이 일어날 때 사태가 어떻게 변할 것인지를 논의하는 것이다. 즉, 미지수-미지수를 기지수-미지수로 바꾸는 것이다. 예를 들면, 마이크로소프트의 공동 창업자 폴 앨런이 호지킨 림프종 진단을 받으리라고는 아무도 예상하지 못했다. 하지만 어떤 창업 팀이든 구성원 중 한 명이 빠져야 하거나 건강 또는 개인적 이유로 팀을 떠나게 될 가능성을 염두에 둘 수는 있다. 그런 시나리오를 드러내놓고 적극 논의하는 팀은 미지수-미지수를 기지수-미지수로 어느 정도 바꿀 수 있고, 그런 문제를 다루기 위해 조건부 협정을 체결할 수 있다. 취업 비자 취득 확률이 2분의 1이라는 사실을 알았던 업다운 팀은 분명 각각의 가능성에서 비롯될 영향을 논의할 수 있었고, 루드빅슨이나 라이히만 또는 두 사람 모두 비자를 받지 못할 때 지분을 어떻게 변경해야 할지도 계획할 수 있었다.

팀이 얼마나 철저하게 미지수-미지수를 기지수-미지수로 바꾸려 노력하는지와 상관없이 예기치 못한 일과 혼란은 계속 일어날 것이다. 그럴 때 팀은 구성원끼리 쌓아온 신뢰에 의존해야 한다. 긴장 가득한 문제가 일어나기 전에 그런 강력한 신뢰를 쌓을 기회가 있다면, 그 신뢰 덕분에 공동 창업자들은 직무 범위를 넘어서 현재의 이기심을 버릴 수 있다. 장기적으로 보면, 이는 뿌리는 대로 거두는 셈이다.[23] 공동 창업자들이 늘 서로를 믿을 것이라고 추정하기는 쉽다. 하지만 창업이라는 시험대에 오르면 팀은 더욱 강하게 단련되기는커녕 속을 끓일 경우가 많다.

이러한 이유로, 창업 팀 구성원은 서로를 신뢰하는 등 끊임없이 관심을 가져줄 필요가 있다. 언제라도 절벽 아래로 함께 추락하는 것을 막아줄 밧줄이 바로 신뢰이기 때문이다. 아무리 창업자가 더 큰 성공을 위해 여러 단계를 밟아가며 애쓴다 해도, 공동 창업자들 눈에는 그것이 상호 신뢰를 파괴하는 것으로 보일 수도 있다. 업다운에서 라이히는 자신의 기여도에 맞게 지분을 받고 싶었다. 그러나 처음에 공동 창업자들은 그런 모습을 장기적으로 팀을 더욱 안정시키기 위한 시도라기보다 탐욕스럽고 이기적인 행동이라고 생각했다. 하지만 공동 창업자들과 허물없이 소통하고 그들의 요구에 맞게 지분을 조정하려는 라이히의 의지가 팀 내 신뢰를 더욱 높였다. 따라서 복불복의 팽팽한 지분 분배 협상은 그 자체가 양날의 칼이다. 팀을 더욱 현명하고 강하게 단결하도록 하거나, 아니면 팀 내 신뢰를 점점 약화할 수 있다. 특히, 일부 창업자들은 지분 분배 협상이 창업자의 개인적·집단적 성공을 결정할 일련의 협상 중 하나라는 사실을 망각한다. 한 창업자가 지분 비율의 끝자리 수까지 하나하나 따지고 들면 다른 창업자들은 스스로 몸을 사리는 게 좋을 거라는 느낌을 받게 되므로, 불가피한 미지수-미지수가 일어날 때는 팀이 그것을 처리하기 어렵다. 짐 트라이언디플로는 그런 상황을 이렇게 표현했다. "노력한 만큼 좋은 결과가 나오는 것은 아닙니다."

지분에 관한 업다운 팀의 마라톤협상은 실제로 그들의 상호 신뢰를 공고히 했다. 2007년 2월 지분 협상을 재개하고 모든 사람이 공정하다고 느낀 합의를 이뤄낸 것을 계기로 이들은 서로 상대의 동기와 목표를 살펴보는 귀중한 통찰력을 지니게 되었다. 그것이 라이히의 역할을 분명히 하고, 트루옹이 이바지한 것을 인정하고, 루드빅슨이 개인적으로 창업을 어느 정도 중시하는지를 이해하는 데 도움을 주었다. 그리하여 루드빅슨이 비자를 발급받지 못하고 졸업 후 국내에 남아 있을 때, 팀은 다시 한 번 침착하게 재협상을 할 수 있었다. 2007년과 2008년, 루드빅슨은 보유한 주식의 3분의 2를 반환했지만, 자신이 창업에 들인 시간과 노력을 고려해 3분의 1은 남겨두었다. 이와 대조적으로, 거브워크스닷컴에서는 치에와의 마라톤협상이 그와 나머지 팀원 간의 신뢰를 무너뜨리고 말았다.

공동 창업자로부터 자기 방어: 수령권 자진 부여

수령권은 동적 지분 합의의 가장 일반적인 형태다. 수령권이라는 조건은 창업자들이 구체적인 기간이나 시점에 이르렀을 때 지분을 획득하는 것으로서 처음부터 지분을 보유했을 때는 정적 지분 분배에 해당한다. 지분을 모두 수령하기 전에 창업에서 손을 떼는 창업자들은 수령하지 않은 몫을 창업 회사 또는 다른 공동 창업자에게 양도해야 하며, 그 지분은 계속해서 창업 가치를 창출할 공동 창업자에게 옮겨가거나 탈퇴한 창업자를 대신할 누군가에게 재할당할 수 있다. 이처럼 수령권 조건은 지분을 그대로 갖고 탈퇴하도록 하기보다 각 창업자에게 인센티브를 주어 창업에 계속 이바지하게끔 하는 '황금 수갑' 역할을 하거나, 한 창업자가 떠날 때 나머지 창업자를 보호하는 데 도움을 준다. 창업자가 부여하는 수령권은 또한 핵심 창업자가 잠재 공동 창업자들이 장기간 신생 기업과 함께할 생각인지 검증하게 해주고, 그들의 적극성과 역할을 기대하게끔 한다. 만약 로빈 체이스가 공동 창업자에게 수령권을 제안했다면, 체이스는 안트예의 반응을 보고 그녀가 창업에 전임으로 합류할 계획인지 알 수 있었을지도 모른다.

그럼에도 창업 팀은 최초의 외부 투자자들에 의해 어쩔 수 없이 수령권을 채택해야 할 때까지는 대체로 수령권이라는 조건을 꺼린다. 창업자들은 종종 수령권 조건 제시가 공동 창업자의 헌신에 대한 신뢰 부족으로 보일까봐 걱정하거나, 또는 자신의 지분에 수령 조건을 달아야 한다는 생각에 불쾌해하거나, 심지어 자신이 지분을 수령하기 전에 수령권이 자신을 어떻게 보호해줄지 고려하지 않은 채 앞으로 자신에 대한 처우가 어떻게 변화할지만 생각하느라 두려워하기도 한다.[24]

두 가지 대표적인 수령권 형태로는 시간 기준 수령권과 시점 기준 수령권이 있다. 시간 기준 수령권은 창업 활동에 적극 참여하는 각 창업자가 달이나 분기, 해가 지날 때마다 자기 지분에서 미리 정해진 몫을 얻는 것이다.▪ 이러한 형태의 수령권은 시간 경과, 즉 신생 기업의 부가가치를 전제로 하며, 업무가 계획에 따라 진행되는 한 이러한 전제는 유효하다. 그러나 업무가 계획보다 느리게 진행될 때도 잦은데, 이때 창업자들은 예상되는 기여 행위가 이루어지기 전에 지분 전체를 얻을 수 있다. 실제로, 너무 짧은 시간 기준 수령권은 창업이 계속 유지되는 동안 '황

▪ 가장 보편적인 시간 기준 수령권 지급 일정에서는 첫 한 해를 적립 기간으로 삼고 창업자는 그 적립 기간을 채운 후 그해의 지분을 획득하며, 그 후부터는 월별로 수령한다. 4년 수령권을 예로 들면, 첫해 말에 창업자는 지분의 25퍼센트를 수령하고, 그 후 3년 치는 월별로 수령해 달마다 36분의 1씩 나머지 지분을 수령하게 된다.

금 수갑'을 풀어버려 창업자를 잃을 위험을 높인다. (이런 이유로, 시간 기준 수령권은 '심장 박동 같은 지급법'으로서 조금은 억울하게 웃음거리로 전락했다.)

시점 기준 수령권은 그런 문제를 푸는 하나의 해결책이지만, 그 자체로 문제를 일으킬 소지가 있다. 팀 구성원은 규정된 시점마다 구체적인 액수의 주식을 얻는데, 이 시점에 이르면 창업한 기업에 실질적 가치를 부여하게 된다. 영업 지향적 창업자에게는 이 시점이 자금 조달이나 고객 확보, 수입, 파트너십 협정 수립과 관련이 있을 수 있다. 기술 전문 창업자에게는 원형을 완성하거나, 성공적으로 베타테스트를 실시하거나, 또는 완성된 초기 버전을 발표하는 시점이 될 수 있다.

이런 접근법은 신생 기업이 창출해낸 추가 가치에 대한 각각의 추가 지분 지급과 맞물리는가 하면, 팀이 (a) 각 시점에 도달하는 시기를 객관적으로 정의할 수 있을 때, (b) 각 시점이 그것을 달성하는 데 책임 있는 창업자(들)와 분명하게 연결될 때 유효할 뿐이다. 만약 시점이 너무 주관적이라면, 도달한 그 시점을 창업자들이 동의하지 않아 시점 기준 수령권은 긴장과 갈등을 고조시킬 수 있다. 만약 시점 달성이 여러 창업자의 노력에 달려 있다면, 그 시점에 도달했을 때 그중 단 한 명만이 추가 지분을 받을 것이고, 다른 이들은 자신이 보유한 지분에 영향을 끼치는 시점에만 초점을 맞추는 것에 동기를 받아 팀 내에서 긴장을 고조시키고 달성 시점에 도달하는 능력을 떨어뜨린다.

변화가 빠른 기업에서는 그런 시점을 고정하는 것이 위험할 수 있으니 신중해야 한다. 훗날 창업 전략에 필수적인 변화들이 창업자의 지분 일부가 걸려 있는 어느 한 시점을 시대에 뒤떨어지게 할 수도 있어 지분과 시점을 둘러싼 긴장된 협상 단계가 또 한 번 필요하기 때문이다. 그렇지 않을 때에는 특정 창업자가 속았다는 느낌을 받거나 뒤떨어진 시점을 계속 쫓아가면서 더욱 부정적인 방향으로 시섬이 고정된다. 어느 창업자 겸 CEO는 한 자금 조달 시점에서 세 가지 측정 기준을 어떻게 정의해 다음 자본 투입 단계에 적용했는지 설명했다. 요컨대 일정한 최소 자본량이 일정 시일 이전에 일정한 최소 가치 평가액으로 모여야 하는 것이다. "복수의 벤처 투자가들이 주식 공매에 입찰을 했고, 그중 일부 공매는 기준에 맞지 않았지만 회사 처지에서는 그런 편이 분명 더 나았습니다"라고 위의 창업자 겸 CEO는 말했다. 창업자의 인센티브를 사업 인센티브에 맞추도록 설계한 이런 자금 조달 시점은 오히려 상당히 어긋났다. 영향력 큰 모든 인센티브가 그렇듯 수령권 조건은 이처럼 의도치 않은 결과를 염두에 두고 마련해야 한다. 이사진과 창업자들은 다양한 시나리오에 임시 시점을 두고 '스트레스 테스트'를 해 각 시점이 모든 시나리오에 통하는지 평가하고, 일부 시나리오에서는 어긋날 수도 있는 시점을 조정해야 할 것이다.

하지만 동적 조건을 현명하게 활용한다면 팀은 특이한 상황에 대처하는 주목할 만한 유연성을 얻을 수 있다. 예를 들어, 기업 컨시어즈 회사인 서클스에서 두 공동 창업자는 각자 자녀를 출산할 때 일어날 법한 기지수-미지수에 초점을 맞추었다. 이들은 엄마가 된 사람이 분명히 일을 계속하고 싶어 할 것이라고 생각은 했어도, 주당 업무 시간 단축 요구 가능성을 반영해야 했기에 수령권 조건을 이용했다. 두 창업자는 만약 공동 창업자가 근무 시간을 80퍼센트나 60퍼센트로 줄이기를 원할 때는 수령권을 그 비율로 조정하기로 합의했다. 또한 60퍼센트 미만의 업무 시간은 회사를 떠나는 것과 같거나 차후 대책에 관해 더 자세한 논의가 필요하다는 데에도 동의했다. 오컴 테크놀로지에서 창업자들은 환매(buy-back) 시스템을 고안했다. 이는 만약 아이디어맨인 버로스가 업무 시간을 반으로 줄이면 그 지분 역시 따라서 반으로 줄고, 첫해 연말까지 참여하지 않을 경우 지분을 완전히 매각한다는 내용이었다. 거꾸로 말하면, 앞서 살펴본 링스 팀처럼 비아이디어 창업자가 수령권을 갖고 아이디어를 가진 창업자는 수령권을 갖지 않음으로써 팀의 요구에 맞춰 유연하게 타협한 것이다.

높은 흡인력, 높은 동기부여

우리는 이제 동적 합의의 힘을 더욱 잘 이해할 수 있다. 또한 초기 지분 분배가 공동 창업자들을 매료시킬 수는 있지만, 창업자의 동기를 약화하고 무임승차를 조장할 수 있다는 것에 대해서도 알았다. 반면, 차후 분배는 창업자의 동기를 강화할 수 있지만, 공동 창업자들을 매료시키는 데 방해가 된다는 사실도 알았다. 동적 합의는 이러한 교환 관계를 피하는 방법을 제공한다. 창업 초기에 지분 분배(주요 조건과 부가 조건 모두)를 명확히 해두면, 핵심 창업자는 구체적인 지분 조건으로 공동 창업자를 끌어들일 수 있다. 분배 규정을 각 창업자의 지속적인 기여도에 맞게 바꿀 수 있도록 동적으로 만들면 공동 창업자들에게 창업의 가치를 창출할 동기를 계속 부여하는 데 도움이 된다.

예를 들어, 오컴의 초기 지분 분배는 마이젠하이머와 트라이언디플로로 하여금 (지분을 초기에 받음으로써) 창업에 완전히 매료되어 전념할 수 있게끔 했고, 그와 동시에 '업무 수행을 중단할 경우' 지분을 반환해야 한다는 지분 환매 조항은 이들이 성공을 향해 부지런히 계속 일할 수 있게끔 장려했다. 이런 비상 계획은 버로스가 탈퇴를 결심했을 때 분열의 가능성을 막아주었다.

현금 보상

많은 창업자가 창업 팀에 참여하는 가장 큰 재정적 동기는 현금 보상보다 지분이다. 현금이 부족한 신생 기업은 일반적으로 급여나 상여금을 많이 지급할 수 없지만, 자신감 있고 열정적인 창업자는 대개 자신의 지분이 언젠가 그러한 희생에 보답하리라고 믿는다. 오컴의 공동 창업자 겸 CEO였던 짐 트라이언디플로는 급여를 받지 않는 것을 기업가로서 명예의 상징으로 여겼다. "오컴의 첫날은 4월 19일입니다. 우리가 급여를 받지 않은 첫날이기 때문이죠. 급여를 받지 않는다면, 이제 기업가가 된 것입니다."

한편 필자의 분석에 따르면, 대부분의 창업 팀 내에는 현금과 지분의 결합이 거의 없는 것으로 나타났다. 이는 보상 혼합에 관한 결정이 상대적으로 임시변통적이라는 의미를 지닌다. 다른 한편으로는, 앞으로 살펴보겠지만 일부 창업자는 자신이 원하는 보상 중 현금 보상의 역할에 확실한 태도를 보인다. 예를 들어, 업다운 팀에서 퍽 트루옹은 현금과 지분 중 한쪽은 적게 다른 한쪽은 많게 기꺼이 교환하겠다고 확실히 말했다.

수많은 창업 팀 내에서 발견할 수 있는 창업자 보상의 패턴은 뚜렷하게 두 가지다. 지급 평등 그리고 종종 창업자들에게 지급되는 시세보다 낮은 급여('창업자 급료 삭감')가 바로 그것이다. 후자의 패턴으로 창업자들이 창업에 얼마나 애정을 쏟는지 감지할 수 있다.

급여 균등 vs. 차등

짐 트라이언디플로는 자신의 첫 봉급이 부족했던 것을 자랑스럽게 여겼다. 하지만 현금 보상은 특히 큰돈을 만드는 데 익숙한 몇몇 창업자에게 여전히 중요하다. 예를 들어, 소프트웨어 개발 컨설팅 계약으로 한 해에 20만 달러를 벌던 픽 트루옹은 자기가 전임으로 합류할 때 잃게 될 수입 대부분을 업다운을 통해 만회해야 한다는 생각을 굽히지 않았다. 그는 11만 달러의 급여를 원했고, 하한선은 7만 달러였다. 그리고 급여가 11만 달러 미만일 경우 1만 달러마다 0.25퍼센트의 지분을 추가로 원했다. 이와 대조적으로, 학생이었던 라이히는 급여를 받는 것에 거의 신경을 쓰지 않았다. 따라서 이 팀의 공동 창업자들은 대략 비슷하게 기여했지만 매우 다른 급여를 받았다.

창업자들 사이에 이러한 차이점이 있으므로 우리는 창업 팀 구성원의 급여가 서로 매우 다르다는 사실에 놀라서는 안 된다. 그리고 실제로 필자의 2009년 데이터베이스에서 괄목할 만한 정량분석을 통해 얻은 결과에 따르면, 아직 외부 자본을 조달하지 않았지만 최소 2명의 공동 창업자가 여전히 근무하는 신생 기업 중 63퍼센트가 창업자에게 급여를 차등 지급한 것으로 나타났다.[■] 예상대로 창업자 겸 CEO는 가장 높은 급여를 받는 공동 창업자인 사례가 많았다. 하지만 이렇게 급여를 차등 지급받는 신생 기업의 약 3분의 1에서는 비CEO 공동 창업자가 실제로 창업자 겸 CEO보다 돈을 더 많이 벌어들이며, 대기업에서 CEO가 버

■ 차등 급여를 지급하는 이들 신생 기업 중 최고액과 최저액을 지급받는 공동 창업자 간의 차이는 30퍼센트였다. (이 비율은 자본 투입 단계별로도 크게 다르지 않았다. 즉 29~32퍼센트로 소폭의 차이만 있었다.)

는 돈은 거의 모두를 압도할 만큼 현저히 많은 것으로 나타났다.[25]

창업 팀의 급여 평등이 규칙은 아니다. 하지만 이는 신생 기업들 사이에서 일반적인 일이며 오래갈 수도 있다. 링스의 세 공동 창업자는 사업을 시작한 뒤 줄곧 같은 급여를 받았다. 필자의 정량분석 데이터베이스에 따르면, 2인 이상의 공동 창업자가 있는 자본 투입 전 신생 기업의 37퍼센트가 여전히 창업자들에게 동등한 급여를 지급했다. 이 비율은 외부 자본 투입이 이어질 때마다 떨어져, 3차 외부 자본 투입이 이루어진 후에도 동등한 급여를 지급하는 팀은 단 19퍼센트에 불과했다. 동등한 급여 지급은 3인 창업자 팀에서 33퍼센트, 2인 창업자 팀에서 40퍼센트로, 2인 팀에서 더 흔하게 이루어졌다. 비록 이 비율은 3차 자본 투입으로 인해 떨어졌지만, 2인 창업자와 3인 창업자 팀의 관계는 계속 유지되었다. 요컨대 2인 창업자 팀의 20퍼센트 그리고 3인 창업자 팀의 13퍼센트가 동등한 급여를 지급받았다.

창업자 급료 삭감 ― 헌신인가, 착취인가

링스 솔루션 창업자들은 현금 보상 때문에 크게 낙심했다. 우선, 이들은 사실상 '제로'라고 볼 수 있는 시세 이하의 급여를 자발적으로 수용했다. 이는 사업을 일으킬 자산을 모두 쓴다면 그렇게 하는 것이 창업에 더 나을 것이라고 생각했기 때문이다. 벤처 투자가들로부터 자금을 조달받을 때 이들은 각 6만 달러씩의 급여를 요구하며 새 이사회와 협상했다. 이 금액은 여전히 시세보다 한참 낮았지만, 창업자들은 많은 질문을 하지 않고 자신이 '회사에 유리하게 협상하고 있다'고 생각했다. 하지만 훗날 창업자들이 업계 수준에 맞추어 급여를 더 많이 받기 위해 인상(10만 달러 이상)을 제기했을 때, 이사회는 이들에게 9만 달러만 지급하려 했다. 세 창업자는 만약 이사회가 공정하게 지급하는 데 합의하지 않으면 팀을 떠나겠다고 협박할 작정이었다. 하지만 결국 이들은 창업 팀이 아닌 직원들이 떠나겠다고 똑같이 협박하는 바람에 곤욕을 치렀다. 앞으로 살펴보겠지만, 창업자들의 이러한 협박은 그다지 효과적이지 못하다.

적은 보수를 받는 사람은 링스 창업자들뿐만이 아니다. 필자는 정량 분석 데이터베이스를 통해 528개의 개인 창업 회사에서 1238명의 창업자 및 비창업자 최고책임자급 경영자들이 받는 보상 내용을 파악했다. 그 결과 신생 기업 간의 차이점(회사의 연혁, 규모, 자원, 업종 부문 등)과 경영자 간의 차이점(소유주 지분, 학력 및 경력, 조직 내 임기 등)을 막론하고 창업자가 동등한 비창업자보다 2만 5000달러 적은 급여를 받는다는 사실을 발견했다. '창업자 급료 삭감'의 명백한 증거인 셈이다.■

기업 경영과 관련해 대리인 이론과 청지기 이론이라는 두 가지 영향력 있는 이론으로 창업자와 비창업자 사이의 보상 차이를 밝혀낼 수 있다. 대리인 이론에 의하면, 경영자들은 회사의 이익에 반하는 자기 본위에 따라 행동하는 '대리인'이다. 따라서 기업 소유주는 보상을 체계화해 (그리고 대리인의 행동을 관찰하면서) 경영자의 사리사욕을 조직의 목표 가까이에 놓을 수 있도록 해야 한다.[26] 창업에 참여하지 않은 고용자들은 전형적인 '대리인'으로서 자신의 수입과 이익을 얻기 위해 일하는 자기 본위의 개인이다. 창업자는 보상이 건실한 성과에서 나오게끔 체계화함으로써 이들의 이기심을 회사의 이익과 결부할 필요가 있다. 이

■ 더욱 자세한 이론, 표본 그리고 결과에 대해서는 Wasserman(2006b) 참조.

와 반대로, 청지기 이론에서는 특히 창업자 겸 CEO들이 '청지기'나 회장처럼 행동하는 경향이 있다고 주장한다. 청지기란 이기적인 행동을 하기보다는 순수하게 자신을 조직과 거의 동일시해 조직적 흥미를 촉진함으로써 크게 만족을 얻는 사람을 말한다.▪ 창업 초기에 창업자들은 자아 정체성과 창업 주체를 일체화하며, 회사의 성공이나 실패에 자긍심이 크게 영향을 받는다. 이런 상황은 회사의 관심사가 창업자의 관심사와 맞물리므로 이상적으로 들리지만, 여기엔 어두운 측면도 있다. 보상에 관한 창업자의 교섭력을 심각하게 제한해 창업자 급료 삭감이라는 결과를 초래할 수 있기 때문이다.

따라서 창업자 급료 삭감에 관해서는 자발적인 경우와 비자발적인 경우 두 가지로 설명이 가능하다. 창업자들은 자신의 생각대로 일하면서 정신적인 소득과 개인적인 만족감을 크게 얻으며 사업을 돕기 위해 더 적은 보상을 감수할 수 있다. 이것이 바로 링스 창업자들이 처음에 적은 보수를 받은 이유다. 그러나 좋아서 하는 일은 그 사업체가 외부 자금을 받거나 이사회를 구성한 후 덫이 될 수 있다. 링스의 창업자들처럼 박봉이라고 느끼지만 더 많은 보수를 받기 위해 아끼는 창업 회사를 떠날 수 없는 사람들은 이사회에 의해 급여 삭감을 받아들이도록 강요당할 수 있다.

결국, 링스의 창업자들은 급여 인상 문제로 회사를 떠나겠다고 이사

▪ 청지기 이론은 경영자들이 조직의 관심사가 자신의 관심사와 충돌하더라도 조직의 관심사를 따를 가능성이 높은 심리적 및 상황적 환경을 식별하기 위한 이론이다(Davis et al., 1997). 대리인 이론의 문제는 소유권과 경영권을 분리했을 때 일어난다. 하지만 젊은 사업가가 운영하는 기업체는 소유권과 경영권이 결합한 전형적인 사례로서(Fama et al., 1983) 창업자가 대리인보다 청지기나 회장 역할을 할 가능성이 크다.

회를 단단히 협박할 수 없었다. 창업자 제임스 밀모의 설명을 들어보자. "이사회는 우리가 회사에 대한 애착이 남달라 떠나지 않으리라는 것을 알고 있었습니다. 단기적인 현금 보상 때문에 떠나기에는 우리가 회사를 설립하는 데 이바지한 것이 너무 많았던 겁니다. 그래서 이사회는 우리가 짐짓 협박만 하는 것이라는 걸 알았지요. ……[말도 안 되게 낮은 급여가] 결국 업보처럼 우리를 따라다니게 된 겁니다." 낮은 급여는 그들에게 큰 장애물이었다.

그러나 창업자의 급여 인상 협상 능력은 시간이 갈수록 커져야 한다. 신생 기업이 성장하는 만큼 창업자는 점점 더 커지는 소유권을 투자자와 직원들에게 양도할 수밖에 없으므로 우리는 이들의 애착이 더욱 희미해져 청지기보다는 대리인에 가까워지리라는 것을 예상할 수 있다. 그렇게 되면 이사회는 창업자와 비창업 경영자 간의 보상 차이를 줄여 조정하는 데 힘쓴다. 즉, 애착/청지기 임무에 덜 의존하고 보상/대리인 임무에 더 의존하는 것이다. 이는 링스에서도 실제로 일어난 현상이다. 개업 후 몇 년이 흘렀을 때, 창업자들은 마침내 지분 카브아웃(carve-out)을 통해 더 큰 보상치를 협상할 수 있었다. 필자의 실증적 조사 결과는 회사가 성장할수록 창업자의 급료 삭감이 줄어든다는 견해를 뒷받침한다. 직원이 100명으로 늘어났을 때, 창업자와 비창업자 사이의 보상에는 큰 차이가 없다. 이와 같은 창업자 급료 삭감은 자발적 및 비자발적 요인의 소멸과 밀접한 관련이 있다.

맺음말

지분 분배는 창업자의 딜레마 중 가장 복잡하고 팽팽한 문제다. 매우 단순하게 균등하고 정적인 분배 방법을 취함으로써 긴장을 피하려는 것이 창업자의 본능적인 경향이다. 창업자들은 장기적으로 위험 충만한 이런 충동을 이겨내야 한다. 그 대신 분배하기에 적절한 시기를 모색하고 알맞은 접근법을 활용해야 한다.

지분을 너무 일찍 분배하면 계속 재협상을 해야 한다. 만약 사업이 여전히 지지부진하고 팀 구성도 끊임없이 바뀐다면, 창업자들은 지분 분배 협상을 보류해야 한다. 그와 동시에 외부적인 일(투자 제안 등)이 발생하거나, 핵심 공동 창업자에게 지분에 관한 명확성을 심어주어야 한다면(예를 들어, 그 사람이 다른 사업 기회를 제안받았을 때) 팀은 원하는 시기보다 더 일찍 지분을 분배해야만 할 수도 있다. 그럴 경우에는 앞으로 설명할 동적 요소가 더욱 큰 중요성을 띤다.

상황이 견고하게 자리 잡기 시작할 때, 창업자들은 초기 분배를 각 창업자의 장기적 예상 기여도에 맞추는 구체적인 시도를 해야 한다. 도표 6.6에서 업다운 팀이 적용했던 틀이 모형을 제시한다. 비록 세부 내용을 모든 창업 팀에 적용할 수는 없지만 (그리고 세부 내용 중 일부는 업다운 팀 내에서조차 논란이 됐지만), 그 팀이 따랐던 틀의 전체 구조와 과정은 일반화할 수 있다. 이 틀을 특정 신생 기업에 적용함으로써 복잡한 감정적 문제를 논의하고 초기 분배에 이르는 체계적인 접근법을 창업 팀에 제공할 수 있다. 창업자들이 특정 조건에 합의하기 시작하면, 그 합의 내용을 서면화함으로써 사후 오해나 소통 오류를 피해야 한다. 벤처 투자가 제프 버스갱은 이렇게 말했다. "긴장의 가장 공통된 근원은 이후에 말이 달라져서 생기는 의견 충돌입니다. 이런 의견 충돌은 합의나 계약 내용을 꼼꼼하고 명료하게 서면화하면 피할 수 있습니다.”

이처럼 팽팽한 문제를 협상하는 가운데, 각 창업자는 함께 일하는 것은 장기적인 과제라는 것 그리고 지분 분배 협상이 팀의 관계를 돈독하게 하거나 깨뜨릴 수 있다는 것을 기억해야 한다. 협상을 ‘거래’로 여기고 눈앞의 자기 몫만 극대화하려는 창업자들은 작디작은 파이를 놓고 조금이나마 더 큰 조각을 갖는 정도거나 아니면 파이를 전혀 얻지 못해 관계를 악화시키고 장기적으로는 그 관계 자체를 잃을 수도 있다.

신중한 협상은 고속 합의를 통해 이끌어낼 수 있는 균등 분배로 이어질 가능성도 있다. 그런데 최초 자본 투입 시기가 오면, 고속 합의에 따른 분배 때에는 협상에 따른 분배 때보다 가치 평가액이 더 낮게 책정된다(균등 분배를 하기로 협상했더라도). 왜 그럴까? 한 가지 이유를 들자면, 지분 분배 협상이 종종 시험대 역할을 하기 때문이다. 만약 창업 팀이 협상에서 살아남는다면 그들은 까다로운 문제를 처리할 정도로 강한 팀일 때가 많다. 각 창업자가 이미 밑 빠진 독이나 다름없는 창업에 많은 돈과 시간을 쏟아 붓기 전에, 팀이 까다로운 결정을 함께 내리는 데 극복할 수 없는 어려움을 겪고 있다는 사실은 빨리 파악할수록 좋다.

초기 분배는 동적 요소를 동반해야 한다. 극단적인 반대 사례를 들자면, 만약 팀이 (a) 전략 초점, 사업 모델, 고객층, 경쟁 구도 등이 바뀌지 않는다는 것과 (b) 각 창업자가 사업에 계속 전념하고 높은 수준의 기여도를 유지하며 사생활에서 사업에 영향을 끼칠 만한 일이 일어나지 않을 것이라고 확신한다면(확실히 아는 것은 불가능), 팀은 최종적으로 지분 분배를 결정할 수 있다. 그렇지 않고 예상한 일 또는 예상치 못한 일에 알맞게 조정할 수 없도록 초기 지분 분배를 그대로 못 박는 것은 창업 팀이 저지를 수 있는 가장 큰 실수 중 하나다. 변화가 빠른 신생 기업에서, 초기 계획은 종종 극적으로 바뀌어 한 공동 창업자의 기여도가 지니는 가치를 예상보다 더 높이고 다른 공동 창업자의 기여도는 더 낮출 수 있다. 가장 의욕적인 공동 창업자조차 창업에 필요한 것을 알아가면서 또는 일상적인 문제가 개입하면서 기여를 중단할 수 있다. 이러한 변화는 가장 중요한 창업자에게는 낮은 보상을 주고 업무 성과가 기대에 못 미치는 창업자에게는 과잉 보상을 해 팀 내에 돌이킬 수 없는 긴장을 조성할 수 있다.

창업자들은 본능적 낙관주의에 굴복하기보다 창업의 일부 측면(사업 모델이나 전략 등)과 창업 팀의 일부 측면(창업자의 역할이나 책임 수준 등)이 변화할 것을 전제로 자신의 지분 분배를 구성해야 한다. 이들은 (a) 예측 가능한 시나리오가 지분 분배에 얼마나 영향을 끼칠 것인지 규정하고, (b) 매수 조건 또는 그와 비슷한 수단을 포함해 업무 성과가 기대에 못 미치는 공동 창업자의 지분을 다른 창업자가 반환 청구할 수 있도록 '예측 불가능한 때를 위한 계획'을 세워야 한다. 이런 조건은 각 창업자가 기여를 계속할 수 있도록 장려하고, 실패할 때면 나머지 공동 창업자가 기대 이하의 공동 창업자 지분을 재할당해 그 사람의 자리를 대체할 수 있게끔 한다. 요컨대 각 창업자를 지키고 업체도 지키는 방법이다.

창업자의 (상대적 또는 절대적) 기여도는 미리 규정하거나 측정할 수 없지만, 그들의 지분과 현금 보상을 소수점 아래까지 구체화할 수 있다는 사실에서 갈등은 이미 내재해 있다. 그럼에도 공동 창업자들은 무엇이 공정하고 무엇이 불공정한지를 인지하는 감각이 매우 뛰어나다. 실제로 필자와 맷 막스의 분석에 따르면, (각각의 배경과 초기의 창업 기여도를 바탕으로 했을 때) 받아야 할 금액보다 더 적은 지분을 받는 공동 창업자는

창업 초기에 이탈할 가능성이 현저히 높았다.[■]

초기 및 정적 지분 분배로 인해 불행한 결과가 발생할 가능성을 피하고자 하는 창업 팀은 (a) 각 구성원의 과거 기여도와 예상 기여도를 최대한 정확하게 반영하고, (b) 다른 사람들의 눈에 불공정해 보이지 않도록 각 공동 창업자에게 동기를 부여하는 보상 계획(지분 분배 포함)을 고안하는 데 최선을 다해야 한다. 팀은 또한 거래란 절대 완료되지 않는다는 사실 또한 명심해야 한다. 상황은 변할 것이고, 지분 분배와 보상이라는 기본적 도구 역시 의도한 대로 활용하려면 함께 변해야 할 것이다. 이 문제에 대해서는 7장에서 살펴볼 예정이다.

■ 각 공동 창업자가 얼마마큼의 지분을 '받을 만한지' 측정하는 방법을 포함해 더욱 자세한 내용은 Wasserman et al. (2008) 참조.

3R 시스템:
조정과 균형

앞의 장들에서 우리는 관계, 역할, 보상에 관한 에번 윌리엄스의 개인적 결정이 블로거에 어떤 영향을 주었는지 살펴보았다. 이제 우리는 다시 앞으로 돌아가 이러한 결정이 블로거 창업 팀의 분열에 어떻게 작용했는지 이해할 수 있다. 예를 들어, 윌리엄스가 예전 여자 친구 휴리한과 회사를 창업하기로 하고 의사 결정권을 공유하면서, 블로거는 평등 구조가 되었다. 하지만 윌리엄스가 CEO 직함을 고집한 것과 휴리한보다 더 많은 지분을 보유한 것에서 알 수 있듯 이는 블로거의 경영권을 유지한다는 윌리엄스의 동기와 한참 거리가 멀었다. 일상적 결정권을 함께 지니면서 가까운 친구이기도 했던 지위 덕분에 휴리한은 자신이 블로거의 경영권을 공유한다고 믿었다. 하지만 결국 윌리엄스를 주요 의사 결정자로 받아들이지 못해 회사를 떠나고 말았다. 윌리엄스가 이방인이나 부하였던 예전 직장 동료와 창업했다면 (또는 1인 창업자가 되기로 했다면) 그리고 의사 결정권을 공유하지 않도록 주의했다면, 역할과 관계를 차등 지분 분배 및 자신의 동기에 알맞게 조정했을 것이고, 아마도 고통스럽고 혼란스러운 팀 분열을 피했을 것이다. 이처럼 잘못된 조정은 재앙을 일으킬 수 있다.

개인의 결정을 넘어서: 배경과 결합

시험을 치를 때 우리가 기재하는 답은 저마다 맞거나 틀린 것뿐이다. 그러나 창업 팀은 창업이 성공적인 결과를 내도록 복수의 결정을 조정해야 한다. 어떤 한 시점에서 결정을 내렸을 때, 후속 결정이 아무리 각기 다른 환경에서 최선이었을지라도 앞서 내린 결정이 후속 결정을 잘못된 선택으로 만들 수도 있다. 관계, 역할, 보상에 관한 결정은 창업을 확실한 발전의 길로 인도할 뿐만 아니라 성장을 향한 고투, 자원 획득, 신생 기업의 경영권 보유 문제 등에서 서로 불리하게 작용하거나 협력적으로 작용한다. 도표 7.1과 아래에서 구체적으로 설명할 내용처럼 3R는 서로 연결되어 있다. 그러므로 관계, 역할, 보상의 딜레마를 다루는 창업 팀의 해결책은 개인뿐만 아니라 집단적으로도 이치에 맞아야 한다. 이번 장 전체에 걸쳐 살펴보겠지만, 조정된 결정이 아니라면 서로 목적이 어긋나는 결정밖에 없다. 3R를 잘못 조정했을 때 그나마 최선의 시나리오는 긴장과 불화가 일어나는 것이고, 최악은 창업 팀이 붕괴하는 것이다.

모든 상황에 적합하고 모든 문제를 피하는 완벽한 조정 비결이란 없다. 예를 들어, 오컴 테크놀로지의 창업은 관계 결정부터 시작되었다. 트라이언디플로는 예전 직장의 부하 직원이던 마이젠하이머와의 동업을

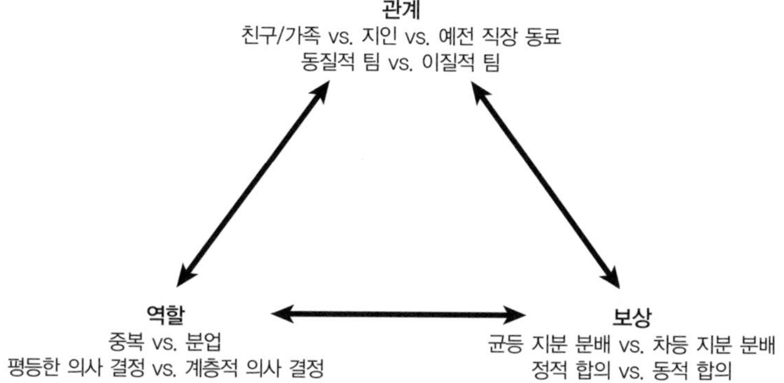

선택했고, 마이젠하이머는 예전 직장 상사와의 동업을 선택했다. 그런 다음 이들은 기존 관계에 맞춰 조정된 역할과 보상을 조율했다. 트라이언디플로는 50퍼센트의 지분을 가져 CEO가 됐고, 마이젠하이머는 30퍼센트의 지분을 가져 부사장이 되었다. 이렇게 조정한 결정은 제 역할을 잘해냈다. 그러나 업다운에서는 그다지 큰 효과가 없었다. 이방인과 새로운 학교 동기들로 이루어진 팀에서 CEO를 정하고 창업 때 매우 차등적인 지분 분배를 적용할 경우, 함께 창업하기로 한 사람들의 능력과 동기를 아직 거의 알지 못하기 때문에 조정이 어긋날 수밖에 없다. (아래에서 필자는 이런 요소들을 잘못 조정했을 때 일어날 수 있는 위험을 뒷받침하는 이론적 이유와 실증적 증거에 대해 설명할 것이다.) 이 팀을 위해서는 의사 결정에 평등적 접근법을 채택하고, 2명의 비슷한 공동 창업자에게 중복된 역할을 부여하고, 약간의 아이디어 프리미엄을 제외하고는 지분을 똑같이 분배하는 것으로 조정하는 편이 결정 시스템으로는 더 나았을 것이다. 오컴의 트라이언디플로와 마이젠하이머에게는 이와 같은 조정이 맞지 않았겠지만 말이다.

우리는 3~6장에서 여러 번에 걸쳐 노력 없이 이루어진 쉽고 빠른 3R 결정으로 말미암은 불미스러운 결과에 대해 알아보았다. 이러한 결정으로 불행한 결과가 일어날 가능성은 3R가 서로 결합되어 있다는 사실 때문에 더욱 늘어난다. 긴장의 원인을 이해하기란 팀으로서 어려운 일이다. 얼핏 보기에는 사소한 결정이라도 이것이 만약 다른 결정들과 어긋난다면 국면을 바꿀 수 있고, 한 창업자가 다른 창업자와 어긋난다면 감정 소모적인 불화를 일으킬 수도 있다. 겉보기에는 그다지 관계없어 보이는 3R 결정의 효과는 누적될수록 짚어내기 어렵다. 그러므로 조정 개념은 공동 창업 때 분쟁을 완화하고 긴장을 없애는 중요한 도구로 작용한다. 앞으로 살펴보겠지만, 3R 구조는 이와 같은 팀을 위해 긴장의 원인을 진단하는 체계적인 접근법을 제시한다. 이는 잘못된 조정의 본질을 이해하고, 그것을 해결해 새롭게 균형을 이루어내기 위함이다.

우리는 또한 창업 팀이 내리는 거의 모든 결정은 교환 관계에 있다는 사실에 대해서도 알았다. 심지어 관계, 역할, 보상에 관한 '최선의' 결정에도 이익만큼이나 위험이 따른다. 이러한 3R 결정을 잘 조정했을 때 그 위험과 이익은 생산적인 균형을 이끌어낸다. 그러나 팀이 3R 결정 시스템을 아우르고 일관적인 균형 상태에 도달할 때에도, 창업을 전개하는 과정에서 예기치 않은 일이 발생하면 시스템을 신중하게 재평가해야 한다. 예를 들어, 업다운이 사업을 전개했을 때 팀의 3R 결정은 처음에 매우 잘 조정되었다. 하지만 나중에는 완전히 엇갈리는 바람에 새로 균형을 이룰 때까지 팀을 분열의 위기로 몰아넣기도 했다. 동적 조정의 필요성은 이번 장 뒷부분에서 다루기로 한다.

우리는 3R를 각각 관계-역할, 관계-보상, 역할-보상이라는 짝을 지어 파악하면서 이 요소들을 어떻게 잘 조정하고 또는 잘못 조정하는지

알아보고, 그런 다음에 동적 접근법을 3R 시스템에 적용해야 하는 필요
성을 파악해보고자 한다.

관계와 역할의 결합

여기서 우리는 관계와 역할의 결합을 더욱 자세히 살펴볼 것이다. 예를
들어, 창업자들이 신생 기업 내에서 갖는 역할에 기존 관계는 어떤 영향
을 끼치는가? 기존 관계의 형태에 좌우되는 역할 및 의사 결정을 최소
화하는 최선의 방법은 있는가? 우리는 기존 관계의 세 가지 형태를 각
각 번갈아 다루면서 친구 또는 가까운 가족, 직장 동료, 이방인과의 창
업 사례에서 역할이 끼치는 영향을 파악할 것이다.

친구 및 가족과의 창업

기존 관계는 두 가지 기대를 내포한다. 우리는 경험을 통해 알게 되는
다른 사람의 능력과 감정, 행동 등을 기반으로 사실적 기대를 품는다.
또한 친구나 친척이 사업상 누가 되지 않도록 우리의 감정을 상하게 하
지 않을 거라는 기대, 배신하지 않을 거라는 기대, 우정이나 혈연을 내
던지지 않을 거라는 규범적 기대를 품는다. 그러나 만약 일과 관련 없는
경험만으로 이렇게 기대한다면 사업 현장에서 곤란한 시험에 들 수 있
으며, 그것은 가장 극단적인 형태의 업무 경험이 될 때가 많다. 이는 실
제로 가장 친한 친구로서 행동하리라 기대했던 사람과 부정직한 사업
거래를 맺었다가 손해를 본 스티브 워즈니악의 사례에서 분명히 드러

난다.

부모와 자식 관계는 별개로, 우리는 친척과 친구에게 우리가 보여주는 존중이나 애정을 넘어서 그들이 우리보다 더 많은 권한을 갖기를 바라지 않는다. 사회적 관계를 맺은 사람들과 창업을 결정했을 때, 평등적 역할 구조가 계층적 역할 구조보다 수월한 조정이 가능한 것처럼 보일 수 있다. 실제로 필자의 데이터베이스에서도, 기존 사회적 관계가 가까울수록 팀이 의사 결정을 할 때 평등한 접근 방식을 채택할 가능성이 높은 것으로 밝혀졌다. 예를 들어, 친구들로 이루어진 팀은 친구 관계가 아닌 팀보다 CEO 직함을 붙이는 비율이 8퍼센트 낮았다. 사회생활을 기반으로 한 동료 관계에 익숙한 공동 창업자들은 그러한 동료 관계를 창업 중인 회사 내 직업적 관계로 옮겨놓으려는 경향이 있다. 스탠퍼드 신흥 기업 프로젝트, 즉 SPEC 또한 첨단 기술 분야 신생 기업 사이에서 이와 같은 강력한 결합의 증거를 밝혀냈다. 전체 연구 대상 기업의 30퍼센트에서 (a) 직원들은 문화적 적합성을 기반으로 선발되어 감독받고 가족처럼 조직에 애착을 지녀야 하며, (b) 창업자들은 모든 주요 결정에 전반적인 지원을 강조해야 한다는 '책임형' 모델을 채택했다. 그러나 창업자 중 가족이나 친구를 주요 파트너로 등록한 신생 기업 중에는 6분의 5가 책임형 모델을 채택했다.[1] 가족이나 친한 친구와 창업했을 때의 이러한 효과는 기존 관계가 의사 결정 구조에 상당한 영향을 끼칠 수 있다는 증거이다.

직장 동료와의 창업

기존 사회적 관계로 이루어진 팀과 대조적으로, 예전 직장 동료로 이루어진 팀은 계층적 구조를 채택하는 것이 더 자연스럽고 조정하기도 더 쉽다는 것을 알 수 있다. 특히 한 공동 창업자가 다른 사람보다 경험이 많거나 한 사람이 다른 한 사람 밑에서 일했을 때 더욱 그러하다. 이러한 역할과 관계는 서로의 목적이 엇갈리게 작용하기보다 상대방을 보강해주며 다른 경우보다 긴장 또한 덜하다. 4장에서 언급했듯 이는 오컴 테크놀로지 창업자들이 내렸던 결정으로서 훗날 발생한 긴장이 초기 결정의 균형을 강조하는 사례다. 예전 직장에서 마이젠하이머와 트라이언디플로는 각각 부하 직원과 상사로 기존 관계를 맺었으며, 그에 따라 창업 초기에 계층적 역할을 확실히 적용했다. 트라이언디플로는 창업자 겸 CEO, 마이젠하이머는 트라이언디플로에게 보고를 올리는 부사장이었다. 긴장은 트라이언디플로가 마이젠하이머에게 가장 중요한 의사 결정권을 주고 이사회에 가입시키면서 고조되었다. 이 실질적인 평등적 의사 결정 구조 때문에 마이젠하이머는 자신의 역할이 공식적인 역할과 대립한다고 느꼈다. 더욱 중요한 것은 트라이언디플로 역시 자신의 역할에 대해 같은 느낌을 가졌다는 것이다. 결국 이들의 관계와 역할은 더 이상 제대로 작동하지 않았고, 마침내 조정 단계로 진입해야 했다. 관계를 바꿀 수 있는 한 가지 방법은 그들이 상대방을 예전 직장 상사나 부하 직원보다는 (쉽지 않겠지만) 동료로 생각하기로 합의하는 것이다. 또 다른 가능성은 역할을 바꾸는 것이다. 요컨대 좀더 신경을 썼더라면 트라이언디플로가 공동 CEO가 아닌 부사장으로서 마이젠하이머와 함께 일했을 수도 있다는 뜻이다. 실제로 두 사람은 재조정 단계에서 후자의 방법을 선택했다.

스트롱메일의 공동 창업자 프랭크 어단테와 예전 부하 직원 팀 맥퀼런(Tim McQuillen)도 비슷한 딜레마를 겪었다. 이들 역시 이전 업무 관계에 맞춰 잘 조정된 것처럼 보이는 계층적 역힐 구조를 채택함으로써 어단테는 CEO가 되었고 맥퀄렌은 2인자가 되었다. 그들은 이 같은 구조가 함께 창업하는 과정에서 겪게 되는 좀더 평등한 일상적 경험과 조금 부딪치는 측면이 있다는 것을 발견했다. 어단테는 이렇게 말했다. "가장 힘들었던 것은 역할을 바꾸는 것이었습니다. 내 밑에서 일하던 맥퀄런이 동업자 역할을 하게 된 것이죠. 그런데 〔스트롱메일에서〕 내가 계속 CEO였으니 엄밀히 말하면 맥퀄런은 여전히 내 밑에서 일한 셈입니다. ……우리는 이미 서로 상호 〔직업적〕 신뢰를 쌓아왔기 때문에 전체적으로 보면 그렇게 하는 것이 훨씬 건설적이었습니다."

각 사례에서 두 공동 창업자는 초기에 신생 기업의 특성상 역할 중복과 집단적 의사 결정을 채택하는 것이 더욱 자연스럽다는 것을 발견했다. 그러기 위해서는 이들의 기존 계층적 관계를 조정할 필요가 있었다. 하지만 신생 기업이 성장하고 계층적 구조가 요구되면, 공동 창업자들의 계층적 뿌리가 그러한 관계 전환을 더욱 유연하게 해준다.

이방인과의 창업

관계와 역할은 분업과 더불어 위계 측면에서도 조정해야 한다. 기존 관계를 맺지 않은 사람을 공동 창업자로 선택하면, 팀 내 역할을 제대로 정의하고 제한하는 데 어느 정도 영향을 줄 수 있지만 그 효과는 팀마다 다르게 나타난다. 이는 사실상 관계가 덜 수립된 상태에서 역할(또는 보상)을 조정하는 것이 본질적으로 어렵기 때문이기도 하다.

불편한 모호함을 회피하기 위해 확실한 분업을 채택하면 처음에는 잘 운영되는 것처럼 보인다. 판도라 라디오의 창업자 팀 웨스터그렌은 이렇게 이야기했다. "중복된 역할을 하고 싶다면 경력이 필요합니다. 경력이 없다면 아마 경계가 더욱 명확한 역할을 하는 것이 낫겠지요. 〔하지만 경력이 없으면서〕중복된 역할을 맡고 있다면 서로 상대에게 눈을 돌리기 시작할 테고, 그럴 경우 우리가 둘 다 여기에 있어야 하나 싶은 생각이 들게 될 것입니다." 이렇듯 일찌감치 역할을 명확하게 정하면 단기적으로 긴장을 줄일 수 있으므로 기업가들은 당연히 이런 방식에 끌릴 수밖에 없다.

그렇지만 창업자들이 서로에 대해 알아가고 창업 생활에 적응하면 한두 명씩 역할 재배정의 필요성을 느낀다. 따라서 일찌감치 분업을 결정하면 장기적으로 위기를 불러온다. 스마틱스의 비베크 쿨러는 "팀이 서로에 대해 잘 알지 못할 때, 분야가 각기 다르고 함께 근무한 경력 또한 거의 없다면 분업은 무조건 미루어야 합니다. 왜냐하면 아직 모르는 것이 많고 바뀔 것 또한 많으니까요"라고 말했다. 공동 창업자들이 서로에 대해 충분히 알고 업무를 더욱 정확하게 할당할 때까지는 애매하고 중복된 역할을 적용해야 한다는 쿨러의 접근법은 역할을 무모하게 배정하는 데 따른 위험을 피하는 데 도움을 줄 수 있다. 하지만 초기에는 역할을 둘러싼 긴장을 감수해야 한다. 예를 들어, 피드버너 창업 팀의 딕 코스톨로와 스티브 올레초브스키는 앞서 두 번의 창업 경험을 쌓은 후에야 마침내 역할을 나누었다. 아무리 과거에 함께 일했어도, 코스톨로는 올레초브스키가 순수한 소프트웨어 엔지니어링 업무를 버리고 오래전부터 자신이 해오던 영업 기반 업무를 하고 싶어 한다는 사실을 알지 못했다. 그 때문에 긴장이 조성되었지만, 사업이 번창해 2명의 영업 기반 창업자를 수용할 정도로 커지면서 결국 긴장은 해소되었다. 코스톨로는 이렇게 회고했다. "서로 상대에 관해 알아야 할 것이 많습니다. 경영진이 어떻게 일을 분배할지, 또는 각자 무슨 역할을 해야 할지 예측할 수 없기도 하고요." 그러나 피드버너 사업을 시작할 당시의 일에 대해 코스톨로는 "우리는 역할이나 지분을 논의할 필요가 없었습니다. ……설계와 프로그래밍에 관해서라면 올레초브스키가 하는 일이 훨씬 적으리라는 걸 모두 알고 있었죠. 그런데 그가 사업을 운영하려 하면서 법, 회계, 경영을 다룰 수밖에 없게 되었지요"라고 말했다.

총 네 번의 창업에 걸친 팀 경험을 회상하며 딕 코스톨로는 이렇게 말했다. "역할을 일찍 계획하는 것이 분명 도움이 되긴 했을 겁니다." 혼돈스러운 창업 와중에서는 특히 역할을 분명하게 하고 싶은 생각이 강하게 들지만 코스톨로는 본능적으로 올레초브스키와 경험했던 긴장을 피하기 위해 유혹을 뿌리쳤다. 하지만 이제 막 서로에 대해 알아가기 시작한 팀이 너무 일찍 역할을 규정하려 했다가는 큰 실수를 범할 수 있다. 만약 역할이 제대로 배정되지 않아 재협상을 해야 한다면, 긴장은 해소되기보다 오히려 고조될 것이고 재배정한 창업자의 업무 질은 나빠지기 십상이다. 따라서 코스톨로가 자기 뜻대로 잘 모르는 공동 창업자들과 초반에 역할을 분배했다면, 팀은 여러 번의 창업 과정을 거치지 못했을 수 있고 피드버너를 창업해 성공으로 이끌지도 못했을 것이다.

관계와 보상의 결합

기존 관계는 신생 기업 안에서 역할 결정 말고도 지분을 어떻게 분배할 것인지 같은 논쟁이 잦은 협상에도 강하고 결정적인 효과를 발휘한다. 창업 팀의 보상 결정은 공동 창업자들의 기존 관계에 알맞게 조정해야 한다. 6장에서 이미 살펴보았듯 팀 내 각기 다른 차이가 일정 기준 이하일 때 팀은 지분을 균등하게 분배하지만, 기준 이상일 때는 차등적으로 분배하는 경향이 있다. 그렇다 해도 팀의 기존 관계는 기준의 높낮이에 강한 영향을 끼칠 수 있다. 특히, 필자와 토머스 헬먼의 분석은 가족 관계가 기준을 높이는 경향이 있음을 보여준다. 다른 모든 것이 균등할 때 만약 창업 팀이 최소 한 쌍의 가족 구성원을 포함했다면, 지분을 균등하게 분배하는 편인 것으로 나타났다. 마틴 루프(Martin Ruef)가 연구한 중소기업 지분 분배 분석 역시 가족 관계가 지분 분배를 왜곡할 수 있음을 보여준다. 핵심 창업자가 가족 구성원 중 한 명을 창업 팀에 포함했을 때, 그 가족 구성원이 받은 지분은 그와 비슷한 비가족 공동 창업자 지분의 1.11배였다.[2] 이는 만약 가족과 비가족 공동 창업자들이 실제 비슷한 정도로 이바지하는 게 아니라면, 심각하게 잘못된 조정 문제를 일으킬 수 있다. 루드빅슨이 업다운 이전에 공동 창업한 컴퓨터 게임 회사 다이먼(Dimon)의 공동 창업자들은 바로 이런 문제를 겪었다. 공동 창업자 6명 중 3명이 형제자매 사이였고 나머지는 친한 친구들이었다. 따라서 균등한 지분 분배는 친구들과 가족 구성원 사이의 갈등 충만한 협상보다 훨씬 쉬웠다. 그러나 투자자들이 3명의 비가족 공동 창업자에게 더는 창업 활동을 하지 않는 3명의 가족 구성원으로부터 지분을 매입할 것을 요구했을 때, 이는 "너무나 고통스러운" 일이었고 세 형제자매는 "부당한 처사"라고 느꼈다.

우리는 어려운 협상을 피하기 위해 고속 균등 분배를 시도하고 싶은 충동을 조심하라고 이미 경고했다. 그런데 실제로, 우리는 가족 관계와 균등 지분 분배의 결합을 끊임없이 목격한다. 이런 경향을 설명하고 그 경향과 창업 팀 안정 사이의 연관성을 파악하려면 지분 이론을 좀더 자세히 살펴볼 필요가 있다.[3] 지분 이론은 사회적 요소(관계)와 경제적 요소(보상)의 *끈끈한* 결합을 강조한다. 창업 팀은 대체로 공동 창업자들이 공유한 기존 관계의 형태에 따라 사회 논리(social logic) 또는 사업 논리(business logic)를 적용하는 것으로 분류할 수 있다. 사회 논리에 따라 움직이는 팀은 개인적 관계 보존을 사업 성공 극대화보다 우선하며, 사업 논리에 따라 움직이는 팀은 사업 성공 극대화를 개인적 관계 보존보다 우선한다. 남편과 아내로 이루어진 창업 팀(사회 논리에 따라 움직일 것으로 예상하는 팀)의 운영 역시 사업 성장과 이윤을 도모해야 하지만, 최고의 실적을 얻기 위해 결혼생활을 희생해야 한다면 차선의 실적을 택할 것이다. 지분 분배에 관한 한 사회 논리에 따라 움직이는 팀은 균등 분배의 규칙(개인의 기여도가 크게 다르더라도 보상을 똑같이 분배하는 것)[4]을 찾을 것이고, 그것이 자신들이 우선하는 '관계'와 가장 잘 맞아떨어질 것이다. 예를 들어, 사회 논리에 따라 움직이는 대학 룸메이트들은 각 개인의 성과가 다름에도 서로 똑같이 보상한다.[5] 이와 대조적으로, 기존 사회적 관계가 없고 사업 논리에 따라 움직이는 팀(예를 들어, 예전 직장 동료나 이방인 팀)은 공평 분배의 규칙(각 개인의 기여 가치에 비례해 보상을 분배하는 것)을 찾을 것이고, 이는 자신들이 우선시하는 '개인의 성과 및 사업 성공'과 가장 잘 맞아떨어질 것이다.[6] 지분 이론은 궁극적으로, 구체적인 상황에서 지배적으로 적용되는 논리가 무엇이냐에 따라 어떤 한 팀에는 가장 좋은 지분 분배 방식이 될 수 있지만, 다른 팀에는 최악의 방식이 될 수 있다는 사실을 포함한다.

기존 관계와 지분 분배를 잘 조정한 팀은 평균적으로 그렇지 않은 팀보다 더욱 안정적이고 견고할 것이다. 실제로, 필자와 맷 막스는 팀 편성 이탈 조사에서 관계와 보상, 팀 안정 사이의 강력한 연관성을 발견했

		기존 관계	
		사회적 관계(가족, 친구)	예전 직장 동료
지분 분배 기준	균등 분배의 규칙	안정적인 팀	불안정한 팀, 사업 논리와 불일치
	공평 분배의 규칙	불안정한 팀, 사회 논리와 불일치	가장 안정적인 팀

다.[7] 도표 7.2는 팀 편성 안정성에 관한 정량분석 결과를 이번 장의 현장 자료 및 지분 이론과 통합한 것이다. 기존 사회적 관계를 맺은 팀(즉, 사회 논리에 따라 운영되는 팀) 그룹에서, 가장 안정된 팀(즉, 많은 시간이 지난 후에도 여전히 온전하게 유지되는 팀)의 구성원들은 지분을 균등하게 나누는 편이다. 반대로, 기존 직업적 관계를 맺은 팀 그룹에서 (그리고 사업 논리에 따라 운영되는 팀에서), 가장 안정된 팀의 구성원들은 지분을 공평하게 나누는 편이다.

도표에서 정리한 결과들은 다른 모든 결정과의 균형을 고려하지 않은 채 주요 의사 결정을 내렸을 때 위험할 수도 있다는 사실을 보여준다. 공동 창업자의 기존 관계를 모르고서는 균등 분배가 차등 분배보다 팀 안정에 더 낫거나 더 나쁘다고 딱 잘라서 말할 수 없다. 하지만 관계의 형태를 알면 실제로 팀 안정을 위해 더욱 잘 조정된 특정 분배 방식을 취할 수 있다.

예전 직장 동료로 이루어진 창업 팀에는 공평한(성과/기여도 기반) 지분 할당이 공동 창업자들 사이의 관계와 어떤 면에서 잘 맞물린다. 이러한 할당 방식은 시간이 흐르면서 일종의 자연 도태 현상처럼 작용할 수 있다. 성과가 나쁜 사람은 상대적으로 낮은 보상에 만족하지 못해 떠날 수 있으며,[8] 이것은 결국 팀 내 성과가 높은 사람의 비중을 늘림으로써 장기적인 성과 또한 커질 수 있다.[9] 이러한 솎아내기 과정은 친척이나 친구로 팀 구성을 선택했을 때는 조정하기가 매우 어렵다.

전에 함께 일하고 함께 창업도 했던 공동 창업자들은 독특한 상황에 놓여 있다. 이와 같은 '연쇄 창업' 팀(예를 들어, 피드버너 팀)은 서로에 관해 훨씬 많은 지식을 갖고 있으며 서로의 책임 수준과 동기를 다른 집단보다 더욱 잘 느낀다. 따라서 이들은 효과적인 균등 분배를 훨씬 빨리 조정할 수 있어 지나치게 일찍 결정을 내렸을 때 발생할 불이익을 그다지 겪지 않고도 초기 분배를 통해 이점을 얻는다. 하지만 이런 팀에도 질병, 가족 문제, 비자 문제 등 예기치 않은 변수가 생길 수 있으므로 분배 과정에서 동적 조건 채택을 심각하게 고려해야 한다.

예전에 교제한 적이 없거나 사회적·직업적 관계도 없는 공동 창업자들은 자신이 내린 관계 결정, 즉 부족한 기존 관계에 맞추어 보상을 조정할 필요가 있다. 여기서 중요한 것은 공동 창업자들이 서로에 대해 얼마나 모르고 있는지 파악하는 것이다. 이력서나 온라인상의 약력, 제삼자의 추천이 그 사람에 관한 모든 걸 말해주지는 않는다. 그리고 그 사람을 어떻게 움직이게 하는지, 그 사람이 어떻게 이바지할 것인지도 알려주지 않는다. 또한 예측할 수 없는 신생 기업의 성장 과정에서는 그 사람의 책임 수준이나 기업 롤러코스터를 타다가 큰 위기에 봉착했을 때 그걸 버텨내는 데 꼭 필요한 무언가를 그 사람이 지녔을지 어떨지 또한 말해주지 않는다. 이런 팀은 서로 더 많은 것을 알게 될 때까지 지분 분배를 미루어야 훨씬 많은 것을 얻는다. 비록 핵심 공동 창업자들을 끌어들이는 능력 일부를 희생해 이익에 대한 대가를 치러야 할지도 모르지만 말이다. (스마틱스 팀은 분배를 기다리다 업계에서 다양한 지식과 인맥을 갖춘 잠재 공동 창업자를 잃은 적이 있다.) 다시 한 번 강조하건대, 동적 지분 분배는 친밀하지 않은 공동 창업자들이 창업 중 난관에 부딪혔을 때 흡인력과 동기 사이의 균형을 유지하는 데 활용하기 좋은 아주 귀중한 방법이다.

역할과 보상의 결합

계층 구조와 분업이 지분 분배에 영향을 준다는 것은 새삼스러울 게 없다. 하지만 이런 것이 없을 때 지분 분배에 어떤 영향을 미치는지에 대해서는 대부분 이해가 적은 편이다. 역할이 중복되고 경계가 없으면 공동 창업자 각자가 창업에 이바지한 가치와 앞으로 기여할 가치를 측정하기 어려워지므로, 팀이 지분을 균등하게 분배할 가능성은 더욱 커진다. 누가 어떤 몫을 받을 만한지 불확실할 때에는 차등 분배가 어울리지 않는다는 얘기다.

반대로, 분명하게 정의된 계층적 역할은 차등 지분 분배의 가능성을 높이는 경향이 있다. 특히, CEO 직함을 받는 사람은 종종 다른 사람보다 창업에 더 많이 기여할 것이라는 기대를 받는다. (보통 자신이 개발한 지적 재산에 기반을 둔 신생 기업 창업에 참여한 과학자나 기술자는 예외.) 에번 윌리엄스는 프랭크 어단테처럼 CEO 역할은 곧 더 많은 지분을 가져야 한다는 뜻으로 간주했다. 특히 어단테는 훗날 창업한 신생 기업에서 CEO가 되기 전까지는 자신이 가장 큰 파이 조각을 갖기 위해 적극 로비를 할 것이라고는 생각하지 못했다. 업다운에서는 라이히가 창업 성공에 가장 많이 이바지하고 앞으로도 그럴 것이 확실해지면서 처음의 똑같은 몫보다 더 큰 몫의 지분을 받아 결과적으로 CEO가 되었다.

실제로 필자와 토머스 헬먼의 분석에 따르면 (창업자들의 다른 점은 차치하고) 창업자 겸 CEO는 14~20퍼센트의 CEO 프리미엄(즉, CEO로서 확보한 잉여 주식량)을 받았다. 창업자 겸 CTO에게 주어지는 프리미엄은 5~8퍼센트로 더욱 적지만, 통계 측면에서는 매우 중요한 수치다. 6장에서 살펴본 아이디어 프리미엄 또한 아이디어맨이 종종 처음에 비전을 제시하고, 다른 공동 창업자를 끌어들이고, 그 밖에 중대한 초기 과제를 완성함으로써 부분적으로 신생 기업에 더 큰 가치를 보탠 데 대한 프리미엄일 수 있다. (공식 이사회에서 활동하는 창업자는 여느 창업자들이 하지 않는 다른 역할도 한다. 이런 창업자가 이사회 프리미엄을 받아야 할지 평가하기는 쉽지 않은데, 이는 창업자들이 대개 비공식적인 이사회에서 함께 활동하고 지분 분배를 결정하기 전까지는 공식적인 이사회를 구성하지 않을 때가 많기 때문이다. 하지만 이사회 활동을 하는 경영자는 같은 지위를 가진 비이사 경영자보다 높은 현금 보상을 받을 수 있다.[10] 결과적으로 이사회 멤버십도 창업자의 지분에 영향을 끼칠 수 있다는 얘기다.)

역할과 보상에 관한 결정을 잘 조정해야 하는 것은 팀뿐만이 아니다. 각 공동 창업자도 마찬가지다. 경영권 보상보다 금전적 보상으로 더 큰 동기부여를 받는 공동 창업자들은 부가 지분이나 현금 보상을 얻기 위해 더 나은 직함이나 더욱 중심적인 역할을 기꺼이 포기해야 하는 한편, CEO가 되는 것을 중시하는 공동 창업자는 원하는 직함을 확보하기 위해 금전적 보상을 다른 공동 창업자에게 넘겨야 할 수도 있다. 필자의 지분 분배 데이터베이스는 일부 창업 팀은 정확히 다음과 같은 과정을 밟을 수 있다고 추측했다. 즉, 신생 기업 중 39퍼센트는 창업자 겸 CEO가 지분을 가장 많이 차지하는 반면(이 데이터베이스에서 평균 CEO 프리미엄이 14~20퍼센트였음을 기억하자), 33퍼센트는 창업자 겸 CEO의 지분이 비CEO 공동 창업자와 동등했으며, 28퍼센트는 창업 팀의 비CEO 구성원이 창업자 겸 CEO보다 지분을 더 많이 받았다.[■] 후자의 두 신생 기업에서 어떤 창업자는 일부러 역할과 보상을 교환해 각각 자신이 가장 우선시하는 것을 얻고 창업을 계속해나가는 데 동기를 부여받아 거기에 전념했다. 그 밖에는 비CEO가 매우 중요하면서도 흔치 않은 비경영 기술로 기여했다.

더욱 광범위하게는 (2부 각 장에서 개괄하고 3부에서 더욱 깊이 탐구한 것처럼) (a) 역할과 의사 결정권 간 교환의 필요성, (b) 금전적 보상 간 교환의 필요성이 창업자가 직면하는 각각의 주요 딜레마에 걸쳐 되풀이된다. 이는 처음엔 언제 창업할 것인지 그리고 어떻게 창업 팀을 편성할 것인지를 결정하는 데서부터 시작되고, (3부에서 다룰) 고용 · 투자자 · 자금 회수 결정을 통해 지속된다. 11장에서는 창업자가 '부자'라는 결과를 달성하는지, 또는 '왕'이라는 결과를 달성하는지, 아니면 드물지만 둘 다 달성하는지를 판단하는 데 이렇게 되풀이되는 결정 내용이 어떤 도움을 주는지 살펴볼 예정이다.

역할과 보상의 관계는 또한 지분을 많이 받는 사람의 영향력이 더 커지면서 상황이 반대 방향으로 흘러갈 수 있다. 한 창업자는 사람들이 논의 중에 의견을 개진하거나 반대할 때마다 그들의 상대적 지분이 생각나 자신이 그 의견에 얼마나 무게를 둘 것인지 결정하는 데 영향을 받았다고 고백했다.

역할 결정과 지분 결정의 상호작용은 장기적 경제 효과라는 또 다른

■ 비CEO가 가장 많은 지분을 차지하는 신생 기업 중 절반은 비CEO가 부사장급 직함을 갖고 있었다(CEO보다 확실히 낮은 직위). 그 밖에는 거의 창업자 겸 CTO 또는 창업자 겸 CSO가 지분을 가장 많이 받았다.

중요성을 갖고 있다. 지분은 매우 한정된 지원이므로 대개 창업자에게 중복된 역할이 있고 그 정도가 조금 지나칠 때보다는 팀에 별개의 역할이 있을 때 지분을 할당하는 것이 더 능률적이다. 중복된 창업자들에게 얼마 되지 않는 지분을 쪼개주기보다 신생 기업은 그 지분을 이용해 팀에 부족한 인적, 사회적, 금융 자본으로 팀을 더욱 가치 있게 만들어줄 공동 창업자를 끌어들일 수 있다. 그렇게 함으로써 보상 구조는 사람들의 역할과 더욱 잘 맞아떨어진다. 혹은 차라리 나중에 그런 지분을 활용해 이 틈새를 메우고 가치를 부가할 고용자나 투자자를 끌어들일 수도 있다. 여기에 대해서는 3부에서 살펴볼 예정이다. (만약 팀이 동적 지분 합의를 통해 창업자 탈퇴 때 반환 청구하고 재배치할 수 있게끔 해놓은 지분을 탈퇴한 창업자가 모두 수령해 보유하고 있다면 이 문제는 더욱 악화된다.) 따라서 비효율적 지분 보상을 일찍 써버리면 창업 팀에서 필요한 역할을 채워야 할 때 팀에 오히려 족쇄가 될 수 있다.

맺음말

각각의 결정을 잘 조정하면 팀은 '3R 균형'을 이룬 것이다. 그로써 긴장은 완화하는 경향을 보일 것이고, 팀은 신생 기업의 가치 창출에 초점을 맞출 수 있다. 그러나 그 뒤에도 균형을 특히 유지하기 어렵게 만드는 세 가지 난관이 기다리고 있다.

커뮤니케이션

관계, 역할, 보상은 모두 대부분의 팀이 논의를 피하고 싶은 민감한 문제들이다. 어느 마케팅 자동화 회사의 창업자는 팀 내 긴장에 관해 필자에게 "아무도 키우고 싶어 하지 않는 방 안의 코끼리가 그 범주에 모두 들어갑니다"라고 말하기도 했다. 이전에 공유한 업무 경험처럼 기존 관계 중에는 팀 내 역할과 보상에 관한 논의 제기를 수월하게 하는 것도 있지만, 대부분의 관계는 팀이 이러한 문제에 부딪히면서 발생할 긴장을 회피하게끔 만든다. 예를 들어, 만약 두 공동 창업자가 서로 상대방을 간섭한다고 느끼거나, 한 명은 시장에서 앞서 나가려고 훨씬 더 고생스럽게 일하는데 다른 한 명은 느긋하게 제품 개발을 점진적으로 해나가고 있다면, 이들은 팀워크를 해치지 않기 위해 각자의 욕구불만을 스스로 삭힐 수도 있다. '코끼리에 관해 논의하지 않는' 전형적인 사례 중 하나는 애플의 스티브 워즈니악이 가장 친한 친구를 잃을 거라는 생각에 점점 늘어만 가는 자신의 불만과 좌절에 침묵했던 것이다. 하지만 구두 합의 역시 불충분할 때가 많으므로 창업자들은 이러한 합의 내용을 서면화해 의사소통을 확실히 하고 이후의 의견 충돌을 피해야 한다.

변화

신생 기업은 어김없이 직원, 경쟁, 기술, 경제 사정, 규칙 등에 예기치 못한 변화를 겪는다. 팀이 아무리 일찍 균형을 이루었어도 그 구성 내용에 적응할 준비를 하거나, 합의를 이끄는 데 필요한 효과적인 동적 요소를 갖추는 작업은 일찌감치 해두어야 한다. 그래야 예기치 못한 일이 발생했을 때 재조정할 수 있다. 3부에서 살펴보겠지만, 특히 거슬리는 변화는 외부 투자자들이 등장할 때 발생해 종종 창업자들의 역할을 바꾸기도 하고, 지분 소유 재조정을 강요하기도 하며, 관계를 바꾸기도 한다.

타성

비록 이른 조정이 빠른 성공에 이바지할 수는 있지만, 느슨하고 타성적인 태도를 유발해 조직 환경에 급격한 변화가 일어날 때 효과적인 조정을 방해하기도 한다.[11] 그러므로 일이 유연하게 진행되는 것처럼 보일 때조차 팀은 신생 기업의 성장과 발전 과정에서 생길 변화를 생각해 적극적으로 앞을 내다보고, 그러한 변화(예를 들어, 각 창업자가 최고책임자급 지위에서 사임할 시기 등)에 대비하면서, 앞서 구축한 조정 내용을 정기적으로 재평가해야 한다.

일찍이 균형을 이룬 듯했던 업다운 팀에 변화와 타성이 한꺼번에 닥쳤다. 팀 지분에 관해서는 2006년 11월 빠르게 합의를 이루어냈다. 즉 아이디어를 발안한 라이히가 5퍼센트를 더 받는 것을 제외하고는 거의 균등하게 지분을 분배했다. 팀은 의사 결정권을 공유했지만 역할은 분명하고 합리적으로 배정했다. 배경과 기술이 비슷했던 라이히와 루드빅슨은 사업 개발에 초점을 맞추는 한편, 트루옹(소프트웨어 엔지니어)은 제품 개발에 매진하기로 했다. 창업자 모두 2007년 여름 창업에 전임으로 근무하기로 계획했다. 이와 같은 지분 분배는 팀 구성원들의 예상 기여도에 맞춰 상당히 균등하게 이루어졌다고 할 수 있다.

그런데 그 후 두 달 동안 창업이 진전되면서 라이히는 사업 개발을 이끌어나간 한편, 루드빅슨은 가족과 함께 유럽에서 휴가를 보냈고, 트루옹은 전에 하던 컨설팅 업무를 계속했다. 결국 라이히는 루드빅슨과 트루옹의 동기 및 책임도는 물론, 그로 말미암은 창업 기여도 또한 자신과 같지 않다고 생각했다. 그는 처음으로 외부 투자자를 확보할 가능성이 생겼을 때 팀의 대응 방식에 좌절했던 기억을 이렇게 떠올렸다. "학생들과 여행을 갈 계획이었지만 (업다운) 일에 전념하려고 취소했습니다. 루드빅슨에게도 그 이야기를 했는데, 그는 휴가가 끝날 때까지 아이슬란드에 머물 거라고 하더군요. 그래서 많이 외로웠습니다. ……나는 여기서 전임으로 일하고 있는데 말이죠. 그땐 두 사람 모두 일을 그다지 열심히 하지 않았습니다. ……이 팀과 함께 일해도 되는 건지 두렵더군요." 사전에 합의한 비교적 균등한 역할과 보상은 더 이상 형평에 맞지 않았고, 공동 창업자들의 관계는 상대적 이방인에서 서로 훨씬 더 잘 아는 사이로 발전했다.

라이히의 위기감은 팀의 분열 위험으로 이어져 2007년 2월 역할과 보상에 관한 재협상이 불꽃을 튀겼다. 팀은 처음에 평가한 각 창업자의 과거 기여도와 미래 기여도가 잘못됐음을 인정하고, 라이히가 역할에 더욱 충실했던 점을 고려해 그에게 더 많은 지분을 주어 보상하기로 함으로써 새롭게 균형을 잡았다. 그런데 그해 여름, 예상치 못한 일이 3R의 균형을 깨는 사태가 발생했다. 비자 추첨에서 루드빅슨은 취업 비자를 취득하지 못하고 라이히는 취득한 것이다. 이번에도 공동 창업사들은 역할과 보상을 재조정해야 했다. 그리하여 라이히가 CEO 직함을 받고 루드빅슨은 더 이상 같은 몫의 업무를 수행할 수 없게 됐으므로 지분이 대폭 줄었다. 이처럼 1년에 걸쳐 세 번씩이나 균형을 맞추었지만, 만약 이들이 자주 변화하는 상황에 따른 관계와 역할 그리고 보상의 재조정을 거부했다면 훨씬 힘든 대가를 치러야 했을 것이다.

2부 전체에 걸쳐 우리는 창업자의 본능적 경향이 의사 결정과 창업 능력에 어떤 함정을 만드는지 알아보았다. 열정적이고 자신감 넘치는 창업자들은 종종 사회적 관계와 사업상 역할의 결합이나 평등한 의사 결정 과정 채택, 지분 분배 고속 합의 등으로 발생하는 여러 문제를 접하지만, 자신은 남들과 다르며 그런 문제를 해결할 수 있다고 믿고 싶어 한다. 한 창업자는 창업에 실패하고 몇 달이 지난 후 필자에게 이렇게 하소연했다. "친구들과의 동업 및 50 대 50 분배의 위험성에 관한 자료를 저희에게 보여주신 이후에도 우리는 그런 건 그저 다른 사람들한테나 일어나는 일이지 우리한테 그럴 일은 없을 거야, 하고 무시해버렸습니다."

보편적으로 이런 결정을 내리는 공동 창업자는 자신들이 불장난을 하고 있다는 사실을 깨달아야 한다. 열정과 자신감은 창업자의 눈을 멀게 해 때 이른 결정이 미래에 어떤 결과를 가져올지 볼 수 없게끔 만든다. 창업 팀 내 긴장과 불안이 고조되면 창업을 유연하게 평가하기 어렵다. 또 창업자가 경영권을 유지하는 동안에는 그의 가치 창출 능력이 점점 떨어질 수 있다. 따라서 만약 창업자들이 억지로라도 최악의 경우에 대비하지 않고, 또한 3R 균형이 무너졌으니 재평가나 재협상을 할 필요가 있다는 신호를 예의 주시하지 않는다면, 그것은 결국 자신의 창업은 물론 사생활까지 위태롭게 만들 수 있다.

3부

창업 팀을 넘어

채용과 투자자

개요

창업 팀이 자리를 잡아도 딜레마는 끝나지 않는다. 창업자들은 신생 기업에 다른 사람을 관여하게끔 할지, 한다면 어떻게 관여하도록 할지에 관해 중요한 결정을 계속 내려야 한다. 특히 팀에 허점이 남아 있거나 회사가 성장하면서 새로운 인적·사회적·금융 자본이 필요할 때, 창업자들은 이런 자원을 제공할 비창업자들을 고려해야 한다. 그중에서 가장 중요한 두 부분은 창업에 관여하지 않은 고용인(피고용자로 팀에 합류한 사람)과 자본을 제공하고 이사회에 참여할 수 있는 투자자이다. 창업 팀 이상으로 성장하고 싶은 신생 기업들은 모두 누구를 고용할지, 고용인은 어떤 역할을 해야 할지, 보상 체계는 어떻게 구성할지에 관한 채용 딜레마에 직면한다.

모든 유형의 투자자 딜레마에 부딪히는 신생 기업은 드물다. 하지만 신생 기업은 대부분 어디에서 자금을 조달할지에 관해 중요한 결정을 내려야 하며, 이때 가능한 모든 선택권과 각 선택이 미칠 파급 효과를 이해하면 도움이 된다. 흔히 이러한 파급 효과 중 가장 중요한 것은 창업자 겸 CEO의 승계인데, 이 문제에 대해서는 3부 끝부분에서 깊이 있게 검토할 예정이다. 도표 3부.1은 이 책 전반에 걸쳐 검토하는 창업 딜

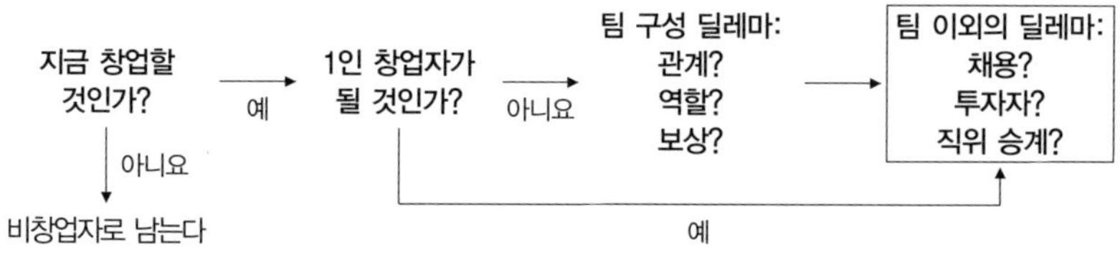

레마의 관계 속에서 고용인과 투자자와 관련한 새로운 결정을 평가한 것이다.

창업자들은 오랫동안 채용 및 투자자 딜레마와 씨름해야 하고, 그 과정에서 신생 기업의 자원과 형식화의 내용이 극적으로 변화할 수 있다.[1] 아직 사업 아이디어를 개발하는 가장 초기의 창업기(startup stage)에는 형식적인 구조나 절차라고 할 만한 것이 거의 없고, 일반적으로 자원이 심하게 제한되어 있다. 창업 팀원들은 대개 서로 유대가 긴밀하고 격식에 매이지 않는 문화를 지니며 창조성을 강조한다. 이후 신생 기업은 전환기(transitional stage)를 거친다. 전환기의 가장 뚜렷한 특징은 형식화 정도와 자원의 가용성에 영향을 미치는 두 가지 변곡점이 나타난다는 것이다. 즉 초기의 외부 펀딩(자본 조달) 라운드가 끝나고, 첫 번째 제품 개발이 완료된다. 이 두 가지 변화는 모두 자원을 증가시키지만(각각 외부 자본과 고객 매출을 늘린다) 조직 내에 새로운 기술과 절차가 필요해지기도 한다. 분업이 심화하고 창업자가 내리던 의사 결정을 점차 다른 사람들이 하게끔 된다. 신생 기업이 성숙기(mature stage)로 접어들면 비교적 자금이 충분하고 표준화한 제품군이나 서비스 라인에서 꾸준히 수익을 얻는다. 의사 결정권이 직무별로 분산되고 더욱 계층화한다. 그래서 융통성을 중시하는 분위기가 훨씬 약해진다. 대개 더 큰 규모의 기업에서 일한 경험이 있거나 전문적인 기술을 보유한 새로운 경영진이 부문이나 부서 전체를 이끌고 성장시킬 만한 경험과 전문 기술 및 인맥이 없는 초기 구성원을 교체하거나 이들(혹은 심지어 창업자)의 상급 관리자가 되는 예가 흔하다.

신생 기업이 이런 단계를 거치면서[■] 조직을 어떤 모습으로 만들고 어떻게 운영할지에 관해 창업자들이 사전에 품었던 생각이 때로는 성장하는 조직의 요구나 새로운 참여자가 제기하는 안건과 충돌해 채용 및 재정과 관련한 창업자의 의사 결정이 더욱 복잡해진다. 창업자들은 고용인과 투자자를 유치하기 위해 어려운 취사선택을 해야 한다. 귀하고 가치 있는 외부 자원일수록 그 자원을 보유한 사람은 더 많은 것을 요구할 수 있기 때문이다.[2] (인력은 그것을 보유한 사람 자체가 자원이다.) 예를 들어, 창업자는 최상의 고용인을 유치하기 위해 충분한 현금 보상과 소유 지분 그리고 운영상의 결정에 관한 지배력도 어느 정도 포기해야 한다. 또한 최상의 투자자를 유치하려면 지분과 이사회 수준의 많은 의사 결정 지배력을 상당히 포기해야 한다. 앞으로 살펴보겠지만, 이 말은 최상의 자원을 유치하면 창업자에게 심각한 제약이 따를 수 있다는 뜻이다. 심지어 CEO 직위와 이사회에 대한 지배력까지 약해질 수 있다.

■ 여기서는 전체적인 단계를 개략적으로 설명했지만, 신생 기업 내의 직무마다 이 같은 단계를 거치는 속도는 다르다. 예를 들어, 기술 직무는 3단계(성숙기)에 이르렀는데, 마케팅 직무는 아직 1단계(창업기)에 머물러 있을 수도 있다.

각 장에서 다룰 내용

3부의 첫 두 장에서는 창업 팀 외부와 관련한 의사 결정에서 중요한 역할을 하는 인물과 딜레마를 소개한다. 세 번째 장에서는 외부 투자자들이 참여하면서 때때로 나타나는 궁극적인 결과, 즉 창업자 겸 CEO의 승계에 관해 자세히 살펴본다. 승계를 위해서는 창업에 관여하지 않은 최초의 CEO를 채용해야 한다. 3부의 각 장에서 다루는 내용은 대략적으로 다음과 같다.

8장: 채용 딜레마—신생 기업을 설립한 뒤에도 팀에 허점이 있거나, 기업 성장을 위해 특정 기술을 보유한 새로운 인물이 필요할 수 있다. 창업자들은 성장의 각 단계에서 누구를 뽑아야 할지(즉 이전에 창업자와 관계있는 사람을 뽑아야 할지, 아닐지), 그들에게 어떤 역할을 맡겨야 할지, 그들을 채용하고 계속 회사에 남도록 하려면 어떤 보상을 제시해야 할지와 관련해 중요한 취사선택을 해야 한다.

9장: 투자자 딜레마—투자자들은 신생 기업 설립에 드는 인적 자본, 사회적 자본, 금융 자본을 창업자에게 제공할 수 있다. 그러나 각 유형의 투자자마다 제공하는 가치의 크기가 다르고 창업자에게 안겨주는 위험 역시 다르다. 이번 장에서 우리는 친구와 가족 투자자, 에인절 투자자, 벤처 캐피털에서 자금을 받을 때의 상충 관계를 비교할 것이다.

10장: 실패와 성공 그리고 창업자 겸 CEO의 직위 승계—창업자 겸 CEO 대신 창업에 관여하지 않은 사람이 처음으로 CEO 자리를 맡는 것은 많은 신생 기업에서 중요한 변곡점이다. 우리는 이런 변화가 왜 그리고 어떻게 진행되는지(수많은 양상이 존재한다), 누가 이런 변화를 일으키고 그런 변화가 승계 절차에 어떤 영향을 미치는지, 가장 바람직한 승계 절차와 최악의 승계 절차는 무엇인지 살펴볼 것이다.

별도로 언급하지 않는 한 3부에서 다루는 자료는 2000~2009년까지 10년 동안 수집한 3600개 이상의 비공개 신생 기업에서 창업자와 비창업자를 모두 포함한 1만 9000명의 경영진을 대상으로 한 것이다.

채용 딜레마:
적시에 적절한 채용하기

공동 창업자 유치 대신 선택한 방법이든(3장 참조), 아직도 허점이 있는 창업 팀을 보강하기 위한 방법이든 채용은 많은 신생 기업의 성장에서 중요한 역할을 한다. 하지만 아주 능률적인 창업 팀을 구성해 리더십을 입증한 매우 노련한 창업자라도 이후의 채용 결정은 어렵고 위험할 수 있다. 채용 결정에는 당연히 창업자의 개인적 취향이 반영되지만, 기업이 성장하고 변화하면 종종 창업자는 자신의 취향을 재고해 조직을 재편성해야 한다는 점을 인식하지 못한다. 모든 직급의 직원이 성장하는 회사에 맞춰 승급하려고 노력하므로 처음에는 이상적으로 보이는 결정도 재앙이 될 수 있다.

연쇄 창업자에게는 한 신생 기업에서 효과적이던 결정이 다른 기업에서는 완전히 잘못된 것일 수 있다. 블로거를 설립했을 때, 에번 윌리엄스에게는 신생 기업의 가치를 최대한 높이는 것보다 누구나 인터넷에서 자기표현을 할 수 있도록 만들겠다는 비전이 더 중요했다. 윌리엄스는 신생 기업을 충성심 높고 긴밀한 유대를 갖춘 가족처럼 구성했다. 그래서 처음 채용한 사람들은 헌신적인 친구와 동료 또는 자신처럼 독학한 젊은 프로그래머가 주를 이루었다. 나중에 자금이 부족해지자 윌리엄스는 회사를 계속 운영하기 위해 블로거라는 회사 자체와 그 비전을 '사랑'해 기꺼이 일하고자 하는 자원봉사자들에게 의존했다. 그리고 크레이그스리스트(Craigslist: 미국 최대의 온라인 생활 정보 사이트—옮긴이)와 블로그 게시물에서 모집한 직원들과 계약을 맺었다. 그렇게 윌리엄스는 젊고 임금이 낮은 사람들을 고용했다.

다음 신생 기업인 오데오를 설립할 무렵 윌리엄스는 구글에서 몇 달 동안 일하고 있었다. (구글이 블로거를 인수했다.) 이때 그는 새로운 신생 기업에 관해 완전히 다른 비전을 세웠다. 요컨대 이번에는 고용인의 앞선 경험과 기술을 중시하고 높은 수익을 내어 자금 회수를 할 수 있도록 가능한 한 빨리 기업 가치를 최대로 올릴 좀더 전문적인 조직을 목표로 했다. 윌리엄스는 이런 목표를 달성하기 위해 벤처 캐피털에서 많은 자금을 지원받았다. 그리고 그 자금을 구직 책임자를 채용하는 데 씀으로써 재능 있는 프로그래머와 마케팅 및 기술 부문을 이끌 노련한 고위급 임원을 뽑는 데 주력했다. 블로거에서 채용한 사람들에게는 면밀한 지휘가 필요했지만, 이제 윌리엄스는 이런 상급 직원들에게 의사 결정권을 넘길 수 있었다.

윌리엄스가 내린 결정을 어떻게 이해해야 할까? 그리고 그런 결정은 신생 기업에 어떤 영향을 미쳤을까?

스탠퍼드 신흥 기업 프로젝트, 즉 SPEC에서는 첨단 기술 분야 신생 기업의 고용인 관계에 관한 '청사진' 연구에서 창업자의 채용 결정을 이해하는 데 유용한 틀을 제공했다.[1] 이 연구에서는 창업자들로부터 추출한 대규모 표본의 대답을 채용, 보상, 지배력이라는 세 가지 관점으로 분류했다. 응답자들은 채용의 세 가지 근거, 보상의 세 가지 근거 그리고 조율 및 관리 방법 네 가지를 분명하게 설명했다.■ 이와 같은 요소로 서른여섯 가지(3×3×4) 순열을 만들 수 있지만, 그중 다섯 가지(연구자들은 이 순열을 '청사진'이라 한다)가 신생 기업의 67퍼센트를 차지했다.■■ SPEC는 또한 선택한 청사진을 고수하는 것이 신생 기업의 성공에 필수요소라는 점을 발견했다. 연구를 진행하는 동안, 세 가지 관점 모두 본래의 청사진에서 벗어난 신생 기업은 10.9퍼센트에 불과했고, 이들 기업은 한 가지 청사진을 고수한 기업과 비교할 때 실패 가능성이 2.3배 높았다.[2]

에번 윌리엄스의 경험을 여기에 비추어보면 비전 추구가 동기였던 블로거에서는 '헌신' 청사진을 채택했다. 가족 같은 문화에 적합한 사람을 채용했고 고용인이 신생 기업에 대한 애정을 갖고 기꺼이 일했으므로 급여가 낮았으며 비공식적 관리를 했다. 반면, 기업의 가치를 최대

■ 채용의 세 가지 근거는 단기적 기술, 장기적 잠재력, 가치/태도의 적합성이다. 또한 보상의 세 가지 근거는 '애정', 즉 소속감, '업무', 즉 회사와 뭔가 훌륭한 것을 만들어보려는 목적 있는 동기 그리고 '돈'이다. 조율 및 관리 방법 네 가지는 (a) 직무 내용 및 실적 검토 같은 인사 관리 절차를 통한 '형식적' 감독, (b) 행동을 모니터링하고 영향력을 행사하는 '직접적' 감독, (c) 동료 간의 행동 강화와 문화를 통한 '비공식적' 관리, (d) 엘리트 집단에서 사람을 채용하고 이들이 사전에 어느 정도 사회화되었다고 가정하는 '전문적' 관리를 말한다.

■■ 이 다섯 가지는 (a) 잠재력에 근거한 채용, 최첨단 업무에 근거한 보상, 엘리트 집단의 채용을 통한 관리와 연결된 '스타' 청사진, (b) 기술에 근거한 채용, 최첨단 업무에 근거한 보상, 동료 간의 행동 강화를 통한 관리와 연결된 '공학' 청사진, (c) 적합성에 근거한 채용, 조직에 대한 애정에 근거한 보상, 동료 간의 행동 강화를 통한 관리와 연결된 '헌신' 청사진, (d) 곧장 사용할 수 있는 기술에 근거한 채용, 업무에 근거한 보상, 공식적 인사 관리 방식을 통한 관리와 연결된 '관료주의' 청사진, (e) 곧장 사용할 수 있는 기술에 근거한 채용, 경제적 보수에 따른 보상, 직접적 감독을 통한 관리와 연결된 '독재' 청사진이다.

로 높이는 것이 동기였던 오데오에서는 '관료주의' 청사진을 이용했다. 경험과 직무 기술에 따라 직원을 채용했고 그에 걸맞게 급여도 높았으며(외부의 자금 지원 필요) 형식적인 계층 구조를 통해 관리했다.

지금까지 살펴본 것처럼 한 영역에서의 결정은 다른 영역에 영향을 미친다. 예를 들어, 윌리엄스가 선택한 채용 청사진은 그의 신생 기업이 조직 수명 주기의 단계를 지나는 속도에 영향을 미쳤다. 블로거에서 윌리엄스는 회사에 대한 지배력을 중시해(회사가 자신의 비전에 계속 초점을 맞추기를 원했다) 임금이 낮은 사람을 소수 고용했다. 하지만 이런 결정은 다른 선택을 했을 때보다 블로거의 성장 속도가 느릴 거라는 사실을 의미했다. 한편, 오데오에서는 빨리 높은 수익을 내서 자금을 회수하는 것이 동기였으므로 그런 목표를 이룰 전문적인 (그리고 자원 집약적인) 채용 방식을 택했다.

창업자들이 새로운 고용인을 뽑을 때 직면하는 딜레마는 공동 창업자를 선택할 때 겪는 딜레마와 마찬가지로 관계(누구를 채용할지), 역할(어떤 일자리를 만들거나 승급시킬지, 언제 그렇게 할지, 그 자리에 어떤 유형의 사람을 채용할지), 보상(직원을 유치하고 유지하는 데 들어가는 보상과 지분)이라는 3R 프레임워크로 나뉜다. 창업자들은 자신의 동기와 청사진에 따라 3R를 결정해야 하고, 그런 다음 신생 기업의 수명 주기 각 단계에 맞춰 그러한 결정을 조정해야 한다.

관계

신생 기업은 고위급 임원을 어디에서 찾을까? 그 임원들은 신생 기업의

창업자 겸 CEO나 그 외의 사람들과 이미 강한 유대 관계가 있는 사람일
까?[■] 이번 장에서 살펴볼 많은 결정과 마찬가지로 이런 질문에 대한 대
답은 어느 정도 신생 기업이 도달한 단계에 달려 있다.

창업자 겸 CEO가 발탁한 사람 vs. 투자자가 발탁한 사람

고속 성장하는 신생 기업의 창업자 겸 CEO는 종종 계속해서 나타나는
새로운 과제를 충족하는 가장 빠르고 쉬운 방법이 자신의 인맥을 활용
해 경영진을 찾거나[3] 조직 내에서 자신을 도와줄 사람을 찾는 것임을 깨
닫는다. 필자가 보유한 자료에 따르면, 최고책임자급(C급)과 부사장급
(VP급) 중에서 창업자 겸 CEO가 발탁한 사람이 전체의 49퍼센트로 단연
코 가장 큰 몫을 차지했다.[4] 자신의 인맥을 활용해 고용인을 찾으면 편
하고 쉽다는 장점과 함께 사업적인 면에서도 이점이 있다. 좀더 일관성
있는 조직을 구성하고 조직의 관리 체계를 더 잘 받아들이는 사람을 뽑
을 수 있어 창업자가 인사 관리 외의 일에 집중할 수 있기 때문이다.[5] 창
업자 겸 CEO 제네비브 시어스는 온라인 베이비시터 사이트인 시터시티
에서 일할 사람을 채용할 때 개인적 인맥을 이용했다. 시어스는 그 이유
를 "나는 직원을 뽑고 관리해본 적이 없습니다. 문밖으로 나가 잘못된
채용을 하고 싶지는 않았지요. 그래서 처음에는 내가 아는 사람을 뽑기
로 마음먹었습니다. 그 편이 덜 위험하게 느껴졌거든요"라고 말했다.

■ '강한' 유대 관계와 '약한' 유대 관계는 그 사람과의 연고가 어느 정도이며 이전에
얼마나 가까운 사이였는지를 가리킨다. 유대 관계 정도는 그 사람과 알고 지낸 시간,
감정적 강도, 관계의 친밀성에 달려 있다. 이와 관련한 더 많은 정보는 Granovetter
(1973) 참조.

온라인 음악 관련 신생 기업인 판도라 라디오의 초기 창업자 3명은 모두 친구 또는 개인적으로 아는 사람으로서 회사에 전념하는 것을 선호했으며 그런 사람이 책임감이 더 높고 더 많은 희생을 하며 회사 일에도 앞장을 선다고 믿었다. 창업자 팀 웨스터그렌은 친구를 고용하는 문제를 이렇게 설명했다. "난 아는 사람을 채용하는 편이 좋다고 굳게 믿습니다. 친구들은 단순히 고용인이 아니라 의리로 내 편이 돼주고 우리와 같은 배를 탈 테니까요. 우리는 그런 주인의식을 강하게 불러일으킬 수 있었습니다." 여러 연구 역시 웨스터그렌의 생각을 지지하는 것처럼 보인다. 창업에 관여하지 않은 경영진을 고용할 때, 창업자의 개인적 인맥에 비교적 많이 의존한 유망 신생 기업은 창업자의 인맥을 거의 이용하지 않은 신생 기업보다 평가액이 37퍼센트 높았다.[6] 창업자 겸 CEO가 경영진 채용에 이렇게 중심적인 역할을 하면 인사 관리 직무나 제3의 채용 담당자에게 맡기는 것보다 채용에 더 많은 시간을 써야 하지만, 초기에 직속 부하 직원들과 긴밀한 관계를 구축할 수 있다.

CEO는 이미 알고 있는 고용인을 더 편하게 느끼는데, 특히 CEO가 발탁한 사람들 다음으로 비중이 높은 고용인, 즉 투자자와 이사회 위원이 발탁한 고용인과 비교하면 더욱 그러하다. 성장 초기 단계에서는 투자자들이 거의 채용에 관여하지 않지만 2차 펀딩 라운드에서는 창업자 겸 CEO와 연줄 있는 팀원이 줄고 투자자가 발탁한 사람이 경영진의 19퍼센트를 차지한다. 투자자가 발탁한 고용인은 대개 CEO와 아무런 관계가 없지만, 투자자와는 유대 관계가 강하다. 실제로 그런 사람들은 함께 일하는 CEO보다 투자자와 더 밀접해 투자자의 대리인 역할을 하고 충성심이 강하지 않을 수 있으므로 창업자 겸 CEO는 이 문제를 관리해야 한다.

이런 문제는 특히 CFO에서 두드러진다. 투자자들이 발탁한 CFO는 전체의 26퍼센트를 차지하는데, 다른 직위(CEO 제외)보다 훨씬 높은 비율이다. CEO의 인맥에 믿음직한 CFO 후보가 없다면 투자자들이 신생 기업의 CFO를 찾는 데 도움이 될 수 있다. 그러나 일부 창업자들은 투자자가 선택한 CFO가 수적으로 우세한 현상을 좋게 여기지 않는다. 한 창업자는 이들을 "투자자의 눈과 귀이며 팀에 심어놓은 스파이"라고 부르기도 했다. 또 다른 창업자는 자신이 아직 CEO를 맡고 있지만 CFO가 "투자자의 주요 조종 장치 중 하나이며 투자자는 자신의 자본이 어떻게 쓰이는지 파악하고 실적을 확인할 수 있는 CFO를 뽑는 데 초점을 맞춘다"라고 말했다. 반면, 투자자는 CTO(투자자가 뽑은 CTO는 14퍼센트에 불과했다), COO(16퍼센트), 그 아래의 부사장급(14퍼센트) 같은 다른 경영진 후보와의 관계를 구축하는 데는 신경을 덜 쓰는 것처럼 보인다.

채용한 경영진 중에서 CEO가 아닌 임원이 발탁한 사람은 15퍼센트를 차지한다. 이들은 창업자 겸 CEO와 유대 관계가 강하지 않지만, CEO의 부하 직원이나 창업 팀의 다른 사람들 중 하나와 유대 관계가 강하다. 링스 솔루션의 공동 창업자이자 사장인 제임스 밀모는 팀을 처음 구성할 때 자신과 창업자 겸 CEO가 채용 문제를 모두 처리하기에는 너무 바쁘다는 것을 깨달았다. "그래서 우리는 채용 담당자를 뽑는 데 착수했습니다. 사람에 대한 판단력이 매우 정확하다고 여기던 〔대학〕 친구 한 명이 있었지요. 그 친구는 전에 인사 관리 일을 해본 적이 없지만 나는 그에게 인사 책임자가 돼달라고 부탁했죠. 인사 책임자는 우리보다 많은 사람을 채용할 수 있으므로 우리에게는 가장 중요한 결정이었지요. 게다가 그 친구는 우리의 채용 철학을 확장하는 중요한 일을 했습니다."

신생 기업이 성장하면 채용에서 창업자 겸 CEO의 역할이 줄어든다. 도표 8.1을 보면 신생 기업이 외부 자금을 조달받기 전에는 최고책임자급과 부사장급 임원 중 3분의 2가 창업자 겸 CEO가 추천한 사람임을 알 수 있다. 그러나 신생 기업이 성장하면서 이 비율은 낮아지는데, 창업자 겸 CEO의 인맥 중에 좋은 후보들이 바닥난 것 역시 하나의 이유일 수 있다. 시터시티의 제네비브 시어스는 "나는 가능한 한 최상의 사람을 구하려면 내 인맥 밖으로 나가야 한다는 것을 곧 깨달았습니다"라고 말했다. 또한 이 시점에서 새로운 관계자(투자자와 그 밖의 외부 관리자)가 창업자 겸 CEO와 아무런 관계도 없는 사람을 고용인으로 데려오기 시작한다. 2차 펀딩 라운드 때는 창업자 겸 CEO가 추천한 고용인이 전체의 절반도 되지 않는다. 이 비율은 이후에도 계속 낮아지지만 4차 펀딩 라운드까지 다른 관계자가 추천한 사람들보다는 높게 유지된다.

폭넓은 범위에서 채용 vs. 기업 문화에 적합한 사람 채용

링스의 창업자들은 개인적 인맥을 활용한 뒤 더 넓은 범위에서 사람을 찾기 시작했다. 그중 한 가지 방법은 신문 광고였다. "우리가 낸 구인 광고는 눈에 쉽게 띄었습니다. 인사 담당자가 작성한 것처럼 보이지 않는 광고였죠. 〔초기 직원 중 한 명은〕 컬럼비아 경영대학원에서 온 인턴이었는데, 학교를 중퇴하고 전업으로 합류했습니다. 그 직원은 '반바지를 입고 일할 수' 있다는 광고를 보고 우리 회사에 지원했다더군요. 그 문구가 눈길을 끈 겁니다." 좀더 넓은 범위에서는 헤드헌팅 업체, 구인 광고, 수시로 접수된 이력서, 그 밖에 창업자를 비롯한 신생 기업 참여자의 인맥을 넘어서는 곳 등 유대 관계가 약한 다양한 쪽에서 사람을 채용할 수 있다. 도표 8.1에서 볼 수 있는 것처럼 유대 관계가 약한 이런 채용 방식은 신생 기업의 모든 발전 단계에서 중요하며, 각 단계에서 고용

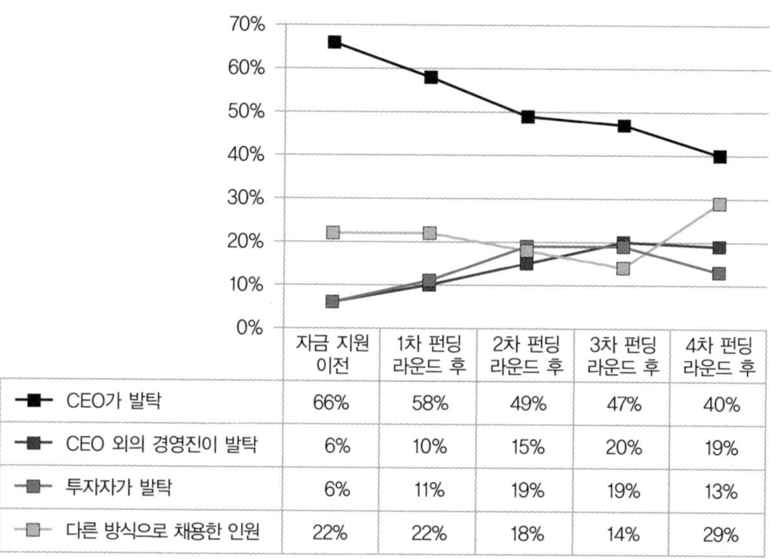

	자금 지원 이전	1차 펀딩 라운드 후	2차 펀딩 라운드 후	3차 펀딩 라운드 후	4차 펀딩 라운드 후
CEO가 발탁	66%	58%	49%	47%	40%
CEO 외의 경영진이 발탁	6%	10%	15%	20%	19%
투자자가 발탁	6%	11%	19%	19%	13%
다른 방식으로 채용한 인원	22%	22%	18%	14%	29%

인의 14~29퍼센트, 전체적으로는 평균 20퍼센트를 차지한다. 유대 관계가 약한 채용 방식은 모든 유형의 구인자에게 더 높은 직위의 일자리를 구하는 길이 될 수 있다.[7] 그러나 이런 방식에 의존하면, 창업자 겸 CEO는 각 고용인이 조직의 나머지 사람들과 문화적으로 맞는지 판단하기 어렵고 전반적으로 이직률을 낮게 유지하기 어렵다.[8]

팀이 창업자를 넘어 성장하면 팀 내의 역학 관계 또한 극적으로 변한다. 유대 관계가 긴밀하던 창업 팀은 저마다 매우 다른 동기(예를 들어, 자신을 청지기라기보다 대리인으로 생각할 수 있다■)와 기술(예를 들어, 훨씬 더 전문

■ 6장의 '창업자 급료 삭감' 부분에서 대리인 이론 vs. 청지기 이론을 간단히 설명한 바 있다.

화한 기술을 보유했을 수 있다)을 지닌 경영진과 직원을 융합시켜야 하는 과
제에 부딪히지만, 이런 사람들의 기여 없이는 신생 기업이 다음 성장 단
계로 나아갈 수 없다.

동시에 새로운 고용인들 역시 유대가 강하던 창업 팀과 융화해야 하
는 과제에 대비해야 한다. 어려운 과제를 놓고 긴밀하게 협력하는 다른
집단과 마찬가지로 창업 팀은 종종 외부인으로서는 이해하기 어려운 비
공식적 관례와 절차, 간단한 방법을 발달시킨다. 피드버너의 창업자 겸
CEO 딕 코스톨로는 공동 창업자에 관해 이렇게 말한다. "채용한 지 얼
마 안 된 사람들은 11년 동안 함께 일한 사람들끼리 툭 터놓고 지내는
분위기와 예의에 어긋난 대화를 듣고 충격을 받을 수 있습니다. 그래서
채용할 때 '우리가 약칭을 쓰는 게 거슬리면 이제 이 회사 사람은 우리
뿐만이 아니니 자세히 풀어서 말해달라고 일깨워주세요' 같은 메시지
를 분명하게 전달해야 합니다."

한 사람이 신생 기업과 맞는지를 판단하는 것은 그의 기술을 평가하
는 것보다 훨씬 어려울 수 있다. 피드버너의 코스톨로는 이 교훈을 어렵
게 깨달았지만, 즉흥 코미디 팀에서 자신이 겪은 예전 경험과의 유사성
을 발견했다. 코스톨로는 이렇게 말했다. "초기에 우리는 서류상으로
뛰어나 보이는 사람을 주목했습니다. 적합한 자격증을 모두 갖춘 데다
학점이 높고 프로그래밍 언어를 두루 습득한 사람이었지요. 하지만 인
터뷰를 하면서 나는 줄곧 '우리와는 다른 사람이구나'라고 느꼈죠. 〔전
에 세운 신생 기업〕 스파이오니트(Spyonit)에서였다면 그 사람을 뽑았겠지
만, 그로 인해 일어날 수 있는 문제를 생각하자 유명한 스타로 구성된
'즉흥 연극' 팀에서 제가 겪었던 문제들이 떠올랐습니다. 당시엔 단순
히 〔그 자체로 아주 뛰어난 코미디언인〕 사람을 찾는 것보다 성격이 맞는 사

람인지가 훨씬 더 중요했지요.”

불장난으로 생긴 틈: 친구와 가족을 채용할 때의 위험

창업자 겸 CEO는 이미 알던 사람이 더 편하고 서로 잘 맞을 가능성이 높다는 점 때문에 그런 사람들로 팀을 채우는 데 마음이 끌린다. 하지만 이런 편안함에는 희생이 따를 수 있다. 그런 팀은 4장에서 살펴본 창업 팀들이 직면한 것과 같은 '해고' 위기를 맞닥뜨릴 수 있기 때문이다. 예전에 개인적 관계가 있던 사람들로 구성된 팀은 민감한 사항을 잘 논의하지 않는 데다 신생 기업의 상황이 나빠지면 관계에도 큰 손상을 입을 수 있다. 친구와 옛 동료가 포함돼 있던 에번 윌리엄스의 블로거 팀을 생각해보자. 자금이 바닥났을 때 윌리엄스는 직원뿐 아니라 자신의 사회적 관계까지 잃고 말았다.

팀 웨스터그렌은 판도라에서 친구들을 적극적으로 채용했지만 역시 부정적인 면을 경험했다. “그런 채용 방식은 우정과 사업을 혼동하게 됩니다. 〔판도라에서〕 우리는 고용인들에게 부정적 영향을 미치는 곤란한 선택을 많이 해야 했습니다. 집단 전체에 대한 책임이 더 컸던 탓에 우정은 둘째가 되어야 했죠. 〔하지만 그런 선택을 했어도〕 우리는 〔여전히〕 그 사람 때문에 고민했습니다. 관리자에게 주어지는 본질적 질문 중 하나는 '해고를 할 것이라면 언제 통보할 것인지'입니다. 만약 해고 대상이 친구이고 충돌이 일어날 게 뻔하다면 당신은 친구에게 합당한 경고를 하고 싶을 겁니다. 언제나 경고만 하고 싶어 하죠. 하지만 이건 회사를 위한 올바른 해답이 아닙니다. 그러면 어떻게 해야 할까요? 이 문제는 '소피의 선택(영화 〈소피의 선택〉에서 두 아이 중 나치의 가스실로 보낼 한 명을 선

택해야 했던 여주인공의 선택을 말함―옮긴이)’이라고 할 수 있습니다. 인간적
으로 끌릴 만한 해답은 없습니다. 〔친구의〕 이익에 반하거나 회사의 전체
적 이익에 반하는 어떤 일을 해야만 하죠.”

다른 공동 창업자와 유대 관계가 강한 사람을 채용하면 저조한 실적
을 처리할 때 비슷한 문제가 발생할 수 있다. 한 창업자는 “나는 공동
창업자 겸 친구가 적합한 사람을 채용할 것이라고 믿는 실수를 저질렀
습니다. 그는 자기 가족의 능력을 부풀려 말했는데, 그 결과 우리 회사
에는 사실상 해고가 불가능하고 보유한 기술보다 훨씬 많은 급여를 받
는 사람들이 들어오게 되었습니다. 그들은 또한 누구도 자기와 분란을
일으키길 원치 않았지요”라고 말했다. 또 다른 창업자는 이렇게 말했
다. “친구와 소프트웨어 회사를 설립하고 그 친구가 자기 가족을 채용
한 뒤, 나는 한 회사에서 우정(그리고 더 나쁜 것은 가족)의 역학 관계가 그
가족 권력 집단에 속하지 않은 사람에게는 괴로운 상황을 만들 수도 있
다는 것을 몸소 체험했습니다.”

역할

창업자는 보통 상부의 비중이 큰 평면적 조직 구조로 출발한다(5장 참
조). 최고책임자급 자리는 창업자가 맡고, 업무를 위임할 부하 직원이
있다 해도 극소수인 경우가 많다.

그러나 신생 기업이 성장함에 따라 더 많은 자원을 확보하고 형식을
갖추게 되면 창업자는 부하 직원을 고용해 업무를 위임하고 자기 시간
을 더 잘 활용할 수 있다. 그러면 창업자의 능률은 높아지지만, 아래에

서 설명하는 두 가지 주요 과제 또한 안을 수밖에 없다. 하나는 예전에 없던 최고책임자급과 부사장급 직위를 새로 만드는 것이고, 다른 하나는 기존 직위를 '승격해' 창업자와 초기 직원 대신 그 자리의 새로운 요건에 더욱 알맞은 직원을 앉히는 것이다.

언제 새 직위를 만들까

도표 8.2에는 신생 기업이 성장함에 따라 경영진이 겪는 두 가지 주요 변화를 보여준다. 하나는 팀의 규모가 꾸준히 성장한다는 점이다. 평균약 3.5명이던 경영진이 5차 펀딩 라운드 때는 거의 6명으로 늘어났다. 다른 하나는 최고책임자급 경영진(5장에서 설명한 것처럼 주로 창업자들이다)이 주를 이루고 상부 비중이 큰 팀에서 5차 펀딩 라운드 후 마침내 부사장급 경영진이 최고책임자급보다 많은 팀으로 바뀐다는 점이다. 하지만 그런 직위 중 정확히 무엇을 언제 만들어야 할까?

최고책임자급에서 중요한 새 직위는 CFO이다. 초기 단계에 창업자를 CFO(또는 재무 담당 최고책임자)로 임명하는 신생 기업은 4퍼센트에 지나지 않는다. 신생 기업이 성숙하고 재정과 관련한 과제가 더욱 복잡해지면 CFO를 채용한다. (혹은 좀더 드문 예지만, 기존 직원을 CFO로 임명하기도 한다.) 성숙한 신생 기업 중 70퍼센트에 비창업자 CFO가 있다. 설립된 지 얼마 되지 않은 신생 기업에서 COO(흔히 사장 역할을 대체하기도 한다)를 두는 사례는 한층 드물다. 1차 펀딩 라운드 이전에 COO/사장을 갖춘 신생 기업은 33퍼센트이지만, 이 비율은 4차 펀딩 라운드 후까지 증가하지 않았다. 설립 초기의 신생 기업은 대부분 창업자 중 한 사람에게 최고책임자급 직함을 주거나 운영 측면에서 부족한 부분이 있는 CEO를

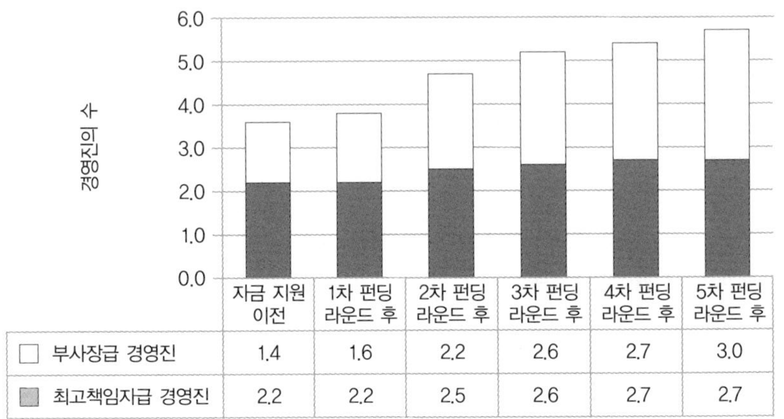

	자금 지원 이전	1차 펀딩 라운드 후	2차 펀딩 라운드 후	3차 펀딩 라운드 후	4차 펀딩 라운드 후	5차 펀딩 라운드 후
☐ 부사장급 경영진	1.4	1.6	2.2	2.6	2.7	3.0
▩ 최고책임자급 경영진	2.2	2.2	2.5	2.6	2.7	2.7

도와주는 정도를 넘어 COO/사장 자리까지 둘 필요는 거의 없을 수 있다. 헤드헌팅 회사인 J. 로버트 스콧(J, Robert Scott)의 사장 빌 홀로드낙(Bill Holodnak)은 "신생 기업에 COO가 있다면 그건 적신호입니다. COO가 회사에 맞지 않거나, CEO가 맞지 않거나 둘 중 하나죠"라고 말했다. 모든 신생 기업을 대략 설명한 말이지만, 신생 기업이 그런 직위를 신설하기 전에 팀을 주의 깊게 평가해야 할 필요성을 정확하게 지적한 것이기도 하다.

도표 8.2에서 제시한 것처럼 일반적으로 부사장이라는 직함을 쓰는 한 단계 낮은 직급에서 새 직위가 더 많이 만들어진다. 처음으로 만들어지는 부사장급 직위는 대개 영업 담당 부사장이다. 1차 펀딩 라운드 전에도 37퍼센트의 신생 기업에 영업 담당 부사장이 있었다. (4퍼센트의 기업에서는 창업자가 이 직위를 맡았고, 33퍼센트는 창업에 관여하지 않은 사람을 채용했다.) 초기 단계에서 볼 수 있는 부사장 직위 중 그다음으로 흔한 것은 마케팅 담당 부사장(자금 지원 이전의 신생 기업 중 22퍼센트)이고 그 뒤를 공

학 담당 부사장(20퍼센트), 사업 개발 담당 부사장(19퍼센트), 인사 담당 부사장(19퍼센트)이었다. 신생 기업들이 성장해 자원을 확보하고 형식을 갖추면 이러한 전문적 역할이 꾸준히 늘어난다. 4차 펀딩 라운드 후 신생 기업의 57퍼센트에 영업 담당 부사장이 있고, 44퍼센트의 신생 기업에 공학 담당 부사장이, 37퍼센트의 신생 기업에 마케팅 담당 부사장이, 36퍼센트의 신생 기업에 사업 개발 담당 부사장이 있다. (다른 신생 기업에서는 부사장급보다 직급 낮은 직원들이 이런 역할을 하고 있을 수 있다. 또한 〈잉크 500〉에 등재된 고속 성장 기업 중 3분의 2에서는 창업자가 여전히 회사의 영업 대표 역할을 하거나 유일한 영업 사원이었다. 하지만 창업자라는 직위 때문에 종종 그런 역할을 뚜렷하게 인정받지는 못한다.)[9]

한 가지 예외가 인사 담당 부사장이다. 4차 펀딩 라운드 후에도 인사 담당 부사장이 있는 신생 기업은 20퍼센트에 불과했다. 스파이오니트와 피드버너의 창업 팀을 살펴보면 그 이유를 이해하는 데 도움이 된다. 스파이오니트 창업 팀은 초기에 인사 담당 부사장을 채용했지만, 다음에 만든 신생 기업 피드버너에서는 그 직무를 위임하지 않기로 결정했다. 창업자 겸 CEO 딕 코스톨로는 이 문제에 관한 창업 팀의 생각 변화를 이렇게 설명했다. "〔스파이오니트에서는〕 우리 중 채용 업무를 담당하려는 사람이 없었습니다. 그래서 인원이 고작 6명일 때 인사 업무를 담당할 사람을 하나 뽑았지요. 1년 뒤 우리는 특정 구성 요소에 왜 그렇게 버그가 많은지 궁금해하며 코드를 살펴보았습니다. 그때서야 실력이 충분하지 않은 사람을 몇몇 뽑았다는 사실을 깨달았습니다! ……인사 담당자가 '괜찮은 사람이다'라고 말했는데 말이죠. 어쨌든 1년 뒤에야 우리는 인사 담당자를 뽑지 말았어야 했다는 걸 깨달았습니다. 인사 결정을 팀이 아니라 인사 담당자가 내리게 됐거든요." 코스톨로는 다음에

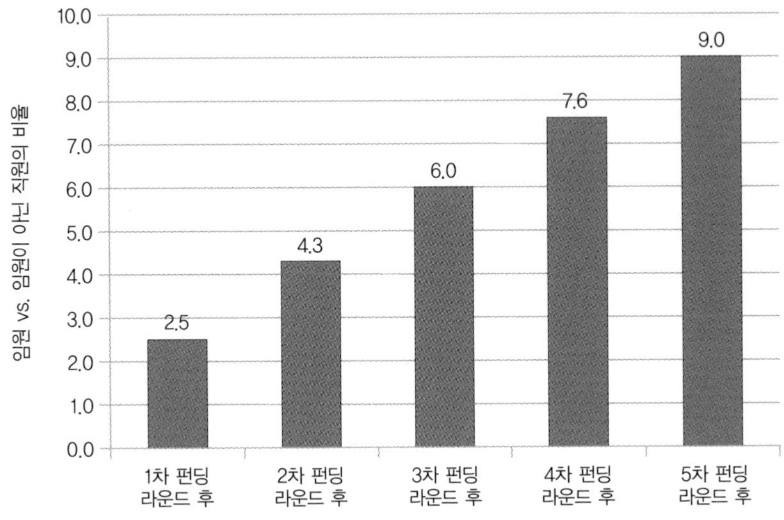

설립한 신생 기업 피드버너에서는 다른 방법을 선택했다. "우리는 '일반 관리 직무의 어떤 부분을 다른 사람에게 떠넘기고 싶은지' 서로에게 물어보았습니다. 그리고 이번에는 인사 관리 대신 재정 업무를 위임하기로 했습니다. ……이번에는 우리가 모든 인터뷰를 직접 하고 싶었는데, 그 덕분에 재정 업무를 책임질 사람을 더 쉽게 구할 수 있었습니다." 다른 신생 기업들은 인사 업무를 전담할 사람을 두기보다 다른 업무와 함께 담당하도록 하거나 하급 직원이 관리적인 인사 업무를 수행하도록 했다.

신생 기업은 성장하면서 경영진 이하급도 적극 채용하기 시작한다. 이러한 변화를 살펴보기 위해 우리가 활용할 한 가지 기준은 구조적 레버리지(structural leverage), 즉 임원 한 명당 임원이 아닌 직원의 수이다.[10] 도표 8.3에서 볼 수 있듯 신생 기업은 임원 한 명당 직원 약 2.5명이라는 매우 낮은 구조적 레버리지에서 출발하며, 기업이 성장함에 따라 그 수치가 꾸준히 상승한다. 5차 펀딩 라운드 때는 임원 한 명당 평균 9명의 직원이 있어 레버리지가 낮았던 초기와 매우 다른 관리 문제가 발생한다. 위임할 수 있는 조직 업무라면 그리고 고위급 경영진이 직원을 효과적으로 관리한다면 구조적 레버리지의 상승이 기업의 성과를 높일 수 있다. 하급 직원이 고위급 경영진을 도우면서 최상의 업무 수행 방법을 배우기 때문이다.[11]

채용 과정에서 조직의 형식을 강화할 수 있다.[12] 신생 기업이 처음 직무 요건을 구체적으로 정의하고 다양한 직위 또는 역할 간 차이에 관해 생각하는 시기는 대개 채용 공고를 작성할 때다. 따라서 이러한 채용 공고는 신생 기업 최초의 실질적 업무 기술서 역할을 한다. 또한 새로 채용한 사람들 각자는 절차와 의사 결정 기준을 더욱 명확하게 규정하도록 요구한다. 특히 새로 채용한 사람이 형식을 갖춘 기업에서 일한 경험이 있고 형식화를 통해 얻을 수 있는 명확성을 원할 때 더욱 그러하다. 딕 코스톨로는 피드버너에서 이런 과정이 어떻게 진행되었는지 이렇게 설명했다. "서부 해안 지역에서 협력 관계를 담당할 사람을 채용한 것은 스티브와 내가 둘 다 협력사와 관련한 일을 할 때였습니다. 그 사람은 '당신과 스티브 중에서 누구한테 보고해야 하나요? 두 분이 서로 다른 대답을 해서요' 따위의 문제를 제기했죠. 회사가 성장하기 시작하면서 느슨한 과두제를 유지하는 데 어려움이 있었죠. 서로 다른 일을 책임질 사람이 필요했던 겁니다. 우리는 조직의 구성 요소가 매우 유동적이기를 바랐는데, 다른 사람들은 그것이 좀더 구조화되길 원했습니다." 일반적 계층 체계에 대한 대안, 즉 매트릭스 구조나 이중 보고 제도 등이 신생 기업에서 효과를 거둘 수 있지만 이런 방식에서는 역할과 책임에 관한 더욱 명확한 논의가 필요하다.

기존 직위를 어떻게 승격해야 할까

신생 기업이 성장하면서 각 직위에 관한 요구 또한 커지는 경향이 있다. 예를 들어, 처음에는 초기 시스템 설계와 개발 업무를 하던 CTO가 결국 기술 팀원을 채용하고 지휘하는 책임을 맡게 되는데, 여기에는 매우 다른 능력이 필요하다. 마찬가지로 단순히 애초 영업 사원으로 출발했던 영업 담당 부사장이 나중에는 영업과 매우 다른 업무인 영업 팀원 채용과 지휘, 영업 절차 및 영업 보상 체계 설계까지 해야 한다. 일부 창업자와 초기 고용인들은 자신의 직위에 대한 요구가 급속하게 높아지고 '선수'에서 '코치'로 변화해야 하는 상황에 맞추어 성장하고 발전할 수 있다. 하지만 고속 성장하는 신생 기업에서는 그런 요구가 사람들 대부분이 깨닫는 속도보다 빠르게 상승한다. 신생 기업은 중요한 업무를 실제로 그 일을 처리할 능력이 안 되는 창업자나 충성스러운 초기 직원의 손에 맡겨야 할지, 아니면 처리 능력을 갖춘 다른 사람으로 교체해야 할지 결정해야 한다.

일반적 업무 기준에 따라 그 직위에 앉을 사람의 자격 요건을 높이는 방법이 한층 좋다. 실제로 많은 신생 기업은 성장하면서 직위를 승격한다. 3차 펀딩 라운드 후 모든 최고책임자급과 부사장급 직위에서 창업자 비율은 1차 펀딩 라운드 후보다 낮다.■

■ 필자의 데이터베이스에 따르면, 특정 직위에 따라 그리고 이런 모든 직위의 개수 변화를 조정하는 데 따라 4~17퍼센트 낮아졌다.

일부 창업자 겸 CEO는 직원 중 한 명의 실적이 저조하다는 것을 알면 곧 그 사람을 해임하는 조처를 내린다. 한 창업자 겸 CEO는 "누군가를 해임하는 일이 어렵다는 건 확실하게 알고 있습니다. 하지만 나는 누군가를 해임해야겠다는 생각이 들면 곧장 실천에 옮겨야 한다는 것을 배웠죠. 누군가가 그 일을 못하거나 성공적으로 하지 못하면 더 나은 사람으로 바꾸는 것이 항상 올바른 판단입니다"라고 말했다.

그러나 실적이 저조한 사람을 교체한다는 결정을 생각만큼 언제나 명백하게 내릴 수 있는 것은 아니다. 신생 기업에서는 유대 관계가 강한 소규모 팀에 상당한 충격을 줄 수 있다. 그래서 실적이 저조한 사람이 회사에 주는 피해가 분명하다 해도 창업자 겸 CEO나 다른 창업자가 그들을 배 밖으로 간단히 던져버리지 못하는 때가 많다. 특히 분업이 분명하게 이루어지지 않았을 때는 개인적 책임 소재가 불확실하다는 게 덫이 될 수 있다. 창업자 겸 CEO는 실적이 저조한 사람을 해임하는 결정이 정당하다는 것을 팀의 다른 사람들에게 설득하기 어려울 수 있다. 혹은 그 사람이 사실은 일을 그렇게 못하는 것은 아니라고 생각을 바꿀 수도 있다. 창업자는 심지어 문제를 논의하지도 못하고 그에 따른 해결책을 찾지 못할 수도 있다. 이런 문제는 예전에 개인적으로 관계있던 사람들로 구성된 팀에서 일어나는 불장난의 위험을 보여주는 완벽한 예다. 하지만 실적이 저조한 사람을 계속 회사에 둘 때에는 신생 기업이 가치 있는 지식, 유대감, 관계를 유지하며 충성심을 보답받는다는 점을 다른 직원에게 보여주는 실질적인 이점을 얻을 수 있다. 어떤 직위를 더 나은 사람으로 교체하는 결정은 다른 팀원에게 성장의 대가에 대한 환멸을 안겨줄 수도 있다. 신생 기업은 대개 최대의 이익보다 임무와 동지애를 중시하는 사람들로 구성된다. 게다가 새롭게 만든 직위를 처음 맡은 사람의 직무 배경이 색다를수록 그 직위에 오래 미무를 다른 사람을 찾기가 어려워[13] 조직이 더 큰 위험을 떠안을 수도 있다.

이런 상황들로 봤을 때, 창업 팀이 초기에 최고책임자라는 직함을 채택했을 때 발생하는 위험에 주의해야 한다. 직함 부풀리기는 잠재 공동 창업자나 초기 고용인들의 마음을 끌기에는 좋지만, 필요할 때 팀원을 승격하는 데 방해가 될 수 있다. 메이저지의 창업자 겸 CEO 배리 널스는 이렇게 말했다. "일찌감치 CEO를 세웠을 때는 그 밖에 누구를 어떤 직함으로 채용할지 결정해야 합니다. 그 사람을 부장으로 채용할까, 아니면 CEO에게 보고하는 부사장으로 채용할까? 초기에는 급여를 많이 줄 능력이 안 되지만 직함은 쉽게 줄 수 있죠. 그래서 고용인의 보상책을 더 매력적으로 만드는 데 직함을 이용하지요. 지금 다니는 회사에서는 '부장'인데 '이사'로 우리 회사에 들어오면 승진한 것처럼 느낄 테니까요. 하지만 이후에는 점점 승진하기가 어렵기 때문에 부풀려진 직함이 큰 문제를 일으킵니다." 상급 직함을 즐기던 사람은 새로운 사람이 들어와 한 단계 이상 아래로 밀려나는 것을 당연히 거부한다. 높은 성장을 보인 널스의 회사에서도 이런 점이 분명 문제를 불러일으켰다. "우리 회사 영업 담당 부사장은 첫해에 두 사람을 관리하면서 일을 시작했습니다. 다음 해에는 미국 전역의 영업 사원을 관리해야 할 만큼 빠른 속도로 책임이 높아졌고, 그다음 해에는 런던을 비롯한 국외 영업 사원을 관리해야 했죠. 3년 뒤에는 '진정한' 영업 담당 부사장을 채용해야 할 필요성이 분명해져서 그 사람 위에 '전무'를 채용했습니다. 그때 나는 일어날 수 있는 모든 문제를 예상해 내게 직접 보고하는 자리에 있는 사람에게 '앞으로 어떤 시점에 당신의 상관을 고용할 것입니다. 당신은 그 자리를 두고 경쟁할 능력이 있겠지만, 회사 외부에서 온 다른 누군가가 그 자리를 차지할 수도 있습니다'라고 설명해야 한다는 것을 깨달았습니다. 그렇게 말해도 그다지 효과는 없었지만요. 적극적인 사람은 누구나 자신이 더 높은 자리에서 일할 수 있다고 믿고 싶어 하니까요. 실제로 그런 적극성이 우리가 그 사람을 원하는 가장 큰 이유지만 보통 그들은 승진을 못합니다." 명확한 의사소통과 정기적인 예상을 하기란 어렵지만, 신생 기업은 그렇게 해야 한다. 하지만 그렇게 하더라도 관리 문제는 보통 계속 남아 있게 마련이다.

언제 누구를 채용할까

신설하거나 승급된 직위에 누구를 고용할지 결정할 때 창업자는 적어도 두 개의 중요한 취사선택을 해야 한다. 하나는 다방면의 일을 할 수 있는 사람(제너럴리스트)과 전문가(스페셜리스트) 중 누구를 뽑을 것인지의 문제이고, 다른 하나는 경험 없는 사람과 노련한 사람 중 누구를 뽑을 것인지의 문제다. 게다가 신생 기업이 자원을 얻고 형식화 정도가 높아지면 선택도 변화한다. 신생 기업의 특정 발전 단계에서 잘못된 결정을 하면 즉각 혹은 장래에 중요한 문제를 일으킬 수 있다.

제너럴리스트 vs. 스페셜리스트: 선택권 가치 vs. 깊이

신생 기업은 사람을 새로 채용할 때마다 특정 업무를 아주 잘해낼 거라고 믿을 만한 스페셜리스트와 특정 업무는 스페셜리스트만큼 잘하지 못하지만 여러 업무를 효과적으로 수행할 수 있는 유연한 제너럴리스트, 즉 팔방미인 사이에서 선택해야 한다.

어떤 선택이 최상이냐는 해당 직무가 얼마나 형식화되었는지에 따라 크게 좌우된다. 그리고 형식화의 정도는 신생 기업의 발전 단계와 특정 직무에 따라 다르다. 신생 기업을 설립할 때 창업자에게는 대개 어떤 제품이나 서비스를 개발해 판매할지에 관한 분명한 초기 아이디어가 있다. 그러나 이 아이디어를 실현하기 위한 전략, 수익을 얻기 위해 이용할 사업 모델, 심지어 자주 변화하는 아이디어가 지금부터 몇 달 뒤에는 어떤 모습이 될 것인가에는 불확실한 점이 많다. 하지만 창업자가 절차를 형식화하거나 전문적 역할을 만들려 하지 않을 경우 각 직원의 업무가 변화하는 전략, 사업 모델, 제품 개발 활동에 따라 날마다 바뀔 수 있다. 이러한 초기 단계에서는 유연성이 가장 우선시된다.

따라서 초기 단계의 신생 기업은 필요한 어떤 일이든 도울 수 있는 제너럴리스트를 찾는 경향이 있다.[14] 그러면 특정 직무에 직원을 채용해도 업무 상황에 따라 그 사람을 다른 직무로 옮길 수 있는 '선택권 가치'가 높아진다. 창업자 겸 CEO 딕 코스톨로는 피드버너의 첫 직원 20명 중에서 "결국에는 5명이 어느 시점에 다른 자리로 옮겨 갔습니다"라고 말했다. 이런 유연성은 아직 유동적이거나 불확실성이 큰 직무에 특히 중요하다. 예를 들어, 제품 개발을 위해 기술적으로 혹은 과학적으로 불확실한 중요 문제를 해결해야 하는 신생 기업에서는 기술이나 과학 부분은 잘 정의되어 있지만, 시장과 시장의 요구에 관해서는 불확실성이 큰 만큼 이와 관련한 직무가 안정적이지 않고 잘 정의돼 있지도 않을 수 있다.

이런 유동적인 단계(특히 아직 직무가 확고하게 자리 잡지 못한 단계)에서, 특정 업무에는 뛰어나지만 다른 업무를 돕지 못하거나 도울 의사가 없는 스페셜리스트를 고용하면 큰 실수를 저지르는 셈이다. 아직 오케스트라를 만들지, 행군 악대를 만들지 확실하지 않은 상황에서 세계 최고의 첼리스트를 채용하면 계속 문제가 발생할 수 있다. 또한 행군 악대를 만들기로 했을 때에는 첼리스트나 악대가 힘들어질 것이다. 딕 코스톨로는 처음 세운 신생 기업 DKA에서 큰 대가를 치른 후에야 이런 교훈을 배웠다. DKA에서 창업 팀은 노련하고 적극적인 영업 담당 부사장을 채용했다. 그 사람은 곧바로 영업 활동에 활용할 데모 버전을 요구했다. 문제는 아직 제대로 된 데모 버전을 제작할 만큼 제품을 확실하게 만들지 못했다는 데 있었다. 코스톨로는 "사용자 인터페이스 담당자들이 우리가 나중에 실행할 수 없는 기능을 데모에 넣었습니다. 그래서 고객들은 데모 환경에서만 가능한 기능을 보았고, 나중에 나온 실제 제품에는 그런 기능이 없자 당연히 실망했죠. 이 일은 이중으로 부정적인 결과를 낳았습니다. 소프트웨어 담당자들이 우리가 판매할 실제 제품의 완성에 집중하지 못했거든요. 시간 낭비와 기회비용이 컸습니다"라고 설명했다. 코스톨로는 창업 팀이 영업 활동의 속도를 늦추고 부사장을 다른 곳에 배치하려 애썼다고 회상하며 이렇게 말했다. "우리는 영업 부사장에만 특화돼 있고 그 밖에 다른 일은 아무것도 못하는 사람을 뽑았던 겁니다."

이렇게 값비싼 경험을 한 뒤, 코스톨로는 나중에 설립한 신생 기업들에서는 초기에 유연성 있는 사람을 채용하도록 장려했다. "특정 역할에 맞는 사람을 고용할 수도 있었지만, 회사가 다음 5~6개월 동안 다른 방향으로 갈 경우 다른 일도 할 수 있는 사람을 찾았습니다."

그러나 불확실한 중요 문제가 해결되고 신생 기업의 기술과 전략이 확고해지면 유연성의 가치는 낮아진다. 요컨대 직원을 다른 분야로 옮길 수 있을 때의 선택권 가치는 훨씬 낮아지고, 한 업무에 뛰어난 스페셜리스트를 둘 때의 가치가 높아진다. 초기에는 스페셜리스트 대신 제너럴리스트를 고용할 때 치러야 하는 대가, 즉 제너럴리스트가 수행한 업무의 질이 스페셜리스트보다 낮다는 점이 눈에 덜 띄지만 시간이 지날수록 두드러진다. 딕 코스톨로는 이를 운동선수에 비유했다. "우리가 초기에 채용한 재무 담당자는 예를 들면, 대학 풋볼 팀에서 와이드 리시버로 활약했는데 프로리그에서 디펜스 백도 맡을 수 있을 거라고 생각해 선발한 것과 마찬가지였습니다. 이후 우리는 그 사람을 디펜스 백으로 쓰지 못했고, 그는 세 번째 와이드 리시버 역할밖에 하지 못했습니다. 할 수 없었죠, 뭐!"

조직이 성장하면 대개 절차와 구조를 형식화하기 시작해 능률을 높이려 한다. 코스톨로는 "우리의 첫 CFO는 항상 이사회 조직도를 만들고 싶어 했습니다. 조직도가 있으면 이사회〔프레젠테이션〕의 체계를 더 많이 구축할 수 있기 때문이죠. 하지만 우리 회사에는 2004년 말까지 조직도가 없었습니다. 나는 우리가 채용하고자 하는 사람을 찾을 수 없을 때, 매달 사람들을 이리저리 옮기는 데 완전히 만족했습니다"라고 회상했다. 피드버너가 최초의 공식 조직도를 만든 것은 직원이 20명을 넘고 특정 정규직을 채용하기 시작했을 때였다. 일반적 유형에 비춰보면[15] 피드버너에서 가장 먼저 전문화해야 할 직무는 기술 분야였다. "사업상 이제 스페셜리스트를 더욱 강조해야 할 때가 된 겁니다. 공학 분야에서 우리는 다른 사람이 작성한 코드를 이해할 수 있고 자바 코드 작성을 전문적으로 하는 자바 설계자가 필요했습니다. 그래서 '자바 코드를 먹고 마시고 자바 코드와 함께 자는 사람이 필요해'라고 말하기 시작했죠. 나는 그들이 C++ 코드를 작성할 수 있는지 또는 사람을 관리할 수 있는지 더는 신경 쓰지 않았습니다. 우리의 업무 요건이 매우 구체화되었기 때문입니다." 이런 전환기에는 폭넓은 능력과 유연성보다 깊이 있는 능력과 전문적인 기술이 우선되지만, 그런 변화가 모든 직무에서 같은 속도로 진행되는 것은 아니다. 요컨대 피드버너에서는 이랬다. "그 밖의 직무들은 다릅니다. 여전히 초기와 비슷하지요. 재무, 운영, 사업 개발 부문은 여전히 한꺼번에 많은 일을 요리조리 처리하며 조율할 수 있는 문화를 유지하고 있습니다."

창업자들이 언제 이런 전환을 할 것인지 판단하고, 직무별 차이를 이해해 전환으로 인해 발생할 혼란을 관리하기란 대개 어렵다. 링스 솔루션의 제임스 밀모는 이런 전환이 회사에 미친 영향에 관해 "나중까지 알아차리지 못하는 점은 초기 단계에는 다른 유형의 사람이 필요하다는 것입니다. ……어느 시점에서 업무가 구체화하면 창의력과 호기심이 덜하고 한 가지 일에 한동안 매달려도 괜찮은 사람을 원하게 되죠. ……〔우리의 경우는〕 2단계로 신속하게 옮겨가는 데 어려움을 겪었습니다"라고 말했다. 마찬가지로, 신흥 기업에 관한 SPEC의 연구에서는 유동적 청사진에서 관료주의 청사진으로 전환하면서 이직률이 급등해 조직의 과제가 커진다는 것을 발견했다.[16]

소규모 기업 출신 vs. 대기업 출신: "그 사람은 크랭크를 만들지 못해요"

또 다른 취사선택은 대개 좀더 전문화되어 있고 형식적인 조직에서 일하는 데 익숙한 대기업 출신을 뽑을 것인지, 신생 기업이나 소규모 기업에서 일해 다방면에 두루 능하고 폭넓은 기술을 익힌 사람을 뽑을 것인지의 문제다. 이 결정과 관련한 많은 장단점은 2장에서 설명한 것처럼 예비 창업자가 창업에 나서기 전 큰 회사에서 경력을 쌓을 때와 그렇지 않을 때의 장단점과 비슷하다. 한편, 대기업에서 일하는 사람은 크게 성장할 정도로 성공을 거둔 기업의 절차와 체계를 익힐 기회를 얻는다. 반면, 사람들이 대기업에서 익힌 많은 관습은 신생 기업에서 역효과를 낳을 수 있다. 프랭크 어단테는 채용과 관련해 자신이 저지른 실수 중 하나를 이렇게 설명했다. "우리는 영업 담당 부사장 전문 헤드헌터를 통해 〔영업 담당 부사장을〕 채용했습니다. 오라클과 IBM에서 일했고 서류상으로 굉장한 사람이었죠. 우리는 그 사람을 뽑았습니다. 그는 말을 그럴싸하게 했습니다. 하지만 그 뒤 석 달 동안 자리에 앉아 있기만 했죠. 아무 일도 하지 않았습니다. 아무도 채용하지 않았고요. 계획을 세우지도 않고 전략을 짜지도 않았습니다. 그는 아무것도 없는 상태에서 뭔가를 만들어내는 것을 힘들어했지요. 크랭크(왕복 운동을 회전 운동으로 바꾸거나 그 반대의 일을 하는 기계 장치-옮긴이)를 예로 들면, 크랭크를 돌릴 수는 있지만 실제로 크랭크를 만들지는 못하는 사람이었죠. 무에서 뭔가를 만드는 데는 아주 다른 기술이 필요한데 말입니다."

배리 널스는 메이저지가 초기에 채용한 한 직원에게서 '행동가'와 '관리자'의 차이점을 배웠다. "내가 처음 잘못된 채용을 한 것은 중간 정도 되는 대규모 기업에서 영업과 영업 관리 일을 했던 사람을 뽑았을 때였습니다. 그 회사에서 일할 때 그에겐 뛰어난 팀이 있었습니다. 대규모 기업에 채용된 상급 직원은 팀을 관리해 성공을 거두죠. 그들이 개인적 차원에서 꼭 유능할 필요는 없다는 뜻이죠. 나는 초기 단계에 있는 기업에는 관리자가 없다는 걸 깨달았습니다. CEO를 포함해 모든 사람이 업무에 기여하죠! 대기업의 중간 관리자급과 상위 관리자급이 스스로 이바지했다고 자랑스러워할 만한 프로젝트를 찾으려고 5~6년을 되돌아가야 한다면 그건 위험 신호입니다."

직원이 실제로 신생 기업의 업무를 하더라도 부적절한 일을 하거나 비생산적으로 일하고 있을 수 있다. 지프카 초창기에 창업자 로빈 체이스는 자본을 모으려면 창업 팀에 노련한 경영진이 더 필요하다고 느꼈다. 하지만 노련한 관리자를 고용하자 해결되는 문제보다 발생하는 문제가 더 많았다. 체이스는 이렇게 말했다. "우리가 저지른 실수는 신생 기업에 대기업 출신 사람을 채용한 것이었습니다. 그는 점심과 주차에 많은 돈을 썼죠. 길고 상세한 업무 및 절차 목록을 만들었는데, 그게 내 책상 위에 올라올 즈음이면 그중 25퍼센트가 그리고 다음 날이 되면 50퍼센트가 쓸모없었습니다. 그는 절차를 만들어 엄격하게 지키는 것이 목표인 훨씬 후기 단계의 회사에서 일하는 데 익숙했던 겁니다."[17]

프랭크 어단테는 'L90'에서 성공적으로 물러난 뒤, 무선 광고 업체인 존디고를 시작할 때 마케팅과 기술 쪽에 경험 많은 '드림팀'을 구성하고 싶었다. 어단테는 UPS, 비자(Visa), 코카콜라, 컬럼비아 픽처스(Columbia Pictures), 인텔 같은 안정된 회사에서 고위급 경영진으로 있던 사람들을 고용했다. 하지만 그가 꾸린 드림팀은 기대에 부응하지 못했다. 어단테는 "그 사람들은 생각하고, 점잔을 빼며 말하고, 전략을 짜며 분석하는 데 너무 많은 시간을 보낼 뿐 어떻게 나아갈지 함께 결정을 내리지 못했습니다. 계속 토론만 했죠. ······그 결과 실제로 이루어진 게 하나도 없었습니다"라고 말했다.

노련한 직원 vs. 경험 없는 직원

제너럴리스트와 스페셜리스트 중에서 선택은 신생 기업이 유연성과 형식화 중 어느 쪽을 강조하는지에 따라 크게 좌우된다. 이와 관련돼 있지만 뚜렷이 구별되는 다른 결정은 각 직원의 경험 정도다. 이 결정은 종종 신생 기업이 경험 많은 사람을 채용할 재정적 여유가 어느 정도 있는지에 따라 좌우된다. 도표 8.4에서처럼 신생 기업은 자금 지원을 받기 전, 즉 아직 자원이 빈약할 때는 비교적 경험 없는 사람을 채용하는 경향이 있다. 그리고 기업이 성장하고 추가 자원을 확보하면서 채용하는 사람의 경력 연수와 주어진 역할에서의 이전 직급이 점차 높아지는 경향을 보인다.

경험 많은 사람을 채용할 때의 장점은 다음과 같다.

- **기술, 인맥, 신뢰성**—경험 많은 사람은 신생 기업에 인적 자본과 사회적 자본을 들여오고 평판이라는 측면에서 도움을 줄 가능성이 많다.
- **채용 효과**—경험 많은 사람을 뽑아 부하 직원 채용하는 일을 위임하면 창업자는 자신의 시간을 활용할 수 있고 신생 기업 내 각 부서의 화합을 촉진할 수 있다. 예를 들어, 프랭크 어단테가 존디고에서 경험 많은 사람을 채용한 주된 이유 중 하나는 "그 사람들 밑에서 일할 사람을 뽑는 일을 맡김으로써 내가 자유롭게 자금 조달과 관련한 일을 할 수 있기를 기대했기" 때문이다.
- **안정성: 적합한 사람 vs. 현재에만 맞는 사람**—경험 많은 사람을 채용하면 장기적으로 팀원을 승격해야 할 가능성이 낮아진다. 이 직원들이 보유한 관련 경험이 일반적으로 조직의 성장과 함께 자신들도 점점 직위가 올라가는 데 도움을 주기 때문이다. 신생 기업이 지금은 해당 업무를 할 수 있지만, 성장 다음 단계에서는 그럴 만한 능력이 되지 않는 '현재에만 맞는 사람'보다 여러 성장 단계에서 해당 업무를 잘할 '적합한 사람'을 뽑는다면 많은 문제와 혼란을 피할 수 있을 것이다. 메이저지의 배리 널스는 신생 기업의 성장에 따라 나타나는 이런 양상에 놀랐다. "고속 성장하는 기업은 분기마다 큰 변화를 겪습니다. 변화 정도가 큰 탓에 다른 곳(신생 기업이나 소규모 기업)에서 일해본 적이 없는

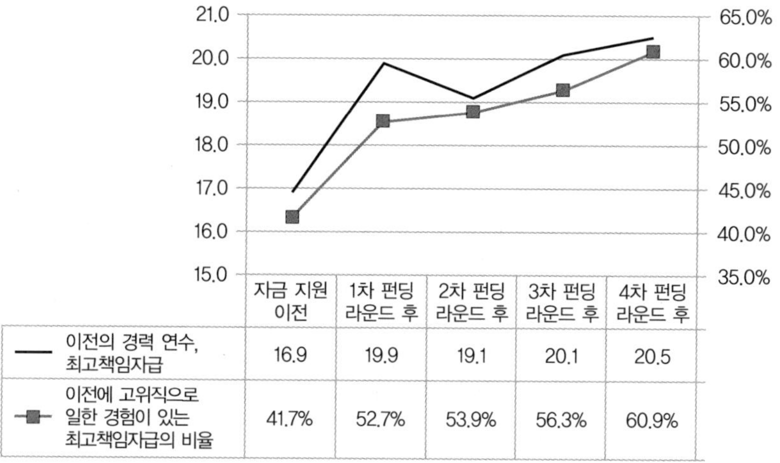

	자금 지원 이전	1차 펀딩 라운드 후	2차 펀딩 라운드 후	3차 펀딩 라운드 후	4차 펀딩 라운드 후
이전의 경력 연수, 최고책임자급	16.9	19.9	19.1	20.1	20.5
이전에 고위직으로 일한 경험이 있는 최고책임자급의 비율	41.7%	52.7%	53.9%	56.3%	60.9%

사람은 여기에 적응하는 훈련이 되어 있지 않죠.”

하지만 경험 많은 사람을 고용하면 다음과 같은 부정적인 측면 또한 나타난다.

- 높은 급여―경험 많은 후보는 아마도 하급 후보들보다 현재의 일자리에서 더 많은 급여를 받고 있을 것이다. 그래서 신생 기업으로 끌어들이는 비용이 한층 비싸 ‘번레이트’가 높아진다. 기업이 직원의 급여를 감당할 수 없으면 불만과 이직을 부르고 소송까지 갈 수 있다. 판도라 라디오의 창업자 팀 웨스터그렌은 회사에 여유가 없어 급여를 체불하게 되자 업무 환경에 불안감이 고조됐을 뿐 아니라 캘리포니아 고용법 위반으로 고소를 당하기까지 했다.
- 문화 관리―하급 직원부터 채용해나가면 창업자는 기업 문화를 자신

들이 원하는 대로 더 잘 관리할 수 있을 것이다. 안정된 기업에서 오래 일하지 않은 사람은 회사를 어떻게 운영해야 하는지에 대한 확실한 기대가 없어 창업자의 청사진을 더 쉽게 받아들인다.[18] 제임스 밀모는 자신이 설립한 기술 신생 기업 링스가 창조적 '르네상스식' 인물, 즉 지성과 창의성이 높고 폭넓은 관심사를 갖고 있지만, 반드시 공식적인 컴퓨터 프로그래밍 훈련을 받아야 할 필요는 없는 사람들의 보금자리가 되길 원했다. 밀모는 이렇게 말했다. "우리는 회사에서 할 업무와 관련 없는 배경을 지닌 르네상스식 인물을 많이 채용했습니다. ……우리 회사는 직원끼리 서로 잘 지내고 업무 외에 많은 시간을 함께 보내는 문화였지요. 하나의 공동체였습니다. ……직원들은 함께 일하는 동료가 좋아서 링스에 다니는 것을 더 좋아했지요."

신생 기업이 경험 부족한 사람을 채용할 때는 새로운 기술을 완전히 익혀 자신의 역할을 잘 수행할 만큼 성장할 '기대주'이기를 바란다. 반면, 경험 많은 사람에게는 처음부터 바로 높은 가치를 창출하며 회사에 이바지할 '록 스타'가 되기를 기대한다. 시터시티의 창업자 겸 CEO 제네비브 시어스는 자신이 설립한 신생 기업에서의 채용 변화를 이렇게 설명했다. "〔처음에〕 나는 회사와 함께 성장할 젊은 '기대주'를 뽑았습니다. 하지만 그 사람들은 한마디로 회사의 사업 변동에 너무 감정적이었지요. 그 사람들을 관리하는 데 내 시간과 에너지가 너무 많이 들었습니다. 그래서 나를 도와 회사를 다음 단계로 올려놓을 좀더 고위급의 '록 스타'를 찾아야겠다고 느꼈죠." 시어스는 기대주가 돼주길 바랐던 사람들을 교체할 새로운 경영진을 뽑는 데 초점을 맞추어 자기 분야에서 확실히 자리를 잡고 성공을 거둔 록 스타를 찾기 시작했다. 그리고 다음

해에 스톡옵션과 경쟁력 있는 급여를 제시하고, 회사가 실리콘 밸리나 128번 도로(미국 매사추세츠 주에서 컴퓨터와 전자 산업 기업이 많이 몰려 있는 구역—옮긴이)가 아닌 시카고에 소재해 다른 많은 신생 기업과 지역의 인재를 두고 경쟁할 필요가 없다는 장점을 내세워 10명의 고위급을 유치할 수 있었다.

시어스는 유망주 채용을 포기하고 록 스타를 선호했다. 하지만 보기 드문 인재, 즉 기술을 익혀 신생 기업에 진정한 자산이 될 만큼 빠르게 성장할 수 있는 (비교적 경험이 부족하고 급여가 낮은) 젊은이를 뽑아 '채용 대박을 터뜨린' 창업자들도 있다. 루 서니가 와일리 테크놀로지를 확장할 즈음 처음 뽑은 사람 중 한 명은 바로 마크 사클벤(Mark Sachleben)이었다. 스탠퍼드에서 MBA를 취득한 사클벤은 와일리 사외 이사의 친구였다. 서니는 회사 초기 단계에 MBA 출신을 영입하는 것에 대해 약간 우려했지만 사클벤의 젊음, 잠재력, 일하는 스타일이 신생 기업에 잘 맞으리라 생각해 그를 CFO로 임명했다. 서니는 당시의 일을 이렇게 회상했다. "마크는 내가 금도금을 해서 데려온 스탠퍼드 MBA였습니다. 그러나 나는 그에게 많은 금을 입힐 여유가 없었죠. 마크는 믿을 수 없을 정도로 진실하고 겸손했습니다. 나는 그런 점이 마음에 들었습니다. …… 우리의 스탠퍼드 MBA 출신 CFO가 시제품 책상을 사는 대신 우리가 구입해놓은 책상들을 직접 조립했던 일이 기억납니다. 그래서 오피스 디포(Office Depot: 미국의 사무용품 전문 회사—옮긴이)에 지불할 조립 비용 50달러를 절약했죠." 와일리가 성장하면서, 사클벤은 일을 빨리 익히는 사람이라는 걸 입증했고 핵심 경영진의 일원이 되었다.

보상

현금이 부족한 신생 기업은 보통 대기업만큼 급여와 상여금을 지급하지 못한다. 신생 기업은 이런 점을 보완하기 위해 다른 경제적(그리고 비경제적) 유인책을 써야 하는데, 그중 가장 두드러진 방법이 지분이다. 창업자에 대한 보상 체계에는 주인과 대리인 양쪽에 적합한 장려책이 섞여 있지만, 직원들은 종종 매우 다른 장려책이 필요한 전형적인 대리인이라고 할 수 있다. 보상 체계를 설계할 때 신생 기업은 조건부 대안(예를 들면 성과급)과 비조건부 대안(급여)을 선택할 수 있고, 경제적 보상을 개인의 실적과 연결하거나(이를테면 특정 직원의 실적에 따른 보너스 지급[19]) 신생 기업의 전체적인 실적과 연결할 수 있다. (가장 두드러진 방법은 신생 기업의 지분이다.)

아래에서는 창업에 관여하지 않은 고용인에 대한 보상 형태를 각각 설명하고, 각 형태 간의 상충 관계를 검토해볼 것이다.

현금 보상

창업에 관여하지 않은 고용인에 대한 현금 보상에는 개인이나 기업의 실적에 관계없이 지급하는 급여와 성과에 따른 상여금이 있다. 먼저 기술 산업에서 핵심적인 급여 및 보너스 유형을 설명하고 생명과학 산업에서의 유형과 비교해보자.

급여 변동

지난 10년 동안 기술 산업과 생명과학 산업은 1999~2000년까지의 경기

호황부터 2001~2003년까지의 극심한 불경기, 그 이후 2007년까지의 회복기를 거쳐 2008~2009년의 불황까지 두 번의 완전한 시장 주기를 겪었다. 도표 8.5에서 볼 수 있듯 기술 분야 신생 기업에서 비창업자 CEO의 급여 변화는 전체적인 경기 순환에 영향을 받되 경기 흐름에 약간 뒤처진다. 최고책임자급의 급여는 2001~2002년, 2009년의 경기 침체기에 낮아졌고 그 사이의 기간에는 상승했다.

급여 자료 분석 결과, 경영진과 신생 기업은 다음과 같은 중요한 차이를 드러냈다.

- **직위**—최고책임자급 경영진은 부사장급보다 많은 급여를 받지만 주목할 만한 예외가 있다. 비창업자 경영진에 대한 10년 동안의 보상 자료에서, 가장 높은 급여를 받은 두 직위는 CEO(평균 급여 21만 7000달러)와 COO/사장(17만 6000달러)이었다. 다음 등급인 CTO, CFO 그리고 공학 담당·업무 개발 담당·영업 담당·마케팅 담당 부사장들의 급여는 모두 14만 7000~15만 5000달러 사이였다.[■] 조직이 직면한 과제나 뜻밖의 사태를 완화하는 데 어떤 직무가 가장 중요한 역할을 하는지 알 수 있는 창이 급여라는 점을 고려하면,[20] 경영진 대부분의 급여가 비슷하다는 것은 흥미롭다. 이런 형태는 초기 단계와 후기 단계의 신생 기업에서도 나타난다.

■ 급여와 상여금을 포함한 총 현금 보상에서도 비슷한 관계가 나타났다. 10년 동안 CEO의 총 현금 보상액은 평균 29만 6000달러이고 COO/사장은 22만 8000달러, 영업 담당 부사장은 23만 3000달러였다. 다음 등급의 비창업자 경영진인 CTO, CFO, 공학 담당 부사장, 업무 개발 담당 부사장, 마케팅 담당 부사장은 모두 18만~18만 9000달러를 받았다.

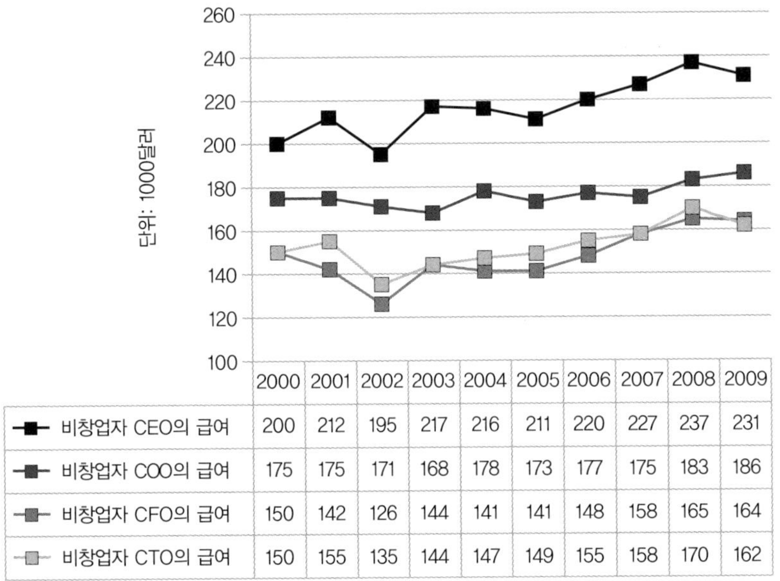

	2000	2001	2002	2003	2004	2005	2006	2007	2008	2009
비창업자 CEO의 급여	200	212	195	217	216	211	220	227	237	231
비창업자 COO의 급여	175	175	171	168	178	173	177	175	183	186
비창업자 CFO의 급여	150	142	126	144	141	141	148	158	165	164
비창업자 CTO의 급여	150	155	135	144	147	149	155	158	170	162

- **신생 기업의 단계**—신생 기업이 성장하고(자금 지원 횟수가 늘어나고) 규모가 커질수록(고용인의 수와 수익이 늘어날수록) 현금 보상도 높아진다. 예를 들어, 필자가 보유한 2009년도 자료에서, 신생 기업을 펀딩 라운드가 2차 이하인 기업과 3차 이상인 기업으로 나눠봤을 때 창업에 관여하지 않은 최고책임자급의 급여가 후기 단계의 신생 기업에서 12~17퍼센트 더 높았다. 신생 기업을 직원이 40명 이하인 기업과 40명 이상인 기업으로 나눠보면, 창업에 관여하지 않은 최고책임자급의 급여는 좀더 큰 규모의 신생 기업에서 17~19퍼센트 더 높았다. 또 신생 기업을 수익이 500만 달러 이하인 기업과 500만 달러 이상인 기업으로 나눠보면, 창업에 관여하지 않은 최고책임자급의 급여는 수익이 많은 신생 기업에서 10~12퍼센트 더 높았다.

- 산업―생명과학 분야 신생 기업의 경영진은 기술 분야 신생 기업의 경영진보다 현금 보상을 상당히 많이 받는 경향이 있다. 예를 들어, 2009년 생명과학 분야 신생 기업의 비창업자 CEO의 평균 급여는 28만 5000달러였지만, 기술 분야 신생 기업에서는 23만 1000달러로 5만 4000달러가량 차이가 났다. 창업에 관여하지 않은 다른 최고책임자급은 생명과학 분야 신생 기업의 경영진이 기술 분야 신생 기업보다 3만 1000~3만 6000달러, 즉 19~22퍼센트 많은 급여를 받았다. 10년 동안 생명과학 분야의 비창업자 CEO는 기술 분야 신생 기업의 CEO보다 평균 27퍼센트 더 높은 급여를 받았다.￭

흥미롭게도 지역은 비창업자의 급여에 영향을 미치지 않는 것처럼 보인다. 캘리포니아 주와 뉴잉글랜드 주에 있는 기술 분야 신생 기업의 '허브' 지역에서 활동하는 비창업자 출신 최고책임자급 경영진은 나머지 지역의 비창업자 출신 최고책임자급보다 겨우 1퍼센트 많은 급여를 받았는데, 이는 통계적으로 그다지 의미 없는 차이라고 할 수 있다.

■ 정보 기술 기업과 생명과학 기업 중 비공개 기업과 공개 기업의 CEO에 대한 보상에서도 흥미로운 차이와 유사점이 나타났다. 요컨대 공개 기업의 CEO가 비공개 기업의 CEO보다 훨씬 많은 현금 보상을 받는다. 〈월스트리트 저널〉/헤이 그룹(Hay Group)이 수익 50억 달러 이상인 공개 기업의 보상 현황을 분석한 '2009년도 CEO 보상 연구'에 따르면 '기술' 분야 기업의 CEO는 급여 92만 8000달러와 보너스 108만 4000달러를 받고, '의료' 분야 기업의 CEO는 급여 120만 달러와 보너스 218만 8000달러를 받았다. 이는 도표 8.5와 본문에서 설명한 비공개 기업의 보상액보다 훨씬 높은 수치다. 한편 정보 기술 분야와 생명과학 분야의 현금 보상액을 비교해보면, 생명과학 분야 공개 기업의 CEO가 정보 기술 분야 공개 기업의 CEO보다 훨씬 많은 현금 보상을 받았는데, 이는 정보 기술 분야 비공개 기업과 생명과학 분야 비공개 기업의 비교에서도 나타나는 현상이다.

상여금에 대한 민감도

많은 경영진에게 현금 상여금은 보상의 중요한 구성 요소다. 이런 상여금은 흔히 개인의 실적 평가와 신생 기업 차원의 기준과 연결되어 급여와 비교할 때 실제 실적의 영향을 많이 받는다. 전체 경영진에서 상여금은 총 현금 보상의 평균 28퍼센트를 차지한다. 그러나 직위별로 상당한 차이가 존재한다. 도표 8.6에는 10년간 기술 분야 신생 기업의 경영진이 받은 급여 중 보너스 비율을 보여준다. 현금 보상 중 상여금 비율이 가장 높은 직위는 단연 영업 담당 부사장으로 49퍼센트를 차지했다.[■] CEO는 37퍼센트, 그 밖의 경영진은 모두 30퍼센트 이하였다.

창업자 겸 CEO를 두 번 거친 후 딕 코스톨로는 "이상적인 보상 체계"는 직무에 따라 다르다는 결론을 내렸다. 영업직은 성과를 기준으로 한 보상에 많은 동기부여를 받지만, 소프트웨어 엔지니어는 주로 월급에 의지하기를 원했다. 코스톨로는 영업 사원에게는 "할당량에 도달하거나 그것을 넘어서면 얼마나 많은 보상을 받을지를 기준으로 보상 체계를 마련하는 것이 가장 좋습니다. 나는 CEO로서 영업 사원들이 나보다 네 배나 많은 돈을 받고, 기본급은 낮지만 상승폭이 크다는 점을 받아들여야 했지요"라고 말했다.

상여금은 산업별로도 차이를 보인다. 기술 분야 신생 기업에서 현금 보상의 위험도가 한층 높다. 급여에서 상여금이 차지하는 비율을 보면 기술 분야 신생 기업의 비창업자 CEO는 37퍼센트였지만, 생명과학 분야의 비창업자 CEO는 28퍼센트였다. 다른 직위들에서도 비슷한 유형

■ 앞의 두 각주에서 자세히 설명한 것처럼 창업에 관여하지 않은 영업 담당 부사장은 급여에서 상여금 비율이 높아 평균 현금 보상액이 비창업자 COO와 비슷하다.

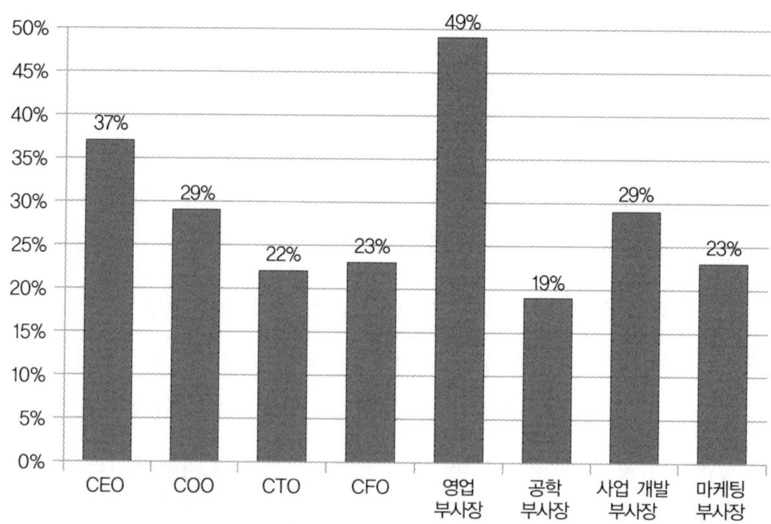

이 나타난다. (다음에서 설명하는 것처럼 생명과학 분야에서 창업에 관여하지 않은 경영진의 지분은 기술 분야에 비해 낮았다.)

성별 격차: 남성 vs. 여성의 보상

대기업의 현금 보상에 관한 연구에서는 '성별 격차'가 꾸준히 발견되었다. 즉 여성이 받는 현금 보상이 남성보다 20~25퍼센트 낮다.[■] 관료화한 대규모 조직에서 고용인에 대한 개인적 선호와 차별이 미치는 영향

■ 자세한 내용은 Goldin(2008) 참조. 성별 격차에 관한 연구는 인적 자본과 직무의 차이를 조절하지 못했다는 비판을 받아왔다. 반면 필자는 경영진의 배경, 지위, 산업, 지역, 그 밖에 요인의 다양한 차이를 조정해 분석할 수 있었다.

을 최소화하기 위해 인사 관리 관행과 보상 결정을 표준화해도 이 같은 상당한 차이는 여전하다. 이런 현상은 남성과 여성의 직책이 다르고 서로 다른 직무 계통으로 분류되는 것 또한 하나의 원인이다.[21] 그렇다면 합리적으로 마련된 인사 관리 관행이 없는, 관료화되기 전의 신생 기업에서는 성별 격차가 더 크게 나타날까, 아니면 균형 잡힌 결과가 나타날까? 신생 기업에 성별 격차가 존재한다면 대기업에서의 성별 격차를 이해하는 단서가 될까?

필자가 분석한 결과에 따르면, 신생 기업에서는 여성에 대한 보상보다 '수'라는 측면에서 더 많은 차이가 나타났다. 필자가 분석한 기술 분야 신생 기업의 최고책임자급과 부사장급 경영진에서 여성은 10.7퍼센트에 불과했고, 생명과학 분야 신생 기업에서는 17.6퍼센트였다.[22] 여성 CEO가 있는 신생 기업은 기술 분야에서는 3.1퍼센트, 생명과학 분야에서는 7.9퍼센트뿐이었다. 하지만 CEO보다 한 단계 낮은 최고책임자급 경영진에서는 여성의 비율이 높아지고 부사장급에서는 더욱 높아졌다. 인사 관리 직무를 제외하면(인사 관리 책임자의 3분의 2 이상이 여성이었다) 여성은 마케팅 부사장이 될 가능성이 가장 많았다(기술 분야 신생 기업의 19.1퍼센트, 생명과학 분야 신생 기업의 41.9퍼센트).

보상에서의 성별 격차는 1만 달러를 조금 넘는 5.6퍼센트로서 대규모 공개 기업의 20~25퍼센트보다 훨씬 낮았다. 그러나 예외가 존재하는데, 여기서 전체적인 격차의 요인을 유추할 수 있다. (또한 성별 격차 연구의 유망한 분야도 찾을 수 있다.) 성별 격차에서 가장 뚜렷한 차이를 나타내는 요소는 지역이었다. 캘리포니아 주와 매사추세츠 주에 있는 신생 기업 허브 지역에서는 통계적으로 의미가 없을 만큼 적은 성별 격차가 나타났지만, 그 밖의 지역에서는 1만 6300달러의 성별 격차가 나타났다.

흥미롭게도 위에서 언급한 것처럼 지역은 전체적으로는 신생 기업의 급여에 중요한 영향을 미치지 않는다. 그렇다면 왜 성별 격차에는 큰 영향을 미칠까? 허브 지역과 그 외 지역의 고용 시장에서 (노동) 공급과 (고용) 수요의 균형에 성별과 관련한 차이가 존재한다는 것이 한 가지 이유일 수 있다. 또한 자발적 요소 또한 존재한다. 허브 지역에서 일하지 않기로 선택한 여성은 보상 대신 좀더 균형 잡힌 라이프스타일 같은 이점을 선택할 수 있다. 그런 이점이 남성보다 여성에게 더 중요하다면 성별 격차를 일으킬 수 있다는 뜻이다.

둘째, 신생 기업의 발전 단계가 상당한 영향을 미친다. 후기 단계의 신생 기업에서는 1만 2300달러의 성별 격차가 나타났지만 초기 단계의 신생 기업에서는 성별 격차가 통계적으로 무의미한 수준이었다. 이런 결과는 대기업에서의 성별 격차를 이해하는 데 직접적인 도움을 준다. 특히 어떻게 그런 격차가 나타났고 그 동인은 무엇인지 이해하는 데 도움이 된다. 신생 기업의 초기 단계에서는 유의미한 차이가 나타나지 않았는데, 이는 남성과 여성 경영진이 비슷한 취사선택을 하거나 신생 기업이 실력주의로 운영된다는 것을 시사한다. 그러나 신생 기업이 성장하거나 절차를 형식화하거나 직원이 보상이나 라이프스타일과 관련해 더욱 다양한 취사선택을 하게 되면 차이가 발생한다. 처음에는 작은 차이로 시작되지만, 신생 기업이 앞에서 다룬 대규모 공개 기업 형태로 성장하면서 그 차이는 더욱 벌어진다. 한 (남성) 연쇄 창업자는 "초기 단계 기업은 실력주의를 추구하지만, 성장한 기업은 관료주의적이죠. 그래서 실적보다 다른 요인들에 의해 보상을 하고 여성에게 편견이 존재할 수 있습니다. ……창업자 겸 CEO 대부분이 '노련한 경영진'으로 바뀌는데, 그중에는 대기업 출신이 많죠. 그런 경영진은 회사에 '자신의 팀'

뿐 아니라 기존의 취향과 편견까지 함께 들여옵니다"■라고 말했다.

성별 격차에 영향을 미치는 세 번째로 큰 요인은 산업이다. 표본에 있는 신생 기업 전체 중 기술 분야 신생 기업에서는 1만 3300달러의 성별 격차가 나타났지만, 생명과학 분야 신생 기업에서는 통계적으로 무의미한 격차만 보였다. 한 가지 원인은 여성 경영진의 수적 차이일 수 있다. 기술 분야보다 생명과학 분야에서 여성 경영진이 훨씬 더 흔하다.

실제로 신생 기업이 대기업보다 실력을 중시한다면 앞으로 여성이 일하기에 상대적으로 매력적인 회사가 될 수 있다. 따라서 신생 기업에서 여성의 수가 늘어나 성별에 따른 보상의 격차가 줄어드는 데 도움이 될 수 있다.■■ 이런 격차가 여성과 남성이 의식적으로 다른 취사선택을 하고 있다는 뜻이라면, 격차가 나타나는 것이 심지어 좋은 현상일 수도 있다. 여성과 남성이 각자 자신에게 가장 중요한 가치를 얻고 있을지 모르기 때문이다. 한 여성 창업자 겸 CEO는 "나는 여성이 남성과 달리 급여 때문에 떠나는 경향은 없다고 생각합니다. 우리에게는 좋은 근무 환경이 의미가 크거든요"라고 말했다. 하지만 이런 격차가 신생 기업이 성장함에 따라 대기업의 특징인 지속적이고 비자발적이고 심각한 성별 격차로 이어진다는 뜻이라면, 성별 격차의 양상과 제거 방법을 찾기 위

■ 이 말은 창업자가 아직 회사에 남아 있다면, 특히 CEO 자리에 있다면 성별 격차가 더 낮게 나타날지도 모른다는 뜻이다. 이런 가능성을 확인하기 위해 필자는 창업자가 아직 고위급 경영진으로 일하고 있는지를 변수로 더해 다시 성별 격차 회귀분석을 해보았다. 그랬더니 창업자가 아직 회사에 남아 있을 때 성별 격차가 3분의 1 정도 줄어 약간 완화되었다. 하지만 이는 통계적으로는 의미 없는 결과였다.
■■ 2장에서 설명한 커리어리더 데이터베이스는 여성의 동기가 남성과 다르며 특히 경제적 동기에 관한 중요도에서 차이가 있음을 보여준다. 이는 여성이 남성과 다른 취사선택을 한다는 의견을 어느 정도 뒷받침한다.

해 노력해야 할 때는 바로 신생 기업의 초기 단계일 수 있다.

최고책임자급의 지분 vs. 부사장급의 지분

신생 기업 초기에는 지분을 새로운 사람을 채용할 때마다 개별적으로 조정하는 경향이 있다. 하지만 신생 기업이 성장하면서 이러한 임시방편적인 방식은 문제를 일으킬 수 있다. 딕 코스톨로는 피드버너가 성장할 때 이러한 문제에 부딪혔다. "우리 회사의 CFO는 벤처 투자가였는데 〔임시방편적인 지분 합의를 모두 없애〕 새로 채용하는 사람 모두 같은 배를 타게 해야 한다고 지적했습니다. ……모든 사람의 이해관계가 일치하지 않았죠." 코스톨로와 CFO는 그 이후 채용한 사람에 관해서는 일관성 있는 지분 보상책을 마련할 수 있었다. 하지만 초기 직원들과 일관성이 없어 피드버너가 나중에 합병 제안을 받았을 때 견해 차이가 나타났다. 한 지분 구조에 해당하는 사람들은 제안을 받아들이길 원했지만, 다른 지분 구조에 해당하는 사람들은 반대한 것이다. 그래서 중요한 시기에 팀 안에서 분열이 일어났다.

하지만 필자의 데이터베이스에 있는 가장 초창기의 신생 기업에서도 어느 정도 일관성이 존재했다. 급여는 부사장급 경영진이 종종 일부 최고책임자급 경영진(특히 CTO와 CFO)과 동등했지만, 지분은 조직에서의 등급과 훨씬 밀접한 연관성을 나타냈다. 창업에 관여하지 않은 CEO가 나머지 최고책임자급 경영진보다 상당히 많은 지분을 보유했고, 최고책임자급 경영진이 부사장급보다 일반적으로 더 많은 지분을 보유했다. 필자의 데이터베이스에 따르면, 1991~1999년까지 10년 동안 비창업자 CEO는 평균 6.0퍼센트, COO는 2.9퍼센트, CTO는 1.7퍼센트, CFO

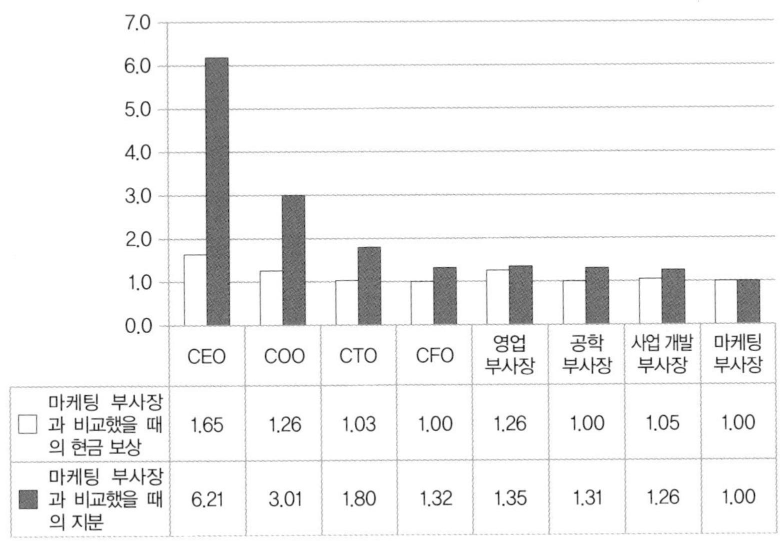

	CEO	COO	CTO	CFO	영업 부사장	공학 부사장	사업 개발 부사장	마케팅 부사장
마케팅 부사장과 비교했을 때의 현금 보상	1.65	1.26	1.03	1.00	1.26	1.00	1.05	1.00
마케팅 부사장과 비교했을 때의 지분	6.21	3.01	1.80	1.32	1.35	1.31	1.26	1.00

는 1.3퍼센트의 지분을 보유했다. 한편 네 개의 주요 부사장급 직위는 모두 평균 1.0~1.3퍼센트의 지분을 보유했다.

도표 8.7은 이들 직위 간의 지분 및 현금 보상의 차이를 보여준다. 이는 핵심 경영진에서 가장 낮은 보상을 받고 보유 지분이 가장 낮은 마케팅 담당 부사장을 기준으로 삼은 것이다. 핵심 경영진 대부분과 마케팅 부사장이 받는 현금 보상의 차이는 5퍼센트 이내였다. CEO가 받는 현금 보상 역시 마케팅 담당 부사장보다 겨우 1.7배 더 높았다. 그러나 지분의 차이는 훨씬 커서 CEO가 마케팅 담당 부사장보다 6배 넘는 지분을 보유했다.

신생 기업의 발전 단계 역시 가치 저하와 불확실성의 영향으로 지분에 상당한 영향을 미친다. 첫째, 신생 기업이 받는 자금 지원 횟수가 늘어날 때마다 기존 주주들의 지분이 줄어든다〔요컨대 ‘희석(가치 저하)’된다〕. 새로운 주식을 새 투자자에게 발행하기 때문이다. 예를 들어, 비창업자 CEO가 10퍼센트의 지분을 보유한 신생 기업이 투자 전 기업 가치를 1000만 달러로 평가받고 500만 달러를 투자받는다면 CEO의 지분은 6.7퍼센트로 낮아질 것이다. 둘째, 신생 기업은 불확실성이 높고 고용인들이 큰 위험을 감수하며 입사하는 초기 단계에서 사람들을 확보하기 위해 많은 지분을 제시해야 한다. 하지만 위험성이 떨어짐에 따라 더 낮은 지분을 제시할 수 있어■ 신생 기업의 성장도와 직원의 지분 규모 사이의 역관계가 강화된다. 필자가 보유한 2009년도 기술 신생 기업 자료를 보면, 비창업자 CEO가 보유한 지분은 두 번 이하의 펀딩 라운드를 거친 초기 단계의 신생 기업에서 평균 7.1퍼센트, 세 번 이상의 펀딩 라운드를 거친 후기 단계의 신생 기업에서 평균 5.2퍼센트로 1.9퍼센트의 차이가 났다. 생명과학 산업에서는 이런 차이가 2.5퍼센트로 더욱 컸다.

■ 많은 신생 기업은 주요 직원을 채용하기에 충분한 지분을 제공하기 위해 다음에 새로 채용할 직원들에게 할당할 주식을 비축한 옵션 풀을 만든다. 이런 옵션 풀은 보통 각 신규 펀딩 라운드 동안 만들어지거나 ‘갱신’되지만 사전 자금 조달을 한 신생 기업의 46퍼센트에서도 채용을 원활히 하기 위해 이 같은 옵션 풀을 만든다. 이 비율은 첫 번째 펀딩 라운드에서는 신생 기업의 80퍼센트로, 두 번째 펀딩 라운드 뒤부터는 90퍼센트 이상으로 상승한다. 원칙적으로 이런 옵션 풀은 다음에 갱신하기 전까지, 즉 다음 펀딩 라운드까지 신생 기업이 예상하는 채용 인원에 알맞은 규모로 구축해야 한다. 이러한 관계는 자료가 뒷받침한다. 즉 옵션 풀의 크기가 가장 큰 단계는 신생 기업이 채용을 위해 가장 많은 지분이 필요하고 중요한 직위를 아직 많이 채우지 못한 초기다. 필자의 데이터베이스에서, 가장 초창기에 속하는 신생 기업은 옵션 풀이 완전 희석 주식의 평균 20퍼센트를 차지했다. 이런 비율은 이후의 펀딩 라운드 때마다 떨어졌다. 세 번째, 네 번째 라운드에서는 옵션 풀의 비율이 각각 11퍼센트, 10퍼센트로 낮아졌다. 이는 아직 채용하지 못한 채 남아 있는 주요 자리가 줄거나 이 직원들을 채용하는 데 필요한 지분이 낮아졌음을 나타낸다.

산업 역시 작지만 중요한 역할을 한다. 생명과학 분야의 신생 기업보다 기술 분야 신생 기업의 경영진이 더 높은 지분을 보유하는 경향이 있다. 요컨대 2009년 자료에 따르면, 최고책임자급과 부사장급 전체에서 기술 분야 기업의 각 임원이 생명과학 기업의 상응하는 임원보다 평균 0.5퍼센트 많은 지분을 보유했다. 종합하면, 기술 분야 경영진이 생명과학 분야의 경영진보다 강력한 권한을 갖는 경향이 있으며, 아울러 그들의 보상은 현금과 지분 보상이라는 한층 위험한 형태를 띤다. 즉 급여는 낮고 상여금의 비율은 높으며 지분을 더 많이 받는다.

황금 수갑 채우기

6장에서 우리는 창업자가 떠나기로 하거나 상황에 의해 개입을 축소해야 하는 등 훗날 일어날 변화에 적응하도록 창업 팀이 고용인과 지분 합의를 할 때 수령권 지급 일정 같은 동적인 요소를 포함해야 한다고 검토했다. 고용인에게 지분을 할당할 때 적용하는 수령권 조건이 신생 기업에서의 지분 합의에 관한 이해를 도와준다. 신생 기업은 종종 새로운 경영진을 구속하기 위해 수령권 지급 일정을 이용한다. 즉 일정 햇수 동안 신생 기업에 남아 있도록 강력한 경제적 보상을 하는 것이다. (비창업자 CEO의 수령권 지급은 일반적으로 기간을 기준으로 삼지만, 약 10퍼센트의 비창업자 CEO는 성과를 근거로 삼는다.) 각 경영진은 신생 기업에 가치를 더할 것이라고 기대되는 동안 꼼짝 않고 그 자리를 유지하는 게 이상적이다. 하지만 도표 8.8에서처럼 채용된 경영진의 4분의 3 이상이 4년이라는 수령권 조건을 받는다. 다양한 경영진의 위치에서 그리고 신생 기업의 성장과 퇴장 속도가 훨씬 빠른 호황기와 성장 속도가 느린 불경기를 포함한 모든 시장 주기에서 이러한 일관성이 나타나는 것은 신생 기업이 각 임원과 상황에 따라 수령권 지급 일정을 조정하기보다 제도화한 유형을 따른다는 것을 보여준다.■

창업자와 비창업자의 수령권 지급 일정을 비교해봐도 도움이 될 것이다. 이사회는 창업자들에게 고용인보다 평균 6개월 짧은 수령권 확정 기간을 부여한다. 도표 8.8에서 볼 수 있듯 창업자 겸 CEO의 수령권 확정 기간이 4년일 가능성은 비창업자 CEO보다 훨씬 낮으며 수령권 확정 기간이 없거나 1년뿐일 가능성은 더욱 높다. 투자자들이 개입한 후에도 마찬가지다. 창업자들은 투자자가 지분에 대한 수령권 조건을 요구해도 종종 '일한 시간의 공로'를 인정해달라고 요구한다. 비창업자와 수령권 확정 기간에 6개월 정도 차이가 나는 것은 이 때문일 수 있다. 그러나 창업자의 수령권 확정 기간이 더 짧은 데는 (그다지 인정받지 않는 장점이긴 하지만) 창업자가 신생 기업에 느끼는 애착 역시 한 원인일 수 있다. 6장에서 우리는 창업자가 급여 인상을 협상할 때 신생 기업을 향한 감정적 애착이 불리하게 작용해 급여가 낮아질 수 있다는 점을 살펴보았다. 하지만 수령권에서는 감정적 애착이 창업자에게 유리하게 작용할 수 있다. 투자자들은 직원 중에서 떠나려는 의지가 가장 낮은 창업자에게 '황금 수갑'을 채울 필요성을 덜 느낄 수 있기 때문이다.

■ 신생 기업이 합병되거나 관리 체계에 다른 변화가 생길 때 (수령권이라는 수갑을 풀 수 있는) 또 다른 수령권 조건이 수령권 지급 일정을 앞당긴다. 이렇게 관리 조건의 변화에 따라 수령권 지급이 앞당겨지는 데는 다양한 유형이 있지만(예를 들어, 수령권 지급 일정이 앞당겨지기 전에 필요한 여러 다른 계기), 공통된 패턴 하나는 신생 기업에 이바지하는 가치가 높은 사람일수록 수갑이 풀릴 가능성이 더 낮을 것이라는 점이다. 그렇지 않으면 인수자 측에서는 (가치가 가장 높은 사람들이 회사를 떠날 수 있다고 예상해) 아마도 합병 조건의 매력이 떨어질 것이다.

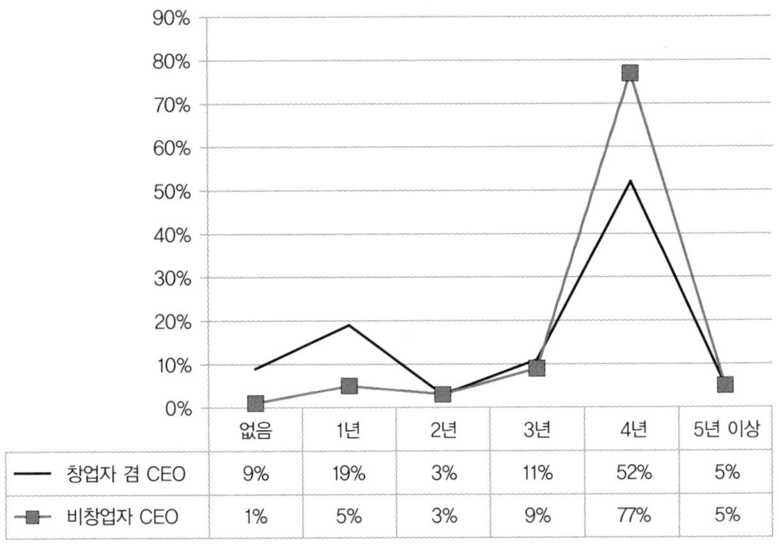

	없음	1년	2년	3년	4년	5년 이상
창업자 겸 CEO	9%	19%	3%	11%	52%	5%
비창업자 CEO	1%	5%	3%	9%	77%	5%

현금과 지분의 시소

현금 보상과 지분을 다양하게 조합함으로써 여러 가지 다른 보상책을
만들고, 위험 부담을 다르게 가져가도록 장려하고, 기업의 목표에 대비
해 개인의 목표에 관심을 기울이게끔 할 수 있다.[23] 신생 기업은 더 큰
규모의 기업과 마찬가지로 종종 현금 보상과 지분 비율을 절충한 보상
책을 마련한다. 급여가 높으면 지분을 줄이거나, 아니면 그 반대로 할
수도 있다.[24] 이런 보상책은 신생 기업에 적합한 사람들을 확보하고 한
번 합류한 사람들에게 특별한 장려책을 제공하기 위해 만든다. 예를 들
어, 헤드헌팅 회사인 J. 로버트 스콧의 빌 홀로드낙은 경영진 후보의 위
험 선호도를 알기 위한 한 가지 방법으로 '낮은 급여/높은 지분'부터
'높은 급여/낮은 지분'까지 모든 범위의 보상책을 보여주고 어느 쪽에

속하고 싶은지 물어본다.

일부 신생 기업은 모든 고용인을 시소의 한쪽에 앉히기로 선택하지만, 일부는 새로 채용한 사람이 각자 선택할 수 있도록 한다. 딕 코스톨로는 이렇게 말했다. "〔피드버너에서는〕 직원들이 각자 시세보다 급여를 적게 받는 대신 지분을 많이 받을 수도 있고, 지분을 조금 받는 대신 급여를 많이 받을 수도 있습니다. 채용을 제안할 때 나는 '당신은 급여나 지분 중 어느 쪽을 선호합니까?'라고 물어봅니다. 급여를 선호하는 사람에게는 '음, 회사를 매각하고 동료가 보유한 주식의 주가가 치솟을 때도 불평하지 않으시겠습니까? 더 많은 급여에 당신의 미래를 저당 잡히는 셈인데 괜찮으시겠습니까?'라고 물어보죠." 또 코스톨로는 때때로 집단에 따라 지분 대비 급여의 우선순위에 차이가 있다는 점을 깨달았다. "실리콘 밸리에서는 '내가 급여를 적게 받으면 더 많은 옵션을 줄 수 있습니까?'라는 논의가 오가죠. 〔시카고에서〕 우리는 항상 엔지니어들하고 그것과 상반되는 논의를 합니다."

필자는 비창업자 CEO의 보상 자료를 분석하면서, CEO의 급여와 지분 사이에 확실하고 주목할 만한 역관계가 존재한다는 사실을 발견했다. 신생 기업과 경영진의 다양한 특징(신생 기업의 성장 정도, 산업, 경영진의 지위와 경험 등)을 조정한 후에도 마찬가지였다. CEO의 표본을 급여가 높은 쪽(평균 급여 25만 3000달러)과 낮은 쪽(평균 급여 18만 1000달러)으로 나누어봤을 때, 급여가 높은 쪽은 지분이 약 6.46퍼센트였지만 급여가 낮은 쪽은 평균 8.49퍼센트였다. 일부 CEO는 더 많은 급여를 받는 대신 상당한 양의 지분을 포기했고 그 역 또한 성립했다. 다른 지위를 가진 경영진에서도 같은 관련성이 나타났다.

고용인이 현금 대비 지분 시소에서 어디에 있을지는 각자의 동기뿐 아니라 창업자의 동기에도 영향을 받는다. 자신이 더 많은 지분을 보유하려는 창업자는 잠재 고용인에게 더 적은 지분을 제시하고 다른 보상(자본이 있을 때에는 높은 급여를 주거나 무형의 혜택 제공)으로 균형을 맞추거나, 그 후보를 포기하고 더 약한 후보를 채용하는 경향이 있다. 이런 창업자는 종종 지분은 더 많이 보유하지만, 지분 가치를 높이기에는 약하거나 동기부여가 덜 된 팀을 만들 수 있다. 따라서 이런 창업자는 '왕'이라는 결과를 얻을 가능성이 낮다. 반면 더 가치 있는 신생 기업을 구축하는 쪽을 선호하는 창업자는 지분이 낮더라도 그 반대의 결정을 해서 '부자'라는 결과를 얻는 기회를 높일 것이다.

맺음말

창업자는 채용 결정 때 1인 창업이냐, 공동 창업이냐를 결정할 때 부딪혔던 것과 같은 딜레마에 직면한다. 하지만 신생 기업의 발전 단계, 형식화 정도(직무에 따라 달라질 수 있어 과제를 더욱 복잡하게 만든다), 사용 가능한 자원에 맞춰 채용 결정을 해야 하므로 이는 더욱 복잡한 문제다. 도표 8.9는 신생 기업의 초기 단계에서 일반적으로 나타나는 채용 결정의 변화를 요약한 것이다.

창업자 겸 CEO는 적합하지 않은 사람을 채용했을 때 발생하는 문제를 진단하고 바로잡아야 할 뿐만 아니라 이전에는 옳았던 결정을 언제 재고해야 할지 또한 예상해야 한다. 신생 기업이 새로운 발전 단계에 도달하면 전에는 옳게 여겨졌던 결정이 맞지 않을 수 있기 때문이다. 창업자는 변화 속도가 빠른 신생 기업 세계에서 특정한 채용 방법만 고수하

신생 기업의 발전 단계	관계	역할	보상
창업기	• 핵심 창업자의 개인적 인맥을 이용해 신생 기업의 문화에 적합한 후보 물색	• 다양한 분야를 처리할 수 있는 제너럴리스트 • 최고책임자급이 많고 부하 직원이 거의 없는 '평면적' 구조	• 낮은 현금 보상 • 높은 지분 보상 • 낮은 성별 격차 • 수령권 조건 설정이 적음
전환기	• 직접적이지 않은 구인 방법 이용(예: 신문 광고, 헤드헌팅 회사) • 투자자와 다른 참여자들의 인맥(그리고 유대 관계가 약한 사람) 활용	• 직무별 부사장에게 각자 팀을 운영하고 채용할 책임을 위임하면서 '선수'가 '코치'로 변화됨 • 초기 고용인 중 일부는 일반적으로 변화하는 회사의 요구에 적응하지 못함	• 보통 수준의 현금 보상 • 낮은 지분 보상 • 지분에 대한 수령권 조건 설정
성장기	• 투자자의 인맥 활용 • 경영진 전문 헤드헌팅 회사와 계약	• 소수의 고위급 경영진과 많은 하급 직원으로 구성된 '피라미드형' 보고 체계 • 대기업에서 일한 경험이 있는 '전문' 경영진	• 높은 현금 보상 • 스톡옵션이 지분을 대체 • 성별 격차 등장

지 말아야 한다. 예를 들어, 창업자는 초기에 젊은 직원을 채용하기 전 언제 이들을 교체할지 또는 이들을 감독할 경험 많은 사람을 뽑을지 미리 계획해야 한다. 다방면의 업무를 처리할 제너럴리스트로 구성한 팀을 만들기 전에는 스페셜리스트 자질이 필요한 시점이 됐을 때 그들이 어떻게 적응할지 미리 검토해야 한다. 또 초기 고용인을 위한 보상책을 만들 때는 단계별로 다른 어떤 보상책이 필요할지 미리 내다보아야 한다. 이번 장에서 살펴본 것처럼 자료는 신생 기업의 각 발전 단계마다 채용 요구에 중요한 변화가 나타난다는 사실을 보여준다.

공동 창업자와 관련한 딜레마는 성과가 부진하거나 발전하지 않는 고용인이 친구나 가족일 때 어떻게 대처해야 할지에 관한 채용 딜레마에서도 나타날 수 있다. 창업자 겸 CEO는 이미 알고 있던 사람들과 일할 때 편할 뿐만 아니라 모든 직원끼리 잘 어울릴 가능성이 높으므로 그런 사람들로 팀을 채우고 싶은 유혹을 강하게 느낀다. 하지만 이런 편안함은 장기적으로 위험할 수 있다. 이런 팀은 4장에서 살펴본 창업 팀들과 이번 장 앞부분에서 팀 웨스터그렌이 직면한 것 같은 불장난 위험에 부딪히기 때문이다. 창업자는 이전에 개인적 관계를 맺은 고용인과 민감한 문제를 잘 논의하지 못하는 데다 신생 기업의 상황이 나빠지면 그런 관계에 중대한 손상을 입을 수 있다. 그래서 창업자는 상황이 폭발할 정도가 될 때까지 문제를 미루게 된다.

창업 팀원들이 각자의 관계, 역할, 보상을 적절히 결합해야 하는 것처럼 창업자도 고용인과 그런 결합 관계를 구축하는 것이 중요하다. 예를 들어, 개인의 실적에 따라 상여금이 많은 보상 구조는 영업 사원에게는 생산적일 수 있지만, 개발 팀에 속한 프로그래머에게는 비생산적일 수 있다. 즉 한 유형의 역할과는 적절하게 결합(혹은 조정)한 보상이 다른 유형의 역할과는 부적절한 결합(잘못된 조정)이 될 수 있다. 이것을 창의적으로 결합하면 잘못 뽑았다고 판명된 사람을 해고할 때의 파급 효과 같은 채용과 관련한 어려운 문제를 해결하는 데 도움이 될 수 있다. 피드버너의 딕 코스톨로는 이렇게 말했다. "부적합한 사람을 채용했을 때 나타나는 최악의 문제는 그 사람이 조직에 들어가 사람들과 친구가 됐을 때 '왜 내 친구를 해고하는 겁니까?'라는 반응이 나온다는 겁니다." 그 결과 많은 창업자가 실수를 저지르지 않기 위해 채용을 망설이거나 '지연'하려 한다. 하지만 보상과 역할을 결합하면 문제 해결에 도움이 될 수 있다. 예를 들어, 불확실성이 높은 영업 사원에 대한 보상 구조는 자기 실력에 자신 없는 사람은 뽑지 않는 한편 실적 낮은 사람을 떠나도록 하는 역할을 할 수 있다. 코스톨로는 "영업 사원은 좋은 실적을 내지 못해 원하는 만큼 보상을 받지 못하면 떠날 겁니다. 성과를 내지 못한 직원이라는 문제가 저절로 빠르게 해결되는 것이죠. '신속 채용, 신속 해고'라고 할 수 있습니다"라고 말했다. 유감스럽게도 처음 기업을 설립한 창업자 중에서 채용 딜레마의 균형 잡는 방법을 세심하게 이해하는 사람은 드물다. 심지어 코스톨로조차 네 번째 신생 기업을 세울 때에야 그것을 면밀하게 이해할 수 있었다.

# 투자자 딜레마:
가치도 높이고 위험도 높이는 투자자

에번 윌리엄스는 블로거와 오데오에서 공동 창업과 채용 결정을 할 때 각각 매우 다른 접근 방식을 취한 것처럼 두 기업에서 선택한 투자자의 유형 또한 달랐다. 블로거 초기 단계에서 윌리엄스와 공동 창업자 멕 휴리한은 휴렛패커드의 웹 개발 작업을 해서 번 돈으로 회사 자금을 조달했다. 두 사람은 자금 지원을 받지 않고 판매와 소프트웨어 구독을 늘려 '긍정적인 현금 흐름(유입되는 현금이 유출되는 현금보다 큰 경우)'을 만들 수 있길 원했다. 하지만 얼마 지나지 않아 윌리엄스는 제품 개발을 완료하려면 추가적인 자금 조달이 필요하다는 것을 깨달았다. 1999~2000년 사이 닷컴 열풍이 고조되면서 윌리엄스는 벤처 캐피털들과 접촉할 수 있었지만 "회사의 지분을 많이 잃고 싶지" 않았기 때문에 의도적으로 벤처 캐피털의 투자를 회피했다. 대신 블로거는 투자 전 기업 가치를 200만 달러로 평가받아 휴리한의 부모를 포함한 소액 투자자들로부터 50만 달러를 모으고 그 대가로 지분의 20퍼센트를 주었다. 윌리엄스는

"우리는 일부러 많은 돈을 투자받지 않았습니다. ……허리띠를 졸라매고 회사를 운영하기로 했죠"라고 설명했다. "우리가 여전히 회사의 80퍼센트를 지배할 수 있다는 사실은 분명 매력적이었습니다." 닷컴 거품이 붕괴하는 가운데 그 돈이 바닥났을 때조차 윌리엄스는 가능한 한 자금 회수를 거부하고 대신 자기 신용카드를 한도가 초과하도록 써가며 회사의 자금을 조달하다 결국 직원을 모두 해고하고 혼자서 블로거를 계속 개발했다.

2002년 블로거를 구글에 매각한 뒤 윌리엄스는 팟캐스팅 관련 신생 기업 오데오 설립을 추진했다. 이때 윌리엄스는 구글 주식 일부를 팔아 초기 창업 자금을 직접 마련했다. 하지만 곧 기술의 거대한 잠재력과 애플 같은 경쟁사가 오데오보다 먼저 제품을 출시할 거라는 위험을 인식했다. 윌리엄스는 블로거에서 규모는 작아도 성공적으로 자금을 회수한 경험 덕분에 기업가로 인정받아 일류 벤처 캐피털 업체로부터 500만 달러를 투자받을 수 있었다. 대신 벤처 캐피털은 오데오의 지분 30퍼센트와 1.5배의 잔여재산배분우선권▪을 받았다. 그리고 두 창업자는 5명으로 구성된 이사회에서 두 의석을 차지했다. 윌리엄스는 에인절 투자자들로부터 100만 달러 투자 제의를 받았지만 벤처 캐피털들이 500만 달러를 제안하자 더 큰 쪽을 선택하기로 결정했다.

전문 투자자들은 큰 성공을 거둔 일부 신생 기업에 자금을 조달하고 성장시키는 데 중요한 역할을 한다. 여기에는 구글, 이베이(eBay), 제넨

▪ 잔여재산배분우선권은 벤처 캐피털과 기업가들이 초기 자금 조달 계약 때 합의하는 조건으로 벤처 기업이 합병되거나 청산될 때의 이익 분배 방식을 설정한다. 잔여재산배분우선권에 관해서는 이번 장 뒷부분에서 자세히 살펴볼 예정이다.

테크(Genentech) 같은 업계 개척자들도 포함된다. 그러나 신생 기업에 대한 투자를 검토하는 투자자는 많은 위험에 직면한다. 창업자는 투자자보다 자신의 역량과 동기에 대해 훨씬 잘 알고 일반적으로 시장의 잠재력에 대해서도 더 잘 이해한다. 투자자는 창업자와 시장을 실사하는 등의 조치로 위험을 낮출 수 있다. 하지만 투자자는 위험을 낮추고 신생 기업의 이익과 자신의 이익이 연계되도록 투자를 구성해야 한다. 요컨대 양측이 "자신의 이익을 추구함으로써 상대의 이익을 높일 수 있도록"[1] 해야 한다. 이런 투자 구성에서 활용하는 조건(예를 들면 아래에서 자세히 설명할 창업자의 수령권 조건, 잔여재산배분우선권, 이사회 구성 등)은 **때때로** 투자를 성사시키는 데 필요하지만, 창업자와 투자자 사이의 긴장을 높일 수도 있다. 윌리엄스가 벤처 캐피털의 제의를 받아들였을 때 동의한 조건 중 일부가 이런 경우였다.

투자자의 참여

신생 기업이 생존하고 성장하려면 인적 자본, 사회적 자본, 금융 자본이 필요하다. 이 세 가지 자본 중 하나라도 부족한 핵심 창업자는 흔히 부실한 부분을 채워줄 공동 창업자를 유치하거나 직원을 채용한다. 때로는 이런 방법이 효과가 있다. 하지만 신생 기업에 필요한 금융 자본(예를 들면 제품 개발이나 빠른 성장을 위한 자본)은 창업자들이 제공하는 수준을 넘어설 때가 많다. 따라서 창업자는 외부 자금으로 눈을 돌리게 된다. 외부 자금을 받으면 아주 새로운 참여자(투자자)가 신생 기업에 들어와 극적이고 때로는 예측하지 못한 내부 변화를 일으킬 수 있다.

이 책에서 다루는 어떤 주제도 투자자와 자금 조달 문제만큼 학계의 주목을 받은 것은 없다. 학술 연구들은 6장 '보상 딜레마'에서 다룬 지분 분배 같은 팀 내부의 자금 문제에 초점을 맞추지 않지만, 이런 연구들도 외부 투자자가 개입한 기업의 자금 문제에 시사하는 바가 크다. 이러한 연구를 검토하고 핵심적인 금융 용어를 하나하나 자세히 살펴보는 것은 이번 장의 범위를 넘어서는 것이다. 대신 필자는 그런 연구를 토대로 창업자의 딜레마를 일으키는 투자 문제, 즉 성장과 지배력에 장기적 영향을 미치는 초기의 자금 조달 관련 결정에 초점을 맞출 것이다. 특히 종종 투자자들이 신생 기업에 영향력을 행사하는 통로 역할을 하는 이사회의 구성과 관리에 주의를 기울여 검토할 예정이다.

먼저 초기에 내려야 하는 주요 결정, 곧 스스로 자금을 조달할지 아니면 외부 투자자에게서 자금 지원을 받을지에 대한 문제를 살펴본 다음, 가장 흔하게 선택할 수 있는 외부 투자자인 친구와 가족·에인절 투자자·벤처 캐피털에게서 자금을 받을 때의 영향을 상세히 검토한다. 이때 각 선택권을 차별화하는 네 가지 요인, 즉 동기와 장려책을 결정짓는 투자자의 자금원, 투자자에 대한 창업자의 접근 용이성, 투자자가 벤처 기업에 가치를 더할 가능성 그리고 각종 유형의 투자자에게서 자금을 받은 창업자가 직면하는 대가와 위험에 초점을 맞출 것이다. 아울러 이번 장에서는 에번 윌리엄스와 오컴 테크놀로지의 창업자를 포함한 여러 창업자와 창업 팀들이 내려야 했던 결정을 중점적으로 다룬다.

자기 자금

혼자 창업할지, 창업 팀을 만들 것인지에 대한 결정이나 사람을 채용해 창업 팀을 보완할 것인지에 대한 결정과 마찬가지로 투자자 문제에서도 창업자에게는 '자립'이라는 선택권이 있다. 짐 트라이언디플로와 마이크 마이젠하이머가 오컴 테크놀로지 설립에 착수하자 곧이어 모나크 캐피털 파트너스(Monarch Capital Partners)가 관심을 보이며 200만 달러의 투자를 제안했다. 하지만 두 사람은 자금을 지원받는 대신 자신들의 돈 15만 달러로 초기 창업 자본을 충당하기로 했다. 트라이언디플로는 "우리는 [먼저] 뭔가를 판매해야 한다고 생각했습니다"라고 말했다. "우리는 뭔가를 팔아서 우선 우리 아이디어의 유효성을 어느 정도 확인받아 회사의 가치를 더 높여야 한다는 걸 알고 있었죠." 연쇄 창업자 프랭크 어단테는 한 신생 기업 설립에 실패해 벤처 캐피털의 자금을 돌려줘야 했던 경험을 한 뒤 다음에 세울 회사에서는 확고한 사업 계획을 마련하고 개념을 검증할 때까지 투자자를 피하고 스스로 자금을 충당하기로 마음먹었다.

필자의 데이터베이스에 따르면, 창업 팀 중 77퍼센트에서 적어도 한 명의 창업자가 신생 기업의 초기 창업 자본에 기여했다. 하지만 보통 이런 팀들에서조차 자금이 매우 빠른 속도로 바닥났다. 아직 외부에서 자금을 조달하지 않은 신생 기업의 월 평균 '번레이트(사용한 현금 액수)'는 7만 5000달러였고, 신생 기업은 평균적으로 4개월 조금 지나면 현금이 떨어졌다. 현금 여유분이 적은 신생 기업은 유동성 문제에 매우 취약하고 와해될 가능성이 많다.[2] 빌 살먼(Bill Sahlman) 교수가 지적했듯 신생 기업은 돈으로 시간을 산다. 요컨대 실험할 시간, 효과 있는 것과 없는 것에 관한 자료를 모으고 평가할 시간, 학습한 내용을 바탕으로 전략과 운영을 조절할 시간을 돈으로 사는 셈이다.

예를 들어, 배리 널스가 처음 설립한 신생 기업은 완전히 자기 자본으로 시작한 2인 컨설팅 업체였다. 널스는 그 시절이 얼마나 힘들었는지 이렇게 회상했다. "두 부분이 아주 힘들었습니다. 하루도 쉴 수 없고, 돈이라곤 내 것뿐이었어요. 급여를 지급할 돈이 없다는 것은 [나한테] 줄 돈도 없다는 뜻이고, 따라서 완전히 빈털터리라는 의미였죠. 경제적으로도, 정신적으로도 매우 힘들었습니다." 급기야 식료품을 살 돈마저 떨어졌다. "[고객들에게] 전화를 걸어 수금을 해야겠다고 말하기 시작했습니다. 그리고 고객 네트워크 관리를 아주 열심히 하기 시작했지요." 결국 사업의 속도와 자금 부족으로 GTE에서 하던 일을 다시 해야 했던 것이다.

신생 기업이 속한 산업, 거시경제적 상황, 자본 집약도, 사업 모델은 모두 자금 조달 전략에 큰 영향을 미친다.[3] 하지만 이런 모든 요인이 투자자에게서 자금을 지원받아야 한다고 가리킬 때조차 일부 창업자는 외부 자금을 피한다. 이런 창업자는 일반적으로 자신이 세운 신생 기업에 지배력을 유지해 모든 결정을 스스로 내리고 싶어 하며 사업을 키우는 일보다 투자자 관리에 시간을 써야 하는 상황을 피하려 한다. 이들은 예전의 경험에서건, 멘토나 경험 많은 창업자에게서 들은 이야기에서건 외부 자금을 받았을 때의 불이익(아래에서 설명할 것이다)에 대해 알기 때문에 이를 회피한다. 브라이언 스쿠다모어는 절대로 투자자를 개입시키지 않겠다는 확고한 신념을 갖고 신생 기업에 착수했다. 스쿠다모어는 이렇게 말했다. "누군가가 제안을 하더라도 나는 외부 자금은 받지 않을 겁니다. 이런 생각은 아버지에게서 배웠습니다. 아버지는 외부

의 누군가에게서 돈을 받지 말라고 하셨지요. 작게 시작해 스스로 키우라고 하셨습니다."■

예를 들어, 컨설팅을 하거나 고객에게서 선불을 받는 등 매우 일찍부터 수익을 얻는 사업이라면 외부 자금 없이도 잘 해나갈 수 있다. 자본 설비나 외상 매출금 등 담보물로 삼을 만한 유형 자산을 보유한 사업에서는 타인의 자본을 조달하는 것이 하나의 선택권일 수 있다.[4] 하지만 기술과 생명과학 산업의 유망 신생 기업은 그런 자산을 거의 보유하지 않았기 때문에 타인 자본 조달을 선택하는 경우가 드물다. 필자의 데이터베이스에 있는 신생 기업 중에서 타인 자본 조달로 자금을 충당한 기업은 2퍼센트에 불과했다. 이 비율은 신생 기업의 전체 발전 단계에서 비교적 한결같이 유지되었다.

투자자 영입이 바람직할 때

다른 자금원을 이용할 수 없거나 성장에 대한 포부가 커서 자금이 많이 필요한 신생 기업은 외부 투자자들이 필요할 것이다.[5] 도표 9.1은 창업자들이 던져봐야 할 핵심적인 질문과 여기에 대한 대답에 따라 창업자가 목표로 삼아야 하는 투자자 유형을 제시한 것이다. 도표에서 알 수 있듯 창업자는 신생 기업을 성장시키고 경쟁에서 성공하려면 인적 자

■ 마찬가지로 포그 크리크 소프트웨어(Fog Creek Software)의 조엘 스폴스키(Joel Spolsky) 같은 일단의 기술 분야 창업자 겸 CEO는 벤처 캐피털이나 이와 유사한 투자자에게서 자금을 조달하는 것에 분명한 반감을 드러냈다(예를 들면 Spolsky, 2003).

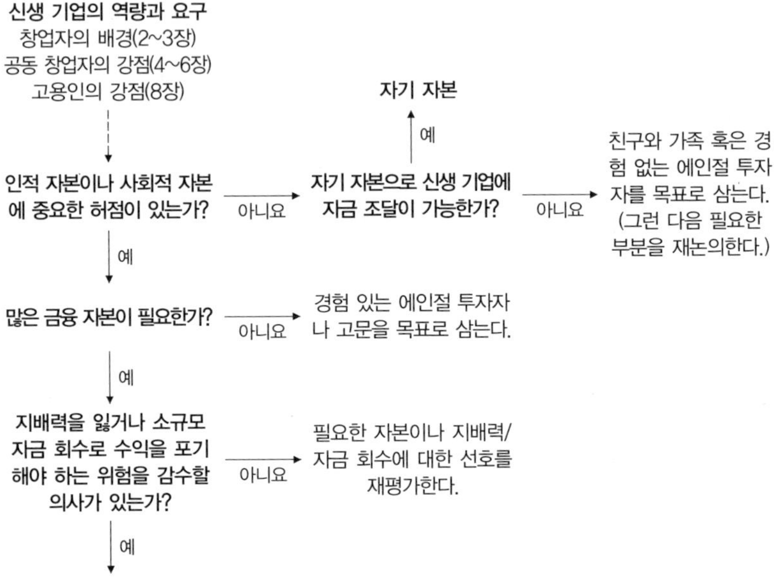

본·사회적 자본·금융 자본에 부족한 부분이 있는지, 각 유형의 투자자가 이런 허점을 채우는 데 도움이 될 수 있는지, 투자자를 개입시킬 때 얻는 이점이 위험을 무릅쓸 정도의 가치가 있는지 등을 평가해야 한다.

외부 투자자는 창업자에게 크게 두 가지 이점을 제공할 수 있다. 첫째, 다음 발전 단계에 도달하는 데 필요한 자금을 제공한다. 둘째, 관리를 향상할 수 있다. 외부 투자자는 신생 기업의 기강을 강화해[6] 전략을 다듬는 데 도움을 주고 신생 기업의 전망과 구성원의 능력에 관한 외부의 시각에 대해서도 알려줄 수 있다. 잠재적 자금원을 검토하는 창업자 앞에는 다양한 선택권이 놓여 있으며, 각 선택권에는 장단점이 있다. 투자자의 범위에는 보통 금융 자본에만 이바지하는 '덤 머니(dumb money,

눈먼 돈)', 즉 '자금만 지원하는' 투자자부터 세 가지 유형의 자본 모두에 이바지하는 '스마트 머니(smart money, 똑똑한 돈)', 즉 '자금 이상을 제공하는' 투자자까지 다양하며, 그 사이에 많은 선택권이 있다. '에인절 투자자'라는 범주 안에도 비공식적으로 투자하는 경험 없는 투자자부터 '슈퍼에인절 투자자', 공식적이고 노련한 멀티에인절 그룹까지 다양하다. 멀티에인절 그룹은 실사를 중시하고 이전에 관련 경험을 보유했다는 점에서 초기 단계의 벤처 캐피털과 비슷하다. 지면 관계상 이 책에서는 모든 선택권을 다루지 못한다. 하지만 세 가지 원형적인 투자자, 곧 친구와 가족, 에인절 투자자, 벤처 캐피털의 장단점에 대해서는 검토해볼 생각이다. 도표 9.2는 각 투자자 유형의 핵심적인 차이점을 요약한 것이며 이번 장에서는 여기에 대해 상세하게 살펴볼 것이다.

이 세 가지 유형의 투자자는 신생 기업에 순차적으로 진입하는 경향이 있다. 처음에는 친구와 가족이, 그다음에는 투자자가, 마지막으로 벤처 캐피털이 들어오는 식이다.[7] 하지만 그 순서는 뚜렷하게 좁아지는 깔때기 모양 같다고 할 수 있다. 벤처 투자가보다는 에인절 투자자, 에인절 투자자보다는 친구와 가족에게서 자금을 조달할 수 있는 신생 기업이 더 많기 때문이다.■

하지만 많은 창업자가 외부에서 자금을 지원받기 시작할 때조차 종종 지분을 유지하고 신생 기업의 전망에 대한 자신감을 보여주기 위해

■ 아울러 한 가지 유형의 초기 투자자를 유치하면 나중에 다른 유형의 투자자를 영입하지 못할 수도 있다. 예를 들어, 가족이나 에인절 투자자에게서 자금을 받고 이사회 의석을 주면 벤처 투자가의 관심을 잃을지 모른다. 또 벤처 투자가는 친척이나 에인절 투자자가 이사회에서 빠지기를 바라는데 당사자들은 떠나려 하지 않아 협상에 난항을 겪을 수 있다.

도표 9.2 투자자 유형별 장단점

투자자	투자자의 주요 자금원	투자자에 대한 창업자의 접근 용이성	일반적으로 신생 기업에 더해지는 가치	창업자가 떠안는 위험	
친구와 가족	• 개인 재산 (소규모)	• 가장 쉽다. 핵심 창업자의 개인적 인맥을 이용한다.	• 적거나 없다. 가족은 대개 사업과 관련한 기술이 없다.	• 비전문적인 영향을 미칠 수 있다. • 기준이 느슨해 창업자가 중요하지 않은 아이디어를 추진할 수 있다. • 불장난 위험	
에인절 투자자	• 개인 재산 (중간–대규모)	• 중간 정도. 제삼자의 인맥을 이용하고 에인절 포럼 등 개인적 관계가 없는 곳에서 물색한다.	• 광범위한 사업 경험을 보유했을 수 있다. • 창업의 이사회 활동 • 사회적 자본 • 친구와 가족보다 많은 금융 자본 제공	• 벤처 캐피털보다 '건설적 규율'과 관리 감독 및 지원이 적다. • 관리에 어려움이 따를 수 있다. • 나중에 잠재 투자자의 관심을 떨어뜨리는 문제를 초래할 수 있다.	

				부	지배력
벤처 캐피털	• 유한 책임 조합원(매우 대규모)	• 가장 어렵다. 종종 에인절 투자자나 전문적인 중개자를 이용한다.	• 에인절 투자자보다 많은 (그리고 더욱 예측 가능한) 금융 자본 • (고용인, 미래 투자자, 전문 CEO 등을 찾을 수 있는) 사회적 자본 • 평판 효과 • 이사회에서 적극 활동하고 신생 기업과 정기적으로 접촉해 지도한다.	• 벤처 캐피털의 지분 요구로 창업자의 지분이 희석된다. • 잔여재산배분 우선권이 자금 회수에 영향을 미친다. • 창업자가 보유한 지분의 수령권 조건 설정을 요구한다. • 창업 팀 사이에 지분 재할당 요구를 일으킨다.	• 이사회 의석 • 보호 조항 및 우선주로 다수 의결권 보유 • 창업자와 위험에 관한 기준이 달라 충돌을 일으킬 수 있다. • 자금의 단계적 투입 • 동반 매각권이 자금 회수에 영향을 미칠 수 있다.

자기 자본 중 일부를 계속 투자한다는 점에 유의해야 한다. 도표 9.3에서 볼 수 있듯 외부 투자자를 처음 이용하는 1차 펀딩 라운드에서 창업팀의 32퍼센트가 계속 자기 자본을 투자한다. 이 비율은 2차 펀딩 라운드에서는 16퍼센트, 3차 펀딩 라운드에서는 13퍼센트로 나타났다.[8] 그

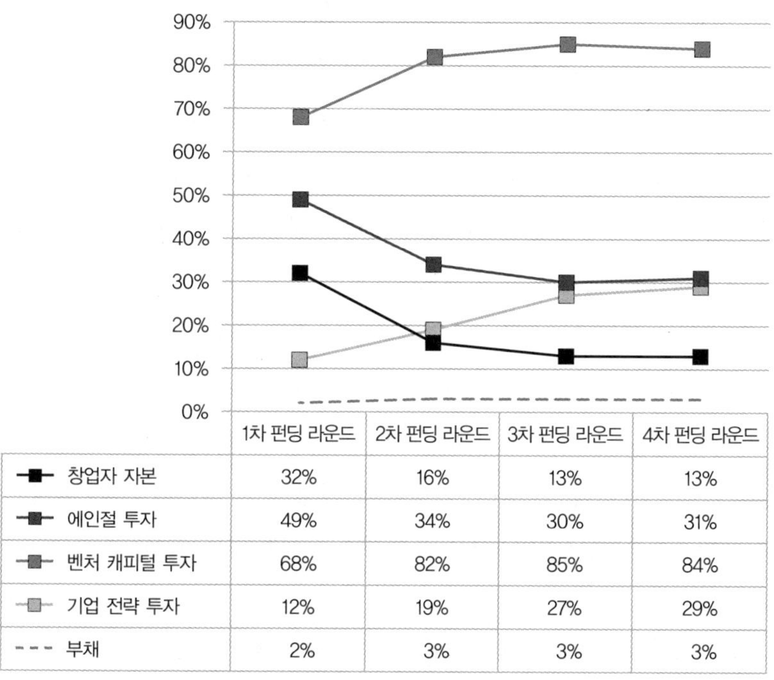

	1차 펀딩 라운드	2차 펀딩 라운드	3차 펀딩 라운드	4차 펀딩 라운드
창업자 자본	32%	16%	13%	13%
에인절 투자	49%	34%	30%	31%
벤처 캐피털 투자	68%	82%	85%	84%
기업 전략 투자	12%	19%	27%	29%
부채	2%	3%	3%	3%

러나 일단 신생 기업의 창업자가 더 이상 자기 자본을 투자할 수 없게
되면 흔히 다음으로 손쉬운 자금원에 의존한다. 바로 친구와 가족이다.

친구와 가족의 자금: 접근하기 쉽지만 위험한 존재

창업자에게는 대개 자주 연락하고 오랫동안 신뢰 관계와 감정적 유대
를 쌓아온 친구와 친지들이 약간은 있게 마련이다.[9] 친척과 가족 투자자

는 창업자가 예전부터 알던 사람이므로 에인절 투자자보다 접근하기 쉽다. 에인절 투자자도 자기 자본을 투자하지만, 친구와 가족보다는 '전문적인' 경향이 있다. 애초 신생 기업을 만들게끔 해주는 돈은 대개 친구와 가족의 투자금이다. 멕 휴리한의 부모 역시 블로거에 투자했고, 판도라는 공동 창업자 중 한 사람의 대학 친구 아버지에게서 자금을 투자받았다. 아래에서 설명할 인튜이트(Intuit)의 스콧 쿡(Scott Cook)은 아버지에게서 돈을 빌렸다.

친구와 가족에게서 받는 초기 투자는 중요한 역할을 할 수 있지만, 좀 더 전문적인 투자와 비교해보면 분명한 한계가 있다. 친구와 가족은 자기 돈을 투자하는 것이므로 보통 전문적인 투자자보다 금액이 훨씬 적다. 또 이들은 가장 중요한 사업 문제에 대해 전문성이나 신뢰가 약하기 때문에 일반적으로 인적 자본이나 사회적 자본에는 기여하지 못한다. 게다가 친구와 가족은 보통 경험 없는 투자자인 데다 설득하기가 그다지 어렵지 않아 잠재 고객이나 다른 잠재 투자자 같은 외부인의 눈에 신생 기업의 신뢰도를 높이는 효과가 없다.

친구와 가족은 일반적으로 돈을 많이 벌 목적이 아니라 자신이 사랑하거나 좋아하거나 존경하는 사람을 지원하기 위해 투자한다. 10장에서 자세히 살펴볼 루 서니는 자신이 설립할 신생 기업의 초기 창업 자본으로 가족과 친구에게서 10만 달러를 모았다. 서니는 이렇게 말했다. "그 사람들은 내가 세울 회사에 관해 아는 게 없었지만 기꺼이 돈을 걸었습니다." 이런 신뢰 덕분에 창업자는 전문적인 투자자들이 하게 마련인 요구 사항과 철저한 조사를 피할 수 있지만, 아래에서 설명하는 것처럼 사업이 실패할 때에는 훨씬 극단적인 위험을 초래한다.

친구와 가족의 자금을 받는 동기: 편안함, 절박감 혹은 무지?

친구와 가족 투자자의 장단점은 (4장에서 살펴본) 공동 창업자의 장단점과 비슷하다. 이런 사람들은 쉽게 접촉할 수 있고 처음에는 편안함과 신뢰를 느낀다. 많은 창업자는 이런 '쉬운 돈'을 구할 기회가 있으면 잡으려 한다. 한 창업자는 "돈을 받을 수 있다면 받으세요. 당신은 어디서부턴가는 시작을 해야 합니다"라고 말했다. 창업자는 신생 기업의 전망에 자신감이 높은 경향이 있으므로 미래에 거둘 성공을 가까운 사람과 나누는 행복한 상상으로 친구와 가족에게 돈을 받는 것에 더 끌릴 수 있다. 한 창업자 겸 CEO는 완전한 확신을 하기란 어렵다고 인정하면서도 "그 사람들의 돈을 잃지 않으리란 걸 안다면 받아도 됩니다"라고 말했다. 실제로 창업자가 친구와 가족의 돈을 받는 위험을 감수하는지는 그 창업자가 성공을 위해 탄탄한 준비 작업을 했는지 여부를 알려주는 좋은 지표가 될 수 있다. 한 창업자 겸 CEO는 "정말로 가족이나 친구의 돈을 잃을 가능성이 있다고 생각한다면 아마 모든 위험을 감수하지는 않을 것"이라고 말했다. 심사숙고해 위험을 줄이고자 노력할 것이라는 얘기다.

그러나 많은 다른 창업자는 친구와 가족을 기껏해야 최후의 수단으로 생각한다. 브라이언 스쿠다모어는 현금이 부족해 사업을 그만둬야 할 지경에 이르렀음에도 가족에게 돈을 받는 것이 꺼림칙했다. "아버지에게 돈을 받을 수 있었습니다. 하지만 아버지가 내 일이 잘 돌아가지 않을까봐 걱정하는 게 싫었죠. ……아버지에게 나 혼자 힘으로 할 수 있다는 걸 보여드리고 싶었습니다. 시간이 오래 걸리더라도 말이죠. 게다가 아버지에게서 돈을 받으면 일이 잘못됐을 때 문제가 생길 겁니다."

다른 많은 창업자와 투자자도 스쿠다모어가 마지막에 지적한 상황을 우려한다. 친구 및 가족과 공동 창업을 하면 4장에서 살펴본 불장난 위험이 발생하는 것과 마찬가지로 친구와 가족에게서 돈을 받으면 중요한 (심지어 끊을 수 없는) 관계를 위험에 빠뜨릴 수 있을뿐더러 일이 잘못될 경우 관계 자체가 엉망이 될 수 있다. 신생 기업의 전망에 자신감이 있고 아이디어에 열정적인 창업자는 종종 실패 가능성을 무시하지만, 불장난으로 곤욕을 치른 적이 있는 창업자와 투자자의 생각은 아주 다르다. 신생 기업의 한 노련한 고문은 이렇게 말했다. "친구와 가족의 돈으로 사업에 뛰어들면 사업 또는 가족을 잃게 될 것이며 둘 다 잃을 가능성 역시 매우 높습니다." 그리고 한 연쇄 창업자는 "원칙적으로 나는 가족을 사업/금융 거래나 활동에 끌어들이지 않습니다. 사실 돈 거래는 가장 돈독한 관계조차 끝낼 수 있는 문제입니다. '파란만장한 가족 드라마'가 펼쳐질 수 있는 데다(누구나 그렇게 될 가능성이 높죠) 그럴 만한 가치도 없습니다"라고 말했다.

이런 문제를 피하는 한 가지 방법은 가족이나 친지의 자금을 투자가 아니라 선물로, 즉 갚으리라는 특별한 기대 없이 받는 것이다. 한 창업자는 "문제를 피하려면 그냥 그 사람들한테 눈 딱 감고 돈을 기부하라고 부탁하세요"라고 말했다. 한 투자자는 친구나 친지가 세운 신생 기업에 투자하는 것을 두고 "이따금 자금을 지원합니다만 투자가 아니라 그냥 선물이라고 생각합니다"라고 말했다.

친구와 가족에게서 돈을 받으면 불장난 위험을 초래할 뿐 아니라 신생 기업의 전망에도 부정적인 신호가 나타날 수 있다. 특히 신생 기업이 초기의 시작 단계를 지난 상태라면 더욱 그러하다. 한 연쇄 창업자는 전문 투자자로부터 자금을 조달하는 데 실패한 뒤 친구와 가족에게서 자금을 구해야 하는 창업자는 신생 기업에 관해 다시 한 번 생각해봐야 한다고 말했다. "친구와 가족보다 객관적인 누군가를 설득하지 못한다면 아마도 당신의 사업에 결함이 있을 겁니다. 그래서 결과적으로 친구와 가족의 돈까지 날리고 끔찍한 후회에 빠질 겁니다. 부자 삼촌 10명이 있다 해도, 나는 당신과 당신의 아이디어를 믿는 외부의 누군가를 찾으라고 권할 것입니다." 한 노련한 투자자는 또 이렇게 말했다. "친구나 가족이 저축한 돈을 사업에 투자하고 그걸 다 날리는 바람에 그 사람들을 잃는 것은 부끄러운 일입니다. 처음부터 사업 개념에 결함이 있으면 비극이 빚어집니다. ……사람들은 왜 외부에 다른 자금이 많은데 그런 위험을 무릅쓰는 걸까요? 〔친구와 가족의 돈은〕 쉽게 얻을 수 있기 때문이죠. 그래서 시시한 사업을 시작할 수 있는 겁니다. 게다가 친구와 가족은 철저한 검토를 하지 않고 객관적인 판단도 하지 않습니다. 당신이 완전히 멍청한 일을 하지 않도록 충고하거나 막지도 못하죠."[10]

또 다른 노련한 벤처 투자가는 일부 창업자가 자신이 선택할 만한 자금 조달 방법에 어떤 것들이 있는지 모를 수도 있다고 지적했다. "사람들이 보통 〔가족과 친구를〕 찾아가는 이유는 다른 선택권이 없기 때문입니다. 아니면 다른 선택권이 있다는 것을 모를 가능성이 더 많습니다."

한 연쇄 창업자는 이런 고려 사항을 종합해 다음과 같이 제안했다. "당신의 가족이 만약 사업을 한 적이 있고 금융에 대해 잘 알고 사업과 우정을 엄격하게 분리할 줄 안다면 그 사람들을 활용해도 됩니다. 그러나 이 시나리오에는 분명 너무나 많은 '만약에' '그리고' 또는 '그러나'가 있기 때문에 창업자는 다른 곳에서 자금을 찾는 편이 나을 것입니다." 친구 및 가족과 공동 창업을 할 때 주의 깊게 안전장치를 마련하고 최악의 시나리오를 분명하게 논의해야 하는 것처럼 친구와 가족에게서 자금을 조달할 때도 마찬가지다. 그렇지 않으면 창업자는 그런 돈을 받고 싶은 유혹을 물리치지 못할 것이다.

'보트 불태우기': 생산적인 동기부여인가, '기업가의 자살'인가

친구와 가족에게서 받은 자금은 신생 기업을 설립하는 데뿐 아니라 창업자가 사업을 성장시키려 노력하거나 사업에서 물러나는 방법과 이유에 영향을 미칠 수 있다. 예를 들어, 친구와 가족에게서 돈을 받으면 창업자는 기업이라는 롤러코스터가 무섭게 하강하는 시기를 버틸 수 있다. 단순히 버틸 돈이 있어서가 아니라 포기할 엄두를 내지 못하기 때문이다. 개인 금융 소프트웨어 회사 인튜이트의 창업자 겸 CEO 스콧 쿡은 친구와 가족에게서 자금을 받지 않으려고 노력했다.[11] 하지만 전문 투자자들에게서 스물다섯 번이나 퇴짜를 맞은 뒤[12] 결국 포기하고 부모의 노후 자금과 공동 창업자의 친구들에게서 돈을 빌렸다. "전부 35만 달러 정도를 인튜이트에 썼습니다. 노후 대비 저축, 주택 자산 가치 담보 대출, 신용카드, 아버지에게서 빌린 돈을 모은 액수였지요."[13] 쿡은 특히 어려웠던 시기에 "내가 계속 사업을 해나갈 수 있었던 건 단지 돈을 어떻게 갚아야 할지 모른다는 두려움 때문이었습니다"라고 말했다.

이와 비슷하게 판도라 라디오의 창업자 팀 웨스터그렌은 다른 사람이라면 포기했을 시점보다 훨씬 뒤까지 신생 기업을 꾸려나갔다. 여기에는 공동 창업자의 친구들이 투자한 돈을 잃거나 대부분 창업자의 친구인 직원들에게 빚진 100만 달러의 거치 급여를 지급하지 못한다는 생각을 받아들이지 못했던 게 크게 작용했다. "내가 모든 사람을 끌어들였기 때문에 돌아설 수가 없었습니다. 내 끈기가 장점처럼 보일지는 모르지만, 내가 끌어들인 사람들 때문에 뚫고 나가야 했던 겁니다." 실제로 객관적인 논평자들은 그런 끈기가 창업자의 동기를 왜곡해 몇 년을 허비하거나 이미 많은 돈을 낭비한 뒤에 또다시 많은 돈을 쓸 수 있기 때문에 그것이 장점인지 단점인지에 의문을 제기할 수 있다.

일부 창업자는 친구와 가족에게서 자금을 얻는 것을 '보트를 불태운다'고 표현한다. 700명의 부하를 이끌고 스페인을 위해 대륙 정복에 나선 에르난도 코르테스(Hernando Cortez)가 남아메리카에 도착한 뒤 후퇴는 꿈도 꾸지 못하도록 배를 불태우라고 명령했다는 전설에서 비롯된 말이다. 한 창업자는 이렇게 말했다. "일단 돈이 개입되면 완전히 새로운 역학 관계가 생깁니다. 관계가 위험에 처하면 기업가(좋은 기업가)는 투자금을 잃지 않기 위해 백방으로 노력을 기울일 겁니다. 대개는 그렇게 온갖 노력을 다하죠."

신생 기업의 한 노련한 고문은 '보트 불태우기'를 '기업가의 자살'에 비유하면서 부정적인 입장을 취했다. "'죽기 살기로 성공해야' 하는 상황에 놓이면 근본적인 동기에 의문을 제기해봐야 합니다. ……그렇지 않으면 성공 가능성을 최대한 높이기 위해 신중하게 위험을 감수하는 게 아니라 '성공이 가능한' 세상의 변두리에서 계속 맴돌게 됩니다. 이때 당신은 사업 '중독'에 빠져 친구와 가족에게 도와달라고 요구하는 셈입니다. 게다가 창업자와 기업가는 신생 기업의 혹독한 생활방식에서 살아남을 희망을 얻으려면 '피난처'가 있어야 합니다. 세상사가 힘들 때 당신은 어디에서 신체적·정신적 자양분과 위안을 얻습니까? 흔히 가족이 이런 역할을 합니다. 가족은 가장 좋은 위안처입니다. '보트를 불태우면' 이런 지지 구조를 약화해 실패에 빠지게 될 것입니다."

한편, 친구와 가족에게서 자금을 빌리면 그렇지 않을 때보다 더욱 안전 지향적이 되어 자금 회수 규모가 낮아지는 창업자 또한 있을 수 있다. 한 노련한 투자가는 "거래에 자기 재산 전부나 가족의 재산이 묶여 있으면 기업가는 위험을 회피하려는 경향이 높아져 더 낮은 액수로 회사를 매각할 가능성이 많습니다"라고 말했다. 가능성은 낮지만 자금 회수 규모가 큰 쪽보다 가능성은 높지만 자금 회수 규모가 작은 쪽을 선호하는 창업자는 이 방법이 좋다고 생각할 것이다.

친구와 가족에게서 자금을 빌릴 때의 영향은 창업자나 구체적 상황에 따라 다르겠지만, 친구와 가족 투자자는 창업자와 신생 기업에 득이 되건 해가 되건 사업에 감정적 요소를 증대시킨다.

에인절 투자자: 높은 다양성

'에인절 투자자'란 자기 돈을 투자하되 일반적으로 창업자와 예전에 알던 사이가 아닌 다양한 개인 투자자를 가리킨다. 이들은 벤처 캐피털보다 신생 기업의 초기 단계에 투자하며 종종 이후의 펀딩 라운드에 벤처 캐피털의 투자를 끌어들이는 것이 목적이다. 한 에인절 투자자 분석가는 "에인절 시장은 본질적으로 다음 단계에 많은 투자를 받기 위한 팜 시스템(farm system: 미국 프로 야구에서 메이저리그 팀들이 마이너리그 팀들과 연결해 선수를 위탁하거나 우수한 선수를 보강하는 제도—옮긴이)이다"[14]고 썼다.

에인절 투자자는 앞서 설명한 거의 모든 관점에서 친구 및 가족 투자자와 다르다.

- 동기—에인절 투자자는 친구나 가족보다 경제적 동기에 훨씬 더 많이 이끌린다. 이들은 일반적으로 투자에 대한 높은 경제적 보상을 우선하

지만 차세대 창업자에게 조언하고, 자신이 힘들게 얻은 교훈을 전해주고, 깊이 있는 업계 지식을 적용해 차세대 기업을 만드는 데 도움을 주는 등 비경제적인 동기까지 함께 지닌 에인절 투자자도 많다.

- 접근성—도표 9.4에서 볼 수 있듯 에인절 투자자의 13퍼센트는 창업자가 이전에 세운 신생 기업의 투자자였다. 하지만 처음 창업하는 사람에게 에인절 투자자는 친구나 가족보다 접근하기 훨씬 어렵고 초기의 신뢰와 편안함이 덜하다. 창업자는 대부분 아는 사람에게 소개를 받거나 비교적 유대 관계가 약한 사람들에 의지해 300명 넘는 에인절 투자자로 구성된 캘리포니아 남부의 테크코스트 에인절스(TechCoast Angels)나 약 30명으로 구성된 보스턴의 커먼에인절스(CommonAngels) 같은 '에인절 포럼'에 프레젠테이션을 신청함으로써 에인절 투자자에게 접근한다.[15] 필자가 보유한 자료에 따르면, 신생 기업의 58퍼센트가 양쪽 모두와 관계있는 누군가(예를 들면 창업자나 신생 기업 초기 경영진의 친구나 가족)의 소개로 최종 에인절 투자자와 연결되었고, 7퍼센트는 사업계획서를 제출하거나 임의로 에인절 투자자에게 연락해 투자를 권했다. 그리고 4퍼센트는 회계사나 변호사 같은 서비스 제공자의 소개로 에인절 투자자와 연결되었다.

- 인적 자본—때로는 친구나 가족이 신생 기업과 직접적으로 관련 있는 경험이나 연고를 갖기도 한다. 예를 들어, 같은 업종에서 일하거나 다른 신생 기업에서 일했던 사람은 창업자에게 충고나 지침을 제공하거나 잠재 고객 혹은 협력 업체를 소개해줄 수 있다. 하지만 이런 부가가치는 일반적으로 사업 경험이 많은 전문적 에인절 투자자에게서 얻을 가능성이 한층 많다.[16] 일부 에인절 투자자는 처음부터 적극적인 조언자 역할을 하며 심지어 벤처 캐피털이 투자를 시작할 때까지 이사회의

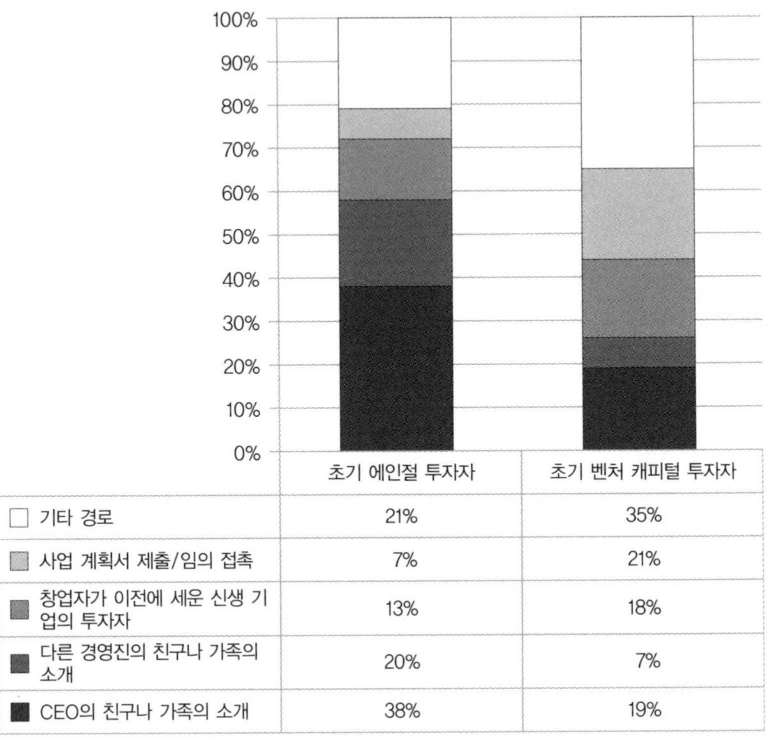

	초기 에인절 투자자	초기 벤처 캐피털 투자자
기타 경로	21%	35%
사업 계획서 제출/임의 접촉	7%	21%
창업자가 이전에 세운 신생 기업의 투자자	13%	18%
다른 경영진의 친구나 가족의 소개	20%	7%
CEO의 친구나 가족의 소개	38%	19%

구성원으로 활동하기도 한다. 하지만 일반적으로 에인절 투자자는 벤처 캐피털이 들어온 후에는 이사회에 남지 않으므로 자금 투자를 통한 참여에 비해 경영을 통한 참여는 지속적이지 않다. 2차 펀딩 라운드 때 신생 기업의 이사회에 남아 있는 에인절 투자자는 거의 없다.

• **사회적 자본과 신뢰도**—에인절 투자자의 배경과 명성에 따라 신생 기업은 큰 신뢰도를 얻을 수 있다.▪ 에인절 투자자는 벤처 캐피털을 신생 기업에 끌어들이는 데 직접적인 역할을 한다. 필자의 데이터베이스에 있는 신생 기업 중에서 최종적으로 투자한 벤처 캐피털을 에인절 투자

자에게서 소개받은 기업은 10퍼센트였다. 또한 에인절 투자자는 신생 기업에 많은 가치를 부가할 고객과의 연고나 전문적 산업 지식 혹은 관련 기술을 보유했을 수 있다.

- **금융 자본: 투자액**―창업자가 부모를 잘 만나거나 사회적 관계에 매우 신경을 써서 선택하지 않는 한 친구와 가족은 보통 신생 기업에 투자할 액수가 한정되어 있다. 에인절 투자자는 친구/가족 투자자와 벤처 캐피털 같은 기관화한 투자자 사이의 간극을 메울 수 있다. 2001~2009년까지 에인절 펀딩 라운드의 평균 규모는 약 45만 달러로 친구/가족과 벤처 캐피털이 투자한 액수의 딱 중간 정도다.[17] 개인적인 에인절은 대부분 그다지 많지 않은 액수를 투자하지만, 일부 조직화한 에인절 집단은 훨씬 많은 금액을 투자한다. 테크코스트 에인절스는 100만 달러까지, 커먼에인절스는 총 50만~500만 달러까지 투자한다.[18]

- **금융 자본: 지속적인 투자**―에인절 투자자는 주로 외부 자금 조달의 초기 라운드에 참여하지만, 많은 에인절 투자자가 신생 기업에 대한 최소 수준의 지분을 유지하기 위해 이후 라운드에서도 투자를 하려 한다. (이는 후기 라운드에 접어들면 큰 액수를 계속해서 투자하지 않는 친구/가족 투자자와 대조를 이룬다.) 도표 9.3에서처럼 에인절 투자자는 계속적으로 참여해 2차 라운드에서 4차 라운드까지 투자의 30~34퍼센트를 차지한다.

■ 일류 에인절 투자자가 신생 기업에 부가할 수 있는 연고와 신뢰도는 많은 벤처 캐피털을 넘어설 수 있다. 예를 들어, 〈포브스〉가 선정한 '미다스' 순위에서 구글, 페이팔(PayPal), 그 밖에 성공을 거둔 많은 신생 기업의 초기 투자자 중 하나인 론 콘웨이(Ron Conway)가 10대 투자자 안에 들었는데, 이는 대다수 벤처 캐피털보다 높은 순위다.

• 개인적 위험도—에인절 투자자에게서 자금을 지원받으면 일정 형태의
위험은 극적으로 증가할 수 있지만(여기에 대해서는 앞으로 살펴볼 예정
이다), 불장난 위험은 훨씬 낮아진다. 전문적 에인절 투자자는 일반적
으로 신생 기업이 실패하더라도 손상을 입을 기존의 사회적 관계가 없
고, 보통 어떤 신생 기업에도 자신의 순자산 중 적은 비율만 투자하기
때문이다.

전문 투자자 중에서는 벤처 캐피털이 가장 많은 주목을 받지만, 실제
로는 에인절 투자자의 연간 투자 건수가 훨씬 많다. 뉴햄프셔 벤처 연구
센터(New Hampshire Center for Venture Research)의 자료를 분석해보면, 2001~
2009년까지 에인절 투자자는 1년에 평균 4만 9000건의 투자를 한 것으
로 나타났다. 이는 같은 시기 벤처 캐피털의 연간 투자 건수보다 10배나
높은 수치다.▪ 하지만 아래에서 설명하는 것처럼 투자액은 벤처 캐피털
이 훨씬 많다. 투자 건수에서는 에인절 투자자가 훨씬 많지만 총 투자액
은 1년에 평균 220억 달러로 2001~2009년까지 10년 동안 벤처 캐피털
의 연간 투자액을 훨씬 밑돌았다.[19]

에인절 투자자의 한 가지 장점은 투자하는 산업 분야가 다양하다는
점이다. 벤처 캐피털은 주로 기술 분야와 생명과학 분야 신생 기업을 대
상으로 하는 경향이 있다. 예를 들어 2000~2009년까지 벤처 캐피털이
투자한 자금 중 '인터넷에 특화한' 투자가 20퍼센트 이상을 차지하는
해는 절반이 넘었고, 2000~2008년까지는 30퍼센트를 넘는 해가 절반

▪ 에인절 시장의 투명성 문제 때문에 에인절 투자자와 관련한 자료는 아마도 실제
투자 건수보다 축소되었을 수 있다는 점에 주의해야 한다.

이상이었다.[20] 다른 산업에 속한 신생 기업은 에인절 투자자의 표적이 될 가능성이 한층 많다. 닷컴 붐 시절 소프트웨어에 대한 투자가 일시적으로 급등한 시기를 제외하면 2001~2009년까지 어느 해에도 어떤 한 부문이 에인절 투자자가 투자한 자금의 20퍼센트 이상을 차지한 적은 없다.[21]

많은 에인절 투자자의 단점은 일반적으로 사업과 투자자로서 역할에 관한 이해와 경험 부족을 들 수 있다. 그뿐만 아니라 에인절 투자자는 각자 소규모 액수를 투자하기 때문에 창업자가 많은 투자자를 일일이 관리해야 한다. 피드버너의 딕 코스톨로는 이렇게 말했다. "우리는 벤처 캐피털을 하나도 알지 못했지만, 회사를 매각한 사람들과 투자에 관심 있는 사람들을 알고 있었습니다. 그래서 우선주는 전혀 받지 않고 일반주만 받는 공인 투자자 10여 명을 확보했습니다. 그때까지는 좋았죠. 하지만 그중 우리가 잘 모르는 투자자가 몇 명 있었는데, 이 사람들이 문제가 됐습니다. 그들은 신생 기업에 위험도가 높은 투자를 하면서도 자신이 투자금 전부를 잃어도 될 만큼 여유가 없다고 느꼈습니다. 그것이 불행의 시작이었죠. 그때부터 나한테는 본인이 2만 달러를 투자했다는 이유로 CEO가 한창 일을 해야 할 때 전화를 걸어 45분 넘게 〈월스트리트 저널〉에 실린 기사 하나에 대해 물어보는 사람이 13명이나 생겼습니다!"

코스톨로는 또한 에인절 투자자는 좀더 전문적인 투자자가 신생 기업에 요구하는 수준의 '건설적 규율'과 의무를 요구하지 않는다고 설명했다. "에인절 펀딩 라운드였기 때문에 우리는 이사회를 구성하지 않았습니다. 우린 6개월 동안 닥치는 대로 일하고 되는 대로 급여를 받았지요. 그러다 나중에 벤처 캐피털과 계약을 맺을 때는 예전까지 거슬러 올라가 자료를 정리하느라 힘들었죠. 이사회가 있었다면 우리에게 일을 제대로 하라고 압박하고 사람을 더욱 엄격하게 채용하라고 지적했을 겁니다."

오컴 테크놀로지의 짐 트라이언디플로가 에인절 투자자와 협상한 경험은 이들의 장단점을 잘 보여준다. 오컴의 자금을 외부에서 조달하기로 한 트라이언디플로는 동업자를 통해 알게 된 텍사스의 부동산 개발업자 보비 크루스가 이끄는 한 에인절 투자자 그룹과 가장 먼저 접촉했다. 트라이언디플로는 당시 일을 이렇게 회상했다. "그 에인절 투자자들이 제시한 투자 의향서가 매우 흥미로웠습니다. 그들은 1000만 달러를 지원하되 300만 달러는 지금, 나머지 700만 달러는 우리가 필요할 때 주겠다고 했지요. 그리고 처음에 회사 지분 50퍼센트를 받은 뒤에는 사업에 관여하지 않겠다고 했습니다." 트라이언디플로는 텍사스의 에인절 투자자들에게서 자금을 받으면 오컴의 이사회를 소규모로 꾸려 창업자들이 세 자리 중 두 자리를 차지할 수 있을 거라는 사실도 마음에 들었다. 이 에인절 투자자들의 최대 단점은 산업에 관한 경험 부족이었다. "그 사람들은 사업에 대해 전혀 몰랐습니다. 보비는 부동산 개발업자였죠! 보비는 칵테일파티에서 그런 이야기를 했을 겁니다. 애틀랜타의 작은 소프트웨어 회사에 투자하고 있다면 아마 멋져 보일 테니까요." 많은 창업자와 마찬가지로 트라이언디플로에게 '조건이 붙지 않은' 에인절 자금의 유혹은 아주 강했다.

벤처 캐피털: 삼진 아웃이냐, 홈런이냐

벤처 캐피털은 유망 신생 기업에 대한 투자가 본업인 전문 투자자다. 이들은 새로 설립한 기업의 창업자에게서 사업 계획서를 받아 평가하고[*] 신생 기업의 팀과 잠재력을 조사하기 위해 실사를 펼친다. 그리고 투자하려는 신생 기업과 투자 조건을 협상한 다음 적시에 투자금을 회수하길 바라며 (흔히 이사회에 참여해) 신생 기업의 발전을 돕는다.

벤처 캐피털은 유한 책임 조합원에게서 자금을 조성한다. 유한 책임 조합원은 대부분 재단, 대학 기부금, 공적 연금 등의 대규모 기관으로서 다양한 대상에 분산 투자하고 보유 자본 중 상대적으로 낮은 비율을 벤처 캐피털에 할당한다. 벤처 캐피털은 이 유한 책임 조합원에게 선량한 관리 의무를 지니며 투자 수익으로 평가받는다. 그리고 관리 수수료(보통 자산의 2~2.5퍼센트)를 받아 급여와 운영 비용으로 쓴다. 또한 경제적 수익의 일정 몫('투자 운영비')을 받는데, 투자로 얻은 총수익의 평균 20퍼센트 정도다. 벤처 캐피털 업체는 보통 작은 규모의 무한 책임 조합원이 모여 설립한다. 무한 책임 조합원은 투자할 자금을 조성하고 회사를 체계적으로 운영해야 한다. 때로는 시간을 더 잘 활용하기 위해 하급 직원(애널리스트, 어소시에이트, 수석 애널리스트 등)을 채용해 업무를 위임한다.

벤처 캐피털은 이번 장에서 검토한 다른 유형의 투자자보다 경제적 소득이 우선적 동기이며 수익이 증가할 것으로 보이는 모든 조처를 취

---

[*] 도표 9.4에서 볼 수 있듯 필자의 데이터베이스에 있는 신생 기업 중 처음부터 사업 계획서를 제출해 벤처 캐피털에 접근한 기업은 21퍼센트였다. 또한 1차 벤처 캐피털 펀딩 라운드 당시 창업자가 이전에 세웠던 벤처 기업에서 벤처 캐피털과 일한 경험이 있는 예는 18퍼센트였다.

한다. 벤처 캐피털은 10년 동안 지속적으로 펀드를 조성해(종종 단기간의 연장 선택권이 있다) 보통 초기에 자금 대부분을 투자하고 이후 몇 년간 각 신생 기업을 성장시키다가 자금을 회수한 뒤 펀드를 청산한다. 따라서 계속 투자하고 싶은 벤처 캐피털은 몇 년마다 새로운 펀드를 조성해야 하며 유한 책임 조합원에게 실적과 전략의 신뢰성을 증명해야 한다. 벤처 캐피털은 경제적 수익을 최대화하는 한편, 투자 위험을 줄이기 위해 여러 신생 기업에 분산 투자하는데, 종종 각 펀드당 수십 개 기업에 이른다. 벤처 캐피털은 각각의 투자에 자신들이 투자한 금액의 여러 배를 돌려받으려 하므로 잠재력이 매우 높은 신생 기업을 물색한다. 벤처 캐피털 투자의 가장 흔한 자금 회수 방법에는 더 큰 기업의 합병(구글의 피드버너 인수), 기업 공개(구글의 상장), 혹은 덜 끌리는 방법이지만 신생 기업의 파산 등이 있다. 1987~2008년까지 벤처 캐피털의 투자를 받은 2만 2000개 이상의 기업을 대상으로 한 최근의 연구를 보면, 26퍼센트의 신생 기업이 합병 또는 인수되었고 9퍼센트가 상장되었다. 그리고 15퍼센트가 정리되거나 파산한 것으로 나타났으며 19퍼센트가 주주들에게 한 푼도 돌려주지 못할 것으로 예상되었다. 아울러 31퍼센트는 비공개 기업으로 남았다.[22]

아래에서 우리는 창업자가 벤처 캐피털의 자금을 받을 때 얻게 될 많은 경제적·비경제적 이점을 살펴볼 것이다. 하지만 이 경우에는 지분과 지배력을 상당히 잃을 수도 있다.

벤처 캐피털의 이점

벤처 캐피털은 창업자에게 전형적인 친구/가족 투자자나 에인절 투자자보다 많은 금융 자본, 사회적 자본, 인적 자본을 제공할 수 있다. 이러한 이점이 벤처 캐피털의 자금을 받을 때 감수해야 하는 대가보다 큰 것인지 의문을 제기하는 사람도 있지만, 많은 기업가가 계속해서 벤처 캐피털의 투자를 얻으려고 노력한다. 실제로 벤처 캐피털 업체가 명성이 높고 경험이 많고 폭넓은 관계를 보유했을수록 기업가가 벤처 캐피털로부터 투자를 얻기 위해 받아들여야 하는 조건은 더욱 불리해진다. 여러 벤처 캐피털 업체에게서 제안을 받은 기업가를 연구한 자료에 따르면, 평균적으로 기업가는 더 나은 벤처 캐피털 업체를 유치하기 위해 400만 달러가 넘는 평가액을 포기할 용의가 있는 것으로 나타났다.[23] 그러나 이것을 비롯한 비슷한 연구들에서 조사한 기업가는 처음부터 벤처 캐피털의 투자를 받기로 선택한 사람들이었다는 점에 주의해야 한다. 아래에서 살펴보겠지만, 벤처 캐피털 투자를 원하지 않는 창업자 중일부는 벤처 캐피털의 투자에 그만한 가치가 있다는 데 동의하지 않을수 있다. ("모든 이사회의 목표는 이사회를 끝내는 겁니다"라는 한 창업자의 말이 이런 견해를 잘 대변한다.)

금융 자본

벤처 캐피털은 고위험/고수익 투자에 이끌린다. 따라서 신생 기업 대부분은 제외되며, 벤처 캐피털의 분산 투자 목록은 저위험/저수익 투자 때보다 변동이 많다. 벤처 캐피털은 각 분산 투자 목록에서 '홈런' 몇 개를 치는 경향을 보이는데, 실패하거나 수익이 적은 대다수 투자를 이런 홈런으로 상쇄하기를 원한다.[24] 한 연구는 금융 시장의 전체적인 변동성을 1.0으로 볼 때, 벤처 캐피털의 수익은 상대적 변동성〔'베타(beta)'라고 한다〕이 1.7로 훨씬 높다고 추정했다.[25]

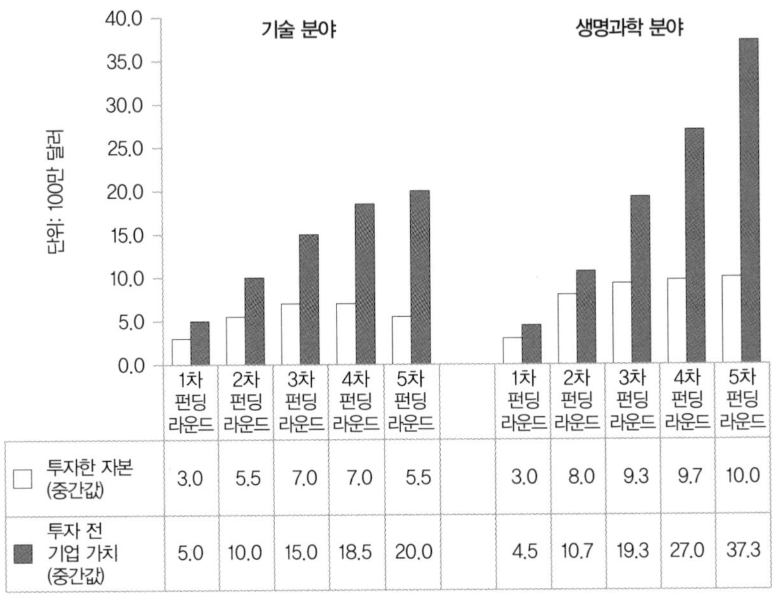

	1차 펀딩 라운드	2차 펀딩 라운드	3차 펀딩 라운드	4차 펀딩 라운드	5차 펀딩 라운드		1차 펀딩 라운드	2차 펀딩 라운드	3차 펀딩 라운드	4차 펀딩 라운드	5차 펀딩 라운드
투자한 자본 (중간값)	3.0	5.5	7.0	7.0	5.5		3.0	8.0	9.3	9.7	10.0
투자 전 기업 가치 (중간값)	5.0	10.0	15.0	18.5	20.0		4.5	10.7	19.3	27.0	37.3

도표 9.5에서 알 수 있듯 벤처 캐피털이 참여한 가장 작은 규모의 펀딩 라운드(1차 라운드, 평균 300만 달러)라도 친구/가족 및 에인절 투자자에게서 자금을 조달한 라운드보다 규모가 훨씬 크다. 후자일 땐 100만 달러를 넘는 예가 드물다. 이후의 라운드에서는 규모가 더 커지는데, 특히 대개 자본 집약도가 높아서 1차 라운드 이후 라운드마다 거의 1000만 달러가 필요한 생명과학 분야에서 그런 양상이 더욱 두드러진다.

벤처 캐피털 투자는 일반적으로 친구/가족 및 에인절 투자보다 규모가 클 뿐 아니라 더 장기적이다. 벤처 캐피털은 여러 펀딩 라운드에 추가로 자금을 지원할 의도를 갖고 투자하며, 일반적으로 신생 기업이 (아래에서 설명하겠지만) 훌륭한 성장을 보이면 계속 투자할 수 있도록 주의 깊게 자금 계획을 세운다. 후기 라운드에 계속 참여하는 예가 드문 친구/가족 투자자나 계속적인 참여 여부가 불확실한 에인절 투자자와는 대조적이다. 각 펀딩 라운드에서 벤처 캐피털은 신생 기업에 투자를 계속할 것인지, 더욱 유망한 신생 기업으로 자본을 이동할 것인지 결정한다.

또한 전문적인 자금의 가용성은 시장 상황에도 크게 의존한다. 닷컴 붕괴 당시 벤처 캐피털의 총 투자 자금은 2000~2001년 사이 52퍼센트나 곤두박질쳤고 2002년에는 또다시 41퍼센트 떨어졌다.[26] 이후 벤처 캐피털의 투자는 2005~2006년 사이의 경기 호전 시기에 57퍼센트 뛰어올랐다가 2008~2009년의 불황 초기에 다시 37퍼센트 줄어들었다. 벤처 캐피털이 장기적으로 내다보고 투자한다 하더라도 분명 경기 순환에 따른 기복에 매우 민감하므로 신생 기업은 벤처 캐피털을 지속적인 자금원으로 신뢰하는 데 제약을 받을 수밖에 없다.

사회적 자본: 연고와 신뢰성

신생 기업의 창업자는 자신에게 결정적으로 부족한 연고, 특히 추가적 자금원 역할을 할 수 있는 쪽과의 연고가 부족하다는 점을 보완하기 위해 종종 투자자와 이사회 이사들에게 의존한다.[27] 벤처 캐피털이 신생 기업과 관련해 가장 중점적으로 수행하는 활동을 조사한 결과, 다른 자기 자본 조달처를 구하는 일과 다른 투자자와의 교류를 각각 두 번째, 세 번째로 꼽았다.[28] (가장 상위에 오른 활동은 아래에서 설명할 것이다.) 후속 조사에서 신생 기업의 CEO들에게 벤처 캐피털 투자자가 가장 크게 이바지한 부분은 무엇인지 질문하자, 다른 잠재 투자자를 소개한 것을 두 번째로 꼽았다.[29] 필자의 데이터베이스에 있는 벤처 캐피털은 다른 유형의 투자자보다 신생 기업을 장래의 투자자와 더 잘 연결했다. 예를 들어, 초기 벤처 캐피털 투자자는 신생 기업의 31퍼센트를 차후의 벤처 캐피털 투자자와 연결해주었지만, 에인절 투자자가 차후 투자자와 연결해준 신생 기업은 10퍼센트에 불과했다. 이와 비슷하게 벤처 캐피털 투자자는 14퍼센트의 신생 기업을 초기 기업 투자자와 연결해주었지만,[30] 에인절 투자자가 초기 기업 투자자와 연결해준 신생 기업은 5퍼센트였다.

또한 높은 위상을 가진 투자자는 설립한 지 얼마 안 된 벤처 기업에 부족한 정통성을 부여해줄 수 있다. 저명한 투자자를 확보한 신생 기업은 공개 시장에서 높은 가치 평가를 받는다. 저명한 투자자의 후원은 검증되지 않은 햇병아리 신생 기업에 특히 중요하다. 이런 기업에는 신뢰 상승이 매우 중요하기 때문이다.[31] 프랭크 어단테는 실리콘 밸리의 유명한 벤처 캐피털 업체 세쿼이어(Sequoia)와 논의를 시작하면서 일류 벤처 캐피털의 후광 효과를 느낄 수 있었다. 세쿼이어가 스트롱메일에 제시한 투자 의향서는 다른 제안만큼 매력적이지 않았지만, 어단테는 세쿼이어와 협력하기로 했다. 가치 있는 신생 기업을 만들도록 돕는다는 세쿼이어의 전설적인 명성 때문이었다. 어단테는 세쿼이어의 사무실에서 투자 담당자(파트너)와 회의한 후 "내가 스티브 잡스, 래리 엘리슨(Larry Ellison), 그 밖에 수많은 거물이 앉았던 의자에 앉아 있다는 걸 깨달았습니다"라고 회상했다. 세쿼이어가 합류하자 잠재 고용인과 고객에게 스트롱메일의 전망을 확신시키는 데 도움이 되었다. 도표 8.1에서 볼 수 있는 것처럼 2차 펀딩 라운드에서 투자자는 경영진을 발탁하는 두 번째로 큰 경로다. 투자자는 고용인의 19퍼센트를 발탁했고, 채용에서 창업자 겸 CEO의 중심적 역할이 약해지는(비록 여전히 채용에 많은 역할을 하긴 하지만) 것을 보완하는 데 도움을 주었다.

인적 자본: 비공식적 방법과 이사회를 통한 지도와 조언

벤처 캐피털이 신생 기업을 지도해줄까? 벤처 캐피털이 신생 기업과 관련해 가장 중점적으로 수행하는 활동에 대해 질문한 앞의 조사에서 가장 많이 나온 대답은 "[경영진에게] 공명판 역할을 하는 것"[32]이었다. 벤처 캐피털은 웹사이트, 인터뷰, 블로그 게시물, 그 밖의 포럼에서 가치를 더하는 자신들의 능력을 홍보한다. 한편, 벤처 캐피털에서 자금을 지원받은 창업자는 투자자들이 사업 운영 방법에 종종 긍정적인 영향을 미쳤다고 보고한다. CEO에게 벤처 캐피털이 가장 크게 이바지한 부분을 질문한 조사에서 1위에 오른 대답은 앞서 말했듯 경영진에게 공명판 역할을 하는 것이었다.[33] 또 다른 조사에 따르면, 벤처 캐피털의 자금을 받은 신생 기업은 다른 유형의 투자자를 선택한 신생 기업보다 자사의 투자자가 인적 자본 관리 전략 수립과 그 밖의 전문화된 업무 도입에 영향을 미쳤다고 보고할 가능성이 47.7퍼센트나 더 많은 것으로 나타났다.[34] 또 다른 연구에서는 높은 수준의 산업 경험을 보유한 벤처 캐피털 업체가 투자 의향서에 경쟁사보다 평균 10퍼센트 낮은 평가액을 제시해도 기업가들이 그걸 받아들이는 것으로 밝혀졌다.[35] 이런 연구 결과는 창업자가 경험 많은 벤처 캐피털 업체에서 더 많은 혜택을 얻고자 한다는 것을 보여준다. 하지만 명성 높은 벤처 캐피털 업체라 하더라도 개별 파트너가 모두 능력을 발휘하고 헌신적이리라는 보장은 없다. 일류 벤처 캐피털 업체의 파트너 한 명이 언급한 것처럼 말이다. "세쿼이어에서 나오는 모든 돈이 같은 색깔은 아닙니다. 초보 파트너 대신 마이크 모리츠(Mike Moritz)나 더그 리온(Doug Leone) 같은 노련한 파트너를 만나면 이야기가 달라지죠."

그렇다면 벤처 캐피털은 어떻게 신생 기업을 이끌어 도움을 줄까? 대부분은 투자자와 창업자 사이의 비공식적 접촉이나 일대일 회의에서 이루어진다. 이때 다루는 문제는 신생 기업과 투자자에 따라 매우 다양하지만 전략, 인력, 운영, 재정 문제가 주축을 이룬다. 예를 들어, 벤처 캐피털은 대개 창업자 겸 CEO가 신생 기업이 직면한 중요한 전략적 불확실성을 뚫고 나아가도록 돕고 창업자가 생각하는 주요 가설에 이의를 제기해 CEO가 하루하루의 전술적 운영 업무에서 물러나 꼭 필요할 뿐더러 진정한 가치를 창조하는 결정을 내리는 데 초점을 맞추라고 독려하는 '전략 카운슬러' 역할을 할 것이다.[36] 이런 비공식적 회의의 빈도는 신생 기업이 성장하면서 변화한다. 한 벤처 투자가는 이렇게 설명했다. "사업 단계가 조언의 빈도에 가장 큰 영향을 미칩니다. 팀을 만들고 전략을 갖추는 처음 2년 동안은 매주 여러 차례 〔상호 교류를〕 하지요. 이메일, 인스턴트 메시지, 전화, 일대일 만남 등을 통해 서로 의견을 나누는 겁니다." 이후 팀과 전략이 확고하게 자리 잡으면 이런 형태의 교류는 줄어들고 특별한 필요에 따라 상호작용이 이루어진다.

벤처 캐피털이 신생 기업의 길잡이가 되는 또 다른 방법은 이사회의 공식 회의를 통해서다. 실제로 공식적 이사회의 존재 자체가 벤처 캐피털이 개입한 직접적인 결과인 경우가 많다. 5장 '역할 딜레마'에서 설명한 것처럼 신생 기업의 이사회는 일반적으로 창업자와 종종 한두 명의 믿을 만한 조언자로 구성된 비공식적 의사 결정체로 시작한다. 벤처 캐피털의 1차 펀딩 라운드가 끝날 무렵에는 적어도 한 명의 벤처 캐피털 투자자가 포함된 공식적인 이사회가 만들어신다. (복수의 벤처 캐피털 업체가 펀딩 라운드에 참여했을 때는 여러 벤처 캐피털이 이사회에 포함되거나 라운드를 '주도한' 벤처 캐피털이 참여한다.)

따라서 벤처 캐피털은 이사회 결성뿐 아니라 일반적으로 이사회 참여를 요구하는데, 시간이 지날수록 벤처 캐피털의 이러한 참여는 늘어나는 경향이 있다. 아울러 벤처 캐피털의 참여 증대로 창업자의 대의권이 훼손되는 경향도 나타난다. 아래에서 설명하겠지만 이런 현상은 물론 지배력과 관련한 중요한 문제다. 하지만 현재의 논의에 국한하면, 지도와 조언에 영향을 미친다. 그 이유는 다음과 같다.

- **장기적 참여**: 에인절 투자자는 벤처 캐피털이 투자를 시작하면 보통 이사회를 떠나지만, 벤처 캐피털은 신생 기업의 이사회에 훨씬 더 오래 남는 경향이 있다. 이렇게 오래 머물면 이사회 구성원이 자주 교체될 때보다 신생 기업을 이끄는 데 도움이 되며, CEO가 이사회 위원들과의 관계를 발전시킬 수 있다. 이는 둘 사이를 종종 더욱 생산적인 관계로 만든다.
- **규모**: 이사회 규모가 클수록 CEO가 활용할 수 있는 산업 지식 및 업무와 관련한 전문 기술도 풍부해진다. 필자의 데이터베이스에 따르면, 1차 펀딩 라운드 후 80퍼센트의 이사회가 3~6명으로 구성되었고 평균 구성원 수는 3.9명이었다. 이 수치가 2차 펀딩 라운드 후에는 평균 4.8명으로 늘어났다. 그 이후에는 증가세가 둔화해 3차, 4차 펀딩 라운드 이후 모두 평균 5.2명이었다. 5차 펀딩 라운드에는 89퍼센트의 이사회가 5~8명으로 이루어졌고 평균 구성원 수는 5.7명이었다.[*] (이사회 규모가 커지면 이점이 있지만, 아래에서 설명하는 것처럼 문제도 나타난다.)

■ 이사회에는 종종 '참관인(observer)'도 출석한다. 참관인은 회의에 참석하기는 하지만 일반적으로 적극 개입하지 않고 의결권 또한 없다. 벤처 캐피털을 비롯한 투자자는 투자 조건으로 참관자를 이사회에 참여시키는 권리를 협상할 수 있다. 하지만 그럴 경우에도 이들은 이사회 결정에 관해 발언권이 없다.

- **경험**: 많은 경험을 보유한 이사회 위원들은 더 많은 권위를 확보할 수 있다. 이사회 규모가 작을수록 더욱 그러하다. 신생 기업의 이사회에 참여한 벤처 캐피털 파트너는 창업자보다 패턴 파악 능력이 뛰어나고, 특히 이사회 참여 경험도 많을 가능성이 높다. 필자의 데이터베이스에 있는 사외 이사 중 예전에 이사로 활동한 경험이 있는 사람은 48퍼센트였다. 이들은 대부분 자금을 투자한 다른 신생 기업의 이사회에 참여했던 벤처 투자가로서 경영진이 공통적으로 부딪히는 문제들을 경험했고 여러 펀딩 라운드와 기업 청산 협상에 참여한 사람이다. 따라서 이런 경험을 거의 축적하지 못한 창업자와 대조를 이룬다.

- **회의 빈도**: 시간이 지나면서 빈도가 달라지지만, 신생 기업에서는 대부분 분기별로 소집하는 대기업보다 더 자주 이사회가 열린다. 이는 신생 기업이 대기업과 달리 빠르고 맹렬하게 발전한다는 사실을 반영하며, 대개 대기업보다 경험 부족한 경영진이 신생 기업을 운영한다는 사실 또한 암시한다. 이런 경영진은 이사회로부터 다양한 질적·양적 지도가 필요할 수 있고 벤처 투자가가 이사회에 참여하면 그러한 지도가 가능하다. 필자의 데이터베이스에 있는 신생 기업의 이사회는 1년에 평균 7.9번 소집됐는데, 이는 대기업보다 훨씬 잦은 빈도다. 기업마다 이사회 개최 빈도는 다양하지만, 신생 기업이 초창기일수록 이사회가 자주 열리고 신생 기업이 성장하면서 빈도가 줄어드는 일관된 패턴을 볼 수 있다. 한 노련한 벤처 투자가는 신생 기업 초창기에는 매달 이사회를 소집하자고 주장하지만 "일단 업무가 잘 '계량화'되어 전력질주를 시작하고 팀이 완성되면 60일 주기로 이사회를 여는 것이 효과적"이라고 말했다. 즉 벤처 기업의 형식화가 진전되고 실적을 추적할 측정 기준을 마련하면 그리고 경영진 구성을 완료하면 벤처 캐피털이

이사회를 이용해 신생 기업의 실적을 관찰하고 지도하거나 채용에 도움을 줄 필요가 줄어들어 이사회를 이전만큼 자주 열지 않아도 된다는 뜻이다.

이런 모든 요소에서 신생 기업 이사회는 벤처 캐피털이 영향력을 발휘하는 강력한 전달자 역할을 한다는 걸 알 수 있다. 양측은 이런 영향이 전체적으로 신생 기업에 유익하다고 판단하는 것으로 보인다. 필자가 워런 보커(Warren Boeker)와 함께 수행한 연구에서는 이러한 영향의 다른 측면이 발견됐는데, 벤처 캐피털이 신생 기업에 얼마나 적극적으로 참여하는지는 CEO의 배경과 밀접한 관련이 있는 것으로 나타났다.* 이 문제를 검토하고자 보커와 필자는 내 데이터베이스에 있는 450개 기술 분야 신생 기업 자료를 이용해 CEO의 직무 배경, 경력 연수, CEO가 창업자인지 여부 등 세 가지 측면이 이사회의 규모, 소집 빈도, 구성(특히 과거 이사회에 참여한 경험이 있는 이사의 비율)에 미치는 영향을 살펴보았다.[37]

우리는 실제로 CEO의 유형에 따라 이사회가 크게 달라진다는 것을 발견했다.** 이러한 차이는 이사회가 얼마나 많은 가치를 제공할지 그리고 이사회 관리가 얼마나 힘들지에 영향을 미칠 수 있다.

첫째, 중간 정도의 사전 업무 경력을 보유한 CEO가 가장 큰 규모의 이사회를 만들고 이사진과도 가장 자주 만나는 것으로 나타났다. 따라

* 여기서 더 나아가 벤처 캐피털의 서로 다른 배경이 신생 기업에 대한 개입 정도, 신생 기업에 부가하는 가치의 유형, 그 밖의 요인에 영향을 미치는지를 검토하면 이 문제와 관련해 벤처 캐피털 쪽의 특성을 이해하는 데 도움이 될 수 있다.
** 여기에서 설명하는 공식 이사회 회의와 관련한 결과는 이사회와 창업자 간의 비공식적 상호 접촉 빈도를 포함해도 통계적으로 유의미했다.

서 이런 CEO는 이사회에서 지도를 받을 기회가 가장 많다는 것을 알 수 있다. 이런 결과는 중간 정도의 경력을 지닌 CEO에게는 반가운 이야기 이지만, 지도를 가장 필요로 하는 경험 없는 CEO에게는 좋은 소식이 아니다.[38] 오데오에서 제품 로드맵을 개발하느라 고생하던 에번 윌리엄스는 이사회에 어떻게 해야 할지 의견을 구했지만, 유익한 조언을 거의 얻지 못해 낙담했다.

둘째, 직무 배경으로 보면, 영업 같은 대외적 직무나 산출물 직무 출신의 CEO[39]가 좀더 소규모의 이사회를 만들뿐더러 만나는 빈도 또한 잦지 않고 이사진의 경험 역시 적은 것으로 나타났다. 기술직 같은 내부 직무나 처리 직무 경험을 보유한 CEO가 이사회와 훨씬 더 자주 만난다. 예를 들어, 기술직 출신인 와일리 테크놀로지의 루 서니는 영업직 출신인 오컴 테크놀로지의 짐 트라이언디플로보다 이사진과 더 자주 만날 가능성이 높다. 그러나 기술직 출신 창업자가 이사회에서 자신에게 필요한 지도를 받는 데는 더 큰 규모의 이사회를 관리해야 하고 이사진과 만나느라 많은 시간을 써야 하는 대가 또한 감수해야 한다.

셋째, CEO의 경력 수준과 직무 배경을 조정한 후에도 CEO가 창업자 인지 아닌지 여부와 이사진의 경력에 강한 상관관계가 나타났다. 창업자 겸 CEO는 비창업자인 CEO보다 경력이 많은 이사진을 보유했다. 여기에는 몇 가지 이유가 있을 수 있다. 창업자는 자신감이 지나치고 열정적이어서 현실을 직시하게끔 해줄 이사진이 있으면 도움이 되므로 노련한 이사진이 그러한 균형을 잡아주는 역할을 할 수 있다. 베이글리(C. E. Bagley) 와 도치(C. E. Dauchy)가 제시하듯 "가장 효과적인 이사회는 자동으로 도장만 찍는 게 아니라 경영진에게 정보에 근거한 독자적인 조언을 해주고 CEO에게 이의를 제기한다".[40] 한 벤처 투자가는 "이사회는 학습을 촉진함으로써 기업이 전략에 중요한 수정을 가해 '선회'할 수 있도록 하는 것"이 이상적이라고 말했다. 어떤 창업자는 새로운 프로젝트를 추진하기보다 한 아이디어에만 집중해 곤란을 겪으므로 이사회는 이런 경향을 점검하는 역할도 할 수 있다. 예를 들어, 에번 윌리엄스는 한 프로젝트에서 다른 프로젝트로 갑자기 관심을 바꾸고 눈앞에 닥친 핵심적인 산출물에 초점을 맞추지 못하는 것으로 유명했다. 윌리엄스가 처음 설립한 신생 기업은 가족에게 자금을 지원받은 인터넷 출판 회사였는데, 당시 일을 그는 이렇게 회상했다. "나는 전년도에 32개의 프로젝트를 시작했는데 그중 어떤 프로젝트도 끝내지 못했다는 것을 알아차렸습니다. 끊임없이 새 아이디어를 떠올리고 그 아이디어를 추진하려면 현재 하는 일을 포기하는 것이 낫다고 생각했기 때문입니다. 아주 근시안적이었죠." 강력한 이사회가 있었다면 윌리엄스로 하여금 궤도를 벗어나지 않게 함으로써 이런 운명을 피하도록 도왔을지도 모른다.

종합하면, 이런 연구 결과는 이사회가 종종 CEO의 약점과 강점을 고려해 구성된다는 것을 시사한다. 멘티(조언을 받는 사람)로서 매력이 없어 필요한 만큼의 지도를 받지 못하는 아주 미숙한 CEO를 제외하면, 지도가 매우 필요한 CEO(중간 정도의 경력을 지닌 CEO)는 그런 혜택을 받을 공산이 큰 것으로 보인다. 창업자가 이사회의 지도를 받으려 하는지, 혹은 이사회의 벤처 투자가가 CEO에게 지도를 하고 있는지 등의 실제 현황과 원인을 보여줄 연구 기회는 굉장히 많다.

한편, 벤처 캐피털이 이사회를 통해 미치는 영향력을 제한하는 요인도 있다. 신생 기업과 벤처 캐피털이 지리적으로 얼마나 가까운지가 이사회 구성에 중요한 역할을 하며, 벤처 캐피털이 신생 기업에 긴밀하게 조언하고 CEO에게 카운슬링을 하는 데 상당한 영향을 미친다. 조언과 카운슬링은 직접 대면한 상태에서 할 때 가장 효과적이다. 조시 러너(Josh Lerner) 교수는 벤처 캐피털 투자의 다양한 차이를 조정해 분석한 결과, 벤처 캐피털의 사무실이 신생 기업과 가까울수록 신생 기업 이사회에서 의석을 차지할 가능성이 많다는 것을 발견했다. 신생 기업에서 5마일(약 8킬로미터) 이내에 사무실이 있는 벤처 캐피털 투자자가 신생 기업 이사회에 참여할 가능성은 47퍼센트이지만, 500마일(약 800킬로미터) 이상 떨어진 곳에 위치한 벤처 캐피털 투자자의 경우는 22퍼센트로 떨어졌다.[41]

벤처 캐피털 영입의 대가: 지분 포기

신생 기업에서 지분에 의해 영향을 받는 주요 권리에는 두 가지가 있다. 경제적 권리와 지배력 권리가 바로 그것인데, 창업자는 투자자에게 지분을 매각하면서 양쪽 권리를 일부 포기한다.

전체적인 지분 변화

각 펀딩 라운드에서 창업자/내부자는 신생 기업의 지분을 투자자에게 매각함으로써 자신의 지분율이 줄어든다. 신생 기업이 주주에게 자금을 상환하면(대개 신생 기업이 합병되거나 상장했을 때 자금 회수를 통해 상환하지만, 때때로 지속적인 수익의 일정 몫으로 상환하기도 한다) 아래에서 설명하는 잔여재산배분우선권(또는 지면 관계상 여기서 다루지 못하는 다른 많은 조건)처럼 지급에 영향을 미치는 별도의 투자 조건이 없는 한 주주는 지분에 따라 지급을 받는다.

필자의 데이터베이스를 바탕으로 작성한 도표 9.6은 각 펀딩 라운드 후 주요 주주들의 지분 변화를 보여준다. 가장 뚜렷하게 나타나는 양상은 3차 펀딩 라운드 후 마침내 벤처 캐피털이 지분의 절반 이상(평균 53퍼센트)을 소유했다는 점이다. (2차 펀딩 라운드 후 벤처 캐피털의 지분은 46퍼센트이다.) 벤처 캐피털의 지분이 증가하면서 창업자와 고용인의 지분은 꾸준히 낮아진다. 1차 펀딩 라운드 후 창업자와 고용인이 소유한 전체 지분은 41퍼센트에서 4차 펀딩 라운드 이후 그 비율의 절반 이하로 곤두박질쳤다.

이런 변화는 산업 분야마다 다르게 나타난다. 생명과학 분야의 신생 기업은 자본 집약도가 한층 높으므로 창업자가 필요한 자본을 얻으려면 더 많은 지분을 포기해야 한다. 각 펀딩 라운드 이후 생명과학 분야의 창업자/내부자는 기술 분야 신생 기업의 사례보다 보유 지분이 3~6퍼센트 적었다. 또한 각 산업에서 신생 기업이 매력적이고 약점이 적을수록 일반적으로 창업자와 내부 경영진이 보유한 지분은 높았다.[42]

창업자/내부자는 특히 벤처 기업의 주가가 이전 라운드보다 낮은 다운 라운드(down round)에서 지분을 잃을 수 있다.[43] 이는 창업자와 내부자가 일정한 자금을 조달하기 위해 지분을 더 많이 포기해야 한다는 뜻이다. 필자의 데이터베이스에서는 전체 펀딩 라운드의 7퍼센트가 다운 라운드였다. 때때로 다운 라운드는 신생 기업이 단계별 목표를 달성하지 못하고 실적이 저조할 때 나타난다. 일례로 1차 라운드에서 100만 달러를 조달한 한 신생 기업이 2차 라운드에서도 100만 달러를 모으려 했다. 하지만 그 신생 기업이 시스템 가동이라는 단계 목표를 달성하지 못하리라는 것이 분명해지자 투자자는 투자 대가로 더 많은 지분(그리고 더 낮은 주가)을 요구했다. 이어 신생 기업이 '실책을 거듭하고 계속해서 기한을 맞추지 못하자' 투자자는 270만 달러를 더 투자했고, 신생 기업의

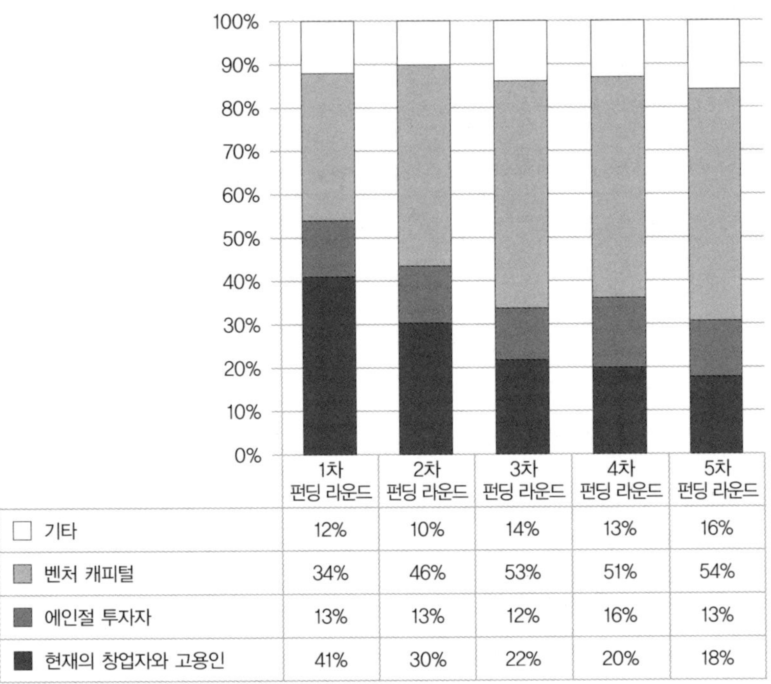

	1차 펀딩 라운드	2차 펀딩 라운드	3차 펀딩 라운드	4차 펀딩 라운드	5차 펀딩 라운드
☐ 기타	12%	10%	14%	13%	16%
▨ 벤처 캐피털	34%	46%	53%	51%	54%
▨ 에인절 투자자	13%	13%	12%	16%	13%
■ 현재의 창업자와 고용인	41%	30%	22%	20%	18%

주가가 떨어짐에 따라 75퍼센트의 지분을 가져가게 되었다.

도표 9.7은 다운 라운드가 경기 순환과도 밀접하게 관련되어 있음을 보여준다. 1990년대 말과 2000년대 중반 같은 호경기에는 다운 라운드의 비율이 줄었다. 그러나 2000년대 초와 2000년대 말 같은 불경기에는 그 비율이 뚜렷하게 증가했다.■ 따라서 신생 기업이 다운 라운드의 부

■ 다운 라운드를 좀더 분석해보면, 2차 펀딩 라운드의 4퍼센트가 다운 라운드이고 (즉 1차 라운드보다 낮은 평가를 받았다), 3차 라운드의 7퍼센트가 2차 라운드보다 평가액이 낮았다. 또 4차와 5차 라운드의 9퍼센트가 다운 라운드였다.

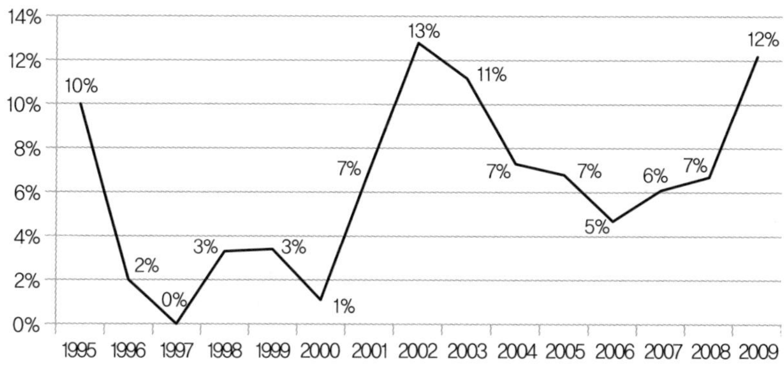

정적 영향을 받는 데는 자사의 실행 능력과 자사가 통제할 수 없는 외부 요인 모두가 작용할 수 있다.

잔여재산배분우선권: '소규모' 자금 회수 포기

각 주주의 지분에서 알 수 있는 소유권은 일부분일 뿐이다. 투자 계약의 다른 조건이 다양한 자금 회수 시나리오에서 각 주주가 얼마를 받을지에 영향을 미친다. 아마도 그중에서 가장 중요한 한 가지 조건이 각 주주가 받는 배당금에 영향을 미칠 것이다. 특히 회수 규모가 작을 때 더욱 그러하다. 그 조건은 바로 잔여재산배분우선권으로서 신생 기업이 정리되거나 합병될 때 벤처 캐피털이 다른 주주들(여기서 가장 중요한 주주는 창업자다)보다 앞서 투자금을 돌려받거나 투자 액수의 몇 배를 받는 권리를 가리킨다.[44] 1차 펀딩 라운드에서는 필자의 데이터베이스에 있는 신생 기업의 78퍼센트가 투자자에게 '1배'의 잔여재산배분우선권을 주는 데 동의했다. 즉 신생 기업이 그 투자자가 투자한 액수만큼의 가격에 (혹은 더 낮은 가격에) 매각되면 투자자가 그 수익금을 모두 받고 창업자와 보통주를 소유한 다른 초기 주주들은 아무것도 받지 못한다.▪ (일단 잔여 재산배분우선권을 가진 주주가 배당을 받고 나면 일반적으로 보통 주주들이 일부 수익금을 받기 시작한다.)[45]

다른 22퍼센트의 신생 기업이 동의한 청산 조건은 훨씬 더 과감하다. 9퍼센트의 신생 기업이 1.1~2배, 5퍼센트가 2.1~3배의 잔여재산배분우선권을 설정하는 데 동의했다. 그리고 8퍼센트는 3배 이상의 우선권 설정에 동의했는데, 가장 극단적인 이 신생 기업들은 창업자와 보통 주주가 한 푼이라도 수익금을 구경하려면 투자한 액수의 적어도 3배를 회수해야 할 것이다. 펀딩 라운드가 진행되면서 1배 이상의 우선권에 동의한 신생 기업 비율이 1차 라운드의 22퍼센트에서 4차 라운드 때는 33퍼센트로 증가했다.

투자자는 이런 조건을 요구해 위험을 줄이고 창업자와 자신들의 동기를 일치시킬 수 있다. 이런 조건이 없으면 투자자는 아예 투자할 의사가 없거나 투자를 못할 수 있으며, 투자금 액수를 줄이거나 다른 (대가가 더욱 큰) 조건을 제시할 것이다. 그런데 창업자는 왜 그런 조건에 동의하는 것일까? 때로는 자금이 몹시 필요한데 조건을 거절할 협상력이 없기 때문일 수도 있다. 그러나 다른 중요한 요소는 기업가들의 낙관주의 때

▪ 창업자가 최종적으로 받는 배당금에 영향을 미치는 또 다른 조건은 투자자가 보유한 우선주의 배당 참가 방법이다. 투자자가 우선 배당을 받고 나면 배당 참가 방법에 따리 잔여 수익금을 지급하는 방식을 정한다. 여기에는 완전 참가적 우선주(투자자는 마치 자신이 보유한 우선주를 보통주로 전환한 것처럼 잔여 수익금을 지분 비율대로 나누어 갖는다), 비참가적 우선주(투자자가 잔여재산배분우선권을 유지할지, 우선주를 보통주로 전환할지 선택해야 한다), 혹은 부분 참가적 우선주(중간 정도의 선택권)가 있다. 이들 용어와 각 선택권이 초래할 잠재적 견해 차이에 관한 더욱 자세한 내용은 Wilmerding(2004)과 Bussgang(2010) 참조.

문이다. 자신이 떠올린 아이디어를 향한 열정과 자기 능력에 대한 자신감으로 가득 차 더 크고 가치 있는 회사를 만들겠다는 꿈을 꾸는 창업자는 종종 자신의 신생 기업이 그럭저럭 '괜찮은' 가격에 매각될 가능성을 무시한다. 이들은 "우리 회사가 X달러 이하에 팔릴 가능성은 거의 없다. 그래서 벤처 캐피털이 그 정도의 잔여재산배분우선권을 원하면 나는 그만큼을 주고 회사를 높은 가격에 매각하거나 기업 공개를 함으로써 얻는 이익을 취할 것이다"라고 판단한다. 링스 솔루션의 창업자들은 일반적인 1배 잔여재산배분우선권 설정에 동의했다. 이는 창업자들이 회사를 매각해 1달러라도 벌려면 회사를 2950만 달러(벤처 캐피털의 투자액) 이상에 매각해야 한다는 뜻이었다. 그러나 시장이 침체하면서 링스는 2500만 달러 이상의 제안을 받지 못했고, 창업자(수년간 고생했음에도 아무런 보상도 받지 못한 채 회사를 팔고 싶어 하지 않았다)와 투자자(신생 기업이 실패하는 것보다 적당한 수준으로 자금을 회수하는 쪽을 선호했다) 간에 심각한 견해 차이가 발생했다.■

　그런 조건으로 계약을 했다가 혼이 난 창업자는 투자자가 자신에게 큰 규모의 잔여재산배분우선권에 합의하도록 함으로써 자신의 열정을 이용했다고 느끼기 시작한다. 그리고 자신이 위험을 떠안지 말고 더욱 다양한 벤처 캐피털을 공략해야 했음에도 모든 달걀을 한 바구니에 담았던 것을 후회한다. 하지만 더 현명한 길은 창업자가 아무리 가치 있는 기업이라고 자신하더라도 처음부터 진지하게 소규모 회수 시나리오를 선택하는 것이다. 사실 창업자는 자신감이 클수록 소규모 회수의 합리

■ 교착 상태는 투자자들이 결국 창업자와 일부 핵심 인사들에게 매각의 작은 몫을 주는 소규모 '카브아웃'에 동의하면서 해결되었다.

적 가능성에 관한 공정한 조언을 받아들여 소규모 회수에서 얻을 수 있는 이익을 정말로 포기할 의사가 있는지 검토하는 것이 더욱 유리하다.

하지만 낙관주의나 지나친 자신감과 별도로 창업자가 그런 조건에 합의해야 하는 좀더 이성적인 이유가 있을 수 있다. 예를 들어, 에번 윌리엄스는 오데오의 투자자들에게 1.5배의 잔여재산배분우선권을 주기로 합의했는데, 이는 자금이 충분한 경쟁사보다 먼저 제품을 출시하려면 시간이 촉박하다는 판단 때문이었다. 또 어떤 창업자는 가능성을 주의 깊게 검토하고 자신감과 열정의 균형을 잡아줄 외부의 조언을 들은 뒤에도 잠재적 수익 증가를 예상할 때 새로운 위험을 무릅쓸 가치가 있다고 판단하기도 한다.

동기가 무엇이든 투자자에게 잔여재산배분우선권을 부여하면 창업자가 '홈런을 치고' 고위험/고수익 전략을 채택해야 한다는 부담이 커진다. 이젠 '소규모' 회수를 할 경우 한 푼도 얻지 못하기 때문이다. 홈런을 치고 싶은 창업자는 역시 홈런을 원하는 투자자와 같은 견해를 가질 수 있지만, 창업자(그에게는 이번이 방망이를 휘두를 유일한 기회일 수도 있다) 입장에서는 종종 극적으로 자신의 위험을 높이는 대가를 감수해야 한다. ▪

창업 팀 내의 지분 이동을 강요하는 투자자

투자자는 또한 창업 팀 내의 지분에도 강력한 영향력을 발휘할 수 있다. 가장 흔한 방법은 벤처 캐피털이 창업사와 비장업자 경영진이 보유한

▪ 벤처 캐피털의 투자를 받은 신생 기업에서 75퍼센트의 창업자가 그 기업을 세우느라 몇 년간 고생한 데 따른 아무런 경제적 보답도 받지 못했다(Hall et al., 2010).

지분에 관해 미리 정한 햇수를 채우거나 그전에 설정한 단계별 목표를 성취한 뒤 소유권을 확정(즉 가득)해 신생 기업에서 계속 일하도록 '황금 수갑'을 채우려는 것이다. (창업자의 수령권 조건에 관해서는 6장, 창업에 관여하지 않은 경영진의 수령권 조건에 관해서는 8장 참조.) 예를 들어, 초기 단계의 한 웹 신생 기업에서 벤처 캐피털은 1차 펀딩 라운드의 조건이자 창업자가 그 기업에서 계속 일하도록 유인하는 한 가지 방법으로 두 공동 창업자의 지분 전체에 수령권 조건을 설정하자고 주장했다. 이런 주장은 사실상 창업자들의 경제적 소유권을 제로로 만든 다음 본디 보유했던 지분을 되찾도록 하겠다는 뜻이다. 창업자들은 깜짝 놀랐지만 자금이 필요한 터라 조건 변경을 위해 싸웠다. 그러나 헛수고였다.

이보다는 덜 흔하지만 투자자가 창업자의 지분에 영향을 미치는 아주 중요한 방법은 창업자 개개인의 공헌도와 더욱 면밀하게 연결해 지분을 재할당하자고 주장하는 것이다. 투자자는 팀에서 가장 중요한 사람들이 가장 많은 지분을 보유해 회사를 떠나지 않도록 하고 동기도 부여하길 원한다. 따라서 그들은 '적절한' 창업자가 가장 많은 지분을 보유하고 있는지 평가해 불균형이 너무 크다고 판단하면 종종 펀딩 라운드의 한 가지 조건으로 창업자의 지분 재할당을 주장할 것이다. 이와 관련해 한 창업자는 이렇게 말했다. "나는 한 신생 기업의 공동 창업자였습니다. 그런데 1차 펀딩 라운드의 일부 조건으로 투자자들이 내 지분을 늘리라고 요구했습니다. 핵심 창업자에게 지분이 너무 치우쳤다고 판단해 팀 전체에 대한 장려책이 적절하게 분산되기를 원했던 겁니다." 한 벤처 투자가는 투자하기 전에 지분 조정을 주장하는 이유를 이렇게 설명했다. "우리는 실사 과정에서 (창업자의 지분 배분이) 어떻게 이루어졌는지 파악합니다. 투자를 위해 한 회사를 검토할 무렵에는 일반적으로 회사 설립이 충분히 진행된 상태여서 구성원의 '고속 합의'로 인해 발생한 문제나 불균형적인 지분 배분이 눈에 잘 보이죠. 내 경험에 따르면 양쪽의 지분 배분 시나리오에 차선책을 택하도록 할 수 있습니다."

투자자를 영입하면 일반적으로 조직의 생존 가능성이 높아지고 신생 기업의 위험은 낮아진다.■ 그러나 필자가 맷 막스와 수행한 연구에 따르면, 1차 펀딩 라운드 때 창업 팀의 이직률이 극적으로 높아진다는 사실이 밝혀졌다. 투자자 영입에 성공하면 창업 팀의 규모가 커지고 안정화하는 것이 아니라 축소된다. 이런 현상은 투자자가 창업 팀 내의 지분과 역할을 재논의하도록 압박하는 데서 비롯될 수 있다. 그러면 당연히 팀 내부에 갈등이 높아지기 마련이다.[46] 자금을 물색하기 전에는 투자자를 유치할 때 감수해야 하는 이런 중요하면서도 숨은 비용까지 검토해야 한다.

벤처 캐피털 영입의 대가: 의사 결정의 지배력 감소

이사회가 경영진을 지도하고 팀의 발전을 모니터링할 수 있지만, 가장 근본적인 역할은 대개 의사 결정에 있다. 예를 들어, 이사회는 신생 기업의 전략과 실적만 검토하지 않고 전략 변경이 필요한지 판단하는 것 또한 돕는다. 이사회는 CEO의 실적만 평가하는 것이 아니라 CEO에 대한 보상 방법과 CEO 교체 여부도 결정한다(10장 참조). 또한 자금 조달(추가적인 펀딩 라운드의 시작 여부나 자금 조달 방식의 변경 여부)과 언제 어떻게 자

■ 신생 기업의 위험과 그 기저를 이루는 요인들에 대한 스틴치콤(1965)의 주장과 관련한 상세한 내용은 1장 첫 부분 참조.

금을 회수할지에 관한 결정도 내릴 수 있다. 이런 모든 결정에 관한 발언권은 투자자가 자신의 투자를 보호하는 핵심적인 방법이다. 그러나 이런 결정에서 창업자와 투자자가 원하는 것이 서로 다를 수 있어 이사회는 창업자와 투자자가 지배력을 놓고 맞붙는 무대가 되기도 한다.

이사회 지배

5장에서 설명한 것처럼 신생 기업 이사회는 창업자의 주도로 출발하는 경향이 있다. 그러나 각 펀딩 라운드 때마다 선도 투자자(lead investor)가 이사회 의석을 원할 가능성이 많다. 새로운 의석을 추가할 경우도 있지만, 이사회의 규모가 거추장스럽게 커지지 않도록 선도 투자자가 투자자나 초기 에인절 투자자의 자리를 대신 차지하기도 한다. 필자의 데이터베이스에 따르면, 1차 펀딩 라운드 이후 창업자는 일반적인 이사회에서 34퍼센트의 의석을 차지해 이미 소수 집단이 됐지만, 사외 이사들은 59퍼센트를 차지했다. 그리고 2차 펀딩 라운드 이후에는 창업자의 의석이 21퍼센트로 떨어지고 사외 이사가 72퍼센트를 차지했는데, 그중 압도적 다수가 투자자였다.[47] 이사회의 구성 변경은 흔히 창업자가 특정 의사 결정에 어느 정도 지배력을 보유할 것인지에 영향을 미치는 중요한 문제다.

이사회는 보통 창업자 겸 CEO와 다른 창업자 한두 명으로 구성되어 출발한다. 이사회에 남고 싶은 창업자 겸 CEO는 비창업자 CEO가 들어오더라도 자기가 계속 의석을 차지할 수 있는 '창업자 의석'을 만들도록 요구할 수 있다. 자신의 의석을 'CEO 의석'으로 정하면 비창업자 CEO가 들어올 때 이사회에 창업자의 자리가 아예 없어질 수 있다. 피드버너의 1차 펀딩 라운드 때 창업 팀은 새로 만든 이사회의 세 의석을 각각 선도 벤처 캐피털, 창업자 한 명, CEO로 구성하지 않고 선도 벤처 캐피털, 창업자 2명으로 구성하는 방안을 논의했다. 자신이 비창업자 CEO로 교체될 수도 있음을 알았던 창업자 겸 CEO 딕 코스톨로는 자신과 창업 팀이 이사회에 더욱 지속적으로 참여할 수 있게끔 계속 이 조항을 요구했다.

때에 따라 벤처 캐피털이 이사회에 참여하면 경영진에 필요한 전문화가 이루어지고 기강을 확립할 수 있다.[48] 또한 벤처 캐피털은 신생 기업의 전략을 생산적인 방향으로 수립하도록 도울 수 있다. 하지만 창업자가 자신의 전략을 조정하거나 변화시키는 데 제약을 받을 수도 있다. 예를 들어, 에번 윌리엄스는 애플이 오데오보다 먼저 우수한 팟캐스팅 기술을 시장에 내놓을 것으로 판단했다. 그래서 팟캐스팅 전략을 포기하고 새로운 상태 업데이트(status-update) 도구를 신속하게 개발하고 싶어 했다. 그러나 벤처 캐피털이 지배하는 에번 윌리엄스의 이사회는 자신들의 투자와 오데오 사업에 진전이 없는 걸 걱정하기 시작했다. 윌리엄스는 당시의 일을 이렇게 회상했다. "내가 무엇을 하는지 물어보는 것이 이사회의 일이지만 나는 내 자신에 관해 〔그렇게 자세히〕 설명하도록 요구하는 게 싫었습니다. 이사회를 만드는 것은 새로운 시도를 할 능력을 죽이는 것입니다."

이사회에서는 많은 결정을 다수결로 내리지만, 투자자는 신생 기업의 매각 같은 특정 문제를 결정할 때 추가적인 권한을 얻기 위해 '초대다수의결권'이나 거부권을 협상할 수 있다. (앞에서 살펴본 것처럼) 잔여재산배분우선권이 순전히 보유 지분에 따른 배당보다 투자자에게 더 많은 소유권을 주는 것과 마찬가지로, 초대다수의결권이나 거부권은 투자자에게 지분보다 더 큰 지배력을 부여할 수 있다. 한 신생 기업에서는 창업자가 이사회의 지배권을 유지했지만, 벤처 캐피털이 특정 결정에 대한 거부권을 달라고 협상했다. 그런 결정 중 하나가 연간 예산에 대한 승인이었다. 몇 년 뒤, 닷컴 붕괴 시기에 자금 회수를 원한 벤처 캐피털은 제출된 모든 예산안을 거부해 신생 기업이 합병을 받아들이도록 압박했다. 한 창업자는 "벤처 캐피털의 거부권으로 직원의 급여 인상이나 상여금 지급이 불가능했지요. 정말로 우리 앞길을 가로막는 조치였습니다"라고 말했다. 그래서 그 기업은 벤처 캐피털의 지분을 사들일 새로운 투자자를 찾아야 했다.

2008~2009년의 경기 침체기에 일부 창업자는 이사회가 안전만 추구하는 바람에 추가적인 자원이 필요한 어떤 활동에도 반대한다고 불평했다. 그래서 창업자가 쇠락한 경쟁사를 합병하거나 그 밖에 경쟁력 있는 활동을 적극 펼쳐 경기 침체를 기회로 활용하지 못하게 막았다는 것이다. 한편, 벤처 캐피털이 매우 잠재력 높은 신생 기업을 골라내려고 종종 그런 신생 기업이 더 원대한 (그리고 때로는 더 위험한) 전략을 채택하도록 강요하는 반대 사례도 있다. 예를 들어, 링스 솔루션의 이사회에 속한 한 벤처 캐피털은 기업 기술과 관련한 '유망한' 시장을 활용하기 위해 소비자 중심 제품에서 벗어나 기업 중심 시스템에 초점을 맞추는 급진적인 변화를 강요했다. 하지만 창업자는 이런 변화가 큰 실수를 저지르는 것이라고 믿었다.

이사회는 종종 모든 사람의 지지를 얻어 만장일치로 결정을 내리려 한다. 하지만 많은 결정에서 만장일치는 비현실적인 데다 (공통분모가 최소인 결정이 내려지면) 심지어 바람직하지 않을 수 있다. 그 결과 이사회의 투표가 더 큰 분열을 가져오기도 한다. 따라서 아래의 예처럼 때로는 모든 의석을 계산에 넣어야 한다.

- 분할된 이사회+사외 이사 1명—많은 이사회는 내부자와 외부자가 같은 수로 구성되고 여기에 사외 이사(즉 주요 투자자나 현 경영진 또는 창업자가 아닌 이사)가 추가적으로 한 의석을 차지한다. 의석이 셋인 이사회는 창업자 1명, 투자자 1명, 사외 이사 1명으로, 다섯 의석을 가진 이사회는 창업자 2명, 투자자 2명, 사외 이사 1명으로 구성되는 식이다. 구성원이 3명이 넘는 이사회에서 창업자들은 보통 투자자와 마찬가지로 서로 한편이 되기 때문에 다수결로 결정을 내릴 때마다 사외 이사는 부동표가 된다. 당연히 누가 사외 이사를 선택하느냐는 협상에서 이해관계가 높은 사안이다. 피드버너는 2차 펀딩 라운드 후에 창업자 2명, 벤처 캐피털 2명, 창업자인 딕 코스톨로가 지명한 사외 이사 1명으로 구성한 이사회를 만들었다. 이때 코스톨로는 또 다른 첨단 기술 신생 기업의 창업자 겸 CEO 맷 블럼버그(Matt Blumberg)를 사외 이사로 지명했다. 코스톨로는 이때 일을 "다른 기업의 CEO가 이사회에 있는 게 좋았습니다"라고 회상하며 이렇게 말했다. "맷은 회사 관계자 중에서 내가 하는 일을 정확히 아는 유일한 사람이자 나와 비슷한 자리에 있는 사람이고 대개 회사의 다음 단계에 관해 나와 비슷한 생각을 했지요." 벤처 캐피털이 사외 이사를 선택하면 이사와 창업자 간의 이런 연계는 훨씬 적을 것이다.

- 양분된 이사회와 교착 상태—교착 상태에 빠질 위험이 분명히 있지만, 많은 신생 기업은 독립적인 최종 결정자를 두지 않고 이사회를 양분한다. 실제로 1차 펀딩 라운드 후 구성원의 수가 짝수인 이사회는 46퍼센트였다. (24퍼센트는 4명, 11퍼센트는 6명으로 구성되었다.) 이런 비율은 처음 네 번의 펀딩 라운드에서 43~29퍼센트로 비교적 일정하게 유지되었다. 처음 두 번의 펀딩 라운드(외부 투자자가 이사회에서 50퍼센트 이상

의 지배력을 얻기 전)에서는 4명으로 구성된 이사회〔내부자(창업자나 고용된 초기 경영진) 2명과 외부자(종종 투자자) 2명〕가 가장 흔한데, 그 때문에 교착 상태에 가장 잘 빠진다.■

이사회 관리: 모래시계의 중심

CEO는 이사회가 열릴 때마다 중심적인 역할을 한다. 그러나 이사회 회의는 단순한 일회성 행사가 아니라 과정이다. 창업자 겸 CEO는 이사회 회의를 준비하고 그 회의를 지휘하며 회의 후에는 후속 작업을 해야 한다. CEO는 경영진 관리에 더해 이 모든 일을 수행해야 한다. 피드버너의 딕 코스톨로는 양면성을 지닌 이런 과제에 관해 "창업자 겸 CEO로서 당신은 모래시계 모양의 보고 체계 중심에 홀로 서 있는 셈입니다. 모든 직원이 당신에게 보고를 하면 당신은 모든 투자자/주주에게 보고하는 식이죠"라고 설명했다. 신참 창업자 겸 CEO는 흔히 이사회 관리 업무에 소요되는 '점점 늘어나는' 시간에 놀란다. 메이저지의 배리 널스는 이사회 회의 준비에 들인 엄청난 시간에 관해 이렇게 말했다. "첫 번째 이사회 보고 자료를 준비하는 데 꼬박 일주일이 걸렸습니다. 우리 회사에서는 달마다 이사회가 열렸지요. 그러던 중 하루는 내가 이사회 준비에 한 달의 4분의 1을 쓴다는 사실을 깨달았습니다. 이사회 회의를 준비하기 위한 업무량이 어마어마했지요!"

■ 이러한 의사 결정의 교착 상태를 피하기 위해 《탈무드》에서는 일부러 어떤 법정도 재판관을 짝수로 두지 않도록 했다. 법률에 관해 다룬 책의 초반부(바빌로니아 탈무드 산헤드린 편, p. 2a)에서는 사소한 금전 청구 소송부터 사형 사건에 이르기까지 거의 서른여섯 가지 유형의 다양한 법정 소송을 간략하게 설명하고 있는데, 3명에서 71명까지의 재판관으로 구성된 법정에서 그 사건들을 재판했다. 《탈무드》는 각 법정을 모두 홀수의 재판관으로 구성해야 한다고 적시한다.

창업자는 이런 작업을 더욱 효과적으로 하는 방법을 배우지만, 이사회 규모가 커질수록 그것을 관리하는 과제 또한 계속 늘어난다. 오컴 테크놀로지의 짐 트라이언디플로는 큰 규모의 이사회를 갖는 위험에 관해 "이사진을 관리하느라 시간을 다 쓰게 됩니다"[49]라고 말했다. 연쇄 창업자 푸르칸 나지리(Furqan Nazeeri)는 설립한 지 얼마 안 된 기업의 이사회에 관해 이렇게 말했다. "나는 초기 단계(1차 펀딩 라운드)에 있는 회사에는 다섯 의석으로 구성된 이사회가 너무 크다는 것을 깨달았습니다. CEO는 이사회를 관리하느라 같은 규모의 팀을 관리하는 것과 같은 시간을 쓸 테니까요. 게다가 회사가 성장하면서 이사회 위원, 특히 벤처 캐피털을 해임하기란 매우 힘들지요. 벤처 캐피털의 지원을 받는 회사 중 다섯 의석을 가진 이사회로 출발했다가 2차 펀딩 라운드나 이후 단계에 6명, 심지어 7명으로 몸집이 커지는 예가 드물지 않습니다. 이런 이사회는 한마디로 너무 크고 부담스럽습니다."

링스 솔루션도 이런 문제를 경험했다. 새로운 펀딩 라운드를 진행하는 동안 링스의 이사회는 투자자 4명, 창업자 4명으로 덩치가 커졌다. 창업자는 새로운 투자자를 포함해 이사회를 키우는 데 반대하고, 대신 자리를 다섯 의석으로 축소했다. 창업자 제임스 밀모는 이때 일을 다음과 같이 회상했다. "이사회를 축소하지 않으면 작은 회사에 GM에나 알맞은 규모의 이사회가 생길 겁니다. ······어쨌거나 경영진은 이미 이사회에서 소수 집단이고 그 점은 변하지 않지요. ······이사회를 〔5명으로 축소하면〕 확대할 여지기 생깁니다. 이사진에 벤처 캐피털과 경영진만 있는 게 마이너리그처럼 느껴졌습니다. 벤처 캐피털의 지원을 받고 진지하게 사업을 추진하는 기업이라면 가치를 더할 저명한 외부인을 영입할 겁니다. 이것도 내가 이사회를 축소한 한 가지 이유였습니다. 외부에서 누군가를 영입할 수 있는 여지를 남겨둔 거죠."[50]

이사회의 형식화가 미치는 영향

이사회 전체가 함께 결정을 내리더라도 창업자나 내부 경영진인 이사가 큰 영향을 미칠 수 있다. 그러나 신생 기업이 성장하면서 형식화가 강화되는 것처럼 이사회 역시 성장하면서 더욱 형식화된다. 특히 이사회는 일반적으로 위원회 구조를 채택해 이사들이 특정 문제에 결정을 내리는 특별위원회에 소속되어 활동한다. 예를 들어, 보상위원회는 경영진의 보상 방법을 정하고(혹은 변경을 추천하고) 감사위원회는 신생 기업의 실적, 회계, 과세 자료를 모니터링하는 책임을 질 수 있다. 이런 위원회는 종종 적절한 경험이나 전문 기술을 보유한 사외 이사들로 구성되며, 일부 위원회(예를 들면, 경영진의 보상 방안을 추천하는 보상위원회)는 창업자가 아직 경영진에 있더라도 위원회에서 제외해 창업자와 내부 경영진이 그런 결정에 미치는 영향력을 줄일 수 있다. 필자의 데이터베이스에 따르면, 1차 펀딩 라운드 후 이사회의 30퍼센트가 공식적인 보상위원회를 만든 것으로 나타났고, 21퍼센트가 공식적인 감사위원회를 조직했다. 이 비율은 꾸준히 상승해 5차 펀딩 라운드에서는 42퍼센트의 이사회에 보상위원회가, 34퍼센트에 감사위원회가 있었다.

지배력 확보를 위한 단계적 투자

이사회 장악은 벤처 캐피털이 의사 결정에서 지배력을 얻는 가장 직접적인 방법이다. 이보다 덜 직접적이지만 효과적인 방법은 '단계적'으로 투자하는 것이다. 즉 신생 기업에 필요한 자금 전부를 선행 투자하는 것이 아니라 조금씩 순차적으로 투자한다. 벤처 캐피털은 신생 기업이 성장하기 위해 또는 단순히 운영을 계속하기 위해 자금이 필요할 때 자신들이 가장 큰 영향력을 발휘하리라는 것을 안다.

벤처 캐피털이 첫 펀딩 라운드 이전에 실사를 하면 투자 동의를 하기에 앞서 해결하고 싶은 위험 요소가 드러날 수 있다. 따라서 벤처 캐피털은 초기 투자 조건으로 이런 요소의 변경을 요구한다. 이후의 각 펀딩 라운드 역시 벤처 캐피털에는 신생 기업에 지배력을 행사하는 중요한 방편이 된다. 벤처 캐피털은 각각의 새 펀딩 라운드를 시작하기 전에 신생 기업의 전망을 재평가하고 다음 라운드에 재투자할 것인지, 새로운 요구를 한 뒤 재투자할 것인지, 혹은 투자를 그만둘 것인지 결정한다. 재투자를 결정하면 신생 기업이 다음의 주요 단계별 목표를 달성하도록 충분한 자금을 제공하려 노력할 것이다. 벤처 캐피털은 이러한 '단계적' 투자를 하면 필요한 자본 전부를 선행 투자하지 않아도 되므로 신생 기업의 전망에 관해 더 자세히 파악하고 위험(그리고 잠재적인 대리인 문제)을 줄일 수 있다.[51]

신생 기업과 투자자가 내려야 하는 중요한 결정 중 하나는 펀딩 라운드 간격이다. 필자의 데이터베이스에 있는 기술 벤처 기업은 펀딩 라운드의 간격이 평균 15개월이고 생명과학 벤처 기업은 17개월이었다.■ 투자자 입장에서, 폴 곰퍼스(Paul Gompers) 교수는 신생 기업에 유형 자산 비율이 높으면 벤처 캐피털이 펀딩 라운드 사이의 간격을 더 많이 두려

■ 펀딩 라운드 사이의 간격은 신생 기업의 성장 단계 전체에 걸쳐 매우 일관적이었다. 기술 신생 기업에서는 1차 라운드와 2차 라운드 사이 간격이 15개월, 2차 라운드와 3차 라운드는 16개월, 3차 라운드와 4차 라운드는 16개월, 4차 라운드와 5차 라운드는 14개월이었다. 생명과학 신생 기업에서는 각각 17개월, 17개월, 15개월, 16개월로 나타났다.

한다고 밝혔다. 그런 신생 기업은 대리인 비용이 낮고 정보와 관련한 문제가 적기 때문에 벤처 캐피털이 더 오랜 기간 투자할 수 있다. 반면, 신생 기업이 연구 개발 중심이고 무형 자산에 의존하면 펀딩 라운드 사이의 간격을 좁힌다. 그런 신생 기업은 대리인 비용이 많이 들고 정보 관련 문제가 한층 많기 때문이다. 신생 기업 입장에서, 빌 살먼 교수는 기업가들이 펀딩 라운드를 하기까지 얼마나 오래 기다리는지는 부분적으로 두려움과 욕심 사이의 균형에 의해 결정된다고 지적한다. 즉 현금이 바닥나 문을 닫아야 하는 사태에 대한 두려움과 사업을 더욱 진전시켜 기업의 가치를 높일 때까지 기다렸다가 더 높은 지분을 유지하고 싶은 욕심 사이의 균형에 따라 결정된다. 흥미롭게도 창업자들은 기업가가 풍부한 자산이 없을 때의 '단련 효과'를 얼마나 중시하는지 그리고 신생 기업이 너무 많은 자본을 모았을 때 생길 수 있는 나쁜 습관에 대한 두려움이 어느 정도인지도 그런 결정에 영향을 미친다고 지적한다.

다양한 선택권: 투자자와 관련한 부와 지배력의 상충 관계

창업자들 앞에는 뚜렷한 상충 관계를 드러낼 수 있는 광범위한 투자자 선택권이 놓여 있다. 각 선택에 따라 창업자가 할 수 있는 일과 빠질 수 있는 위험이 크게 달라지며, 아마 이 책에서 앞서 검토한 딜레마들보다 더욱 그러할 것이다. 예를 들어, 전문 투자자의 투자를 거부하면 창업자가 이사회와 주요 결정을 계속 지배할 수 있지만 신생 기업의 인적 자본, 사회적 자본, 금융 자본의 허점을 채우지 못해 더 나은 제품이나 서비스를 시장에 신속하게 내놓기가 더욱 어려워진다. 반면, 외부 투자자에게서 자금을 받으면 창업자가 기업의 가치를 높이는 데 필요한 자원을 활용할 수 있지만, 지배력이 위태로워지는 대가가 따른다.

예를 들어, 오컴 테크놀로지가 자금만 투자하는 비공식적 에인절 투자자와 지역의 상위 벤처 캐피털 중 어디에서 자금을 조달할지 선택해야 했을 때, 창업자 짐 트라이언디플로는 각 선택권의 장점과 함정을 주의 깊게 평가해야 했다. 텍사스의 에인절 투자자들은 더 많은 돈(1000만 달러)을 투자하면서도 요구하는 총 지분이 낮았다. 또 회사의 일상적 관리에 참여하지 않겠다고 약속했다. 그들은 아마 소규모 이사회에 대표자 한 명만을 두는 조건도 받아들였을 것이다. 에인절 투자자의 결점은 산업과 신생 기업에 관한 지식이 전혀 없다는 것이었다. 오컴의 창업자들이 에인절 투자자에게서 자금을 받았다면 완전히 혼자 힘으로 난관을 헤쳐 나가야 했을 것이다.

반면, 그 지역에서 가장 명성이 높은 벤처 캐피털 중 하나인 노로-모즐리(Noro-Moseley)는 제시한 투자 금액이 200만 달러에 불과하고 잔여재산배분우선권을 원했다. 그리고 오컴의 기업 가치를 더 낮게 평가한 데다 다섯 의석으로 구성된 이사회를 만들되 그중 창업자는 두 의석만 차지하라고 요구했다(한 자리는 사외 이사 몫). 트라이언디플로는 이사회에 대한 지배권을 잃고 싶지 않았다. 하지만 노로는 능력을 입증받은 업체였으며, 오컴이 속한 산업에 관해 직접적인 경험을 보유한 파트너들도 있었다. 게다가 설립한 지 얼마 안 된 신생 기업 오컴이 최상의 직원을 채용하고 자사의 소프트웨어를 IBM 같은 고객에게 파는 데 필요한 신뢰성을 얻을 수도 있었다.

창업을 처음 경험한 트라이언디플로는 자신과 공동 창업자들이 내린 선택을 이렇게 설명했다. "우리는 텍사스의 에인절 투자자들이 제공할

1000만 달러가 다는 아니라고 판단했습니다. 예기치 못한 상황이 벌어지면 텍사스 사람들은 달아날 수 있었지요. 하지만 노로에는 이것이 자기 일이었습니다. 노로가 제시한 거래 조건은 끌리지 않았지만, 우리는 가능한 한 가장 똑똑한 최상의 사람들을 얻고 싶었고 지분에 대한 우리의 '망상'에 흔들리지 않았습니다." 첫 창업을 하는 사람이 직면한 불확실성을 감안할 때, 현금이 바닥날지도 모른다는 두려움이 높은 지분에 대한 '욕심'을 누른 것이다.

11장에서 살펴보겠지만, 창업자마다 자신의 핵심 동기에 따라 투자자와 관련해 매우 다른 선택을 해야 한다. 또 각 유형의 투자자에 관해 구체적인 투자 조건에서도 매우 다른 선택을 해야 한다. 예를 들어, 앞서 이사회 구성이 신생 기업의 지배력에 얼마나 영향을 미치는지 중점적으로 살펴보았지만, 신생 기업에 대한 지배력 유지에 특히 관심이 많은 창업자는 추가적인 의결권이나 신생 기업의 매각 권한을 누구에게 줄 것인지 결정하는 '동반 매각권'을 투자자에게 부여하는 보호 조항에 강경하게 반대해야 한다. 지배력과 관련한 이런 조건을 우선순위에 놓으면 창업자가 신생 기업의 '왕'으로 남을 가능성이 높아질 것이다. 지배력 권한보다 경제적 가치를 최대화하는 데 관심이 많은 창업자라면 위에서 나열한 조항들을 기꺼이 받아들이고, 대신 다양한 회수 시나리오에 따라 자신의 전체 지분을 최대한 올릴 수 있도록 싸움으로써 부자가 될 가능성을 높여야 한다. 아울러 위에서 설명한 잔여재산배분우선권과 더불어 투자자에 대한 희석화 방지 보호 조항(이후의 다운 라운드에서 투자자의 지분을 보호한다) 그리고 투자자가 축적할 수 있는 배당금 같은 부차적인 조건을 최소화하도록 싸워야 한다. 예를 들어, 오컴에서 노로-모즐리는 신생 기업이 다른 주주에게 배당금을 지급하기 전에 연간 소

득의 18퍼센트를 '미지급 배당금'으로 묶어놓길 원했다.[52]

맺음말

투자자를 선정할 때는 (a) 외부 자본을 받으면 신생 기업에 대한 지배력을 유지 못할 수 있고, (b) 어떤 투자 결정을 하느냐에 따라 창업자의 타고난 성향 때문에 곤란에 빠질 수 있으므로 각별히 주의해야 한다. '서명하기' 전에 창업자는 외부 자본을 받을 때의 파급 효과를 이해하고 자신의 낙관주의를 경계해야 한다. 또한 가능할 때마다 협상에서 힘을 발휘할 수단으로 자신을 무장해야 한다.

외부 자본을 받을 때의 주요 파급 효과 중 하나는 투자자가 자신들의 투자를 보호하고 주요 결정에 대한 지배력을 얻기 위한 목적으로 신생 기업에 대한 창업자의 지배력을 위태롭게 할 경우 나타난다. 경제적 이익이 동기인 창업자는 벤처 캐피털이 신생 기업에 가치를 더해주리라 확신할 경우 대개 어느 정도의 지배력을 벤처 캐피털에 쉽게 넘긴다. 하지만 외부 투자와 지배력이라는 동기가 양립하지 못해 외부 자금 조달을 주저하는 창업자 또한 있다. 혹은 외부 자금이 꼭 필요할 때, 가능한 한 최대의 지배력을 얻기 위한 조건을 마련하기 위해 노력할 수도 있다.[53] 투자자는 보통 창업자의 동기가 경제적 이익인 신생 기업에 더 끌리고 지배력이 동기인 창업자보다 그들과 더욱 효과적으로 제휴할 것이다. 따라서 정말로 외부 투자를 원하는 (그리고 외부 투자의 파급 효과를 이해하는) 창업자는 자신이 잠재 투자자들에게 '경제적 이익이 동기가 되었다는' 신호를 적절하게 보내고 있는지 확인해야 한다.▪

초기에 투자자의 자금을 받을 때 창업자의 타고난 낙관주의 역시 장기적인 문제를 일으킬 수 있다. 자신이 설립한 신생 기업이 크게 성장하리라 믿고 일반적인 투자 조건(예를 들어, 투자자에게 잔여재산배분우선권 부여)에 동의한 창업자는 중간 정도의 수익에 대한 권리를 포기한 셈이다. 하지만 신생 기업은 크게 성공하는 것보다 중간 정도의 성장에 그칠 가능성이 훨씬 많다. 예를 들어, 링스 솔루션 창업 팀은 1차 펀딩 라운드에서 잔여재산배분우선권에 동의했는데, 세 라운드를 거친 뒤 합병 제안을 검토할 때 문제가 발생했다. 합병 규모가 누적 잔여재산배분우선권보다 낮아 창업자들이 몇 년 동안의 고생에 대한 경제적 보상을 전혀 받지 못하게 되었기 때문이다. 낙관적인 창업자는 자신의 신생 기업이 크게 성장할 게 분명하므로 절대 그런 조건이 적용되지 않으리라 가정하는 대신 처음부터 소규모 회수 시나리오를 진지하게 검토하고, 소규모 회수에서 얻게 될 이익을 정말로 포기할 의사가 있는지 숙고해야 한다.▪▪

- 경제적 이익이 동기인 창업자(예를 들어, 자기 대신 더 나은 CEO가 들어오는 것을 잘 받아들이는 사람)와 지배력이 동기인 창업자(예를 들어, 신생 기업에 대한 자신의 지배력이 공고해질 수 없다면 필요한 외부 자본을 받아들이는 걸 꺼리는 사람)는 투자 의향서와 투자 거래서를 각각 다르게 작성해야 한다. 아데오 레시(Adeo Ressi)가 운영하는 창업자 관련 유력 웹사이트 더펀디드닷컴(TheFunded.com)은 전국벤처캐피털협회(National Venture Capital Association)가 작성한 투자 의향서를 보완해 '창업자에게 우호적인' 투자 의향서 모델을 만들었다. 창업자와 투자자는 이 모델을 이용해 지배력과 부의 상충 관계에서 창업자가 어디에 속하는지와 그렇게 다른 동기가 투자자의 동기와 어떻게 연계되는지 인식함으로써 일련의 일관된 선택을 내릴 수 있다.
- ▪▪ 투자자는 창업자가 무엇을 해야 할지 이성적으로 결정하기보다 타고난 인간적 성향에 따를 때 나타나는 불행한 결정을 일부 피하는 데 도움을 줄 수 있다. 예를 들어, 4장에서 검토한 것처럼 창업자는 흔히 친구나 가족과 함께 회사를 설립하지만 (타고난 성향에 따른 선택) 창업 팀이 분열하지 않도록 (그래서 창업자의 소중한 관계를 잃지 않도록) 방어벽을 만들지 못한다. 마찬가지로 6장에서 검토한 것처

투자자를 다루는 것은 특히 신참 기업가에게 벅찬 일일 수 있지만, 창업자가 영향력을 얻기 위해 이용할 만한 몇 가지 전략이 있다. 짐 트라이언디플로는 자신의 신생 기업이 탄탄한 제품과 현금 흐름, 고객 계약을 갖출 때까지 의도적으로 기다렸다가 벤처 캐피털에 접근했다. 그는 이런 전략을 쓰면 기업 가치를 더 높게 평가받으리라 생각했는데, 그 판단은 옳았다. 또한 트라이언디플로는 한 벤처 캐피털하고만 일하는 것을 피했다. 한 벤처 캐피털이 이사회에 두 의석을 보유하고 의사 결정에 지배력을 미치는 것을 방지하기 위해서였다. 대신 첫 번째 펀딩 라운드를 두 벤처 캐피털로 나누어 진행해 각 벤처 캐피털이 이사회에서 한 의석씩 차지하게끔 했다. 트라이언디플로는 이렇게 말했다. "같은 회사에서 2명이 참여하면 의사 결정을 독점할 수 있습니다. 따라서 한 사람이나 한 집단에 지배력을 주지 않는 것이 중요합니다. 내가 이사회에서 지배력을 갖는 것보다 다른 누군가가 지배력을 갖지 않도록 하는 것이 더 중요하지요."

피드버너의 딕 코스톨로에게 벤처 캐피털과의 협상에서 영향력을 발휘하는 것은 매력적인 대안을 확보한다는 의미였다. 1차 펀딩 라운드 때 코스톨로는 여러 다른 벤처 캐피털로부터 경쟁적인 투자 의향서를 받아 협상에서 힘을 얻었다. 또 다른 라운드에서는 야후와 구글에서 합병 제안을 받을 때까지 벤처 캐피털에 접근하는 것을 미루었다. "잠재 인수자를 개입시키면 잠재 투자자들과의 역학 관계가 변합니다. 인수

럼 정적인 지분 합의가 팀과 신생 기업에 해를 끼칠 수 있음에도 창업자의 타고난 인간적 성향 때문에 동적인 지분 합의를 하지 못한다. 투자자는 그런 실수를 피하기 위해 창의적인 장려책을 제시할 수 있다. 예를 들어, 구체적인 방어벽 시행이나 동적인 합의를 투자 조건으로 내걸 수 있다.

자가 바보 같은 제안으로 우리 시간을 낭비하지 않고 벤처 캐피털과는 까다로운 조건을 놓고 줄다리기를 많이 하지 않게끔 해주지요." 또한 코스톨로는 반드시 현금이 바닥나기 훨씬 전에 벤처 캐피털과 협상했다. "우리가 마지막 순간까지 협상을 미루면, 벤처 캐피털은 우리에게 돈이 바닥나 자신들이 제시한 투자 의향서에 서명하고 조건들에 합의할 수밖에 없음을 알게 될 때까지 몇 주일 동안 팔짱만 낀 채 앉아 있을 겁니다."

앞에서 살펴봤듯 핵심 창업자는 대개 가능한 한 가장 가치 있는 신생 기업을 만드는 데 필요한 기술, 연고, 경제적 자원이 부족하다. 이들은 자신을 보완할 공동 창업자를 영입하거나 창업에 관여하지 않은 능력 있는 사람을 고용해 이런 부족한 점을 상쇄할 수 있다. 세 번째 가능성은 팀에 투자자를 영입하는 것이다. 하지만 창업자는 먼저 투자자 영입이 자기 자신, 신생 기업 그리고 이사회에 미치는 (종종 숨겨진) 영향에 관해 주의 깊게 생각해야 한다.

창업자 겸 CEO에게 이사회에 대한 지배력 상실은 신생 기업의 주요 결정에 대한 지배력 상실로 나아가는 첫걸음이며, 이로 인해 결국 신생 기업에서 가장 중요한 변곡점 중 하나가 발생할 수 있다. 바로 창업자 겸 CEO가 비창업자 CEO로 교체되는 것이다. 다음 장에서는 이 변곡점에 대해 다룰 예정이다.

실패와 성공
그리고 창업자 겸 CEO의 직위 승계

지금까지 우리는 경력 초기와 후기 중 언제 창업할지, 1인으로 창업할지, 창업 팀을 만들지 문제부터 채용과 투자자 유치와 관련한 선택까지 창업자가 아주 일찌감치 내려야 하는 결정들에 대해 살펴보았다. 또한 에번 윌리엄스를 비롯한 많은 기업가의 경험을 통해 창업자들이 저지를 만한 실수에 대해서도 많은 것을 알아보았다. 이번 장에서는 이러한 초기 결정이 영향을 미친 가장 중요한 결과 중 하나를 살펴보겠다. 이 결과는 또한 신생 기업과 창업자에게 가장 중요한 단계 중 하나이기도 하다. 바로 창업자 겸 CEO가 다른 CEO로 교체되는 단계다. 앞으로 살펴볼 것처럼 에번 윌리엄스 같은 일부 창업자는 승계 작업을 조율할 수 있었지만, 다른 많은 창업자에게 승계는 충격으로 다가온다.

우리가 살펴본 일부 창업자와 달리 루 서니는 초기에 일어날 만한 많은 함정을 피했고 경력의 아주 초기에 성공적인 신생 기업을 만들어 성장시킬 수 있는 선택을 했다. 서니는 다트머스 대학에서 컴퓨터공학 학위를 취득한 후 애플 컴퓨터에 입사해 기술적인 부분을 더 배웠다. 그리고 애플에서 맡은 핵심 업무를 수행하며 자바 기반 기업 시스템 진단 도구라는 아이디어를 떠올리고 첨단 기술 신생 기업을 만들기로 계획을 세웠다. 그는 기술과 경영, 두 부분에서 더 많은 경험을 쌓기로 마음먹고 신생 IT 업체인 허밍버드(Hummingbird)에서 2년간 일하며 신생 기업에 관한 내부인의 시각을 익혔다. "신생 기업의 창업자나 초기 직원이 되는 법에 대해 알고 싶었습니다. 애플에서는 좁은 분야에 집중된 일을 했는데, 이제는 폭넓은 부분을 익히고 싶었죠. ……신생 기업을 시작한 동기 중 하나는 기술자가 아니라 사업가로 성공해 전문적으로 성장하고 싶어서였습니다." 허밍버드에서 서니는 사업 경험이 있는 한 사람에게서 자신의 아이디어를 연마하고 채용과 자금 조달 문제를 이해하는 데 도움을 받았다.

서니는 단독 비행을 하기로 결정하고 에인젤 투자자들에게서 10만 달러를 모아 혼자 와일리 테크놀로지를 창업했다. 서니는 처음부터 신생 기업에 열정적으로 매달려 와일리를 위해 희생했다. 꼬박 1년 동안 혼자 지독하게 일해서 자바 기반 기술을 개발한 서니는 자신의 아이디어를 설명한 백서를 만들어 IBM에 보냈고, 그 결과 IBM이 와일리의 첫 고객이 되었다. 그러자 서니는 기술과 기술 외의 업무를 처리할 '제너럴리스트'를 채용했고, 자신은 제품과 관련한 작업을 계속했다. 초기 이사회 위원들(에인젤 투자자들)이 새 직원에게 지분을 주는 데 능장을 부리자 서니는 자기 지분 중 일부를 잘라냈다. 요컨대 나머지 주주들의 지분을 희석하는 대신 자기 지분 중 일부를 직원에게 양도한 것이다. 서니가 추구한 원칙은 "당신의 지분 희석을 걱정하지 말고 와일리를 걱정하라"였다.

서니는 계속해서 제품과 사업 계획을 개선해나갔으며 영업차 고객을 방문할 때 입을 양복을 처음으로 구매하면서, 본격적인 제품 개발을 하기 위해서는 더 많은 자금을 모아야 한다는 것을 깨달았다. 그리고 자신이 보유한 기술의 강점과 제품의 비전을 바탕으로 외부 투자자들에게서 200만 달러를 조달했다. 그런 뒤 애플에서 함께 일했던 동료 한 명을 채용해 과학 분야의 책임자 역할을 맡겼다. "기술직 출신 창업자에게는 아주 힘든 결정이었지요." 하지만 제품의 새로운 비전을 추진하는 데 새로운 리더가 도움을 주었다. 서니는 핵심 인물들을 더 채용해 CEO인 자신보다 더 많은 보수를 지급했다.

서니는 벤처 캐피털의 도움과 지도를 받아 와일리를 계속 성장시켰고, 신생 기업은 초기의 단계별 목표를 전부 충족하거나 초과 달성했다. 서니가 특히 흥분한 것은 회사가 새 버전의 제품을 출시하고 새로운 펀딩 라운드에 관한 협상을 시작할 때였다. 그러나 투자자들이 새로운 펀딩 라운드 조건으로 서니에게 CEO 자리에서 물러나라고 요구했을 때 흥분은 곧 충격으로 바뀌었다. "그 후로는 정말 힘들었습니다. '내가 어디서 일을 그르친 걸까, 내가 뭘 그리 잘못한 걸까?'라는 생각밖에 들지 않았죠." 급기야 후임 CEO로 물망에 오른 리처드 윌리엄스(Richard Williams)는 서니가 이사회 의장까지 포기하지 않으면 CEO 자리를 맡지 않겠다고 했다. 이 시점에서 서니는 중요한 딜레마에 부딪혔다. 와일리의 가치를 높여줄 전문가의 채용을 거부할 것인가, 아니면 그를 채용하고 자신은 마치 외동자식처럼 키웠던 신생 기업에서 완전히 열외로 밀려날 것이냐는 딜레마였다.

그렇게 성공적인 기업에서 어떻게 이런 일이 일어난 것일까? CEO 교체 움직임은 와일리의 세 번째 투자 라운드에서 나타났다. 도표 10.1을

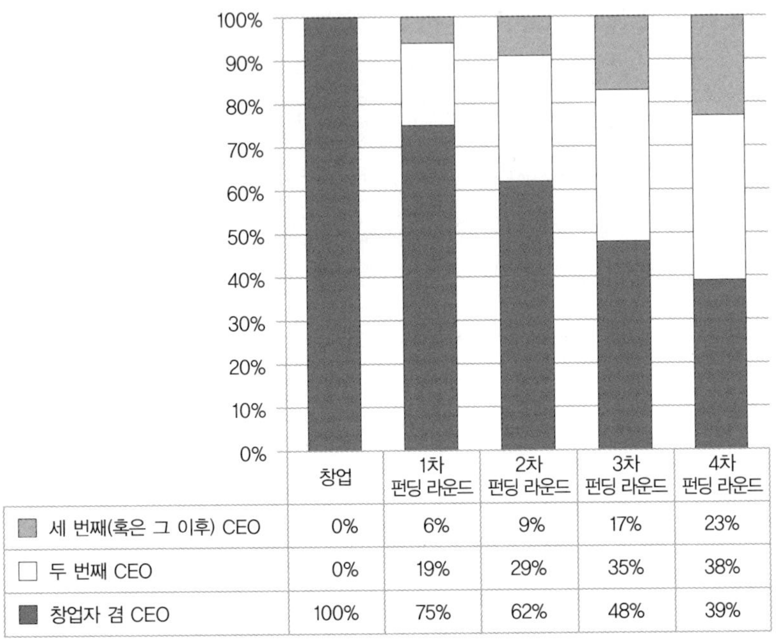

	창업	1차 펀딩 라운드	2차 펀딩 라운드	3차 펀딩 라운드	4차 펀딩 라운드
세 번째(혹은 그 이후) CEO	0%	6%	9%	17%	23%
두 번째 CEO	0%	19%	29%	35%	38%
창업자 겸 CEO	100%	75%	62%	48%	39%

보면 세 번째 펀딩 라운드를 진행할 무렵에는 절반 이상의 신생 기업이 창업자 겸 CEO를 교체했음을 알 수 있다. 실제로 그중 17퍼센트는 이미 한 번 이상 CEO를 교체했다. 그렇다면 이유가 뭘까? CEO 스스로의 선택에 의한 교체와 강요에 따른 교체의 비율은 어느 정도일까? 퇴임한 창업자에게는 어떤 일이 일어났을까? 이런 질문과 그 밖의 관련 질문들은 신생 기업의 성장에서 가장 중요한 변곡점 중 하나, 곧 창업자 겸 CEO가 (창업에 관어하지 않은) '전문' CEO로 교체되는 문제의 중심을 이룬다.

이 책에서 우리는 창업자가 여전히 CEO를 맡고 있는 신생 기업을 중점적으로 다루었다. 그러나 신생 기업의 첫 번째 CEO 교체는 특히 힘들 뿐더러 충돌이 일어나는 단계다. 창업자 겸 CEO의 직위 승계를 자세히

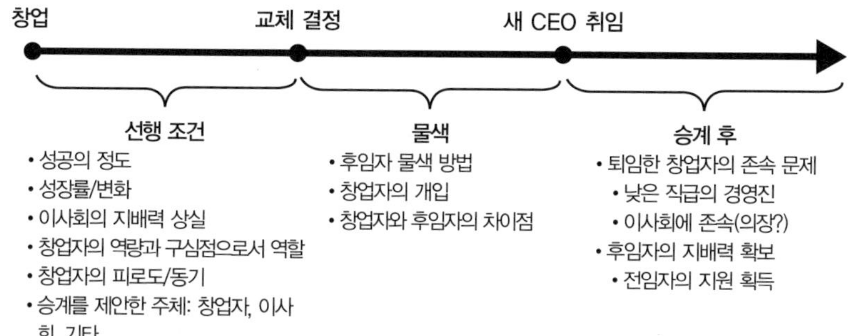

살펴보기 위해 우리는 승계의 선행 조건, 역학 관계, 여파에 관한 대규모 자료를 검토하고 몇몇 창업자 겸 CEO와 이들을 대체한 전문 CEO의 사례를 검토할 예정이다. 그리고 서니 같은 성공적인 창업자 겸 CEO가 CEO 자리에서 해임된 이유를 분석하고 교체 과정을 상세히 분석할 것이다. 또한 창업자 겸 CEO가 신생 기업에서 계속 적극적으로 활동해야 하는지도 살펴보겠다. 도표 10.2는 창업자 겸 CEO의 직위 승계에서 가장 중요한 단계와 각 단계에 영향을 미치는 요인을 보여준다.

우리는 지배력이 동기인 창업자가 경제적 이익이 동기인 창업자와 차이를 나타내는 많은 결정을 살펴보았다. 이러한 차이는 창업자 겸 CEO의 직위 승계 과정에서 가장 뚜렷하게 나타나며 누가 승계를 제안할지, 새 CEO는 어떻게 찾을지 그리고 CEO 자리에서 물러난 창업자는 신생 기업에서 어떤 역할을 할지에 영향을 미친다.

변화를 일으키는 주체

창업자 겸 CEO의 직위 승계는 창업자 겸 CEO나 이사회(CEO를 선정하고 관리하는 공식적인 책임을 갖는다) 혹은 그 밖의 이사회에 참여하지 않는 투자자 등의 다른 관계자들이 제안할 수 있다. 필자의 데이터베이스에 따르면, 창업자가 CEO 교체를 제안한 사례는 상대적으로 드물어 27퍼센트에 불과했다.[1] 가장 큰 비율(73퍼센트)을 차지한 쪽은 이사회나 또 다른 관계자였다.■ 그리고 이사회가 승계를 제안한 사례가 일반적으로 승계 과정에서 가장 긴장이 높았다. 종종 창업자 겸 CEO가 교체를 거부해 신생 기업의 위험을 높이기 때문이다. 여기서는 가장 순조롭게 진행된 승계 유형(창업자가 자발적으로 승계를 제안한 경우)을 살펴본 뒤, 이사회가 제안한 승계의 두 유형을 검토해보자. 하나는 이사회가 실적이 저조한 창업자 겸 CEO를 해고하는 사례이고, 다른 하나는 이사회가 실적이 좋은 창업자 겸 CEO를 교체하는 사례이다. 후자의 예에서 우리는 기업가 성공의 역설에 부딪힌다.

자발적 승계

자발적 승계는 창업자 겸 CEO가 새 CEO에게 자리를 내주기로 결심하

■ 전체적으로 승계 작업의 62퍼센트는 이사회에 의해 시작되었고 이사회에 속하지 않은 투자자, 최근에 채용한 경영진이나 CEO가 아닌 공동 창업자 등 다른 관계자가 승계를 촉발한 사례는 11퍼센트를 차지했다. 여기서 창업자 겸 CEO를 해고하려다 성공하지 못한 사례는 제외했다는 점에 주의해야 한다. 현장 연구에 따르면, 그런 시도는 드문 일이 아니지만 그것이 얼마나 자주 이루어지는지 혹은 창업자 겸 CEO가 어떻게 살아남았는지는 아직 체계적으로 정리되지 않았다.

는 것을 말한다. 이때 새 CEO는 거의 항상 외부에서 영입된다. 이럴 때 아마도 가장 힘들이지 않고 승계가 이루어지겠지만, 창업자와 신생 기업 간의 단단한 애착과 창업자가 일반적으로 자기 능력에 대해 갖는 높은 자신감을 고려하면 자신이 세운 기업의 리더 자리를 기꺼이 포기하는 창업자는 드물다. 루 서니는 "리처드(전문 CEO)가 들어오기 전까지 나는 와일리가 내 회사라고 느꼈습니다. '루의 회사'라고 생각했죠"라고 말했다. 이런 창업자에게 신생 기업의 고삐를 자발적으로 넘겨주는 것은 태어날 때부터 자신이 키운 아이를 스스로 입양 보내는 것만큼 상상하기 어려운 일이다.

자발적으로 승계를 원하는 창업자는 자기 자신에 대해 잘 알고 CEO 자리가 요구하는 것이 자기 능력을 넘어선다고 확신한 사람들일 수 있다.■ 아니면 기복이 심한 데다 일주일에 7일을 꼬박 일해야 하는 기업가 생활에 지쳤을 수도 있다. 어떤 경우든 창업자는 자신이 신생 기업의 가치에 나쁜 영향을 미치리라는 것을 알아차리기 시작한다. 트랜센티브 (Transcentive)의 창업자 겸 CEO였던 마이크 브로디(Mike Brody)가 후임자인 레스 트래치트먼(Les Trachtman)에게 퇴임 의사를 밝혔을 때 그는 14년 넘게 CEO 생활을 하고 있었다. 그러던 중 트래치트먼의 설명처럼 "나이를 조금씩 더 먹을수록 조금씩 더 피곤해졌고" 회사를 더 효과적으로 이끌 전문 CEO에게 트랜센티브를 넘겨줘야겠다는 생각에 이끌렸다.

주된 동기가 경제적 이익인 창업자는 대개 신생 기업의 가치(따라서 자

■ 때때로 이런 자각은 CEO 포럼의 정기 회의에 참석하거나 공정하고 신뢰 있는 조언자 역할을 하는 외부 'CEO 코치'와 일하면서 높아진다. 또한 포럼에 참석하면 딕 코스톨로가 "모래시계의 중심에 홀로 서 있는 것"이라고 표현했던 CEO로서의 외로움을 덜 수 있다.

신들이 보유한 지분의 가치)에 나쁜 영향을 미친다고 생각할 경우 더 빨리 CEO 자리에서 물러난다. 반면, 지배력이 동기인 창업자는 CEO 자리를 놓고 싸울 가능성이 많고, 결국 이사회가 CEO 교체를 제안한다. 앞으로 살펴보겠지만, 이사회가 CEO 교체를 시작할 때까지 기다리면 승계 후 창업자의 역할에 중요한 영향을 미칠 수 있다. 요컨대 승계 작업에 어느 정도 통제력을 유지하는 창업자가 종종 더 나은 처지에 놓인다. 예를 들어, 크랜센티브의 마이크 브로디가 이사회 의장이라는 위치를 유지할 수 있었던 것은 자신의 직위 승계에 적극적인 역할을 한 덕분이었다.

실패 때문에 해고될 때

이사회는 창업자 겸 CEO가 지휘하는 신생 기업이 저조한 실적을 올리고 새 CEO가 더 일을 잘할 수 있다고 믿으면 CEO 승계를 시작할 수 있다.[2] (이런 상황은 실적이 저조하거나 기대치를 충족하는 데 실패하면 거의 어김없이 CEO를 해고하는 대기업에서 전형적으로 볼 수 있다.) 벤처 투자가 팀 코너스는 "신생 기업의 이사회는 CEO가 자금을 조달하고 팀을 채용하고 또 재무 계획을 세우고 그것을 달성하기를 기대합니다. 이런 일을 잘하지 못하면 CEO를 교체할 것입니다"라고 말했다.

그러나 신생 기업의 실패는 대기업에서보다 판단하기 어렵다. 특히 신생 기업이 아직 제품 개발을 완료하지 않았을 때는 더욱 그러하다. 매출액이나 수익액도 없고 고객 확보도 시작하지 않았으며 그 밖에 시장 중심의 측정 기준조차 적용할 수 없다. 하지만 신생 기업에는 시스템의 주요 모듈 개발 완료나 경험 있는 마케팅 부사장 채용 같은 다양한 단계적 목표가 있어 이러한 목표를 이사회와 공유하고 그것을 달성하기 위해 적극 노력한다. 그러한 목표를 달성하지 못하거나 연이어 달성에 실패할 경우 이사회는 경영진, 특히 CEO가 단계 목표를 잘못 설정했거나 달성 시기를 부정확하게 예상했거나 혹은 목표를 이루는 데 부적합한 절차나 사람을 골라 일을 망쳤다는 결론을 내릴 수 있다. 예를 들어, 한 창업자 겸 CEO는 산업에 변화를 불러올 아이디어를 떠올리고 신생 기업 설립에 착수했다. 이어 프로토타입을 개발하고 두 번의 펀딩 라운드에서 200만 달러를 모았다. 그러나 1년 넘게 제품 출시 목표를 계속 놓친 후 투자자 들에 의해 해고되었고, 그 후임자가 회사를 다시 궤도에 올려놓았다.

기업가 성공의 역설

루 서니는 자발적으로 직위 승계를 추진하지 않았을뿐더러 실패한 CEO 또한 아니었다. 그는 CEO라는 역할을 즐겼고 자신에게 그 일을 할 능력 이 있다고 확신했다. 그리고 와일리는 의문의 여지가 없을 정도로 번창 했다. 어떤 측정 기준을 적용해도 서니는 CEO로서 대성공을 거두었다 고 할 수 있었다. 직원이 50명인 회사를 만들었고 제품 개발을 매우 성공 적으로 진행하며 회사를 이끌었다. 그 결과 와일리의 수익은 빠른 속도 로 상승해 흑자를 향해 가고 있었다. 서니는 제품 개발에 투자하고 인력 을 채용하기 위한 '로켓 연료'를 얻기 위해 두 번의 대규모 펀딩 라운드 로 일류 벤처 캐피털에서 자금을 조달했다. 로켓 연료 확보는 와일리의 성공에 필수적인 요소였을 뿐 아니라 성공에 대한 중요한 증명서였다. 벤처 캐피털 투자는 신생 기업의 성장을 인정하는 상징이자 신뢰성을 높이는 역할을 하기 때문이다.[3] 그레이록 벤처 파트너스(Greylock Venture Partners)라는 와일리의 한 투자 회사는 자사 웹사이트에 "기업은 '스타'

이고 그레이록은 '초대 손님'이라고 생각한다"고 언명했는데, 서니는 분명 자신이 스타 기업가라고 느낄 만한 자격이 있었다.

서니는 많은 창업자처럼 자기가 세운 신생 기업을 자신의 '아기'라고 불렀다. 그는 회사의 성장에 대한 자부심으로 가득 차 있었고 회사 운영의 중심에 선 자신의 위치를 즐겼다.

그렇다면 왜 이 아기 아버지는 '초대 손님'들에 의해 해고되었을까?

이렇게 창업자 겸 CEO의 교체를 불러오는 씨앗은 훨씬 더 일찍 뿌려진다. 필자가 보유한 자료와 현장 조사 결과를 정량분석해보니, 두 가지 유형의 성공(제품 개발과 자금 조달)이 중요하긴 해도 잘 인식할 수 없는 내부 변화를 일으키고 이러한 변화가 서니 같은 성공적인 창업자를 해고의 위험에 빠뜨린다는 사실이 밝혀졌다.[4]

제품 개발 성공

신생 기업 초기 단계에서 운영상의 주요 과제는 고객에게 팔릴 제품이나 서비스를 개발하는 것이다. 이를 위해서는 사양 정의, 구조 개발, 개발 과정에서 기술적 및 사회적 장애 극복, 제품과 서비스를 구성하는 (서로 다르지만 연결되는) 요소를 개발하는 각각의 작업 조율, 필요한 법적 승인 획득 등 수많은 복잡한 단계를 완수해야 한다. 이 단계에서는 프로젝트 팀 수준의 기술적 혹은 과학적 역량과 리더십이 중요하다. 빠르게 발전하는 자바 애플리케이션 세계에서 루 서니의 전문 기술은 와일리에 특히 중요했다. 본디 구상했던 클라이언트사이드(client-side) 제품이 예상했던 반응을 끌어내지 못하자 그는 곧 팀을 재편성해 성장세인 서버사이드(server-side) 물결을 잡고자 적시에 제품을 재설계했다. 서니처럼 사업과 관련한 기술적 혹은 과학적 배경을 보유한 창업자는 흔히 신생 기업의 제품 개발 단계에서 최상의 리더다. 이 단계에서 일어날 수 있는 기술적 문제와 과제를 해결하는 데 가장 적임자이기 때문이다.

그러나 일단 제품이나 서비스를 개발하고 판매 준비를 마치면 신생 기업은 훨씬 더 복잡해지고, CEO는 극적으로 다른 과제에 직면한다. 신생 기업은 더 이상 제품을 주로 개발하는 기술 팀이 아니라 영업, 마케팅, 고객 지원 같은 새로운 일들을 해야 한다. 영업차 고객을 방문하기 위해 처음으로 양복을 사야 했던 서니 같은 기술 분야 출신 창업자 겸 CEO는 이제 영업 사원을 채용해야 하고, 자신의 동기가 기술 전문가의 동기와 어떻게 다른지 이해해야 하며, 장려책과 보상을 어떻게 구성하는지도 알아야 한다. 초기의 기술적 과제에 능숙했던 창업자 중 매우 다른 이러한 과제에 똑같이 (혹은 충분하게) 능숙한 창업자는 거의 없다. 기술 팀을 관리하는 일과 CEO가 직접 경험해본 적 없는 직무끼리 상호작용하는 다양한 업무를 관리하는 일은 상당히 다른 문제다. 이 시점에서는 신생 기업의 재정과 측정 기준 역시 훨씬 더 복잡해져 창업자 겸 CEO가 거의 보유하지 못한 수준의 정교한 재무 지식이 필요하다.▪

▪ 일부 신생 기업은 나중에 주류 시장으로 진입하기 위한 '캐즘(chasm: 제품 출시 초기 소수의 혁신적 사용자에서 일반 대중이 사용하는 주류 시장으로 옮겨가는 과도기에 수요가 정체하거나 후퇴하는 단절 현상—옮긴이)을 뛰어넘기 위해' 노력할 때 고객과 중점 시장에서 두 번째 극적인 변화에 직면한다(Moore, 2002). 혁신적이거나 새로운 구조를 바탕으로 한 (혹은 양쪽 모두인) 제품을 개발하는 기업은 소수의 얼리 어댑터가 중심이 된 초기 시장에서 더 큰 주류 시장으로 옮겨가야 한다. 이런 기업들이 뛰어넘어야 할 캐즘에는 이렇게 다른 시장에서 활동하는 데 필요한 기술과 운영의 커다란 차이, 고객 선호의 커다란 차이, 여러 직무 분야가 관련된 그 밖의 핵심적인 문제가 포함된다. 캐즘을 뛰어넘는 과제는 전형적인 마케팅 문제로 여겨지지만, 신생 기업에 새로운 역량을 요구하기 때문에 종종 새로운 CEO가 필요하다. 틈을 뛰어넘는 과제는 단순한 마케팅 문제가 아니라 리더십과 운영-관리 문제로서 더욱 포괄적으로 보아야 한다.

제품 개발을 이끌다 여러 가지 직무로 구성된 신생 기업을 이끄는 일로 옮겨가면, 창업자의 기술뿐 아니라 가치 역시 (아마 훨씬 더 심하게) 도전받는다. 창업자 겸 CEO가 채용을 위해 주로 자신의 인맥에 의존하는 초창기에는(8장 참조) 이미 잘 알던 사람을 영입해 유대가 돈독한 문화를 만드는 경향이 있다. 서니는 누구를 채용하는지가 중요하다며 이렇게 말했다. "우리는 가족처럼 느끼는 문화를 만들기 위해 노력했거든요." 따라서 창업자 겸 CEO는 초기 직원들에게 강한 충성심을 보이는 경향이 있다. 이런 초기 직원들은 종종 신생 기업의 다음 성장 단계에 필요한 과제를 충족시키지 못하는 것으로 드러나지만, 충성심을 중시하고 정성 들여 구축한 가족 문화를 위태롭게 하고 싶지 않은 창업자 겸 CEO는 이들의 역량이 한계에 도달한 지 한참 뒤에도 계속 중요한 자리에 앉혀놓는다. 신생 기업은 이런 초기 직원들을 창업자 겸 CEO가 관리하는 것보다 훨씬 더 객관적으로 관리해야 하는 시점에 도달한다. 트랜센티브의 창업자 겸 CEO 마이크 브로디의 뒤를 이은 전문 CEO 레스 트래치트먼은 브로디가 회사의 성장 단계에 맞춰 인사이동을 하기가 얼마나 곤란했을지 깊이 생각해보았다. 특히 오래전부터 CFO 역할을 제대로 수행하지 못한 형제를 교체하기가 어려웠을 것이다. 트래치트먼은 브로디가 힘든 상황에 있었을 거라며 당시의 일을 이렇게 회상했다. "브로디는 두 사람이 부적합한 자리에 앉아 있다는 걸 알았습니다. 하지만 그 사람들과의 개인적 관계를 중시했기 때문에 어떤 조처가 필요하다는 걸 알면서도 실행에 옮기고 싶어 하지 않았죠. 내가 영입된 것은 브로디가 해고해야 마땅한 직원들을 버릴 수 없다는 걸 이사회에서 알았기 때문이라고 생각합니다. 브로디는 직원들과 그렇게 밀접한 유대 관계를 맺고 있었죠. ……나 역시 브로디가 자기 형제가 CFO 자리에 적임자가 아니라는 걸 알면서도 교체하지 못했다고 생각합니다.”

창업자 겸 CEO는 또한 신생 기업을 탄생시킨 자신의 본래 아이디어에 애착이 강할 수 있지만, 시간이 지나면서 아이디어를 조정해야 할 시점이 다가온다. 레스 트래치트먼이 예전에 일했던 신생 기업 메가서버(Megaserver)에서는 기술자 출신 창업자들이 ‘가상 슈퍼컴퓨터’ 아이디어를 발전시키고, 여기에 더 많은 ‘부가 기능’을 추가하는 방법을 찾느라 몇 년을 보냈다. 그러던 중 신생 기업의 이사회 회장이 ‘멋진 기술’을 개발하는 단계를 지나 고객이 이해하고 또 사고 싶어 하는 실용성 있는 시스템을 개발하는 작업에 착수해야 할 시기라고 주장했을 때, 창업자들은 이런 점에 주안을 둔 변화를 받아들이는 데 어려움을 겪었다. 이런 변화를 돕기 위해 이사회 회장은 영업 중심의 기술직 임원 트래치트먼을 메가서버의 첫 번째 비창업자 CEO로 채용했다. 그때 일을 트래치트먼은 이렇게 설명했다. “우리는 기술의 구체적 기능을 강조하느라 고객을 혼란에 빠뜨릴 필요가 없었습니다. 반면 〔창업자들은〕 이런 경로를 택하면 고객이 우리의 기술이 그 밖에도 많은 훌륭한 기능을 갖추고 있다는 걸 모를 거라고 느꼈지요.”

신생 기업의 다음 발전 단계에는 종종 새로운 절차 개발, 조직 구조의 형식화, 그 밖에 전형적인 창업자 겸 CEO와 맞지 않는 (혹은 그의 견해와 완전히 상반되는) 변화가 필요하다. 영향력 있는 한 신생 기업의 발전 모델은 보면 다음과 같은 사실을 알 수 있다. 즉 신생 기업은 발전 단계마다 매우 다른 ‘지배적인 문제’를 해결해야 하지만 종종 그 해결책이 그 기업의 다음 위기를 불러온다는 것이다.[5] 예를 들어, 신생 기업 초기에 직면하는 ‘창조성’ 과제를 해결하다 보면 리더십 위기로 이어지고, 이 과제는 다음 단계에 경영진의 지휘 강화로 해결되지만 이번엔 자율성의 위기를 불러온다. 한 단계의 지배적인 문제를 해결하는 데 필요한 기술과 개인적 특성이 종종 다음 단계의 지배적 문제를 해결하는 데 장애가 된다는 뜻이다. 단계 사이의 급격한 변화는 경영진의 능력에도 급격한 변화를 요구한다.■

더욱 불공평한 점은 이러한 초기 단계에서 창업자 겸 CEO가 신생 기업의 성장 속도를 높일수록 그 자신은 새로운 기술과 역량을 더 빨리 발달시켜야 하고 그럼으로써 더 빨리 과제에 뒤처질 수 있다는 것이다. 따라서 창업자 겸 CEO가 제품 개발 단계에서 신생 기업의 고속 성장을 매우 성공적으로 이끌면 자신의 노후화와 교체를 가속화할 수 있다. 정량적 자료에 따르면, 창업자 겸 CEO의 교체 가능성이 상당히 높아지는 때는 신생 기업이 제품 개발을 완료한 시점과 완전히 일치한다.

자금 조달 성공

많은 신생 기업의 핵심 과제는 외부 자금 조달이다. 외부 자금은 신생 기업이 제품이나 서비스를 시장에 내놓는 데 도움이 될 뿐 아니라 (전문 투자자에게서 자금을 받을 때는) 잠재 고객과 외부에 신생 기업의 신뢰도를 높여주는 효과도 있다.■■ 하지만 자금 조달 과제를 충족하면 신생 기업에 훨씬 더 큰 변화가 시작될 수 있다. 각 펀딩 라운드에서 신생 기업은

■ 다른 영역과 비유해보면, 혁명을 이끌기에 적합하던 사람이 훗날 정부를 이끄는 데는 부적합한 사람이었던 예가 많다. 예를 들어,《성경》에 나오는 다윗은 이스라엘 백성을 이끌고 나라를 건설한 왕이었지만, 안정된 왕국의 대신전 건설과 그 밖의 관리적 기능을 완수하는 데는 부적합한 인물로 알려졌다. 대신 그 뒤를 이은 솔로몬이 그러한 일에 더 알맞았다. 솔로몬은 40년 재위 기간 동안 성공적으로 이러한 일을 수행했다.
■■ 더 자세한 내용은 9장 참조.

외부 투자자에게 지분을 매각하고 그 지분에 따라 이사회 구성을 조정한다. 9장에서 설명한 것처럼 일단 외부 투자자로부터 자금을 조달하기 시작하면 창업자는 곧 이사회 수준의 의사 결정에서 지배력이 줄어든다. 따라서 신생 기업이 외부 자금 조달에 성공하면 성장률이 가속화할 뿐 아니라 CEO를 채용하고 해고하는 이사회 내의 권력 구조에 근본적인 변화가 일어난다. 주주의 가치 창출이 목적인 투자자와 사외 이사로 구성된 새로운 이사회는 신생 기업의 다음 과제와 씨름하기에 가장 적합한 사람은 누군지에 관해 CEO와 의견이 매우 다를 수 있다. 투자자가 신생 기업이 다음 성장 단계에서 잠재적 가치를 얻으려면 새 CEO가 필요하다고 믿는 것은 당연하다. 따라서 자금 조달에 성공하면 창업자 겸 CEO의 이사회 지배력이 줄어들고 그와 함께 CEO 자리를 잃게 될 위험도 뒤따른다.

벤처 캐피털이 루 서니에게 새 CEO를 요구한 것은 와일리의 세 번째 펀딩 라운드 때였다. 서니는 처음에 가족과 친구 그리고 자문위원회 정도의 역할만 하는 에인절 투자자들에게서 자금을 조달했다. 벤처 캐피털과의 1차 펀딩 라운드 이후 와일리의 이사회는 서니(회장), 서니의 멘토 역할을 담당하고 그를 전적으로 지지하는 에인절 투자자 한 명, 1차 펀딩 라운드를 이끈 벤처 캐피털로 구성되었다. 2차 펀딩 라운드 이후, 새로운 라운드의 선도 투자자였던 또 다른 벤처 캐피털이 이사회에 들어왔다. 새로 구성된 이사회는 곧 서니가 CEO에서 물러나야 한다고 주장했다. 그레이록 벤처 파트너스의 헨리 맥캔스(Henry McCance)는 와일리가 직면한 과제들이 변했기 때문에 투자자가 새 CEO를 원하게 되었다고 설명했다. "회사가 시장 진출 단계로 들어서고 영업과 마케팅의 중요성이 커졌을 때 기업가들은 대부분 서니처럼 그런 영역에 대한 경험이 없습니다. 그래서 우리는 다른 기술을 보유한 CEO가 필요할 때가 올 거라는 의견을 제시했죠."

일반적으로 신생 기업에 필요한 자원일수록 이를 얻기 위해 신생 기업은 더 많은 것을 포기해야 한다.[6] 그 자원이 자금이라면 신생 기업의 창업자는 일반적으로 이사회에 대한 지배력을 희생해야 하고, 창업자 겸 CEO는 자신의 운명에 대한 지배력을 희생해야 한다. 정량분석에 따르면, 창업자 겸 CEO의 직위 승계 가능성은 새로운 펀딩 라운드가 진행될 때마다 높아지며 그 라운드에서 조달하는 자금이 많을수록 더 높아진다는 것을 알 수 있다.

승계의 의미

신생 기업의 창업자와 직원들은 각 단계의 목표를 달성하면 이를 축하하고 자신들이 그리는 성공에 훨씬 더 가까워졌다고 느낀다. 하지만 자신들을 채용하고 여기까지 이끈 '용감한 지도자'가 교체될 날이 훨씬 더 가까워졌다는 것은 거의 알아차리지 못한다.

그러나 이전의 신생 기업에서 이미 교체된 적이 있거나 멘토를 통해 그런 가능성을 인식하는 창업자 겸 CEO도 있다. 상황이 이럴 때는 "회사가 망해도 떠나야 하고 큰 성공을 거두어도 떠나야 한다면 CEO로 남기 위해 보통 정도의 성공을 목표로 삼아야 한단 말인가?"라는 한 창업자 겸 CEO의 말처럼 비뚤어진 동기를 품을 수 있다. 실제로 신생 기업의 수익과 고용 증가율이 매우 낮거나 매우 높을 때 창업자 겸 CEO의 교체가 이루어질 가능성이 많다는 점은 이 창업자의 직관이 옳다는 것을 보여준다. 실제로 보통 정도의 성장률일 때 창업자 겸 CEO의 교체율이 가장 낮다.[7] 특히 지배력을 중시하는 창업자는 자신이 직면하게 될 변화에 적응할 수 있는 속도를 맞추기 위해 고속 성장을 희생하는 쪽을 선호할 수도 있다. 예를 들어, 시터시티의 COO 댄 라트너는 창업자 겸 CEO 제네비브 시어스가 몇 년 동안 CEO 자리를 유지할 것이라고 생각했다. 시터시티는 닷컴 붕괴 시기에 설립된 뒤, 진정한 경쟁에 직면하기 전까지 느린 성장을 보였기 때문이다. 라트너는 이렇게 말했다. "일반적으로 시어스처럼 출발선에 서기까지 4년이라는 준비 기간을 갖는 예는 흔하지 않습니다. 시어스에게는 …… 장애물을 넘는 방법을 배울 시간이 있었지요. 아무리 똑똑한 사람이라도 일정한 시간이 필요합니다. 기술을 흡수할 시간뿐 아니라 실수를 저지를 시간도 필요하죠."

경제적 이익이 동기인 창업자 겸 CEO도 당연히 적당한 CEO 교체 시기에 관해 벤처 캐피털과 종종 견해차를 나타낸다. 벤처 캐피털은 창업자 겸 CEO보다 더 빠른 변화를 선호하며 CEO 교체 문제와 관련해 "확신이 서지 않으면 너무 늦는 것보다 빨리 방아쇠를 당기는 편이 낫다"고 주장한다. 반면 창업자 겸 CEO는 거의 항상 가능한 한 오래 불확실성을 누리는 편을 선호한다. 그 결과, CEO 교체는 종종 투자자가 원하는 시기보다 늦게, 창업자 겸 CEO가 원하는 것보다 일찍 이루어진다. 예를 들어, 필자의 데이터베이스에 따르면, 벤처 캐피털이 CEO 승계를 시작하는 시기는 창업자가 승계를 시작하는 때보다 평균 6~12개월 더 빨랐다. (벤처 캐피털은 신생 기업이 생긴 지 3~3.5년 뒤, 창업자는 창업 후 약 4년 뒤에 승계 작업을 시작했다.)

창업자 겸 CEO가 성공을 거두었을 때 나타나는 최종적인 과제는 이런 성공 때문에 창업자가 다른 CEO의 필요성을 생각하기 어렵다는 점이다. 처음에는 도박이었을 수 있지만, 어쨌거나 신생 기업을 훌륭하게 이끄는 능력을 입증했으니 말이다. (반면 해결 방법을 모르는 문제들 속에서

허우적거리며 도움을 원하는 실패한 창업자는 보통 "당신은 우리를 다음 단계로 이끌 적임자가 아닙니다"라는 청천벽력 같은 이사회의 메시지를 훨씬 더 잘 받아들인다.) 실제로 아주 경험 많은 한 벤처 투자가는 필자에게 이렇게 말했다. "가장 힘든 일 중 하나는 고속 성장하는 회사에서 성공을 거둔 CEO를 해고하는 것입니다."

후임자 물색

퇴임한 창업자 겸 CEO의 약 3분의 1이 교체 결정을 내린 지 한 달 안에 경영진에서 떠난다. 이 비율은 어느 쪽이 교체 작업을 시작했는지에 따라 다르다. 이사회가 교체를 시작했을 때에는 창업자 겸 CEO의 37퍼센트, 창업자 겸 CEO가 교체를 시작했을 때에는 24퍼센트가 한 달 안에 경영진을 떠난다. 어느 경우라도 창업자 겸 CEO는 애착 관계가 강한 아기 부모에서 갑자기 아무런 양육권도 없는 처지가 된다. 하지만 그 외의 모든 사람과 CEO였다가 CEO가 아닌 경영진으로 회사에 남은 창업자 앞에 놓인 다음 과제는 새로운 CEO를 찾는 일이다.

후임자 물색 방법

대기업에서는 새 CEO를 조직 내부에서 발탁하는 비율이 높다. 예를 들어, 대기업에서 일어난 1035건의 승계 작업을 광범위하게 조사한 한 연구에 따르면, 81퍼센트가 내부에서 후임자를 구한 것으로 나타났다.[8] 사내 임원을 승진시키면 조직에 유익해 보일뿐더러 이사회에 새 CEO가 조직과 문화에 잘 맞으리라는 확신을 준다. 한 가지 뚜렷한 예외는 조직의 실적이 나빠서 극적인 변화가 필요할 때다. 이때에는 외부 채용이 훨씬 더 흔하다.[9]

그러나 신생 기업에서는 새로운 CEO를 거의 항상 기존 경영진 외부에서 발탁한다. 필자의 데이터베이스에서도 경영진 내에서 후임자를 선택한 신생 기업은 소수에 불과했다. 새 CEO는 보통 조직 문화든(예를 들어, 루 서니의 '가족 문화'에서 전문화된 문화로 변화), 전략이든(예를 들어, 창업자의 본래 사업 아이디어 변경) 혹은 팀이든(예를 들어, 실적이 좋지 않은 공동 창업자나 초기 직원 교체) 중요한 변화를 일으키기 위해 영입된다. 즉 새 CEO는 창업자 겸 CEO가 (기술이나 지식 부족 혹은 뿌리 깊게 박힌 심성 모형이나 도식 때문에) 하지 못했던 일이나 (비경제적 동기나 오랜 직원 또는 본래의 전략이나 아이디어에 대한 애착 때문에) 하지 않았던 일을 하기 위해 채용된다. 신생 기업의 소규모 경영진이 이사회에 괜찮은 후보를 추천하는 사례는 드물다. 게다가 벤처 투자가 제프 버스갱이 말한 것처럼 "일반 관리와 운영에 뛰어난 경영인은 보통 단일 직무를 담당하는 신생 기업에서 일하지 않으므로" 신생 기업이 그런 임원을 찾으려면 외부로 눈을 돌려야 한다.

와일리는 새로운 CEO를 찾기 위해 다양한 내부 및 외부 인력 공급처와 접촉했다. 루 서니는 처음 영업 및 마케팅 부사장인 빅 나이먼(Vic Nyman)을 승진시키려 했다. "빅은 와일리의 성장에 매우 핵심적인 인물이었습니다. 그는 우리에게 필요한 어떤 자리라도 맡을 수 있는 뛰어난 팀 플레이어였죠. 그뿐만이 아니었습니다. 빅은 분명 사장이나 CEO가 되고 싶어 했지요. 회사와 팀에 크게 공헌했고, 그동안 죽 경력의 폭을 넓히겠다는 자신의 목표를 꾸준히 성취해왔습니다." 그러나 와일리의 이사회에 참여한 그레이록의 벤처 투자가 데이비드 스트롬(David Strohm)은 즉각 그 의견에 반대했다. "내부 후보를 꺼렸기 때문"이라며 스트롬은 이렇게 덧붙였다. "와일리 지도부는 주로 이 회사에서 경력을 쌓은 사람들로 구성돼 있었고, 일부는 예전에 팀을 이끌거나 직무를 관리한 경험이 많지 않았지요. ……(게다가 빅이 맡은) 영업과 마케팅 직무는 성장에 따른 충돌 대부분이 일어나는 분야였습니다."

그래서 와일리는 외부에서 후보를 찾기 시작했다. 한 소규모 전문 헤드헌팅 업체와 계약한 와일리는 3개월을 허송세월했다. 그 회사가 추천한 후보 몇몇은 서니의 표현을 빌리면 "형편없고", "우리 문화에 맞지 않으며", "현재 실직 중인데 앞으로도 계속 백수로 지내야 마땅한 사람들"이었다. 그 뒤 와일리는 자사의 연고를 통해 후보를 찾았다. 하지만 서니는 "우리가 접촉한 첫 번째 후보는 우리 요청에 응하려 하지 않았습니다. 높은 자질을 갖춘 사람에게는 우리의 엘리베이터 피치(elevator pitch: 아이디어를 짧은 시간 안에 전달하는 것—옮긴이)를 들어줄 만큼의 관심을 끄는 것조차 어려웠죠"라고 한탄했다. 몇 달이 더 흘러 와일리는 다른 헤드헌팅 업체와 계약했다. 하지만 120장의 이력서를 검토하고 20명의 후보와 면접한 뒤, 다가올 3차 펀딩 라운드에 새로 참가할 투자자가 그들이 "가장 좋아하는 CEO" 중 한 명인 리처드 윌리엄스를 추천했다. 윌리엄스는 "슈퍼스타라는 명성"을 가진 인물이었다. 이사회와 서니는 후임자 물색 작업을 시작한 지 13개월이 지나서야 리처드가 CEO로 적합한 인물이라는 데 동의했다.

와일리는 결과적으로 외부에서 새로운 인물을 찾았지만, 신생 기업이 신임 CEO 후보와 이전부터 잘 아는 사이인 경우도 있다. 일부 신생 기업은 이사회에 참여했거나 컨설턴트로 일했던 사람을 새 CEO로 채용한다. 예를 들어, 창업자 겸 CEO 마이크 브로디의 뒤를 이어 트랜센티브의 CEO로 취임한 레스 트래치트먼은 이사회가 전문 CEO의 필요성을 느끼기 전에 이미 처음엔 컨설턴트로, 그 뒤엔 운영 부사장으로 브로디와 강력한 협력 관계를 구축한 상태였다. 마찬가지로 링스가 전문 CEO 클라크 에번스를 발견한 것은 그가 한 전략 세션을 지휘하러 왔을 때였다. 직원들은 대규모 소비재 업체의 노련한 전문가로서 링스의 창업자들에게 부족한 업무 절차 기술을 갖춘 에번스를 잘 받아들였다. 창업자 제임스 밀모는 당시의 일에 대해 "사람들은 우리 창업자들이 그런 사람을 영입할 만큼 똑똑하다는 데 안도의 한숨을 내쉬었다"고 회고했다.

창업자의 개입

창업자 겸 CEO를 교체하기로 결정한 때부터 새 CEO를 채용할 때까지 한 달밖에 걸리지 않을 수도 있지만, 이런 예는 드물다.

필자의 데이터베이스에 따르면, 창업자 겸 CEO의 교체 결정을 내린 달에 새 CEO를 채용한 신생 기업은 6퍼센트였다. 요컨대 새 CEO를 찾는 기간이 길어질 때가 훨씬 많다. 교체 결정을 내린 뒤 1년 이내에 CEO를 채용한 신생 기업은 3분의 1밖에 되지 않았다. 13개월 걸린 와일리는 매우 일반적인 예라고 할 수 있다. 퇴임할 창업자 겸 CEO가 물색 과정에서 중요한 역할을 할 때 특히 그러했다. 이런 창업자 겸 CEO에게 후임자 채용은 때때로 외동딸의 남편감을 허락하는 것과 비슷하다. 누구도 성에 차지 않는 것이다.

새 CEO의 선택은 법적으로 그리고 공식적으로 이사회의 책임이다. 하지만 이사회는 신생 기업에 대해 가장 잘 아는 사람에게서 후보자에 관한 조언을 얻고 또 퇴임할 CEO의 지지를 얻기 위해 대개 창업자에게 후임자 물색 과정의 중심적 역할을 맡긴다. 그러나 창업자의 동기(예를 들어, 회사의 문화를 유지하고 초기의 충성스러운 직원이 해고당하지 않도록 하겠다는 의지)가 투자자(일반적으로 신생 기업에서 얻는 경제적 수익을 최대로 높일 수 있는 CEO를 찾는다)와 충돌할 때, 창업자를 물색 과정에 참여시키게 되면 새로운 위험을 초래하고 채용 또한 늦어진다. 서니는 이렇게 주장했다. "나는 급하게 서두르고 싶지 않았습니다. 적합한 CEO를 찾아야 한다는 부담이 강하면, 마냥 서두르다 서류상으로는 '괜찮아 보이지만' 회사의 조직이나 문화와 잘 맞지 않는 사람을 선택할 수 있으니까요. 한 가지 중요하고 어려운 일은 투자자들이 적당하다고 생각하는 사람에 대해 반대하는 것입니다. 투자자들은 이력서상으로 괜찮아 보이는 사람을 밀어붙일 테니까요. 하지만 그 사람과 날마다 함께 일해야 하는 사람은 투자자가 아니라 바로 우리죠!" 이사회는 퇴임할 창업자 겸 CEO가 후임자 물색에 어느 정도 개입했을 때 얻을 수 있는 이점과 대가를 주의 깊게 검토해야 한다. 창업자 겸 CEO와 이사회 중 누가 유망 후보자를 상대로 첫 선별 인터뷰를 할 것인가? 이사회가 창업자 겸 CEO에게서 조언을 구하되 최종 결정에서는 전권을 행사할 것인가? 창업자 겸 CEO에게 거부권을 줄 것인가?

후임자 물색 과정에 깊이 개입하고 적임자에게 무형의 기준을 적용했던 서니는 특히 초반에 투자자들이 선호하는 후보 몇몇을 거부했다. "나는 회사가 이 전환점을 잘 넘길지, 못할지는 무형의 요소가 결정한다고 믿었습니다. 나는 내가 채용했던 사람과 우리가 구축한 문화에 아주 만족했습니다. 그래서 회사에 자기를 각인시켜야겠다는 생각을 하지 않고 지배력을 주장하지도 않고 팀을 변화시켜야겠다고 느끼지도 않는 사람을 원했지요." 서니는 또한 "실수를 저지른 적이 없어서 겸손하지 않거나" 지나치게 자신만만한 사람도 원하지 않았다. 그는 "두려움 때문에 동기가 약해진" 듯한 사람을 거부했고 "젊고 야심만만해서 끊임없이 〔자기 능력을〕 입증해야 하는" 사람 또한 피했다.

이사회가 창업자를 CEO 물색 과정에 참여시키면 CEO 후보들은 매우 다른 두 관계자의 기준을 만족시켜야 한다. 후보들은 일단 경제적 이익이 동기일 뿐 아니라 회사의 가치를 높이기 위해 CEO를 교체하려는 이사회 위원들, 특히 투자자의 기준에 맞아야 한다. 또한 지배력이 동기여서 핵심적 의사 결정에 대한 지배력 유지 방법을 백방으로 모색하는 창업자 겸 CEO에게도 인정을 받아야 한다. 창업자 겸 CEO의 동기가 경제적 이익이라 하더라도 신생 기업에 대한 정서적 애착이라든가, 회사에 대한 자신의 공헌이 잊히거나 자기가 남긴 유산이 약해질까봐 걱정하는 등 다른 상충하는 동기 또한 있을 수 있다.

와일리에서는 가족적인 기업 문화 때문에 심지어 이사회에 참여하지 않는 사람들까지 채용 과정에 광범위하게 개입했다. CEO 물색 과정 초기에 서니는 개방적 접근 방식을 취했다. 팀이 채용 절차에 거부감을 느끼지 않고 와일리의 문화에 적합한 CEO를 뽑을 수 있도록 회사의 상급 관리자 대부분을 면접 장소에 앉혀 이력서를 읽게끔 한 것이다. 하지만 이런 접근 방식은 자질이 뛰어난 후보들을 달아나게 하는 결과를 불러왔다. 그레이록의 벤처 투자가 데이비드 스트롬은 이렇게 말했다. "모든 사람을 참여시키면 곧 국민투표가 되어버려 진지한 후보자들이 반감을 느낄 수 있습니다. 또한 남아 있는 팀원 모두에게 가장 덜 위협적이거나 가장 호의적인 후보자가 선정되는 '최소 공통분모' 결과를 낳을 수도 있죠."

창업자 겸 CEO와 후임자의 차이점

물색 과정에서 창업자 겸 CEO는 동질 경향(같은 성향을 가진 사람끼리 함께 모인다는 유유상종의 경향) 때문에 자신과 같은 배경과 기술을 보유한 후보자에게 끌릴 수 있다.[■] 또한 많은 창업자는 후보자가 자신과 다를수록 더 잘 받아들일 수 있는데, 바로 당면한 비상사태를 해결할 수 있는 차별화된 역량을 보유한 후보자일 때 그렇다. 창업자 겸 CEO가 영업 기술이 부족한 상태에서 제품을 판매할 준비가 된 시점이라면, 창업자는 분명 영업 분야에 훌륭한 경력을 갖춘 후보자가 눈에 띌 것이다. 예컨대 경력 10년차인 창업자는 자신과 같은 경력을 가진 후보보다 30년 경력의 후보가 더 나은 선택일 수 있다고 생각할 수 있다. 서니는 윌리엄스가 다른 기술들을 보유했기 때문에 더욱 마음에 들었다. "내가 승계를 하고 기꺼이 이사회에 남기로 한 것은 회사를 그 정도까지 올려놓기 위해 내가 했던 일을 〔리처드는〕 하지 않아도 된다는 걸 깨달았기 때문입니다. 나는 나 자신에게 만족감을 느꼈고, 회사를 위해 독특한 가치를 지닌 일을 했다고 느꼈지요. 나는 회사를 A에서 B로 만들었습니다. 하지만 이제 우리는 B에서 Z로 가야 합니다."

새로운 CEO가 확실히 경험이 많거나 적어도 중요한 경험을 보유했다면, 예전 CEO는 그 아래 자리를 받아들이기가 한층 쉽다. 그렇다 하더라도 후임 CEO의 직무 배경이 창업자 겸 CEO의 직무 배경과 다를수록 창업자 겸 CEO가 회사를 떠날 가능성은 더 많다.[10] 따라서 이사회와 후임자가 승계 후의 원활한 이행에 중점을 두어야 할 필요성은 더욱 높아진다.

■ 동질 경향과 이런 경향이 팀 구성에 미치는 영향에 관한 자세한 내용은 4장 참조.

신생 기업의 성공 때문에 창업자 겸 CEO가 해고됐다면 그 성공은 CEO 후보들에게 신생 기업의 매력을 높여줄 수 있다. 그레이록의 헨리 맥캔스는 와일리의 성공이 CEO 물색에 어떤 영향을 미쳤는지 이렇게 설명했다. "와일리가 단계적 목표를 더 이룰수록 팀은 자신들이 더 능력 있고 경험 많은 CEO를 얻으려고 애쓴다는 것을 깨달았지요." 또한 퇴임한 창업자가 자신이 이전에 이룬 성공 때문에 CEO 교체를 불만스러워한다면 새 CEO에게 문제가 될 수 있다. 그래서 많은 후임자는 불만에 찬 창업자를 중요한 자리에 계속 앉혀놓는 것보다 '대체 불가능한 창업자'를 잃는 편을 선호한다.

승계 이후

신생 기업이 새 CEO를 찾은 뒤에도 퇴임한 창업자 겸 CEO, 새로 취임한 전문 CEO 그리고 이사회에는 힘든 작업이 많을뿐더러 곳곳에 지뢰가 숨어 있다. 이 시점에서 내리는 결정이 승계 이행을 성공시키거나 실패로 돌릴 수 있고, 신생 기업의 장래를 망칠 수도 있다.

'흐름의 변화'

창업자 겸 CEO가 직위 승계를 지지해야 한다고 (혹은 적어도 적극 반대하지 않아야겠다고) 이해하더라도 승계에 따른 거슬리는 변화에는 준비가 잘 되어 있지 않은 게 보통이다. 전문 CEO 레스 트래치트먼는 이렇게 주장했다. "창업자 겸 CEO는 '좋아, 난 이걸 받아들일 준비가 됐어'라고 말합니다. 하지만 그 말이 뭘 의미하는지 전혀 모르죠. 그 사람들은 이걸 흐름이 바뀌는 게 아니라 직함이 바뀌는 것뿐이라고 생각합니다." 창업자 겸 CEO가 승계를 제안했을 때에는 이런 생각이 맞을 수 있다. 트랜센티브의 마이크 브로디는 이사회에 전적으로 참여하고 후임 CEO인 트래치트먼을 지지했음에도 승계 이행 과정이 힘들었다. 트래치트먼은 "브로디는 실제로 그런 변화가 무엇을 의미하는지 알지 못했죠"라고 말했다. 설상가상으로, 브로디는 일상적인 의사 결정권을 내려놓는 데도 어려움을 느꼈다. 브로디가 이사회에 참여한다는 것은 아직 그의 책임 아래 있는 직원들에게 일종의 신호가 되었다. 트래치트먼은 "브로디는 여전히 직원한테 문제가 생기면 그들을 찾아갔죠. 직원들은 여전히 그에게 '마이크, 내가 …… 해도 될까요?'라고 물었습니다. 나한테서 영향력을 조금 빼앗은 겁니다"라고 회상했다.

CEO 후보는 신생 기업에 합류하기 전 그 기업과 창업자가 극적인 변화를 겪을 준비가 되었는지 평가해야 한다. 신생 기업에 관해서는 그 회사가 새로운 CEO의 기술이 필요한 변곡점에 이르렀는지, 자신이 즉각적이고 긍정적인 영향을 미칠 수 있는지를 평가해야 한다. 예를 들면 이런 것들이다. 신생 기업이 '시장 캐즘'을 향해 다가가고 있다면 트랜센티브의 레스 트래치트먼처럼 새 CEO의 기술이 캐즘을 넘어서는 데 도움이 될 것인가, 아니면 신생 기업이 아직 초기의 기술적 과제와 씨름하는 단계인가? (후자는 트래치트먼이 전문 CEO로 처음 채용된 신생 기업 메가서버에서 그가 실패한 요인이다.) 외부인이 CEO 자리를 물려받는 것에 격렬히 반대할 것인가, 아니면 핵심 직원들이 교체 필요성을 이해하고 새 CEO를 신생 기업이 안고 있는 문제를 풀기 위한 해결책으로 생각하는가? 이사회가 신임 CEO를 전적으로 지지하는가, 아니면 CEO가 전략적 · 문화적 결정과 인사 결정을 내릴 때 고려해야 할 민감한 문제와 제약이 있는가? 또한 개인에 관해서는 다음과 같은 것들을 평가해야 한다. 퇴임할 창업자 겸 CEO가 지배력이 동기인 사람이어서 교체를 거세게 거부할 것인가, 아니면 경제적 이익이 동기인 사람이어서 새 CEO가 더할 가치를 중시할 것인가? 창업자가 아직 열정과 의욕에 넘치는가, 아니면 지친 상태인가? 퇴임할 창업자 겸 CEO가 승계를 전적으로 지지하지 않을 경우 그를 따르는 사람들 역시 승계를 거부하는가, 아니면 충성심은 있지만 창업자 겸 CEO가 판단하는 것보다 변화의 필요성을 더 절감하는가?

어떤 기업에서든 새로 취임한 CEO가 조직 운영을 익히고 핵심 인원들(교체를 불만스러워하는 사람이 많을 수 있다)과 관계를 구축해 지휘권을 장악하는 것은 힘든 싸움이다. 신생 기업에서는 보통 여기에 두 가지 더 복잡한 과제가 더해진다. 첫째, 새 CEO는 빠르게 변화하는 환경에서 극적인 변화를 일으키기 위해 특별히 채용되어 조직과 사람에 익숙해질 시간이 넉넉하지 않은 데다 반대에 부딪힐 가능성이 많다. 둘째, 많은 사례에서 볼 수 있듯 이미 변화에 환멸을 느낀 퇴임한 창업자 겸 CEO가 일반적으로 중요한 직위에 계속 남아 있다.

퇴임한 창업자의 새 직위

대기업에서는 퇴임한 CEO가 경영진에 남는 예가 거의 없고 일반적으로 이사회에서도 떠난다. 그러면 새 CEO가 주도권을 잡고 "마을에 새 보안관이 왔다"고 알리는 데 큰 도움이 된다. 하지만 신생 기업 대부분에서는 퇴임한 창업자 겸 CEO가 경영진과 이사회에 계속 남아 있다. 필자의 데이터베이스에 따르면, 이사회가 교체를 제안해서 퇴임한 창업자의 63퍼센트, 창업자 겸 CEO가 교체를 제안해서 퇴임한 창업자의 76퍼센트가 경영진으로 신생 기업에 남았다.

교체를 누가 시작했는지는 창업자가 이사회에 남을지 그리고 CEO 아래 지위를 맡을지에 더욱 극적인 영향을 미친다. 이사회를 살펴보면, 창업자 겸 CEO가 교체를 제안했을 때에는 96퍼센트가 이사회에 남았지만, 이사회가 교체를 제안했을 때엔 그 수치가 60퍼센트로 떨어졌다. 어느 쪽이든 신생 기업 대다수에서 새 CEO는 교체된 CEO가 이사회에 남는 문제에 대처해야 한다.

일부 이사회는 순조로운 승계 이행을 위해 창업자 겸 CEO를 이사회 회장에 그대로 두거나 새로 회장으로 임명한다. 분명 이런 조치는 누가 책임자인지 명확하게 알리고 앞으로 일어날 변화에 반대할 사람을 중심에서 밀어내고 싶어 하는 신임 CEO에게 문제가 될 수 있다. 와일리에서, 리처드 윌리엄스는 루 서니가 이사회 회장에서 물러나야 CEO 자리를 맡겠다고 했다. 서니는 윌리엄스의 말을 이렇게 기억했다. "루, 나는 당신이 매우 훌륭하다고 생각합니다. 하지만 당신은 이사회 회장에 적합한 사람은 아닙니다. 나는 데이비드〔데이비드 스트롬, 벤처 캐피털〕가 회장이 되길 바랍니다. 데이비드가 회장이 되어야 CEO를 맡을 것입니다." 윌리엄스 처지에서는 그렇게 해야 서니가 아니라 자신이 와일리의 책임자라는 사실을 분명하게 알릴 수 있었을 것이다. 하지만 서니에게 이는 마지막 보루에 가까웠다. "나는 아직 내게 기술 분야를 지휘하는 것 이상의 역할이 있다는 걸 알았기 때문에 사장과 CEO 자리에서 물러난 상태에서는 이사회 회장 자리가 더 중요했습니다."

경영진 쪽의 직위를 살펴보면, 도표 10.3에서처럼 창업자가 CEO 교

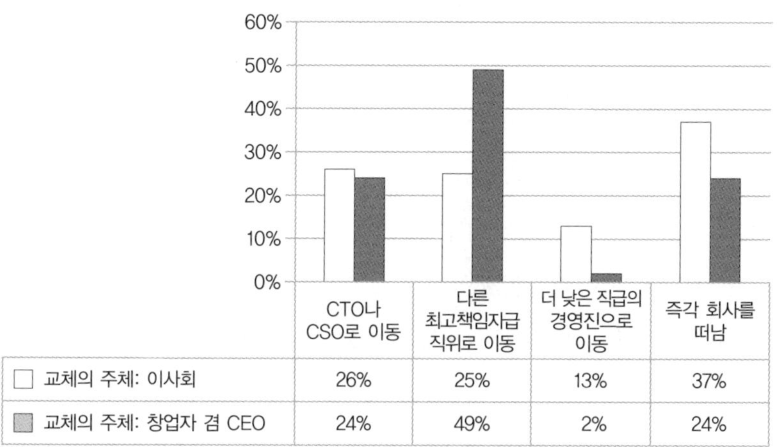

	CTO나 CSO로 이동	다른 최고책임자급 직위로 이동	더 낮은 직급의 경영진으로 이동	즉각 회사를 떠남
☐ 교체의 주체: 이사회	26%	25%	13%	37%
▨ 교체의 주체: 창업자 겸 CEO	24%	49%	2%	24%

체를 제안하고 신생 기업에 남길 원하면 최고책임자급 직위를 거의 보장받는다는 것을 알 수 있다. 하지만 이사회가 교체를 제안했을 때에는 최고책임자급 직위를 받을 가능성이 급격히 떨어진다. 기술 분야의 배경을 보유한 창업자 겸 CEO는 CTO나 공학 부사장이 될 가능성이 가장 많다. 사업 쪽 배경을 보유한 창업자 겸 CEO는 사업 개발 부사장이 가장 유력하고, 그다음으로 가능성 높은 직위는 마케팅 부사장이다.

신생 기업은 해가 갈수록 경영진에서 창업자의 비율이 낮아지는 경향이 두드러지지만(창업자가 줄어들고 비창업자를 채용하기 때문이다) 예전 CEO가 부(副)CEO로 강등되면서 이 직위는 일시적으로 뚜렷하게 약간의 증가 추세를 보인다. 예를 들어, 외부 자금 조달 이전에는 창업자가 사업 개발 부사장인 경우가 12퍼센트에 불과하지만, 1차 펀딩 라운드 후에는 이 수치가 38퍼센트로 높아졌다. 창업자 겸 CEO가 이 자리로 이동했기 때문이다. 외부 자금 조달 이전에는 CTO의 43퍼센트가 창업자였지만, 1차 펀딩 라운드 후에는 창업자 겸 CEO가 CTO로 이동하면서 이 수치가 57퍼센트로 늘어난다. 이 비율은 2차 펀딩 라운드 후에 다시 소폭 상승한다.

루 서니는 와일리가 비교적 완전한 조직 구조를 갖추었을 때 교체되었는데, 자신이 낮은 직급으로 강등당하면서 본인이 채용했던 충성스러운 경영진 중 한 명을 밀어내고 그 자리를 차지해야 했다면 더욱 힘들었을 것이다. 서니는 "정말 어려운 일"이었다면서 "우리에겐 공학 부사장, 수석 과학자, 제품 관리 부사장이 있었습니다. 내가 그들에게 책임을 주었는데, 이제 와서 그 자리를 도로 뺏고 싶지는 않았습니다. 모든 사람이 '내가 어느 자리에 적합한지' 잘 알았거든요"라고 말했다. 그러나 와일리는 CTO를 채용하지 않고 서니에게 그 자리를 주었다. 하지만 이 결정 역시 보기만큼 폐해가 없는 것은 아니었다. 새로운 조직도를 본 서니는 자신이 맡은 CTO가 기껏해야 상징적인 역할이라는 것을 깨달았다. 직접 보고하는 사람이 하나도 없어 그야말로 부하가 아무도 없는 '대장'이었다. 분명 모욕으로 받아들일 수 있는 조처였기에 서니는 새 CEO를 더욱 반대하게 되었다.

창업자 존속: 고위험, 고수익?

리처드 윌리엄스는 서니를 곁에 둠으로써 그의 통찰력, 체계적인 지식, 고객 관계를 통해 도움을 받았을 뿐 아니라 서니가 채용했던 직원들의 지지도 높일 수 있었다. 만약 윌리엄스가 합류하기 이전에 서니가 회사를 떠났다면 직원들의 사기는 떨어지고 기술적인 방향에도 차질을 빚었을 것이다. 한 벤처 투자가는 "CEO는 교체할 수 있지만 창업자는 교체할 수 없습니다"라고 말했다.

반면, 창업자를 곁에 두면 위험할 수도 있다. 특히 창업자의 주된 동기가 지배력이고 교체를 불만스러워한다면, 혹은 둘 다에 해당한다면 더욱 그러하다. 이륜 전기 차량 생산 업체 세그웨이(Segway)의 승계 이행 과정은 변화는 필요하지만 창업자가 지배력을 포기하고 싶어 하지 않을 경우, 그 창업자를 계속 회사에 둘 때의 위험을 잘 보여준다. 초기에 창업자 딘 카멘(Dean Kamen)은 자신이 새로 설립한 회사에 강력하고 노련한 지도자가 필요하다고 생각했다. 제품 개발 엔지니어들을 이끌며 자동차 산업에 관한 지식을 활용해 신속하게 제품을 출시할 사람이 필요했던 것이다. 카멘은 시장의 판도를 바꿀 제품의 거대한 잠재력을 실현하고 "세계적인 회사를 만드는 데 무엇이 필요한지 아는"[11] 사람을 원했다. 카멘은 이사회 위원 중 한 명을 통해 당시 크라이슬러(Chrysler)의 전무이자 크라이슬러의 전설적인 회생에 크게 공헌했던 팀 애덤스(Tim Adams)를 알게 되었다.[12] 카멘은 애덤스에게 자신은 회사의 세세한 점까지 관리하지 않을 것이라고 확언하면서 입사를 설득했다. 그러나 애덤스가 합류한 직후 카멘은 트집을 잡기 시작했다. "(팀에게) 뭔가를 말하면, 그는 몇 가지 똑똑한 이야기를 합니다. 하지만 항상 똑같은 얘기예요. 팀은 많은 면에서 단순한 사람입니다. ……내가 보유한 엔지니어 대부분보다 훨씬 덜 똑똑해요. 나는 팀에게 그 엔지니어들보다 두세 배의 돈을 주는데 말이죠."[13] 카멘은 애덤스가 잠재적인 직원과 공급 업체에 제시할 조건에 제약을 두었고 공장 건축 승인에도 능장을 부렸다. 그리고 비밀 유지를 위해 테스트 마케팅(어떤 제품을 일정 지역에서 시험 판매하는 일—옮긴이)도 금지했다. 카멘은 프로토타입을 보도록 허가할 수 있는 유일한 사람이었다. 결국 카멘은 애덤스를 다른 CEO로 교체했다. 그리고는 거의 해마다 CEO를 갈아치워 다음 10년 동안 세그웨이의 성장에 중대한 영향을 미쳤다.

신생 기업에서 최초의 비창업자 CEO가 직면하는 과제는 매우 험난하다. 한 벤처 투자가는 필자에게 "창업자를 대체할 CEO를 찾을 때는 보통 2명의 복수 CEO를 물색해야 했습니다. 첫 번째 CEO는 대개 실패하거든요"라고 말했을 정도다. 마찬가지로 또 다른 투자자는 최초의 비창업자 CEO를 "거부 반응을 보이려고 애쓰는, 몸속에 이식한 새로운 기관"에 비유했다. 도표 10.1을 보면 4차 펀딩 라운드까지 신생 기업의 23퍼센트에 적어도 2명의 비창업자 CEO가 있다는 것을 알 수 있다.

전문 CEO가 실패할지도 모른다는 (혹은 단순히 떠날 수도 있다는) 위험 때문에 창업자 출신 예전 CEO를 이사회에 계속 둘지 여부는 더욱 복잡해진다. 창업자는 보험 증서 역할을 할 수 있다. 몸이 새로운 기관을 거부할 때, 이사회는 회사 가장 윗자리를 비워두느니 경험 있는 사람에게 지휘권을 넘겨줄 수 있다.

순조로운 전환을 위해: 이사회의 역할

앞에서 설명한 것처럼 창업자 겸 CEO, 특히 성공한 CEO는 당연히 승계에 반대한다. 그러한 반대는 신생 기업에 극도의 지장을 불러일으키고 심지어 위험할 수도 있다. 따라서 많은 전문 투자자는 첫 투자를 하기 전에 수행하는 실사의 일환으로 CEO 교체가 필요할 때 창업자 겸 CEO가 투자자 주도의 승계를 거부할지 판단해야 한다. 투자자는 한 벤처 캐피털이 "부자 vs. 왕 테스트"라고 부른 평가에서 창업자 겸 CEO의 동기가 신생 기업에 대한 지배력인지, 경제적 이익인지 판단한다. 전자라면 많은 벤처 캐피털이 (자신들이 보기에) 승계는 필요하지만 창업자 겸 CEO가 이를 거부하리라 예상하고 투자를 피할 것이다. 창업자 겸 CEO의 승계 거부는 신생 기업을 쓰러뜨리거나 적어도 기업의 가치를 상당히 낮출 수 있다. (최소한 승계 과정에서 긴장감이 고조되고 차질을 빚을 것이다.) 후자라면 벤처 캐피털은 창업자 겸 CEO의 이익이 자신들의 (경제적) 이익과 일치하고 쌍방의 이익을 높여줄 새 CEO의 필요성에 동의할 가능성이 많다고 확신할 수 있다. (경제적 동기가 강한 창업자라도 물러나야 할 때가 되면 종종 주저한다.)

투자 이전에 창업자와 힘든 논의를 했던 투자자는 (감정이 고조되고 긴장이 높아지기 전에 승계를 예상하게끔 함으로써) 때가 되었을 때 순조로운 전환이 이루어지도록 터를 닦아놓을 수 있다. 마지막 순간까지 이 같은 민감한 논의를 미루면 창업자의 거부감과 조직의 혼란을 부추길 수 있다. 또한 투자자는 (일단 투자를 하면) 이사회가 정기적으로 창업자 겸 CEO의 실적을 솔직하게 서면으로 검토하게끔 함으로써 진전 상황에 계속 피드백을 제공하고 신뢰를 쌓으며 뜻밖의 달갑지 않은 상황이 닥칠 위험을 줄여야 한다.

투자자가 창업자의 동기를 경제적 이익으로 진단했고 그 진단이 맞는다면, CEO를 교체해야 할 시기가 왔을 때 창업자에게 그 자신은 못하지만 새 CEO가 신생 기업의 가치를 구축하기 위해 할 수 있는 일을 정확하게 지적해야 한다. 예를 들면, 전문 CEO는 기업에 즉시 도움이 되고 창업자에게 없는 영업 분야의 탄탄한 경력을 보유했으며 복잡한 신생 기업을 성공적으로 관리해본 경험이 있지만, 창업자는 프로젝트 팀 이상의 조직을 관리한 적이 없다고 지적할 수 있다. 혹은 전문 CEO는 경영진을 업그레이드할 수 있지만, 창업자는 팀원들과의 오랜 개인적 관계 때문에 그걸 망설인다는 걸 지적할 수도 있다. 예를 들어, 레스 트래치트먼은 오래된 직원과 창업자를 해고함으로써 트랜센티브의 가족 문화에서 벗어날 수 있었는데, 이는 창업자 겸 CEO가 결코 원치 않는 일이었다. 또한 트래치트먼은 영업과 마케팅 직무를 완전히 재편성하는 등 트랜센티브의 많은 업무 절차를 개선해 해마다 40퍼센트의 매출 증가를 달성했다. 이는 브로디의 능력을 훨씬 넘어서는 성과였다.

앞에서 논의한 것처럼 자기 역량과 자신을 대체할 사람의 역량에 큰 차이가 없다고 생각하는 창업자는 승계를 지지하기가 더욱 어려울 것이다. 하지만 경제적 이익이 동기인 창업자는 분명하고 실질적인 차이점을 인정하고 승계를 조금은 지지할 것이다. 와일리에서 루 서니의 뒤를 이은 리처드 윌리엄스는 IBM, 노벨(Novell) 같은 회사에서 30년 동안 수준 높은 경험을 쌓은 인물이었다. 윌리엄스는 영업 부사장을 포함해 다양한 부사장 직위를 거쳤으며 두 번의 기업 회생과 몇 차례의 성공적인 자금 회수를 이끌기도 했다. 그래서 서니는 "윌리엄스는 회사에서 아주 중요한 지도자가 될 사람입니다. 우리는 이바지할 부분이 달랐고, 그런 점을 존중하며 일했지요"라고 인정할 수 있었다. 실제로 서니는 윌리엄스 정도 되는 사람을 채용하도록 도운 것이 자기가 와일리를 위해 한 가장 가치 있는 일 중 하나라고 느꼈다. 서니는 이렇게 말했다. "〔CEO에서 물러나〕 이사회에만 참여하는 것에 만족한 이유는 한 투자자의 말대로 '윌리엄스 같은 사람은 루가 했던 일을 하면서 신생 기업의 CEO가 되는 데 대한 노하우나 관심이 없을 것'이라는 사실을 알았기 때문입니다."

지금까지 살펴본 것처럼 많은 창업자는 신생 기업의 발전 단계에서 일어나는 극적인 변화를 제대로 인식하지 못한다. 이사회는 창업자 겸

CEO가 앞으로 일어날 변화를 이해하도록 도와 승계에 더 협조하도록 만들 수 있다. 서니가 CEO 교체 때문에 처음 받은 충격에서 회복되자 멘토들은 그가 신생 기업이 얼마나 달라지는지 알 수 있게끔 도움을 주었다. "충격을 극복하는 데 도움이 되었던 것은 세계 최고의 쾌속정 선장이라도 유조선을 조종할 수 없다는 깨달음이었습니다. 누가 가장 전력을 다하는 지도자인지가 아니라 해당 발전 단계의 과제에 가장 알맞은 사람이 누구인지가 중요합니다."

창업자의 주된 동기가 경제적 이익이 아니더라도 이사회는 승계 이행이 창업자의 동기와 일치한다는 것을 다른 방법으로 보여줄 수 있다. 창업자가 기술적인 방향을 계획하거나 과학적 업무를 이끄는 일을 좋아하지만 CEO가 해야 할 사업적인 일에는 재미를 덜 느낀다면, 이사회는 창업자를 그런 일들에서 해방시켜 좀더 만족감을 주는 일에 집중하도록 해줄 다른 누군가를 데려올 때의 이점을 강조할 수 있다. 창업자가 연쇄 창업자로서 장기적으로 여러 신생 기업을 세우고 싶어 한다면, 이사회는 순조로운 승계 이행이 그러한 희망을 방해하는 것이 아니라 오히려 도와준다고 강조할 수도 있다. 루 서니가 와일리를 설립하기 이전에도 "기술자로서가 아니라 사업가로서 성공한 전문가"가 되고 싶어 했던 것을 상기해보라. 서니는 와일리의 CEO로서 시행착오를 거치며 사업 기량을 쌓고 있었다. 그러나 이사회는 아주 노련한 CEO를 영입하면 서니가 "최고한테 배울" 수 있어 그에게 부족한 사업적 기량의 토대를 더욱 탄탄하게 다질 것이라고 강조했다. 당장의 손실에서 장기적인 잠재 이익으로 서니의 시선을 돌림으로써 그의 지지를 얻는 데 중요한 한 걸음을 내딛은 것이다. 그리고 윌리엄스가 서니의 지분 가치를 높이고 서니가 그 수익을 다음에 설립할 신생 기업에 투자할 수 있다고 주장함으로써, 순조로운 승계 이행이 서니 자신의 장기적 경력을 발전시키는 데 어떤 도움이 될지 이해시킬 수도 있었다.

일부 이사회는 갑작스럽고 영구적인 승계 이행을 강요하기보다 순조로운 이행을 위해 과도기적 접근 방식을 쓴다. 링스 솔루션은 클라크 에번스를 18개월만 회사를 운영할 '교량 CEO'로 채용했다. 창업자 제임스 밀모의 설명처럼 에번스는 창업자들을 도와 "고속 성장하는 작은 회사를 안정시킨 뒤 다른 일자리로 떠나고" 싶어 했다. 에번스는 형식적인 절차와 구조를 도입하고 전략적 방향의 변경을 도왔다. 임시 CEO 자리인 덕분에 창업자들에게 덜 위협적인 존재가 되어 지배력 상실에 대한 긴장을 줄이는 데 도움을 준 한편, 다음 발전 단계에 필요한 새로운 기술을 신생 기업에 전수할 수 있었다. 또 다른 과도기적 접근 방식은 트랜센티브의 레스 트래치트먼처럼 2단계 승계 이행을 하는 것이다. 잠재 CEO를 CEO가 아닌 경영진으로 채용해 창업자, 잠재 승계자, 이사회 그리고 신생 기업의 나머지 구성원들이 승계 이행을 좀더 편안히 느끼게끔 되면 CEO 자리를 물려받도록 하는 방법이다.

전임자의 지지 얻기: 새 CEO가 내리는 조치

새 CEO도 전임자의 지지를 얻는 데 관심을 가져야 한다. 트랜센티브에서 마이크 브로디의 CEO 자리를 물려받은 레스 트래치트먼은 신생 기업 팀 내부의 긴장에 영향을 미치는 3R에 세심한 주의를 기울여 브로디의 지지를 얻었다.

- **관계**: 트래치트먼은 창업자, 회사, 직원을 파악하는 데 상당한 시간을

투자했다. 트래치트먼과 트랜센티브의 인연은 그가 컨설턴트였을 때부터 시작됐고, 이후 브로디가 CEO를 맡아달라고 부탁하면서 한층 밀접한 관계가 되었다. 하지만 트래치트먼은 CEO 자리를 맡기 전에 운영 부사장으로 일하겠다고 주장했다. 이 과정은 트래치트먼이 CEO 자리를 받아들일지 결정하기 전에 상황을 파악하는 데 도움이 되었고, 일단 제의를 수락했을 때 주도권을 장악할 수 있는 탄탄한 토대를 마련해주었다. 트래치트먼이 CEO 자리를 물려받을 무렵, 그와 브로디는 발전적인 협업 관계였다. 브로디는 트래치트먼의 능력을 존중했고 두 사람은 서로의 동기에 대한 신뢰를 쌓아갔다. (이런 상황은 트래치트먼이 처음 전문 CEO로 일했던 신생 기업 메가서버에서의 상황과 매우 대조적이었다. 트래치트먼은 이사회 회장이나 전 창업자 겸 CEO와 아무런 업무 관계도 없이 메가서버에 뛰어들어 일하기 시작했다.) 또 노련한 중재자가 있다면 창업자와 후임 CEO가 이런 신뢰 관계를 구축하는 데 도움이 될 수 있다.

- **역할**: 트래치트먼은 CEO 자리를 물려받은 다음 브로디에게 CEO가 아닌 새로운 역할을 가르쳐줄 기회를 포착해 마이크 브로디로 하여금 일상적으로 수행하던 업무에서 서서히 벗어나게 했다. "내가 CEO에 오른 지 몇 주 뒤 마이크가 찾아와서는 '직원들이 마시는 우유에 쓰는 돈이 걱정돼'라고 말했습니다. 내가 대답했죠. '마이크, 나는 자네를 그런 일에서 해방시켜 정말로 중요한 일에 집중하도록 하는 게 내 일이라고 생각해. 이 일도 그중 하나야. 지금부터는 10만 달러짜리 문제가 아니면 그 일에 자네 시간을 쓰지 말게'라고요." 이 사건을 계기로 브로디는 '흐름'의 변화라는 문제에 대해 조금씩 고심하기 시작했다. 그리고 시간이 지나면서 창업자와 그가 그토록 깊숙이 개입했던 신생 기업과의 관계에 큰 변화가 생겼다. 가장 효과적인 접근 방식은 창업자

가 더 이상 개입해서는 안 될 일에서 그를 빼버리는 방법과 선별된 결정에 참여하게 하는 방법을 조합하는 것이다. 때때로 창업자가 자신에게 특히 알맞은 특정 직무를 물려받아 책임질 수 있다. 예를 들어, 와일리에서 리처드 윌리엄스는 서니로 하여금 채용에 계속 관여하도록 했다. 그래서 서니는 신생 기업에서 자신의 가치를 더욱 느끼는 한편, 윌리엄스는 각 후보가 와일리의 문화에 얼마나 맞는지 파악할 수 있었다. 창업자가 신생 기업의 직무 범위를 넘어서는 '특별 프로젝트' 역할에 더 알맞은 경우도 있다.

- 보상: 아마도 트래치트먼이 했던 가장 중요한 조처 중 하나는 브로디가 지배력을 포기함과 동시에 상당한 부를 얻도록 도와준 일일 것이다. 트래치트먼은 기업을 두 개의 전략적 파트너에게 부분적으로 매각하는 방안을 협상했지만, 수익금 대부분을 창업자와 승계 이행의 일환으로 최근 해고된 초기 직원들에 대한 현금 보상에 썼다. 트래치트먼은 이러한 '부분적인 창업자 지분 매수'가 자신과 선임자 모두에게 어떤 영향을 미쳤는지 이렇게 설명했다. "부분 매수는 마이크 브로디에게 압력 해제 밸브 역할을 했습니다. 마이크는 큰 안도의 숨을 내쉬었고 …… 그 뒤부터 일어나는 일에는 크게 신경 쓰지 않았지요. 마이크는 어느 날 갑자기 버지니아 주로 이사할 예정이며 더는 날마다 회사 일에 참여하지 않을 거라고 말했죠. 나는 마이크 형제와 3명의 준(準) 창업자들 역시 효과적으로 내보냈습니다. 하지만 그 사람들이 유형의 소득을 얻고 나갈 수 있었기 때문에 저로서는 크게 만족했습니다!" 다른 신생 기업에서는 이사회가 창업자에게 'CEO 이행' 상여금을 지급하거나 소유권이 확정된 지분을 추가로 주는 등 순조로운 이행을 위한 경제적 보상책을 쓸 수 있다.

세부적인 사항은 경우마다 다르겠지만, 전문 CEO는 3R 각각에 면밀한 주의를 기울임으로써 창업자 겸 CEO의 승계가 원활하게 진행되도록 이사회를 돕고, 이행 실패의 위험을 줄이면서 퇴임한 창업자가 자신이 설립한 신생 기업에 계속 발전적으로 개입할 가능성을 높일 수 있다.

맺음말

이사회와 창업자들 모두 창업자 겸 CEO의 승계를 하나의 사건이 아니라 과정으로 보아야 한다. 승계를 하나의 사건으로 진행하면 매우 충격적일 수 있지만, 과정으로 진행하면 발전적일 뿐 아니라 가치 있는 변화를 이룩할 기회가 한층 많아진다. 이사회 관점에서, 승계 과정은 투자자들이 1차 펀딩 라운드에 참여하기 전부터 시작된다. 요컨대 투자자들이 앞으로 CEO 교체의 필요성이 대두할 때 창업자 겸 CEO의 동기가 원활한 이행에 방해 요소로 작용할지, 아니면 도움이 될지 평가할 때부터 시작되는 것이다. 이 시점에서 투자자는 승계 가능성과 승계 작업을 촉발할 수 있는 상황을 터놓고 논의해야 한다.■ 승계 과정은 이사회가 새로운 과제에 맞닥뜨린 창업자 겸 CEO를 지속적으로 지도하고 창업자 겸 CEO의 부족한 부분을 보강할 사람을 채용하면서 계속된다. 그러다 이

■ 투자자가 CEO 승계 문제를 제기하지 않더라도 창업자는 자신이 교체되지 않을 거라고 가정해서는 안 된다. 창업자가 신생 기업의 존속 기간 동안 계속 CEO로 남을 가능성에 관해 낙관하거나 승계 가능성에 대한 껄끄러운 논의를 피하고 싶은 것은 당연하지만, 교체되는 문제를 걱정하는 창업자(그리고 교체를 원하는 투자자에게서 자본을 받는 것을 재고하는 창업자)는 그런 성향을 물리치고 자본을 받기 전에 이 문제를 제기해야 한다.

사회가 더는 창업자 겸 CEO의 결점에 반창고를 붙이는 것으로 해결할 수 없는 시점이 오면 교체 결정을 내릴 수 있다. 시그마 파트너스(Sigma Partners)의 벤처 투자가 밥 다볼리(Bob Davoli)는 이런 진행 과정을 다음과 같이 설명했다. (a) CEO에게 회사 운영을 맡긴다. (b) 문제가 생기면 이사회가 이를 확인하고 CEO와 함께 문제 해결을 위해 노력한다. (c) 문제가 해결되지 않으면 '그를 해고한다'.[14] 다른 벤처 캐피털은 이런 접근 방식을 "지도 후 교체"라고 표현한다.

승계 과정에는 신생 기업에 앞으로 닥칠 과제와 창업자 겸 CEO가 그런 과제를 다룰 수 있는지에 대한 솔직한 대화가 포함되어야 한다. 와일리의 이사회 위원들과 투자가 데이비드 스트롬은 서니가 결국에는 교체될 것이라는 사실을 처음부터 명확히 했다. "우리가 처음 와일리에 투자하고 내가 개입한 데는 노련한 CEO를 영입할 필요가 있다는 암묵적인 합의가 밑바탕에 있었기 때문입니다." 그렇다 하더라도 자신감 있고 열정적인 창업자 겸 CEO는 종종 그런 메시지를 받아들이지 못한다. 특히 CEO로서 실적이 성공적일 때 더욱 그러하다. 루 서니는 자리에서 물러나라는 스트롬의 분명한 요구에 기습 공격을 당한 것처럼 "충격을 받았다"고 표현했다. 스트롬은 서니가 비교적 빠른 시일 안에 와일리의 지휘권을 포기할 것이라고 단언했지만, 정작 서니는 그 말을 듣지 못했거나 완전히 이해하지 못한 게 분명했다. 그레이록의 회장 헨리 맥캔스는 이렇게 말했다. "자본을 투자받고 싶어 하는 기업가는 '좋아요, 필요하다면 무슨 일이든 하지요'라고 말할 수 있습니다. 하지만 속으로는 '이 사람들한테 내가 그 일을 다 처리할 수 있다는 걸 보여주겠어'라고 생각할 수 있죠." 이사회 위원들은 승계를 암시했다고 생각할지라도 당사자는 그 암시를 분명하게 이해하지 못하거나 승계의 의미를 진지하게 받아들이지 못하거나 혹은 완전히 무시할 수도 있다는 점을 알아야 한다.

승계가 신생 기업의 초기 단계에 시작되는 절차라고 인정한다면, 창업자는 적어도 자신이 신생 기업에 대한 지배력을 어떻게 언제 잃게 될지와 관련해 좀더 통제력을 얻을 수 있다. 11장에서 살펴보겠지만, 창업자는 신생 기업을 설립하기 전에 자신의 핵심 동기를 깊이 숙고한 뒤 그런 동기에 들어맞는 창업 결정을 내려야 한다. 이런 초기 결정에 외부 투자자의 자금 조달이 포함된다면 창업자는 이미 자신의 승계를 향한 중요한 발걸음을 내디딘 셈이다.

창업자는 또한 '이사회보다 앞서' 스스로 승계 작업을 시작함으로써 자신이 신생 기업에 대한 지배력을 잃는 시기를 어느 정도 통제할 수 있다는 점도 알아야 한다.■ 창업자가 제안한 승계와 이사회가 제안한 승계는 매우 다른 결과를 불러올 수 있다. 앞에서 설명한 것처럼 창업자가 CEO 교체를 시작하면 그 자신이 즉각 회사를 떠날 가능성은 낮아지고 후임자 물색과 선택에 중요한 역할을 맡을 가능성은 많아진다. 그리고 고위급 경영진과 이사회 일원으로 남을 가능성 역시 많아진다. 스스로 CEO 자리를 물려주는 것은 비통한 일이지만, 일부 창업자는 왕관을 넘겨준 뒤 확실하게 왕국의 왕자로 남을 수 있다면 그러한 대가는 치를 만한 가치가 있다고 생각한다.

■ 반면, 벤처 투자가 제프 버스갱은 이사회가 '먼저' CEO 교체에 나서는 것은 문제의 소지가 있다고 지적한다.

4부

결론

부 vs. 지배력 딜레마

창업에서 성공까지 이르는 길은 길고 험난하다. 딜레마가 꼬리를 물고 나타나 창업자는 한 가지 결정을 내리고 나면 또 다른 결정에 부딪힌다. 모든 결정이 다 중요하고 때로는 놀라운 단기적·장기적 결과를 불러온다. 이 책에서 우리는 핵심 창업자부터 공동 창업자, 고용인, 투자자, 후임자에 이르기까지 신생 기업에 관여하는 다양한 참여자와 다양한 딜레마에 대해 검토했다. 유망 신생 기업을 설립하기로 결심한 사람들은 먼저 혼자 창업해야 할지, 창업 팀을 만들어야 할지 결정해야 한다. 창업 팀을 만들기로 선택한 사람은 공동 창업자와의 관계, 역할, 보상에 대해 결정해야 한다. 1인 창업자와 창업 팀 모두 고용인과의 관계, 역할 및 보상에 관해서도 결정을 내려야 한다. 많은 창업자는 다양한 투자자에 관한 결정 또한 내려야 할 것이다.

아울러 우리는 이러한 초기 결정에서 비롯된 다양한 결과를 살펴보았다. 때로는 창업자들이 처음부터 바라던 결과가 나타나기도 한다. 하지만 우리는 또한 많은 측면에서 창업자들이 원하는 대로 일이 풀리지 않는 상황 역시 살펴보았다. 거브워크스닷컴에서 칼레일과 톰이 이전 공동 창업자인 치에의 지분을 청산해줘야 했던 사례부터 링스의 공동 창업자 제임스 밀모와 하비에르 파스칼이 투자자의 투자금을 상환할 정도밖에 안 되는 금액으로 신생 기업을 매각해야 할 상황에 처했던 사례, 루 서니가 성공의 절정에 있는 것처럼 보일 때 CEO 직위에서 물러나야 했던 사례 등이 그것이다.

우리는 이러한 결과를 그 결과의 원인이 된 의사 결정이라는 측면에서 살펴보았다. 이제 이러한 결과를 또 다른 측면, 즉 (일단 창업을 결심하면 나타나는) 다른 모든 딜레마와 공존하는 '부 vs. 지배력' 딜레마 측면에서 이해할 때가 되었다. 하지만 먼저 한 걸음 물러나 기본적인 사항을 다시 한 번 살펴보자.

기업가 활동이란 무엇인가? 널리 쓰이는 정의 중 하나는 "개인이 현재 관리하는 자원과 관계없이 기회를 추구하는 과정"[1]이다. 간단하고 심지어 낭만적으로 보이기까지 하는 정의이지만 여기에는 숨은 뜻이 있다. 즉 유망 신생 기업의 창업자가 자신이 필요 자원을 보유했는지에 상관없이 기회를 추구하면 보통 중요한 한 부분(종종 매우 중요한 몇 가지 부분)을 놓친다는 것이다. 한 연구에 따르면, 창업자가 필요한 자원을 모두 보유할 가능성보다 자원에 제한을 받을 가능성이 60배나 더 많았다.[2] 그러나 기회를 충분히 추구하려면 관련 인적 자본, 사회적 자본, 금융 자본을 충분히 보완해야 한다.[3] 더 많이, 더 빨리 사원을 지배할수록 신생 기업의 경쟁력은 높아진다.[4] 신생 벤처 기업의 실패율이 높은 중요한 원인은 바로 자원 부족이다.[5] 우리가 지금까지 설명한 모든 딜레마 뒤에는 자원 부족이라는 요인이 숨어 있다. 창업자가 필요한 인적 자본, 사회적 자본, 금융 자본을 모두 갖춘 상태에서 출발했다면 공동 창업자와 고용인 또는 투자자도 필요 없을 것이고 CEO 자리를 내주어야 할 필요조차 없을 것이다.

외부 자원, 특히 공급이 부족한 자원[6]을 확보하려면 창업자는 귀중한 자산을 포기해야 한다.[7] 외부의 자본 제공자는 기업의 가치 구축에 이바지하는 대가로 종종 중요한 두 가지를 원한다. 바로 경제적 소유권과 의사 결정에 관한 지배력이다. 소유권에 대해 이야기하자면, 외부에서 자원을 제공하는 동기는 대개 신생 기업이 성공할 경우 한 몫의 경제적 이익을 얻게 될 가능성 때문이다. 자기 자신의 가치를 아는 공동 창업자와 고용인은 그들 자신이 신생 기업에 이바지하는 기술과 인맥의 대가로 중요한 의사 결정에 관여하기를 원한다. 또한 투자자는 자신들이 신생 기업에 제공하는 지도와 자금의 대가로 조직의 의사 결정에 관해 어느 정도 지배력을 요구한다.[8] 신생 기업의 지배력은 두 가지가 쟁점이 될 수 있다. 하나는 창업자가 CEO로 남을지 아니면 교체될지의 문제,[9] 다른 하나는 외부인과 내부인 중 누가 이사회를 지배하느냐의 문제이다.[10] 소유권과 지배력 중 하나 혹은 둘 다 포기하지 않으려는 창업자는 필요한 자원을 확보할 가능성이 낮아 자신들이 꿈꾸는 기회를 충분히 추구할 수 없다. 따라서 우리가 살펴본 창업자 딜레마 각각은 소유권과 지배력을 얼마나 희생해 어떤 자원을 얻어야 하는지의 딜레마이기도 하다. 앞으로 살펴보겠지만, 이 딜레마는 이 책에서 다루는 딜레마 중 가장 가혹한 것일 수 있다.

중요한 딜레마: 부 vs. 지배력

부 vs. 지배력 딜레마가 가혹한 것은 기업가에게 가장 흔한 두 가지 동기인 부와 지배력을 대립시키기 때문이다.[■] 창업자는 대부분 가치 있는 신생 기업을 설립한 뒤, 평생 그 기업을 운영하리라 기대하며 열정과 자신감에 가득 차 기업가라는 여정을 시작한다. 이들은 가치 창출과 지배력이라는 두 마리 토끼를 다 잡은 마이크로소프트의 빌 게이츠나 보디숍(The Body Shop)의 애니타 로딕처럼 되고 싶어 한다. 그러나 두 목표 모두를 최대로 달성하는 창업자는 드물다. 신생 기업의 모든 발전 단계에서 한 가지 목표를 최대로 달성하기 위한 조치가 다른 목표에 방해가 되므로 창업자는 대부분 두 목표 중 하나를 선택해야 하기 때문이다. 즉 한 가지 목표의 성취와 다른 목표의 성취 사이에는 긴장이 내재해 있다. (기업가의 다른 동기 또한 중요할 수 있지만, 그런 동기 사이에는 이 같은 긴장이 내재해 있지 않다.)

이런 패턴을 좀더 명확하게 보여주기 위해 도표 11.1에 2부와 3부에서 이미 다룬 주요 딜레마를 요약했다. 이 도표는 지배력 유지와 가치 있는 신생 기업 구축 사이에서 일어나는 일련의 취사선택, 혹은 위에서 언급했듯 소유권과 지배력을 얼마나 희생해 어떤 자원을 얻어야 하는가라는 반복적인 딜레마를 자세히 설명한다. 아래에서 논의하겠지만, 여기에서 나열한 의사 결정은 각 유형의 창업자가 개인적 지배력을 최대화하는 목표나 최종적인 이익을 최대화하는 목표를 고려해 내려야 하는 것들이다. 이런 선택은 일관성이 있어야 하지만 현실적으로 일관

■ 이 두 가지 동기가 수적으로 우세하다는 실증적 증거는 1~2장 참조.

된 선택을 계속하는 경우는 드물다.

한쪽은 한결같이 경제적 가치보다 지배력 유지를 우선순위로 둔다. 잠재 공동 창업자, 직원, 투자자 혹은 후임자가 신생 기업에 중요한 인적 자본, 사회적 자본, 금융 자본을 더하는 데다 신생 기업의 가치를 더 높일 수 있을 때조차 어떤 창업자는 한결같이 지배력을 지향하는 결정을 내린다. 그런 창업자는 신생 기업의 지배력을 유지하기 위해 그 같은 추가적인 가치를 포기할 것이다. 한결같이 지배력을 지향하는 결정을 내린 창업자는 (a) 1인 창업자로 남거나 창업자가 지배력을 유지할 수 있는 공동 창업자만 선택한다. (b) 경험 없는 사람을 채용해 의사 결정의 지배력을 유지한다. (c) 자금을 본인이 조달하거나 신생 기업에 대한 자신의 지배력에 방해가 되지 않을 자금만 모은다. (d) 신생 기업의 모든 발전 단계에서 CEO로 남는 것을 선택한다. 이런 창업자는 자신의 비전 개발과 실행을 전적으로 책임지며 자신이 보유한 인적 자본, 사회적 자본, 금융 자본에 주로 의존하는 것을 목표로 삼는다. 자료(아래 참조)에서 확인할 수 있듯 이런 창업자는 더 오랜 기간 지배력을 유지할 가능성이 높지만 결국 자기 지분의 가치는 낮아진다.

반대로 또 다른 한쪽은 한결같이 지배력 유지보다 가치 구축을 우선시한다. 이 두 번째 유형의 창업자는 (a) 자신의 중요한 허점을 채울 전문성 있는 공동 창업자를 영입하기 위해 노력한다. (b) 각자 맡은 영역을 장악할 수 있는 경험 많은 사람을 채용한다. (c) 의사 결정 지배력을 정당하게 요구할 수 있을 만큼 신생 기업에 많은 가치를 더하는 투자자에게서 자금을 받는다. (d) 다음 발전 단계에 자신과 다른 누군가가 신생 기업을 더 잘 이끌 시점이 되었는지 살핀다. 아울러 잠재 공동 창업자, 직원, 투자자 혹은 후임자가 신생 기업에 중요한 부분(기술과 인적 자

도표 11.1 부 vs. 지배력 딜레마

신생 기업에 참여하는 당사자	의사 결정 영역	지배력 유지가 중심인 결정	부를 최대화하기 위한 결정
공동 창업자	1인 vs. 공동	1인 창업자로 남음(혹은 힘이 미약한 공동 창업자 확보)	창업 팀 구성: 최상의 공동 창업자 유치
	관계	'편안하게 대할 수 있는' 공동 창업자를 구하기 위해 먼저 가까운 주변 인물 고려	최상의 (그리고 자신을 보완할 수 있는) 공동 창업자를 찾기 위해 가까운 관계와 먼 관계를 모두 활용
	역할	의사 결정에 강력한 지배력 유지: 계층 형성	특정 분야에 전문성을 갖춘 공동 창업자에게 의사 결정권 부여
	보상	소유주 지분의 대부분 또는 전부 유지	공동 창업자의 관심 유발과 동기 부여를 위해 지분 분배
직원	관계	필요하다면 가까운 개인적 인맥(친구, 가족 등) 안에서 고용	최상의 직원을 찾기 위해 더욱 광범위한 인맥을 적극 활용
	역할	주요 결정에 대한 지배력 유지	적합한 전문가에게 결정 위임
	보상	급여가 높지 않은 하급 직원 고용	숙련된 직원을 고용하고 현금과 지분으로 보상 제공
투자자	본인 조달 vs. 외부 자본 유치	본인 조달: '부트스트랩(외부 도움 없이 창업)'	외부 자본 유치
	자본 공급자	친구, 가족 또는 자금 지원만 하는 에인절 투자자: 가능한 경우 대안(예: 고객의 선불, 부채 등) 활용	노련한 에인절 투자자나 벤처 투자가 겨냥
	조건	투자자에게 유리한 조건 거부(예: 초대다수의결권 반대)	최상의 투자자를 유치하기 위해 필요한 조건 수용(예: 초대다수의결권)
	이사회	공식적인 이사회 설립 회피: 이사회를 설립할 때는 구성과 구조 통제	최상의 투자자와 임원진 확보에 필요할 경우 이사회에 대한 지배력 상실 수용
후임자	승계의 계기	어쩔 수 없을 때까지 승계 회피	신생 기업의 다음 단계가 자신의 전문 지식을 넘어설 경우 승계 과정 착수 수용
	승계 의지	CEO 자리 양도 거부	더 우수한 CEO에게 자리 양도하는 것을 수용
	승계 후 원하는 역할	'왕'으로 남기보다 떠나는 것을 선호	자신의 기술과 선호에 맞는 지위를 가진 경영진으로 남기를 선호

다른 요인들	신생 기업의 성장률에 관한 선호	점진적이고 온건한 성장	신속하고 폭발적인 성장
	자본 집약도	낮음	높음
	주요 창업자의 '자본'	큰 도움 없이도 신생 기업을 출범하고 구축할 준비를 잘 갖추고 있음	다른 관계자들이 메워야 하는 부족분이 매우 큼
가장 가능성 높은 결과		지배력 유지: 구축할 수 있는 가치가 상대적으로 낮음	경제적 가치 구축: 지배력 축소

본, 연고와 사회적 자본, 혹은 금융 자본)을 충당할 수 있을 때, 자신의 지배력이 위태로워지더라도 기꺼이 그 사람의 영입에 필요한 조처를 취한다.

많은 창업자, 특히 첫 창업이라 아직 자신이 내린 결정의 결과를 경험하지 못했거나 조언해줄 멘토가 없는 창업자는 종종 초기에 내린 결정이 이런 방향 중 하나로 자신을 이끌고 간다는 것을 인식하지 못한다. 도표 11.1은 서로 다른 유형의 창업자가 취할 수밖에 없는 의사 결정을 표준적으로 나타낸 것일 뿐이다. (종종 다른 선택을 하기도 하지만 말이다.) 이 책에서 살펴본 것처럼 초기에 계획적으로 검토해 결정하면 계속해서 수동적으로 대응하는 결정을 내리는 것보다 훨씬 더 나은 결과를 얻을 수 있다. 즉 창업자는 모름지기 '주어진 대로 결정하지 말고 계획에 따라 결정해야' 한다.

다른 결과: 부자 vs. 왕

각각의 갈림길에서, 가치를 최대화하고자 하는 결정은 창업자의 지배력을 위태롭게 하는 경향이 있고 그 역 또한 성립한다. 신생 기업에서 지배력 유지와 가치 구축은 본질적으로 상충하는 관계다. 가치를 구축하려면 가치를 추가하는 사람이 필요한데, 그가 어느 정도의 지배력을 요구하기 때문이다.

한결같이 지배력을 지향하는 결정을 내린 창업자는 필자가 '왕'이라고 부르는 결과를 얻을 가능성이 많다. 이런 창업자는 왕관은 지키지만, 다른 선택을 했으면 가능했을 수도 있는 크고 부유한 왕국을 지배하지는 못한다. 한결같이 부를 최대화하려는 결정을 내린 창업자는 필자가 '부자'라고 부르는 결과를 얻을 가능성이 많다. 이런 창업자는 일반적으로 왕관은 잃지만, 자신이 세운 벤처 기업이 사업 기회를 최대한 추구하는 모습을 볼 수 있다. 도표 11.2는 지배력과 가치 창출을 둘 다 얻은 결과('부자도 되고 왕도 된' 경우. 이를 '기업가의 이상'이라고도 부른다)와 양쪽 다 얻지 못한 결과('실패')를 요약한 것이다.

필자가 수행한 정량분석에 따르면, 지배력을 유지하면서 최대의 가치를 창출하는 창업자는 거의 없다. 특히 처음 기업을 설립하는 창업자는 더욱 그러하다.■ 창업자 겸 CEO의 직위 승계를 다룬 10장에서 살펴본 것처럼 아주 성공적인 창업자라도 자신이 세운 신생 기업이 매우 커지거나 상장기업이 되었을 때 여전히 CEO 자리에 있는 경우는 드물다. 빌 게이츠와 애니타 로딕이 그토록 유명해진 것은 바로 이들이 예외적인 사례이기 때문이다. 하지만 많은 창업자는 자신이 세운 신생 기업의 전망과 자기 능력에 자신감이 많고 자신이 떠올린 아이디어에 강한 열정을 느끼기 때문에 추가적인 자원의 필요성을 과소평가하거나 광범위한 외부 자원을 받아도 자신이 지배력을 유지할 수 있다고 자기 역량을

■ 마찬가지로 파워 엘리트 이론에서도 '부자 기업가(권한이 강하고 부유한 최고경영자)'는 엘리트 집단에서 아주 소규모 하위 집합이다.

도표 11.2 창업자가 얻는 결과: 부자 vs. 왕

		경제적 이익	
		잠재 가치에 훨씬 못 미침	잠재 가치 획득
의사 결정에 대한 지배력 유지	약	실패	부자
	강	왕	부자 & 왕

〈하버드 비즈니스 리뷰〉의 허락을 받아 응용·전재함. 노암 와서먼의 《창업자의 딜레마》, (2008. 2), Copyright ⓒ2008 하버드 경영대학원 출판사. 저작권 등록.

과대평가한다. 기업가 특유의 이러한 본능적 성향으로 인해 창업자는 자원을 너무 적게 보유하거나 신생 기업에 대한 지배력이 너무 낮아지는 결정을 내려 부자나 왕이 되는 길에서 멀어질 수 있다.■

또한 필자의 분석에 따르면, 개인적으로 지배력을 유지하는 창업자는 경제적인 부분을 상당히 포기하는 것으로 나타났다. 이런 창업자는 가치가 더 낮은 신생 기업을 만드는 한편, 지분은 더 많이 보유하는 경향이 있다. 하지만 가치를 추구하는 창업자가 보유한 '큰 파이의 작은 조각'이 지배력을 추구하는 창업자가 보유한 '작은 파이의 큰 조각'보다 일반적으로 더 크다. 필자가 분석한 460개 신생 기업의 다양한 차이를 보정한 결과,[11] 도표 11.3에 나타난 것처럼 CEO 직위와 이사회에 대한 지배력을 둘 다 유지한 창업자는 둘 다 포기한 창업자가 보유한 지분

■ 이 책에서 우리는 과도한 자신감이 창업자의 결정을 어떻게 왜곡하는지 살펴보았다. 또 과도한 자신감은 기업가의 이상을 성취할 가능성을 잘못 판단하게 함으로써 창업자들로 하여금 가치 있는 신생 기업을 성장시키면서 늘 지배력도 유지하는 예외적인 창업자만 염두에 두거나, 자신에게 주어진 기회가 일반적인 창업자보다 높다고 가정하게끔 할 수 있다. 이와 같은 잘못된 판단을 통해 내린 선택은 지배력 유지든 부의 최대화든 창업자가 최고 우선순위로 두는 목표를 성취하기보다 실패할 가능성을 높인다.

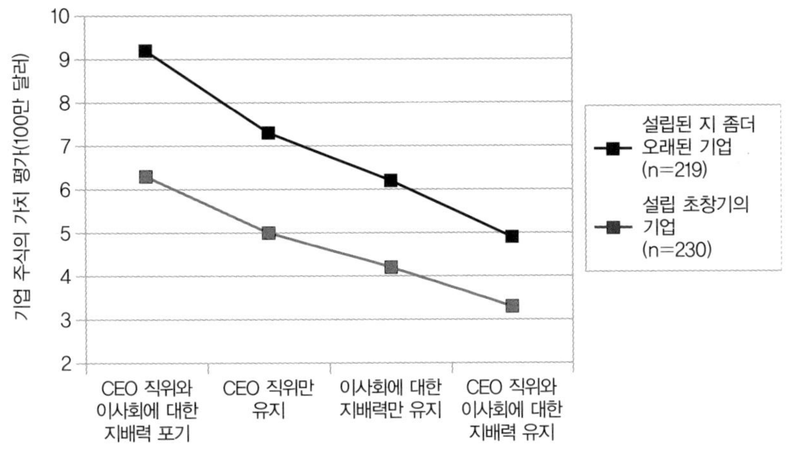

노암 와서먼, "부자 vs. 왕: 기업가의 딜레마"에서 전재. 《경영학회 최우수 발표 논문집》, 2006.

가치의 52퍼센트에 불과한 지분을 보유했다. (CEO 직위나 이사회에 대한 지배권 모두가 아니라 하나만 포기했을 때 창업자의 지분 가치는 중간 정도였다.) 이런 결과는 초창기 신생 기업과 좀더 오래된 기업 모두에서 나타난다. 따라서 창업자가 부와 지배력 사이에서 취사선택을 해야 하고 신생 기업의 발전 단계에서 이러한 취사선택이 계속된다는 것을 알 수 있다.

필자는 창업자들이 한결같은 의사 결정을 하는 경향이 있는지 어떤지를 평가하기 위해 (지배력 쪽으로 더 기울 것 같은) 1인 창업자와 핵심 창업자가 공동 창업자를 영입한 예를 비교해보았다.■ 이 데이터베이스에는 2005~2009년 시이에 조사를 완료한 1658개 기술 분야 신생 기업이 포함되어 있으며 자본 집약도, 사업 부문, 신생 기업의 성숙도 등 창업자와 신생 기업의 다양한 특징으로 보정했다. 통계적으로 의미 있는 결과는 아래에서 요약한 것처럼 창업 딜레마 전체에 어느 정도 일관성이 있음을 보여준다.

- 채용—1인 창업자는 창업자가 여러 명인 신생 기업보다 채용하는 직원의 연령대가 낮다. 이는 1인 창업자가 급여 낮은 직원을 선호한다는 것을 나타낸다.
- 투자자—1인 창업자는 (a) 창업자의 소유권을 희석하지 않는 부채로 자본을 조달할 가능성이 그렇지 않은 경우보다 거의 2배에 가깝다. (b) 신생 기업의 후기 단계에 첫 번째 기관 펀딩 라운드를 진행한다. (아마 투자자가 이런 기업에 대한 투자를 주저하거나 창업자들이 가능한 한 투자 시기를 늦추기 때문일 것이다.) (c) 첫 번째 기관 펀딩 라운드에서 조달하는 자금의 규모가 작다. (이 역시 투자자나 창업자의 선호에 기인한 것일 수 있다.)
- **이사회 회장의 역할**—1인 창업자는 1차 펀딩 라운드 후에 이사회 회장과 CEO 직위를 둘 다 유지할 가능성[즉 '더블 킹(double king)'으로 남을 가능성]이 많다.

1인 창업한 신생 기업은 창업자가 여러 명인 신생 기업보다 투자 전 기업 가치를 더 낮게 받는데, 이런 결과는 지배력이 동기인 창업자가 지

■ 우리는 사람들의 행동을 검토해 선호도를 파악했는데, 그 결과를 보면 1인 창업은 창업자가 지배력을 지향한다는 점을 가장 명확히 보여주는 지표 중 하나다. 그러나 우리는 애초 혼자 창업할 생각이던 (그래서 결과적으로 혼자 창업한) 1인 창업자와 공동 창업자를 찾으려 노력했지만 실패한 1인 창업자를 구분하지는 못했다. (이 문제에서 비롯된 '노이즈'를 고려하면 여기에서 설명하는 분석은 독립 변수의 통계적 중요성을 낮게 잡는 보수적 관점을 유지해야 한다.) 아래에서 설명하는 것처럼 앞으로의 연구에서는 지배력이라는 동기의 지표를 더 검토해야 하며, 여기에는 동기에 대한 자기 보고식 측정이나 2장에서 상세히 설명한 커리어리더와 비슷한 조사 문항이 포함될 수 있을 것이다.

배력을 지향하는 결정을 내리기 위해 치르는 대가를 확인해준다. 그러나 이런 결과는 다른 한편으로 1인 창업자가 조달하는 자금 규모는 작지만 그것을 더 우호적인 조건으로 받을 수 있음을 시사하며, 지배력이 동기인 창업자는 보통 기꺼이 이 같은 선택을 한다.

부 vs. 지배력의 관점에서 에번 윌리엄스의 의사 결정 재검토

이 책에서 우리는 에번 윌리엄스가 블로거와 오데오를 창업하고 성장시키는 과정에서 했던 아주 다른 선택들을 검토했다. 지배력을 지향하는 결정과 부를 지향하는 결정 사이의 긴장을 생각하면서, 윌리엄스의 선택을 한 번 더 살펴보자. 블로거에서 윌리엄스는 한결같이 지배력을 지향하는 결정을 내렸다. 윌리엄스는 신생 기업과 산업에 경험이 없는 예전 여자 친구 멕 휴리한과 함께 회사를 설립했다. 그리고 젊고 경험 없는 친구들을 채용해 저렴한 급여를 주며 제품을 만들다가 나중에는 좀더 극단적인 선택을 해서 이들을 교체했다. 바로 자원봉사자들을 받은 것이다. 윌리엄스는 회사에 대한 지배력을 유지하겠다는 입장이 강경했으므로 휴리한에게 지분을 동등하게 분배하는 것을 거부하고 전문 투자자에게 지분을 매각하는 것 역시 피했다. 휴리한과 의견 차이가 생기면 자신이 생각하는 회사의 비전을 밀고 나가며 발언을 가로막거나 그냥 그녀의 관심사를 무시했다. 닷컴 투자 열풍이 고조됐을 때조차 윌리엄스는 벤처 캐피털과의 논의를 회피하고 친구, 가족, 에인절 투자자에게서 자금을 받는 쪽을 선호했으며 심지어 공개적인 '서버 모금 캠페인' 동안 기부를 받기도 했다. 휴리한이 CEO 자리를 맡겠다고 주장했지만, 결국 거부해 그녀로 하여금 회사를 떠나게 만들었다. 또 윌리엄스는 신생 기업에 대한 자신의 지배력을 위협하는 인수 제안을 거절했다. 그 거절로 직원 전체를 잃게 됨에도 뜻을 굽히지 않았다. 실제로 이 결정을 한 다음 윌리엄스는 안도감을 느꼈다. "다음 날, 슬픔과 상실감이 뒤죽박죽인 가운데 믿을 수 없을 정도의 해방감을 느꼈습니다."

반면, 윌리엄스는 오데오에서 한결같이 부를 지향하는 결정, 즉 회사에 대한 자신의 지배력을 위협하는 결정을 내렸다. 그는 팟캐스팅 분야에 경험이 있는 사업상 지인인 노아 글래스와 함께 회사를 창업하고, 글래스에게 CEO 지위와 가장 많은 지분을 주었다. 그리고 오데오가 보유한 팟캐스팅 기술의 커다란 잠재력을 깨닫고 오데오를 신속하게 성장시키기 위한 일련의 결정을 내렸다. 신망 있는 벤처 캐피털과 협상해 500만 달러를 투자받은 그는 높은 수준의 경험을 보유한 경영진, 기술자, 영업 관리자를 뽑는 데 이 돈을 썼다. 그리고 이들에게 자기 직무 안에서 의사 결정을 주도하도록 했다. 그 후 투자자 대표들이 주축이 된 이사회가 오데오의 의사 결정에 깊이 관여했다.

각 신생 기업에서 윌리엄스의 선택은 매우 일관적이었다. 블로거에서는 도표 11.1의 왼쪽 칸에 있는 지배력을 지향하는 결정을 내렸고, 결과적으로 충분한 지배력을 얻었다. 하지만 당시 블로거가 급격히 팽창하는 사용자들의 선택을 받은 도구였다는 점을 고려할 때 블로거는 보장된 잠재력보다 훨씬 못한 가격에 매각되었다. 반면 오데오에서는 도표 11.1의 오른쪽 칸과 같은 부를 지향하는 결정을 내렸다. 이런 선택으로 윌리엄스는 지분과 의사 결정 지배력을 많이 잃는 대신, 가치 있는 신생 기업을 성장시키는 가능성을 높였다.

오데오의 이후 모습을 살펴보는 것 또한 우리의 논의에 꽤 도움이 될 것이다. 윌리엄스가 지배력을 발휘하고자 하는 자신의 성향과 커다란 기회를 추구하려는 바람 사이에서 어떻게 균형을 맞추기 위해 노력했는지를 보여주기 때문이다. 애플의 아이튠즈(iTunes)가 시장의 관심을 끌자 윌리엄스와 팀은 오데오의 전망이 크게 약화했음을 인식하고 다른 아이디어를 찾기 위해 브레인스토밍을 했다. 오데오의 엔지니어 잭 도시(Jack Dorsey)가 사용자들이 일단의 '팔로워(followers)'에게 즉각 짧은 문자 메시지를 보낼 수 있는 상태 업데이트 도구를 제안했다. 팀이 프로토타입을 개발하기로 한 2주 뒤 트위터라는 제품이 탄생했다. 윌리엄스와 동료 엔지니어들은 트위터 개발로 방향을 바꾸는 것이 현명하다고 생각했지만, 이사회의 벤처 캐피털을 설득하기란 힘든 일이었다. 이 시점에서 윌리엄스는 트위터의 완전한 잠재력을 탐구하고 개발하려면 오데오에 대한 충분한 지배력이 필요하다는 것을 깨달았다. 하지만 당시 윌리엄스는 초기의 결정들로 인해 지배력을 많이 잃은 상태였다. 윌리엄스는 자신이 원하는 창조적 자유를 되찾기 위해 전례를 거의 찾아볼 수 없는 결정을 내렸다. 자기 돈 300만 달러로 투자자들의 주식을 사들여 회사의 지배력을 탈환한 것이다. 1년 뒤 윌리엄스는 오데오의 팟캐스팅 부문 자산을 소닉 마운틴(Sonic Mountain)에 100만 달러가 넘는 가격에 매각한 다음 트위터를 독립시키고 아이디어 제안자인 잭 도시를 CEO에 앉혔다.

2008년 사용자가 매달 수백만 명씩 늘어나면서 트위터의 성장이 가속화하자 윌리엄스는 다시금 지배력을 되찾아야겠다는 필요성을 느꼈다. 그래서 이사회의 승인을 얻어 도시를 CEO에서 이사회 회장으로 이동시키고 자신이 CEO 자리를 물려받았다. 나중에 윌리엄스는 "힘들고 혼란스러웠습니다. ……CEO가, 더구나 창업자이기도 한 CEO가 물러나 누군가에게 보고하는 자리로 가서 효과를 본 사례는 거의 없을 겁니다"[12]라고 말했다. 도시 처지에서는 CEO 직위에서 밀려난 일이 "주먹으로 배를 얻어맞는 것"[13] 같았다. 그런 과정에서 윌리엄스는 가끔씩 그리고 지배력 유지에 맞는 조건으로만 자금을 모았다. 하지만 윌리엄스는 고전했다. 그의 표현을 빌리면 그와 팀은 "우주선에 필사적으로 매달려"[14] 있었다. 윌리엄스는 조직이 체계적으로 계속 돌아갈 만큼 신속하게 직원을 채용하거나 절차를 정착시키지 못했다. 트위터에는 또한 수익화 전략이 없었다. 윌리엄스는 이런 허점을 채우기 위해 2009년 9월 피드버너의 전 창업자 겸 CEO 딕 코스톨로를 COO로 채용했다. (코스톨로는 이 책에서도 여러 번 다룬 창업자다.) 이어 10장에서 설명한 각본에 따라 '사기 전에 1년 동안 써본' 뒤 2010년 9월 코스톨로를 자신의 후임 CEO로 임명했다. 그리고 자신은 제품 전략 수립 업무를 맡았다가 몇 달 뒤 트위터를 떠났다. 이처럼 딕 코스톨로의 다섯 번째 신생 기업은 창업자 겸 CEO에게서 CEO 자리를 물려받은 기업이었다. 코스톨로는 다른 사람이 세운 신생 기업의 다음 발전 단계를 이끌어나가는 데 이전의 네 개 신생 기업에서 배운 교훈을 모두 적용했다.

그 밖의 대안: 2급 자원 이용

윌리엄스의 결정은 많은 다른 창업자의 결정과 비교할 때 두 가지 측면에서 극단적이다. 즉, 극단적으로 지배력이나 부를 선택하는 결정을 내렸고, 그런 선택이 각 신생 기업에서 극도로 일관적이었다.

도표 11.1은 일련의 두 가지 선택을 보여준다. 높은 수준의 특정 자원 영입을 피할 것인지(많은 가치를 부가할 수 있지만 창업자의 지배력에 가장 큰 위협이 될 수 있다), 아니면 받아들일 것인지 두 가지 선택권이다. 그러나 현

실에서는 가치는 부여하지만(최대의 가치는 아니다) 덜 위협적인(전혀 위협이 없는 것은 아니다) 중간적인 선택이나 '2급 자원'들이 존재한다.[15] 창업자는 1인 창업을 하거나 최상의 공동 창업자를 영입하는 대신 '적당한' 공동 창업자를 끌어들이는 선택을 할 수 있다. 또 경험이 없거나 굉장히 경험 많은 경영진이 아니라 중간 정도 경력의 경영진을 채용할 수 있다. 벤처 캐피털의 자금을 전혀 받지 않거나 최대한 많이 받는 대신, 소규모 펀딩 라운드로 자금을 조달해 CEO 자리에서 물러나야 할 위험을 줄일 수도 있다.[16]

프랭크 어단테가 신생 기업 스트롱메일에서 크레이그스리스트를 통해 경험 없는 'B팀'을 채용한 것은 2급 자원을 이용한 하나의 사례다. 어단테는 개념을 검증받고자 일하는 동안 일류 대학 졸업자나 노련한 경영진 대신 B팀을 이용해 번레이트를 낮추고 혼자 힘으로 회사를 세울 수 있었다. 이런 방법의 단점은 어단테가 팀을 지휘하는 데 귀중한 시간을 쓰고 직원들의 의욕과 자기 주도성이 부족해 불만스러웠다는 것이다. 그러나 B팀은 어단테가 회사를 세우고 제품을 개발해 벤처 캐피털의 관심을 끄는 데 필요한 시간을 벌어주는 임무를 충족했다. 결과적으로, 어단테는 외부 자금을 조달해 B팀을 일류 직원들로 교체했다.

그 밖의 대안: 혼합형 방식

우리는 블로거와 오데오의 초기 단계에서 윌리엄스가 내린 결정들이 놀라울 정도로 한결같음을 살펴보았다. 창업자가 내리는 각각의 결정은 신생 기업의 가치를 구축하거나 의사 결정 지배력을 유지하는 데 점진적으로 영향을 미칠 수 있다. 우리는 한결같이 지배력을 지향하는 결정을 내리면 (기업의 규모는 작지만) 창업자가 지배력을 유지할 가능성이 뚜렷이 높아지고, 한결같이 부를 지향하는 결정을 내리면 (의사 결정 지배력은 잃지만) 가치를 더 높일 가능성이 뚜렷이 많아질 것이라고 예상한다. 그러나 일부 창업자는 혼합형 방식(지배력을 지향하는 결정과 부를 지향하는 결정의 혼합)을 추진해 부자도 되고 왕도 될 기회를 높이고 싶어 한다.▪ 예를 들어, 이들은 1인 창업자로 남아 그 지배력에 도전하지 않는 직원들만 채용함으로써 지배력을 완전히 유지할 수 있다. 이렇게 완전히 지배력을 발휘하는 기간을 이용해 첫 제품을 개발하고 초기의 중요한 단계별 목표를 성취할 수 있다면, 외부 투자자들이 제시하는 투자 조건에 더 많은 지배력을 발휘할 수 있다. 그러면 부를 지향하는 결정 쪽으로 전략을 바꾸어 자신이 찾을 수 있는 최상의 투자자를 영입하며, 투자자의 자본을 활용하고 지도를 받아 신생 기업과 팀을 발전시키는 데 전력할 수 있다. 버펄로 에인절 네트워크(Buffalo Angel Network)의 회장은 최근 이런 전략을 시사하며 "창업자, 투자자 혹은 기업가가 내려야 할 가장 어려운 결정은 '회사의 성장을 위해 과연 나는 언제 지배력 일부를 포기할 것인가'이다"[17]고 말했다.

제네비브 시어스는 신생 기업 시터시티를 설립한 초기에 지배력을 지향하는 결정들을 내렸다.[18] 1인 창업자가 되기로 했으며 조언자나 직원, 에인절 투자자를 구하는 데 친구와 가족의 인맥을 이용했다. 또한 의사 결정의 모든 지배력과 지분을 모두 자신이 보유했다. 그러나 시터시티를 설립한 지 8년이 지났을 때 시어스는 지금이 회사를 계속 성장시키고 선점자의 우위를 유지하기 위해 벤처 캐피털의 자금을 구할 적

▪ 물론 이처럼 서로 반대되는 조치를 매끄럽게 오갈 만한 창업자는 드물다!

기라고 느꼈다. 시어스는 그처럼 오래 기다렸던 이유를 이렇게 설명했다. "많은 창업자가 너무 일찍 자금을 받아 회사의 소유권을 잃어버립니다. 회사를 투자자들이 운영하기 시작하는 거죠. ……〔내게는〕지배력 유지가 굉장히 중요했습니다. 우리는 2008년에 드디어 벤처 캐피털에서 자금을 받기로 결정했지요. 왜냐하면 …… 전 항상 어느 시점이 되면 자금을 받는 게 회사를 위해 좋을 거라고 생각했거든요. 시터시티는 아마 우리 투자자들이 지금껏 본 회사 중에서 가장 후기 단계에 1차 펀딩 라운드를 시작한 회사일 겁니다. 우리 회사는 매우 성공을 거두었고 규모도 큰 데다 안정된 팀을 보유했습니다. 우리 투자자들은 돈을 투자하고 그냥 편안히 앉아 있기만 하면 됐습니다." 시간이 넉넉하고 자본 집약도가 낮은 시터시티 같은 신생 기업에는 이런 전략이 효과적일 수 있다. 그러나 다른 신생 기업들이 이런 전략을 쓰면 제품 개발이 늦어지거나 낮은 품질의 제품을 생산할 가능성이 높아지고(제품 개발에 들이는 자원이 적기 때문이다) 경쟁에서도 불리해져 구축 가능한 가치와 기업가의 이상을 실현할 가능성이 떨어진다.

창업자들은 부, 지배력 혹은 혼합형 전략을 선택할 때 신생 기업의 성공에 매우 중요한 자원 중 무엇이 부족한지 주의 깊게 평가한 다음 지분, 경제적 자원 그리고 그러한 자원을 확보하기 위한 노력을 신중하게 할당해야 한다. 이런 창업자는 취약한 한 분야의 자원을 강화해 약점을 보완하려고 노력할 수 있다. 예를 들어, 의식적으로 공동 창업자 영입을 피해 지분을 모두 보유한 1인 창업자는 그 대신 창업 후 최상의 직원을 끌어들이기 위해 지분을 활용하는 데 초점을 맞출 수 있다. 예를 들어, 1인 창업자 루 서니는 에인절 투자자들이 자신의 지분이 희석되는 것을 거부하자 첫 번째 고용인의 흥미를 끌기 위해 자신의 지분을 일부 매각했다.

이런 혼합형 전략은 실제로 창업자들이 '부자'나 '왕' 중 한쪽만 될 가능성을 줄일 수 있지만, 실패로 끝날 가능성 역시 높여준다. 여러 가지 전략을 추진하는 기업은 "중간에 어중간하게 끼인"[19] 상태가 될 수 있다. 따라서 일관되지 않은 선택을 한 기업가는 결국 전략이 뒤섞여[20] 실패 위험이 커질 가능성이 많다. 이번 장 뒷부분에 있는 부록 11.1은 혼합형 전략의 장단점에 관해 간단한 정량적 분석을 제시한 것이다. 자신의 핵심 동기를 명확히 몰라 어떤 결과와 선택이 최상인지 확신하지 못하는 창업자는 실패를 줄이기 위해 혼합형 전략을 써서 양다리를 걸칠 수 있다. 하지만 부록 11.1의 모델은 이런 방법은 위험성이 높다는 것을 보여준다. 어느 한 가지 결과를 성취할 가능성은 뚜렷하게 낮아지고 다른 한 가지 결과를 얻을 가능성은 약간 증가하는 반면, 실패할 가능성은 상당히 높아지기 때문이다.

혼합형 전략이나 양다리 전략에서 비롯될 수 있는 또 다른 위험은 신생 기업을 구축해나가는 도중에 전략을 변경한 창업자는 신생 기업 내에 중대한 긴장을 불러일으키거나 최상의 자원을 확보하는 데 지장을 받을 수 있다는 것이다. 예를 들어, 처음에 최상의 공동 창업자와 직원을 끌어들인 뒤(부를 지향한 선택) 외부 투자자로부터의 자금 조달을 거부한다면(지배력을 지향한 선택), 주요 직원들 사이에 의견이 충돌하고 이직률을 높일 수 있으며 남아 있는 직원에게 계속해서 급여를 지급할 자원이 부족해질 수도 있다. 의료 제품 연구 개발 업체 데카(DEKA)를 설립해 1인용 차량인 세그웨이를 발명한 딘 카멘은 세그웨이의 높은 잠재력을 알아차리자마자 많은 투자자와 협의를 시작하고 프로젝트를 관리할 노련한 경영진을 채용했다. 그러나 이후 카멘은 지배력을 고집하며 잠재 창업자들에게 퇴짜를 놓았고, 그 결과 핵심적 의사 결정권을 약속받았

던 노련한 CEO 팀 애덤스가 회사를 떠나기에 이르렀다.[21]

'더 나은' 결과와 '더 나쁜' 결과

어떤 결정을 내리느냐에 따라 결과도 그렇게 달라진다면 한 가지 결과가 다른 결과보다 더 낫거나 나쁘다고 할 수 있을까? 에번 윌리엄스는 블로거에서 지배력을 지향하는 선택을 했고 오데오에서는 부를 지향하는 선택을 했다. 그는 한쪽에서는 옳은 선택을, 다른 쪽에서는 틀린 선택을 한 것일까?

핵심 창업자의 시각: 자기 이해와 의사 결정

2장에서 살펴본 것처럼 기업가의 동기는 매우 다양하다. 그중에는 창업자에게 어떤 결정을 내려야 할지 뚜렷한 지침을 주지 않는 동기도 많다(예를 들어 이타주의, 다양성, 지적 도전). 하지만 가장 보편적인 두 가지 동기는 신생 기업 내의 중요한 결정에 대한 권한과 지배력을 유지하는 것 그리고 가치 있는 신생 기업을 구축해 경제적 이익을 얻는 것이며, 이 두 가지 동기는 분명한 지침을 제공한다.

한 가지 동기를 지향하는 일련의 선택이 다른 동기를 지향하는 일련의 선택보다 창업자에게 더 좋다고 할 수 있을까? 특정 환경에서는 그럴 수 있다. 예를 들어, 시간을 다투는 환경에서 자본 집약적 아이디어를 추진할 때는 실제로 지배력을 지향하는 선택이 부를 지향하는 선택보다 문제가 더 많을 것이다. 하지만 그렇지 않을 때에는 창업자의 핵심 동기에 맞는 선택이기만 하면 부를 지향하는 선택이 지배력을 지향하는 선택보다 더 좋지도, 더 나쁘지도 않다. '더 나쁜' 것은 서로 일관성 없는 일련의 선택을 하는 것이다. 일관되지 않은 선택을 내렸다는 것은 선택 중 일부가 창업자의 핵심 동기와 들어맞지 않았다는 뜻이다. 최악은 시종일관 창업자의 핵심 동기와 반대되는 선택을 내린 경우일 것이다.

부가 동기인 창업자인데 한결같이 지배력 중심의 결정을 내린다면 어떤 결과에 도달하기는 하겠지만 아마도 창업자가 원하는 결과는 아닐 것이다. 지배력이 동기인 창업자인데 한결같이 부를 지향하는 결정을 내린 창업자 역시 마찬가지다. 와일리를 창업한 초기에 루 서니는 CEO가 되어 사업가로 성장하겠다는 목표를 밝혔다. 서니는 이 목표를 위해 한결같이 지배력 중심의 선택을 했다. 창업한 뒤 첫 제품을 개발하기 위해 1년 동안 혼자 일하고 친구와 가족에게서 자금을 모았으며 성장 가능성 있는 하급 직원들을 채용했다. 하지만 그 후 서니는 와일리의 성장을 촉발하기 위해 정상급 벤처 캐피털들과 여러 차례 펀딩 라운드를 진행하면서 이사회에 대한 지배력과 왕으로서의 신분을 잃었다. 요컨대 자기가 세운 기업의 중심에서 밀려난 것이다. 서니는 와일리가 자금 회수를 할 때 괜찮은 경제적 보상을 받았는데, 부자 되는 것이 핵심 동기인 창업자라면 서니가 얻은 결과에 기뻐했을 것이다. 하지만 서니 자신은 지배력을 잃은 것을 후회했고, 다음에 설립할 신생 기업에서는 지배력을 지키겠다고 맹세했다. 서니는 "다음에는 10억 달러짜리 회사가 될 때까지 운영할 거야. 벤처 캐피털이 뭐라고 하건 신경 안 쓰겠어!"라고 공공연히 말하곤 했다.

우리(혹은 창업자)는 창업자의 동기를 이해해야만 결과가 좋은지 나쁜지 판단할 수 있다. (아래에서 살펴보겠지만 우리는 창업자가 자신의 핵심 동기와 맞지 않는 선택을 내리게끔 하는 사업적 특성과 환경적 상황 또한 고려해야 한다.)

에번 윌리엄스는 어떨까? 윌리엄스는 두 개의 다른 신생 기업을 추진하면서 정말로 다른 두 개의 동기를 지녔을까? 블로거에서 윌리엄스는 지배력을 유지하기 위해 모든 위험을 무릅썼는데 오데오에서는 다른 사람이 된 것 같았다. 신생 기업의 가치를 최대화하기 위해 기꺼이 지배력을 내주었기 때문이다. 하지만 실제로 윌리엄스는 벤처 캐피털들로부터 500만 달러를 조달한 뒤 이사회의 철저한 감독에 짜증이 났다. "내가 뭘 하든 이사회에 설명하고 정당화시켜야 했습니다. ……그렇게 하면 뭔가 좋은 것으로 이어질 창조적인 부분이 망가지지요. ……나 자신을 설명하라는 요구는 정말 받고 싶지 않았습니다. 이사회를 두는 건 새로운 일을 시도하는 내 능력을 죽이는 겁니다." 윌리엄스는 이렇게 결론 내렸다. "나는 회사에 대한 완전한 지배력이 있어야만 회사를 믿을 수 있었지요……." 그렇다면 윌리엄스는 속으로는 여전히 지배력을 지향하면서 부를 지향하라고 자신을 설득한 것처럼 보일지도 모르겠다.

(a) 분명한 우선순위가 없는 창업자, (b) 아직 자신을 충분히 파악하지 못했거나 신생 기업의 CEO가 직면한 과제를 경험하지 못한 창업자가 도표 11.1에서 개략적으로 설명한 것들을 선택하기란 특히 어려울 수 있다. (우선순위도 분명하지 않고 자기 인식과 경험이 부족한 창업자는 정말로 힘든 상황에 처할 것이다.) 첫 번째 경우, 창업자는 부와 지배력에 동등하게 동기를 부여받을 수 있다. 반면, 어느 쪽에도 강한 동기를 부여받지 않아 일관된 결정을 내리기가 특히 어려울 수도 있다. 두 번째 경우, 처음 창업하는 창업자 겸 CEO는 종종 다음의 네 가지를 몰라 불리한 상황에 놓인다. 첫째, 고속 성장하는 신생 기업에서 일한 적이 없어 각각의 성장 단계가 어떻게 다른지 알지 못한다. 둘째, 그렇게 매우 다른 단계가

어떻게 CEO와 경영진이 직면한 과제를 극적으로 변화시킬지 모른다. 셋째, 자신에게 그 과제들을 해결할 기술과 역량이 있는지 아직 모른다. 넷째, 지배력과 가치 창출 중에서 기꺼이 취사선택을 할 것인지 깊이 생각해볼 필요가 없었으므로 자신의 핵심 동기와 일치하는 결정을 내릴 준비가 덜 되어 있다.

첫 창업을 했을 때 루 서니는 이 네 가지 문제를 거의 알지 못했다. 서니는 회사를 빠른 속도로 발전시키면 자신의 경험과 전문성으로 와일리에 필요한 사항을 충족시키지 못하는 지점에 더 빨리 도달하리라는 것을 몰랐다. 또한 기술 관리자로 경력을 쌓은 탓에 자신이 성장해나가는 회사를 관리하는 데 미흡하다는 사실을 서서히 깨달았다. 또 벤처 캐피털을 다루어보지 못했기 때문에 벤처 캐피털에서 자금을 받음으로써 회사에 대한 자신의 지배력이 위태로워질 것이라는 사실을 몰랐다. 아마도 가장 중요한 것은 서니가 와일리에 대한 지배권을 잃게 될 거라는 부정적인 반응을 전혀 예상하지 못한 점일 것이다. 투자자들은 서니가 결국 교체돼야 할 것이라는 암시를 주었다. 하지만 서니는 분명 그런 사태를 예측하지 않았고 그럴 계획도 없었다. 서니와 투자자들 사이에 많은 논의가 오가고 1년 넘게 후임자를 물색한 뒤에야 서니는 "누가 가장 전력을 다하는 지도자인지가 아니라 해당 발전 단계의 과제에 가장 알맞은 사람이 누구인지가 중요하다"는 것을 깨달았다.

어떤 창업자는 처음 설립한 신생 기업 초창기에 이미 자기 자신을 잘 인식하기도 한다. IT 시스템 및 서비스 업체 스테리아(Steria)의 창업자는 에번 윌리엄스가 블로거에서 내렸던 지배력 지향과 비슷한 결정을 내렸지만, 자신의 주된 동기가 '자립해서 내 운명의 주인이 되는 것'이라는 게 처음부터 훨씬 더 분명했고, 또 한결같이 그 동기와 맞는 의사 결정을 내렸다.[22] 그는 외부 투자자에게서 자금을 조달하는 대신 자기 자본과 은행 융자에 의존했다. 스테리아에 더 좋은 직원을 끌어들이기 위해 지분을 주는 일도 없었고, CEO로 계속 남겠다고 고집했다. 그 결과 스테리아는 창업자가 외부 자본을 받아 더 우수한 직원을 고용하고 노련한 경영진에 지배권을 일부 양도할 때보다 성장이 느렸다. 외부 자본 조달, 우수한 직원 영입, 지배권 양도라는 선택은 더 많은 경제적 이익을 약속하지만 창업자의 지배력 유지를 희생해야 한다. 그래서 스테리아의 창업자는 눈을 똑똑히 뜨고 그런 선택들을 회피했다.■

다른 참여자들의 시각: 창업자를 평가해야 할 필요성

핵심 창업자는 자신의 동기에 맞추어 핵심적인 결정을 내리는 과제를 충분히 인식할 수 있다. 그러나 공동 창업자, 직원, 투자자 같은 다른 참여자가 개입하자마자 불일치의 가능성이 극적으로 커진다. 따라서 이 잠재적 참여자들 역시 창업자의 동기(그리고 창업 딜레마의 피할 수 없는 결과에 대응해 창업자가 내릴 결정)가 자신의 동기와 들어맞는지 평가해야 한다.

특히 잠재 공동 창업자는 비슷한 (혹은 정확하게 상호 보완적인) 동기를 공유해야 한다. 갈림길을 만날 때마다 공동 창업자는 앞으로의 방향에 관해 하나의 일관된 결정을 내려야 할 것이다. 예를 들어, 외부 자원을 조달해야 할지, 계속 자기 자본으로 충당할 것인지 함께 결정해야 한다. 공

■ 마찬가지로 플루타르코스가 《카이사르의 생애(Life of Caesar)》에서 인용한 율리우스 카이사르의 말에는 지배력을 얻기 위해 초기에 작은 왕국을 받아들여야 할 필요성이 분명하게 드러나 있다. "로마에서 2인자가 되느니 이 〔작은〕 무리 속에서 일인자가 되겠다."

동 창업자가 모두 부에 동기를 부여받았다면 신생 기업의 가치를 높일 자원을 끌어들이는 데 동의할 것이다. 지배력이 동기인 창업자 겸 CEO 와 부가 동기인 공동 창업자가 섞여 있을 경우, 지배력이 동기인 창업자 겸 CEO가 정말로 CEO 자리에 적임자이고 신생 기업의 가치를 가장 효과적으로 구축할 사람이라면 (그리하여 자신이 원하는 지배력과 다른 공동 창업자가 원하는 경제적 이익을 충족시킬 수 있다면) 화합할 수 있다. 반면, 부가 동기인 공동 창업자에게 신생 기업의 가치를 구축하는 문제와 관련해 공동 창업자 겸 CEO에 대한 신뢰가 부족하다면 말썽이 일어날 수 있다. 그러나 공동 창업자의 동기가 다르게 혼합될 때에는 훨씬 더 위험할 수 있다. 특히 공동 창업자가 모두 지배력에 동기를 부여받았다면, 블로거에서의 윌리엄스와 휴리한처럼 누가 CEO가 되고 누가 가장 중요한 의사 결정에 지배력을 행사할지를 두고 신생 기업을 위태롭게 할 만큼 격렬한 다툼이 벌어질 수 있다.

공동 창업자는 이 책에서 검토한 거의 모든 딜레마와 관련해 신생 기업이 해야 할 일에 관한 생각이 서로 매우 다를 수 있다. 이런 의견 차이는 팀에 팽팽한 긴장을 불러와 안정과 신생 기업의 성장 및 생존을 위협할 수 있다. 함께 창업할지 결정하기 전에 도표 11.1의 각 행을 주의 깊게 검토해 갈림길이 나올 때마다 각자 어떤 결정을 하길 원하는지 상의하면서 이런 딜레마에 관해 미리 논의한 잠재 공동 창업자는 그러한 긴장을 예측하고 아마도 피할 수 있을 것이다. 또한 어쩌면 처음부터 공동 창업자가 되어서는 안 된다는 것을 알아차릴 수 있을지도 모른다.

잠재 직원들도 창업자 겸 CEO의 동기를 진단하는 것이 중요하다.■

■ 후임 CEO 후보들이 창업자를 진단할 필요성에 관한 논의는 10장 참조.

부가 동기인 직원은 부가 동기인 창업자와 일해야 한다. 창업자 겸 CEO가 지배력에 동기를 부여받았다면 직원들이 창업자의 강력한 비전이나 '세상을 바꿀' 기회, 신생 기업에서 일한다는 흥분감, 혹은 그 밖의 비경제적 고려 사항 같은 다른 이유로 끌렸을 것이라고 예상할 수 있다. 능력 있는 엔지니어들이 평균보다 낮은 보상을 받고도 딘 카멘 밑에서 일하고 싶어 경쟁하던 세그웨이가 그런 예에 속한다. 이 엔지니어들은 창조적인 문화, 평면적 조직 구조, 카멘 같은 선지자와 다음번의 멋진 아이디어를 추진한다는 점에 끌렸다. 데카의 한 엔지니어는 "나는 딘 덕분에 내 생애에서 가장 멋진 경험을 했습니다"[23]라고 말했다.

그러나 창업자 겸 CEO가 필요한 자본 조달이나 경험 있는 경영진에게 의사 결정권을 위임하는 것을 거부하는 등 지배력을 지향하는 결정을 내리기 시작하면 부가 동기인 직원들은 창업자의 리더십에 불만을 느끼고 창업자가 자신의 이익(개인적 지배력)을 위해 직원의 이익(가치 창출)을 희생시킨다고 느낄 것이다. 세그웨이의 상급 직원 중 일부가 자신의 창업자 겸 CEO를 좀더 자세히 살펴보았더라면, 카멘이 모든 중요한 결정에 대한 지배력을 요구하는 상황에 말려들지 않았을지 모른다. 카멘은 심지어 전문 지식을 보유한 다른 사람이 있는 분야에서도 의사 결정을 지배하길 원했다.

10장에서 설명한 것과 마찬가지로 잠재 투자자는 자신들이 투자하게 될 신생 기업의 창업자가 부를 지향하는 자신들의 동기와 보조를 같이 할지 진단해야 한다. 장래에 창업자의 이해관계와 투자자의 이해관계가 달라지면, 예를 들어 투자자가 신생 기업의 가치를 더 잘 구축할 사람으로 다른 CEO를 믿는다면, 이 창업자는 CEO 교체가 모든 사람에게 경제적 이익이 될 것이므로 교체를 받아들일까? 아니면 신생 기업의 가

치를 떨어뜨리거나 아마도 신생 기업 자체를 무너뜨린다 할지라도 지
배력을 유지하려고 싸울까?■

창업자는 변할 수 있을까

에번 윌리엄스는 자신의 핵심 동기를 바꾸기가 매우 어렵다는 것을 깨
달았다. 윌리엄스는 블로거에서는 지배력이 동기인 창업자였지만, 오
데오에서는 부가 동기인 창업자로 바뀐 것처럼 보였다. 하지만 그는 오
데오에서 지배력을 잃은 것을 후회했고 행로를 바꿔 신생 기업에 대한
지배력을 되찾으려는 선택을 하기 시작했다. 일단 오데오에서는 투자
자의 영향력이 강해 자신만의 결정을 내릴 수 없다는 점이 문제임을 깨
닫고 자기 돈으로 벤처 캐피털의 주식을 사들이는 거의 전례 없는 결정
을 내렸다. 한마디로, 실수로 넘겨주었던 지배력을 되산 것이다. 지배력
을 넘겨준 것 자체가 실수인 게 아니라 창업자로서 핵심 동기에 어긋나

■ 우리는 앞서 창업자의 관점에서 창업자의 의사 결정이 부와 지배력이라는 동기와
맞고 신생 기업을 운영하는 전체적인 상황에 맞기만 하면 두 동기 모두 똑같이 타
당성이 있다고 주장했다. 그렇다면 사회라는 관점에서 기업가들이 계속 신생 기
업 설립에 동기를 부여받는 한 그 동기가 무엇인지에도 관심을 기울여야 할까? 아
마 매우 그럴 것이다. 사회적 목표와 지금까지 우리가 초점을 맞춰온 일부 개인적
목표 사이에는 긴장이 존재한다. 부가 동기인 창업자는 가치 창출을 최대화하려
는 결정을 내리고, 이런 결정은 사회적 이익과 연계될 수 있다. 하지만 지배력이
동기인 창업자는 자신이 가장 중시하는 것을 얻는 기회를 최대화하기 위해 가치
창출을 희생한다. 세상을 변화시킬 잠재력 있는 아이디어를 보유한 창업자는 수
백 명 혹은 수천 명의 직원을 채용하고 고객에게 엄청난 가치를 제공하는 신생 기
업을 구축할 수 있지만, 지배력에 동기를 부여받은 창업자는 가치 창출을 저해하
는 결정을 내릴 수 있다.

는 일이었기에 윌리엄스에게는 실수였다.

2장에서 설명한 것처럼 기업가의 동기에 관한 커리어리더 데이터베이스의 자료는 이런 동기가 창업자에게 평생 매우 고정적일 수 있다는 것을 보여준다. 그러나 사람마다 부와 지배력이라는 동기의 상대적 강세는 다르다. 에번 윌리엄스나 브라이언 스쿠다모어 같은 1인 창업자에게는 한 가지 동기가 목록의 제일 위나 상위에 있고 다른 동기들은 훨씬 아래에 있다. 두 가지 동기가 거의 동등하게 중요한 창업자도 있다. 전자는 동기의 우선순위를 바꾸기가 후자보다 훨씬 힘들다.

또한 신생 기업의 성쇠에 따라 창업자의 동기가 형성될 수 있다. 창업이라는 롤러코스터가 하강할 때는 부보다 지배력을 지향하는 창업자라도 몇 달이나 몇 년 동안의 고생에 지쳐 지휘권을 포기하고 지배력보다 부에 안주하고 싶은 마음이 더 들 수 있다. 링스 솔루션의 제임스 밀모는 회사에 대한 지배력을 놓고 동업자와 몇 달 동안 싸우다가 결국 인수 제안에 솔깃했다. "너무 지쳐서 휴식이 필요했기" 때문이다.

협의 중인 완전 인수 제안이 다른 인수 제안보다 수익성이 훨씬 낮았지만, 밀모는 링스에서 떠날 수 있다는 점이 "굉장히 매력적"이었다고 말했다. 롤러코스터가 상승할 때에는 한 목표를 이룬 창업자가 다른 목표를 이루기 위해 주안점을 바꿀 수 있다. 예를 들어, 지배력을 지향하는 창업자 겸 CEO가 부를 얻었다면 더 많은 경제적 이익을 얻기 위해 더는 CEO로 고생할 가치가 없다는 판단 아래 물러나고 싶어 할 수 있다. 트랜센티브의 창업자 겸 CEO 마이크 브로디는 이 두 결과를 전부 경험했다. 브로디는 새 CEO인 트래치트먼이 창업자 지분의 일부를 사들이는 안을 논의해 자신이 부자가 되어 퇴임할 수 있게끔 되자 14년 넘게 지배해온 회사에서 물러날 수 있었다. 또한 그토록 오랫동안 회사의 키를 잡고 신생 기업을 더욱 성장한 회사로 이끌어온 브로디는 교체할 준비를 마친 데다 트래치트먼에 의하면 "지친" 상태였다.

또한 창업자들이 사업을 배우고 자신이 보유한 기술에 자신감이 생기면 의사 결정에 대한 지배력을 더 얻으려 할 수 있다. 예를 들어, 처음 새비지 비스트(나중에 판도라로 이름을 바꾸었다)를 세웠을 때 팀 웨스터그렌은 사업 경험이 전혀 없었다. 그는 전에 베이비시터, 음악가, 작곡가로 일했다. 그래서 회사를 이끌기에는 예전에 신생 기업에서 일해본 경험이 있는 동업자 존 크래프트가 자신보다 훨씬 더 적격이라고 믿었다. 그러나 시간이 지나면서 웨스터그렌의 지식, 기술, 자신감이 커졌다. 웨스터그렌은 크래프트가 책임진 일들을 더 많이 가져갔고 새비지 비스트의 혁신적 서비스의 공적인 간판 역할을 하는 '전도사'가 되었다. 크래프트가 회사를 떠나기로 했을 때 웨스터그렌은 매우 놀랍게도 자신이 CEO가 되고 싶어 할 뿐만 아니라 그 자리를 물려받을 준비가 돼 있음을 발견했다.

새로운 기회의 특징 때문에 창업자가 자신의 우선순위를 바꿀 수도 있다. 에번 윌리엄스는 팟캐스팅이 거대한 시장이 될 것이고 분명 애플이나 야후 같은 더 발전한 다른 회사들이 고유 기술로 이 시장에 뛰어들리라는 것을 알았다. 한 유명한 산업 컨퍼런스에서 큰 인기를 끌었던 오데오는 이 분야에 먼저 진출했다는 이점이 있었고 윌리엄스는 가장 빨리 제품을 출시해 이 이점을 활용해야 한다고 느꼈다. 지배력이 동기인 창업자보다 부가 동기인 창업자에게 더 전형적인 결정이었다. 또한 윌리엄스가 이런 유망한 기술로 벤처 캐피털의 자금을 비교적 쉽게 받을 수 있었던 점도 빠르고 공격적인 성장의 길로 방향을 굳히게끔 해주었다.

첫 창업자는 신생 기업 발전 후기 단계에 나타나는 과제에 부딪히면서, 체계화와 형식화가 진행되는 후기 단계의 길고 힘든 강행군을 버티기보다는 신생 기업을 출발시킨 뒤에 다음 신생 기업으로 옮겨가고 싶어 하는 '시동을 거는 사람'이라고 결론 내릴 수 있다.

또 다른 신생 기업을 설립하는 창업자는 첫 신생 기업에서의 학습 과정이 어떻게 동기에 변화를 일으켜 다음 활동을 형성하는지 이해하는 데 도움이 될 수 있다. 앞에서 살펴본 것처럼 처음으로 회사를 설립하는 창업자는 흔히 자신의 역량, 초기에 내린 결정에서 비롯된 결과, 신생 기업의 각 성장 단계에서 일어나는 극적인 변화에 대해 모른다. 이들은 처음으로 설립한 신생 기업에서 경험을 쌓고 배우면서 임시방편적이고 순진하던 창업자에서 아는 것이 많아지고 체계화된다. 예를 들어, 와일리에서 루 서니는 신생 기업에는 좀더 성장한 기업과 매우 다른 기술들이 필요하며 신생 기업을 성공시킨 CEO라도 회사가 성장해나갈 때 꼭 최상의 지도자는 아니라는 점을 알게 되었다. 서니의 표현을 빌리면 그는 자기 자신이 "유조선 선장"이라기보다 "쾌속정 선장"에 더 가깝다는 것을 깨달았다.

윌리엄스의 사례는 왕에서 부자가 되었다가 다시 왕으로 돌아간, 360도 변화한 창업자를 보여주지만 프랭크 어단테는 자신이 세운 다섯 개의 신생 기업에서 우선순위를 서서히 180도 바꿨다. 젊고 경험 없는 기업가였던 어단테는 처음 두 개의 신생 기업에서는 지배력과 지분을 자신보다 더 노련한 동업자에게 기꺼이 양도했다. 그러나 세 번째 설립한 신생 기업에서는 CEO가 되기 위해 적극적으로 준비하기 시작했다. 그러다 마침내 네 번째, 다섯 번째 신생 기업에서는 지배력을 얻어 팀에서 단순한 일원이 아니라 처음부터 "군대를 이끌고 시장을 공략해 정복할 사람"으로 출발했다.

부자와 왕이라는 결과에 영향을 미치는 다른 선택

도표 11.1은 신생 기업의 다른 주요 참여자들과 관련한 창업자의 선택에 초점을 맞춘 것이다. 하지만 부 vs. 지배력의 결과는 다음과 같은 다른 선택에 의해서도 영향을 받는데, 그중 일부는 심지어 창업 이전에 내린 선택이기도 하다.

신생 기업의 성장률에 대한 선호

지배력을 유지하고 싶어 하는 창업자는 더 느린 성장을 선호할 것이다. 최소한 각 성장 단계에서 필요한 새로운 기술을 배우는 창업자의 능력보다 신생 기업이 더 빨리 성장하지는 않을 것이다. 자신감 없는 창업자 역시 느린 성장을 선호할 수 있다. 어떤 창업자는 "자신의 관리 능력에 스스로 의심이 가서 빠른 팽창을 회피한다".[24] (창업자의 성장 목표는 창업자가 이용하는 자본 조달 유형에 영향을 미칠 것이다.)[25] 반면 신생 기업의 가치를 최대화하길 원하는 창업자는 최상의 기회가 있을 때 더 빠른 성장을 받아들일 것이다. 일부 산업과 경기 순환의 일부 단계, 예를 들어 치열한 경쟁 압력이 없는 산업이나 경기 침체기에 창업자는 종종 신생 기업의 성장률에 더 많은 신경을 쓴다. 반면 경쟁 압력이 치열하거나 호황기에 창업자의 유일한 선택은 "고속 성장하거나 죽거나"일 수 있다.

에번 윌리엄스는 오데오의 팟캐스팅 도구를 신속하게 개발해야 한다는 엄청난 압박을 느꼈다. 특히 애플의 엔지니어들이 '아이튠즈'라는 새로운 경쟁 제품의 프로토타입을 보여준 뒤로는 더했다. 윌리엄스는 이전 신생 기업에서는 전적으로 피해오던 벤처 캐피털의 자금을 오데오에서는 아주 이른 단계에 받기로 했는데, 그 이유를 이렇게 설명했다. "빨리 성장해야 한다는 …… 분명한 압박을 느꼈습니다. ……애플이 진입했고 야후도 같은 해에 제품을 출시했거든요. 게다가 모든 주요 미디어 회사가 팟캐스팅과 관련한 무언가를 발표했고, 그중 많은 회사가 거래를 원하며 우리와 접촉을 했습니다. 이 분야에서는 모든 게 엄청나게 빠른 속도로 움직인다는 걸 느꼈고, 우리는 그보다 앞서 나가야 했습니다."

자본 집약도

마찬가지로, 지배력 유지를 원하는 창업자는 자본 집약도가 낮거나 창업자가 이미 지배할 수 있는 자원보다 많은 자원이 거의 필요하지 않거나 아예 필요 없는 신생 기업을 시작하려고 노력할 것이다. 반면, 신생 기업의 가치를 최대화하고 싶은 창업자는 자본 집약도가 높은 아이디어를 추구하고 필요한 자원을 끌어들이는 데 개방적일 것이다.

기업의 경계

자본 집약도는 창업자가 기업의 경계 내에 포함하기로 결정한 활동에도 영향을 받는다. 예를 들어, 신생 기업은 핵심 업무를 모두 내부적으로 수행할 것인지, 아니면 일부를 외부에 위탁할 것인지 결정할 수 있다.[26] 오컴에서 짐 트라이언디플로는 영업 인력 최적화 제품을 개발할 때 외주 소프트웨어 프로그래머에게 의존했다. 그래서 기술력을 보유한 공동 창업자를 영입하느라 애먹지 않았고 자금 조달의 필요성도 유예할 수 있었다. 그러나 딘 카멘은 외부인이 세그웨이의 제품에 관여하지 못하게 했다. 복잡한 제조 역량을 내부적으로 키우기 위해 상당한 자금을 모았고, 자동차 산업 및 생산 전문가 몇 명을 채용해야 하는 결정을 내려야 했지만 카멘은 굽히지 않았다. 가맹점 방식은 기업이 전통적인 경계를 확장하는 또 다른 방법이다. 가맹점은 창업자가 광범위한 시장에서 빠르게 성장할 수 있고 위험과 확장 비용을 의욕적인 점주들과 공유하는 등 확실한 이점을 제공한다.[27] 브라이언 스쿠다모어는 가맹점 방식을 이용해 외부 자금을 한 푼도 받지 않은 채 또 지분을 나누어야 할 공동 창업자도 끌어들이지 않은 채 가치 높은 쓰레기 처리 제국을 건설할 수 있었다.

'기업가의 이상'을 실현할 기회 높이기

앞으로의 연구에서는 첫 창업에서 부자도 되고 왕도 되는 성배를 거머쥔 몇 안 되는 창업자들의 특징에 초점을 맞추면 도움이 될 것이다. 우리는 이들의 주요한 특징이 행운이라는 것을 쉽게 발견할 수 있다. IBM이 개인용 컴퓨터를 내놓으면서 운영 체제가 필요하자 신생 기업이던 마이크로소프트를 이용한 것 같은 드문 기회를 예로 들 수 있다. 그러나 운이 길을 터주길 바라거나 평생 한 번 찾아올까말까 한 아이디어가 떠오르길 기다리는 것 외에 창업자는 부자와 왕이 동시에 될 기회를 높이기 위해 무엇을 할 수 있을까?

창업 전에 많은 자원 확보하기

더 많은 자원을 보유하고 기업 설립에 착수하는 창업자, 즉 기회를 추구하는 데 필요한 인적 자본, 사회적 자본, 금융 자본을 창업 이전에 더 많이 쌓는 경력을 선택한 창업자는 기업가의 이상을 성취할 가능성이 높다. 이런 창업자의 예로 이 책에서 다룬 배리 널스를 들 수 있다. 널스의 사례는 이런 창업자가 창업을 위해 어떻게 준비하는지 파악하는 데 도움이 될 것이다.

인적 자본

신생 기업을 설립하고 운영하는 데 필요한 기술과 지식을 축적해온 창업자는 오랜 기간 외부 자본 없이 일을 해나갈 수 있다. (따라서 외부 자본 영입에 따라 치러야 하는 대가를 피할 수 있다.) 이런 창업자가 마침내 외부 자본을 얻으려 할 때는 더 매력적인 조건으로 협상이 가능해 지배력을 더 많이 유지할 뿐만 아니라 포기해야 할 소유권은 더 적다. 구체적으로 말하면, 예비 창업자는 신생 기업이 성장하면서 더욱 중요해지는 깊이 있는 영업 기술을 포함해 신생 기업의 전 단계에서 창업자 겸 CEO에게 필요한 관리 및 직무 기술을 축적할 만큼 오래 일해야 한다. 또 창업 가능성이 가장 높은 산업에서 미리 일해봐야 한다.

배리 널스는 GTE에서 10년간 일한 뒤 작은 종합 컨설팅 업체를 시작했다. 그리고 찾을 수 있는 지역 내 프로젝트는 무엇이든 맡았다. 널스는 엄청나게 고생하다가 2년 뒤 회사 문을 닫고 GTE로 돌아갔다. 그로부터 10년 뒤 널스가 기업가 세계에 다시 뛰어들기로 결심했을 때는 준비가 더욱 잘돼 있었다. 첫째, 널스는 자신이 아주 잘 알고 있는 산업 분야(텔레콤)에서 창업하기로 했다. 둘째, 투자자가 매력적이라고 생각하는 추가적인 관리 경험을 쌓았다. "나는 기술에 대해 알았습니다. 사내 창업가로 3000만 달러에서 10억 달러 규모의 사업부를 만들었죠. 그래서 〔투자자들이〕 알아보고 인정할 만한 진짜 실적이 있었지요." GTE에서 나온 뒤, 널스는 두 개의 작은 신생 기업에서 일하며 작은 기업의 속도와 업무 환경을 배우는 귀중한 경험을 했다.

사회적 자본

사회적 자본은 다른 자원 제공자를 끌어들이는 데 중요한 역할을 한다. GTE에서 배리 널스는 잠재 고객, 직원, 투자자가 될 텔레콤 업계의 많은 사람과 인맥을 쌓았고 금융 자본과 인적 자본을 얻는 데 이러한 인맥을 활용했다. 더 광범위하게 보면 창업자는 신생 기업이 경제적 이익을 얻는 잠재력과 의사 결정에 대한 자신의 지배력을 높이는 데 사회적 자본을 활용할 수 있다.[28] 사회적 자본을 더 많이 확보한 창업자는 자신이 추구하는 기회에서 더 많은 이익을 얻고[29] 신생 기업이 기업 공개를 할 가능성 역시 높다.[30] 지배력 면에서 볼 때, 사회적 자본이 많으면 신생 기업에 대한 창업자의 지배력이 높아질 것이다.[31] 창업자와 기존 관계를 맺고 있던 투자자는 정보 비대칭 문제(거래 참가자 가운데 어떤 참가자가 다른 참가자들이 보유한 정보와 다른 정보를 보유한 상황—옮긴이)와 투자자들이 안을 수밖에 없는 위험도가 낮아져[32] 자신의 투자를 보호하기 위해 확보해야겠다고 느끼는 지배력의 정도가 감소한다. 창업자와 기존 관계를 맺고 있던 자원 제공자는 일반적으로 더 많은 위험을 감수할 용의가 있으며 창업자에게 불리한 조처를 할 가능성은 더 낮다.[33] 종종 기존 관계에서 나타나는 이사회의 충성심으로 CEO의 해고를 미리 방지할 수 있는데,[34] 기존에 관계를 맺고 있던 사람들이 더 깊은 신뢰를 즐기는 것도 이런 현상의 한 가지 원인이다.[35]

금융 자본

예비 창업자는 초기 투입 자금과 창업 후 자금을 가능한 한 많이 축적할 수 있도록 넉넉한 급여를 받을 때도 '개인적 번레이트'를 낮추어 적극적으로 절약하는 생활을 해야 한다. 이런 창업자는 자원 제공자와 협상할 때 더 큰 협상력을 발휘할 수 있다.[36] 창업자가 초기 금융 자본을 투자하면 유동성 제약을 줄일 수 있고[37] 신생 기업이 최종적으로 얻는 성과의 정도에 영향을 미칠 수 있다.[38] 배리 널스는 다니던 회사와 6개월분의 퇴직 수당을 협상한 후 새 기업을 시작함으로써 그만큼 시간을 벌었다. 널스는 "나는 계획 수립을 완료하고 투자자들에게서 자금을 모으기 위해 6개월을 확보했습니다"라고 회상했다. "6개월 안에 일을 해내지 못하면 일자리를 구하려 했죠. 굶거나 길거리에 나앉을 수는 없으니까요." 그뿐만 아니라 자신의 자원을 투자하면 그것이 긍정적인 신호가되어 외부 자원으로 접근하는 게 훨씬 쉬워진다.[39] 이런 긍정적인 신호가 탄탄한 자원 기반과 결합하면 더 우수한 공동 창업자와 직원을 끌어들이는 데 도움이 될 것이다.

문제 예상

지금까지 창업자가 초기에 내리는 결정이 신생 기업의 가치를 구축하고 지배력을 유지하려는 노력을 얼마나 크게 방해하는지 살펴보았다. 예를 들어, 친구나 가족과 함께 창업하는 '불장난'은 신생 기업, 창업 팀 그리고 창업자가 회사 밖에서 맺은 사회적 관계에 중요한 피해를 줄 수 있다. 정적인 방식으로 지분을 분배하면 중간에 회사를 나가는 창업자가 그들 자리에 앉을 사람을 뽑는 데 꼭 필요한 지분을 들고 떠날 수 있다. 창업자 겸 CEO가 CEO 직무를 전면적으로 처리할 수 없을지 모른다는 징조를 발견하자마자 당장 CEO를 교체하는 경향이 있는 벤처 캐피털에서 자금을 받으면 창업자 겸 CEO의 직위 승계 문제가 일찍 터질 수 있다.

　이런 보편적인 초기 결정이 불러오는 장기적 위험을 이해하는 창업자는 이 같은 문제를 예측하고 피하기 위한 조처를 취할 수 있다. 특히 가까운 사람들과 공동으로 창업하는 창업자는(이들은 가까운 사람과의 창업을 통해 얻는 이익을 기대한다) 자신을 보호할 튼튼한 방화벽을 사전에 세울 수 있고, 신생 기업은 그러한 개인적 관계가 영향을 미치지 않도록 해야 한다. 지분을 분배할 때 창업자는 팀 내에 조정하기 어려운 의견 차이가 발생하면 공동 창업자의 주식을 사들이는 조건을 포함하거나 미래에 있을 변화에 맞춰 조정하는 동적인 지분 분배 구조를 만들 수 있다. 창업자는 잠재 투자자에게서 자금을 받기 전 투자자에 관해 자체적인 실사를 할 수 있다. 예를 들어, 과거 그 투자자에게서 자금을 받았던 창업자를 통해 그 투자자가 신생 기업이 난관을 겪을 때 '창업자 겸 CEO를 성공으로 이끌기 위해 지도'하려 하는지, 방아쇠를 당겨 창업자 겸 CEO를 교체해버리는 경향인지 알아낼 수 있다.▪ 이런 문제에 미리 대비한 창업자는 더 많은 가치를 창출하고 더 많은 소유권 그리고/혹은 지배력을 유지할 가능성이 높고 부를 최대화할 기회 또한 늘어난다.

매번 기업가의 이상에 가까워지다: 연쇄 창업자

우리는 처음으로 회사를 설립하는 창업자에게 초점을 맞추었다. 연쇄

▪ 최근 아데오 레시의 더펀디드닷컴에서는 창업자들이 잠재 투자자에 관한 실사를 훨씬 더 쉽게 할 수 있도록 함으로써 이러한 문제가 발생하는 것을 사전에 더 잘 방지할 수 있게끔 도와주고 있다.

창업자(잇달아 여러 개의 신생 기업을 설립하는 창업자)는 초기에 설립하는 신생 기업에서는 흔히 부자와 왕의 위치를 얻지 못하지만, 이후의 신생 기업에서는 기업가의 이상을 성취하는 데 더 가까워지도록 도움을 주는 지식과 자원을 축적한다. 예를 들어, 필자의 데이터베이스에 따르면, 연쇄 창업자가 첫 창업자보다 창업 팀 내에서 지분을 더 많이 받고(신생 기업에서 얻을 수 있는 부가 늘어난다) CEO로서 더 오래 남는다(지배력을 행사하는 기간이 늘어난다). 9장 '투자자 딜레마'에서 살펴본 것처럼 이전에 설립한 신생 기업에 투자했던 투자자에게서 자금을 받는 창업자는 18퍼센트에 이르렀다. 또한 연쇄 창업자는 그런 기존 관계를 활용해 지배력을 더 많이 얻거나 또는 더 큰 지분을 갖는 투자 조건을 협상할 수 있을 것이다. 최근의 또 다른 연구는 연쇄 창업자가 신생 기업을 성공시킬 가능성이 더 높다는 것을 보여주었다.[40]

처음 세운 신생 기업에서는 창업자의 권력과 부가 조화를 이루지 못하지만, 그 신생 기업의 성공으로 부를 얻은 창업자는 연이어 세운 신생 기업에서 '권력을 연장'할 수 있다. 예를 들어, 루 서니는 와일리의 경영권을 리처드 윌리엄스에게 넘겨준 뒤 자신이 세운 신생 기업의 중심에서 밀려났다. 하지만 2년 뒤 컴퓨터 어소시에이츠(Compter Associates)가 와일리를 수백만 달러에 사들였을 때 그는 부자가 되었다. 서니는 두 번째 설립한 신생 기업 뉴 렐릭(New Relic)에서는 혼자 창업을 했다. 그리고 지배력 상실이라는 위험 없이 벤처 캐피털 자금의 이점을 얻을 수 있는 충분한 영향력을 확보할 때까지 자기 자금으로 회사를 꾸려나갔다. 또한 직원이나 이사회 위원으로 참가할 사람을 신중하게 선택하는 등 초기의 결정을 의식적으로 더 엄격하게 통제했다.

피드버너의 '연쇄 창업 팀'은 첫 신생 기업에서는 거의 실패했지만,

그 뒤에 새로 기업을 세울 때마다 더 좋은 결과를 얻었다. 그러다 네 번째 신생 기업에서 기업가의 이상을 성취했다. 그동안 창업 팀은 모든 수준의 창업 딜레마에서 교훈을 얻었다. 팀원들은 역할과 관련한 초기 문제를 원활하게 해결했고 최상의 지분 분배 방식을 배웠다. 채용과 관련해서는 너무 빨리 스페셜리스트를 채용하지 않아야 한다는 것, 유연성과 깊이 사이에서 올바로 균형을 맞추는 방법, 직무별로 성장 속도가 다르며 보상 방법도 달라야 한다는 것을 배웠다. 또한 투자자와 협상에서 영향력을 얻는 방법, 협상해야 할 가장 중요한 조건, 이사회를 만들고 관리하며 지배력을 유지하는 방법도 배웠다. 그 결과 이 창업자들은 피드버너의 발전 단계 내내 지배력을 유지하는 한편 높은 수익률을 얻으며 자금을 회수했다.

'풀지 못한 퍼즐'에 미치는 영향

1장에서 우리는 창업자와 관련한 몇 가지 풀지 못한 퍼즐을 간단히 소개했다. 이제 우리는 그러한 퍼즐을 풀기 위한 실마리를 찾을 지점까지 왔다.

사라진 '비상장기업 지분 프리미엄' 문제가 정말로 '퍼즐'인가

미시경제학자들은 기업가들이 더 큰 위험을 감수하고 당연히 경제적 동기를 가졌음에도 왜 고용인으로서 직장에 다닐 때보다 더 많은 돈을 벌지 못하는 경향이 있는지 궁금해한다. 위험도를 바로잡으면 소득은 아마 더 낮아질 것이다. 부와 지배력 간의 상충 관계에서 이러한 기업가

프리미엄 부재에 대한 직접적이고 실증적인 설명을 얻을 수 있다. 일부 창업자는 경제적 이익의 최대화에 동기를 부여하지만, 많은 다른 창업자는 지배력 및 아이디어에 대한 열정 그리고 그 밖의 동기에 자극을 받기 때문에 지배력을 유지하거나 다른 비경제적 이익을 최대화하고자 경제적 이익을 희생하는 결정을 내린다. 창업자마다 추구하는 성공의 형태가 다르다는 점을 고려하면 창업자에 관한 연구에서 나타나는 혼란스러움이 줄어들 것이다.

창업자의 권력?

사회학 연구에서는 창업자라는 지위가 신생 기업 내의 권력을 측정하는 대용 지표로 쓰인다.[41] 그러나 필자의 연구에 따르면, 창업자라는 지위는 정확히 반대를 가리킬 수 있다. 창업자는 신생 기업에 느끼는 애착 때문에 경제적으로 손해를 보고 자신이 세운 기업에 대한 지배력을 잃는다. (여기에 대해서는 각각 6장과 10장에서 설명했다.) 이것은 기업 현장이 파워 엘리트 이론을 조명하는 데 도움을 주는 하나의 예다. 파워 엘리트 이론에서는 기업에서의 지위가 부의 원천 역할을 하는 한편, "돈이 권력을 부여"[42]해 최고경영자의 기업 내 권력과 경제적 부는 서로를 강화한다고 가정한다. 반면, 이 책에서는 부와 권력이 긴장 관계에 놓이는 상황을 살펴봄으로써 둘 사이에 반복적으로 충돌이 나타난다고 강조한다.

우리는 또한 초기에 창업자에게 권력을 준 요인이 나중에 골칫거리가 될 수 있다는 것도 살펴보았다.▪ 창업자가 초기에 거두는 성공은 종종 그들의 낙관주의, 끈기, 열정 덕분이다. 그러나 주의를 기울이지 않는다면 바로 이러한 특성이 창업자의 의사 결정을 왜곡해 신생 기업의 각 발전 단계에서 실수를 저지를 수 있다. 예를 들어, 예비 창업자는 낙관주의에 이끌려 준비를 갖추기도 전에 창업에 뛰어들거나(2장 참조), 공동 창업자의 필요성을 과소평가하거나(3장 참조), 친구 및 친척과 창업할 때의 위험을 무시하거나(4장 참조), 신생 기업의 여러 발전 단계에서 자신이 능력 있는 CEO가 될 수 있다고 잘못 판단하거나(5장과 10장 참조), 객관적으로 받을 만한 양보다 더 큰 지분을 받으려고 싸우거나(6장 참조), 적절한 직원을 채용해 구멍을 메우는 데 실패할 뿐만 아니라 심지어 그런 구멍을 인식조차 못하거나(8장 참조), 혹은 자신들에게는 절대 해당하지 않으리라고 생각하며 투자 조건(예를 들면 잔여재산배분우선권)에 합의할(9장 참조) 수 있다. 이런 실책을 비롯한 그 밖의 잘못된 조치는 창업자의 권력을 약화하고 신생 기업의 가치에 피해를 주며 심지어 창업자가 신생 기업에 계속 개입하지 못하게끔 하거나 기업의 생존을 위태롭게 할 수도 있다.

대리인보다는 청지기?

미시경제학에서 영향력 있는 이론 중 하나는 개별적인 '대리인'과 조직(혹은 소유주)의 불일치로 문제가 발생한다고 단정하는 대리인 이론이다.[43] 이 이론은 조직이 보상을 조화시키고 모니터링하는 등의 방법을 통해 대리인 문제를 줄일 수 있다고 제시한다. 반면, 청지기 이론은 특정 환경에서는 경영진의 이익이 회사의 이익과 일치하고, 대리인 이론

■ 모건 맥콜(Morgan McCall)의 '경영진 탈락(executive derailment: 계속 성공을 거두리라 예상되던 성공적인 관리자가 실패할 때)'에 관한 연구는 이 책에서 설명한 몇몇 변동과 유사한 보편적인 네 가지 변동을 밝혀냈다. 맥콜의 네 가지 변동이란 예전에는 강점이던 경영자의 특성이 새로운 상황에서 약점이 되는 경우, 새로운 상황에 진입하기까지 기존의 약점이 두드러지게 눈에 띄지 않을 경우, 성공이 오만으로 이어진 경우, 불운이 닥쳤을 경우다. 더 자세한 사항은 McCall(1998) 참조.

에서 예상하는 것보다 더 본질적인 동기부여가 되리라고 단정한다.[44] 이 책에서 설명한 연구 결과는 많은 경우에 청지기 이론이 대리인 이론보다 창업자와 신생 기업 간의 관계를 더 잘 나타내고 창업자의 행동을 더 정확히 예측한다고 제시한다. 그렇긴 하지만, 필자의 연구에서는 청지기 이론의 이면이 드러났다. 창업자 겸 청지기와 신생 기업 간의 밀접한 애착 관계가 부와 지배력과 관련해 창업자에게 문제를 불러일으키기 때문이다. (부에서는 창업자의 보상 삭감이 커지고, 지배력에서는 창업자 겸 CEO의 직위 승계가 창업자와 신생 기업에 더 큰 혼란을 일으킨다.) 창업자의 청지기 성향이 권력을 무력화하고 심지어 파괴적인 영향을 미칠 수 있다.

경계 조건과 앞으로 연구 기회

이 책의 핵심을 이루는 자료와 사례 연구는 유망 신생 기업이 포진한 가장 큰 두 산업, 즉 기술과 생명과학 산업에서 영리를 목적으로 하는 미국의 신생 기업을 대상으로 한 것이다. 이런 신생 기업의 창업자는 이 책에서 검토한 딜레마에 분명히 해당한다. 그러나 이런 딜레마가 미국에 특수한 딜레마인지, 그 특수성이 어느 정도인지는 아직 밝혀지지 않았다. 우리는 또한 가능한 동기의 하위 집합, 창업자의 유형, 창업 딜레마에도 초점을 맞추었다. 이 책에서 설명한 결과와 유형에 관해서는 이러한 제약과 경계 조건을 염두에 둬야 하지만, 여기에서 앞으로의 연구 방안을 찾을 수도 있다.

경계 조건 실험

가장 중요한 두 개의 경계 조건은 이 책에서 검토한 조직의 유형 그리고 자료를 수집한 국가이다.

유망 신생 기업에만 특수한 딜레마인가

이 책에서 제시한 현장 사례와 정량적 자료는 유망 신생 기업에서 도출한 것이다.[■] 이런 신생 기업에서는 종종 창업 딜레마가 뚜렷하게 나타난다. 일반적으로 창업자들이 보유한 자원은 매우 제한돼 있고, 신생 기업이 완전한 잠재력을 발휘하는 데 필요한 기술과 연고를 모두 갖춘 예가 드물며 의사 결정에 대한 지배력을 잃을 상당한 위기에 직면하는 경향이 있기 때문이다. 소규모 기업에 관한 일부 연구에서는 잠재력 낮은 신생 기업에서도 창업자들이 비경제적 이익을 위해 경제적 이익을 희생할 수 있다고 밝혀냈다.[45] 그러나 이런 연구는 소기업 창업자들이 자신의 조직에 대한 지배력을 포기했는지, 했다면 어느 정도 포기했는지 그리고 지배력을 포기했을 때 그 보상으로 경제적 이익을 얻었는지를 직접 검토하지 않았다. 이런 질문에 대한 대답을 찾으면 소기업의 창업자들이 직면한 딜레마가 이 책에서 검토한 딜레마와 어떻게 다른지 밝히는 데 도움이 될 것이다.

비영리 단체와 가족 사업 역시 부와 지배력 사이의 긴장을 검토하는 데 좋은 기회를 제공한다. 비영리 단체는 필요한 자원에 대한 지배력을

■ 1장에서 설명한 것처럼 유망 신생 기업이란 보통 기술이나 과학 분야에서 규모가 크고 가치 있는 회사로 성장할 잠재력을 보유한 신생 기업을 말한다. (그러나 나중에 이들 기업의 창업자가 자신이 설립한 기업의 성장을 제한하는 결정을 내릴 수는 있다.) 유망 신생 기업과 소기업 간의 차이에 관한 간단한 논의는 1장 참조.

확보하면서 기회를 추구해야 하는 기업가들의 핵심적 과제에 부딪힌다.[46] 이는 비영리 조직의 창립자가 이 책에서 검토한 딜레마와 유사한 딜레마에 직면할 수 있음을 암시한다. 비영리 조직이 성장하면서 조직을 이끄는 데 필요한 기술 역시 분명한 변화를 드러내 창립자들이 조직을 계속 이끌 수 있을지 여부에 큰 과제를 제시한다. 그러나 비영리 단체와 창립자들은 더 극단적인 과제에 직면할 수도 있다. 비영리 단체의 창설자는 다른 창업자보다 조직에서 더욱 중심이 되고 조직에 더 큰 애착을 지닐 뿐 아니라 자신과 조직의 임무를 동일시할 수 있어 새로운 세대의 리더십으로 전환하는 데 한층 어려움이 따르기 때문이다. 또한 많은 비영리 단체의 창립자는 '영향력'과 지역 사회나 세상을 위해 상황을 개선하는 것에서 동기를 부여받는다. 이런 영향력을 최대화하려면 필요한 자원을 끌어들여야 하지만, 그렇게 하면 이번에는 의사 결정에 대한 창립자의 지배력이 위태로워질 수 있다.[47] 비영리 단체의 창립자들이 지금까지 우리가 살펴본 부와 지배력의 상충 관계와 유사한 관계, 즉 영향력과 지배력 간의 상충 관계에 직면할까, 아니면 이 한 쌍의 동기가 비영리 단체의 창설자에게 다른 상충 관계와 다른 딜레마를 낳을까?

가족 사업에서는 후손들이 계속 기업을 운영하도록 기업에 지배력을 유지하려는 동기가 이 책에서 검토한 상충 관계와 유사한 상충 관계를 불러올까, 아니면 다른 딜레마를 불러올까? 기업에 발언권을 가진 가족이 여럿인데 서로 동기가 다르다면 그러한 차이를 어떻게 해결할까? 부 vs. 지배력이라는 관점은 우리가 비영리 단체와 가족 사업을 더 잘 이해하도록 도와줄 뿐 아니라 유망 신생 기업에서 직면하는 핵심 딜레마에 대해서도 더 깊이 이해하게끔 해준다.

미국에만 특수한 딜레마인가

이 책에서 소개한 거의 모든 사례 연구와 자료는 미국에서 나왔다. 우리는 이 책에서 검토한 딜레마가 미국의 문화, 법 제도, 규제 구조에서만 특수하게 나타나는지, 아니면 더욱 보편적으로 적용되는지 밝히지 못했다. 문화는 분명 창업자가 1인 창업을 하는지, 가족과 창업을 하는지, 평등주의에 입각해 역할을 나누는지, 지분을 동등하게 분배하는지, 경험 없는 사람을 고용하는지, 전문적인 투자자를 회피하는지(혹은 이런 투자자에게 접근하는지)의 성향에 영향을 미친다. 이런 차이들이 실제 나타나는 딜레마가 서로 다르다는 의미인지, 혹은 각 딜레마에서 다른 선택이 다른 빈도로 이루어진다는 의미인지는 아직 확실하게 밝혀지지 않았다.

또한 전 세계의 기업가 활동을 이해하고자 여러 기관이 협력해 수행한 글로벌 기업가 정신 연구(Global Entrepreneurship Monitor, GEM) 프로젝트가 수집한 자료에 따르면, 대부분의 국가에서 '부자 창업자'와 '왕 창업자'가 비슷하게 섞여 있다는 것을 알 수 있다. GEM은 기업가의 핵심 동기를 조사해 그 결과를 '자립(지배력)'이 동기인 경우와 '이익(부)을 증대'시키고 싶은 욕구로 분류했다.[48] GEM의 보고서에서 다룬 42개 국가에는 고소득 국가 23개국과 중-저소득 국가 19개국이 포함되었는데, 거의 모든 국가에서 두 유형의 동기가 비교적 균등하게 나뉘었다. 모든 국가에서 적어도 35퍼센트의 기업가들이 지배력에 동기를 부여받았고, 두 국가를 제외한 모든 국가에서 적어도 30퍼센트가 부에 동기부여를 받았다.[49] 지배력에 동기부여를 받은 창업자가 57퍼센트, 부에 동기부여를 받은 창업자가 43퍼센트로 나타난 미국이 다른 국가들과 매우 비슷하다는 점은 이 책에서 다룬 미국을 기반으로 한 결과가 다른 많은 국가에까지 확장될 수 있음을 암시한다. 하지만 이를 입증하려면 확실한 증거가 필요하다.

앞으로 연구 기회

이 책에서는 필자가 보유한 정량적 데이터베이스를 다양하게 분석한 결과를 제시했다. 이러한 결과는 이 책에서 설명한 유형들이 1인 창업을 하는 성향, 창업 팀의 안정성, 신생 기업의 가치 평가, 신생 기업의 CEO로 남을 수 있는 능력 등의 결론에 어떤 영향을 미치는지 보여준다. 앞으로의 다변량 분석 연구는 (a) 다른 중요 결과를 실험하고, (b) 이러한 결과들이 이 책에서 설명한 변수와 예측하지 못한 사태에 어떤 영향을 받는지에 관한 다른 명제들을 실험할 수 있다. 그 밖에 유망한 연구 주제로는 기업가들의 다른 동기, 연쇄 창업자의 경험, 신생 기업 구축에 참여하는 다른 관계자, 창업자들이 직면하는 다른 딜레마, 창업자가 퇴임할 때의 상대적 위험과 소득까지 포함한 확장된 연구 영역이 있다. 복잡한 인간 현상을 공정하게 다룬 모형은 많은 미지수를 인정해야 하므로 부록 11.2에서 제시한 창업자들의 의사 결정 결합 모형에 이러한 연구 기회를 통합해볼 수 있다.

부와 지배력을 넘어: 다른 동기들의 영향

부와 지배력이라는 동기가 창업자에게 가장 보편적이지만, 다른 동기들도 공존할 수 있다. 예를 들어, 부와 지배력에 동등하게 동기를 부여받은 창업자가 특정 딜레마와 관련해 어떤 결정을 내려야 할지 분명하지 않을 때, 최종 결정을 내리는 데 지적 과제 같은 부차적 동기를 이용할 수 있다. 그러면 가령 이타주의 같은 다른 동기에 따라 최종 결정을 내린 창업자와 다른 결정을 내릴 수 있다. 또한 이 책에서 제시한 틀은 실제로 부나 지배력에 동기를 부여받은 대다수 창업자에게 적용되지만, 덜 보편적인 동기를 보유한 창업자에게는 적용되지 않는다.■ 따라서 그런 창업자들이 이 책에서 설명한 딜레마에 직면했을 때 어떤 결정을 내려야 할지에 관해서는 확실한 지침을 제공하지 못한다. 그러한 지침을 개발하려면 이 창업자들의 동기와 그들이 내려야 하는 결정 사이의 연관 관계를 이해하기 위한 이론적 근거와 그러한 관계를 입증할 실증적 실험이 필요하다.

첫 창업자를 넘어: 연쇄 창업자

필자는 처음 회사를 설립한 창업자에게 계속 초점을 맞추면서 때때로 이들을 딕 코스톨로, 에번 윌리엄스, 루 서니, 프랭크 어단테 같은 연쇄 창업자와 비교했다. 학계에서는 연쇄 창업자 연구에 집중한 접근 방식을 논의하기 시작했고[50] 이 책에서 검토한 딜레마 각각에 관해 첫 창업자와 연쇄 창업자 간의 계통적 차이점을 연구할 기회는 풍부하다. 연쇄 창업자의 의사 결정은 어떤 식으로 전개될까? 연쇄 창업자의 동기는 어떻게 변화하고 처음에 세운 신생 기업에서의 성공 정도가 그런 변화에 어떤 영향을 미칠까? 이런 변화가 연쇄 창업자가 과소평가했던 위험을 불러일으킬까?

■ 2장의 커리어리더 데이터베이스 자료에서 볼 수 있듯 부와 지배력이 기업가의 동기 목록에서 지배적이긴 하지만 이타주의, 다양성, 지적 도전 역시 일부 연령대에서는 4대 동기에 포함된다.

창업자, 고용인, 투자자를 넘어: 다른 잠재 참여자

이 책은 창업자가 자신의 신생 기업에 개입시키는 가장 중요한 참여자, 즉 공동 창업자·고용인·투자자에 초점을 맞추었다. 그러나 다른 참여자 역시 대안적인 자원 제공자로서 중요한 역할을 할 수 있다. 예를 들어, 창업자는 일부 자원에 관한 완전한 지배력을 얻는 대신 보완적인 자원을 보유한 회사나 중요한 업무를 외부에 위탁할 회사와 기업 간 협력 관계를 구축할 수 있다. 따라서 이런 창업자는 '협력 관계를 맺을 것인지'에 대한 딜레마에 부딪힐 것이다.

이런 협력 관계에는 공동 창업자, 고용인, 투자자를 끌어들이는 것과 다른 부와 지배력의 상충 관계가 나타날 수 있다. 예를 들어, 기업 간 협력 관계를 구축하면 (신생 기업이 더는 모든 일을 내부적으로 처리할 수 없으므로) 창업자가 일부 의사 결정권에 대한 지배력을 포기할 수 있지만, (창업자가 외부 투자자에게서 많은 자원을 받지 않아도 되므로) 창업자가 보통 정도의 지배력을 유지할 기회가 높아질 수도 있다. 또한 (기업의 핵심 업무에 집중하고 민첩성을 유지하며 더욱 신속하게 시장 진출과 사업 확장을 하거나 비용을 낮추어) 고생에 대해 최소한 어느 정도의 경제적 이익을 확보할 수 있다. 이런 면에서 기업 간 협력 관계는 "75퍼센트의 부자, 75퍼센트의 왕"[51]이 되는 길일 수 있다. 이런 참여자 문제는 창업자가 의사 결정에 얼마나 많은 지배력을 유지하고, 얼마나 가치 있는 신생 기업을 구축하는지에 중요한 영향을 미치는 '기업 경계선' 결정이 될 수도 있다.

창업 장소, 자금 회수, 그 밖의 주요 딜레마

이 책에서 다루지 않은 한 가지 딜레마는 창업자가 가장 초기에 직면하는 의사 결정 중 하나다.[52] 바로 어디에다 회사를 차릴 것인가 하는 딜레마다. 허브 지역에 회사를 차리면 창업자가 최상의 공동 창업자와 고용인(이미 그곳에 살고 있으면서 다른 곳으로 이사하기를 원하지 않을 수 있다)과 최상의 투자자(가까이 모여 있는 신생 기업들에 투자하는 것을 좋아한다)를 끌어들이는 데 도움이 될 수 있다.[53] 그러나 이런 허브 지역이 창업자나 가족에게 최상의 위치가 아닐 때에는 결국 신생 기업이 얻을 수 있는 잠재 가치를 제한받는 지역에 회사를 차리기로 결정할 수 있다. (이것은 2장에서 설명한 개인적 요인, 경력 요인, 시장 요인이 최종적인 결과에 영향을 미치는 방식이기도 하다.) 배리 널스는 캘리포니아에서 텍사스 북부로 돌아왔다. 캘리포니아가 신생 기업에 필요한 자원을 구하는 데 더 좋긴 하지만, 자폐증을 앓는 아들에게 필요한 자원을 텍사스 북부에서 이용할 수 있었기 때문이다. 시어스는 인맥과 직원들이 있는 보스턴에서 시카고로 이사했다. 오페라 가수라는 또 다른 직업을 위해 노스웨스턴에서 석사 과정을 밟으려던 것이 한 가지 이유였고, 약혼자가 시카고 태생이어서 고향으로 가길 원했던 것이 또 다른 이유였다. 피드버너의 팀은 가족의 안정을 위해 시카고에 머물겠다는 의지가 굳건했다. 심지어 이사하지 않아도 된다고 보장하는 구체적인 매수 조건을 협상했을 정도다.

주목할 만한 마지막 딜레마는 신생 기업을 인수자에게 매각할 것인지, 기업 공개를 할 것인지 문제다. 부록 11.3에 이러한 자금 회수 결정에 관해 현장을 기반으로 수행한 초기 연구 결과가 나와 있지만, 유형과 최상의 관행을 확립하려면 훨씬 더 많은 연구가 필요하다. 부와 지배력의 상충 관계가 이러한 '자금 회수 딜레마'에 어떤 영향을 미칠까? 과도한 자신감, 낙관주의, 애착 성향이 어떻게 창업자의 결정에 영향을 미칠까? 전문 CEO와 투자자를 포함해 창업에 관여하지 않은 참여자들이 자금 회수 결정에 어떤 영향을 미치며, 이들의 이해관계가 얼마나 핵심 창업자의 이해관계와 어긋날까? 이러한 차이를 해결하는 데 효과적인 장치(예를 들면, 창업자 지분 매각 혹은 이익 연계 지불)는 무엇일까?[54]

다른 결과들: 실현 자금 회수와 위험도 차이

창업자의 자금 회수를 정량적으로 검토해보면 한층 도움이 될 것이다. 이 책에 실린 자료들은 운영 중인 신생 기업에서 나왔기 때문에 창업자가 보유한 지분의 시가(장부상 이익)만 계산하고 신생 기업으로부터 최종적으로 얻은 부를 가리키는 '실현된' 가치는 계산하지 못했다. 자금 회수를 해서 주주들에게 실제로 자금을 돌려준 신생 기업까지 포함한 데이터베이스(이 책에서 사용한 데이터베이스보다 규모가 훨씬 작다)를 살펴보면, 신생 기업의 잠정적인 장부상 이익이 최종적으로 실현된 이익과 얼마나 가까운지 평가하는 데 도움이 될 것이다.

또한 우리는 일부 선택이 다른 선택보다 위험하다고 간주하고(예를 들면, 친구나 가족과의 창업, 고속 합의에 따른 지분 분배) 창업 팀의 분열 같은 결과에 관해 어느 정도 정보를 가지고 있지만 결정적인 결론, 즉 어떤 선택이 다른 선택보다 안전한지 판단할 최종적인 결과에 대해서는 알지 못한다. 예를 들어, 지배력에 동기를 부여받고 가치가 500만 달러인 기업의 지분을 100퍼센트 소유한 창업자는 어느 정도 빈도로 회사를 매각하고, 부에 동기를 부여받고 가치가 1억 달러인 기업의 지분 5퍼센트를 보유한 창업자는 어느 정도 빈도로 회사를 매각할까? 지배력에 동기를 부여받은 창업자는 부에 동기를 부여받은 창업자보다 자금 회수에 착수하기까지의 기간이 얼마나 더 길까? 한쪽의 자금 회수 기간이 다른 쪽보다 길까? 그렇다면 리스크 프로파일의 차이가 창업자의 초기 결정에 어떤 영향을 미칠까?■

맺음말

창업자에게는 분명하지 않은 사항이 아주 많다. 그중 일부는 그냥 넘어가도 될 만하지만 개중에는 검토하지 않으면 위험한 것들도 있다. 많은 창업자와 창업자 지망생은 (그리고 다른 사람들도) 자신에게 소명이 있다고 생각한다. 맞는 생각이고 고무적이기도 하지만, 창업자(그리고 이들이 설립한 신생 기업에 합류하는 사람)는 그보다 더 명확한 그림을 그려야 한다. 동기가 다르면 내리는 결정 역시 매우 달라져야 한다. 많은 창업자는 자신이 내리는 선택이 동기를 어떻게 손상하는지 어렵게 배운다. 로마의 극작가이자 철학자 세네카(Seneca)의 현명한 경구처럼 "어느 항구로 항해하는지 모르는 사람에게는 절대로 순풍이 불지 않는다".

하지만 자신의 동기를 아는 것은 퍼즐의 한 조각을 맞추는 것뿐이다. 종종 창업자는 가고자 하는 목적지만 대강 알 뿐 길도 정확히 모르는 데다 맞닥뜨릴 위험도 전혀 예상하지 못한 채 대륙 횡단을 시작한 루이스(Lewis)와 클라크(Clark) 같은 기분으로 창업이라는 여행에 나선다. 일단 길을 나선 창업자는 종종 자신이 여정의 중요한 갈림길에 서 있다는 것을 깨닫지 못하고 여행의 중요한 결과에 영향을 미칠 결정을 내리려 한다. 아마 이들에게는 오른쪽으로 가는 길은 보이지만, 왼쪽으로 향하는 길은 보이지 않을 수 있다. 오른쪽으로 가는 길이 굽이를 돌면 바로 절벽으로 이어진다는 것조차 알지 못한다. 본능이나 행운 또한 앞에 놓인

■ 벤처 캐피털의 자금을 받은 신생 기업에 관한 Hall et al.(2010)의 연구에 따르면, 75퍼센트의 신생 기업에서 창업자가 한 푼의 보상도 받지 못한 것으로 나타났다. 그렇다면 왕이 된 창업자의 보상은 어떨까? 그리고 CEO 지위를 잃는 위험은 각 유형의 창업자마다 어떻게 다를까?

많은 갈림길, 각 갈림길에서의 선택, 이들 선택이 미칠 영향을 사전에 이해하는 것만큼 신뢰성 있게 일정한 시점마다 지속적으로 길을 안내하지는 않는다.

필자는 이런 갈림길을 '창업 딜레마'라고 부른다. 이 용어는 권유보다 경고 쪽에 더 가깝게 들린다. 그러나 이 딜레마는 풀 수 없는 게 아니다. 여러 학술 연구와 경험자의 지혜가 도움을 줄 수 있다. 필자는 연구 결과와 경험에서 얻은 지혜를 가능한 한 많이 이 책에 담으려고 노력했다. 학자로서 필자는 성공과 실패 모두에 관심이 있지만, 이 책을 읽는 독자들 앞에는 성공만 있길 바란다.

부록 11.1 — 사고 실험: 혼합형 방식이 더 나을까

창업자의 의사 결정과 관련해 간단한 사고 실험을 해보자. 이 간단한 실험에서는 한 창업자가 신생 기업에 관여할 세 사람, 즉 공동 창업자·고용인·투자자에 관한 결정을 내려야 하며, 각 결정에는 두 가지 선택이 있다. 하나는 사람을 끌어들이지 못하는 위험을 무릅쓰고라도 지배력을 유지하는 지배력 지향의 선택이고, 다른 하나는 부를 지향하는 선택으로서 사람을 끌어들이는 대신 지배력을 잃을 위험이 커진다. 지배력을 지향하는 선택 각각에 대해 지배력을 유지할 가능성은 80퍼센트, 가능한 가치를 최대한 구축할 가능성은 20퍼센트이고, 부를 지향하는 선택 각각에 대해 지배력을 유지할 가능성은 20퍼센트, 가능한 가치를 최대한 구축할 가능성은 80퍼센트라고 가정하자.

창업자가 한결같이 지배력을 지향하는 선택을 하면 각각의 결과가 나타날 확률은 다음과 같다.

- 지배력 유지: 80%×80%×80%=51% 확률
- 최대한의 가치 구축: 20%×20%×20%=1% 확률

반면 창업자가 한결같이 부를 지향하는 선택을 하면 각각의 결과가 나타날 확률은 다음과 같다.

- 지배력 유지: 20%×20%×20%=1% 확률
- 최대한의 가치 구축: 80%×80%×80%=51% 확률

따라서 세 가지 결정 모두에서 일관된 선택을 내린 창업자는 하나의 결과를 얻을 가능성이 다른 결과를 얻을 가능성보다 약 51배 더 많다. 이 모형을 보면, 이런 창업자가 어느 결과 중 하나를 얻을 확률과 둘 다 얻지 못할 확률을 비교했을 때, 전자가 절반을 약간 넘는다. 하지만 두 결과를 모두 얻을 가능성은 1퍼센트가 되지 않는다.

창업자가 일관되지 않은 결정을 내린다면 확률이 뚜렷하게 바뀐다. 창업자가 두 결정에서는 지배력을, 세 번째 결정에서는 부를 선택했다면(반드시 이 순서대로일 필요는 없다) 각 결과가 나타날 확률은 다음과 같다.

- 지배력 유지: 80%×80%×20%＝13% 확률
- 최대한의 가치 구축: 20%×20%×80%＝3% 확률

지배력을 유지할 가능성은 4배 떨어지지만, 신생 기업의 가치를 최대로 구축할 가능성은 3퍼센트밖에 오르지 않는다. 완전히 실패할(즉 두 결과 모두 얻지 못할) 가능성은 급격하게 올라 80퍼센트를 넘어선다. 마찬가지로, 한 가지 선택은 지배력을 지향하고 나머지 두 개는 부를 지향하는 선택을 했다면 지배력을 유지할 가능성은 3퍼센트, 신생 기업의 가치를 충분히 구축할 가능성은 13퍼센트다.

혼합형 전략은 사실 한 가지 이점을 제공할 수 있다. 자신이 어떤 결과를 선호하는지 분명하지 않은 창업자는 부를 지향하는 선택과 지배력을 지향하는 선택을 섞은 '양다리' 전략을 통해 위험을 막을 수 있다. 일관된 선택을 하면 가능성 낮은 쪽의 결과를 얻을 확률은 1퍼센트밖에 되지 않지만, 혼합된 선택을 하면 그 확률이 3퍼센트로 높아진다. 그러나 이런 양다리 방식을 택하면, 가능성 높은 결과를 얻을 확률이 극적으

로 떨어지고 바람직한 결과 중 어느 것도 얻지 못할 가능성은 극적으로 높아지기 때문에 대가가 크다. 어떤 결과가 자신에게 더 가치 있는지 확신하지 못하는 창업자에게는 이런 양다리 전략이 이치에 맞을 수 있다. 그러나 이런 창업자가 그 같은 결정을 내리기 전에 자신의 핵심 동기를 파악할 수 있다면, 더욱 매력적인 결과를 얻을 확률이 극적으로 증가할 수 있다.

앞으로의 연구에서는 창업자가 일관된 전략과 혼합형 전략을 이용하는 빈도를 실증적으로 검토해 혼합형 전략이 일거양득의 전략인지, 두 가지 다 잃는 전략인지 규명할 수 있을 것이다.

부록 11.2—창업자의 의사 결정 모형

이 책에서 필자는 창업자가 직면하는 다양한 결정과 이들이 얻는 결과에 영향을 미치는 요인을 설명했다. 이러한 요인은 창업자의 동기와 행동부터 전략적, 환경적 영향력까지 다양하다. 필자는 관련 부분에 대해 필자가 수행한 초기 연구 결과를 제시하고 앞으로의 연구를 위한 제안도 했다. 도표 11.4는 이러한 모든 요인을 창업자 의사 결정의 결합 모델과 통합한 것이다.

　도표는 창업자의 동기로 시작되는데, 여기에는 우리가 지금까지 초점을 맞추었던 부와 지배력뿐 아니라 이타주의 · 다양성 · 지적 도전 등의 다른 동기도 포함된다. 이러한 동기는 전략적 요인에 따라 형성되는데, 창업자의 창업 전 경력 결정; 창업 팀, 채용, 투자자에 대한 결정; 창업 지역, 기업 간 협력 관계 체결 여부, 자금 회수 착수 여부, 자금 회수 방식의 결정에 영향을 미친다. 이러한 결정과 창업자의 역량, 일관성 그리고 팀원 간의 이해관계가 상호작용해 개별적인 창업자, 팀, 신생 기업이 직면하는 결과에 영향을 미친다. 한편 창업자의 동기, 의사 결정, 결과는 모두 이 책에서 설명한 환경적 요인에 영향을 받는다. 게다가 이렇게 뒤얽힌 상호작용은 동적이다. 창업자가 자신이 내린 결정에서 초래된 결과를 통해 교훈을 얻어 목표를 조정하고 기술과 인맥을 더 발달시키면 동기와 이후의 의사 결정에 변화가 올 수 있다.

　창업에 관해서는 많은 연구가 진행 중이며, 이는 이 책이 전하는 가장 중요한 메시지 중 하나다. 이 책에서 두드러지게 나타나지는 않지만 필자가 전하고 싶은 메시지는 연구할 영역이 많다는 점이다. 이 책에서 필자는 내가 수행한 초기 연구와 다른 사람들의 연구 결과를 제시했다.

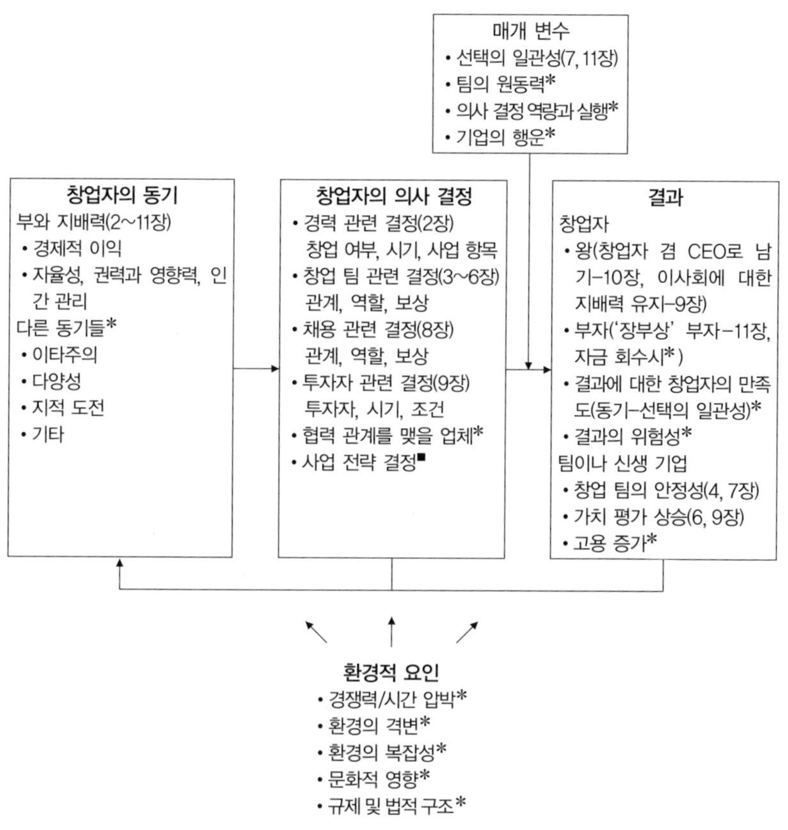

* 앞으로 연구하기에 유익한 주제. 이 책에서 논의했지만 실증적 분석은 하지 않았음.

■ 사업 전략 결정에는 창업 장소, 신생 기업의 핵심 아이디어와 사업 모형 특성, 자본 집약도, 기업의 범위 등이 포함된다.

하지만 필요한 연구가 아직 이루어지지 않은 분야를 종종 지적하기도 했다. 도표 11.4에서 별표로 표시한 것처럼 앞으로 수행할 수 있는 발전적인 연구 기회는 많다. 필자는 창업자들에게 부탁하는 바이다. 우리가 지금까지 살펴보았고 본인들이 직접 겪을 영향력 있는 요인에 대한 자신의 식견을 공유해 도표의 별표를 없애는 데 도움을 주기를 말이다. 또한 연구자들에게도 앞으로 이들 요인을 연구해 별표를 없애는 데 도움을 주기를 청한다.

부록 11.3—자금 회수 딜레마: 어느 출구로 나가야 할까

많은 창업자는 신생 기업을 시작할 때 일반인 주주에게 주식을 판매하는 것을 최종적인 자금 회수 방법으로 여기고 기업 공개라는 약속의 땅을 꿈꾼다. 그러나 9장에서 살펴본 것처럼 벤처 캐피털을 영입한 신생 기업이라 할지라도 기업 공개보다는 인수될 가능성이 거의 3배나 높다.■

우리는 신생 기업에 새로운 참여자를 개입시킬지, 그럴 경우에는 어떻게 개입시킬지 결정할 때 창업자들이 직면하는 딜레마에 초점을 맞추었다. 자금 회수 여부, 시기, 방법에 관한 창업 팀의 결정은 공동 창업자, 고용인, 투자자, 전문 CEO를 영입할 것인지에 관한 이전의 결정에 깊은 영향과 제약을 받는다. 실제로 그 같은 이전의 결정이 장기적으로 부와 지배력에 미치는 영향 중 일부는 신생 기업이 결승선 가까이 갔을 때에야 분명해진다. 예를 들어, 초기 결정은 창업자가 자금 회수 결정에서 얼마나 강한 발언권이 있는지, 창업자 간의 의견 차이는 어느 정도인지, 자금 회수 이후 창업자들이 이바지하고자 하는 것에 영향을 미칠 수 있다.

그러나 지금까지의 연구는 창업자보다 투자자와 인수자에 훨씬 더 관심을 기울였다. 따라서 자금 회수에서 창업자가 내리는 결정에 영향을 미치는 요인에 관한 상세한 설명은 없는 상황이다. 이런 공백을 메우고자 필자는 자금 회수 결정에 직면했을 때 강한 발언권을 보유한 몇몇

■ 1987~2008년까지 벤처 캐피털의 자금을 받은 신생 기업에 관한 Hall et al.(2010)의 연구에 따르면, 자금 회수를 한 신생 기업 중 약 52퍼센트가 합병되거나 인수되었고 18퍼센트는 기업 공개를 했으며 30퍼센트는 정리되거나 파산했다.

운 좋은 창업자가 고려해야 할 주요 요인에 관해 초기 단계의 현장 조사를 수행했다. 필자는 현장 조사의 초기 결과를 이번 부록에서 설명할 예정이다. 먼저, 가장 흔한 선택권인 기업 인수부터 설명한 다음 기업 공개(IPO) 선택권에 대해 다루겠다.

우리의 신생 기업을 매각해야 할까

인수는 기업 공개보다 더 가능성이 많은 결과일 뿐 아니라 신생 기업과 창업자에게는 '출구'의 의미가 훨씬 크다. 일단 신생 기업이 더 큰 기업에서 인수 제안을 받는 지점에 이르면 기업과 창업자에게 극적인 영향을 미칠 만한 딜레마에 부딪힌다. 인수 조건을 받아들일지, 거절할지를 정할 때 창업자는 다음과 같은 요인을 평가해야 한다(도표 11.5 참조).

매각하지 말아야 하는 이유

창업자의 주요 동기는 우리가 이 책에서 살펴본 의사 결정에서 핵심적인 역할을 하는데, 자금 회수에서도 마찬가지다. 지배력에 동기를 부여받은 창업자에게는 회사 매각이 의사 결정에 대한 지배력을 많이 잃는다는 의미이므로 매각을 원치 않을 수 있다. 어떤 창업자는 대기업이 회사를 집어삼키면 자신이 수년 동안 구축해온 문화가 훼손될 것이라고 두려워한다. 인수하는 기업 측 역시 일반적으로 전략적 결정에 지배력을 발휘하려 하고 신생 기업을 자사의 핵심 사업으로 통합했을 때 신생 기업에 누가 남아야 할지 결정하고 싶어 한다. 블로거 초기에 에번 윌리엄스는 100만 달러의 인수 제안을 받았다. 윌리엄스에게 블로거 매각은 몇 가지 골치 아픈 문제에서 벗어나는 방법이 될 수 있었다. 당시 윌리

도표 11.5 기업을 매각하지 말아야 하는 이유 vs. 매각해야 하는 이유

매각하지 말아야 하는 이유 ←	→ 매각해야 하는 이유
• 의사 결정에 대한 지배력을 상실할 것이다. • 가치를 더 구축해 좀더 나은 가격에 매각할 기회를 잃을 것이다. • 신생 기업의 문화를 보존하지 못할 수 있다. • 투자 조건(예: 잔여재산배분우선권)에 따라 창업자가 자금 회수에서 받는 몫이 적을 때에는 경제적 이익이 없을 수 있다.	신생 기업의 전망 약화 • 불리한 시장 변화 혹은 위험할 정도로 적은 현금 • 창업자의 에너지 소진 혹은 창업자 간의 긴장 상승 • 조만간 자금 회수 결정과 조건에 대한 지배력을 잃을 수 있다. 인수 후에 얻을 수 있는 이점 • 목표했던 재산을 얻는다. • 연쇄 창업자가 되기 위한 디딤돌로 활용한다. • 신생 기업을 설립하기 위한 자원을 얻는다. • 매력적인 모기업에서 일한다.

엄스는 위험할 정도로 현금이 부족했고 조만간 직원 전체를 해고해야 할 처지였다. 공동 창업자와 직원들은 매각을 강력하게 지지했다. 그러나 자신이 낳은 아기를 포기할 수 없었던 윌리엄스는 매각하지 않겠다는 결정을 내렸다. 몇 달 뒤, 구글이 인수 제안을 했을 때도 윌리엄스는 애초 그 제안을 거절했다. "4년 동안 블로거에 마음을 쏟아 붓고 나니 지배력을 포기하면 아주 위험할 것이라는 생각이 들었습니다."[55]

그러나 부에 동기를 부여받은 창업자라도 몇 년 동안 고생한 보상을 얻을 기회를 제안받았을 때 매각을 원치 않을 수 있다. 어떤 창업자는 계속 독자적인 기업으로 남아 여전히 상당한 가치를 구축할 수 있다고 믿는다. 예를 들어, 2000년대 중반 인터넷 기업에 대한 인수 시장이 활발해졌을 때, 피드버너에도 인수 제안이 들어오기 시작했다. 하지만 공동 창업자 겸 CEO인 딕 코스톨로는 현금 상환을 할 준비가 되어 있지 않았다. 코스톨로는 당시 상황을 이렇게 설명했다. "주가가 더 많이 오를 거라고 느꼈기 때문에 회사에 계속 머물고 싶었습니다." 2008년 페이스북이 좋

은 조건으로 트위터 인수를 제안했을 때 에번 윌리엄스는 "○○ 때까지 우리가 이룰 수 있는 것이 ○○이고, 그렇다면 아직도 할 일이 많이 남아 있다"[56]며 투자자를 설득해 그들의 제안을 거절하는 데 성공했다.

회사를 매각하지 않겠다는 코스톨로의 결정은 몇 년간 기술 신생 기업에서 일한 경험이 그 바탕을 이루었지만, 낙관주의와 열정에 이끌려 이런 결정을 내리는 창업자 또한 있다. 이들은 신생 기업의 잠재력을 지나치게 장밋빛으로 그려 앞으로의 성장 과제를 과소평가하고 경쟁 구도를 잘못 읽거나 결코 실현되지 않을 더 나은 제안이 들어오길 기대한다.

초기 결정은 창업자 겸 CEO가 자기 역할에서 물러날 때(10장에서 설명한 창업자 겸 CEO의 승계) 선택할 수 있는 방안에 영향을 미치는 것처럼 창업 팀의 자금 회수 선택권에도 영향을 미친다. 예를 들어, 잔여재산배분우선권이 포함된 투자 의향서에 합의해 투자자들이 투자금을 돌려받을 때까지 창업자가 회사 매각으로 어떤 이익도 얻지 못할 경우, 창업자는 보통 그 금액보다 낮은 제안을 강력하게 거부하며 인수를 막기 위한 온갖 방법을 모색할 것이다. 링스 솔루션에서 공동 창업자 밀모와 파스칼은 투자자에게 거의 3000만 달러에 이르는 투자를 상환하고 잔여 이익이 있을 때에만 창업자와 직원이 보유한 지분을 분배할 수 있는 청산 조건을 안고 있었다. 그러나 링스가 받은 두 제안은 모두 인수 금액이 3000만 달러에 훨씬 못 미쳤기 때문에 창업자들은 몇 년간의 고생에 대한 보상을 전혀 받지 못하는 조건이었다. 밀모는 이렇게 말했다. "우리가 처음 창업을 해서 온갖 시련을 겪으며 살아남은 까닭은 긍정적인 시각을 잃지 않았기 때문입니다. 자금 회수를 하더라도 아무것도 얻지 못한 채 끝내고 싶지는 않았습니다. 3000만 달러라는 위협의 희생자가 되고 싶지는 않았죠."

매각해야 하는 이유

매각해야 할 주된 이유에는 신생 기업의 전망 약화와 인수 후에 얻을 이점을 들 수 있지만, 창업자가 지친 상태이거나 불화 같은 좀더 무형적인 요인 또한 여기에 포함된다.

신생 기업의 전망 약화

창업자는 신생 기업의 미래, 특히 현금이 떨어질 때를 걱정한다. 코스톨로가 처음 세운 기업 DKA에서 전략적 투자자들이 2차 펀딩 라운드에 투자하지 않기로 하고 다른 잠재 투자자 역시 투자를 꺼리던 때를 예로 들 수 있다. 결국 회사 문을 닫는 것 말고는 매각만이 유일하게 실행 가능한 선택권이었고, 창업자 겸 CEO는 마지막 순간에 인수자를 발견할 수 있었다. 공동 창업자 딕 코스톨로는 이렇게 말했다. "우리 CEO는 힘든 상황에서 좋은 해결책을 내놓았습니다. 그전에 우리가 회사 자금을 어떻게 조달했는지 생각하면 매각만이 유일한 방법이었죠."

창업자는 또한 업계의 변화가 신생 기업의 핵심 사업을 위협할까봐 걱정한다. 스톡옵션 소프트웨어 업체 트랜센티브의 CEO 레스 트래치트먼은 다양한 요인이 스톡옵션 업계를 어떻게 변화시켰는지 이렇게 설명했다. "2001년에 시장이 포화 상태가 되었고 스톡옵션을 엄중히 단속하는 법안이 통과된 데다 국외 진출이 필요했죠. 고객이 스톡옵션 계획에서 전체적인 보상 계획으로 옮겨가고 있어 우리는 제품의 구멍 또한 메워야 했습니다. 그러려면 우리 소프트웨어에 많은 투자를 하거나 그 구멍을 메워줄 회사를 찾아 매수해야 했죠." 이사회가 다른 회사를 인수하겠다는 트래치트먼의 아이디어를 거부하자 트래치트먼은 트랜센티브를 인수하는 데 관심 있는 회사를 물색했다.

신생 기업의 팀 내부에서는 수년간의 압박감으로 인해 창업자 사이, 혹은 더 넓게는 경영진 사이의 관계가 나빠질 수 있다. 관계가 나빠지면 종종 신생 기업 역시 삐걱거린다. 이런 환경에서 인수 제안은 (한 명 이상의 참여자가 떠나거나 새로운 직책에 임명되어) 팀이 내부 문제를 해결할 기회를 주는 한편, 경제적으로도 혜택을 보는 구명 밧줄처럼 느껴질 수 있다. 수년간의 적자에서 흑자로 돌아선 링스 솔루션에서는 지친 데다 으르렁거리는 사이인 공동 창업자들이 서로 풀 수 없는 의견 차이를 가장 잘 해결하는 방법은 회사 매각이라고 판단했다.

어떤 창업자는 아직 자신에게 인수 협상을 주도할 힘이 있을 때 자금 회수를 선택한다. 또 다른 펀딩 라운드 이후를 기다리다가는 자기 지분이나 이사회에 대한 지배력이 가장 중요한 인수 조건도 협상하지 못하는 수준으로 떨어질 수 있기 때문이다. 딕 코스톨로에게는 피드버너를 매수하겠다는 구글의 제안과 벤처 캐피털의 3차 펀딩 라운드 투자 의향서 사이에서 무엇을 선택할지 고민할 때가 중요한 변곡점이었다. 코스톨로는 자금 조달보다 매수를 선택했다. 이런 선택에는 3차 펀딩 라운드 후 투자자들이 회사 지분을 50퍼센트 이상 소유하고 이사회에서 세 자리나 되는 의결권을 보유할 것이라는 판단이 한몫했다. 코스톨로에게는 자신이 완전한 지배력을 보유한 때가 회사를 매각할 시점이었다. 기다리다 보면 아마도 투자자들이 창업 팀에게 유리하지 않은 거래를 받아들이라고 강요할 것이다. 자금 회수 결정에서 자신이 종속적인 역할밖에 할 수 없는 시점을 내다본 창업자는 그런 결정에서 지배력을 발휘하는 데 유리한 입장에 설 수 있을 것이다.▪

인수 후 얻을 수 있는 이점

일부 창업자는 나빠지고 있는 신생 기업에서 도망치기보다 인수 후의 매력적인 상황을 노리고 매각을 고려한다. 부에 동기를 부여받은 창업자에게 매력적인 인수 제안은 많은 돈을 들고 회사를 떠나겠다는 몇 년 전의 목표를 달성할 기회다. 지배력에 동기를 부여받은 창업자 역시 이런 제안을 인생의 다음 단계로 건너가는 디딤돌이라고 생각하면 기쁘게 받아들일 수 있다. 그들은 여기에서 얻은 이익을 이용해 인생의 기어를 바꾸거나 연쇄 창업자가 될 수 있다. 이제 금융 자본이 늘어났으니 다음 신생 기업에서는 지배력을 더 확보할 수 있을 것이다. 예를 들어, 루 서니는 와일리의 경영권을 리처드 윌리엄스에게 넘겨준 뒤(10장 참조) 창업자 겸 CEO로 남았다. 2006년 와일리가 3억 7500만 달러에 컴퓨터 어소시에이츠에 매각되자, 서니는 1년 동안 더 머물다 회사를 떠난 뒤 또 다른 성능 관리 소프트웨어 업체인 뉴 렐릭을 설립했다. 서니는 뉴 렐릭을 와일리에서 저질렀던 실수를 바로잡을 '기회'로 삼았다. 더욱 중요한 점은 서니가 뉴 렐릭을 서비스형 소프트웨어(Software as a Service, SaaS: 소프트웨어의 여러 기능 중 사용자가 필요한 서비스만 이용하도록 한 소프트웨어 배포 형태—옮긴이) 또는 구독 소프트웨어 업체로 만들었다는 것이다. 그래서 선행 투자 금액은 낮아지고 반복적으로 들어오는 수익은 훨씬 높아져 서니의 기술에 알맞은 사업 모델을 개발할 수 있었다. 이렇게 함으로써 서니는 초기 단계에서 회사를 자기 자본으로 꾸려나갈 수 있었

■ 셰익스피어가 《뜻대로 하세요(As You Like It)》(2:7)에서 말한 것처럼 "모든 세상은 하나의 무대이고 / 모든 남성과 여성은 배우일 뿐이다. / 배우들은 등장도 하고 퇴장도 한다".

고 의사 결정에 대한 지배력을 더욱 오랫동안 유지할 수 있었다.

신생 기업이 다른 방법으로는 얻지 못할 귀중한 자원을 매각을 통해 얻을 수 있다면, 매각 후의 가능성은 더욱 매력적일 것이다. 블로거의 윌리엄스와 피드버너의 코스톨로는 구글에 인수될 경우, 자신들의 비전을 실현할 금융 자본이 생기고 가장 똑똑한 최상의 엔지니어와 사업가들이 자신들의 프로젝트에 투입될 것이라고 생각했다.

몇 년간 길고 고된 시간을 보낸 창업자에게는 더 큰 기업에서 안정되게 일할 수 있다는 점이 매력적으로 비칠 수 있다. 일부 창업자에게는 아직 애착이 남아 있는 신생 기업을 떠날 필요 없이 일과 개인 생활에 더욱 균형을 맞출 수 있는 기회이기도 하다. 인수자가 창업자의 강점을 존중하고 보상하며 발전시킨다면 그 기업을 위해 기꺼이 일할 수도 있다. 예를 들어, 공학에 중점을 둔 피드버너의 두 창업자는 구글에 인수되어 혁신적이고 고속 성장하는 회사에서 일할 수 있다는 점에 흥분했다.

왜 매각 거래 구조를 설계해야 할까

인수는 다양한 방법으로 이루어지는데, 각각의 방법은 창업자에게 영향을 미칠 수 있다. 거래 구조 설계에는 중요한 선택권 두 가지가 있다. 하나는 인수자가 주주들에게 지분에 따라 현금을 지급하는 현금 거래 방식이고, 다른 하나는 신생 기업의 핵심 경영진(창업자 포함)이 얻을 잠재 이익의 상당한 몫을 인수 후 실적에 따라 지급하는 이익 연계 지불(earn-out) 방식이다. 신생 기업의 경영진을 자사 직원들로 교체할 계획인 인수자에게는 대개 현금 거래 방식이 타당하다. 그러나 인수자가 신생 기업의 직원 중 일부를 유지하고 싶어 하거나 경영진이 자기 회사의 전망에 자신감 없는 신생 기업을 가려내는 데 도움이 된다고 생각하면 이익 연계 지불 방식이 더 매력적이다. 자신이 설립한 기업의 전망에 아직 자신감이 있는 창업자는 (인수 대금 중 이익 연계 지불에 해당하지 않는 부분을 받아) 인수를 통해 바로 이익을 얻는 한편, (이익 연계 지불을 통해) 이후에 추가로 인수 대금을 받을 수 있다. 인수 대금의 상당 부분을 장래의 실적에 묶어놓을 수 있다면, 인수자는 종종 신생 기업 인수에 더 높은 가격을 지불하기도 한다.

링스 솔루션의 창업자들은 모빌링크(Mobilink)와 스포트라이트(Spotlight)■라는 두 무선통신 업체로부터 인수 제안을 받았다. 모빌링크는 30일 이내에 거래를 완료하고 공동 창업자들의 주식을 사들여 즉시 그들을 교체하고 싶어 했지만, 인수 대금을 현금으로 2000만 달러만 제시했다. 반면 스포트라이트는 현금과 주식 2500만 달러에 덧붙여 링스가 이후 2년간 도전적인 단계별 목표를 달성할 경우 추가로 1000만 달러를 지급하겠다고 제시했다. 창업자들이 그 2년 동안 단계별 목표 성취에 집중해 계속 일을 할 수 있도록 한 것이다.

이익 연계 지불 방식은 자신감 있는 창업자들에게 매력적이며 종종 후한 이익을 얻을 수 있지만, 때로는 불리한 결과를 불러오기도 한다. 한 신생 기업에서는 인수 이전에 예측한 1억 5000만 달러의 수익을 올려야 창업자들이 이후에 정산을 받기로 했는데, 5900만 달러의 이익밖에 얻지 못했다. 따라서 이런 경우에는 인수 금액이 훨씬 낮아도 선지불이 많은 제안을 선택하는 편이 더 나았을 것이다.

더 많은 가치를 구축하기 위해 신생 기업에 남은 창업자는 더욱 근본적인 위기에 직면한다. 요컨대 그들은 자신이 얼마의 가치를 구축할 수

■ 이들 회사 이름은 가명이다.

있을지에 영향을 미치는 바로 그 결정에 대한 지배력을 어느 정도 잃게 된다. 블로거를 구글에 매각한 월리엄스는 2년 동안 계속 그곳에서 일했지만, 곧 환멸을 느꼈다. 구글은 블로거의 팀원 대부분을 직원이 아니라 계약직 사원으로 채용했고 월리엄스가 기대했던 자원을 모두 제공하지 않았다. 구글이 블로거 인수 후 2년이 되지 않아 기업 공개를 하자 월리엄스는 자신이 보유한 주식 일부를 현금으로 상환했고, 그 직후 회사를 떠났다. 이와 비슷하게 딕 코스톨로는 세 번째 세운 신생 기업 스파이오니트를 724솔루션(724 Solutions)에 매각할 때 3년이라는 이익 연계 지불 조항이 불리할 수 있다는 점을 예상하지 못했다. 코스톨로는 이때의 일을 다음과 같이 회상했다. "유감스럽게도, 우리는 2000년 9월에 거래를 했는데, 그 직후 주가가 내려갔습니다. 게다가 매각 후 우리에겐 더 이상 회사에 대한 지배권이 없었지요. 더 이상 우리 자신만 책임지는 회사가 아니었습니다. 이젠 우리가 보고해야 할 큰 회사가 캐나다에 있었죠. 그 회사는 우리와 우선순위가 아주 달랐습니다. 급격한 변화였죠."

몇 년간 방해받지 않고 자사의 비전을 추구해온 신생 기업 팀이 더 큰 기업에 인수되었는데, 새로운 모기업이 그 비전과 상충하는 이해관계를 보유했다면 신생 기업은 그 비전을 희생해야 한다. 구글이 피드버너를 매수한 뒤, 딕 코스톨로와 공동 창업자들은 실행 위험이 낮아질 거라고 예상했지만, 실행 위험 대신 새로운 위험이 생겼다는 것을 깨달았을 뿐이다. "우리는 회사를 매각한다고 해서 모든 실행 위험이 사라지는 것은 아니라는 걸 배웠습니다. 당신은 '돈은 좋은 것이고, 그들은 그 자원을 모두 지녔으니 회사를 팔아야겠어. 그래서 내 아기를 멋진 회사로 만들겠어'라고 생각할 테지만 때때로 〔매각은〕 사실상 위험을 증대시킵니다. 모기업과의 이해관계가 상충하기 때문이지요."

링스의 창업자들에게 이익 연계 지불 방식은 애초 자금 회수를 하려 했던 주된 이유와 맞지 않았다. 그들은 몇 년간 창업이라는 롤러코스터를 타느라 지쳐 있던 탓에 회사에서 나가고 싶었다. 그래서 스포트라이트의 제안보다 인수 가격이 몇 백만 달러나 낮은 모빌링크의 제안을 받아들였다. 모빌링크는 즉시 매각을 완료하고 창업자들을 교체하길 원했기 때문이다. 밀모는 이렇게 말했다. "개인적으로 우리에게는 모빌링크의 방식이 매력적이었습니다. 우린 빨리 떠나고 싶었거든요. 2년 동안이나 더 머물며 회사를 운영하고 싶지는 않았죠. 우리는 지쳤고 휴식이 필요했습니다."

기업 공개를 해야 할까

기업 공개를 할 때까지 신생 기업에 남아 있는 창업자는 드물지만, 약속의 땅은 종종 기대보다 덜 매력적이고 삶이 더 힘들어지는 것처럼 많은 변화를 불러온다.

기업 공개로 인해 회사에 나타나는 가장 긍정적이고 확실한 변화는 이제 새로운 자금원인 일반인 주주들에게 접근할 수 있다는 점이다. 프랭크 어단테는 공개 시장에서 L90에 자금을 투입하고 주식이 공개적으로 거래되면, 더 작은 경쟁사들을 인수해 자사의 서비스를 확장할 수 있으리라 믿었다. 또한 기업 공개를 하면 신뢰성이 높아지고 더 큰 거래처의 믿음을 불러일으켜 새로운 고객을 확보할 수 있을 것이다. 생명과학 분야 신생 기업 켄들 인터내셔널(Kendle International, Inc.)의 창업자 겸 CEO 캔디스 켄들(Candace Kendle)도 비슷한 말을 했다. "가장 좋은 것은 인수를 완료할 법정 통화를 소유한다는 점입니다. 그렇지 않다면 우리는 그〔기업 공개〕 방식으로 가지 않았을 겁니다. 돈이 돈을 버는 거죠."

그러나 창업자 겸 CEO에게 기업 공개는 역효과를 불러올 수 있다. 학자들은 기업 공개 후 주주들이 광범위하게 분산되면 창업자 겸 CEO의 신생 기업에 대한 지배력이 높아질 수 있다는 이론을 제시하지만,[57] 신규 상장기업의 CEO들은 종종 의무적인 재무 공표에 드는 상당한 비용은 말할 것도 없고 철저한 조사와 더욱 엄격해진 규제를 한탄한다.[58] 프랭크 어단테는 이렇게 말했다. "비공개 기업으로 투자자의 돈을 받을 때는 관리해야 할 투자자들이 한정돼 있습니다. 누구와 일할지 당신이 결정하는 거죠. 투자자들을 직접 만나 그 사람들이 당신의 비전을 믿고 같은 기대를 공유하는지 확인하는 식으로요. 그러나 기업을 공개하면 누가 주식을 사는지 알 수 없습니다. 당신의 비전을 완전히 이해하지 못하고 다양한 요인에 따라 기업을 평가하는 사람들이 생기는 겁니다. 어떤 사람은 단기적으로, 어떤 사람은 장기적으로 투자하지요. 그리고 어떤 사람은 지표와 기본 원칙에 따라 주식을 사고, 어떤 사람은 단순히 비전을 보고 주식을 사기도 하죠." 캔디스 켄들 또한 "분기별 실적이라도 수치를 달성하지 못하면 치러야 할 대가가 큽니다"라고 말했다.

켄들의 공동 창업자 크리스 버건(Chris Bergen)에게는 기업 공개가 개인적으로 또 다른 영향을 미쳤다. "기업 공개에는 이점이 있습니다. 우리는 재계에서의 위치를 즐겼지요. ……기업 공개를 하지 않았다면 얻지 못할 위치였고, 그 점은 좋았습니다. 하지만 단점도 있었습니다. 우리의 재정 상태가 예전보다 많이 알려졌죠. 사람들이 내가 돈을 얼마나 벌고 주식을 얼마나 보유했는지 알게 되니 편하지 않더군요. 우리는 공인이 아니라 아주 사적인 사람들이거든요." 켄들에서 기업 공개는 조직도에도 영향을 미쳤다. 버건은 계속해서 이렇게 말했다. "처음에는 직원들이 정말 황홀해했습니다. ……〔하지만 나중에〕〔옵션의〕 가치가 권리 행사 가격 이하로 떨어지자 기업 공개가 별것 아닐 수 있겠다고 생각했죠. 상황이 잘 돌아갈 때는 누구나 행복하죠. 문제는 상황이 안 좋을 때 그들을 행복하게 만드는 겁니다."

기업 공개는 창업자보다 벤처 캐피털을 위한 자금 회수 방식에 더 가깝다.[59] 벤처 캐피털은 투자 이익을 얻을 뿐 아니라 한 연구에 따르면 투자했던 회사가 공개될 경우 벤처 캐피털의 62퍼센트가 이사회를 떠난다고 한다.[60] (그래서 신규로 상장한 신생 기업의 많은 창업자 겸 CEO는 새로운 이사회에 대응해야 한다.) 창업자와 신생 기업에 기업 공개는 때때로 자금 회수라기보다는 일련의 자금 조달 이벤트라고 할 수 있다. 창업자의 비유동성 주식은 이제 유동적이 되지만, 창업자는 기업 공개 후 몇 달 동안의 '매도 금지' 기간이 지난 뒤에야 주식 일부를 팔아 그동안 고생한 경제적 이익을 즐길 수 있다. 그 이후에도 창업자는 팔 수 있는 주식의 양에 제한을 받는다. 대량 매각은 회사의 전망에 부정적 신호를 보내 주가에 피해를 줄 수 있기 때문이다. 일부 창업자는 주식 매각에 스스로 제약을 두기도 한다. 예를 들어, 프랭크 어단테는 L90에서 자기 주식을 파는 문제를 고민했다. "주식을 팔 것인지, 계속 보유할 것인지를 놓고 갈등했습니다. 그 주식에서 더는 가치를 창출하지 못한다고 생각해 파는 것 같은 느낌이 들었거든요. 내면적인 감정싸움이었죠. ……일부 주식을 파는 문제에 관해 어떤 식으로 생각해봐도 방아쇠를 당길 수 없었습니다."

팀 내의 차이

자금 회수 딜레마는 창업 팀원의 동기가 일치한다 해도 풀기 어려운 문제다. 하물며 창업 팀원 간에 동기가 다르다면 더욱 해결하기 어렵다. 예를 들어, 일부 창업자는 다른 창업자보다 위험 회피 성향이 강해서 운에 맡기고 위험한 미래(매각 이전에 더 많은 가치 구축 등)를 선택하는 대신 안전한 쪽('확실한' 인수 제안 등)을 선호할 수 있다. 딕 코스톨로는 피드버너의 팀원 간에 위험 허용 정도가 두 진영으로 나뉘었다고 설명했다. "창업 팀 내에서 리스크 프로파일이 달라 어떤 사람은 거래할 준비가 되어 있었지만, 다른 사람은 '꺼지라고 해. 우리는 25퍼센트가 더 필요해'라고 말했죠. 모든 사람이 합심할 거라고 생각하지만 실제 숫자가 개입되면 사람들은〔협의 중인 제안을 받아들이고 싶은 유혹을 느낄 겁니다.〕…… 에릭과 나는 항상 더 많은 위험을 기꺼이 감수하자는 쪽이었습니다. 그 제안은 제쳐두고 계속 앞으로 나아가자는 쪽이었지요. 반면, 스티브와 맷은 '나중에 후회하지 말자. 협상 테이블에서 제외할 것은 제외하자'라는 쪽에 가까웠죠."

마찬가지로 한 창업자는 부에, 다른 창업자는 지배력에 동기를 부여받았다면 전자는 제안을 받아들이고 싶어 하지만 후자는 거부할 수 있다. 실제로 한 금융 서비스 외부 위탁 업체의 공동 창업자 사이에서는 자금 회수를 할 것인지, 말 것인지가 유일하게 심각한 의견 차이를 보인 문제였다. 한 창업자는 경쟁사이자 규모가 큰 상장기업에서 온 인수 제안을 받아들이고 싶어 했지만, 다른 창업자는 거부했다. 후자는 나중에 이렇게 말했다. "나는 회사를 매각하지 않기 위해 할 수 있는 일은 다 했습니다. 하지만 어쨌든 굴러 떨어지는 바위 아래 있는 것보다는 위에 있는 편이 낫다는 걸 알아차렸죠. 현금 2억 5000만 달러를 받는 것이 나쁜 결정이라고 말하기는 어렵지만,〔신생 기업은〕내 아기였고 나는 내 아기를 사랑했습니다."[61]

지분 분배에 대한 초기의 결정 역시 최적의 자금 회수 시기에 대한 팀원 간의 견해 차이를 낳을 수 있다. 딕 코스톨로는 DKA의 창업 팀원이 회사 매각에 보인 견해 차이를 이렇게 설명했다. "홈런은 아니었습니다. 그래서 불평이 많았죠. 〔게다가〕 각자 보유한 주식의 양이 다른 만큼 자금 회수를 원하는 정도도 달라 팀원 간에 견해차가 컸습니다." 또 창업에 관여하지 않은 주요 직원의 보상책이 나머지 팀원과 일치하지 않을 경우 인수에 방해가 될 수 있다. 코스톨로는 한 직원의 보상책이 피드버너가 구글에 매각되는 것을 좌절시킬 정도로 위협이 되었을 때 부딪혔던 딜레마를 이렇게 설명했다. "구글과의 거래 방식으로는 실현되지 않을 파격적인 옵션 계약을 한 초기 직원이 한 명 있었습니다. 하지만 구글은 '그 사람은 중요한 직원입니다'라고 인정했죠. 그래서 직원은 그 계약을 유지할 수 있었습니다."

감사의 글

책을 쓴다는 것은 팀 스포츠다. 야구 카드에 사진을 싣는 사람은 선수뿐이지만 코치, 스카우트, 지원 팀이 없었다면 그 선수는 카드 뒷면에 기록된 성적을 올리지 못했을 것이다. 마찬가지로, 하버드 경영대학원과 그 밖의 학교에서 나를 지도해준 코치들, 〔신인 작가에게 기꺼이 베팅을 한 세스 디치크(Seth Ditchik)를 포함해〕 초기에 나를 믿고 베팅해준 스카우트들, 이 책을 쓰는 모든 단계에서 도움을 준 사람들이 없었다면 이 책은 결코 타석에 서지 못했을 것이다.

니틴 노리아(Nitin Nohria)는 내가 학자의 길을 걷는 데 관심을 갖게끔 해주고 10년 넘게 모든 단계에서 조언과 지원을 해주었다. 폴 곰퍼스(Paul Gompers), 조시 러너(Josh Lerner), 빌 살먼(Bill Sahlman), 조지 베이커(George Baker), 제리 그렌(Jerry Gren), 피터 마스던(Peter Marsden)은 창업 팀이라는 블랙박스를 철저히 조사하는 데 초점을 맞추라고 독려해준 소중한 초기 조언자들이다. 린다 애플게이트(Lynda Applegate)와 테레사 아마빌레(Teresa Amabile)는 필자가 최근에 만든 기업가적 경영(Entrepreneurial Management) 과정의 신참이던 시절부터 조언을 해주었을 뿐만 아니라 이 책의 초안에 깊이 관여해 최종적인 모습을 갖추기까지 수많은 도움을 주었다. 같은 기간 동안 톰 아이젠만(Tom Eisenmann)은 수차례 함께 점심을 먹으며 경력에 관한 훌륭한 조언과 함께 이 책을 개선하는 방법에 관해 구체적인 피드백을 해주었다. 토비 스튜어트(Toby Stuart), 제프 존스(Geoff Jones), 낸시 코엔(Nancy Koehn), 캐시 랜건(Kash Rangan)은 10년간의 연구를 책으로 쓰겠다는 아이디어를 아주 초기부터 지지하고 영향을 준 사람들이다. 벤 에스티(Ben Esty), 데이비드 가빈(David Garvin), 앤드리 페롤드(Andre Perold), 바라트 아난드(Bharat Anand), 란제이 굴라티(Ranjay Gulati), 미히르 데사이(Mihir Desai), 잰 리브킨(Jan Rivkin)은 필자가 하버드 경영대학원의 교수로 재직한 초기, 이 책의 기초가 된 과정을 개발하고 경력의 또 다른 중요한 시점에 있을 때 현명한 조언을 해주었다. 또 필자는 하워드 올드리치(Howard Aldrich), 도널드 햄브릭(Donald Hambrick), 캐시 아이젠하트(Kathy Eisenhardt), 하워드 스티븐슨(Howard Stevenson)에게도 빚을 졌다. 필자의 연구는 이들 네 거인의 어깨에 기대어 탄생했다.

이 책의 자료를 얻기 위한 씨앗은 일찌감치 뿌려졌는데, 그것을 잘 자라도록 가꾸어준 중요한 인물이 몇 명 있다. 브라이언 홀(Brian Hall)은 필자가 빌 홀로드낙 및 아론 라파트(Aaron Lapat)와 협력 가능성을 주제로 처음 논의할 수 있도록 물꼬를 터주었다. 빌과 아론은 박사 과정을 밟는 젊은 학생을 믿고 컴프스터디 설문 조사지 작성과 결과 분석을 맡겼다. 마이크 디피에로(Mike Dipierro)와 에번 브라운(Evan Brown)은 해마다 모든 일이 순조롭게 진행되도록 애써주었다. 예상보다 많은 일을 동시에 잘 진행해야 한다는 것을 깨달았을 때도 마찬가지였다. 또 여러 프로젝트에서 소중한 협력자였던 푸르칸 나지리(Furqan Nazeeri)는 필자의 초기 연구에 훌륭한 공명판 노릇을 해주었다.

이 책에서 설명한 사례 연구와 논문을 작성하는 데도 다양한 협력자들이 도움을 주었다. 필자의 MBA 과정과 이 책의 중추를 이루는 사례 연구를 공동 집필해준 헨리 맥캔스, 에릭 올슨(Eric Olson), LP 모리스(LP Maurice), 앤터니 우이(Antony Uy), 레이철 고든(Rachel Gordon), 레이철 갤퍼(Rachel Galper), 로지 핀(Rosy Fynn)에게 감사의 말을 전한다. 사례 연구를 공동 집필했을 뿐 아니라 그로 말미암아 촉발된 이후의 수많은 프로젝트와 협업에서 그리고 이 책의 초안을 작성할 때 놀라울 정도로 통찰력 있는 조언을 해준 제프 버스갱도 빼놓을 수 없다. 그리고 자신들이 부딪혔던 가장 힘든 딜레마에 관해 열린 마음으로 솔직하게 알려주고, 영향력 높은 차세대 창업자들의 정보를 공유함으로써 사례 연구 자료 작성에 도움을 준 사례 연구 참여자 모두에게 역시 감사드린다. 또한 우리 주제의 새로운 측면을 계속해서 알려준(그중 두 개는 이들이 제시하지 않았다면 존재하지 않았을 연구 프로젝트로 이어졌다) '기업가적 경영 및 창업자의 딜레마' 과정의 학생 모두(그리고 코프먼의 학자들)에게 감사한다. 필자는 고전 《탈무드》에 나오는 랍비 하니나(Chanina)의 "나는 스승에게서 많은 지혜를 배웠고 동료에게서 더 많은 지혜를 배웠으며 제자에게서 가장 많은 지혜를 배웠다"라는 말을 이 학생들에게서 절감했다.

연구 측면에서는 맷 막스, 토머스 헬먼, 워런 보커가 훌륭한 협력자가 돼주었는데, 세 사람은 이 책에 소개한 세 개의 논문에 매달려 종종 밤을 지새우기도 했다. 맷 막스는 MIT에서 강의하던 초기에 필자의 '첫 번째 프랜차이즈'가 될 정도로 '창업자의 딜레마' 과정을 신뢰했다. 웬디 토런스(Wendy Torrance) 역시 이 주제의 중요성을 인정해 자신이 수행하던 코프먼 국제 학자(Kauffman Global Scholars) 프로그램의 주요 분야로 만들었다. 우리 세 사람의 교수 강의 그룹이 우리가 다룰 주제와 미래의 창업자들 앞에 놓여 있는 딜레마를 교육하는 최상의 방법을 브레인스토

밍할 때, 가르치는 일이 기쁨이 되도록 도와준 맷과 진저 그레이엄(Ginger Graham)에게 감사한다.

라마나 난다(Ramana Nanda), 무크티 카이르(Mukti Khaire), 빌 커(Bill Kerr), 모니카 히긴스(Monica Higgins), 라케시 쿠라나(Rakesh Khurana), 보리스 그로이스버그(Boris Groysberg), 데이비드 샤프스타인(David Scharfstein)은 몇 년 동안 멋진 동료가 되어주었을 뿐만 아니라 연구와 저술 과정의 다양한 시점에서 중요한 조언을 해주었다. 빌 슈노어, 재닛 크라우스, 팀 버틀러, 에번 리처드슨(Evan Richardson), 팀 코너스, 아마르 바이드, 토니 마요(Tony Mayo), 애리 긴즈버그(Ari Ginsberg)도 이 책의 특정 부분에 관해 아주 효과적인 조언을 적시에 해주었다.

다양한 방법으로 최종 결과물을 다듬어주는 한편, 재미있게 글을 쓸 수 있게끔 도와주어 이 책에 깊고 폭넓게 이바지한 리사 브렘(Lisa Brem) 과 카일 앤더슨(Kyle Anderson)에게도 감사한다. 또한 이 책의 모든 장, 모든 부분에 조언을 해준 존 엘더(John Elder)에게 고마움을 전한다. 테레사 가이그너드(Theresa Gaignard)와 매슈 오코넬(Matthew O'Connell)은 항상 훌륭하고 즐겁게 행정적인 지원을 해주었다.

마지막으로, 누구와도 견줄 수 없는 좋은 아내와 엄마가 되어준 이상적인 아내 차나에게 감사한다. 그리고 성취와 열정, 유쾌한 성격으로 매일매일 나를 놀라게 하고 즐겁게 해주는 탈리아, 타마르, 야이르, 리아트, 나바, 아비탈, 이샤이에게 고맙다는 말을 전하고 싶다. 아울러 세 세대의 토대를 쌓아주신 부모님과 장인 장모님께도 감사를 드린다.

부록 A: 정량적 데이터

이 책에 나오는 정량적 자료는 2000~2009년까지 10년 동안 수집한 수천 개의 신생 기업과 수천 명의 창업자 및 경영진이 포함된 데이터베이스에 기초한 것이다. 부록 A에서는 본 자료를 모으는 데 이용한 조사 절차와 응답자의 인구통계학적 자료, 설문 조사지의 내용을 설명한다.

조사 절차

필자가 1999년 창업자와 유망 신생 기업에 관한 체계적인 조사를 시작했을 때 직면한 주요 과제 중 하나는 이용할 수 있는 공개 자료가 없다는 점이었다. 보상, 기업 운영, 경영진, 그 밖에 회사의 중요한 측면에 관해 상세히 공시해야 하는 공개 기업과 달리 비공개 기업은 이런 모든 세부 사항을 공개하지 않을 수 있다. 비공개 회사들에 관해서는 미국증권거래위원회(SEC)의 에드가(Edgar) 같은 데이터베이스가 없다. 또한 그런 자료를 수집하려 한 몇 안 되는 데이터베이스는 범위가 극도로 제한적이고 누락된 자료도 많다. 특히 신생 기업은 경영진의 보상,[1] 주주 구성도, 자금 조달 가치 평가, 창업자 겸 CEO의 직위 승계, 창업자의 지분 분배에 관해 극도로 비밀을 유지한다. 창업자의 기존 관계, 창업 전의 배경처럼 어느 정도 덜 민감한 자료를 얻을 만한 좋은 출처 또한 없다. 따라서 유망 신생 기업에 관한 대부분의 연구는 현장 중심의 접근 방식을 쓰거나 최근에 기업 공개를 한 기업(기업 공개 시점에서는 창업자들이 최고 경영진에 포함된 예가 드물다)에 초점을 맞추었다. 예를 들어, 1994년 신규 상장기업의 자료를 이용해 '젊은 기업'의 보상을 다룬 한 중요한 연구는 창업자의 보상 문제를 검토하지 못했다.[2] 좀더 규모가 큰 기업에서 창업자를 검토하고자 노력했던 연구자들은 자신이 보유한 데이터베이스의 경영진 중 창업자는 10퍼센트 이하임을 발견했고 따라서 창업자와 관련한 확정적인 결론을 내리지 못했다.[3]

이런 문제를 해결하고자 필자는 기업 공개를 하지 않은 유망한 신생 기업을 조사해 직접 자료를 수집하기 시작했다. 1999년 필자는 전국적인 전문 서비스 업체〔에른스트 앤드 영(Ernst & Young, 회계 법인), J. 로버트 스콧(헤드헌팅 업체), 헤일 앤드 도어(Hale and Door, 법무 법인)〕와 협력해 기술 분야 신생 기업에 관한 첫 번째 조사에 착수했다. 필자가 직접 설문지를 작성해 10개 회사를 대상으로 파일럿 테스트를 수행했다. 그리고 이 기업들이 보내온 피드백에 따라 조사지와 응답에 관한 분석 방법을 수정했다. 세 협력 업체는 본 조사를 관리하는 데 필요한 웹사이트를 개발했고, 우리는 이 사이트에 '컴프스터디'라는 이름을 붙였다. (우리는 설문 조사와 보고 사이트인 www.compstudy.com에도 이 명칭을 썼다.) 그리고 필자는 자료를 분석하고 그 결과를 상세하게 분류했다. 조사를 시작한 첫 10년 동안은 미국에 초점을 맞추었다. 미국이 기업가 활동에 중요한 역할을 하는 국가인 데다 우리가 잘 아는 나라이기 때문이다. 하지만 지금은 기업가 활동이 왕성하거나 성장 중인 다른 네 국가로 조사를 확대했다. 바로 영국, 이스라엘, 중국, 인도다.

우리는 조사 문항이 폭넓고 민감하다는 점을 고려해 신생 기업의 CEO와 CFO를 조사 대상으로 삼았고 회사마다 한 명의 고위 경영진이 설문지 전체를 검토해주기를 바랐다.[■] 경영진들의 의욕을 불러일으키고자 우리는 신생 기업의 CEO와 이사회 위원들을 인터뷰했는데, 그 결과 이들에게 경영진의 보상에 관한 확실한 자료가 없음을 알았다. (이들 역시 연구자인 우리가 부딪힌 것과 같은 자료 부족 문제를 겪고 있었다.) 그래서 이들은 잠재 직원에게 급여와 상여금, 지분을 얼마나 제시해야 할지 몰라 유능한 인재를 채용하는 많은 전투에서 지고 있었다. 이들은 일반적인 신생 기업은 현금이 부족해서 많은 보수를 줄 수 없는데 일부 경영진에게 과한 급여를 지급하는 것은 아닌지 우려했다. 혹은 직원들에게 지분을 너무 많이 주는 바람에 본인들의 몫이 거의 남지 않았다는 것을 발견하기도 했다.

참여를 유도하기 위한 '당근'으로 우리 조사 팀은 참여자들에게 조사 결과 나온 보상 자료를 상세한 '보상 보고서'로 엮겠다고 약속했다. 보고서에는 모든 최고책임자급과 부사장급 직위에 관한 자료를 창업자인지 비창업자인지 여부, 회사의 성장도, 산업 부문, 지리적 위치, 그 밖의 관점별로 분류할 예정이었다. 그리고 설문지 작성을 완료한 참여자에게만 이 보고서를 무료로 제공하기로 했다. 우리는 응답자들이 유효하고 완전하게 의견을 제출할 수 있도록 온라인 설문 조사에 데이터 검증 기능을 마련했다.

■ 응답자들은 설문 조사를 완료하는 데 평균 한 시간이 걸렸다고 보고했다.

지난 10년간 연간 보상 보고서(Compensation Report, 일반적으로 에른스트 앤드 영 보상 보고서, 혹은 하버드 경영대학원 보상 보고서라고도 한다)는 업계에서 유명해졌으며 신생 기업이 직원 채용과 유지 결정을 하고 보상과 지분에 관한 예산을 책정할 때 표준적인 기준 자료 역할을 해왔다. 이 자료는 또한 일련의 학술 논문의 뼈대가 되기도 했다.[4]

처음에 우리가 설문 참여를 의뢰했던 기업 명단은 전국의 기술 분야 신생 기업을 모은 여러 목록에서 뽑았다. 여기에는 지역과 주(州)의 기술위원회 회원 목록, 벤처 캐피털의 자금을 받은 기업을 모은 벤처원 데이터베이스, 필자와 협력 관계를 맺은 전문 서비스 업체의 고객 목록 등이 포함되며 비공개 기업에 투자한 투자자의 추천도 받았다. 아래에서 설명하겠지만, 응답자는 한두 지역에 집중하지 않았고 전국의 유망 신생 기업 분포와 거의 일치했다. 지리적 위치와 신생 기업의 성숙도 및 규모를 정기적으로 테스트해본 결과, 응답자와 비응답자 사이에 통계적으로 유의미한 차이가 드러나지는 않았다. 이와 관련한 상세한 내용은 아래와 참고문헌에서 설명할 예정이다.[5]

처음 3년간의 응답 결과를 분석해보면, 응답률은 20퍼센트로 나타났다.[6] 질문의 민감도와 설문 대상인 경영진의 지위를 고려하면 비교적 높은 응답률이다.[7] 우리는 설문지를 발송한 신생 기업의 정확한 목록을 보유하고 있으므로 이런 계산이 가능했다. 그러나 2004년 이후 의뢰 방식이 두 가지로 확대되었다. 우리는 전문 투자자와의 관계를 발전시켰고 이들 투자자가 자신이 개입한 기업 전체에 설문지를 전달했다. 또 우리는 유명 블로거들과도 접촉했다. 이들 블로거에서는 독자와 구독자들이 참여할 수 있도록 자신의 블로그에 설문지를 게시했다. 이러한 변화로 정확한 응답률을 계산하기가 어려워졌다. 적합한 조사 대상자 중 얼마나 많은 사람이 이메일을 열어봤는지 혹은 블로그 게시물을 봤는지 파악할 수 없었기 때문이다. (또 이 같은 변화로 인해 각 응답의 유효성을 확인할 필요가 더욱 높아졌다.) 그러나 이 설문 조사의 가시성과 명성, 유용성이 높아졌다는 점은 아마도 초기 몇 년간의 조사에서 얻은 응답률이 유지되었다는 것을 시사한다.

현재 운영 중인 기업에 관한 데이터베이스는 생존자 편향(survivorship bias: 성공 기록만 남고 실패는 기록에서 사라지는 것을 말함—옮긴이)을 나타내기 쉽다. 예를 들어, 학술 연구에 일반적으로 쓰이는 공개 기업에 관한 데이터베이스는 기업 공개를 할 만큼 오래 살아남은 (그리고 충분히 성공한) 기업들만 담고 있다. 하지만 그 기업들과 더 광범위한 모든 기업 사이에는 체계적인 차이점이 존재한다. 컴프스터디 데이터베이스는 창업 직후의 신생 기업을 담았기 때문에 그런 편향이 나타날 가능성은 훨씬 낮지만, 일부 분석은 생존자 편향을 나타낼 수도 있다. 필자는 가능한 한 나타날 수 있는 편향 정도를 평가하거나 바로잡는 기법과 분석 방식을 활용했고, 그도 아니면 신생 기업의 발전 단계별로 그 차이를 보고했다. 예를 들어, 11장에서 설명한 것처럼 창업자의 지분 가치와 지배력 유지 정도 사이의 상충 관계를 분석하기 위해 대상을 둘로 나누어(설립한 지 얼마 안 된 기업들과 더 오래된 기업들) 개별적으로 분석한 다음 그 결과를 비교해 보고했다.

시간이 지나면서 반복 응답자의 비율이 거의 0퍼센트에서 약 20퍼센트로 늘어났다.[*] 자기 상관(自己相關) 문제에 민감한 분석이나 신생 기업

---

[*] 신생 기업의 실패율이 높다는 점, 설문 응답에 CEO와 CFO가 시간을 들였다는 점, 기업 공개를 하거나 인수된 신생 기업은 제외했다는 점, 그 밖의 다른 요인을 고려할 때 중복 참여자의 비율이 낮은 것은 놀랍지 않다.

별로 한 가지 의견만 내는 것이 바람직한 경우(예: 창업 팀 분석에서 반복 응답자가 각 창업 팀에 관해 똑같은 답을 여러 번 한 경우),[■] 복수 응답자를 제외하고 결과가 바뀌었는지 확인하고자 견고성 모형을 다시 계산해 수정된 결과를 모형에 포함하는 등 이런 문제를 해결하는 데 여러 가지 방법을 활용했다.

응답자의 인구통계학적 정보

2000년과 2001년의 설문 조사는 기술 분야 신생 기업을 대상으로 수행했다. 그 두 해 동안 우리는 각각 211개, 178개의 신생 기업에서 응답을 완료한 설문지(이하 응답지)를 회수했다. 2002년에는 업종 간 비교를 하고 유망 신생 기업이 포진한 2대 산업을 다루기 위해 생명과학 분야 신생 기업까지 설문 조사 범위를 확대했고, 그중 168개 기업에서 완성된 응답지를 받았다. 이후 회신 수가 꾸준히 증가했는데, 생명과학보다 기술 분야에서 더 빠른 속도로 늘어났다. 첫해에는 211개의 기술 분야 신생 기업이 응답지를 보냈는데, 2009년에는 489개 기업으로 늘어났다. 생명과학 분야에서 응답지를 보낸 신생 기업은 2002년 168개 기업에서 2009년에는 214개 기업으로 늘어났다.

10년간의 자료에는 3600개가 조금 넘는 신생 기업(생명과학 분야 32퍼센트, 기술 분야 68퍼센트), 9900명의 창업자, 1만 9000명이 넘는 경영진이 포

■ 반복 응답자의 증가로 우리는 이들의 답변을 비교해 회신된 설문지의 신뢰성과 정확성을 테스트할 수 있었다.

함되었다. 지역, 자금 조달 단계, 직원 수, 신생 기업의 분포, 설립 후 경과 연수와 관련한 신생 기업의 분포 상태는 다음과 같다.

- **지역:** 응답자의 지역 분포는 일반적으로 인정받는 신생 기업 분포도와 밀접하게 일치해 가장 큰 창업 허브 지역 두 곳이 컴프스터디 응답자의 지역 중 가장 큰 두 영역을 차지했다. 10년 동안 컴프스터디에 참여한 신생 기업의 32퍼센트가 캘리포니아 지역, 22퍼센트가 뉴잉글랜드 지역, 19퍼센트가 미국 동부 연안 지역, 15퍼센트가 미국 서부 지역(캘리포니아 제외), 11퍼센트가 미국 남부 지역에 있었다. 이 비율은 기술 산업과 생명과학 산업에서 거의 동일하게 나타났으며 2퍼센트가 넘는 차이를 보인 지역은 없었다.

- **자금 조달:** 기술 분야 신생 기업을 대상으로 한 첫 설문 조사 응답자는 거의 모두 벤처 캐피털의 자금을 받았는데, 이는 벤처원이나 기관 투자를 받은 신생 기업들만 포함한 다른 데이터베이스의 신생 기업 분포와 일치했다. 시간이 지날수록 외부에서 자금 조달을 하지 않은 신생 기업의 비율이 2퍼센트에서 11퍼센트(기술 분야: 12퍼센트, 생명과학 분야: 9퍼센트)로 증가했다. 10년 동안 외부 펀딩 라운드를 진행하지 않은 기업은 7퍼센트, 1차 펀딩 라운드를 진행한 기업은 18퍼센트, 2차까지 진행한 기업은 28퍼센트, 3차까지 진행한 기업은 23퍼센트, 4차까지 진행한 기업은 12퍼센트, 5차 이후까지 진행한 기업은 12퍼센트였다. 이 비율은 우리의 표본이 외부 자금 조달을 받으려는 창업자들 쪽으로 편향되었음을 암시한다. 지배력에 동기를 부여받은 창업자가 실제보다 적게 반영되었다면 정량적 결과는 부와 지배력이 불러오는 차이의 효과를 축소해서 보여줄 것이다. 지배력에 동기를 부여받은 창업자가 더 많이 포

함된 데이터베이스에서는 이런 차이가 더욱 뚜렷하게 나타날 것이다.

- **직원 수:** 10년 동안 신생 기업은 전일 종사 노동자(full-time-equivalent employee, FTE) 수가 평균 28명이었다. 기술 산업에서는 FTE가 1~20인 신생 기업이 34퍼센트, 21~40인 기업이 28퍼센트, 41~75인 기업이 20퍼센트로 나타났고, FTE가 75 이상인 기업이 19퍼센트였다. 생명과학 산업에서도 비슷한 결과가 나타났는데, FTE가 1~20인 기업이 50퍼센트를 조금 넘었고, 그 밖의 각 범위에서는 기술 산업의 신생 기업보다 낮은 비율을 나타냈다.

- **설립 후 경과 연수:** 전체 데이터베이스에서 신생 기업의 설립 후 경과 연수는 평균 6.8년, 표준 편차는 4.4년이었다. 25번째 백분위 수가 3.7년, 중간 정도가 6.1년, 75번째 백분위 수가 9.0년이었다. 신생 기업 중 84퍼센트가 1996~2006년 사이에 설립되었다.

설문 내용

핵심적인 설문 문항은 회사 창업, 주요 제품 개발 목표를 달성한 시기, 자금 조달 내력, 경영진과 창업 팀의 배경, 경영진에 대한 보상, 이사회 구성에 관해 다루었다. 이 질문들은 창업자를 이해하기 위해 '현시 선호(revealed preference: 관찰할 수 있는 행위로부터 그 이면의 선호를 도출해내는 방식—옮긴이)' 방식을 활용했다는 점에 유의해야 한다. 즉, 창업자에게 선호와 성향을 직접 묻는 대신 이들의 선호와 성향을 드러내는 창이 되는 실제 의사 결정과 행동에 초점을 맞추었다. 똑같은 핵심 질문들을 첫해 이후 계속 활용했지만(조금씩만 수정했다), 일부 영역은 확장되었다. 특히

2006년에는 창업 팀 영역이 창업자의 지분 분배와 기존 관계에 관한 상세한 질문까지 포함하도록 확장되었다. 이러한 질문은 이 책 2부에서 중심적인 역할을 했다. 2008년에는 창업자 겸 CEO의 직위 승계 영역이 확장되었는데 승계를 진행한 주체, 퇴임한 창업자 겸 CEO의 승계 후 역할, 그 밖에 10장에서 활용한 질문들까지 포함되었다.

주요 영역별로 구체적인 질문은 다음과 같다.

- **기업별**
  - 창업일
  - 산업 분야, 지리적 위치
  - 첫 제품이나 서비스 개발 완료일(혹은 완료 예상 날짜)
  - 수익, 흑자 여부, 인원수
  - 월 평균 번레이트, 보유 현금
  - 주주 구성도: 다음 관계자별로 보유한 (완전 희석) 지분과 (유동) 지분
    - 현 직원, 전 직원
    - 에인절 투자자, 벤처 캐피털, 기업/전략적 투자자
    - 장래의 직원을 위한 옵션 풀
    - 기타 지분
  - CEO 수
  - 현 CEO의 직무 배경

- **창업자별**
  - 이전의 경험
    - 이전에 다른 기업을 설립한 적이 있는가?

◆이 기업을 설립하기 전의 경력 연수

◆이전에 인간 관리 경험이 있는가?

○이 벤처 기업을 시작하게끔 된 아이디어를 제안한 창업자

○기업에서의 첫 직위

○창업자가 이 신생 기업을 설립한 날부터 전업으로 일했는가?

○이 창업자가 이바지한 창업 자본

○초기 지분 분배 때 받은 지분

○창업자가 현재 이 신생 기업에 고용된 상태인가?

◆아니라면, 이 창업자가 이 기업에서 전업으로 일한 기간(개월)

- **창업 팀별**

  ○창업 시점을 기준으로, 창업자 중 누구라도 기업을 설립하겠다는 의도로 그 전에 이 프로젝트에서 일한 기간(개월)

  ○창업 팀원의 기존 관계: 이 회사를 설립하기 전……

  ◆함께 일한 적이 있는 창업자 수

  ◆함께 창업한 적이 있는 창업자 수

  ◆친구이지만 동료는 아니었던 창업자 수

  ◆가족, 친지 관계인 창업자 수

  ○지분 분배 절차

  ◆창업자들이 처음 지분을 분배한 날짜

  ◆창업자들이 처음 지분 분배를 협상하는 데 걸린 시간

  ◆지분 분배를 할 때 창업자들이 비형식적 분배를 했는지, 형식적 분배를 했는지 여부(예: 서면화 여부)

  ◆한 창업자가 지분 분배 직후 기업을 떠났다면 그 창업자는 자신이

보유한 지분의 상당량을 포기해야 했는가?

◆ 첫 번째 기관 펀딩 라운드를 종료했을 때 창업자들의 지분 중 수령
권이 완전히 귀속된 비율은?

- 펀딩 라운드별

  ○ 라운드 종료일

  ○ 투자 전 기업 가치 평가

  ○ 총 자기 자본 수익

  ○ 펀딩 라운드 참여자: 창업자, 에인절 투자자, 벤처 캐피털, 기업/전략
  적 투자자, 대출 기관, 공개 주식 시장

  ○ 펀딩 라운드에 참여한 벤처 캐피털 수

  ○ 잔여재산배분우선권: 없음, 1배, 1.1~2배, 2.1~3배, 3배 이상

- 지분 투자를 받은 방법: 초기 에인절 투자자, 이후의 에인절 투자자
  (들), 초기 벤처 캐피털, 이후의 벤처 캐피털(들), 초기 기업 투자자, 이
  후의 기업 투자자(들)를 어떻게 찾았는가?

  ○ CEO의 친구, 가족, 예전 동료; 다른 팀원의 친구, 가족, 예전 동료; 사
  업 계획서 제출이나 임의 접촉; 기존 에인절 투자자의 소개; 기존 벤
  처 캐피털이나 이사회 위원의 소개; 투자 은행이나 그 밖에 외부 전
  문가(예: 변호사, 회계사, 시중 은행)의 소개; 기타

- 임원(최고책임자급 혹은 부사장급)별

  ○ 이전의 경력

    ◆ 이 기업에 들어오기 전 전업으로 일한 경력 연수

◆학위

◆이 기업에 들어오기 전 각자의 직무 내에서 최고위직 임원이었던 적이 있는가?

○입사일

○채용 방식: CEO와의 기존 관계(예: 예전 동료, 친구, 가족), 이 임원과 기존에 관계있던 또 다른 창업 팀원의 직위, 기존 투자자나 이사회 위원의 소개, 기타

○창업자인가, 비창업자인가?

○성별

○보상

◆전년도와 올해: 연봉

◆전년도와 올해: 현금 상여금(예상 금액과 수령 금액)

◆보장된 올해 상여금의 비율

○지분 보유

◆이 기업의 총 발행 주식 중 현재 보유하고 있는 지분(완전 희석 기준)

◆이 기업의 총 발행 주식 중 채용 때 받은 지분(완전 희석 기준)

◆채용 때 받은 지분 형태: 인센티브 주식 옵션(ISO), 비적격 스톡옵션, 제한부 주식(일정 조건을 붙여 회사 직원에게 보수로 지급하는 미등록 주식—옮긴이), 보통주

◆수령권: 실적이 기준이든 관리 체계의 변화에 따라 임원이 수령권 지급 일정을 앞당겼든 완전한 수령권을 얻기까지의 기간

◆채용 후 지분을 받은 빈도

○임원이 해고될 때 퇴직 급여를 받을 자격이 있는가? 자격이 있다면, 몇 개월분의 급여를 퇴직 급여로 받는가?

- 이사회 위원별

  - 이사회 입회일

  - 배경

    - 현 직원이라면, 이 기업 내에서의 직위

    - 전 직원이라면, 이 기업에서의 마지막 직위

    - 에인절 투자자, 벤처 캐피털, 같은 산업의 경영진, 다른 산업의 경영진, 학자, 그 밖의 관계자 중 어디에 해당하는가?

  - 보상

    - 지분: 이사회에 입회할 때 받은 완전 희석 지분, 이 기업의 총 발행 주식 중 현재 보유하고 있는 지분(완전 희석 기준, 주식과 옵션 모두 포함)

    - 연간 계약 유지금(retainer), 주식: 이 기업의 총 발행 주식 중 지분(완전 희석 기준)

    - 연간 계약 유지금, 현금

    - 활동하는 위원회: 감사위원회, 집행위원회, 보상위원회, 그 밖의 위원회

- 창업자 겸 CEO를 교체한 기업별

  - 최초의 비창업자 CEO의 배경

    - 이전의 경력 연수

    - 직무 배경

    - 이 산업에서 일한 경력이 있는가? 최고책임자급으로, 비공개 기업에서, 공개 기업에서

  - 최초의 비창업자 CEO가 교체된 경우, CEO로 재직한 기간은 몇 개월이었는가?

○ 창업자 겸 CEO를 교체하기로 한 날짜

○ CEO 교체의 주축: 이사회, 창업자 겸 CEO, 이사회와 창업자 겸 CEO가 동등하게, CEO가 아닌 직원, 기타

○ 교체된 뒤 전 창업자 겸 CEO가 경영진으로 기업에 남았는가?

  ◆ 그렇다면 어떤 직위로 남았는가?: CTO, 기타 최고책임자급 직위, 하급 경영진

○ 교체된 이후 전 창업자 겸 CEO가 이사회에 남았는가?

  ◆ 그렇다면 어떤 직위로 남았는가?: 새로 회장으로 취임, 회장직 유지, 회장에서 이사로 이동, 이사직 유지

○ 연간 환산 매출 증가율

  ◆ 창업자 겸 CEO가 교체되기 전 6개월 동안

  ◆ 창업자 겸 CEO가 교체된 후 12개월 동안

부록 B: 신생 기업과 인물 요약

아래의 두 표는 이 책에서 설명한 신생 기업과 창업자 혹은 신생 기업에서 일한 사람(이 책에서 언급한 인물)을 가나다순으로 정리한 것이다. 신생 기업을 나타낸 표에는 그 기업에 관해 발표된 모든 사례 연구의 참고문헌 또한 포함되어 있다.

표 B.1 신생 기업

회사명	창업 연도	핵심 창업자 (신생 기업에서의 첫 직함)	다른 창업 팀원 (첫 직함)	공동 창업자(들)/ 동업자(들)와의 기존 관계	언급한 장 (간단하게만 언급한 장)	신생 기업 설립의 바탕이 된 아이디어
나이키[1]	1964	필 나이트 (창업자 겸 사장)	빌 보워먼 (부사장)	코치	(6)	혁신적인 운동화 개발 및 판매
DKA[2]	1995	딕 코스톨로 (기술 공동 부사장)	에릭 런트 (기술 공동 부사장)	동료(하급 직원)	(8)	협업 및 출판 소프트웨어 업체
			그 밖의 창업자 2명(CEO, COO)	기존 관계 없음		
러비시 보이스[3] (1-800- GOTJUNK로 회사명 변경)	1989	브라이언 스쿠다모어 (창업자)	'존' (공동 창업자)	친구	(2), (3), 9, 11	폐기물 처리 회사

리액션즈[4]	1997	프랭크 어단테 (공동 창업자)	'캐리' (공동 창업자)	친구/동료	6	기업의 온라인 광고를 추적하고 일정을 수립하는 광고 소프트웨어
링스 솔루션[5a]	1998	[a]제임스 밀모 (창업자 겸 사장 겸 회장)	[a]더그 커티스(CEO)	지인	2, 5, 6, 8, 9, 10, 11	광고를 지원하는 휴대형 무선기기용 스크린세이버
			[a]하비에르 파스칼	친구		
메가서버[6a]	~ 1996	레스 트래치트먼 (전문 CEO)	모친(이사회 회장) 부친(발명가/과학기술자) 아들(COO, 전 창업자 겸 CEO)	가족	10	여러 대의 컴퓨팅 플랫폼으로 슈퍼컴퓨터 구성
메이저지[7]	2000	배리 널스 (창업자 겸 CEO)	N/A (1인 창업자)	N/A	1, 2, 3, 8, (9), 11	기업과 B2B(기업 간 전자 상거래) 고객을 위한 텔레콤 서비스 제공 업체
블로거[8]	1999	에번 윌리엄스 (창업자 겸 CEO)	멕 휴리한 (부사장)	예전 여자 친구	1, 4, 5, 6, 7, 8, 9, 11	온라인 자기 출판(블로깅) 툴
38 스튜디오[9]	2006	커트 실링 (창업자 겸 사장 겸 이사회 회장)	N/A (1인 창업자)	N/A	2, (11)	풍부한 스토리 컴포넌트를 갖춘 최상의 온라인 롤플레잉 게임 개발
서클스	1997	재닛 크라우스 (공동 창업자 겸 CEO)	캐시 셔브룩 (공동 창업자, 사장/COO)	MBA 동급생	(1), (4), (6)	애견 산책, 심부름 등 개인에게 '일상적 서비스' 제공
세그웨이[10]	1999	딘 카멘 (창업자)	N/A (1인 창업자)	N/A	10, 11	배기가스 배출이 적은 저가의 1인용 차량 개발
스마틱스[11]	1999	비베크 쿨러 (창업자 겸 CEO)	키릴 드미트리에브, 사우라브 미탈	MBA 동급생	1, 2, (3), 4, 5, 6, 7	경기장과 공연장을 위한 온라인 티케팅 기술 개발
			익명의 기술 공동 창업자	동료(하급 직원)		
스트롱메일[12]	2002	프랭크 어단테 (창업자 겸 CEO)	팀 맥퀄런 (공동 창업자)	동료(하급 직원)/친구	2, 7, 9, 11	이메일 메시징 인프라 소프트웨어를 개발해 기업 고객에 판매
스파이오니트[13]	~ 1998	딕 코스톨로 (창업자 겸 CEO)	에릭 런트(CTO)	공동 창업자	(3), 8	인터넷 소비자를 위한 경고 시스템
			맷 쇼브(제품 설계) 스티브 올레초브스키 (사업 개발/프로그래머)	동료(하급 직원)		

회사	연도	인물 1	인물 2	관계	참조	사업 내용
시터시티[14]	2001	제네비브 시어스 (창업자 겸 CEO)	N/A (1인 창업자)	N/A	1, 2, 4, 8, 10, 11	부모와 베이비시터를 연결해주는 온라인 서비스를 실시함
애플 컴퓨터[15]	1976	스티브 워즈니악 (공동 창업자)	스티브 잡스 (공동 창업자)	친한 친구	4, (5), (6), (7)	워즈니악의 설계를 바탕으로 개인용 컴퓨터 개발 및 판매
			론 웨인 (공동 창업자)	기존 관계 없음		
업다운[16]	2007	미하엘 라이히 (창업자 겸 CEO)	게오르그 루드빅슨 (공동 CEO)	MBA 동급생	3, (4), 6, 7	투자자를 위한 온라인 소셜 네트워킹 구축
			퍽 트루옹(CTO)	기존 관계 없음		
L90[17]	1997	프랭크 어단테 (창업자 겸 CTO)	존 보한 (창업자 겸 CEO)	업무상 연고	(6), (8)	광고 서버와 브로커를 병합해 시너지 효과 활용
오데오[18]	2004	에번 윌리엄스 (공동 창업자 겸 투자자 겸 고문)	노아 글래스 (CEO)	지인	1, (2), 4, 5, 6, 8, 9, 11	팟캐스팅 기술
오컴 테크놀로지[19]	1999	짐 트라이언디플로 (창업자 겸 CEO)	마이크 마이젠하이머 (제품 개발 부사장)	동료(하급 직원)	2, (3), 4, 5, 6, 7, 9, (11)	영업 인력 최적화 소프트웨어
			켄 버로스(COO)	동료		
와일리 테크놀로지[20]	1998	루 서니 (창업자 겸 CEO)	N/A (1인 창업자)	N/A	(3), 8, (9), 10, 11	컴퓨터 운영체계용 자체 진단 소프트웨어
존디고[21]	2000	프랭크 어단테 (창업자 겸 CEO)	익명의 공동 창업자 2명	업무상 연고	5, 6, 8, 11	무선기기에 직접 광고하는 기술 개발
지프카[22]	2000	로빈 체이스 (창업자 겸 CEO)	안트예 다니엘슨 (환경 문제/전략 부사장)	친구	(2), 6, (8)	한 독일 기업의 사업 모델을 바탕으로 차량 공유(카셰어링) 사업을 개발해 미국에서 서비스함
켄들 인터내셔널[23]	1981	캔디스 켄들 (창업자 겸 CEO)	크리스토퍼 버건 (사장 겸 COO)	동료, 약혼녀	부록 11-2	제약 회사가 약품 임상시험을 할 수 있는 임상 연구 기관 설립
코넥서스[24]	1996	험프리 첸 (공동 창업자)	조지 설 (공동 창업자)	MBA 동급생	2	라디오에서 나오는 음악에 관한 정보를 자동으로 작성해 소비자가 노래 정보를 얻고 터치 톤 전화기나 인터넷 웹사이트를 통해 구매할 수 있도록 함

트랜센티브[25]	1981	레스 트래치트먼 (운영 부사장, 나중에 전문 CEO)	마이크 브로디 (창업자 겸 CEO) 마이크의 형제 (창업자 겸 CFO)	마이크의 가족	10, (11)	기업 스톡옵션 소프트웨어
판도라[26] (원래 명칭: 새비지 비스트)	2000	팀 웨스터그렌 (창업자 겸 최고 음악 책임자)	존 크래프트 (CEO)	지인	1, 2, (3), 4, 5, (6), (7), 8, 9, 11	사용자가 선택한 노래/ 음악가의 속성에 따라 노래를 연주/제시하는 음악 결정 엔진
			윌 글레이저(CTO)	기존 관계 없음		
프로테우스 바이오메디컬[27]	2001	앤드루 톰슨 (창업자 겸 CEO)	조지 새비지 (CMO)	MBA 동급생	2	약품과 의료기기에 초소 형 컴퓨터 및 센서를 삽 입할 수 있는 기술 개발
			마크 즈데블릭 (CTO)	지인		
피드버너[28]	2003	딕 코스톨로 (창업자 겸 CEO)	에릭 런트(CTO) 맷 쇼브(제품 설계) 스티브 올레초브스키 (COO)	공동 창업자	1, (3), 5, 7, 8, 9, 11	온라인 출판업체, 광고 주, 배포자 사이의 중개

a 가명.

1 Noam Wasserman, Kyle Anderson, "Knight the King: The Founding of Nike", HBS No. 810-077 (Boston: Harvard Business School Publishing, 2010).

2 Noam Wasserman, Eric Olson, "Lather, Rinse, Repeat: FeedBurner's Serial Founding Team", HBS No. 809-089 (Boston: Harvard Business School Publishing, 2009).

3 Noam Wasserman, Rachel Galper, "Rubbish Boys", HBS No. 808-101 (Boston: Harvard Business School Publishing, 2008).

4 Noam Wasserman, Antony Uy, "Frank Addante, Serial Entrepreneur", HBS No. 809-046 (Boston: Harvard Business School Publishing, 2008).

5 Noam Wasserman, "The Tale of the Lynx (A), (B), and (C)", HBS Nos. 807-151, 807-152, 807-153, (A and B): 807-112 (Boston: Harvard Business School Publishing, 2009).

6 Noam Wasserman, Rosy Fynn, "Les Is More, Times Four", HBS No. 807-173 (Boston: Harvard Business School Publishing, 2008).

7 Noam Wasserman, Rachel Galper, "Big to Small: The Two Lives of Barry Nalls", HBS No. 808-167 (Boston: Harvard Business School Publishing, 2008).

8 Noam Wasserman, LP Maurice, "Evan Williams: From Blogger to Odeo (A) and (B)", HBS Nos. 809-088, 809-093 (Boston: Harvard Business School Publishing, 2008).

9 Noam Wasserman, Jeffrey J. Bussgang, Rachel Gordon, "Curt Schilling's Next Pitch", HBS No. 810-053 (Boston: Harvard Business School Publishing, 2010).

10 Richard Hamermesh, David Kiron, "Managing Segway's Early Development", HBS No. 804-065

(Boston: Harvard Business School Publishing, 2003).

11 Noam Wasserman, "Smartix: Swinging for the Fences", HBS No. 808-116 (Boston: Harvard Business School Publishing, 2009).

12 Noam Wasserman, Antony Uy, "Frank Addante, Serial Entrepreneur", HBS No. 809-046 (Boston: Harvard Business School Publishing, 2008).

13 Noam Wasserman, Eric Olson, "Lather, Rinse, Repeat: FeedBurner's Serial Founding Team", HBS No. 809-089 (Boston: Harvard Business School Publishing, 2009).

14 Noam Wasserman, Rachel Gordon, "Playing with Fire at Sittercity (A) & (B)", HBS Nos. 809-009 and 809-010(Boston: Harvard Business School Publishing, 2009).

15 Noam Wasserman, "Apple's Core", HBS No. 809-063 (Boston: Harvard Business School Publishing, 2009).

16 Noam Wasserman, Deepak Malhotra, "Negotiating Equity Splits at UpDown", HBS No. 809-020 (Boston: Harvard Business School Publishing, 2008).

17 Noam Wasserman, Antony Uy, "Frank Addante, Serial Entrepreneur", HBS No. 809-046 (Boston: Harvard Business School Publishing, 2008).

18 Noam Wasserman, LP Maurice, "Evan Williams: From Blogger to Odeo (A) and (B)", HBS Nos. 809-088 and 809-093 (Boston: Harvard Business School Publishing, 2008).

19 Noam Wasserman, "Ockham Technologies: Living on the Razor's Edge", HBS No. 804-129 (Boston: Harvard Business School Publishing, 2004).

20 Noam Wasserman, Henry McCance, "Founder-CEO Succession at Wily Technology", HBS No. 805-150 (Boston: Harvard Business School Publishing, 2007).

21 Noam Wasserman, Antony Uy, "Frank Addante, Serial Entrepreneur", HBS No. 809-046 (Boston: Harvard Business School Publishing, 2008).

22 Myra Hart, Michael J. Roberts, Julia D. Stevens, "Zipcar: Refining the Business Model", HBS No. 803-096 (Boston: Harvard Business School Publishing, 2003).

23 Dwight B. Crane, Paul W. Marshall, Indra A. Reinbergs, "Kendle International Inc", HBS No. 200-033 (Boston: Harvard Business School Publishing, 2000).

24 Monica Higgins, Noam Wasserman, "Humphrey and Cecilia", HBS No. 810-702 (Boston: Harvard Business School Publishing, 2010); Monica Higgins, Adam Richman, John Galvin, "Video Case: Humphrey Chen(Preview Note", HBS No. 498-036 (Boston: Harvard Business School Publishing, 1997).

25 Noam Wasserman, Rosy Fynn, "Les Is More, Times Four", HBS Case No. 807-173 (Boston: Harvard Business School Publishing, 2008).

26 Noam Wasserman, LP Maurice, "Savage Beast (A) & (B)", HBS Nos. 809-069, 809-096 and (A1) 801-051 (Boston: Harvard Business School Publishing, 2008).

27 Richard Hamermesh, Lauren Barley, Ginger Graham. "Proteus Biomedical: Making Pigs Fly", HBS No. 809-051 (Boston: Harvard Business School Publishing, 2008).

28 Noam Wasserman, Eric Olson, "Lather, Rinse, Repeat: FeedBurner's Serial Founding Team", HBS No. 809-089 (Boston: Harvard Business School Publishing, 2009).

표 B.2 인물

핵심 창업자	회사명	신생 기업에서의 직함과 역할	최종 학력	업무 경력	기타 관련 경력
글래스, 노아	오데오	창업자 겸 CEO 제품 개발		블로거의 오디오 애플리케이션 분야에서 일함	
글레이저, 윌	판도라	CTO 기술 개발	수학 · 컴퓨터공학 · 물리학 학위	기술 신생 기업 공동 창업, IT 컨설턴트	아마추어 음악가
나이트, 필	나이키	창업자 겸 사장, 이사 사업 개발, 자금 확보, 납품 업체와 협상, 영업 인력과 경영진 채용	MBA	회계사	고등학교와 대학에서 육상 선수
널스, 배리	메이저지	창업자 겸 CEO 사업 및 제품 개발, 자금 확보, 직원 채용, 영업 및 마케팅	MBA	GTE에서 25년간 근무, 기술자에서 수석 부사장까지 승진	
다니엘슨, 안트예	지프카	창업 겸 환경 문제/전략 부사장 자동차 업체와 관계 구축, 차량 내부 기술 명시, 환경 문제 담당	지구화학 박사	하버드 대학교에서 학부생의 에너지 정책 연구 지도, 자동차 영업	
라이히, 미하엘	업다운	창업자 겸 CEO 사업 개발, 자금 확보, 팀/영업 인력 채용	MBA	샴페인 유통 관련 소규모 신생 기업, 컨설턴트, 신생 기업의 관리자	
런트, 에릭[1]	DKA	기술–제품 개발 공동 부사장	기계공학 교육 학사	앤더슨 컨설팅에서 소프트웨어 프로그래머로 근무	
	스파이오니트	제품 개발 CTO			
	피드버너	제품 개발 CTO			
루드빅슨, 게오르그	업다운	공동 CEO 제품 개발 지원, 영업 및 마케팅 전략 개발	MBA	컴퓨터 프로그래밍, 영업, 컴퓨터 게임 관련 신생 기업 공동 창업	
마이젠하이머, 마이크[2]	오컴 테크놀로지	제품 관리 부사장 제품 개발, 영업, 마케팅, 자금 확보 지원, 팀 채용	경영과학 석사	영업 및 마케팅 컨설턴트	
맥퀄런, 팀[3]	스트롱메일	공동 창업자 CIO, 이사 공동 창업자	심리학 학사	IT 인력 업체에서 파트너/제품 개발, IT/영업/데이터 센터 책임자	

미탈, 사우라브	스마틱스	사업 및 제품 개발	MBA	투자 은행 인턴사원 근무	
밀모, 제임스[a]	링스 솔루션[a]	창업자 겸 사장 겸 이사회 회장 제품 개발, 자금 확보, 팀 채용, 영업, 마케팅	행정학 전공	선거 운동원, 장난감 발명가의 견습생, 신생 기업을 설립해 실패	기업가 클럽 회원
버건, 크리스토퍼	켄들 인터내셔널	창업자, 사장, COO	MBA	준(準)부사장, 필라델피아 아동 병원	
버로스, 켄	오컴 테크놀로지	COO 제품 개발, 창업 팀에서 빠짐	금융 및 전략 관리 MBA	시스템 통합 컨설턴트, 재무 정보 시스템 책임자, 제품 개발	
보워먼, 빌	나이키	부사장 겸 이사 제품 개발	4년제 대학 학위	대학과 올림픽 육상 코치	운동화 개발
보한, 존[4]	L90	창업자 겸 CEO 자금 확보, 공모(公募) 감독	경제학 학위	서해안 지역에 초기 웹사이트 업체의 사무실 개업, 텔레비전 광고 영업	
브로디, 마이크[5]	트랜센티브	창업자 겸 CEO		디지털 현상소 CEO, 스톡홀더 시스템의 공동 창업자	
새비지, 조지	프로테우스 바이오메디컬	공동 창업자, 최고 의료 책임자(CMO)	생명공학 학사, 의학 박사, MBA	앤드루 톰슨과 함께 다른 생명과학 기업 공동 창업	
서니, 루	와일리 테크놀로지	창업자 겸 CEO 사업 및 제품 개발, 직원 채용, 고객에게 초기 영업, 자금 확보	컴퓨터공학 학사	애플 컴퓨터에서 선임 소프트웨어 엔지니어로 근무 허밍버드 커뮤니케이션에서 자바 프로젝트 지휘	
셔브룩, 캐시	서클스	공동 창업자, 사장/COO	MBA		
쇼브, 맷	스파이오니트	제품 설계	대학원 학위	앤더슨 컨설팅에서 사용자 인터페이스 설계자로 근무	
	피드버너	제품 설계			
스트롬, 데이비드[6]	와일리 테크놀로지	파트너(그레이록 파트너스), 이사회 위원, 고문, 투자자	MBA	1980년부터 그레이록에서 근무	

시어스, 제네비브	시터시티	창업자 겸 CEO 사업 및 제품 개발, 팀 채용, 영업 및 마케팅, 자금 확보	영어학 학사, 음악대학원 학위(오페라)	테크니컬 라이터, 베이비시터	오페라 가수
어단테, 프랭크	리액션즈	공동 창업자 사업 및 제품 개발, 직원 채용, 합병 협상을 통해 L90 설립	고졸	독학한 프로그래머; T1 회선 설치	4년간 대학을 다니다 자퇴
	L90	창업자 겸 CTO 기술 개발			
	존디고	창업자 겸 CEO 사업 및 제품 개발, 자금 확보, 팀 채용			
	스트롱메일	사업 및 제품 개발, 자금 확보, 경영진 채용			
에번스, 클라크[a]	링스 솔루션[a]	임시 사장/CEO 제품 개발, 자금 확보, 회사 확장		소비재 업체의 수석 부사장	
올레초브스키, 스티브	스파이오니트	프로그래머 제품 개발		앤더슨 컨설팅에서 소프트웨어 프로그래머로 근무	
	피드버너	COO			
웨스터그렌, 팀	판도라	창업자 겸 최고음악책임자 음악 데이터베이스 개발	정치학 학사	작곡가 록밴드 리더 베이비시터	재즈 피아니스트
윌리엄스, 리처드[7]	와일리 테크놀로지	사장/CEO 공동 창업자 겸 CEO	수학 학사	IBM에서 22년간 일하며 다양한 리더 역할	
윌리엄스, 에번	블로거 (원 명칭: 파이라 랩스 (Pyra Labs)	창업자 겸 CEO 제품 및 사업 개발, 자금 확보, 직원 채용	고졸	독학한 웹 개발자, 마케팅 코디네이터, HP와 인텔의 웹사이트 개발	2년간 대학 재학
	오데오	공동 창업자, 고문, 투자자, 최종적으로 CEO 자금 확보, 직원 채용, 사업 개발			이전에 신생 기업을 설립해 실패
즈데블릭, 마크	프로테우스 바이오메디컬	공동 창업자, CTO	토목공학 학사 건축학 학사 항공우주공학	미세 전자 기계 시스템(MEMS) 관련 경험, 원자 제품 및 생체 의학 제품 특허 몇 종 보유	

			석사 전기공학 박사		
체이스, 로빈	지프카	창업자 겸 CEO 개념 개선, 시장 연구, 사업 계획 개발과 예산 작성, 웹사이트 설계, 온라인 예약 시스템 개발을 위한 계약직 엔지니어 채용	응용경제학과 금융 MBA	의료 컨설팅, 사립학교의 재무 및 운영 관리자, 공공 의료 잡지 편집장	
첸, 험프리	코넥서스	공동 창업자 사업 및 제품 개발, 자금 확보	MBA	온라인 뮤직 스토어 신생 기업을 포함한 여러 기업에서 5년간의 IT 경력	
카멘, 딘	세그웨이	창업자 사업 및 제품 개발, 자금 확보, 팀 채용	고졸	큰 성공을 거둔 몇 가지 의료 제품 발명 DEKA 창업자 겸 CEO	
'캐리'	리액션즈	창업자 투자자		IT 컨설턴트	
커티스, 더그[a]	링스 솔루션[a]	창업자 겸 CEO 사업 및 제품 개발, 팀 채용, 자금 확보		베테랑 기업가	
켄들, 캔디스	켄들 인터내셔널	창업자 겸 CEO	약학 박사, 이학 박사	몇몇 선구적인 약학 및 의학 대학의 선임 교수	
코스톨로, 딕	DKA	공동 기술 부사장 제품 개발	컴퓨터공학 학사	IT 컨설턴트/관리자 영국 텔레비전 쇼 개발	스탠드업 코미디언
	스파이오니트	창업자 겸 CEO 사업 및 제품 개발, 자금 확보			
	피드버너	창업자 겸 CEO 사업 및 제품 개발, 자금 확보			
쿨러, 비베크	스마틱스	창업자 겸 CEO 사업 및 제품 개발, 투자자와 경기장/공연장에 아이디어 홍보	이학 석사, MBA	벨 애틀랜틱에서 5년간 프로그래머 및 IT 관리자로 근무	

크라우스, 재닛	서클스	공동 창업자 겸 CEO	MBA	기술 컨설팅, 보디숍의 소셜 마케팅 관리자	
크래프트, 존	판도라	CEO 제품 개발		기업 데이터베이스 관련 신생 기업의 창업자 겸 CEO	
톰슨, 앤드루	프로테우스 바이오메디컬	공동 창업자 겸 CEO	공학 및 교육학 석사, MBA	조비 새비지와 함께 다른 생명공학 기업 공동 창업	
트래치트먼, 레스	트랜센티브	운영 부사장, 나중에 CEO 영업/마케팅/고객 서비스 혁신, 기업 확장을 위해 인력 조정, 회사 매각 기획 및 협상	MBA/ 법학 박사	기업 성장 관리, 사업 개발 부사장, 몇몇 기술 분야 신생 기업의 사장/CEO	
	메가서버[a]	CEO 자금 확보, 마케팅, 영업, 사업 계획 개발, 재무 통제 및 내부 통제			
트루옹, 퍽	업다운	공동 CEO 제품 개발	경제학 학사	기술 신생 기업, 계약직 IT 컨설팅	
파스칼, 하비에르[a]	링스 솔루션[a]	창업자 겸 CTO 제품 개발, 팀 채용	공학 학위	엔지니어	
휴리한, 멕	블로거	창업자 겸 부사장 사업 및 제품 개발, 직원 관리, 초기 창업 자금 일부 제공	영어학 학위	기술 컨설턴트	

a 가명.

1 BrightTag, "Management Team", http://www.thebrighttag.com/who_is_brighttag.php (2010년 10월에 접속).

2 NewSigma, "Management Team", http://www.newsigma.com/Management-Team.html (2010년 10월에 접속).

3 Businessweek.com, "StrongMail Systems, Inc., Executive Profile", http://investing.businessweek.com/research/stocks/private/person.asp?personId=9328699&privcapId=8594882&previousCapId=8594882&previousTitle=StrongMail%20Systems,%20Inc (2010년 10월에 접속).

4 John Bohan, "Biography", http://www.johnbohan.com/bio.html (2010년 10월에 접속).

5 Exágo, Inc., "About Us", http://www.exagoinc.com/exago_aboutus.php (2010년 10월에 접속).

6 Greylock Partners, "David Strohm", http://www.greylock.com/team/team/14/ (2010년 10월에 접속).

7 Businessweek.com, "IBM executive Profile", http://investing.businessweek.com/research/stocks/
people/person.asp?personId=234687&ticker=IBM:US&previousCapId=19153&previousTitle=Ben
chmark%20Capital (2010년 10월에 접속).

주

1부 창업의 핵심 개념과 논점

01 서론

1. (Gorman and Sahlman, 1989). 저자들은 49개의 안정된 벤처 캐피털을 대상으로 그들이 투자한 기업 중 실패했거나 실패 위험에 처한 96개 기업을 조사했으며, 이 기업들이 처한 난관의 주요 요인 11개 중 3개를 선택해달라고 요청했다. 벤처 캐피털은 96개 기업 중 91개 기업(즉 95퍼센트)에 관해 경영진 내부의 문제를 3대 요인으로 꼽았고, 61개 기업(즉 65퍼센트)에서 이를 가장 큰 요인으로 꼽았다.

2. (Kaplan et al., 2004). 이 연구의 저자들은 11개 벤처 캐피털의 내부 투자 기록 67건을 분석해 신생 기업의 내부적/외부적 실행 상의 강점과 약점을 다양하게 분류했다. 신생 기업 61퍼센트에서 목록의 상위를 차지한 내부적 약점에는 "CEO가 좀 어려운 사람이다", "불완전한 경영진", "경영진을 보강하고 벤처 캐피털을 이사회 회장으로 앉혀야 한다. CEO를 채용해야 한다" 등의 항목이 포함되었다.

3. (Bhide, 2000: 1). 바이드는 "상투적인 문구와 개인적 진술 (혹은 이루 말로 표현하기 어려운 기업가 활동의 본질에 관한 한탄)이 햇병아리 기업들에 관한 담화의 주를 이루었다"고 말을 이었다.

4. 이러한 초기 결정은 특히 조직의 형성에 중요하다. 신생 기업 초창기에 창업자는 관성이 생긴 이후(Hannan et al., 1989)와 초기의 각인이 조직을 제약하기 시작한 이후보다 훨씬 많은 지배력을 보유한다(Boeker, 1988, 1989).

5. (Stevenson et al., 1990: 23). 이 정의는 우리가 창업자들이 직면하는 핵심적인 취

사선택을 분석할 때 중요한 역할을 할 것이다.

6. (Aldrich et al., 2006).

7. (Baker et al., 2003; Baker et al., 2005).

8. 약 3000개의 소규모 사업체 소유주에게 자사의 성공 가능성을 묻자 10점 중 평균 8.1점이 나왔다. 자사와 유사한 다른 사업체의 성공 가능성을 묻는 질문에는 10점 중 5.9점이 나왔다. 더 자세한 사항은 Cooper et al.(1988) 참조.

9. Busenitz et al.(1997)은 플라스틱 · 전자 · 기기 산업의 창업자 176명과 대규모 공개 기업의 관리자 96명을 대상으로, 질병에 의한 사망률에 관해 사실에 근거한 질문 6개와 자신의 대답에 대한 응답자의 자신감 정도를 측정하는 질문을 던졌다. 창업자들은 6개의 범주 중 5개에서 자신의 선택을 과신했지만, 관리자들은 6개 범주 중 3개에서만 과신했다. 과신이라는 변수를 이용해 연구원들이 창업자와 기업의 관리자를 분류한 예측은 70퍼센트의 적중률을 보였다.

10. Hayward et al.(2006)은 창업자들의 지나친 자신감이 커질수록 고객의 수요를 과대평가고, 경쟁사의 준거 집단을 무시하며, 합법성을 얻으려는 요건을 과소평가하고, 자신의 사회적 관계 개발과 필요 자원 확보 능력을 과신하기 때문에 초기 자원을 적게 확보한다고 주장한다.

11. 던 앤드 브래드스트리트(Dun & Bradstreet) 데이터베이스에서는 201명의 창업자 겸 CEO 표본을 추출해 각 응답자에게 인생에 관한 전반적인 낙관주의를 측정하는 '삶 지향 검사(Life Orientation Test)' 여섯 항목을 제시했다. 이 변수는 수익 증가율을 20퍼센트 줄이고 채용 증가율은 25퍼센트 떨어뜨리는 것으로 나타났다. 저자들은 낙관주의가 창업자들이 비현실적인 기대에 매달리고 공적인 정보를 무시하며 모순을 피하기 위해 과거의 경험을 마음속으로 재구성하므로 신생 기업의 실패를 불러올 수 있다고 지적한다. 낙관주의와 실적 간의 부정적 관계는 환경이 역동적일 때 더욱 커진다(Hmieleski et al., 2009).

12. (Baron, 1998).

13. (Emerson, 1962; Pfeffer et al., 1978).

14. (Stevenson et al., 1990).

15. (Amit et al., 2000; Carland et al., 1984; Sapienza et al., 2003).

16. (Wadhwa et al., 2009: 13).

17. (Hurst et al., 2010b, 표 7).

18. (Scitovszky, 1943: 57).

19. (Amit et al., 2000: 120).

20. (Kirzner, 1973; Schumpeter, 1942).

21. (Moskowitz et al., 2002).

22. (Hall et al., 2010).

23. (Hamilton, 2000).

24. (Hamilton, 2000: 622-623). 이 연구는 기업가들의 소득을 매우 과소평가한 자료에 의존했다는 비판을 받았지만(Hurst et al., 2010a), 이런 과소 신고를 바로잡은 후에도 기업가들의 소득이 예상보다 적다는 결과는 여전히 유효하다(차이는 줄어들었다). 이 결과가 사실이라는 이유에 관한 여러 가지 추정 중에서 해밀턴은 "많은 기업가들이 '자신이 자기 자신의 상관이 되는 것' 같은 상당한 비금전적 혜택을 받기 때문"일 수 있다고 추측했다. 이런 가능성은 우리가 면밀하게 검토할 사항이다.

25. 이 저자들(Moskowitz et al., 2002) 중 2명은 심지어 연구 제목으로 이 '퍼즐'에 관해 질문을 던지기도 했다.

26. (Zaleznik et al., 1975).

27. (Boeker et al., 2002; Wasserman, 2003).

28. (Wasserman, 2006b).

29. (Mills, 1956: 162).

30. 2000~2009년까지의 기업 공개에 관한 르네상스 캐피털(Renaissance Capital)의 자료를 살펴보면, 기술 신생 기업이 전체 기업 공개의 거의 30퍼센트를 차지하고 생명과학 및 의료 신생 기업이 18퍼센트를 차지했다. 금융 산업은 거의 12퍼센트를 차지했으며 그 밖에 8.3퍼센트를 넘는 산업은 없었다.

31. 뉴햄프셔 대학교 벤처연구센터의 연간 보고서(아마도 에인절 투자자에 관한 가장 신뢰성 높은 자료를 정리한 보고서)를 분석한 결과, 기술 투자(소프트웨어, 하드웨어, 통신, IT 서비스 포함)가 10년 동안의 에인절 투자 중 45퍼센트를 차지했고 생명과학 투자(생명공학, 생명과학, 의료)가 29퍼센트를 차지했다(Sohl, 2001-2009).

32. 톰슨의 벤처 엑스퍼트(Venture Expert) 데이터베이스에 따르면 (2010년 9월 16일에 접속), 2000~2009년까지 벤처 캐피털 투자의 56퍼센트를 기술 투자(인터넷,

컴퓨터 소프트웨어 및 서비스, 통신, 미디어, 반도체, 그 밖의 전자 기술, 컴퓨터 하드웨어 포함)가 차지했고, 15퍼센트를 생명과학 투자(의료, 생명공학)가 차지했다.

33. (Aldrich et al., 2006; Hurst et al., 2010b).

02 경력 딜레마

1. (Higgins, 2005a).

2. (Higgins et al., 2010).

3. 이 특별한 분석에는 첫 창업자 2732명이 포함되었다. 마찬가지로, 8만 6000명의 과학 및 공학 전공 졸업자를 대상으로 한 최근의 연구에서도 나이는 자영업으로 전환하는 데 중요한 예측 변수가 아니었다. 연구자들은 미국국립과학재단의 과학자 및 엔지니어 통계 데이터 시스템(SESTAT)에서 자료를 추출했고, 1995~2001년까지의 자료에 초점을 맞추었다. 표본 내의 각 개인은 과학이나 공학 분야에서 최소한 학사 학위를 보유했다(Elfenbein et al., 2009).

4. 이 결과는 미국 내 소기업 창업자 1547명을 대상으로 한 연구에서 평균 연령이 37.6세로 나타난 것(표준 편차 9.4년)과 들어맞는다. 이 표본은 전국독립자영사업가연합에서 추출했다(Gimeno et al., 1997).

5. 창업자들의 하위 집합을 시기별로 살펴보면 지난 몇 십 년간 창업자의 연령 분포가 젊어진 것으로 나타났다. MIT 졸업생에 관한 조사에서는 1950~1990년대 사이에 창업 연령이 12.5년 낮아진 것으로 드러났다. 그래서 이 연구의 저자들은 기업가 활동이 '중년의 경력 변화'에서 좀더 이른 시기 경력의 선택권으로 전환하고 있다는 결론을 내렸다(Hsu et al., 2007).

6. 건축 목공 회사의 창업자 겸 CEO 299명을 표본으로 삼은 조사에서, 열정은 자신의 기술에 관한 창업자의 자신감을 높여 동기부여에 영향을 미치는 것으로 나타났다. 또한 창업자가 설정하는 매출 및 채용 성장 목표 그리고 이러한 성장 방향은 기업의 비전 설정에도 영향을 미친다.

7. 예를 들어, Busenitz et al.(1997)은 플라스틱, 전자, 기기 산업의 창업자 176명과 대기업 관리자 95명의 위험 감수 성향을 비교했다. 위험 감수 성향은 잭슨 성격 일람표(Jackson Personality Inventory)를 이용해 측정했다. 그 결과 위험 감수 성향으로는 기업가인지, 아닌지를 쉽게 예측할 수 없었다. Stewart et al.(2001)은 기업가

와 관리자 사이의 위험 감수 성향 차이에 관한 이전 연구들을 메타 분석했는데, 그 결과는 기업가들이 관리자보다 위험에 대한 도전성이 더 높다는 명제를 뒷받침하는 것처럼 보인다. 특히 성장 지향적인 기업에서 그러하다. 그러나 이 연구의 방법론은 같은 성장 지향 기업가 데이터베이스를 이용한 복수의 연구를 독립적인 연구로 취급했다는 비판을 받았고, 저자들은 결과 해석에서 충분히 '보수적'이지 않다는 비판을 받았다〔상세한 내용은 Miner et al.(2004) 참조〕. 좀더 광범위하게 보면, 몇 십 년 전 학계에서 '기업가 성격'의 핵심 특성을 밝히기 위해 협력 작업을 진행했지만 실패로 돌아갔다. 한 전문가는 "결국 명확한 '기업가 성격' 같은 것은 없는 것으로 나타났다"고 요약했다.

8. (Higgins, 2005a; Higgins et al., 2010).

9. 2007년 유럽 27개국과 미국의 개인 2만 명을 대상으로 한 연구에서 Stam et al.(2008)은 부모가 자영업을 하는 응답자들이 기업가가 될 가능성이 한층 많고 이들이 세운 신생 기업의 실패 가능성은 한층 낮다는 사실을 발견했다. 저자들은 그 원인을 이 응답자들이 역할 모델의 기업가적 행동을 관찰해 간접적인 학습을 했기 때문이라고 보았다.

10. 이 조사는 각 동기가 개인에게 얼마나 중요한지 평가하기 위해 수십 개의 시나리오를 이용했다.

11. 데이터베이스에는 남성 기업가 1810명, 기업가가 아닌 남성 1만 3939명, 여성 기업가 404명, 기업가가 아닌 여성 1만 1204명을 포함해 2만 7357명에 관한 완벽한 업무 보상 조사 결과가 포함되어 있다.

12. 공식적인 인적 자본과 암묵적인 인적 자본 간의 차이에 관한 더 자세한 사항은 Gimeno et al.(1997) 참조. 또한 절차 기억, 서술 기억 그리고 언제 어떻게 각 유형의 기억을 환기하는지와 관련한 암묵적 지식의 축적에 관한 논의는 Aldrich et al.(2006, 4장) 참조.

13. Aldrich et al.(2006: 76)은 Fiske et al.(1991)을 바탕으로, 도식(schemata)을 "주어진 개념이나 자극의 유형에 관한 조직화된 지식을 표현하는 인지 구조"로 정의했다. 이들이 정의한 세 가지 수준의 도식은 다음과 같다. 즉 인적 도식(person schemata)은 사람들이 새로 만난 사람을 평가하는 방식, 그 사람과 연관시키는 성격적 특성, 서로 간에 연관시키는 일단의 성격적 특성에 영향을 미친다. 역할 도식(role schemata)은 사람들이 특별한 사회적 지위에 있는 사람에게 기대하는 행동(그리

고 자신이 그 위치에 있을 때 자신에게 기대하는 행동)에 영향을 미친다. 사건 도식(event schemata)은 사람들이 자신이 경험했던 것과 유사한 상황에서 기대하는 일련의 사건에 영향을 미친다.

14. 사람들의 도식을 형성하는 다른 요인으로는 멘토와 전문가의 조언, 자신이 읽거나 들은 다른 조직의 구조와 행동 등이 있다(Aldrich et al., 2006).

15. (Beckes-Gellner et al., 2008). 저자들은 독일 쾰른의 대학생 2000명으로 구성된 표본을 이용했다. "기업가가 되고 싶은 의지"는 설문지의 한 항목에 대한 대답에 따라 4점 만점으로 측정했다. 표본에서 기업가가 되고 싶어 하는 학생은 16퍼센트로 나타났다. "광범위한 인적 자본 목록"은 각 개인이 보유한 다른 유형의 업무 경험과 학위를 계산해 측정했다. 이 변수는 기업가가 되려는 의지를 116퍼센트 증가시켰다.

16. (Shane, 2008: 47). 마찬가지로, Davidsson et al.(2003)은 스웨덴의 신참 기업가 623명을 608명의 비기업가와 연결했다. "명확한 인적 자본"은 최종 학력으로 측정했다. 이 변수는 신참 기업가 그룹으로 분류될 가능성을 16.7퍼센트 증가시켰다.

17. 필자의 데이터베이스에 있는 모든 신생 기업에서 창업 전에 관리 경험을 쌓은 창업자 겸 CEO는 25퍼센트였다. 기술 산업의 창업자 겸 CEO는 27퍼센트, 생명과학 산업에서는 19퍼센트로 나타났다.

18. Meyer et al.(1990)은 콜로라도 주 볼더(Boulder)에 있는 첨단 기술 업체들의 창업자 겸 CEO 25명을 면밀하게 연구했다. 이들은 창업자가 주로 기술과 관련한 역량을 보유했음을 발견했고, 기술 중심의 창업자가 관리 기술을 발달시키기 싫어하는 사고방식의 네 가지 측면을 규명했다. 기술 관련 CEO는 (a) 큰 그림을 배제하고 세부 사항을 지향한다. (b) 유연성이 부족하다. (c) 형식적이고 구조화한 환경을 싫어한다. (d) '엘리트주의자'여서 관리와 관련한 전문가의 조언을 받으려 하지 않는다.

19. (Bhide, 2000: 47).

20. 조직의 최고경영자들이 미치는 영향에 관한 획기적인 이론 연구에서 Hambrick et al.(1984)은 직무 배경이 종종 회사의 전략에 큰 영향을 미친다고 지적했다.

21. (Shane 2008: 38). 마찬가지로, 미국에서 가장 고속 성장하는 비공개 기업 목록인 〈잉크 500〉에 등재된 100개 기업에 관한 연구에서, 창업자의 40퍼센트가 자신의 신생 기업이 속한 산업에서 아무런 경험이 없는 것으로 나타났고, 얕거나 좁은

경험만 보유한 사람들 역시 많았다(Bhide, 2000).

22. 실제로, 전후 사정에 관해 인지 구조가 잘 발달해 있으면 부정적인 증거나 참신한 증거를 보지 못해 창의적인 문제 해결을 못할 수 있다(Walsh, 1995).

23. 1985~1986년 사이 독일에서 신규 사업 등록을 한 1849명의 창업자를 검토한 Bruderl et al.(1992: 237)은 특정 산업에 경험이 있으면 신생 기업의 실패율이 33.2퍼센트 낮아진다는 것을 발견했다. 특정 산업에 관한 경험은 초기 창업 자본, 법적 문제, 채용 증가 문제와 중요하고 긍정적인 관련이 있다. 따라서 저자들은 "산업 경험 없이 기업을 설립하면 실패율이 급격하게 높아진다"는 결론을 내렸다.

24. (Higgins, 2005b).

25. 이전에 신생 기업에서 일한 경험이 있으면 신참 기업가 대열에 합류할 가능성이 78퍼센트 증가한다(Davidsson et al., 2003).

26. 더욱 자세한 사항은 Baron et al.(2006) 참조. 기업가 경험이 많은 사람은 다음과 같은 관점에서 기회를 평가한다. 즉 고객의 문제 해결, 긍정적인 현금 흐름 창출, 관리 가능한 위험, 수익 창출 속도, 인맥 내에 함께 벤처 기업을 발전시킬 사람들이 있는지 없는지 등이 그것이다. 기업가 경험이 거의 없거나 아예 없는 사람은 다음과 같은 관점으로 기회를 평가한다. 아이디어의 참신성, 신기술을 바탕으로 한 아이디어인지 여부, 제품/서비스의 우수성, 산업을 변화시킬 잠재력, 직감.

27. (Shane et al., 2000).

28. (Gompers et al., 2005).

29. 이 연구(Elfenbein et al., 2009)에서, 직원이 100명 이하인 기업의 직원 수 합계는 표본 내 전체 직원 수의 20퍼센트 이하였지만, 직원이 100명 이하인 기업의 창업자는 전체 창업자의 64퍼센트를 차지했다. 연구자들은 미국국립과학재단의 SESTAT에서 자료를 추출했고, 1995~2001년까지의 자료에 초점을 맞추었다. 표본 내의 각 개인이 과학이나 공학 분야에 적어도 학사 학위를 보유했고, 전업으로 일한 연구원만 표본에 포함했다는 점에 유의해야 한다.

30. Dobrev et al.(2005)은 미국 내 경영대학원의 MBA 졸업생 2692명으로 이루어진 표본을 이용해, 각 인년(人年)당 조직의 규모는 다음 인년에 창업으로 전환할 가능성을 8퍼센트 낮춘다는 것을 발견했다.

31. (Higgins, 2005b).

32. 사회적 자본의 유형과 용도에 관해 더욱 폭넓게 다룬 연구는 Kim et al.(2005) 참조.

33. 기업가 89명을 포함한 백인 1443명으로 구성된 1971~1981년까지의 표본에서, 경제적으로 제약을 받는 기업가가 될 가능성은 평균 3.75퍼센트였지만, 제약을 받지 않는 기업가가 될 가능성은 0.06퍼센트였다(Evans et al., 1989).

34. Blanchflower et al.(1998)은 1958년 3월 3일~3월 9일까지 영국에서 태어난 모든 개인을 대상으로 한 종적인 출생 코호트(birth-cohort)인 국립아동발달연구(National Child Development Study)의 표본을 이용했다. 연구 자료는 1981년(23세)과 1991년(33세)에서 수집했다.

35. 1996년에 기업을 공개한 275개 유망 신생 기업으로 구성된 표본에서, 모든 수준의 인적 자원(산업 경험, 신생 기업 경험, 벤처 캐피털 임원 종합)에서 사회적 자원(업무 네트워크, 개인적 네트워크, 보증인의 명성 종합)이 금융 자본을 23퍼센트 증가시켰다(Florin et al., 2003).

36. 사업 지원 네트워크에 참가하고 가족과 친구의 지지를 받으면 '구상 활동'을 완료하는 속도가 빨라진다(Davidsson et al., 2003).

37. 21세에 일을 시작한 사람이 25년 뒤인 46세에 신생 기업을 설립했다는 뜻이다.

38. Bruderl et al.(1992)은 업무 경력 연수와 신생 기업의 실패율은 비선형적인 관계라는 것을 발견했다. 경력 25년까지는 부정적인 관계가 나타나다 25년이 지나면서 긍정적인 관계가 나타났다.

39. 스탠퍼드 MBA 프로그램 졸업자 5000명을 대상으로 한 표본에 따르면, 고용인으로서 한 일이 기업가적 성격으로 전환될 가능성은 개인이 과거의 일자리에서 맡았던 이전 역할의 수와 긍정적이고 밀접하게 관련되어 있다.

40. 흥미롭게도, Elfenbein et al.(2009)은 자녀가 있으면 창업에 뛰어들 가능성이 높아진다고 지적한다. 이런 결과는 유효성을 확인해야 하고 기본적인 이유 역시 검토해봐야 한다. 예비 창업자에게 자녀의 탄생은 청소년기나 10대 자녀가 있을 때와 다르고 첫 자녀의 탄생은 이미 자녀가 있을 때와 다를 수 있다.

41. 이 조사는 컴퓨터와 전자, 의료, 항공·방위, 서비스업 등 다양한 산업의 창업자 549명을 대상으로 이루어졌다(Wadhwa et al., 2009).

42. 직업 없는 배우자는 창업으로의 이행에 작지만 중요한 부정적 영향을 미친다(Elfenbein et al., 2009).

43. 1986~1999년까지 벤처 캐피털의 투자를 받은 5112명의 신생 기업을 대상으로 한 연구에서 Gompers et al.(2005)은 새로운 자회사를 독립시킨 공개 기업에 초

점을 맞추었는데, 25번째에서 75번째 백분위 수까지 매출이 증가하면 자회사 신설 비율이 4.6퍼센트 줄어든 것으로 나타났다.

44. Elfenbein et al.(2009)은 지급된 급여를 성과의 대용 지표로 활용했다. 급여 분포의 5번째 백분율에 해당하는 사람은 중간 정도에 해당하는 사람보다 창업할 가능성이 35퍼센트 높았지만, 95번째 백분율에 해당하는 사람은 28퍼센트 높았다.

45. 5000파운드 이상을 받은 응답자는 전혀 받지 않은 응답자보다 기업가가 될 가능성이 2배였다(Blanchflower et al., 1998).

46. (Hart et al., 2003).

47. Bhide(1994) 참조. 소기업을 대상으로 한 다른 연구에서는 창업자의 56퍼센트가 시장이나 업계에서의 이전 경험을 바탕으로 새로운 사업 아이디어를 찾은 것으로 나타났다(Hills et al., 2004).

48. 그중 가장 영향력 있는 Porter(1980) 참조.

49. (Bruderl et al., 1992).

50. Christensen et al.(1996)은 1975~1990년까지 컴퓨터 디스크드라이브 산업에서 나온 모든 모형의 제품과 사양에 관한 완벽한 조사를 수행했다. 이들은 21개 기업의 경영진 70명을 인터뷰한 결과를 바탕으로 '유지형' vs. '혼란형' 기술 변화 모형을 만들었다.〔다른 연구자들은 이런 차이를 '역량 파괴형(competence destroying)'과 '역량 지속형(competence sustaining)'이라고 칭한다.〕 Aldrich(2006)는 안정된 기업은 유지형 기술을 내놓는 데 성공하지만, 혼란형 기술을 활용하는 데는 실패한다고 지적한다. 이 회사들의 마케팅 포커스 그룹이 이런 기술의 용도를 찾지 못하기 때문이다.

51. (Hannan et al., 1989).

52. Pennings(1982)는 3개 산업의 신생 조직에 관한 자료와 미국의 주요 도시 인구 자료를 비교했다. 조직 설립 비율이 증가한 도시는 산업 인구와 기업에 투자할 만큼 수입과 저축액이 높은 거주자가 많았다. 또한 국내 이주율이 평균보다 높고 지역 칼리지와 대학교가 많았다.

53. 자신이 직면한 환경의 경쟁 강도에 관한 응답자의 주관적 평가에 따라 조직 생존율은 20퍼센트 하락했다(Bruderl et al., 1992).

54. 네트워크 효과의 원천과 그 영향을 받는 산업의 특성 등 네트워크 효과를 살펴보려면 Economides(1996) 참조. 네트워크 효과가 특히 강한 양면 시장을 검토하려

면 Eisenmann et al.(2006) 참조.

55. (Hamermesh et al., 2008: 3).

56. Cooper et al.(1988)은 1984년과 1985년에 2994명의 오너 매니저(owner manager) 를 조사했다. 표본은 1985년도 전국독립자영사업가연합 목록에서 추출했으며 미 국 내의 모든 산업과 전 지역이 포함되었다.

57. 조사는 미국 내 질병으로 말미암은 사망률에 관한 질문 6개와 자신의 대답에 관 한 응답자의 확신을 검사하는 후속 질문들로 구성되었다. 과도한 자신감은 모든 대답에 대한 응답자의 평균 확신 정도를 고려해 측정했으며 실제 정답률에서 평 균값을 뺐다.

58. Bernardo et al.(2001)은 공적 정보보다 사적 정보에 따라 행동할 가능성이 더 높 은 개인이 기업가인 사회 인구의 이론적 모형을 만들었다. 과도한 자신감이 높아 지면 창업자는 자신이 보유한 정보에 따라 행동할 가능성이 한층 많다.

59. 고속 성장을 보인 인쇄 및 그래픽 기업의 창업자 143명을 대상으로 한 연구에서 Baum et al.(2010)은 자신의 업무 수행 능력에 얼마나 자신감이 있는지 묻는 질문 에 대한 응답자의 대답에 따라 문제 해결 시나리오에서 ‘신속한 행동’이 33퍼센 트 높아진다는 것을 발견했다.

60. Lovallo et al.(2003)은 사업 계획은 자원 제공자에게 조직을 홍보하기 위해 작성 한 제안서에 입각하며, 기업가들이 외부 경쟁자보다 내부적인 대의에 초점을 맞 추는 경향이 있기 때문에 빠질 수 있는 ‘계획 오류(planning fallacy)’에 대해 설명 했다. 이들은 사업 계획을 준비하는 기업가는 준거 집단에 초점을 맞추어 계획 오류에 빠질 위험을 최소화해야 한다고 권한다.

61. Hayward et al.(2006)은 자신감이 과도한 창업자는 초기에 확보하는 자원이 더 적고 첫 번째 기회에 더욱 주력할 수 있으므로 융통성이 적고 실패하기도 쉽다고 지적했다.

62. (Hmieleski et al., 2009; Malach-Pines et al., 2002).

63. Hmieleski et al.(2009)은 미국의 114개 산업의 창업자 겸 CEO 201명을 조사했다.

64. (Kawasaki, 2006).

65. (Blank, 2009).

66. (Wasserman, 2008a).

03 1인 창업 vs. 공동 창업 딜레마

1. (Stinchcombe, 1965).

2. 이 분석에서는 2006~2009년까지 컴프스터디 데이터베이스에 포함된 핵심 창업자 1531명에 관한 자료를 이용했다. 그 결과 이전의 경영 경험이 1인 창업 결정에 매우 강한 영향을 끼친 것으로 나타났다. (a) 연쇄 창업 경험과 (b) 그보다 더 오랜 기존 업무 경험이 주는 영향은 훨씬 적은데, 이는 아마도 연쇄 창업가와 기존 업무 경험이 많은 사람이 균형 잡힌 요소를 갖추고 있어 공동 창업을 하는 경우가 더 많기 때문일 것이다. 예컨대 잠재력이 큰 공동 창업자를 찾아 더 나은 인적 네트워크를 만듦으로써 공동 창업의 매력을 끌어올릴 수도 있다.

3. (Awad et al., 2010: 11).

4. 독일 중소기업 창업자 1849명을 대상으로 한 연구에서, Bruderl et al.(1992)은 업계 경험을 하고 사업을 시작하면(배리 널스처럼), 사업 실패 위험이 33.2퍼센트 낮다는 사실을 발견했다.

5. PSED는 미시간 대학에서 주관한 연구 프로그램으로, 회사 설립 초기 과정에 개입한 개인 '신흥 기업가'를 식별하고 인터뷰하기 위해 고안한 두 개의 장기 프로젝트로 구성되어 있다. PSED I은 1998년에 시작해 1998~2000년까지 13~14개월마다 인터뷰한 신흥 기업가 830명의 코호트로 이루어졌다. PSED II는 PSED I의 개정 보완판으로서 2005년에 시작해 12개월마다 인터뷰한 신흥 기업가 1214명의 코호트로 이루어졌다.

6. PSED 중소기업 데이터베이스에서는 1인 창업이 성별과 민족의 영향을 받는다고 언급하고 있어 흥미롭다. Ruef et al.(2003)은 여성이 남성보다 1인 창업을 할 가능성이 1.2배 더 높은 것으로 추산하며, 이는 지배력이 동기인 창업자의 성별 차이를 보여준 1장의 자료와 일치한다. 또한 사회 소수자가 1인 창업을 할 가능성은 비소수자보다 1.2배 높다.

7. (Stinchcombe, 1965).

8. (Hackman et al., 2000; Mosakowski, 1998).

9. (Eisenmann et al., 2006).

10. Haleblian et al.(1993)은 컴퓨터 업계에서 창업한 팀 중 규모가 큰 팀의 성과가 49퍼

센트 높다는 사실을 발견했다. 저자들은 불안한 환경에 놓인 큰 팀의 정보 처리 성과에 따라 조정 및 소통에 추가로 드는 비용이 결정된다는 결론을 얻었다.

11. (Aldrich et al., 2006; Eisenhardt et al., 1988; Keck, 1997; Virany et al., 1992).

12. (Haleblian et al., 1993).

13. (Bruderl et al., 1992; Eisenhardt et al., 1990; Singh et al., 1990). 이런 결과는 신생 기업이 어려움을 겪는 내적 원인을 다룬 Stinchcombe(1965)의 이론을 암시하고 있어 흥미롭다. 이 이론에서는 창업 팀에 이익이 발생하면 스틴치콤이 강조하는 위험을 상쇄할 수 있다고 주장한다.

14. (Reynolds et al., 2008; Shane, 2008). PSED 중소기업의 단 13퍼센트만이 2인 이상 창업자로 구성되었다(Aldrich et al., 2004). 미국에서 급성장하는 개인 회사를 등재한 〈잉크 500〉 목록에서 약 30퍼센트는 1인 창업자로 시작했다(Bhide, 2000).

15. 이어지는 단원들을 통해 알 수 있듯 이와 같은 '창업자'는 창업한 회사의 주식을 공동 창업자보다 상당히 적게 보유하거나 덜 중요한 역할을 할 수도 있다.

16. (Bussgang, 2010).

04 관계 딜레마: 유유상종과 불장난

1. (Ruef et al., 2003).

2. Baker et al.(2003)은 시간 제약을 받는 기업가들이 신생 기업을 구축하는 데 가장 손쉽게 이용할 수 있는 자원을 활용한다는 창업자 즉흥 기법 또는 '브리콜라주(bricolage: 도구를 닥치는 대로 써서 만드는 것—옮긴이)'의 이론적 틀을 제시한다.

3. Aldrich et al.(2006)은 이방인을 많이 고용하면 구성원과 비구성원 사이의 조직적 경계를 형성할 때 어려움이 가중된다고 주장하며, 신생 조직은 이방인을 많이 고용할 때 이탈률이 높아진다고 지적한다.

4. (Hambrick et al., 1984).

5. (Amason, 1996; Knight et al., 1999).

6. 전국 체인망을 지닌 프랜차이즈 중 20개 직장 집단에 속한 79명의 개인을 조사한 1979년 표본에서, 조직 내 임기와 연령 측면의 이질성이 클수록 집단 수준의 사회적 통합 정도는 각각 54퍼센트와 25퍼센트 감소하는 것으로 측정되었다(O'Reilly et al., 1989).

7. 예를 들어, 다양한 장르의 만화책을 만드는 것처럼 다양한 경험을 한 팀은 독창적

인 제품을 만드는 데 더욱 적합하지만, 다양성이 극심하게 높으면 역효과를 낳을 수 있다(Taylor et al., 2006). 팀 편성 환경에 관해서는 Ucbasaran et al.(2003) 참조.

8. 격동적인 환경에서 기능 측면의 이질성은 수익 증가와 관련이 있다(Keck, 1997; Wiersema et al., 1992).

9. (Beckman, 2006). 추가된 각각의 직원 관계가 다양한 업체는 탐구 경향을 띨 가능성이 1.2배 높고, 추가된 각각의 직원 관계가 공통적인 업체는 개척 경향을 띨 가능성이 1.4배 높았다.

10. (Kim et al., 2005). 저자들은 중복되지 않은 인적 네트워크를 지닌 창업 팀이 더욱 빠른 속도로 다양한 정보와 기회에 접근한다고 주장한다. 이와 비슷하게, 동질적인 팀은 구성원의 네트워크가 중복되는 편이므로 전체적으로 사회적 자본이 적은 경향이 있다(Burt, 1992). 저자들은 구조적 틈이 많은 네트워크(즉, 서로 접촉하지 않는 커뮤니케이션의 마디)는 정보가 과다하지 않아 중심 역할자에게 이점을 주게 된다는 사회적 자본의 이론적 모델을 제시한다.

11. Beckes-Gellner et al.(2008)은 1999년과 2000년에 독일의 주요 도시 쾰른에서 5개 대학에 재학 중인 독일 대학생에 관한 데이터베이스인 쾰른 창업자 연구(Cologne Founder Study)를 이용해 기업가가 되려는 의지를 측정했다. 이와 비슷하게, 중복되지 않은 인적 네트워크로 다양한 인맥(중소기업 지원 조직으로부터 자문을 구하는 등 업계 단체나 로터리 클럽 같은 복합적인 사업 네트워크와 얽혀 있음을 의미한다)에 더 크게 의지하는 개인은 신규 회사를 더 많이 창설한다(Davidsson et al., 2003). 초창기 기업가 623명과 비기업가 608명을 비교한 후자의 연구에서는 복합적인 사업 네트워크를 이루는 구성원이 초기 사업가 기질에서 뚜렷하고 주목할 만한 두각을 나타냈다.

12. 흥미롭게도, 동질 경향은 학생의 자주적인 학교 선택과 학교 입학위원회에 의해 악화될 수 있다. 두 요인 모두 동급생을 동질화하는 데 강한 영향을 끼칠 수 있다.

13. (Wozniak, 2006: 279).

14. (Wozniak, 2006: 12, 43, 147).

15. (Schaubroeck et al., 1998).

16. 창세기 2장 18절. 랍비 슐로모 이츠하키〔Shlomo Yitzchaki, 라시(Rashi)라고도 함〕의 해석에 따른 아트스크롤(Artscroll) 출판사의 번역.

17. (Ruef et al., 2003).

18. (Wasserman, 2008).

19. 실리콘 밸리의 첨단 기술 분야 신생 기업 172곳을 대상으로 한 Baron et al.(1996)
의 표본에서, '헌신' 청사진(자세한 내용은 8장 참조)을 채택한 사례는 전체 표본
중 30퍼센트였지만, 창업자의 친구나 가족이 핵심 파트너로 등록된 업체 중에서
는 83퍼센트였다.

20. (Eisenhardt et al., 1990; O'Reilly et al., 1989; Pennings et al., 2010; Ucbasaran et
al., 2003). 월 스트리트의 애널리스트들을 살펴보면, 새 회사로 함께 옮겨간 예전
직장 동료 팀은 혼자 옮겨간 애널리스트보다 업무 성과가 더 높았다(Groysberg,
2010).

21. (Wozniak, 2006: 172).

22. 팀 내에 갈등이 일어날까봐 겁을 먹으면 조화가 부자연스러워진다(Lencioni,
2002).

23. (Wozniak, 2006: 147).

05 역할 딜레마: 지위와 의사 결정

1. (Roberts et al., 2009).

2. '거꾸로 뒤집힌 피라미드' 구조를 띠면서 한층 오래되고, 확장되고, 공식화되어 훨
씬 더 피라미드처럼 될 때까지 기다리는 경향이 있는 소규모 전문 서비스 업체는
특히 예외다(Wasserman, 2005). 또 다른 예외는 바로 벤처 캐피털 업체가 초반에
신생 기업에 투자하는 예다. 피라미드 vs. 역피라미드 구조를 적용했을 때, 그 성
과가 벤처 캐피털 업체에 어떤 영향을 주는지 좀더 자세히 알아보려면 Wasserman
(2008b) 참조.

3. 이 분석에는 2008~2009년 조사한 기술 및 생명과학 분야 벤처 기업의 아이디어
창업자와 비아이디어 창업자 952명이 포함되었다.

4. (Jehn, 1997).

5. 베버의 사회학에서, 이상형은 각종 현상이 지닌 특징과 요소로 만들어진다. 이상
형은 수많은 현상의 사례에서 찾아낸 요소에 초점을 맞추지만, 특정 사례에서 볼
수 있는 모든 요소와 일치하지 않을 수도 있다. 이 같은 이상형은 그런 사례들을
분석하는 데 필요한 '통일된 분석 구조'를 형성하게끔 하고, 여러 사례에 걸쳐 비
교하기 쉽도록 해준다(Weber, 1949/1997).

6. 베버는 계층 구조가 지닌 가치 및 난관에 관한 고전적 분석을 내놓았다. 그가 제시한 주된 예는 관료 조직인데, 이러한 조직은 계층 구조로 된 사업장 안에서 기술 전문가와 분업의 중요성을 강조한다. 그리고 다른 형태의 조직보다 효율성이나 신뢰성 및 안정성이 훨씬 높다(Weber, 1946).

7. Haleblian et al.(1993)의 연구에서 회사의 실적은 자산 수익, 판매 수익, 주식 수익의 총계로 평가되었다. 회사의 CEO에게 힘이 얼마나 불평등하게 집중되어 있는지 측정하는 CEO 권위도는 각 회사의 최고 경영진 내 힘의 지표 10가지로 변동 계수 평균값을 산출함으로써 측정한다. 이 지표에는 보상, 직함, 이사 자격, 교육, 전문 지식 등이 포함된다.

8. Eisenhardt et al.(1988)은 '초고속' 환경에 놓인 첨단 기술 업체에 초점을 맞추었다.

9. 컴퓨터 산업 분야 26개 대기업 연구에서는 CEO 권위도가 회사 실적을 19퍼센트 감소시켰다. 이는 자산 수익, 판매 수익, 주식 수익의 총계로 평가되었다(Haleblian et al., 1993).

10. 마이크로컴퓨터 업계의 8개 팀을 대상으로 한 심화 연구에서, 의견 일치 기준 방식은 시간이 너무 많이 걸리고 의사 결정 속도를 늦추어 급변하는 산업에서는 회사로 하여금 기회를 놓치게 한다는 사실이 밝혀졌다(Eisenhardt, 1989).

11. (Rogers et al., 2006: 56).

12. 2005년 11월 보스턴에서 열린 인도 기업가 모임(The Indus Entrepreneurs-Boston, TiE-Boston) 토론회에서는 노암 와서먼이 사회를 보았다.

13. 벤처 투자가 또한 자기들이 교류할 수 있는 확실한 '총책임자'인 CEO가 있는 것이 낫다며 오히려 평등 구조 팀을 마음에 들어 하지 않는 경향이 있다. 신생 기업에서 평등 구조를 대하는 이러한 반목은 특히 흥미로운데, 그 이유는 초기 단계의 벤처 캐피털 업체 대부분이 평등한 파트너십으로 운영되면서도 복수의 일반 파트너와 집단으로 의사를 결정할 때가 있기 때문이다(Wasserman, 2002, 2008b).

14. Blau(1970)는 조직 규모 확대 현상이 대개 구조적 차이의 증가에 따른 것이며, 그 때문에 조직에서 수행하는 업무에 이질성이 더욱 커진다는 사실을 증명했다. 이렇게 증가한 이질성은 분업을 심화하고 조정 및 융합 문제를 일으킨다.

15. (Hellmann et al., 2002).

16. Eisenhardt(1989)는 이러한 접근법을 검토함으로써 변화 속도가 매우 빠르면서도 여전히 보편적인 의견을 수용하려는 환경에서 빠른 의사 결정에 효과적인 모델

이 될 것이라고 주장했다.

17. 식품 가공 업계 45개 팀을 대상으로 한 전략 결정 심화 연구에서는 팀 규모에 따라 감정적 갈등이 13.9퍼센트 증가한 것으로 나타났다(Amason et al., 1997).

06 보상 딜레마: 지분 분배와 현금 보상

1. 이렇게 벤처 캐피털을 지원받는 창업에 관한 증거를 찾으려면 Hall et al.(2010) 참조. 소규모 사업에서 이러한 증거를 찾으려면 Hamilton(2000)과 Moskowitz et al. (2002) 참조. 현금 및 신용 한도에 문제가 있을 때에도 창업자는 대체 고용을 선택했을 때보다 더 적은 급료를 받아들이거나 이연 보상을 받을 수밖에 없다.

2. (Northcraft et al., 1987).

3. '두 집단이 각각의 생산 과정에 다소 비상업적으로 이바지하는 모든 형태의 공동 생산 배치'에서 발생할 수 있는 도덕적 해이의 양면성과 무임승차에 관해 더 알아보려면 Bhattacharyya et al.(1995: 767) 참조.

4. (Young et al., 2004: 34).

5. 구체적인 질문 내용은 부록 B 참조.

6. 이 OLS(ordinary least squares) 모델에서 종속 변인은 각 창업자가 받은 주식의 비율이었다. 핵심 독립 변인은 각 창업자가 아이디어맨이었는지를 파악하는 더미(dummy) 변수였다. 통제 변인에는 창업자의 배경(예를 들어, 동종 업계 과거 업무 경험 기간, 창업자가 연쇄 창업가였는지 여부), 창업 초기 기여도(예를 들어, 자본 기여도), 창업 팀 내 초기 지위, 창업자 수, 창업 중인 회사의 업종 부문, 기타 변인에 관한 통제가 포함되었다.

7. 아이디어 프리미엄의 구체적 규모는 업종과 회귀 모형의 종류에 따라 조금씩 달랐지만, 10~15퍼센트 범위를 유지했다. 범위 내 변동은 아이디어의 차이 때문에 나타날 수 있다. 기본 방식과 다르면서도 획기적인 아이디어는 덜 획기적인 초기 아이디어보다 프리미엄을 더 많이 받는다. 이러한 아이디어 프리미엄 책정 내용은 또한 필자가 토머스 헬먼과 더욱 깊이 있게 분석한 2008~2009년 데이터베이스에서도 확인되었다.

8. 소규모 사업에 관한 PSED 데이터베이스에서, 핵심 창업자의 초기 자본 기여도는 그 사람의 지분을 20.6퍼센트 증가시켰다(Ruef, 2009).

9. 초창기 기업가 623명을 대상으로 하고 통제 집단에 비기업가 608명을 설정한 연구

에서, 기존 창업 경험은 초창기 기업가 집단에 속하는 확률을 77퍼센트 증가시켰
다(Davidsson et al., 2003).

10. PSED 데이터베이스에서, 각기 다른 초기 투입 자본 기여도는 창업자의 지분을
20.6퍼센트 증가시켰다.

11. 더욱 자세한 내용은 Wasserman et al.(2010a) 참조. 이 책에 수록한 분석은 기술
및 생명과학 분야 개인 벤처 회사 511곳의 창업자 1476명을 대상으로 한 2008년
과 2009년의 조사 결과에 초점을 맞추었다.

12. 이 프로빗(probit) 모형에서 종속 변인은 분배가 균등한지 아닌지를 나타내는 이
진법으로 표시했다. 이 모형에는 팀의 기존 관계, 네 가지 변인의 평균값, 팀 차원
의 네 가지 변인 각각이 보유한 변동 계수, 창업 팀 규모 그리고 산업, 위치, 분배
연도 더미가 포함되었다.

13. 평등 구조 중에는 다른 것들보다 유난히 평등한 형태가 있다. 우리는 분석을 통
해 창업자의 최초 자본 기여도가 비슷할수록 팀이 주식을 균등하게 분배할 가능
성이 더욱 높다는 사실을 발견했다. 여러 가지 분배 형태를 분석해봤을 때 사실
상 전체 회귀분석 요소 중에서 자본 기여도 변인의 통계적 유의성이 거의 한결같
이 가장 강하게 나타났다.

14. 이 분석에서 종속 변인은 한 벤처 기업이 최초로 외부 자본을 조달하는 동안 일
어나는 투자 전 기업 가치(pre-money valuation)의 로그 변환이었다. 여기에서 핵
심 독립 변인은 팀이 주식을 균등하게 분배했는지, 그와 더불어 지분 분배 속도
는 어땠는지를 이진법으로 나타낸 값이었다. 통제 변인에는 앞서 기술한 균등 분
배 프로빗 분석에서 활용한 것과 같은 변인이 포함되었다. 즉, 팀의 기존 관계, 팀
차원의 네 가지 배경 및 초기 기여도(기존 창업 경험, 기존 업무 경험 전체 기간,
아이디어맨, 초기 자본 기여도) 변인 각각의 평균값, 팀 차원의 네 가지 변인 각각
이 보유한 변동 계수, 창업 팀 규모 그리고 업종, 위치, 자본 투입 연도 더미다. 분
석 대상에 포함된 벤처 기업 중 외부 자본을 유치하지 않은 곳이 있는 것을 고려
하면, OLS 회귀 모형에서 N=298개 벤처 기업이다.

15. (Bagley et al., 2003).

16. (Strasser et al., 1991).

17. 주(州)마다 법제 기관이 있어 계약은 존재했는지, 조건은 어땠는지, 위반 행위가
발생했는지, 어떤 법적 구제 수단을 활용할 수 있는지를 확인한다. 하지만 계약

의 요소는 (a) 제안, (b) 수락, (c) 고려 사항이 전부다. 만약 이 세 가지 요소가 존재한다면 영미법에 따라 계약이 성사됐다고 볼 수 있다. 그와 동시에 구두 합의는 협상이 길어지거나 복잡하고 모호한 상황에서는 효력을 갖기 어렵다. 각 주는 일정한 계약 양식을 서면화할 것을 요구하는 사기방지법을 적용하고 있다. (부부 관계의 혼전 계약서를 포함한다는 점이 흥미롭다.) 합의 내용이 무효화될 가능성을 피하려면, 해당 집단은 실행하는 데 1년 이상 걸리는 모든 계약을 서면화해야 한다(Bagley et al., 2003).

18. (Malhotra, 2009).

19. (Shane, 2008: 69). 첨단 기술 영역 SPEC 연구에서는 대상 신생 기업의 15퍼센트가 기업 전략에 큰 변화를 주었으며, 변화 시도는 적었지만 중요한 전략적 변화를 경험한 기업의 비율은 훨씬 높게 나타났다(Hannan et al., 1996). 학자들은 국제화가 진행되면서 신규 벤처 기업의 전략적 변화가 더욱 일반화할 것이라고 전망했다(McDougall et al., 1996).

20. (Hart et al., 영상 첨부, 2003).

21. (Hegedus et al., 2001).

22. 도널드 럼즈펠드 전 미국 국방부 장관이 2002년 2월 12일 언론 브리핑에서 언급한 내용이다.

23. (Coleman, 1988). 저자는 조밀하고 풍부한 인적 네트워크가 서로에게 의무감을 주고 그에 따라 사회적 자본의 기반이 형성된다고 주장했다.

24. '폐쇄적인' 팀이나 파트너 사이에는 소유권을 경영권과 분리하고 본인이 대리인의 기여도와 행동을 감시하게 함으로써 무임승차와 그 밖의 도덕적 해이 문제를 해결할 수 있다. 벤처 기업이 더욱 발전하고 외부 자본을 유치할 때 결국 9장에서 설명하는 변화가 발생한다. 더 많은 정보를 얻으려면 Alchian et al.(1972) 또는 Holmstrom (1982) 참조.

25. 이 사실적인 자료를 얻기 위해 필자는 기술 및 생명과학 분야에서 얻은 2005~2009년 사이의 연간 횡단 연구 데이터베이스를 결합하고, 2인 이상의 공동 창업자가 계속 근무 중인 신생 기업에 초점을 맞추었다. 데이터베이스 분석 결과에는 1148개 신생 기업의 공동 창업자 2815명이 포함되었다. 잠재 잔존 편향을 처음 분석했을 때는 문제가 아닌 것으로 나타났지만, 그 뒤에 이어진 연구에서는 이런 결과가 2인 창업자 팀 vs. 3인 창업자 팀 내 각기 다른 잔존율이나 그 밖의 차이점

에 영향을 받았는지 분석하고 평가하는 데 종단 및 다변량 접근법이 필요할 수
있다.

26. (Jensen et al., 1976).

07 3R 시스템: 조정과 균형

1. 이것은 실리콘 밸리 소재 첨단 기술 업체 172곳의 SPEC 표본을 토대로 했다(Baron
   et al., 1996).

2. (Ruef, 2009).

3. (Adams, 1965; Deutsch, 1975; Leventhal, 1976).

4. (Deutsch, 1975).

5. (Austin, 1980). 이와 비슷하게, Kabanoff(1991)는 평등의 규칙은 사회 논리와 일치
   하지만, 공평의 규칙은 과업 논리와 일치한다고 주장했다.

6. (Deutsch, 1975; Leventhal, 1976; Leventhal et al., 1980).

7. (Wasserman et al., 2008).

8. (Lawler, 1971; Leventhal, 1976).

9. (Leventhal, 1976).

10. (Wasserman, 2006b).

11. (Sabherwal et al., 2001).

3부 창업 팀을 넘어: 채용과 투자자

1. 조직 변화에 관한 이 설명은 여러 프레임워크(예: Baron et al., 1996; Baron et al.,
   2001; Galbraith, 1982; Greiner, 1972)에서 큰 영향을 받고 정보 또한 얻었다.

2. 이것은 교환 이론과 자원 의존 이론의 중심 메시지다. 이런 이론의 기초에 대해 더
   자세히 알고 싶으면 Blau et al.(1962), Emerson(1962) 그리고 Pfeffer et al.(1978)
   참조.

08 채용 딜레마: 적시에 적절한 채용하기

1. SPEC는 1994년부터 실리콘 밸리의 첨단 기술 신생 기업 127개를 추적했다. 연구
   자들은 창업자, CEO, 인사 책임자를 인터뷰하고 전략, 인사 관행, 사업 파트너, 자

금 조달, 그 밖의 사업 측면에 관한 공적 및 사적 자료로 이 정보를 보완했다.

2. 표본에서 50.9퍼센트는 청사진을 전혀 바꾸지 않았지만, 29.7퍼센트는 한 관점에 서만 청사진을 바꾸었다(Baron et al., 2001; Baron et al., 2002).

3. Baker et al.(2003)은 시간 제약을 받는 창업자들이 가장 쉽게 쓸 만한 자원을 활용해 신생 기업을 구축하는 창업자 즉흥성 혹은 브리콜라주의 이론적 틀을 제시했다.

4. 이 자료에는 2007, 2008, 2009년에 창업자 겸 CEO가 이끄는 기술 및 생명공학 분야 신생 기업을 대상으로 벌인 연간 설문 조사에 참여한 비창업자 경영진 1522명이 포함되었다. 더 구체적으로 말하면 CFO 285명, CTO와 CSO 202명, COO 121명, 부사장〔영업, 마케팅, 사업 개발, 공학, 인사 그리고 (관련이 있을 경우) 전문 서비스, 제조/운영, 임상 연구, 규제 문제 책임자〕 914명이 포함되었다.

5. (Aldrich et al., 2006; Waldinger et al., 2003).

6. Hsu(2007)의 표본에는 MIT에서 열린 '기업가 활동 실험실(entrepreneurship laboratory)'이라는 한 학기 교육 프로그램에 참여한 149개의 신생 기업이 포함되었다.

7. 강한 유대 관계를 이용하면 첫 번째 일자리에서의 직업 지위는 40퍼센트, 마지막 일자리에서의 직업 지위는 29퍼센트 낮아진다. 표본에는 1975년 뉴욕 주 트리시티 캐피털 지역(올버니, 트로이, 스케넥터디—옮긴이)의 20~64세 사이 남성 399명이 포함되었다(Lin et al., 1981).

8. (Aldrich et al., 2006).

9. (Bhide, 2000: 49).

10. (Sherer, 1995).

11. (Hitt et al., 2001; Wasserman, 2008b).

12. 노스캐롤라이나 주 리서치 트라이앵글(Research Triangle) 단지 내의 14개 신생 기업에 대한 깊이 있는 연구에서, Baker et al.(1994)은 창업자들이 점점 더 전문적인 직원을 찾기 위해 개인 인맥 밖으로 나가자 시간이 지날수록 조직이 점점 형식화되는 단속 평형 모형을 만들었다.

13. Burton et al.(2007)은 첨단 기술 신생 기업의 SPEC 표본을 분석해 직위를 만든 사람과 다른 직무 배경을 지닌 직위 후임자(즉 기업의 2세대 이상 직원들)의 이직률이 11퍼센트 더 높다는 것을 발견했다. 직위를 만든 사람이 색다를 때(표본 내 직위의 일반적 직무 배경과 다른 직무 배경을 지닌 사람일 때)는 후임자의 이직률이 15~23퍼센트 더 높다.

14. (Baker et al., 1994). 초기 직원들은 비공식적 혹은 개인적 경로를 통해 채용되고 최고위직까지 올라가는 경향이 있다. 그리고 상당한 경력을 지닌 제너럴리스트로서 비교적 잘 정의되지 않은 직위를 기꺼이 받아들이는 경향이 있다.

15. (Baker et al., 1994). 신생 기업 발전의 초기 단계에서 상급 직원들은 주로 운영 및 기술 직무의 계통으로 차별화된다. 마케팅 및 영업 담당 고위 경영진의 명확한 역할이 개발되는 것은 초기 창업 자금이 떨어진 이후다.

16. (Baron et al., 2001).

17. (Hart et al., 2003: 9).

18. (Baker et al., 1994). 반면, 대기업에서 일한 경험이 있는 하급 직원을 채용한 신생 기업은 새 직원에게 이전 일자리에서 익숙하던 인적 자원 관리 관행을 제공해야 한다는 부담을 느낄 수 있다.

19. 역할이 중복되기 쉬운 초기 단계의 신생 기업에서는 개인의 실적을 평가해 보상과 효과적으로 연결하기가 한층 어려우므로(Aldrich et al., 2006) 아마 보상 구조의 지분에 더 중점을 둘 것이다.

20. Carpenter et al.(2002)은 주요 보상 컨설팅 업체가 1980년대 초반부터 중반까지 실시한 5년간의 조사(90개 공개 기업 경영진 3만 4500명의 의견이 포함되었다)에 관한 연구에서, 임원이 받는 총 보상은 임원이 맡은 직무와 기업이 직면한 가장 중요한 전략적 긴급 사태와 큰 관련이 있음을 발견했다.

21. 캘리포니아 지역의 다양한 기업, 가맹점, 계열사 209개 표본에서 Baron et al.(1986)은 보상에 성별 격차가 존재한다는 것을 뒷받침하는 증거를 발견했다. 성차별의 채용 후 효과가 아니라 채용 전 효과를 검토하려면 Fernandez et al.(2005) 참조.

22. 여기에서 설명한 분석은 필자가 해마다 시행하는 조사에 성별 항목을 추가한 2008년 자료를 기반으로 한 것이다. 그 결과 나온 데이터베이스에는 기술과 생명과학 분야 459개 비공개 신생 기업의 최고책임자급과 부사장급 경영진 2202명이 포함되었다. 회귀 모형은 직위(15개의 최고책임자급과 부사장급 직위에 더미 변수 사용), 산업, 지역, 기업의 성숙도(펀딩 라운드 진행 횟수와 직원 수), 임원의 배경(창업자 여부, 이전의 업무 경력, 기업에서의 재직 기간, 학력 배경), 임원이 보유한 지분의 차이를 바로잡았다.

23. (Jensen et al., 1976).

24. Anderson et al.(2000)은 정보 기술 업체 316개의 경영진 보상 자료 표본을 이용

해 고용주들이 옵션을 상여금으로 대체하거나 그 반대의 예도 있음을 발견했다.

09 투자자 딜레마: 가치도 높이고 위험도 높이는 투자자

1. (Gorman et al., 1989: 241).

2. Gimeno et al.(1997)은 전국독립자영사업가연합의 데이터베이스에서 추출한 표본을 이용했는데, 조업 기간이 18개월 미만인 사업체의 기업가 1500명 이상이 포함되었다.

3. 상황 요인과 성장 목표가 신생 기업의 자금 조달 선택에 미치는 영향에 관한 논의는 Sapienza et al.(2003) 참조.

4. 좀더 일반적으로 보면, 담보가 될 유형 자산을 이용하면 대리인 문제—소유주(주인)와 경영진(대리인)이 달라 나타나는 문제로서 대리인은 소유주가 내릴 만한 결정이 아니라 자신의 이익을 위해 결정을 내린다—가 줄어들어 새로운 자금 조달 선택권이 생길 수 있다(Jensen et al., 1976).

5. SPEC에 포함된 실리콘 밸리의 신생 기업은 평균 약 250만 달러의 자금 조달이 필요했다(Burton, 1995).

6. 실리콘 밸리의 첨단 기술 업체 100개가 포함된 SPEC의 기업들이 진행한 1차 라운드를 분석해보면, 벤처 캐피털의 자금을 받은 기업은 채용 관행을 합리적으로 개선하는 일련의 인적 자원 관리(HRM) 정책에 착수할 가능성이 47.7퍼센트 많다는 것을 알 수 있다(Hellmann et al., 2002).

7. 벤처 캐피털이 점차 후기 단계의 투자에 초점을 맞춤에 따라 폴 곰퍼스와 조시 러너는 저서 《벤처 캐피털 사이클(The Venture Capital Cycle)》에서 씨앗(seed)/창업(startup) 단계를 '초기 라운드(early round)', 첫 라운드와 초기 라운드를 '중기 라운드(middle round)', 2차·3차·확장·연결(bridge) 라운드를 '후기 라운드'로 분류했다. 다른 학자들도 유사한 3단계 모형을 제시했다(예: Prowse, 1998; Sohl, 2003).

8. 1차 라운드에서 이 수치는 기술 산업과 생명과학 산업에 따라 약간 차이가 난다. 기술 신생 기업에서는 31퍼센트의 창업자가, 생명과학 신생 기업에서는 36퍼센트의 창업자가 투자한다. 이후의 모든 라운드에서 두 산업의 차이는 2퍼센트 안쪽이다.

9. 더 자세한 사항은 Aldrich et al.(1996) 참조. 반면 창업자는 아래에서 검토하는 다른 투자자와는 단기적·간헐적으로 약한 유대 관계를 맺으며 필요할 때나 도움을

받기 위해 이용한다.

10. 자본을 이용해 (자본이 제한적이었다면 시작하지 않았을) 시시한 사업을 개시할 수 있다는 것을 더 자세히 검토하려면 Nanda(2008) 참조. 난다는 부유한 개인은 '외부 자금의 규율'을 접하지 않기 때문에 성장 잠재력이 낮은 사업을 시작할 수 있다고 결론 내렸다.

11. http://www.hbs.edu/entrepreneurs/scottcook.html(2010년 10월 접속).

12. (Heskett, 1996: 2).

13. (Cespedes, 2009: 1).

14. 뉴햄프셔 대학교 벤처 연구 센터 보도자료, June 11, 2003.

15. 좀더 자세한 사항은 Kerr et al.(2010) 참조.

16. (Prowse, 1998).

17. 좀더 자세한 사항은 Sohl(2001-2009) 참조.

18. (Kerr et al., 2010). 두 에인절 포럼의 투자에 관한 정량분석이 기초가 되었다.

19. 좀더 자세한 사항은 Sohl(2001-2009) 참조.

20. 벤처 캐피털 데이터는 톰슨 로이터스(Thomson Reuters)의 톰슨원 뱅커(ThomsonOne Banker) 데이터베이스에서 도출했으며 모든 산업의 모든 벤처 캐피털 거래를 대상으로 했다(2010년 9월 20일 접속).

21. 좀더 자세한 사항은 Sohl(2001-2009) 참조.

22. 좀더 자세한 사항은 Hall et al.(2010) 참조. 반면 1961~1992년 사이 벤처 캐피털에서 자금을 조달한 794개 신생 기업을 대상으로 한 1995년의 한 연구에서는 신생 기업의 23.8퍼센트가 합병되거나 인수되었고, 22.5퍼센트는 기업 공개를 했으며, 15.6퍼센트는 파산했고, 38.1퍼센트는 비공개 기업으로 남았다(Gompers, 1995).

23. 이 연구는 MIT의 '기업가 활동 실험실(E-Labs)'에 참여한 149개 신생 기업이 받은 246개의 제안을 검토했다. 좀더 자세한 사항은 Hsu(2004) 참조.

24. (Gompers et al., 1999).

25. 표본은 벤처원(VentureOne) 데이터베이스에서 추출했고 1987~2000년까지 7765개 기업의 1만 6613차례에 달하는 펀딩 라운드가 포함되었다(Cochrane, 2004).

26. 벤처 캐피털 데이터는 톰슨 로이터스의 톰슨원 뱅커 데이터베이스에서 도출했으며, 모든 산업의 모든 벤처 캐피털 거래를 대상으로 했다(2010년 9월 20일 접속).

27. (Stinchcombe, 1965).

28. 간접 투자를 위해 수행한 활동을 보고한 62개의 벤처 캐피털 표본에서, 지분 투자는 5점 척도에 평균 3.63, 다른 투자자와의 교류는 평균 3.62점으로 나타났다(MacMillan et al., 1989).

29. 162개의 첨단 기술 기업 CEO를 대상으로 한 Rosenstein et al.(1993)의 조사에는 MacMillan et al.(1989)이 이용한 설문 조사를 바탕으로 한 11개의 활동 영역 목록이 포함되었다.

30. 기업(혹은 '전략적') 투자자는 보통 전략적 그리고/혹은 경제적 이유로 신생 기업에 투자하는, 같은 부문이나 관련된 부문의 대기업이며 나중에 그 신생 기업을 인수하는 주요 후보가 될 수 있다.

31. '저명함'은 산업 내에서 각 투자자가 참여한 모든 생명공학 연합체의 비율로 측정할 수 있다. 더욱 자세한 사항은 Stuart et al.(1999) 참조.

32. 5점으로 된 리커트 유형(Likert-type) 척도에서 벤처 캐피털은 신생 기업에 가장 직접 관여한 부분이 경영진에게 '공명판 역할'을 하는 것이라고 보고했으며, 5점 중 평균 3.7이 나왔다(MacMillan et al., 1989).

33. 벤처 캐피털로부터 자금 조달을 받은 162개 기업으로 이루어진 표본에서, 38.3퍼센트는 투자자에게서 가장 도움을 받은 3대 활동 중 하나로 공명판 역할을 꼽았다(Rosenstein et al., 1993).

34. (Hellmann et al., 2002).

35. MIT의 E-Labs에 참여한 149개 신생 기업이 받은 246개의 제안을 연구한 결과, 복수의 제안을 받은 기업가는 가치를 부가할 벤처 캐피털을 영입하기 위해 평균 410만 달러의 투자 전 기업 가치 평가를 포기하는 것으로 나타났다.

36. (Bussgang, 2010: 114).

37. 이사회 위원들이 신생 기업의 업무에 비공식적으로 쓰는 시간을 알아보기 위한 대용 지표로 우리는 경영진이 아닌 이사회 회장(가장 적극적인 사외 이사)이 매달 신생 기업과 관련해 일하는 시간을 이용했다.

38. 이 결과는 멘토-프로테제(Protégé) 관계를 다룬 문헌에서 발견할 수 있는 결과와 유사하다. 경험이 적은 경영진은 멘토의 조언을 받을 준비가 되어 있지 않으므로 필요한 정도보다 조언을 받지 못하고(Healy et al., 1990), 중간 정도의 경력을 지닌 경영진은 (자신이 필요한 정도에 근접하게) 멘토의 조언을 더 많이 받는다. 또한 경험 많은 경영진은 조언이 그다지 필요하지 않기 때문에 멘토의 조언을 덜

받는다(Kram, 1985).

39. 영업이나 그 밖의 산출물 직무 출신 최고 경영진이 처리 직무 출신 CEO보다 초기
단계를 넘어 사업을 성장시키는 능력이 더 클 수 있다(Boeker et al., 2005).

40. (Bagley et al., 2003: 112).

41. 표본에는 1978~1989년까지 벤처 캐피털의 자금을 받은 생명공학 분야의 비공개
신생 기업 307개가 포함되었다(Lerner, 1995).

42. (Kaplan et al., 2004).

43. (Wilmerding, 2004).

44. 이 용어는 실제로 두 부분으로 이루어져 있다. 먼저 '분배 우선(preference)'은 우
선권이 없는 주주(예: 보통주를 소유한 창업자)가 수익금을 받기 전에 투자자들이
투자금을 100퍼센트 혹은 몇 배로 회수할 수 있을지 좌우하는 것을 뜻한다. 두 번
째 부분은 새로운 투자자에게 발행하는 신규 주식이 '참가 우선주'인지, 아닌지를
뜻한다. 여기서 '참가'란 우선 배당받은 투자자가 이후에 보통주 소유주들이 자금
회수 수익금을 분배할 때에도 배당에 참여할 수 있는지를 가리킨다. 참가 자격에
는 어느 정도 상한선을 정할 수 있다. 좀더 자세한 사항은 Wasserman et al.(2010b)
참조. 법률 사무소 윌슨 선시니 굿리치 앤드 로새티(Wilson Sonsini Goodrich &
Rosati)가 정리한 벤처 캐피털 자금 조달 거래의 대표 표본에서는 투자의 21~29퍼
센트가 추가적 배당 참가에 상한선이 있었고, 30~35퍼센트는 완전 참가 우선주
였으며, 40~44퍼센트는 벤처 캐피털이 추가적 배당에 참가할 수 없었다. 좀더 자
세한 사항은 Baudler(2009) 참조.

45. 신생 기업이 직면하는 외부 위험도가 클수록(예: 시장 규모, 예상되는 고객 수용
률, 경쟁, 금융 시장/자금 회수 상황의 위험도가 불확실할수록) 벤처 캐피털은 상
환 권리 등 자금 회수 수익에 영향을 미치는 조건을 주장할 것이다(Kaplan et al.,
2004; Wilmerding, 2004).

46. 투자자의 자금을 받으면 조직의 생존율이 높아지는 반면, 팀의 이직률도 높아진
다는 사실은 이직이 생존율 상승을 도와 조직에 이로울 수 있다는 것을 암시한다.
이는 연구자들이 체계적 관심을 기울일 만한 가치가 있는 검증 가능한 명제다.

47. 또 다른 8퍼센트의 의석은 비창업자 경영진이 차지했는데, 이들은 때로는 창업자
편일 수 있고 때로는 신생 기업이 자신을 채용하도록 도운 투자자 편일 수 있다.

48. SPEC에서 다룬 기업의 1차 펀딩 라운드를 분석한 Hellmann et al.(2002)은 벤처

캐피털의 자금을 받은 신생 기업에서 HRM 기법 사용이 증가한 점으로 볼 때, 벤처 캐피털이 신생 기업을 '전문화하는' 데 중요한 역할을 한다는 결론을 내렸다.

49. 벤처 캐피털은 신생 기업 이사회에 벤처 캐피털이 너무 많아지는 위험에 다음과 같은 방침을 적용한다. "이사회의 벤처 캐피털은 마티니와 같다. 한 잔을 마시면 좋고 두 잔을 마시면 더 좋지만 석 잔을 마시면 문제가 된다."

50. 흥미롭게도 다운 라운드의 얼마 안 되는 잠재적 이점 중 하나는 신생 기업 이사회가 축소될 수 있다는 것이다. 벤처 투자가 스콧 야페(Scott Yaphe)는 이렇게 말했다. "기업이 여러 라운드를 진행해 자금을 조달하다 자본 재편이나 워시아웃 라운드(wash-out round: 재무적으로 불안정한 소기업의 소유주가 선택하는 자금 조달 라운드로서 기존 투자자, 창업자, 경영진의 지분이 대폭 희석된다—옮긴이)를 거치면 이사회의 규모가 줄어드는 경향이 있다. 투자자들은 종종 정리 작업의 일환으로 자본 재편을 이용하는데, 정리 대상에 이사회 구성이 포함되기도 한다. 비참가 투자자나 지배력 약한 투자자 집단이 이사회에서 해고되고 공석이 생겨도 새로운 사람을 임명하지 않는 것이다. 대형 투자자는 이사회의 규모 축소를 자신들이 개선하려는 난국을 더욱 효과적으로 제어하는 하나의 수단으로 간주한다."

51. Gompers(1995)는 1961~1992년까지 벤처 캐피털 투자를 받은 794개 기업의 무작위 표본에서, 벤처 캐피털이 불확실성 높은 분야의 신생 기업에는 펀딩 라운드를 더 작은 규모로 더 짧게 진행했다는 것을 발견했다.

52. 이런 부차적인 조건과 이들 조건이 소유권과 지배력에 미치는 영향에 관한 좀더 자세한 내용은 Wasserman et al.(2010b)에서 확인할 수 있다.

53. 표준적인 투자 계약에서는 창업자를 대리인으로 가정해 이들의 행동을 면밀히 모니터링하고, 신생 기업의 이익을 위해 행동하도록 강력한 장려책이 필요하다고 본다. 그러나 창업자들이 때로는 청지기에 더 가깝게 행동한다는 점에서(Donaldson et al., 1991)—청지기에게는 이런 장려책 구축이 비용은 말할 것도 없고 불필요하거나 심지어 비생산적일 수 있다—투자 계약은 대리인에게 사용하는 것과 다른 장려책 구축이 필요할 수도 있다.

10 실패와 성공 그리고 창업자 겸 CEO의 직위 승계

1. 2008년과 2009년에 필자는 연간 설문 조사에 창업자 겸 CEO의 직위 승계와 관련해 좀더 자세한 질문을 추가했다. 이번 장에서 설명한 (a) 승계 진행의 주체, (b) 퇴

임한 창업자가 경영진이나 이사회에 남는지 여부, (c) 후임 CEO의 배경 관련 자료의 출처는 바로 이 설문 조사다. 이 자료에는 창업자 겸 CEO의 승계 사례 169건이 포함되었다.

2. (Virany et al., 1986).

3. (Gompers et al., 1999; Stuart et al., 1999).

4. (Wasserman, 2003).

5. (Greiner, 1972; Kazanjian, 1988).

6. (Emerson, 1962; Pfeffer et al., 1978).

7. (Boeker et al., 2002).

8. (Agrawal et al., 2006).

9. 이것은 주식 수익률(Fee et al., 2003)과 운영 실적(Agrawal et al., 2006) 측면에서 사실이다. 두 가지 측정 기준 중 어느 쪽이든 실적이 나쁘면 이사회가 외부에서 후임자를 채용할 가능성이 극적으로 증가한다.

10. Burton et al.(2007)은 첨단 기술 신생 기업의 SPEC 표본을 분석해 직위를 만든 사람이 색다를 때(표본 내 직위의 일반적 직무 배경과 다른 직무 배경을 지닌 사람일 때) 후임자(기업의 2세대 이상 직원)의 이직률이 15~23퍼센트 더 높다는 사실을 밝혀냈다.

11. (Hamermesh, 2003: 7).

12. (Hamermesh, 2003: 7).

13. (Hamermesh, 2003: 8).

14. (Kirsner, 2010).

4부 결론

11 부 vs. 지배력 딜레마

1. (Stevenson et al., 1990: 23).

2. Evans et al.(1989: 824)은 저자들이 보유한 자료의 기업가와 비기업가 전체에서 "자원에 제약을 받는 기업가가 될 가능성은 평균 3.75퍼센트이고, 제약을 받지 않는 기업가가 될 가능성은 평균 0.06퍼센트"라고 지적했다.

3. (Starr et al., 1990; Stevenson et al., 1990; Venkataraman, 1997).

4. (Romanelli, 1989: 375).

5. (Stinchcombe, 1965).

6. (Peteraf, 1993).

7. (Pfeffer et al., 1978).

8. (예를 들면 Amit et al., 1990; Coff, 1999).

9. (Hellmann, 1998; Wasserman, 2003).

10. (Lerner, 1995; Sahlman, 1990).

11. 좀더 자세한 사항은 Wasserman(2006a) 참조. 과거의 연구들은 종종 소유 지분율을 의사 결정 지배력을 확인하는 대용 지표로 이용했다(예를 들면 Finkelstein et al., 1989; Gomez-Mejia et al., 1987; Salancik et al., 1980). 그러나 신생 기업의 상황에 따라 소유권과 의사 결정 지배력이 현저하게 다를 수 있다(Kaplan et al., 2003). 따라서 필자의 분석에서는 CEO와 이사회 수준에서의 의사 결정 지배력을 소유 지분율로부터 추론하지 않고 직접 관찰했다.

12. (Miller, 2010).

13. Erick Schonfeld, http://techcrunch.com/2011/03/03/jack-dorsey-twitter-punched-stomach/, March 3, 2011.

14. (Miller, 2010).

15. (Bhide, 2000).

16. (Wasserman, 2003).

17. 브라이언 벨(Brian Bell), 버펄로 에인절 네트워크 회장, 2006년 3월 1일에 언급.

18. 또는 '여왕이 되는' 결정.

19. (Baum et al., 2001). 마찬가지로, 명확한 전략(예를 들면 비용 우위, 제품 차별화 혹은 집중도에서 최고가 되겠다는 전략)을 선택하지 않은 대기업 역시 일반적으로 경쟁에서 불리해진다(Porter, 1980).

20. (Marlin et al., 1994; Porter, 1980).

21. (Hamermesh, 2003: 9).

22. (Abetti, 2005).

23. (Hamermesh, 2003: 4).

24. (Bhide, 2000: 149).

25. 좀더 자세한 사항은 Sapienza et al.(2003) 참조.

26. 그러나 거래의 세 가지 특성─거래 빈도, 불확실성, 자산의 특수성(관계의 단절로 인해 포기하는 경제적 이익으로 측정)─은 기업이 필요 자원을 자사의 경계 내에 둘 가능성과 긍정적으로 관련되어 있다. 기업 내의 계층적 관계가 시장 관계보다 잠재적인 분쟁 해결에 더 효과적이기 때문이다(Williamson, 1985). 어떤 자산을 기업의 경계 내에 둘지 결정하는 데 필요한 '불확정 계약' 접근 방식을 살펴보면 더 많은 통찰력을 얻을 수 있다(예를 들면 Grossman et al., 1986; Hart et al., 1990).

27. (Agrawal et al., 1995; Lillis et al., 1976).

28. (Burt, 1997; Lin, 1999: 35).

29. (Burt, 1997).

30. (Shane et al., 2002).

31. (Burt, 1997).

32. (Shane et al., 2002).

33. 뉴욕시티의 의류 제조 산업에 관한 더욱 상세한 연구에서, Uzzi(1997)는 상호 호혜와 밀접한 네트워크가 있으면 관리자들이 추가적인 실사에 드는 시간을 낭비할 필요 없이 납품 업체와 협력 관계를 맺을 수 있다는 결론을 내렸다.

34. (Fredrickson et al., 1988).

35. (Tsai et al., 1998).

36. (Lippman et al., 2003).

37. (Evans et al., 1989).

38. (Holtz-Eakin et al., 1994).

39. (예를 들면 Spence, 2002).

40. 1987~2000년까지 8753개 신생 기업으로 이루어진 표본에서, Gompers et al.(2010)은 기존에 신생 기업을 창업한 경험이 있으면 기업 공개에 성공할 가능성이 3.8퍼센트 증가하고, 이전에 신생 기업을 기업 공개로 이끈 경험이 있으면 이번 신생 기업을 공개할 가능성이 7.8퍼센트 증가한다고 밝혔다.

41. (예를 들면 Finkelstein, 1992).

42. (Mills, 1956:162).

43. (Jensen et al., 1976).

44. (예를 들면 Davis et al., 1997).

45. (예를 들면 Hamilton, 2000; Hurst et al., 2010b; Moskowitz et al., 2002).

46. (Stevenson et al., 1990).

47. Ostrander(1987)는 미국 대도시에서 가족을 위해 일하고 민간의 재량 소득 기금에 의존하는 안정된 민간 사회 서비스 기관들을 조사했다. 기관 지도자들의 행동은 기관에 자금을 제공하는 이사회 고위 위원들로부터 제약을 받았다.

48. GEM 활동과 보고서에 관한 더욱 자세한 사항은 http://www3.babson.edu/eship/research-publications/gem.cfm 참조.

49. 예외인 두 나라는 부와 지배력이 약 10퍼센트/90퍼센트로 나뉜 프랑스와 약 22퍼센트/78퍼센트로 나뉜 스위스다.

50. 예를 들면 Gompers et al.(2010) 참조.

51. 가맹점 관계가 이런 협력 관계의 한 가지 사례일 수 있다. 가맹점 업체(모기업)의 창업자는 새로운 직영점(종종 많은 자본이 필요하다)을 열지 않고, 대신 새 점포를 운영하는 데 필요한 자본과 인력을 제공하고 경제적 이익의 일정 몫(분명 전부는 아니다)을 모기업과 나누는 가맹점과 협력 관계를 맺는 방법으로 성장을 모색한다. '부자 vs. 왕'의 관점에서 가맹점 관계를 검토하면 외부 자원 제공자와 '75퍼센트의 부자, 75퍼센트의 왕' 관계에 대해 더 많은 이해를 할 수 있다.

52. (Aldrich et al., 2006).

53. (Lerner, 1995).

54. 창업자의 자금 회수 문제에 대해서는 Broughman et al.(2010) 참조.

55. (Livingston, 2007: 123).

56. (Miller, 2010).

57. (Black et al., 1995).

58. (Chemmanur et al., 1999).

59. (Black et al., 1995).

60. (Lin et al., 1995).

61. (Delfassy et al., 2010: 7).

부록 A: 정량적 데이터

1. (Jensen et al., 1990).

2. (Beatty et al., 1994).

3. (Deckop, 1988; Henderson et al., 1996).

4. (Wasserman, 2003, 2006a, 2006b; Wasserman et al., 2005; Wasserman et al., 2008; Wasserman et al., 2010a).

5. (Wasserman, 2003, 2006b).

6. (Wasserman, 2006b).

7. (Finkelstein, 1992; Waldman et al., 2001).

참고문헌

Abetti PA. 2005. The creative evolution of Steria. *Creativity and Innovation Management* 14(2): 191-204.

Adams JS. 1965. Inequity in social exchange. In L Berkowitz (Ed.), *Advances in Experimental Social Psychology*, Vol. 2: 267-299. Academic Press: New York.

Agrawal A, Knoeber CR, Tsoulouhas T. 2006. Are outsiders handicapped in CEO successions? *Journal of Corporate Finance* 12(3): 619-644.

Agrawal D, Lal R. 1995. Contractual arrangements in franchising: An empirical investigation. *Journal of Marketing Research* 22(May): 213-221.

Alchian AA, Demsetz H. 1972. Production, information costs and economic organization. *American Economic Review* 62: 777-795.

Aldrich H. 2010. Beam me up, Scott(ie)! Institutional theorists' struggles with the emergent nature of entrepreneurship. In W Sine, R David (Eds.), *Research in the Sociology of Work, on Institutions and Entrepreneurship*, Vol. 21: 329-364. Emerald: Bradford, UK.

Aldrich H, Carter N, Ruef M. 2004. Teams. In WB Gartner, KG Shaver, P Reynolds (Eds.), *Handbook of Entrepreneurial Dynamics*: 299-324. Sage: Thousand Oaks, CA.

Aldrich H, Ruef M. 2006. *Organizations Evolving* (2nd ed.). Sage: Thousand Oaks, CA.

Aldrich HE, Elam AB, Reese PR. 1996. Strong ties, weak ties, and strangers. In S Birley, IC MacMillan (Eds.), *Entrepreneurship in a Global Context*: 1-25. Routledge:

London.

Allen P. 2011. *Idea Man*. Portfolio/Penguin, New York.

Amason AC. 1996. Distinguishing the effects of functional and dysfunctional conflict on strategic decision making: Resolving a paradox for top management teams. *Academy of Management Journal* 39: 123-149.

Amason AC, Sapienza HJ. 1997. The effects of top management team size and interaction norms on cognitive and affective conflict. *Journal of Management* 23(4): 495-516.

Amit R, Glosten L, Muller E. 1990. Entrepreneurial ability, venture investments, and risk sharing. *Management Science* 36(10): 1232-1245.

Amit R, MacCrimmon KR, Zietsma C, Oesch JM. 2000. Does money matter? Wealth attainment as the motive for initiating growth-oriented technology ventures. *Journal of Business Venturing* 16: 119-143.

Anderson MC, Banker RD, Ravindran S. 2000. Executive compensation in the IT industry. *Management Science* 3: 530-547.

Austin W. 1980. Friendship and fairness: Effects of type of relationship and task performance on choice of distribution rules. *Personality and Social Psychology Bulletin* 6: 402-408.

Awad J, Perkins B, Neff M. 2010. Building a team and Rich vs. King in the context of functional beverage ventures. *Founders' Dilemmas Paper* (April).

Bagley CE, Dauchy CE. 2003. *The Entrepreneur's Guide to Business Law*. Thomson Learning: Ontario, Canada.

Baker T, Aldrich H. 1994. Friends and strangers: Early hiring practices and idiosyncratic jobs. *Frontiers of Entrepreneurship Research* 13: 75-87.

Baker T, Miner AS, Eesley DT. 2003. Improvising firms: Bricolage, account-giving, and improvisational competencies in the founding process. *Research Policy* 32: 255-276.

Baker T, Nelson RE. 2005. Creating something from nothing: Resource construction through entrepreneurial bricolage. *Administrative Science Quarterly* 50: 329-366.

Baron J, Bielby T. 1986. Men and women at work: Sex segregation and statistical discrimination. *American Journal of Sociology* 91(4): 759-799.

Baron JN, Burton MD, Hannan MT. 1996. The road taken: Origins and evolution of employment systems in emerging companies. *Industrial and Corporate Change* 5(2): 239-275.

Baron JN, Hannan MT. 2002. Organizational blueprints for success in high-technology start-ups: Lessons from SPEC. *California Management Review* 44(3): 8-36.

Baron JN, Hannan MT, Burton MD. 2001. Labor pains: Change in organizational models and employee turnover in young, high-tech firms. *American Journal of Sociology* 106(4): 960-1012.

Baron RA. 1998. Cognitive mechanisms in entrepreneurship: Why and when entrepreneurs think differently than other people. *Journal of Business Venturing* 13: 275-294.

Baron RA, Ensley MD. 2006. Opportunity recognition as the detection of meaningful patterns: Evidence from novice and experienced entrepreneurs. *Management Science* 52(6): 1331-1344.

Baudler M. 2009. From the WSGR Database: Financing trends. In *The Entrepreneur's Report: Private Company Financing Trends.* http://www.wsgr.com/publications/PDFSearch/entreport/Summer2009/private-company-financing-trends.htm#3.

Baum JR, Bird BJ. 2010. The successful intelligence of high-growth entrepreneurs: Links to new venture growth. *Organization Science* 21(2): 397-412.

Baum JR, Locke EA. 2004. The relationship of entrepreneurial traits, skill, and motivation to subsequent venture growth. *Journal of Applied Psychology* 89(4): 587-598.

Baum JR, Locke EA, Smith KG. 2001. A multidimensional model of venture growth. *Academy of Management Journal* 44(2): 292-303.

Beatty RP, Zajac EJ. 1994. Managerial incentives, monitoring, and risk bearing: A study of executive compensation, ownership, and board structure in initial public offerings. *Administrative Science Quarterly* 39(2): 313-335.

Beckes-Gellner U, Moog PM. 2008. Who chooses to become an entrepreneur? The jacks-of-all-trades in human and social capital. *University of Zurich Working Paper.*

Beckman C. 2006. The influence of founding team company affiliations on firm behavior. *Academy of Management Journal* 49(4): 741-758.

Bernardo AE, Welch I. 2001. On the evolution of overconfidence and entrepreneurs. *Yale International Center for Finance, Working Paper Series No. 137.*

Bhattacharyya S, Lafontaine F. 1995. Double-sided moral hazard and the nature of share contracts. *RAND Journal of Economics* 26(4): 761-781.

Bhide A. 1994. How entrepreneurs craft strategies that work. *Harvard Business Review* 72(2): 150-161.

Bhide A. 2000. *The Origin and Evolution of New Businesses.* Oxford University Press: Oxford.

Black BS, Gilson RJ. 1995. Venture capital and the structure of capital markets. *Journal of Financial Economics* 47(3): 243-277.

Blanchflower DG, Oswald AJ. 1998. What makes an entrepreneur? *Journal of Labor Economics* 1(1): 26-60.

Blank S. 2009. Lies entrepreneurs tell themselves. http://steveblank.com/2009/06/15/lies-entrepreneurs-tell-themselves/.

Blau P. 1970. A formal theory of differentiation in organizations. *American Sociological Review* 35: 201-218.

Blau PM, Scott WR. 1962. *Formal Organizations.* Chandler: San Francisco.

Boeker W. 1988. Organizational origins: Entrepreneurial and environmental imprinting at the time of founding. In GR Carroll (Ed.), *Ecological Models of Organizations: 33-51.* Ballinger: Cambridge, MA.

Boeker W. 1989. Strategic change: The effects of founding and history. *Academy of Management Journal* 32: 489-515.

Boeker W, Karichalil R. 2002. Entrepreneurial transitions: Factors influencing founder departure. *Academy of Management Journal* 45(3): 818-826.

Boeker W, Wiltbank R. 2005. New venture evolution and managerial capabilities.

Organization Science 16(2): 123-133.

Broughman B, Fried J. 2010. Renegotiation of cash flow rights in the sale of VC-backed firms. *Journal of Financial Economics* 95(3): 384-399.

Bruderl J, Preisendorfer P, Ziegler R. 1992. Survival chances of newly founded business organizations. *American Sociological Review* 57(April): 227-242.

Burt RS. 1992. *Structural Holes: The Social Structure of Competition.* Harvard University Press: Cambridge, MA.

Burt RS. 1997. The contingent value of social capital. *Administrative Science Quarterly* 42(2): 339-365.

Burton D. 1995. The evolution of employment systems in high technology firms. *Unpublished Ph.D. dissertation, Department of Sociology, Stanford University.*

Burton MD, Beckman C. 2007. Leaving a legacy: Position imprints and successor turnover in young firms. *American Review of Sociology* 72: 239-266.

Busenitz LW, Barney JB. 1997. Differences between entrepreneurs and managers in large organizations: Biases and heuristics in strategic decision-making. *Journal of Business Venturing* 12(1): 9-30.

Bussgang J. 2010. *Mastering the VC Game.* Portfolio hardcover.

Carland JW, Hoy F, Boulton W, Carland JAC. 1984. Differentiating entrepreneurs from small business owners: A conceptualization. *Academy of Management Review 9*: 354-359.

Carpenter M, Wade J. 2002. Microlevel opportunity structures as determinants of non-CEO executive pay. *Academy of Management Journal* 45(6): 1085-1103.

Cespedes FV. 2009. Intuit. *Harvard Business School Case No. 810-018.*

Chemmanur TJ, Fulghieri P. 1999. A theory of the going-public decision. *Review of Financial Studies* 12(2): 249-279.

Christensen CM, Bower JL. 1996. Customer power, strategic investment, and the failure of leading firms. *Strategic Management Journal* 17: 197-218.

Cochrane JH. 2004. *The Risk and Return of Venture Capital.* University of Chicago: Chicago.

Coff RW. 1999. When competitive advantage doesn't lead to performance: The resource-based view and stakeholder bargaining power. *Organization Science* 10(2): 119-133.

Coleman JS. 1988. Social capital in the creation of human capital. *American Journal of Sociology* 94: 95-120.

Cooper AC, Woo CY, Dunkelberg WC. 1988. Entrepreneurs' perceived chances for success. *Journal of Business Venturing* 3: 97-108.

Davidsson P, Honig B. 2003. The role of social and human capital among nascent entrepreneurs. *Journal of Business Venturing* 18: 301-331.

Davis JH, Schoorman FD, Donaldson L. 1997. Toward a stewardship theory of management. *Academy of Management Review* 22(1): 20-47.

Deckop JR. 1988. Determinants of chief executive officer compensation. *Industrial and Labor Relations Review* 41(2): 215-226.

Delfassy N, Price G. 2010. Entrepreneurial contradictions: Making sense of differences in theory and practice. *Founders' Dilemmas Paper* (April).

Deutsch M. 1975. Equity, equality and need: What determines which value will be used as the basis for distributive justice? *Journal of Social Issues* 31: 137-149.

Dobrev SD, Barnett WP. 2005. Organizational roles and transition to entrepreneurship. *Academy of Management Journal* 48(3): 433-449.

Donaldson L, Davis JH. 1991. Stewardship theory or agency theory: CEO governance and shareholder returns. *Australian Journal of Management* 16(1): 49-64.

Economides N. 1996. The economics of networks. *International Journal of Industrial Organization* 14(6): 673-699.

Edmondson AC, McManus SE. 2007. Methodological fit in management field research. *Academy of Management Review* 32(4): 1155-1179.

Eisenhardt KM, Bourgeois III L. 1988. Politics of strategic decision making in high-velocity environments. *Academy of Management Journal* 31: 143-159.

Eisenhardt KM. 1989. Making fast strategic decisions in high-velocity environments. *Academy of Management Journal* 32(3): 543-576.

Eisenhardt KM, Schoonhoven CB. 1990. Organizational growth: Linking founding team, strategy, environment, and growth among U.S. semiconductor ventures, 1978-1988. *Administrative Science Quarterly* 35: 504-529.

Eisenmann TR, Parker G, Alstyne MV. 2006. Strategies for two-sided markets. *Harvard Business Review* 84(10): 92-101.

Elfenbein DW, Hamilton BH, Zenger TR. 2009. Entrepreneurial spawning of scientists and engineers: Stars, slugs and small firms. *Washington University, St. Louis Working Paper*.

Emerson RM. 1962. Power-dependence relations. *American Sociological Review* 27: 31-40.

Evans DS, Jovanovic B. 1989. An estimated model of entrepreneurial choice under liquidity constraints. *Journal of Political Economy* 97(4): 808-827.

Fama EF, Jensen ML. 1983. Separation of ownership and control. *Journal of Law and Economics* 26: 301-325.

Fee CE, Hadlock C. 2003. Raids, rewards, and reputations in the market for managerial talent. *Review of Financial Studies* 16(4): 1315-1357.

Fernandez R, Sosa ML. 2005. Gendering the job: Networks and recruitment at a call center. *American Journal of Sociology* 111(3): 859-904.

Finkelstein S. 1992. Power in top management teams: Dimensions, measurement, and validation. *Academy of Management Journal* 35: 505-538.

Finkelstein S, Hambrick DC. 1989. Chief executive compensation: A study of the intersection of markets and political processes. *Strategic Management Journal* 10: 121-134.

Fiske ST, Taylor SE. 1991. *Social Cognition: From Brains to Culture*. McGraw-Hill: New York.

Florin J, Lubatkin M, Schulze W. 2003. A social capital model of high-growth ventures. *Academy of Management Journal* 46(3): 374-384.

Fredrickson JW, Hambrick DC, Baumrin S. 1988. A model of CEO dismissal. *Academy of Management Review* 13(2): 255-270.

Galbraith J. 1982. The stages of growth. *Journal of Business Strategy* (Summer): 70-79.

Gimeno J, Folta TB, Cooper AC, Woo CY. 1997. Survival of the fittest? Entrepreneurial human capital and the persistence of underperforming firms. *Administrative Science Quarterly* 42(4): 750-783.

Goldin C. 2008. Gender gap. In *Library of Economics and Liberty: The Concise Encyclopedia of Economics.* http://www.econlib.org/library/Enc/GenderGap.html.

Gomez-Mejia LR, Tosi HL, Hinken T. 1987. Managerial control, performance, and executive compensation. *Academy of Management Journal* 30: 51-70.

Gompers P. 1995. Optimal investment, monitoring, and the staging of venture capital. *Journal of Finance* 50: 1461-1489.

Gompers P, Lerner J. 1999. *The Venture Capital Cycle.* MIT Press: Boston.

Gompers P, Lerner J, Scharfstein D. 2005. Entrepreneurial spawning: Public corporations and the genesis of new ventures. *Journal of Finance* 60(2): 577-614.

Gompers P, Lerner J, Scharfstein D, Kovner AR. 2010. Performance persistence in entrepreneurship and venture capital. *Journal of Financial Economics* 96(1): 18-32.

Gorman M, Sahlman WA. 1989. What do venture capitalists do? *Journal of Business Venturing* 4(4): 231-248.

Granovetter M. 1973. The strength of weak ties. *American Journal of Sociology* 78: 1360-1380.

Greiner LE. 1972. Evolution and revolution as organizations grow. *Harvard Business Review* 50(4): 37-46.

Grossman SJ, Hart OD. 1986. The costs and benefits of ownership: A theory of vertical and lateral integration. *Journal of Political Economy* 94(4): 691-719.

Grossman SJ, Hart OD. 1988. One share-one vote and the market for corporate control. *Journal of Financial Economics* 20: 175-202.

Groysberg B. 2010. *Chasing Stars: The Myth of Talent and the Portability of Performance.* Princeton University Press: Princeton, NJ.

Hackman JR, Wageman R, Ruddy T, Ray CR. 2000. Team effectiveness in theory and practice. In E Locke (Ed.), *Industrial and Organizational Psychology: Linking*

Theory with Practice: 275-294. Blackwell: London.

Haleblian J, Finkelstein S. 1993. Top management team size, CEO dominance, and firm performance: The moderating roles of environmental turbulence and discretion. *Academy of Management Journal* 38(4): 844-863.

Hall RE, Woodward SE. 2010. The burden of the nondiversifiable risk of entrepreneurship. *American Economic Review* 100(June): 1163-1194.

Hambrick DC, Mason PA. 1984. Upper echelons: The organization as a reflection of its top managers. *Academy of Management Review* 9: 193-206.

Hamermesh RG. 2003. Managing Segway's early development. *Harvard Business School Case No. 804-065.*

Hamermesh RG, Barley L, Graham G. 2008. Proteus Biomedical: Making pigs fly. *Harvard Business School Case No. 809-051.*

Hamilton BH. 2000. Does entrepreneurship pay? An empirical analysis of the returns to self-employment. *Journal of Political Economy* 108(3): 604-631.

Hannan MT, Burton D, Baron J. 1996. Inertia and change in the early years: Employment relations in young, high-tech firms. *Industrial and Corporate Change* 5(2): 239-275.

Hannan MT, Freeman J. 1989. *Organizational Ecology.* Harvard University Press: Cambridge, MA.

Hart MM, Roberts MJ, Stevens JD. 2003. Zipcar: Refining the business model. *Harvard Business School Case No. 803-096.*

Hart O, Moore J. 1990. Property rights and the nature of the firm. *Journal of Political Economy* 98(6): 1119-1158.

Hayward M, Shepherd DA, Griffin D. 2006. A hubris theory of entrepreneurship. *Management Science* 52(2): 160-172.

Healy CC, Welchart A. 1990. Mentoring relations: A definition to advance research and practice. *Educational Researcher* 19(9): 17-21.

Hegedus C, Noujaim J. 2001. *Startup.com* (Documentary). Live/Artisan: Santa Monica, CA.

Hellmann T. 1998. The allocation of control rights in venture capital contracts. *RAND*

Journal of Economics 29: 57-76.

Hellmann T, Puri M. 2002. Venture capital and the professionalization of start-up firms: Empirical evidence. *Journal of Finance* 57(1): 169-197.

Henderson AD, Fredrickson JW. 1996. Information-processing demands as a determinant of CEO compensation. *Academy of Management Journal* 39(3): 575-606.

Heskett JL. 1996. Scott Cook and Intuit. *Harvard Business School Case No. 396-282.*

Higgins M. 2005a. Building career foundations: Humphrey Chen. *Harvard Business School Video Series No. 405-704.*

Higgins M. 2005b. *Career Imprints: Creating Leaders across an Industry.* Jossey-Bass: San Francisco.

Higgins M, Wasserman N. 2010. Humphrey and Cecilia. *Harvard Business School Video Series No. 810-702.*

Hills G, Singh R. 2004. Opportunity recognition. In WB Gartner, KG Shaver, P Reynolds (Eds.), *Handbook of Entrepreneurial Dynamics*: 259-272. Sage: Thousand Oaks, CA.

Hitt MA, Bierman L, Shimizu K, Kochhar R. 2001. Direct and moderating effects of human capital on strategy and performance in professional service firms: A resource-based perspective. *Academy of Management Journal* 44(1): 13-28.

Hmieleski KM, Baron RA. 2009. Entrepreneurs' optimism and new venture performance: A social cognitive perspective. *Academy of Management Journal* 52(3): 473-488.

Holmstrom B. 1982. Moral hazard in teams. *Bell Journal of Economics* 13: 324-340.

Holtz-Eakin D, Joulfaian D, Rosen HS. 1994. Entrepreneurial decisions and liquidity constraints. *RAND Journal of Economics* 25(2): 334-347.

Hsu D. 2004. What do entrepreneurs pay for venture capital affiliation? *Journal of Finance* 59(4): 1805-1844.

Hsu D. 2007. Experienced entrepreneurs, capital and VC funding. *Research Policy* 36: 722-741.

Hsu D, Roberts DR, Eesley D. 2007. Entrepreneurs from technology-based universities: Evidence from MIT. *Organization Science* 6(3): 768-788.

Hurst E, Li G, Pugsley B. 2010a. Using expenditures to estimate missing self employed income. *University of Chicago Working Paper.*

Hurst EG, Pugsley BW. 2010b. Non pecuniary benefits of small business ownership. *University of Chicago Working Paper.*

Jehn KA. 1997. Affective and cognitive conflict in work groups: Increasing performance through value-based intragroup conflict. In CKW De Dreu, E Van de Vliert (Eds.), *Using Conflict in Organizations*: 87-100. Sage: Thousand Oaks, CA.

Jensen M, Meckling W. 1976. Theory of the firm: Managerial behavior, agency costs and ownership structure. *Journal of Financial Economics* 3: 305-360.

Jensen M, Murphy K. 1990. Performance pay and top management incentives. *Journal of Political Economy* 98: 225-264.

Kabanoff B. 1991. Equity, equality, power and conflict. *Academy of Management Review* 16: 416-441.

Kaplan SN, Stromberg P. 2003. Financial contracting theory meets the real world: An empirical analysis of venture capital contracts. *Review of Economic Studies* 70: 281-315.

Kaplan SN, Stromberg P. 2004. Characteristics, contracts, and actions: Evidence from venture capitalist analyses. *Journal of Finance* 59: 2173-2206.

Kawasaki G. 2006. Top ten lies of entrepreneurs. http://blog.guykawasaki.com/2006/01/the_top_ten_lie_1.html.

Kazanjian RK. 1988. Relation of dominant problems to stages of growth in technology-based new ventures. *Academy of Management Journal* 31(2): 257-279.

Keck SL. 1997. Top management team structure: Differential effects by environmental context. *Organization Science* 8(2): 143-156.

Kerr W, Lerner J, Schoar A. 2010. The consequences of entrepreneurial finance: A regression discontinuity analysis. *NBER Working Paper.* Harvard Business School, MIT.

Kim PH, Aldrich HE. 2005. Social capital and entrepreneurship. In *Foundations and Trends in Entrepreneurship*: Vol. 1, Issue 2. NOW: Hanover, MA.

Kirsner S. 2010. Legendary Hub venture investor, musician works on his next hit.

Boston Globe. http://www.boston.com/business/articles/2010/07/18/legendary_
hub_venture_investor_musician_works_on_his_next_hit/.

Kirzner IM. 1973. *Competition and Entrepreneurship*. University of Chicago Press:
Chicago.

Knight D, Pearce C, Smith KG, Olian JD, Sims HP, Smith KA, Flood P. 1999. Top
management team diversity, group process and strategic consensus. *Strategic
Management Journal* 20: 445-465.

Kram KE. 1985. *Mentoring at Work: Developing Relationships in Organizational Life*.
Scott, Foresman: Glenview, IL.

Lawler EEI. 1971. *Pay and Organizational Effectiveness: A Psychological View*. McGraw-
Hill: New York.

Lazear EP. 2004. Balanced skills and entrepreneurship. *American Economic Review*
94: 208-211.

Lease RC, McConnell JJ, Mikkelson WH. 1983. The market value of control in
publicly-traded corporations. *Journal of Financial Economics* 11: 439-471.

Lencioni P. 2002. *The Five Dysfunctions of a Team*. Jossey-Bass: San Francisco.

Lerner J. 1995. Venture capitalists and the oversight of private firms. *Journal of Finance*
50: 301-318.

Leventhal GS. 1976. The distribution of rewards and resources in groups and organiza-
tions. In L Berkowitz, E Walster (Eds.), *Equity Theory: Toward a General Theory
of Social Interaction*: 92-133. Academic Press: New York.

Leventhal GS, Karuza J, Fry WR. 1980. Beyond fairness: A theory of allocation
preferences. In G Mikula (Ed.), *Justice and Social Interaction: Experimental and
Theoretical Contributions from Psychological Research*: 167-208. Springer-Verlag:
New York.

Lillis C, Chem N, Gilman J. 1976. Competitive advantage variation over the life cycle
of a franchise. *Journal of Marketing* 40(4): 77-80.

Lin N. 1999. Building a network theory of social capital. *Connections* 22(1): 28-51.

Lin N, Ensel W, Vaughn JC. 1981. Social resources and strength of ties: Structural factors in occupational status attainment. *American Sociological Review* 46(August): 393-405.

Lin TH, Smith RL. 1995. Insider reputation and selling decisions: The unwinding of venture capital investments during equity IPOs. *Claremont College Working Paper.*

Lippman SA, Rumelt RP. 2003. A bargaining perspective on resource advantage. *Strategic Management Journal* 24: 1069-1086.

Livingston J. 2007. *Founders at Work.* Apress: New York.

Lovallo D, Kahneman D. 2003. Delusions of success: How optimism undermines executives' decisions. *Harvard Business Review* 81(7): 56-67.

MacMillan IC, Kulow DM, Khoylian R. 1989. Venture capitalists' involvement in their investment: Extent and performance. *Journal of Business Venturing* 4(1): 27-47.

Malach-Pines A, Sadeh A, Dvir A, Yafe-Yanai O. 2002. Entrepreneurs and managers: Similar yet different. *International Journal of Organizational Analysis* 10(2): 172-190.

Malhotra D. 2009. When contracts destroy trust. *Harvard Business Review* 87(5): 25.

Marlin D, Lamont BT, Hoffman JJ. 1994. Choice situation, strategy, and performance: A reexamination. *Strategic Management Journal* 15: 229-239.

McCall MW. 1998. *High Flyers: Developing the Next Generation of Leaders.* Harvard Business School Press: Boston.

McDougall P, Oviatt B. 1996. New venture internationalization, strategic change, and performance: A follow-up study. *Journal of Business Venturing* 11(1): 23-40.

Meyer GD, Dean TJ. 1990. Upper echelons perspective on transformational leadership problems in high-technology firms. *Journal of High Technology Management Research* 1(2): 223-242.

Miller CC. 2010. Why Twitter's C.E.O. demoted himself. *New York Times*, October 30, 2010.

Mills CW. 1956. *The Power Elite.* Oxford University Press: New York.

Miner JB, Raju NS. 2004. Risk propensity differences between managers and entrepreneurs and between low- and high-growth entrepreneurs: A reply in a more conservative vein. *Journal of Applied Psychology* 89(1): 3-13.

Moore GA. 2002. *Crossing the Chasm* (3rd ed.). HarperCollins: New York.

Mosakowski E. 1998. Entrepreneurial resources, organizational choices, and competitive outcomes. *Organization Science* 9(6): 625-643.

Moskowitz TJ, Vissing-Jorgensen A. 2002. The returns to entrepreneurial investment: A private equity premium puzzle? *American Economic Review* 92(4): 745-778.

Nanda R. 2008. Entrepreneurship and the discipline of external finance. *Harvard Business School Working Paper No. 08-047*.

Northcraft GB, Neale MA. 1987. Experts, amateurs, and real estate: An anchoring-and-adjustment perspective on property pricing decisions. *Organizational Behavior and Human Decision Processes* 39(1): 84-97.

O'Reilly CA, Caldwell D, Barnett WP. 1989. Work group demography, social integration, and turnover. *Administrative Science Quarterly* 34: 21-37.

Ostrander SA. 1987. Elite domination in private social agencies. In GW Domhoff, TR Dye (Eds.), *Power Elites in Organizations*: 85-102. Sage: Thousand Oaks, CA.

Pennings JM. 1982. Organizational birth frequencies: An empirical investigation. *Administrative Science Quarterly* 29(1): 120-144.

Pennings JM, Wezel FC. 2010. Faraway, yet so close: Organizations in demographic flux. *Organization Science* 21(2): 451-468.

Peteraf MA. 1993. The cornerstones of competitive advantage: A resource-based view. *Strategic Management Journal* 14(3): 179-191.

Pfeffer J, Salancik GR. 1978. *The External Control of Organizations: A Resource Dependence Perspective*. Harper and Row: New York.

Porter ME. 1980. *Competitive Strategy*. Free Press: New York.

Prowse S. 1998. Angel investors and the market for angel investments. *Journal of Banking and Finance* 22(6-8): 785-792.

Reynolds PD, Curtin RT. 2008. *Business Creation in the United States*. NOW: Hanover, MA.

Roberts P, Khaire M. 2009. Getting known by the company you keep: Publicizing the qualifications and former associations of skilled employees. *Industrial and*

Corporate Change 18(1): 77-106.

Rogers P, Blenko M. 2006. Who has the D? How clear decision roles enhance organization performance. *Harvard Business Review* 84(1): 52-61.

Romanelli E. 1989. Environments and strategies of organization start-up: Effect on early survival. *Administrative Science Quarterly* 34(3): 369-387.

Rosenstein J, Bruno AV, Bygrave WD, Taylor NT. 1993. The CEO, venture capitalists, and the board. *Journal of Business Venturing* 8(2): 99-113.

Ruef M. 2009. Economic inequality among entrepreneurs. In LA Keister (Ed.), *Economic Sociology of Work*, Vol. 18: 57-71. Emerald: Bradford, UK.

Ruef M. 2010. *The Entrepreneurial Group: Social Identities, Relations, and Collective Action.* Princeton University Press: Princeton, NJ.

Ruef M, Aldrich HE, Carter N. 2003. The structure of founding teams: Homophily, strong ties, and isolation among U.S. entrepreneurs. *American Sociological Review* 68: 195-222.

Sabherwal R, Hirschheim R, Goles T. 2001. The dynamics of alignment: Insights from a punctuated equilibrium model. *Organization Science* 12(2): 179-197.

Sahlman W. 1990. The structure and governance of venture-capital organizations. *Journal of Financial Economics* 27: 473-521.

Salancik GR, Pfeffer J. 1980. Effects of ownership and performance on executive tenure in U.S. corporations. *Academy of Management Journal* 23(4): 653-664.

Sapienza HJ, Korsgaard MA, Forbes DP. 2003. The self-determination motive and entrepreneurs' choice of financing. In JA Katz, D Shepherd (Eds.), *Cognitive Approaches to Entrepreneurship Research*, Vol. 6: 105-138. Elsevier: Burlington, MA.

Sarasvathy S. 2008. *Effectuation: Elements of Entrepreneurial Expertise.* Edward Elgar: Northampton, MA.

Schaubroeck J, Ganster DC, Jones JR. 1998. Organization and occupational influences in the attraction-selection-attribution process. *Journal of Applied Psychology* 83: 869-891.

Schumpeter J. 1934. *Theory of Economic Development.* Harper and Row: New York.

Schumpeter J. 1942. *Capitalist, Socialism, and Democracy*. Harper & Brothers: New York.

Scitovszky TD. 1943. A note on profit maximization and its implications. *Review of Economic Studies* 11(1): 57-60.

Shane S. 2008. *Illusions of Entrepreneurship*. Yale University Press: New Haven, CT.

Shane S, Stuart T. 2002. Organizational endowments and the performance of university start-ups. *Management Science* 48(1): 154-170.

Shane S, Venkataraman S. 2000. The promise of entrepreneurship as a field of research. *Academy of Management Review* 25: 217-226.

Sherer PD. 1995. Leveraging human assets in law firms: Human capital structures and organizational capabilities. *Industrial and Labor Relations Review* 48: 671-691.

Singh JV, Lumsden CJ. 1990. Theory and research in organizational ecology. *Annual Review of Sociology* 16: 161-195.

Sohl J. 2001-2009. Annual report: The angel investor market. *Center for Venture Research, University of New Hampshire*.

Sohl JE. 2003. The U.S. angel and venture capital market recent trends and developments. *Journal of Private Equity* 6(2): 7-17.

Spence M. 2002. Signaling in retrospect and the informational structure of markets. *American Economic Review* 92(3): 434-459.

Spolsky J. 2003. Fixing venture capital. *Joel on Software blog*, June 3, 2003. http://www.joelonsoftware.com/articles/VC.html.

Stam E, Thurik R, Van der Zwan P. 2008. Entrepreneurial exit in real and imagined markets. *Tinbergen Institute Discussion Paper No. 08-031/3*.

Starr JA, MacMillan IC. 1990. Resource cooptation via social contracting: Resource acquisition strategies for new ventures. *Strategic Management Journal* 11: 79-92.

Stevenson HH, Jarillo JC. 1990. A paradigm of entrepreneurship: Entrepreneurial management. *Strategic Management Journal* 11(1): 17-27.

Stewart WH, Roth PL. 2001. Risk propensity differences between entrepreneurs and managers: A meta-analytic review. *Journal of Applied Psychology* 86(1): 145-153.

Stinchcombe AL. 1965. Organizations and social structure. In JG March (Ed.), *Handbook of Organizations*: 153-193. Rand McNally: Chicago.

Strasser JB, Becklund L. 1991. *Swoosh: The Unauthorized Story of Nike and the Men Who Played There*. Harcourt Brace Jovanovich: New York.

Stuart T, Hoang H, Hybels R. 1999. Interorganizational endorsements and the performance of entrepreneurial ventures. *Administrative Science Quarterly* 44: 315-349.

Taylor A, Greve HR. 2006. Superman or Fantastic Four? Knowledge combination and experience in innovative teams. *Academy of Management Journal* 49(4): 723-740.

Tsai W, Ghoshal S. 1998. Social capital and value creation: The role of intrafirm networks. *Academy of Management Journal* 41(4): 464-476.

Ucbasaran D, Lockett A, Wright M, Westhead P. 2003. Entrepreneurial founding teams: Factors associated with member entry and exit. *Entrepreneurship Theory and Practice* 28: 107-128.

Uzzi B. 1997. Social structures and competition in interfirm networks: The paradox of embeddedness. *Administrative Science Quarterly* 42(1): 35-67.

Venkataraman S. 1997. The distinctive domain of entrepreneurship research. In *Advances in Entrepreneurship, Firm Emergence, and Growth*, Vol. 3: 119-138. JAI: Greenwich, CT.

Virany B, Tushman ML. 1986. Top management teams and corporate success in an emerging industry. *Journal of Business Venturing* 1(3): 261-274.

Virany B, Tushman ML, Romanelli E. 1992. Executive succession and organization outcomes in turbulent environments: An organization learning approach. *Organization Science* 3(1): 72-91.

Wadhwa V, Aggarwal R, Holly K, Salkever A. 2009. The anatomy of an entrepreneur: Family background and motivation. *Kauffman Foundation Research Paper* (July).

Waldinger RD, Lichter MI. 2003. *How the Other Half Works: Immigration and the Social Organization of Labor*. University of California Press: Berkeley.

Waldman DA, Ramirez GG, House RJ, Puranam P. 2001. Does leadership matter? CEO leadership attributes and profitability under conditions of perceived environmental uncertainty. *Academy of Management Journal* 44(1): 134-143.

Walsh JP. 1995. Managerial and organizational cognition: A trip down memory lane. *Organization Science* 6(3): 280-321.

Walton RE, McKersie RB. 1965. *A Behavioral Theory of Labor Negotiations: An Analysis of a Social Interaction System.* McGraw-Hill: New York.

Wasserman N. 2002. The venture capitalist as entrepreneur: Characteristics and dynamics within VC firms. *Unpublished Ph.D. thesis, Harvard University.*

Wasserman N. 2003. Founder-CEO succession and the paradox of entrepreneurial success. *Organization Science* 14(2): 149-172.

Wasserman N. 2005. Upside-down venture capitalists and the transition toward pyramidal firms. In L Keister (Ed.), *Research in the Sociology of Work: Entrepreneurship*: 151-208. JAI: Greenwich, CT.

Wasserman N. 2006a. Rich vs. King: The entrepreneur's dilemma. *Best Paper Proceedings, Academy of Management.*

Wasserman N. 2006b. Stewards, agents, and the founder discount: Executive compensation in new ventures. *Academy of Management Journal* 49: 960-976.

Wasserman N. 2008a. Don't wait too long to become an entrepreneur. *Harvard Business Review Blogs*, September 9, 2008. http://blogs.hbr.org/cs/2008/09/dont_wait_too_long_to_become_a.html.

Wasserman N. 2008b. Revisiting the strategy-structure-performance paradigm: The case of venture capital. *Organization Science* 19(2): 241-259.

Wasserman N, Barley L. 2009. A note on the legal and tax implications of founders' equity splits. *Harvard Business School Note No. 809-110*, 1-15.

Wasserman N, Boeker W. 2005. Mentoring and monitoring: The evolution of boards of directors in new ventures. *Best Paper Proceedings, Babson Research Conference.*

Wasserman N, Hellmann T. 2010a. The first deal: The division of founder equity in new ventures. *Academy of Management Annual Meeting.*

Wasserman N, Marx M. 2008. Split decisions: How social and economic choices affect the stability of founding. *Academy of Management Annual Meeting.*

Wasserman N, Nazeeri F, Anderson K. 2010b. A "Rich-vs.-King" approach to term sheet negotiations. *Harvard Business School Note No. 810-119*.

Weber M. 1946. *From Max Weber: Essays in Sociology*. Oxford University Press: New York.

Weber M. 1949/1997. *The Methodology of the Social Sciences* (EA Shils, HA Finch, Trans.). Free Press: New York.

Wiersema MF, Bantel KA. 1992. Top management team demography and corporate strategic change. *Academy of Management Journal* 35(1): 91-121.

Williamson OE. 1985. *The Economic Institutions of Capitalism: Firms, Markets, Relational Contracting*. Free Press: New York.

Wilmerding A. 2004. *Term Sheets & Valuations*. Aspatore: Boston.

Wozniak S. 2006. *iWoz: Computer Geek to Cult Icon: How I Invented the Personal Computer, Co-Founded Apple, and Had Fun Doing It*. Norton: New York.

Young JS, Simon WL. 2004. *iCon: Steve Jobs, the Greatest Second Act in the History of Business*. John Wiley: San Francisco.

Zaleznik A, Kets de Vries MFR. 1975. *Power and the Corporate Mind*. Houghton Mifflin: Boston.

찾아보기

*괄호 안의 숫자는 미주 번호, 쪽수 옆의 ■ 표시는 각주, 밑줄 그은 쪽수는 도표입니다.